Schlummer Atlas 2023

Unsere ausgewählten **1.500 Hotels**
für Urlaub und Städtetrip.

Deutschland • Österreich • Südtirol

BUSCHE

46. Auflage, 2023

www.busche.de
facebook.com/busche.de

BNR 12293, ISBN 978-3-89764-411-3

Haben Sie Fragen oder Anregungen zum Schlummer Atlas?
Über Leserhinweise freut sich die Redaktion jederzeit. An dieser Stelle bedankt sich der Verlag für eingereichte Zuschriften, diese unterstützen stets die redaktionelle Arbeit.

Zuschriften bitte an:
Busche Verlagsgesellschaft mbH
Redaktion Schlummer Atlas
Postfach 410164
D-44271 Dortmund

redaktion@schlummer-atlas.de

facebook.com/schlummer.atlas

Titelfoto: © iStock.com/Solovyova

Vorwort

© Der Öschberghof

Eine Herzensangelegenheit

Welche Faktoren machen ein gutes Hotel aus? Ausstattung, Lage, Größe der Zimmer, Angebote für die Gäste? Sicherlich ist es von allem etwas. Unter den vielen Gründen für die Wahl und die Wiederkehr in ein Hotel treten gemäß vieler Umfragen einige jedoch besonders hervor: eine spürbare, echte Herzlichkeit der Mitarbeiterinnen und Mitarbeiter und eine Inhaberin oder einen Inhaber, die oder der von Herzen gerne Gastgeber ist. Viel Herz ist also viel wert.

Bei der vorliegenden Hotelauswahl hat sich die Redaktion diesen Punkt besonders zu Herzen genommen und eine ganze Reihe kleinerer Hotels mitberücksichtigt, die eine besonders persönliche Note haben – aber nicht nur. Aus rund 12.200 Hotelbetrieben in Deutschland (Statistisches Bundesamt, Juli 2022) wurden 1.200 Betriebe ausgewählt. Ohne Anspruch auf Vollständigkeit, aber mit hochgestrecktem Daumen. Dasselbe gilt für Österreich und Südtirol.

Für die Branche ist die Situation alles andere als einfach. Eine Hin-und-Her-Pandemie, wenig Personal, hohe Energiekosten. „Die Preise sind ein einziger nicht kalkulierbarer Wahnsinn", schrieb uns jüngst ein Hotelier. „Wir tun alles, um die Qualität zu halten." Wir als Gäste sollten diese Lage einzuschätzen versuchen und hier und dort vielleicht ein wenig mehr Empathie an den Tag legen. Denn in den nächsten Jahren bei engagierten Hoteliers übernachten zu können, sollte uns allen eine Herzensangelegenheit sein.

Übrigens: Unter **schlummer-atlas.de** sind weitere Hotels aufgeführt. Sollten Sie ein Hotel im Buch vermissen, ist es häufig online gelistet.

Ihr Redaktionsteam Schlummer Atlas

Inhaltsverzeichnis

STAATL. FACHINGEN
Seit 1742
STILL
Das klassische stille
STAATL. FACHINGEN
MEDIUM
feinperlend und erfrischend

Zeichenerklärung

S

Schönhausen
Saarland

Seehotel Schönhausen

★★★★

Musterstr. 1 / ✉ 08267 Ortsteil Schönhausen
www.musterhotel.de / T.: +49 6666 654321
info@musterhotel.de
10 E € 80/120 HP / 20 D € 150/210 VP
2 S € 290/350 VP / 2 App. € 90/100 / Frühstück € 10

Die Aussicht auf schöne Stunden am See lockt Gäste sowohl im Sommer als auch im Winter in das traditionsreiche und familiär geführte Hotel, das eine stilvolle und einladende Atmosphäre pflegt. Die Zimmer sind mit hellem Holz und frischen Farben ausgestattet, die meisten verfügen über Balkon oder Terrasse mit herrlichem Seeblick. Erholung pur.

1. Ortsname
2. Bundesland, Kanton
3. Hotelname
4. Bewertung des Hotels (siehe Zeichenerklärung)
5. Adresse mit Ortsteil, PLZ, Internet, Telefon und E-Mail-Adresse
6. Informationen zum Hotel
   Zimmerpreise und Ausstattung
   E=Einzelzimmer
   D=Doppelzimme
   S=Suiten
   App.=Appartement
   HP=Halbpension
   VP=Vollpension
7. Weitere Angebote (siehe Zeichenerklärung)

Schwarze Schlummer Atlas Sterne ★ bis ★★★★★

★	Bürgerliches Hotel, einfache und zweckmäßige Ausstattung
★★	Gutes Hotel, zeitgemäße oder komfortable Standard-Ausstattung
★★★	Sehr gutes Hotel, Mittelklassehotel mit sehr komfortabler Ausstattung
★★★★	Erstklassiges Hotel, internationales Hotel der gehobenen Kategorie mit großem Komfort
★★★★★	Luxus-Hotel, internationales Luxus-Hotel mit einem Höchstmaß an Komfort

Farbige Schlummer Atlas Sterne ★ bis ★★★★★

Hotels mit farbigen Sternen sind in ihrer jeweiligen Kategorie hervorhebenswert.

(g)	Hotel garni
AE	American Express
	Diners Club
	MasterCard
VISA	Visa
	EC-Karte
HP	Halbpension
VP	Vollpension
	Frühstück wird extra berechnet
○	Ortsrand
●	abseits gelegen
@	Zimmer mit Internet
	Zimmer klimatisiert
	Zimmer rollstuhlgerecht
	WLAN im Hotel
	Lift
	Hotel-Garagen vorhanden
P	Hotel-Parkplätze vorhanden
	Liegewiese
□	Terrasse
	Sauna
	Tennisplatz
	Tiere nicht willkommen
	Freibad
	Hallenbad
	Eigener Seezugang
	Fitnessraum
	Kinderbetreuung
	Veranstaltungs-/Tagungsraum
	Restaurant im Hotel
	Raucherlounge

Hinweise zur Benutzung

Ortsnamen

Die im Schlummer Atlas genannten Orte (selbstständige Städte und Gemeinden) werden in alphabetischer Reihenfolge aufgeführt.

Ortsnamen mit Zusatz

Orte mit dem Zusatz „Bad" sind unter ihrem Hauptnamen aufgeführt. So ist der Ort „Bad Salzuflen" unter dem Buchstaben „S" zu finden. Orte mit der Beifügung „St." sind unter „Sankt" eingeordnet.

Hotel garni

Dieses Hotel, gekennzeichnet durch ein (g) hinter dem Hotelnamen, besitzt kein Restaurant und bietet nur Frühstück an. In einigen Häusern werden auf Wunsch auch kleine Gerichte oder Getränke gereicht.

Zimmerpreise

Die im Schlummer Atlas angegebenen Preise sind Zimmerpreise für jeweils Einzel- bzw. Doppelzimmer, Suiten und Appartements. Sie sind in „Euro" bzw. bei der Schweiz in „Franken" angegeben und umfassen – wenn nicht ausdrücklich anders erwähnt – in jedem Fall Frühstück, Bedienung und die gesetzlich gültige Mehrwertsteuer. Nicht enthalten ist die jeweilig zu entrichtende Kurtaxe. Vor Redaktionsschluss wurden die im Schlummer Atlas genannten Hotels mittels Datenerhebung, Telefonrecherche oder durch das Redaktionsteam um Angabe der aktuellen Zimmerpreise gebeten. Die erste Preisangabe nennt den Mindestpreis, die zweite den Höchstpreis für die jeweilige Zimmer-Kategorie.

Preiserhöhungen

Allgemeine Kostensteigerungen im Laufe eines Jahres können zur Anhebung der Zimmerpreise führen. Diese sind daher lediglich als Richtwerte anzusehen.

Redaktionsschluss

Redaktionsschluss war im September 2022. Alle Informationen, die die Redaktion nach diesem Datum erreichten, konnten nicht mehr berücksichtigt werden.

Hotelauswahl

Der Schlummer Atlas empfiehlt sorgfältig geprüfte Hotels unterschiedlicher Kategorien und Preisklassen in Deutschland, Österreich und Südtirol. Die Auswahl richtet sich an Urlaubs- und Städtereisende. Jahr für Jahr werden von den dargestellten Häusern aktuelle Daten erhoben und im Atlas neu bearbeitet.

Die Schlummer Atlas Sterne

Bewertungsgrundlage ist ein von der Redaktion exklusiv entwickeltes Schlummer Atlas Sterne-System. Im Auftrag der Redaktion wurden Häuser besucht, geprüft und bewertet. Vor Redaktionsschluss wird entschieden, welche Häuser den Qualitätskriterien entsprechen, um in den Atlas aufgenommen zu werden. Die angegebene Sterne-Kategorie bezieht sich auf den größten Teil der Hotelzimmer.

© iStock.com/Chris Ryan

Auszeichnungen des Jahres

Hotelier des Jahres

Hotel des Jahres

Nachhaltigkeitskonzept des Jahres

Health-Konzept des Jahres

Impulsgeber des Jahres

Hotelier des Jahres *(Österreich)*

Hotelier des Jahres

© Patrick vom Berg

Alexander Aisenbrey

Resort Der Öschberghof
Donaueschingen

Alexander Aisenbrey (*1970 in Stuttgart) ist seit 20 Jahren Geschäftsführer und Direktor des Öschberghofs und kennt das Hotel-Business wie kaum ein anderer. Der ausgebildete Restaurantfachmann und Betriebswirt hat das beschauliche Landhotel zwischen Schwarzwald und Schwäbischer Alb zu einem 5-Sterne-Superior-Hotel mit internationaler Strahlkraft entwickelt. Zahlen und Bilanzen sind natürlich sein Metier, doch sein besonderes Augenmerk in der Hotellerie gilt dem Faktor Mensch. Seine Ideen zur Mitarbeiterführung und -wertschätzung, seine Standards für Umgang und Ton in der Hotelbranche und nicht zuletzt seine Vorstellungen von emotionaler Intelligenz in den Köpfen der Führungskräfte machen ihn zu einer gefragten Berater-Persönlichkeit.

Hotel des Jahres ★★★★★

Der Öschberghof (Donaueschingen)

Ein Resort der Spitzenklasse in traumhafter Lage

Die vielfältigen Angebote dieses 5-Sterne-Superior-Resorts sind auf den ersten Blick gar nicht zu erfassen, doch wer einmal hier Gast sein durfte, hat sie hautnah erfahren und in bester Erinnerung behalten – die Vielfalt und Exzellenz des Resorts Der Öschberghof. In einer grünen Ebene zwischen Schwarzwald und Schwäbischer Alb, etwas außerhalb von Donaueschingen gelgen, hat sich das Haus einen Namen als Highend-Urlaubsrefugium, als erstklassige Gourmetadresse, als Wellnessdestination und als herausragende Golf-Location gemacht.

Die Geschichte des Öschberghof reicht bis in die 1970er Jahre zurück, bis zum Bau des Land- und Golfclub Öschberghof 1976. Ursprünglich war das Hotel mit ein paar Zimmern nur als Clubhaus für den Golfclub mit angeschlossenem 9-Loch-Golfplatz gedacht. Nach mehrfachen Ausbauten und Erweiterungen präsentiert sich der Öschberghof heute mit 127 Zimmern, einem 45-Loch-Golfplatz, über 5.500 Quadratmetern für Spa und Fitness, einem großzügigen Tagungszentrum mit Festsaal, sechs Restaurants und einer Bar mit Wohnzimmer und Tagesbar – welche neuerdings auch Sushi anbietet.

Wohlgefühl und Wohnerlebnis hatte man dabei stets im Blick, allem voran bei den Zimmern: Vom smarten „Premium Einzel" Zimmer bis zur luxuriösen „Öschberghof Suite" wurden alle Refugien mit Geschmack und Achtsamkeit designt. Luftig, hell und in ruhigen Farben; mit hochwertigster Ausstattung, Holzelementen und behaglich-frischem Raumklima. Immer dabei ist ein Wohnbereich zum Entspannen. Die Balkone und Terrassen überblicken Resort und Golfplatz.

Zum Thema Entspannung und Erholung gibt es ebenfalls bestaunenswerte Lösungen. Mit seinen 5.500 Quadratmetern Innen- und Außenfläche umfasst der Spa & Gym des Resorts einen 25-Meter-Innenpool, einen Infinity-Außenpool sowie vier verschiedene Wohlfühlwelten. Im „Asia Spa" beispielsweise kreieren dunkle Steine, goldene Wände und rote Laternen den Zauber japanischer Badekultur. Kamaburo, Sento und Onsen führen hier zu wohliger Wärme und tiefer Entspannung.

Die Nummer-Eins-Gastronomie des Hauses ist das Fine-Dining-Restauran ÖSCH NOIR, vielfach gerühmt und ausgezeichnet. Vor den Augen der Gäste bereiten Manuel Ulrich und sein Team im verglaste Küchenbereich köstliche französische Speisen zu,

Fotos: © Der Öschberghof

zum Beispiel als Menü mit bis zu sieben Gängen. Das Zusammenspiel von Handwerk und Raffinesse ist ein Erlebnis für Auge und Gaumen. Auch jenseits der Sterneküche hängt die kulinarische Messlatte hoch. Das liebevoll orchestrierte Frühstücksbuffet etwa wird im „Esszimmer" serviert – jenem lichtdurchfluteten Ort, in dem die Gäste am Abend mit fünfgängigen Menüs verwöhnt werden.

Ein Magnet, nicht nur für Gäste des Hotels, ist der beeindruckende 45-Loch-Golfplatz: Zwei 18- und ein 9-Loch-Academy-Course sowie rund 200 Hektar gepflegter Greens mit unterschiedlichen Kombinationsmöglichkeiten und Terrassenabschlägen versprechen unvergessliche Golfmomente.

Last but not least spielt das Thema Nachhaltigkeit eine große Rolle im Öschberghof. So wird zum Beispiel ein Blockheizkraftwerk, eine vorbildliche Abfallwirtschaft und ein nachhaltiges Golfplatz-Management betrieben. Man stärkt regionale Gewerke ebenso wie ein respektvolles Miteinander.

Fotos: © Der Öschberghof

Nachhaltigkeitskonzept des Jahres

Hotel Rehlegg

Ramsau bei Berchtesgaden

© Fotos: Hotel Rehlegg

Das Traditionshotel Rehlegg, thronend auf einer kleinen Anhöhe mit traumhaftem Blick auf die Berggipfel, setzt auf Nachhaltigkeit in allen Bereichen. Das gilt für die Küche, die sich zu einem großen Teil lokaler Produkte bedient, sowie für die Energieversorgung, die Ausstattung, die Hotelreinigung, für das Waste-Management und die angebotenen Spa- und Kosmetikprodukte. Das erste klimapositive Hotel Oberbayerns setzt insbesondere auf einen gesunden Schlaf: Mit einer Schlafexpertin wurde eine Zimmerkategorie entwickelt, die unter anderem mit Schaukelbett, einem Fußbecken für Kneippgüsse, Traumschwinger und Cumulu-Kissen augestattet ist. Beste Voraussetzungen also für einen gesunden und erholsamen Urlaub.

Health-Konzept des Jahres

Lanserhof Resorts

Dr. Christian Harisch
Lans, Tegernsee, Sylt

„Länger besser leben – das ist unser Anspruch an den Aufenthalt unserer Gäste und das vorrangige Ziel des Lanserhof-Konzepts", sagt Hotelier Dr. Christian Harisch. Über drei Jahrzehnte hinweg entwickelt und im Lanserhof in der täglichen Praxis gereift, basiert dieser Ansatz auf den wertvollen Erkenntnissen der Naturheilkunde, Energiemedizin, Psychologie, Psychoneuroimmunologie, Chronomedizin und der modernen Spitzenmedizin. Die Lanserhof Resorts sind die führenden Health Resorts weltweit. Sie stehen seit über 35 Jahren für innovative Medizin sowie für Prävention und gesundheitliche Regeneration. Im Sommer 2022 wurde der Lanserhof Sylt eröffnet – an einem wunderschönen Platz zwischen den Dünen am Wattenmeer.

Impulsgeber des Jahres

Korbinian Kohler

Hotel Bachmair Weissach, Hotel Bussi Baby,
Erlebniswelt *Tegernsee Phantastisch* am Tegernsee

© Fotos: Hotel Bachmair Weissach

Korbinian Kohler (*1968 in München) ist der Macher vom Tegernsee. Die Projektliste des international ausgebildeten Betriebswirts ist lang, und die Projekte sind Ausdruck seiner Liebe zur Region. So hat er sein Hotel Bachmair Weissach im Juli 2022 um elf neue, luxuriöse See-Apartments erweitert und seinem Hotel Bussi Baby eine neue Fassade, eine coole Rooftop-Terrasse sowie eine Bar, Lounge und Restaurant verpasst. Ein weiteres Schmuckstück seines Schaffens ist die im September 2022 eröffnete multimediale Erlebniswelt „Tegernsee Phantastisch", ein 2.700 Quadratmeter großes Indoor-Center für Groß und Klein. Infrastruktur und Image der Region profitieren dadurch enorm. Rastlos und voller Energie plant Kohler schon weitere große Projekte.

Hotelier des Jahres (Österreich)

Karl Brüggemann

Interalpen-Hotel Tyrol
Telfs

© Fotos: Interalpen-Hotel Tyrol

Karl Brüggemann hat im Laufe seiner beachtlichen Gastgeber-Karriere bereits viele Tätigkeiten im In-und Ausland ausgeübt: Angefangen vom Pagen und Restaurantfachmann über Leitungsfunktionen im Food-&-Beverage-Bereich, bis hin zu Geschäftsführerpositionen in der Luxushotellerie und der Feinkost- & Catering-Welt. Seit dem Jahr 2012 leitet der weitgereiste, gebürtige Pfälzer als Hoteldirektor die Geschicke des traumhaften Interalpen-Hotel Tyrol am Seefelder Hochplateau. Bei ihm laufen alle Fäden zusammen und gemeinsam mit seinem über 300-köpfigen *#topteam* sorgt er tagtäglich für reibungslose Abläufe und das Erreichen strategischer Ziele, die zum anhaltenden Erfolg des 5-Sterne-Superior-Hauses beitragen.

Hallstatt am Hallstätter See

★★★★★
Die Spitzenhotels des Jahres

Deutschland

Parkhotel Quellenhof Aachen	52062	Aachen
Schlosshotel Münchhausen	31855	Aerzen
Residenz Heinz Winkler	83229	Aschau im Chiemgau
Hotel Maximilian's	86150	Augsburg
Brenners Park-Hotel & Spa	76530	Baden-Baden
Maison Messmer Baden-Baden	76530	Baden-Baden
Roomers Hotel Baden-Baden	76530	Baden-Baden
Engel Obertal - Wellness & Genuss Resort	72270	Baiersbronn
Hotel Bareiss im Schwarzwald	72270	Baiersbronn
Romantik Hotel Sackmann	72270	Baiersbronn
Traube Tonbach	72270	Baiersbronn
Kempinski Hotel Berchtesgaden	83471	Berchtesgaden
Althoff Grandhotel Schloss Bensberg	51429	Bergisch Gladbach
Adlon Kempinski Berlin	10117	Berlin
Bristol Berlin	10719	Berlin
Grand Hyatt Berlin	10785	Berlin
Hotel de Rome, a Rocco Forte Hotel	10117	Berlin
Hotel Luc, Autograph Collection	10117	Berlin
Hotel Orania.Berlin	10999	Berlin
Hotel Palace Berlin	10787	Berlin
InterContinental Berlin	10787	Berlin
Schlosshotel Berlin by Patrick Hellmann	14193	Berlin
SO/ Berlin Das Stue	10787	Berlin
The Mandala Hotel	10785	Berlin
The Regent Berlin	10117	Berlin
The Ritz-Carlton, Berlin	10785	Berlin
Waldorf Astoria Berlin	10623	Berlin
Cerês am Meer	18609	Binz
Kameha Grand Bonn	53227	Bonn
Parkhotel Bremen	28209	Bremen
Bleiche Resort & Spa	03096	Burg im Spreewald
Althoff Hotel Fürstenhof Celle	29221	Celle
Badhotel Sternhagen	27476	Cuxhaven
Hotel Ketschauer Hof	67146	Deidesheim
Strandhotel Dünenmeer	18347	Dierhagen
Grand Hotel Heiligendamm	18209	Bad Doberan
Der Öschberghof	78166	Donaueschingen
Waldhotel Sonnora	54518	Dreis
Bülow Palais	01097	Dresden
Gewandhaus Dresden, Autograph Collection	01067	Dresden
Hotel Suitess an der Frauenkirche	01067	Dresden

Deutschland

Taschenbergpalais Kempinski Dresden	01067	Dresden
Gräflicher Park Health & Balance Resort	33014	Bad Driburg
Breidenbacher Hof	40212	Düsseldorf
Hotel Kö59 Düsseldorf	40215	Düsseldorf
Hotel Nikko Düsseldorf	40210	Düsseldorf
Hyatt Regency Düsseldorf	40221	Düsseldorf
Steigenberger Parkhotel Düsseldorf	40212	Düsseldorf
The Wellem – In the Unbound Collection by Hyatt	40213	Düsseldorf
Schlosshotel Hugenpoet	45219	Essen
Hotel Erbprinz	76275	Ettlingen
Hotel Das James	24944	Flensburg
DIE SONNE FRANKENBERG	35066	Frankenberg an der Eder
JW Marriott Frankfurt	60313	Frankfurt am Main
Roomers Hotel	60329	Frankfurt am Main
Steigenberger Frankfurter Hof	60311	Frankfurt am Main
Colombi Hotel	79098	Freiburg im Breisgau
Göbel's Schlosshotel Prinz von Hessen	36289	Friedewald (Hessen)
Burg Schwarzenstein	65366	Geisenheim
Alter Meierhof Vitalhotel	24960	Glücksburg
Schloss Fleesensee	17213	Göhren-Lebbin
Romantik Alpenhotel Waxenstein	82491	Grainau
Das Achental Resort	83224	Grassau
Maximilian Quellness- und Golfhotel	94086	Bad Griesbach im Rottal
Fairmont Hotel Vier Jahreszeiten	20354	Hamburg
Fraser Suites Hamburg	20459	Hamburg
Grand Elysée Hamburg	20148	Hamburg
Hotel Atlantic Hamburg	20099	Hamburg
Hotel Louis C. Jacob	22609	Hamburg
Side Design Hotel Hamburg	20354	Hamburg
The Fontenay	20354	Hamburg
TORTUE Hamburg	20355	Hamburg
Kastens Hotel Luisenhof	30159	Hannover
Boutique Hotel Heidelberg Suites	69120	Heidelberg
Hotel Europäischer Hof Heidelberg	69117	Heidelberg
Hotel Hirschgasse	69120	Heidelberg
Seetelhotel Ahlbecker Hof	17419	Heringsdorf
Steigenberger Grandhotel & Spa	17424	Heringsdorf
Hotel Hohenhaus	37293	Herleshausen
Parkhotel Adler	79856	Hinterzarten
Schlosshotel Burg Schlitz	17166	Hohen Demzin
Schloss Hohenkammer	85411	Hohenkammer

Die Spitzenhotels des Jahres

Deutschland

Steigenberger Hotel Bad Homburg	61348	Bad Homburg vor der Höhe
Budersand Hotel, Golf & Spa	25997	Hörnum
Landhaus Zu den Rothen Forellen	38871	Ilsenburg (Harz)
Excelsior Hotel Ernst	50667	Köln
Hyatt Regency Köln	50679	Köln
Wasserturm Hotel Cologne Curio Collection	50676	Köln
Falkenstein Grand	61462	Königstein im Taunus
Villa Rothschild	61462	Königstein im Taunus
Steigenberger Grandhotel & Spa Petersberg	53639	Königswinter
RIVA Hotel	78464	Konstanz
Steigenberger Inselhotel	78462	Konstanz
Schlosshotel Kronberg	61476	Kronberg im Taunus
Das Kranzbach	82493	Krün
Schloss Elmau - Luxury Spa Retreat & Cultural Hideaway	82493	Krün
Schlosshotel Wendorf	19412	Kuhlen-Wendorf
Jagdhof Glashütte	57334	Bad Laasphe
revita - Ihr Tagungshotel	37431	Bad Lauterberg im Harz
Steigenberger Grandhotel Handelshof	04109	Leipzig
The Westin Leipzig	04105	Leipzig
Schloss Lieser	54470	Lieser
Hotel Bayerischer Hof	88131	Lindau am Bodensee
A-ROSA Sylt	25992	List auf Sylt
Lanserhof Sylt	25992	List auf Sylt
A-ROSA Travemünde	23570	Lübeck
Atlantic Grand Hotel Travemünde	23570	Lübeck
Hyatt Regency Mainz	55116	Mainz
VILA VITA Rosenpark	35037	Marburg
Villa am Ruhrufer Golf & Spa	45468	Mülheim an der Ruhr
Bayerischer Hof	80333	München
BEYOND by Geisel	80331	München
Hotel Vier Jahreszeiten Kempinski München	80539	München
Mandarin Oriental, Munich	80331	München
München Palace	81675	München
Roomers Munich	80339	München
Sofitel Munich Bayerpost	80335	München
The Charles Hotel, a Rocco Forte Hotel	80333	München
The Westin Grand München	81925	München
Alpenhof Murnau	82418	Murnau am Staffelsee
Kempinski Hotel Frankfurt Gravenbruch	63263	Neu-Isenburg
Der Birkenhof Spa & Genuss Resort	92431	Neunburg vorm Wald
Hotel & Spa Torkel	88149	Nonnenhorn

Deutschland

Hotel Seesteg	26548	Norderney
Hardenberg BurgHotel	37176	Nörten-Hardenberg
Hotel Maximilian	82487	Oberammergau
Allgäu Sonne	87534	Oberstaufen
Hotel Franks	87561	Oberstdorf
Sonnenalp Resort	87527	Ofterschwang
Victor's Residenz-Hotel Schloss Berg	66706	Perl
Hotel Dollenberg	77740	Bad Peterstal-Griesbach
Villa Hammerschmiede	76327	Pfinztal
Steigenberger Hotel & Spa Bad Pyrmont	31812	Bad Pyrmont
Waldhaus Reinbek	21465	Reinbek
Wellnesshotel Jagdhof	94133	Röhrnbach
Yachthafenresidenz Hohe Düne	18119	Rostock
Landhaus Wachtelhof	27356	Rotenburg an der Wümme
Althoff Seehotel Überfahrt	83700	Rottach-Egern
Parkhotel Egerner Höfe	83700	Rottach-Egern
Spa & Resort Bachmair Weissach	83700	Rottach-Egern
Villa Contessa - Luxury Spa Hotels	15526	Bad Saarow
Burghotel Staufeneck	73084	Salach
Elbresidenz an der Therme Bad Schandau	01814	Bad Schandau
Romantik- und Wellnesshotel Deimann	57392	Schmallenberg
Romantik ROEWERS Privathotel - The Spa Concept	18586	Sellin
Le Méridien Stuttgart	70173	Stuttgart
Hotel Fährhaus Sylt	25980	Sylt
Hotel Miramar	25980	Sylt
Hotel Stadt Hamburg	25980	Sylt
Landhaus Stricker	25980	Sylt
Severin*s Resort & Spa	25980	Sylt
Söl'ring Hof	25980	Sylt
DAS TEGERNSEE	83684	Tegernsee
Grand Hotel Seeschlösschen Sea Retreat & SPA	23669	Timmendorfer Strand
Hotel La Casa	72072	Tübingen
Lanserhof Tegernsee	83666	Waakirchen
Weissenhaus Grand Village Resort & Spa am Meer	23758	Wangels
Hotel Elephant Weimar	99423	Weimar
Hotel Nassauer Hof	65183	Wiesbaden
The Ritz-Carlton, Wolfsburg	38440	Wolfsburg
Hotel & Spa Fontenay	86825	Bad Wörishofen
Steigenberger Hotel Der Sonnenhof	86825	Bad Wörishofen
Wald & Schlosshotel Friedrichsruhe	74639	Zweiflingen

★★★★★

Die Spitzenhotels des Jahres

Österreich

Posthotel Achenkirch	6215	Achenkirch
Genießerhotel Bergergut	4170	Afiesl
Imlauer Hotel Schloss Pichlarn	8943	Aigen im Ennstal
Hotel Kaiserhof	6352	Ellmau
STOCK resort	6292	Finkenberg
Bio- und Wellnessresort Stanglwirt	6353	Going am Wilden Kaiser
...liebes Rot-Flüh	6673	Grän
Schloss Fuschl, a Luxury Collection Resort & Spa	5322	Hof bei Salzburg
Hotel Trofana Royal	6561	Ischgl
Schlosshotel Ischgl	6561	Ischgl
Sporthotel Silvretta	6561	Ischgl
Kempinski Hotel Das Tirol	6373	Jochberg
Zhero Hotel Ischgl	6555	Kappl
Rosengarten	6365	Kirchberg in Tirol
A-ROSA Kitzbühel	6370	Kitzbühel
Grand Tirolia Kitzbühel	6370	Kitzbühel
Schloss Lebenberg	6370	Kitzbühel
Tennerhof Gourmet & Spa de Charme Hotel	6370	Kitzbühel
DAS RONACHER Therme & Spa Resort	9546	Bad Kleinkirchheim
Lanserhof Lans	6072	Lans
Almhof Schneider	6764	Lech am Arlberg
Burg Vital Resort	6764	Lech am Arlberg
Gasthof Post	6764	Lech am Arlberg
Hotel Aurelio Lech	6764	Lech am Arlberg
Hotel Zürserhof	6763	Lech am Arlberg
Romantik Hotel „Die Krone von Lech“	6764	Lech am Arlberg
Severin*s - The Alpine Retreat	6764	Lech am Arlberg
Thurnher's Alpenhof	6763	Lech am Arlberg
Grandhotel Lienz	9900	Lienz
Alpenresort Schwarz	6414	Mieming
Travel Charme Ifen Hotel	6992	Mittelberg
Spa-Hotel Jagdhof	6167	Neustift im Stubaital
Hotel Sacher Salzburg	5020	Salzburg
Hotel Schloss Mönchstein	5020	Salzburg
Hotel Tannenhof	6580	St. Anton am Arlberg
Astoria Resort Seefeld	6100	Seefeld in Tirol
Wellnessresidenz Schalber	6534	Serfaus
Hotel Das Central	6450	Sölden
Top Hotel Hochgurgl	6456	Sölden
Falkensteiner Balance Resort Stegersbach	7551	Stegersbach
Reiters Reserve Supreme	7431	Bad Tatzmannsdorf

Österreich

Hotel Schloss Seefels	9212	Techelsberg am Wörther See
Interalpen-Hotel Tyrol	6410	Telfs
Falkensteiner Schlosshotel Velden	9220	Velden am Wörther See
Warmbaderhof	9504	Villach
Der Steirerhof	8271	Bad Waltersdorf
Ambassador	1010	Wien
Grand Ferdinand	1010	Wien
Grand Hotel Wien	1010	Wien
Hotel Imperial	1015	Wien
Hotel Sacher Wien	1010	Wien
InterContinental Wien	1030	Wien
Palais Coburg Residenz	1010	Wien
Palais Hansen Kempinski Vienna	1010	Wien
Park Hyatt Vienna	1010	Wien
SO/Vienna Hotel	1020	Wien
The Leo Grand	1010	Wien
The Ritz-Carlton Vienna	1010	Wien
Hotel Salzburgerhof	5700	Zell am See
Hotel Steirerschlössl	8740	Zeltweg

Südtirol

Hotel Castel	39019	Dorf Tirol
Weinegg Wellviva Resort	39050	Eppan an der Weinstraße
San Luis Hotel	39010	Hafling
Seeleiten Lake Spa Hotel	39052	Kaltern an der Weinstraße
Alpina Dolomites	39040	Kastelruth
Hotel Paradies	39021	Latsch
Giardino Marling	39020	Marling
La Maiena Meran Resort	39020	Marling
Castel Fragsburg	39012	Meran
Palace Merano	39012	Meran
Park Hotel Mignon	39012	Meran
Luxury DolceVita Resort Preidlhof	39025	Naturns
Golf & Spa Resort Andreus	39010	St. Martin in Passeier
Quellenhof Luxury Resort Passeier	39010	St. Martin in Passeier
ADLER BALANCE Spa & Health Residenz	39046	St. Ulrich in Gröden
Hotel Gardena Grödnerhof	39046	St. Ulrich in Gröden
Romantik Hotel Turm	39050	Völs am Schlern
Hotel Alpen Tesitin	39035	Welsberg-Taisten
Alpenroyal Grand Hotel	39048	Wolkenstein in Gröden

1.500 Hotels für Urlaub und Städtetrip

© iStock.com/Solovyova

- Deutschland
- Österreich
- Südtirol

A

Aachen
Nordrhein-Westfalen

Hampton by Hilton Aachen Tivoli (g)
★★★

Merowinger Str. 2 / ✉ 52070
www.hiltonhotels.de
T.: +49 241 9559300 / hbh.aachen@fmhos.com
164 D ab € 90 / als E ab € 75

Das Hampton by Hilton Aachen Tivoli liegt nur wenige Schritte entfernt vom Tivoli Fußball-Stadion und dem Chio Aachen. Es bietet seinen Gästen diverse Annehmlichkeiten, etwa ein warmes Frühstück, kostenfreies WLAN und ein Fitnesscenter, das rund um die Uhr geöffnet ist. Darüber hinaus verfügt es über zwei miteinander verbundene Konferenzräume für bis zu 75 Personen.

INNSIDE Aachen
★★★★

Sandkaulstr. 20 / ✉ 52062
www.melia.com
T.: +49 241 510370 / innside.aachen@melia.com
158 D ab € 95 / als E ab € 74

Aus dem fünften Stock bietet dieses Hotel einen super Blick über die Stadt: Auf der Dachterrasse schlürft man gemütlich einen Cappuccino und gönnt sich ein Stück Kuchen. Im historischen Kern gelegen, nur 500 Meter vom historischen Rathaus entfernt, eignet sich das Haus bestens für einen Citytrip oder ein Partywochenende. Das Auto kann auf dem Privatparkplatz des Hauses abgestellt werden.

Parkhotel Quellenhof Aachen
★★★★★

AE VISA

Monheimsallee 52 / ✉ 52062
www.parkhotel-quellenhof.de
T.: +49 241 91320 / info@parkhotel-quellenhof.de
114 D € 139/419 / 6 S € 399/549 / Frühstück € 26

Direkt am Kurpark, zwischen Kasino und Kongresszentrum, liegt die „Grande Dame" der Aachener Hotellerie. Das ehemalige Palace-Hotel aus dem Jahr 1916 bietet heute elegante, mit moderner Technik ausgestattete Zimmer an. Die Möbel und Accessoires wurden eigens für das luxuriöse Haus angefertigt. Im Restaurant „La Brasserie" oder im Sommer auf der Sonnenterrasse „Terrazza Fontana" verwöhnt die Küche mit vielseitigen Spezialitäten. Hotelbar und Kaminzimmer. Beauty- und Wellnessbereich „Fit and Spa Lounge".

Serviced Apartment (engl.), auch Studio (ital.): Modern ausgestattete Kleinwohnung mit Küche, Wohnbereich und Schlafzimmer. Bei einem Aufenhalt werden durch das Hotel zusätzliche Dienstleistungen angeboten.

Achern
Baden-Württemberg

Hotel Sonne Eintracht
★★★★

AE VISA

Hauptstr. 112 / ✉ 77855 / www.hotel-sonne-eintracht.com
T.: +49 7841 6450 / info@hotel-sonne-eintracht.com
20 E € 61/95 / 45 D € 107/145 / @

Die gelungene Verbindung von Alt und Neu verleiht diesem Hotel eine besondere Atmosphäre. Die erlesene Einrichtung des historischen Hauses wurde in den Räumen beibehalten. Auf Familientradition und internationalen Erfahrungen fußt der aufmerksame, persönliche Service. Gemütliche Wein- und Bierstube, Gartenlokal sowie Veranstaltungsräume.

Aerzen
Niedersachsen

Schlosshotel Münchhausen
★★★★★

AE VISA

Schwöbber 9 / ✉ 31855 Ortsteil Königsförde
www.schlosshotel-muenchhausen.com
T.: +49 5154 70600 / info@schlosshotel-muenchhausen.com
1 E € 140/295 / 56 D € 170/325
10 S € 395/650 / 1 App. € 170/170 / Frühstück € 29

Das Schlosshotel ist ein wunderschön restauriertes Wasserschloss der Weser-Renaissance. Es liegt umgeben von einem Schlosspark, einzigartig in Gestaltung und Artenvielfalt, angelegt nach englischen und französischen Vorbildern, und zwei 18-Loch-Golfplätzen. Elegante Zimmer und Suiten sowie zwei Restaurants lassen keine Wünsche offen. Entspannen können die Gäste im Schwimmbad- und Wellness-Bereich, sportlich betätigen auf den zwei Golfplätzen und der Driving-Range. Eigene Schlosskapelle im Park für Hochzeiten sowie moderne Bankett- und Konferenzräume stehen zur Verfügung.

Ahorn (Landkreis Coburg)
Bayern

Romantik Schlosshotel Hohenstein
★★★

VISA

Hohenstein 1 / ✉ 96482 Ortsteil Schafhof
www.schlosshotel-hohenstein.de / T.: +49 9565 9393151
post@schlosshotel-hohenstein.de
1 E € 69/169 / 9 D € 129/199 / 3 S € 175/199
2 App. ab € 99 / Frühstück € 12 / @

Nur wenige Kilometer von Coburg entfernt, liegt ein Märchenschloss zum Feiern, Entspannen und Genießen. Das liebevoll restaurierte Schlossanwesen, umgeben von einem atemberaubend romantischen Schlosspark mit eigener Kapelle, stammt aus dem 13. Jahrhundert und beheimatet heute ein kleines, individuelles Hotel mit zwei stilvollen Restaurants.

Ahrenshoop
Mecklenburg-Vorpommern

Der Fischländer
★★★★

Dorfstr. 47 e / ✉ 18347 / www.hotelderfischlaender.de
T.: +49 38220 6950 / info@hotelderfischlaender.de
29 D € 95/190 / als E € 90/140
3 S € 150/220 / 1 App. € 105/165 / Frühstück € 16

Dieses ruhig gelegene, 1998 erbaute Hotel bietet gute Voraussetzungen für einen erholsamen Aufenthalt. Dazu tragen auch die anspruchsvoll eingerichteten Gästezimmer bei. Internationale und regionale Spezialitäten serviert die Küche im gemütlichen Restaurant. Die schöne Café-Terrasse und die gemütliche Bar sind beliebte Treffpunkte der Gäste.

Künstlerquartier Seezeichen
★★★★

Dorfstr. 22 / ✉ 18347 / www.seezeichen-hotel.de
T.: +49 38220 67970 / info@seezeichen-hotel.de
2 E € 100/130 / 13 D € 150/260 / 3 S € 230/340
8 App. € 90/190 / @

Einen Urlaub mit allen Sinnen verspricht ein Aufenthalt im Künstlerquartier Seezeichen zu werden. Direkt hinter den Dünen des Ostseebades erleben Gäste in den großzügigen Zimmern und Suiten eine hochwertige Ausstattung der Extraklasse und einen herrlichen Ausblick. Neu seit 2015 ist der Dünenpark mit weiteren Appartements. Entspannung bietet der Spa- und Wellness-Bereich. Mit kulinarischen Entdeckungen aus der Region weiß der Küchenchef im Restaurant Silhouette zu überzeugen. Standesamt im Haus mit Trauungen am Strand.

Landhaus Morgensünn (g)
★★★

Bauernreihe 4 a+b / ✉ 18347 Ortsteil Niehagen
www.hoteluntermreetdach.de / T.: +49 38220 6410
info@hoteluntermreetdach.de
10 E € 90/120 / 25 D € 110/175 / 2 S € 180/220
6 App. € 130/175 /

In ruhiger Lage, nur 10 Gehminuten von der Ostseeküste entfernt, liegt das Hotel. Es besteht aus den Landhäusern „Susewind", ein traditionelles Gebäude mit Strohdach, und den Häusern „Morgensünn" (mit Innenpool) und „Strandgut". Restaurant und Pension „Am Kiel" mit internationaler Küche liegen etwa 5 Gehminuten entfernt. Antiquitäten, ausgesuchte Bilder und Perserteppiche schaffen eine gemütliche Atmosphäre.

Romantik Hotel Namenlos & Fischerwiege
★★★★

Dorfstr. 44 / ✉ 18347 / www.hotel-namenlos.de
T.: +49 38220 6060 / info@hotel-namenlos.de
5 E € 70/165 / 10 D € 95/235 / 18 S € 175/315
5 App. € 115/160 / @

Stilvoll Wohnen mit Tradition: komfortable Gästehäuser in einer parkähnlichen Anlage mit schönem alten Baumbestand, eine Terrasse mit Blick auf die Ostsee, die Nähe zum Strand und zur ehemaligen Künstlerkolonie Ahrenshoop sorgen für die einmalige Atmosphäre im berühmten „Café Namenlos". Alle Gästezimmer und Suiten sind geschmackvoll eingerichtet. Bekannt ist das Haus auf dem Darß auch für seine ausgezeichnete Konditorei und das empfehlenswerte Restaurant „Namenlos". Hotelbar.

Bad Aibling
Bayern

B&O Parkhotel
★★★★

Dietrich-Bonhoeffer-Str. 31 / ✉ 83043 Ortsteil Mietraching
www.bo-parkhotel.de / T.: +49 8061 38999-0
service@bo-parkhotel.de
25 E € 99/159 / 53 D € 129/189 / 5 App. € 149/219

Malerisch eingebettet in einem schönen Park mit altem Baumbestand liegt diese weitläufige Hotelanlage. Sie vereint Qualität und modernes Design auf hohem Niveau und bietet ideale Voraussetzungen für einen angenehmen Aufenthalt. Alle großzügigen und lichtdurchfluteten Gästezimmer bieten hohe Wohnqualität. Restaurant und Bar.

Das Lindner Romantik Hotel & Restaurant
★★★★

Marienplatz 5 / ✉ 83043 / www.das-lindner.com
T.: +49 8061 90630 / info@das-lindner.com
4 E € 99/129 / 52 D € 129/269 / @

Auf den Grundmauern eines alten Schlosses steht dieses seit 150 Jahren in Familienbesitz befindliche behagliche Hotel. Stilvoll und mit gehobener Ausstattung sind die Zimmer und Suiten. Das Restaurant bietet internationale und regionale Küche. Weinstube und Biergarten, Weinladen.

Schmelmer Hof
★★★★

Schwimmbadstr. 15 / ✉ 83043 Ortsteil Harthausen
www.schmelmer-hof.de / T.: +49 8061 4920
info@schmelmer-hof.de
30 E € 69/89 / 71 D € 94/140

Familiäre Atmosphäre, bayrisches Ambiente und geschmackvolle Raritäten machen den Charme diese Hotels aus. In ruhiger Lage am Rande der Kurstadt ist das Zentrum in wenigen Gehminuten erreichbar. Zimmer mit Balkon und Blick auf den Wendelstein. Eine Perle der Ruhe und Erholung ist der neue 1200 qm große Wellnessbereich mit Erlebnisschwimmbad, Sauna und Dampfbad. Rustikal-bayrische Gasträume. Hauseigener See.

Aldersbach
Bayern

das asam - Hotel im Kloster Aldersbach
★★★

Freiherr-von-Aretin-Platz 2 / ✉ 94501 / www.das-asam.de
T.: +49 8543 6247624 / kontakt@das-asam.de
27 D ab € 95 / als E ab € 65 / @

→

Das moderne Hotel liegt etwa eine halbe Autostunde von Passau entfernt. Hinter historischen Klostermauern offenbaren sich 27 Zimmer mit hohen Decken, Echtholzmöbeln und Fußbodenheizung im Bad, darunter auch Drei- und Vierbettzimmer. Der Besucher darf außerdem in die Geschichte des 1146 von Zisterzienser-Mönchen gegründeten Klosters und der nahegelegenen Klosterbrauerei Aldersbach eintauchen. Die flussreiche Umgebung kann man hervorragend mit dem Fahrrad erkunden. Tolles Restaurant im ehemaligen Speisesaal der Äbte. Klosterschänke und Kreuzgarten.

Alsfeld
Hessen

Hôtel Villa Raab
★★★

Altenburger Str. 60 / ✉ 36304 / www.villa-raab.de
T.: +49 6631 911470 / info@villa-raab.de
38 D ab € 149 / als E ab € 109 / 2 S ab € 299

Die trutzige kleine Villa mit ihrem Türmchen, der Veranda und der schneeweißen Fassade lockt Hochzeitsgäste und Ausflügler gleichermaßen. Sie schlafen in 20 bis 57 Quadratmeter großen Refugien, darunter die Suiten „Ludwig" und „Marie". Hier gibt's freistehende Badewannen, große Kuschelsofas und kunstvolle Tapeten an Wänden und Decke. Gespeist wird hessisch regional im Restaurant mit eigenen Bierspezialitäten.

Alt Duvenstedt
Schleswig-Holstein

Seehotel Töpferhaus
★★★★

Am See 1 / ✉ 24791
www.toepferhaus.com
T.: +49 4338 99710 / service@toepferhaus.com
7 E € 80/120 / 36 D € 90/140 / 3 S € 110/160
Frühstück € 18 /

Direkt am Bistensee liegt das repräsentative Landhausensemble mit gemütlicher Atmosphäre. Es ist auf Grund seiner Lage gleichermaßen der Tipp für ein freizeitbetontes und entspanntes Wochenende oder die zurückgezogene Tagung. Gastronomische Highlights bietet die Gourmetküche. Gehobene Landhausküche.

Alzenau
Bayern

Panorama Hotel & Restaurant Schloßberg
★★★★

Schlossberg 2 / ✉ 63755 Ortsteil Wasserlos
www.schlossberg-wasserlos.de / T.: +49 6023 94880
info@schlossberg-wasserlos.de
4 E ab € 80 / 14 D € 101/113

Ruhig inmitten von Weinbergen liegt dieses behaglich eingerichtete Hotel mit seinen komfortablen Gästezimmern. Vielseitigkeit zeichnet die Küche im Restaurant aus. Von der Café-Terrasse haben Gäste einen herrlichen Panoramablick über das Maintal bis zum Taunus.

Alzey
Rheinland-Pfalz

Weinhotel Kaisergarten
★★★★

Hospitalstr. 17 / ✉ 55232
www.weinhotel-kaisergarten.de
T.: +49 6731 997600 / info@weinhotel-kaisergarten.de
47 D ab € 119 / als E ab € 89

Genusskultur, Lebensart und Gaumenfreuden erwartet Reisende jeglicher Couleur in diesem neuen, familiengeführten Kleinod, im Herzen von Alzey. Die Farben des Weines fließen in den geschmackvollen Zimmern mit ein. Neben der leckeren regionalen Küche im Restaurant Kaisergarten werden auch herausragende Weine serviert. Hauseigene Weinlounge, Vinothek und Weinbar. Tagungsräume mit neuer Technik.

Amberg
Bayern

Allee Parkhotel Maximilian (g)
★★★★

Pfalzgrafenring 1 / ✉ 92224
www.allee-parkhotel-maximilian.de / T.: +49 9621 3300
info@allee-parkhotel-maximilian.de
37 D € 101/121 / als E € 82/102 / 10 S € 114/200

Direkt am Eingang zur Amberger Altstadt liegt das lichtdurchflutete Haus mit seiner halbovalen Architektur. In liebevoll eingerichteten Zimmern und Suiten, die mit allen modernen Annehmlichkeiten ausgestattet sind, fühlen sich große und kleine Gäste wohl. Ein Wellnessbereich lädt zum Entspannen ein. Mit einem großzügigen Frühstücksbüfett startet der neue Tag.

Biosauna: Milde Sauna (50 °C) mit trockenem Raumklima, das für den Körper nicht belastend ist und zumeist mit ätherischen Essenzen kombiniert wird. Zusätzliche Farbenspiele wirken entspannend oder anregend.

Knasthotel Fronfeste
★★

Fronfestgasse 8 / ✉ 92224
www.hotelfronfeste.de
T.: +49 9621 179552 / info@hotelfronfeste.de
7 E ab € 68 / 17 D ab € 86 / 4 S ab € 134 /

Immerhin 11 bis 15 Quadratmeter Platz, TV und WLAN bieten die „Zellen" in diesem ehemaligen Gefängnis. „Wasser und Brot„ sprich 1 Flasche Wasser und 1 Scheibe Brot sind inklusive. Für mehr Komfort gibt es die Knast-Suiten. Das Hotel nahe der tschechischen Grenze ist Teil der ehemaligen Stadtbefestigung der Altstadt.

Amorbach
Bayern

Der Schafhof Amorbach
★★★★

Schafhof 1 / ✉ 63916
www.schafhof-amorbach.de
T.: +49 9373 97330 / rezeption@schafhof.de
1 E € 95/170 / 15 D € 160/185 / 8 S € 225/300

Inmitten der Idylle des Naturparks „Bayrischer Odenwald“ liegt das ehemalige Klostergut Amorhof der Benediktinerabtei Amorbach, der heutige „Schafhof“. Fernab von jeder Großstadthektik finden Gäste in traumhafter Umgebung einen Ort, der zum Verweilen einlädt. Liebevoll restaurierte Zimmer und zwei ausgezeichnete Restaurants sorgen für einen angenehmen Aufenthalt. Ruhe und Entspannung findet der Gast bei dem Wellness- und Beauty-Programm.

Andernach
Rheinland-Pfalz

Hotel Meder (g)
★★

Konrad-Adenauer-Allee 36 / ✉ 56626
www.hotel-meder.de / T.: +49 2632 42632
info@hotel-meder.de
10 E zu € 79 / 9 D zu € 109

Diese inhabergeführte, gemütliche „Residenz am Rhein“ mit Aussicht auf Rheinpark und Schiffsanlegestelle lädt zum Wohlfühlen ein. Die im Landhausstil liebevoll gestalteten Zimmer mit vielen Extras machen den Aufenthalt in diesem romantischen Hotel garni zu einem erholsamen Erlebnis. Am Morgen wählt der Gast von einem reichhaltigen Frühstücksbüfett.

Monte Mare Andernach
★★★★

Klingelwiese 1 / ✉ 56626 / www.monte-mare.de/hotel
T.: +49 2632 9872210 / andernach@monte-mare.de
16 D ab € 89 / 4 S ab € 199 /

Dank einer direkten Verbindung gelangen die Gäste in das angrenzenden Monte Mare Sauna-Spa-Sports. Dort können sie trainieren, den 6.000 (!) Quadratmeter großen Saunagarten nutzen oder sich bei Gesichts- und Körperbehandlungen entspannen. Auch bei der Ausstattung der 20 Doppelzimmer und Suiten wurde mit extravaganten Materialien ein angenehmes Ambiente geschaffen. Eine thematische Ausrichtung haben die vier Luxus-Suiten im Obergeschoss, die inhaltlich an die vier Elemente Feuer, Wasser, Luft und Erde angelehnt sind.

Parkhotel „Am Schänzchen“
★★★

Konrad-Adenauer-Allee 1 / ✉ 56626
www.parkhotel-andernach.de
T.: +49 2632 920500
info@parkhotel-in-andernach.de
28 D € 135/150 / als E € 85/100

Direkt am Rhein gelegen, bietet das Parkhotel gepflegte Gastlichkeit in stilvoller Atmosphäre. Die Gästezimmer sind geschmackvoll und komfortabel eingerichtet. Im Restaurant „Am Schänzchen“ werden heimische und internationale Spezialitäten serviert. Tagungs- und Bankettträume bieten den geeigneten Rahmen für jedes Event. Biergarten an der Rheinpromenade. Café und Konditorei erfreuen Nachmittagsgäste

Arendsee
Sachsen-Anhalt

Flair Hotel Deutsches Haus
★★★

Friedensstr. 89-91 / ✉ 39619
www.dh-arendsee.de
T.: +49 39384 2500 / info@dh-arendsee.de
6 E € 67/95 / 16 D € 104/145 / 2 S € 123/160
1 App. € 145/185

Nur 150 Meter vom Arendsee entfernt liegt der gemütliche Familienbetrieb in einem Fachwerkhaus von 1832. Nach geschmackvoller Renovierung blieb der unverwechselbare Charakter des Hauses erhalten und wird heute gehobenen Ansprüchen eines Urlaubs- und Stadthotels gerecht. Gepflegte gutbürgerliche und regionale Köstlichkeiten im Restaurant.

Annweiler am Trifels
Rheinland-Pfalz

Jugendstilhotel Trifels
★★★

Kurhausstr. 25 / ✉ 76855 Ortsteil Bindersbach
www.jugendstilhotel-trifels.de / T.: +49 6346 308860
info@jugendstilhotel-trifels.de
20 D € 92/112 / als E € 69/92 / 1 S € 122/132
Frühstück € 13 /

→

Dieses aufwändig renovierte Jugendstilhaus in idyllischer und ruhiger Lage, mit Blick auf drei Burgen, bietet sich perfekt für eine kurze Auszeit in der Natur oder die Familienfeier an. Zum Hotel gehören auch zwei urige, direkt am Waldrand gelegene und sehr komfortabel ausgestattete „Hexenhäuschen" für das besondere Übernachtungserlebnis. Eine kreative und nachhaltige Bewirtung stellt das hauseigene Restaurant sicher, welches für sich genommen schon eine Reise wert ist.

Arnsberg
Nordrhein-Westfalen

Hotel Menge

★★★

Ruhrstr. 60 / ✉ 59821
www.hotel-menge.de
T.: +49 2931 52520 / info@hotel-menge.de
1 E € 81/101 / 17 D € 91/148

Das kleine Wohlfühlhotel befindet sich seit 1833 in Familienbesitz und legt viel Wert auf Qualität, persönlichen Service und Atmosphäre. Das Abend-Restaurant verwöhnt mit qualitätsvollen Küche und regionalen Spezialitäten. Frühstück mit vielen hausgemachten und regionalen Produkten wird im lichtdurchfluteten Gartenzimmer serviert.

Arrach
Bayern

Hotel Herzog Heinrich

★★★★

Eckstr. 5 / ✉ 93474
www.hotel-herzog-heinrich.de
T.: +49 9943 9540 / info@hotelherzogheinrich.de
176 D € 178/229 HP / als E € 109/130 HP

Idyllisch am Ortsrand gelegen überzeugt dieses familienfreundliche Hotel auch den anspruchsvollen Gast. Die Zimmer sind geschmackvoll und gemütlich eingerichtet. Vielseitig ist das Angebot der Küche in zwei Restaurants. Gemütliche Hotelbar. Neu gestalteter Wellness- und Beauty-Bereich, ganzjährig beheizter Außenpool mit Whirlliegen; Garten und Ruhegarten.

Aschau im Chiemgau
Bayern

Residenz Heinz Winkler

★★★★★

Kirchplatz 1 / ✉ 83229 Ortsteil Aschau
www.residenz-heinz-winkler.de / T.: +49 8052 17990
info@residenz-heinz-winkler.de
5 E € 225/315 / 8 D € 250/330 / 19 S € 290/520

Als Insel der Ruhe und Schönheit - so versteht sich dieses barocke Relais & Châteaux-Juwel mit italienischem Flair, das bilderbuchartig inmitten der Chiemgauer Bergwelt und am Fuße der imposanten Kampenwand liegt. Hier vereinen sich Tradition, Moderne und purer Luxus zu einem Erlebnis. Zimmer und Suiten sind im Maisonetten-Stil gehalten und mit jeglichem Komfort ausgestattet. Die vielfach ausgezeichnete Küche von Heinz Winkler legt größten Wert auf harmonische Geschmacksfülle und Leichtigkeit. Gäste genießen im traumhaften Ambiente einen professionellen Service mit Grandeur; Panorama-Terrasse.

Aschheim
Bayern

Schäfflerwirt

★★

Feldkirchner Str. 16 / ✉ 85609
www.schafflerwirt.de
T.: +49 89 9005010 / info@schafflerwirt.de
16 E € 59/129 / 19 D € 79/159 / 3 S € 129/199

Vor den Toren Münchens empfiehlt sich das seit über 117 Jahren bestehende Traditionshaus als einzigartige, gemütliche Bleibe. Die Hotelzimmer sind modern und individuell eingerichtet. Das landestypische Wirtshaus serviert bayrische Spezialitäten und herzhaftes Münchner Bier.

Asperg
Baden-Württemberg

Hotel Adler

★★★★

Stuttgarter Str. 2 / ✉ 71679
www.adler-asperg.de
T.: +49 7141 26600 / info@adler-asperg.de
39 E € 89/169 / 28 D € 99/179 / 3 App. € 149/209
Frühstück € 21

Mit Blick auf die mittelalterliche Festung liegt dieses einladende Hotel, das mit persönlichem Ambiente und hohem Komfort dem Gast einen angenehmen Aufenthalt bereitet. Die Tagungstechnik ist ausgefeilt, die Räume sind klimatisiert; großer Festsaal. Kulinarisch verwöhnt das Gourmetrestaurant „Schwabenstube" im 160-jährigen Fachwerkhaus seine Gäste mit einer erlesenen Küche. „Schwabbas" - Schwäbisch-mediterrane Spezialitäten in der Brasserie.

Lounge: 1. Exklusiver Wartebereich für Reisende im Flughafen oder in einem Bahnhof. 2. Komfortabler Sitz- und Aufenthaltsbereich mit (Bar-)Gastronomie in einem Hotel.

Attendorn
Nordrhein-Westfalen

Burghotel Schnellenberg
★★★★

Schnellenberg 1 / ✉ 57439 Ortsteil Schnellenberg
www.burg-schnellenberg.de
T.: +49 2722 6940
info@burg-schnellenberg.de
3 E zu € 90 / 30 D € 120/190 / 6 S zu € 220
3 App. zu € 240

Die Höhenburg aus dem 13. Jh. gehört zu den größten erhaltenen und schönsten Burganlagen Westfalens und präsentiert sich als Stätte stilvoller Gastlichkeit in einem repräsentativen historischen Ambiente. Neben elegant eingerichteten Zimmern oder der besonders luxuriösen Turmsuite verfügt das Hotel über ein Restaurant mit offenem Kamin und Terrasse, einem Spa, Tagungsräume, Burgkapelle, Museum und einer Außenstelle des Standesamtes.

Romantik Hotel Platte
★★★★

Repetalstr. 219 / ✉ 57439 Ortsteil Niederhelden
www.platte.de / T.: +49 2721 1310
info@platte.de
5 E € 72/95 / 44 D € 103/165

Versteckt zwischen Wiesen und Wäldern findet sich an einem Bach gelegen dieses gehobene, sehr gemütliche Romantik Hotel, das durch seine gepflegte, familiäre Atmosphäre den Aufenthalt angenehm macht. Natur pur, Entspannung in der Badelandschaft und die Genüsse der guten Landhausküche runden den Aufenthalt ab. Café-Terrasse, Bar, Golfplatz gegenüber.

Aue
Sachsen

Hotel Blauer Engel
★★★

Altmarkt 1 / ✉ 08280 / www.hotel-blauerengel.de
T.: +49 3771 5920 / info@hotel-blauerengel.de
4 E € 86/126 / 31 D € 121/141 / 4 S ab € 191

In diesem traditionsreichen Familienbetrieb (seit 1663) erwarten den Gast zeitgemäß eingerichtete Zimmer mit angenehmen Raumkonzept sowie ein attraktiver Fitness- und Wellnessbereich. Am Fuße des Erzgebirges, im Zentrum von Aue, finden Besucher Entspannung. Gerne probieren Gäste hier die leckere sächsische Küche. Außerdem gibt es ein Biermuseum.

Augsburg
Bayern

Arthotel ANA Gold (g)
★★★

Nanette-Streicher-Str. 4 / ✉ 86199 Ortsteil Göggingen
www.ana-hotels.de / T.: +49 821 906040
gold@ana-hotels.de
25 D ab € 72 / als E ab € 42

In citynaher Lage überzeugt das Designhotel mit Lifestyle in allen Bereichen. Geboten werden gut ausgestattete Zimmer mit Kingsize-Boxspringbetten und ein abwechslungsreiches Frühstücksbuffet, dass im Sommer auch auf der Terrasse serviert wird. Zum Wellnessbereich gehören Behandlungsräume für Gesicht und Körper, ein Innenpool, eine finnische Sauna und ein Fitnessraum.

Hotel Maximilian's
★★★★★

Maximilianstr. 40 / ✉ 86150 / www.hotelmaximilians.com
T.: +49 821 50360 / info@hotelmaximilians.com
132 E € 135/220 / 92 D € 140/245 / 5 S € 255/740
4 App. € 160/250

Das außergewöhnliche Haus liegt an der Maximilianstraße, der Lebensader des historischen Augsburgs. Repräsentative Räumlichkeiten, eine noble Atmosphäre und ein hervorragender Service geben dem Haus seine besondere Ausstrahlung. Luxuriöse und lärmgeschützte Zimmer machen die Innenstadtlage noch einmal mehr angenehm. Ein orientalisch gestalteter Wellnessbereich bietet Platz für Erholung und Entspannung

Aying
Bayern

Brauereigasthof Hotel Aying
★★★★

Zornedinger Str. 2 / ✉ 85653
www.brauereigasthof-aying.de / T.: +49 8095 90650
brauereigasthof@ayinger.de
9 E € 99/329 / 35 D € 139/319 / 4 S € 279/369

Das historische Ensemble mit Gasthof und Herrenhaus, dem Museum Sixthof, der hauseigenen Brauerei Aying und weiteren exklusiven Räumlichkeiten ist einzigartig. Einer Jahrhunderte langen Familientradition folgend, verbinden sich hier Tradition mit Moderne und bayerischem Flair sowie gehobenem Komfort. Der Brauereigasthof steht für zeitgemäß wohnen in historischem Ambiente, Kochkunst genießen auf hohem Niveau und privat feiern oder professionell tagen in einem einmaligen Rahmen.

B

Baden-Baden
Baden-Württemberg

Atlantic Parkhotel
★★★★

Goetheplatz 3 / ✉ 76530 / www.atlantic-parkhotel.de
T.: +49 7221 3610 / info@atlantic-parkhotel.de
18 E € 129/169 / 35 D € 229/339 / @

Vis-á-vis vom Theater, Kurhaus und Casino, am Ufer der Oos, nahe den Thermen, der Museumsmeile und dem Festspielhaus, ist das an der Lichtentaler Allee gelegene Hotel eine Oase der Ruhe. Gastlichkeit, Gaumenfreuden aus der eigenen Hotelküche sowie edle Weine, verbunden mit gehobener Wohnkultur, laden den Gast ein, die Annehmlichkeiten des First-Class-Hotels zu genießen. Alle Zimmer sind klassisch und zeitgemäß eingerichtet, die alleeseitigen Zimmer verfügen außerdem über Klimaanlage und Balkon. Sonnenterrasse.

Brenners Park-Hotel & Spa
★★★★★

Schillerstr. 4/6 / ✉ 76530 / www.oetkercollection.com
T.: +49 7221 9000
information.brenners@oetkercollection.com
15 E € 270/370
50 D € 430/945 / 35 S € 920/12000 / Frühstück € 46
@

Das Stammhaus der Oetker Collection präsentiert sich als wunderschöne Stadt-Oase inmitten einer zauberhaften Parkanlage. Eleganz und Tradition in harmonischem Zusammenspiel mit innovativen Zukunftskonzepten sind das Markenzeichen des Grandhotels an der Lichtentaler Allee. Eines der herausragenden Merkmale ist die großzügige Weite der Hotelanlage, Ruhe und Privatsphäre sind wesentliche Elemente des Brenners-Erlebnisses. Der Privatpark unterstreicht die Magie dieses einzigartigen Ortes. Das Villa Stéphanie Spa & Wellbeing mit Medical Care setzt Maßstäbe in Europa. Mit einer klassischen Küche überzeugt der lichtdurchflutete Wintergarten. Das Fritz & Felix setzt Akzente in der Gastronomieszene Baden-Badens.

Belle Epoque (g)
★★★★

Maria-Viktoria-Str. 2 c / ✉ 76530
www.hotel-belle-epoque.de / T.: +49 7221 300660
info@hotel-belle-epoque.de
4 E € 170/250 / 6 D € 225/299 / 10 S € 350/795
@

Wer schon immer von einer Zeitreise in das 19. Jh. geträumt hat und gerne einmal wie Kaiserin Sisi oder Louis XVI. mit prachtvollen Kronleuchtern und wertvollem Empire-Bett logieren möchte, für den ist dieses Hotel genau die richtige Adresse. Es liegt abgeschirmt im hoteleigenen Park inmitten der Kurstadt. Trotz der Zeitreise muss nicht auf modernsten Komfort verzichtet werden. Gourmets werden im benachbarten Schwesterhotel „Der kleine Prinz" verwöhnt.

Der Kleine Prinz
★★★★

Lichtentaler Str. 36 / ✉ 76530
www.derkleineprinz.de
T.: +49 7221 346600 / info@derkleineprinz.de
6 E € 155/199 / 18 D € 199/299 / 14 S € 350/495
2 App. € 375/895
@

„Das schönste und originellste Haus von Baden-Baden" - dieses Prädikat gilt dem Hotel „Der kleine Prinz". Überall im Haus begegnen die Gäste jener Figur, die dem Hotel ihren Namen gab. Die mit modernsten Annehmlichkeiten ausgestatteten Zimmer sind liebevoll eingerichtet. Gourmets können im Restaurant die frische Küche mit französischer Note genießen. Die „Bel Etage" mit Lounge, Bibliothek und Lobby ist auch für Meetings geeignet.

Gasthaus Auerhahn
★★★

Geroldsauer Str. 160 / ✉ 76534 Ortsteil Geroldsau
www.gasthaus-auerhahn.de
T.: +49 7221 7435
info@gasthaus-auerhahn.de
20 D € 99/124 / als E ab € 74
@

In diesem traditionsreichen Landgasthof verbindet sich das Flair Baden-Badens mit der Gemütlichkeit des Schwarzwaldes. Erweitert wurde das Haus durch einen modernen Anbau mit ansprechenden Gästezimmern. Im rustikalen Restaurant und im schattigen Biergarten lassen sich badische Spezialitäten genießen.

Hotel am Sophienpark
★★★★

Sophienstr. 14 / ✉ 76530 / www.hotel-am-sophienpark.de
T.: +49 7221 3560 / info@hotel-am-sophienpark.de
23 E € 90/195 / 42 D € 140/260 / 3 S € 300/360
@

Hinter der prachtvollen Fassade eines denkmalgeschützten Jugendstilhauses befindet sich dieses schöne Hotel mit eigener Parkanlage. Großzügige Räumlichkeiten und elegante Zimmer bieten zahlreiche Bequemlichkeiten. Professionell ausgestattete Tagungsräume stehen den Gästen zur Verfügung.

AE American Express / Diners Club

Maison Messmer Baden-Baden

★★★★★

Werderstr. 1 / ✉ 76530 / www.hommage-hotels.com
T.: +49 7221 30120
info.maison-messmer@hommage-hotels.com
5 E € 187/377 / 136 D € 241/431 / 11 S € 528/2900
Frühstück € 31

Auf eine lange Tradition der Gastlichkeit blickt das „Maison Messmer“ zurück: 40 Jahre war es die Sommerresidenz des deutschen Kaisers Wilhelm I. Heute hält das berühmte Haus am Kurhaus/Kasino und Theater für Gäste, die ein exklusives Ambiente zu schätzen wissen, seine Pforten geöffnet. Die vollklimatisierten Zimmer bestechen durch klassische Eleganz und modernen Stil. Großzügiger Wellnessbereich und eine vielfältige Gastronomie runden das Angebot ab.

Roomers Hotel Baden-Baden

★★★★★

Lange Str. 100 / ✉ 76530
www.roomers-badenbaden.com
T.: +49 7221 901930
info@roomers-badenbaden.com
D € 200/500 / als E € 200/500 / S € 350/5600
Frühstück € 32

Ein exklusiver Treffpunkt für Hotelgäste und Einheimische ist das gegenüber dem Festspielhaus gelegene, neu eröffnete Designhotel Roomers. Das Interieur trägt die Handschrift von Designer Piero Lissoni und spiegelt den Lifestyle der Stadt wider, elegant, minimalistisch und dezent in Form und Farbe. Wobei im Restaurant MoriKi oder auf der Terrasse der Fokus auf Pan-Asiatischer Küche liegt. Ideal für Empfänge, Meetings oder Partys geeignet sind der Private-Dining-Room oder die flexiblen Veranstaltungsräume. Roomers Bar und Rooftop Bar mit Pool und herrlichem Ausblick gehören ebenso zum Angebot wie der Spabereich mit Hamam, Jacuzzi und Sauna und der Fitnessbereich.

Schweizer Hof (g)

★★★

Lange Str. 71-73 / ✉ 76530
www.schweizerhof.de
T.: +49 7221 30460 / mail@schweizerhof.de
10 E ab € 69 / 28 D ab € 105 / 1 S ab € 125

Im Herzen Baden-Badens, direkt neben dem Festspielhaus und nur wenige Meter vom Kasino und Kurhaus entfernt, befindet sich dieses einladende Hotel. Die geräumigen Gästezimmer laden zum Wohlfühlen ein. Ideal für Geschäftsreisende, Tagungsgäste, Familien und Besucher der Stadt. Hotelbar und Gartenterrasse.

MasterCard / Visa / EC-Karte

Badenweiler
Baden-Württemberg

Hotel am Park

★★★★

Römerstr. 8 / ✉ 79410 / www.hotel-am-park.biz
T.: +49 7632 7580 / info@hotel-am-park.biz
10 E € 70/75 / 20 D € 135/150 / 2 S zu € 175

Familiengeführtes Kur- und Urlaubshotel in zentraler, aber ruhiger Lage direkt am Kurpark und Cassiopeia-Thermenzentrum und Römischer Badruine. Restaurant mit Spezialitätenbüfetts. Internet-Café und gemütliche Hotelbar gehören zum Haus. Wohltuend sind Massagen, Kosmetik- und Ayurveda-Angebote. Wöchentlich wechselnde Unterhaltungsprogramme. Wintergarten.

Hotel Schwarzmatt

★★★★

Schwarzmattstr. 6 a / ✉ 79410 / www.schwarzmatt.de
T.: +49 7632 82010 / info@schwarzmatt.de
8 E € 160/180 / 17 D € 240/340 / 4 S € 360/400
9 App. € 340/380

Am Ortsrand von Badenweiler findet der Gast diese luxuriöse „Relais & Châteaux“-Oase. Das Haus lässt wirklich kaum Wünsche offen. Der elegante Familienbetrieb mit angenehm persönlicher Atmosphäre verwöhnt seine Gäste durch aufmerksamen Service in gemütlich und individuell eingerichteten Räumlichkeiten. Das renommierte Restaurant im Landhausstil knüpft mit internationalen und regionalen Spezialitäten an die Qualität des Hauses an. Eigene Konditorei; schöne Kaminhalle mit Hotelbar.

Schlossberg (g)

★★★

Schlossbergstr. 3 / ✉ 79410
www.hotel-schlossberg-badenweiler.de
T.: +49 7632 82850 / info@hotel-schlossberg-badenweiler.de
7 E € 73/79 / 1 D € 150/150 / 9 S € 166/198

Es gibt nur wenige Hotels, die Stil, Komfort und persönliches Flair so eindrucksvoll kombinieren wie dieses kleine, feine Hotel mit harmonischem Interieur. Hier gehört der liebevolle Service ebenso zum erholsamen und entspannten Urlaub, wie die absolut ruhige Lage mitten im Kurpark. Leichte Köstlichkeiten mit ausgewählten Produkten bietet die Küche.

Wellness-Privathotel Post an der Therme

★★★★

Sofienstr. 1 / ✉ 79410
www.privathotel-post.de
T.: +49 7632 82480 / info@privathotel-post.de
12 E € 60/73 / 12 D € 116/138 / 13 S € 145/175
3 App. ab € 175

Gegenüber der „Cassiopeia-Therme“ mit Wellness- und Saunalandschaft sowie dem Kurpark liegt dieses persönlich geführte Ringhotel. Den Gast erwarten Zimmer mit zeitge- →

mäßen Bequemlichkeiten; attraktiver Wellness-Bereich. Das Restaurant ist bekannt für seine gute Küche, die höchste Ansprüche zufrieden stellt. Bier- und Weinstube; eigene Konditorei. Neue Wellnesslandschaft mit attraktiven Angeboten.

Bahlingen am Kaiserstuhl

Baden-Württemberg

Landgasthof Zum Lamm

★★★

Hauptstr. 49 / ✉ 79353 / www.lamm-bahlingen.de
T.: +49 7663 93870 / info@lamm-bahlingen.de
8 E € 45/65 / 22 D € 80/100 / 2 S € 100/120

Gemütlichkeit und Atmosphäre verleihen diesem Landgasthof seine persönliche Note. Gäste schätzen den familiären Service des Hauses und die modernen, geschmackvoll eingerichteten Zimmer. Das bekannte Restaurant pflegt eine Speisekarte mit regionalen Spezialitäten.

Baierbrunn

Bayern

Waldgasthof Buchenhain

★★★

Am Klettergarten 7 / ✉ 82065 Ortsteil Buchenhain
www.hotelbuchenhain.de / T.: +49 89 7448840
info@hotelbuchenhain.de
19 E € 85/179 / 16 D € 115/199 / 1 S € 200/500

Familienhotel mit traditioneller, ländlicher Atmosphäre verbunden mit hohem Komfort, traumhafter Lage am Isarufer Gute Anbindung an die bayerische Metropole. Im hauseigenen Biergarten oder im Restaurant kann der Gast bodenständige Schmankerl und ein Bier genießen. Ein besonderes Highlight ist die Oldtimer-Vermietung.

Tennisplatz / Fitnessraum

Baiersbronn

Baden-Württemberg

Ailwaldhof Parkhotel & Spa

★★★★

Ailwald 3 / ✉ 72270 Ortsteil Klosterreichenbach
www.ailwaldhof.de / T.: +49 7442 8360 / info@ailwaldhof.de
4 E € 80/140 / 14 D € 160/220
6 S € 220/280 / 2 App. € 180/220

Ruhig am Waldrand mit herrlichem Blick auf das Murgtal verweilt der Gast auf dem ehemaligen Sitz des Königlichen Jagd- und Forstreviers - erreichbar über eine Privatzufahrt. Die Räume sind stilvoll und licht, gemütlich die Gästezimmer mit zahlreichen Annehmlichkeiten; schöne Hotelhalle. Leichte Neue Küche im Kamin-Restaurant „Jakob-Friedrich". Gutsortierter, begehbarer Weinkeller mit Weinverkauf außer Haus. Eigene Schnapsbrennerei; Terrasse im mediterranen Stil; 12 Hektar große Naturparkanlage mit Natursee.

Hotel-Garagen vorhanden

Engel Obertal - Wellness & Genuss Resort

★★★★★

Rechtmurgstr. 28 / ✉ 72270 Ortsteil Obertal
www.engel-obertal.de / T.: +49 7449 850
himmlisch@engel-obertal.de
22 E € 230/280 / 41 D € 350/480 / 10 S € 450/540
6 App. € 400/450 /

In ruhiger Lage am Ortsrand befindet sich dieses persönlich geführte Luxushotel. Es besticht vor allem mit seinem außergewöhnlichen und großzügigen Wellness- und Spaparadies „Wolke7", sowie einem Meerwasser-Erlebnisbad mit Innen- und Außenbecken. Ergänzt wird diese herrliche Wohlfühloase durch einen Naturbadesee, zwei Erd- und Holzofensaunen, einen Wasserfall und einen tageslichtdurchfluteten Fitnesspavillon. Ein kompetenter Service schafft eine heitere Urlaubsatmosphäre, in der der Gast Schwarzwälder Gastlichkeit auf hohem Niveau erlebt. Die Gastronomie in den verschiedenen „Stuben" vertreten die Schwarzwälder Gastlichkeit. Außerdem eine gemütliche Hotelbar und ein vielseitiges Unterhaltungsprogramm.

Hotel Bareiss im Schwarzwald

★★★★★

Hermine-Bareiss-Weg / 72270 Ortsteil Mitteltal
www.bareiss.com / T.: +49 7442 470 / info@bareiss.com
19 E € 265/365 HP / 54 D € 590/640 HP
10 S ab € 870 HP / 41 App. € 720/820 HP

Luxus und Tradition im Schwarzwald - dies vereint diese exklusive Ferieninsel für Urlauber und Feinschmecker weit weg vom Alltag. Draußen im Garten, in den Pools oder im Wald atmen Gäste die reine Luft des Mittelgebirges. Die luxuriösen Zimmer, Suiten und Appartements sind im edlen Landhausstil eingerichtet. Noch mehr Ruhe und Entspannung verspricht ein Besuch im erweiterten und großzügig neu gestalteten Wellness & Spa. Drei separate Restaurants bieten Speisen für jeden Gaumen: die „Kaminstube" serviert europäische und feine badische Leckereien, die „Dorfstube" Schwarzwälder Spezialitäten und das exklusive Restaurant „Bareiss" die große Gourmetküche. Mit der Villa Sternenstaub und der Villa Kunterbunt im „Kinderdörfle" ist das Hotel Bareiss auch ein Paradies für die kleinen Gäste.

Nationalpark-Hotel Schliffkopf

★★★★

Schwarzwaldhochstr. 1 / 72270 / www.schliffkopf.de
T.: +49 7449 9200 / info@schliffkopf.de
12 E € 150/180 HP / 34 D € 260/340 HP
6 S € 400/500 HP

Eingebettet in ein Naturschutzgebiet, direkt auf einer Bergspitze an der Schwarzwaldhochstraße, liegt dieses luxuriöse Hotel. Der großzügige Wellness- und Beautybereich und die umfassenden In- und Outdoor-Sportangebote bieten optimale Voraussetzungen für einen erholsamen Urlaub. Leichte, frische Wohlfühl-Gerichte serviert die Küche im Restaurant. Herrliche Panorama-Terrasse, Paparazzibar und Bistro.

Forsthaus Auerhahn

★★★★

Hinterlangenbach Nr. 108
72270 Ortsteil Hinterlangenbach
www.forsthaus-auerhahn.de / T.: +49 7447 9340
info@forsthaus-auerhahn.de
3 E € 98/170 VP / 22 D € 212/272 VP / 9 S € 252/270 VP
12 App. € 252/270 VP

Idyllisch am Fuße der Hornisgrinde, im Wander- und Skilanglaufgebiet Hinterlangenbach, liegt dieses familiengeführte Forsthaus. Gäste schätzen seine komfortablen Zimmer und die hoteleigene Wellnesslandschaft. Die Küche bietet Schwärzwälder Spezialitäten wie Wild und Forelle; Café-Terrasse.

Hotel Lamm Mitteltal

★★★★

Ellbachstr. 4 / 72270 Ortsteil Mitteltal
www.lamm-mitteltal.de / T.: +49 7442 4980
info@lamm-mitteltal.de
10 E € 59/111 / 36 D € 152/206 / @

Ob sportlich, gesundheitlich oder kulinarisch - das familiengeführte Urlaubshotel im Mitteltal erfüllt alle Ansprüche. Die Zimmer sind im Landhausstil eingerichtet, das Interieur des 200 Jahre alten Hauses ist elegant. Entspannung bietet der einzigartige Spa-Bereich im Blockhausstil. Feine regionale und internationale Küche; Kaminzimmer, Hotelbar.

Romantik Hotel Sackmann

★★★★★

Murgtalstr. 602 / 72270 Ortsteil Schwarzenberg
www.hotel-sackmann.de / T.: +49 7447 2890
info@hotel-sackmann.de
8 E ab € 143 / 51 D ab € 140 / 16 S ab € 205
7 App. ab € 121 /

Dieses außergewöhnliche, im großen Stil sanierte und erweiterte Hotel in landschaftlich reizvoller Umgebung gilt als idealer Ausgangspunkt für Wanderer und Ruhesuchende. Die Zimmer und Suiten sind im eleganten Landhausstil gemütlich eingerichtet. Mehrere Restaurants stehen zur Auswahl: Das elegante und jüngst modernisierte Abend-Restaurant „Schlossberg" bietet eine aromenstarke Gourmet-Cuisine in der „Murgstube" stehen Produkte aus der Region und bodenständige Speisen auf der Karte. Gemütliche Hotelbar; großzügiger und moderner Wellnessbereich.

Waldhotel Sommerberg

★★★★

Hirschauer Wald 23 / 72270 Ortsteil Obertal
www.waldhotel-sommerberg.de / T.: +49 7449 92650
waldhotel-sommerberg@t-online.de
9 E ab € 78 / 24 D ab € 85 / 8 S ab € 141

Erholung pur bietet dieses bewusst familiär geführte, gemütliche Urlaubshotel in idyllischer Waldlage. Die Philosophie, den Gästen ein Zuhause-Gefühl zu vermitteln, findet ihren Ausdruck in vielen familienfreundlichen Aktivitäten; großzügige „Feng Shui Suiten". So lässt die Erlebnisgastronomie des stilvollen Restaurants die Gäste bei der Zubereitung der Speisen zuschauen.

Traube Tonbach

★★★★★

Tonbachstr. 237 / ✉ 72270 Ortsteil Tonbach
www.traube-tonbach.de / T.: +49 7442 4920
info@traube-tonbach.de
23 E € 209/489
95 D € 289/729 / 16 S € 589/909 / 6 App. € 609/849

Das Fünf-Sterne-Superior-Hotel Traube Tonbach im idyllischen Tonbachtal im Nordschwarzwald, befindet sich seit 1789 in Besitz der Familie Finkbeiner und verfügt über 140 Zimmer und einen Wellnessbereich, das Traube SPA & RESORT, das 4.500 Quadratmeter umfasst. Im Traube Kids Court gibt es jede Menge Spielraum für aktive Kinder. Das Hotel Traube Tonbach ist bekannt für seine hervorragende Küche: Im Hotel erwartet die Gäste im Silberberg ein reichhaltiges Frühstücksbuffet, nachmittags herzhafte und süße Kleinigkeiten und abends exquisite Menüs oder besondere Themenbuffets. Im Stammhaus der Traube Tonbach ist die mit höchsten Auszeichnungen dekorierte Schwarzwaldstube unter Küchenchef Torsten Michel beheimatet. Das ebenfalls hoch ausgezeichnete Restaurant unter der Leitung von Küchenchef Florian Stolte hat im wiederaufgebauten Stammhaus nicht nur einen neuen Raum erhalten (Restaurant 1789).

Wanderhotel Löwen

★★★

Murgtalstr. 604 / ✉ 72270 Ortsteil Schwarzenberg
www.sackmanns-wanderhotel-loewen.de
T.: +49 7447 9320 / info@loewen-schwarzenberg.de
3 E ab € 88 / 4 D ab € 170 / 1 S ab € 190
14 App. ab € 170

Dieses freundliche Familienhotel mit gepflegter Gastronomie liegt in der abwechslungsreichen Landschaft des Murgtals. Die geschmackvolle und großzügige Inneneinrichtung ist der gelungene Rahmen für die persönliche Atmosphäre und familiäre Herzlichkeit des Hauses. Auf regionale und frische Spezialitäten versteht sich die Küche; dazu exzellente Weine.

Wellnesshotel Heselbacher Hof

★★★★

Heselbacher Weg 72 / ✉ 72270 Ortsteil Klosterreichenbach / www.heselbacher-hof.de / T.: +49 7442 8380
info@heselbacher-hof.de
4 E € 131/131 HP / 36 D € 230/278 HP
1 App. € 290/290 HP

Familiäre Gastlichkeit in gemütlichem Ambiente stehen in dem Wellnesshotel im Vordergrund. Den Gast erwarten liebevoll eingerichtete Hotelzimmer, elegante Restaurantstuben mit regionaler schwäbischer Küche und einer wunderschönen zum Murgtal gelegenen Hotelterrasse. Im Wellnessparadies „Schneiders Hofbad" mit exklusiver Saunawelt, wo sinnliche Düfte und beruhigende Klänge den Alltag vergessen lassen, finden die Besucher Kraft, Ruhe und Entspannung.

Wellnesshotel Tanne

★★★★

Tonbachstr. 243 / ✉ 72270 Ortsteil Tonbach
www.hotel-tanne.de / T.: +49 7442 8330
urlaub@hotel-tanne.de
12 E € 135/165 HP / 22 D € 135/170 HP
5 S € 155/200 HP

Ruhig im idyllischen Tonbachtal gelegenes Hotel. Die Zimmer sind liebevoll eingerichtet und verfügen zum größten Teil über einen Balkon. Für Entspannung sorgt der Wellnessbereich mit Highlights wie der Sauna im Baumhaus in zehn Metern Höhe oder dem Bad im ausgehöhlten Baumstamm. Die Gäste schätzen besonders die hochwertige, regionale Küche. Baumbar.

Balderschwang

Bayern

HUBERTUS Mountain Refugio Allgäu

★★★★

Dorf 5 / ✉ 87538 / www.hotel-hubertus.de
T.: +49 8328 9200 / info@hotel-hubertus.de
6 E € 150/290 VP / 53 D € 300/680 VP / 7 S € 420/780 VP

In einem restaurierten Allgäuer Jagdhaus befindet sich dieses familiär geführte Hotel, das durch einen Neubau ergänzt wurde. Das Restaurant bietet Naturküche, die vorwiegend aus biologisch kontrollierten Produkten hergestellt wird. Eine großzügige Wellness- und Beauty-Oase sorgt für Wohlbehagen.

Torghele's Wald + Fluh

★★★★

Schlipfhalden 31 / ✉ 87538 / www.torgheles-hotelerei.com
T.: +49 8328 1052 / info@torgheles-hotelerei.com
1 E ab € 99 HP / 31 D ab € 109 HP / 3 S ab € 169 HP

Der gewachsene Familienbetrieb ist ein Ort der Ruhe. Schöne Zimmer, die hauptsächlich mit Naturmaterialien eingerichtet sind, sind wahre Rückzugsorte. Der Spa-Bereich „Tiefblick" bietet Behandlungen wie Massagen, Meditation, Klangschalentherapie und vieles mehr. Eine Besonderheit: Der hoteleigene Entspannungswald mit drei Atemtherapieplätzen.

Bamberg

Bayern

siehe auch D-96119 Scheßlitz

Hotel Nepomuk

★★★

Obere Mühlbrücke 9 / ✉ 96049 / www.hotel-nepomuk.de
T.: +49 951 98420 / reservierung@hotel-nepomuk.de
23 D € 130/150 / als E ab € 90 / 1 S ab € 350

Zentral im historischen Mühlenviertel der Altstadt liegt das Hotel zwischen den beiden Regnitzarmen. Hinter den alten Sandsteinmauern und hinter Fachwerk werden den Gästen modern eingerichtete Zimmer mit höchstem Komfort geboten, zum Beispiel Apple-Computer auf jedem Zimmer. Direkt nebenan, im „Eckerts", können Gäste frühstücken.

Welcome Hotel Villa Geyerswörth

★★★★

Geyerswörthstr. 15-21 a / ✉ 96047
www.villageyerswoerth.de / T.: +49 951 91740
info@villageyerswoerth.de
10 E € 120/144 / 27 D € 179/199 / 3 S € 209/239
Frühstück € 18 / @

Sehr reizvoll umgeben von einem Garten auf einer Insel im Herzen der historischen Altstadt liegt dieses erstklassige Hotel am Ufer des alten Ludwig-Donau-Main-Kanals. Die exklusiven Gästezimmer überzeugen durch Atmosphäre und besonderes Ambiente. Zeitgemäße Küche mit saisonalen und internationalen Speisen im Restaurant „La Villa", eine Mischung aus mediterraner Leichtigkeit und klassischer Eleganz.

Bayerisch Gmain
Bayern

Klosterhof - Alpine Hideaway & Spa

★★★★

Steilhofweg 19 / ✉ 83457 Ortsteil Bad Reichenhall
www.klosterhof.de / T.: +49 8651 98250 / info@klosterhof.de
61 D ab € 330 HP / als E ab € 200 HP / 4 S ab € 460 HP
@

In traumhafter Alleinlage mit herrlichem Blick auf die Berchtesgadener Alpen trifft hier Moderne auf Tradition. Gekonnt hat Familie Färber die über 500 Jahre alte Ökonomie des Klosters St. Zenos mit einem modernen holzverschindelten Hotelbau verbunden und so ein einzigartiges Spa und Wellness-Resort mit angegliedertem Gesundheitszentrum geschaffen. Die Begeisterung der Besitzer und die Inspirationskraft dieses besonderen Ortes sind überall zu spüren.

Bad Bayersoien
Bayern

Parkhotel am Soier See

★★★★

Am Kurpark 1 / ✉ 82435 / www.parkhotel-bayersoien.de
T.: +49 8845 120 / info@parkhotel-bayersoien.de
3 E ab € 154 / 36 D ab € 154
27 S ab € 171 / 8 App. ab € 69 / Frühstück € 16
@

Am Soier See, vor der Kulisse der Ammergauer Alpen und in direkter Nähe zu den Sehenswürdigkeiten Oberbayerns, liegt dieses familiengeführte Hotel. Einen Schwerpunkt des Hotelangebotes bildet Medical Wellness. Für Entspannung sorgt der 2.000 Quadratmeter große Spa-Bereich mit afrikanischer Saunawelt, Beauty-Anwendungen und zahlreichen Wohlfühlbehandlungen. Alpine Wellnessküche im See-Stüberl, Kapholländische in der African Lounge.

Frühstück wird extra berechnet

Bayreuth
Bayern

siehe auch D-95339 Wirsberg

Liebesbier - Urban Art Hotel

★★★★

Andreas-Maisel-Weg 1 / ✉ 95445 / www.liebesbier.de
T.: +49 921 46008020 / info@liebesbier.de
67 D ab € 99 / @

Der Name ist Programm. Individuelle deckenhohe Kunstwerke junger internationaler Streetart-Künstler zieren die Lobby und jedes der über 60 Zimmer dieses Smart-Hotels. Neben Sprühdose und grellen Farben wurde mit hochwertigen Materialien gearbeitet. Die Gemächer verfügen über Fußbodenheizung, Ziegelmaueroptik, Minibar, manche auch über einen Glaskamin. Eingecheckt wird mit dem Smartphone, über welches sich auch die Zimmertür öffnen lässt.

Berchtesgaden
Bayern

siehe auch D-83486 Ramsau

Kempinski Hotel Berchtesgaden

★★★★★

Hintereck 1 / ✉ 83471 Ortsteil Salzberg
kempinski.com/de/berchtesgaden / T.: +49 8652 97550
info.berchtesgaden@kempinski.com
126 D € 315/715 / 12 S € 895/10000
@

Das Resort liegt auf 1.000 Metern Höhe, eingebettet in die malerische Natur der Bayerischen Alpen. Zwei komplett verglaste, sich über vier Stockwerke erstreckende Flügel mit Zimmern, Studios und Suiten holen die atemberaubende Bergkulisse, bestehend aus Watzmann, Untersberg und Kehlstein, in alle Bereiche des Hauses. Eine exklusive Auswahl an Restaurants lädt zum Schlemmen ein: das ausgezeichnete Gourmet-Restaurant PUR, das Restaurant Johann Grill und die Kaminbar. Das Kempinski The Spa bietet eine Vielzahl von verschiedenen Anwendungen.

Beilngries
Bayern

Ringhotel Die Gams

★★★★

Hauptstr. 16 / ✉ 92339
www.hotel-gams.de
T.: +49 8461 6100 / info@hotel-gams.de
12 E € 74/108 / 48 D € 94/148 / 2 App. € 138/188
@

Gastlichkeit hat bei Familie Liebscher hier mitten im Urlaubsparadies Naturpark Altmühltal Tradition. Anspruchsvolle Gestaltung und die Liebe zum Detail machen die Gästezimmer zu wahren Wohlfühlorten. Eine kulinarische Vilefalt wird in den behaglichen Stuben serviert. Kleine Wellnessoase. Moderne, multifunktionale Tagungsräume.

Bergisch Gladbach

Nordrhein-Westfalen

Althoff Grandhotel Schloss Bensberg

★★★★★

Kadettenstr. / ✉ 51429 Ortsteil Bensberg
www.schlossbensberg.com / T.: +49 2204 420
info@schlossbensberg.com
3 E € 195/470 / 81 D € 205/560 / 36 S € 325/3850
Frühstück € 38

Versailles und Winchester Castle sind die Vorbilder des 1705 errichteten, zweitgrößten Barockschlosses, das im Jahr 2000 in ein exklusives Luxushotel umgebaut wurde. Kuppelfresken im Treppenhaus, Supraporten in den Seitenflügeln, alte Gemälde an den Wänden - all dies gibt der Anlage einen repräsentativen Charakter. Die eleganten Zimmer und Suiten bieten modernsten Wohnkomfort. Ruhe und Entspannung bietet der Beauty & Leading Spa ebenso wie die landschaftlich schöne Umgebung. Für exquisite Kulinarik sorgt die Gastronomie des Hauses. Im Gourmet-Restaurant „Vendôme" genießen Gäste die Spitzenküche von Joachim Wissler und entdecken italienisches Flair in der Trattoria Enoteca.

Malteser Komturei

★★★

Herrenstrunden 23 / ✉ 51465 Ortsteil Herrenstrunden
www.malteser-komturei.de / T.: +49 2202 959780
info@malteser-komturei.de
10 E € 75/89 / 9 D € 99/99 / 3 S € 129/129

Das im Jahr 1684 erbaute historische Haus der Malteser Komturei liegt idyllisch an einem See. Es gilt als Wahrzeichen der kleinen verträumten Ortschaft Herrenstunden und beherbergt heute ein exklusives Hotel mit komfortablen Zimmern und zweigeschossigen Suiten. Mediterrane Küche im Restaurant mit Seeterrasse.

Romantik Waldhotel Mangold

★★★★

Am Milchbornbach 39 / ✉ 51429 Ortsteil Bensberg
www.waldhotel.de / T.: +49 2204 95550 / info@waldhotel.de
9 E € 95/165 / 14 D € 160/300 /

Nomen est omen: Was dieses romantische Waldhotel auszeichnet, ist seine idyllische Lage, ein stilvolles Mobiliar, knisterndes Kaminfeuer und die reizvolle, historische Architektur. In den gemütlich eingerichteten Zimmern spiegelt sich das hohe Niveau der Gastlichkeit wider. Das Restaurant bietet regionale und saisonale Spezialitäten. Café-Terrasse.

Berlin

Berlin

25hours Hotel Bikini Berlin

★★★

Budapester Str. 40 / ✉ 10787
www.25hours-hotels.com/hotels/berlin/bikini-berlin
T.: +49 30 1202210 / bikini@25hours-hotels.com

Eine stylische Hotelwelt zwischen dem Berliner Zoo und dem Breitscheidplatz – zwischen Natur und einer urbanen, weltoffenen Metropole. Die bodentiefen Fenster verleihen den modernen Räumen Licht und Leichtigkeit. Anziehungspunkt, nicht nur für Hotelgäste, sind Restaurant und Bar im Dachgeschoss mit umlaufender Terrasse und dem besten Blick über die Hauptstadt und in den Zoo. Weiteres: Sauna, Meeting-Bereich, Fahrradverleih.

Abion Villa Berlin

★★★★

Kirchstr. 13 / ✉ 10559 Ortsteil Mitte / www.abion-villa.de
T.: +49 30 39920399 / info@abion-villa.de
10 D € 215/410 / als E € 195/490 / 9 S € 295/770
Frühstück € 24 /

Im Herzen von Berlin, direkt an der Spree, begrüßt das elegante Haus seine Gäste. Die historische Bausubstanz und ein außergewöhnliches Wohnambiente der Stadtresidenz gehen harmonisch ineinander über, so dass man hier die anziehende Verbindung von pulsierender Metropole und ruhiger Flusslandschaft genießen kann. Im benachbarten Hotel Abion erwartet die Gäste ein schnelles Lunch oder ein perfektes Abendessen im Lanninger-Restaurant.

Adlon Kempinski Berlin

★★★★★

Unter den Linden 77 / ✉ 10117 Ortsteil Mitte
www.kempinski.com/adlon / T.: +49 30 22610
hotel.adlon@kempinski.com
18 E € 245/805
258 D € 245/805 / 109 S € 595/20000
Frühstück € 48 /

Direkt am Brandenburger Tor gelegen ist dies wohl das berühmteste Luxus-Hotel Deutschlands und kann auf eine lange und ereignisreiche Geschichte zurückblicken. Echte Gastlichkeit ist Tradition, rund um die Uhr, 365 Tage im Jahr. Großzügigkeit, Liebe zum Detail und die Verwendung edelster Materialien prägen die Ausstattung der Zimmer und Suiten. Drei exklusive Restaurants mit ausgezeichneter Küche, die Lobby- und Lounge-Bar und ein überaus aufmerksamer Service sorgen für Genuss in Vollendung. 13 Konferenzräume und zwei Ballsäle bilden den passenden Rahmen für Veranstaltungen jeder Art. Der Adlon Pool und Health Club sowie der edle Adlon Spa by Resense ergänzen das exklusive Angebot.

Darf ich Gäste in mein Hotelzimmer einladen? In der Regel gilt: Gäste im gebuchten Hotelzimmer empfangen ist ok, eine Übernachtung hingegen nicht. In jedem Fall sollte man das individuell mit dem Hotel klären und Besuch in jedem Fall anmelden. Gemäß Bundesmeldegesetz (BMG) müssen mitreisende (mitübernachtende) Gäste ohnehin registriert werden.

Ameron Hotel Abion Spreebogen Berlin

★★★★

Alt-Moabit 99 / 10559 Ortsteil Moabit
ameronhotels.com / T.: +49 30 399200 / info@abion-hotel.de
224 D € 90/245 / als E € 80/235 / S € 150/290
Frühstück € 19 / @

Direkt im Herzen von Berlins neuer Mitte und an der Spree gelegen, ist das Zentrum vom Hotel aus schnell und unmittelbar erreichbar. Gehobener Wohnkomfort, teilweise mit Spreeblick sowie ein großzügiges Tagungsangebot zeichnen dieses Haus aus. Das auf den Fluss gerichtete Restaurant „Carl & Sophie" ist eine besondere Empfehlung. Ein eigener Schiffsanleger mit der Yacht Aida, zwei Sommerterrassen und die Abion-Villa ergänzen das Angebot.

Arte Luise Kunsthotel (g)

★★★

Luisenstr. 19 / 10117 Ortsteil Mitte
www.luise-berlin.com / T.: +49 30 284480
info@luise-berlin.com
50 D € 99/210 / als E € 79/115 / S € 130/240
Frühstück € 10 /

Nahe dem Reichstag und der Spree liegt dieses außergewöhnliche Hotel in einem ehemaligen klassizistischen Stadtpalais mit angeschlossenem Erweiterungsbau aus der Neuzeit. Die ausdrucksvollen Gästezimmer wurden individuell von Künstlern ausgestattet und sind somit jedes für sich ein Unikat. Ambitionierte Küche und umfangreiche Weinauswahl im Restaurant (unter separater Leitung).

Bristol Berlin

★★★★★

Kurfürstendamm 27 / 10719 Ortsteil Charlottenburg
www.bristolberlin.com / T.: +49 30 88434704
reservations@bristolberlin.com
246 D € 140/180
als E € 140/180 / 55 S € 250/500 / Frühstück € 25
@

Das von den Berlinern liebevoll „Kempi" genannte First-Class-Hotel verbindet in unvergleichlicher Weise Tradition und höchsten Komfort. Die direkte Lage am Kurfürstendamm bietet den Gästen einen hervorragenden Startpunkt für Entdeckungen. Die eleganten Zimmer und luxuriösen Suiten vermitteln die Behaglichkeit und den Komfort eines „Zuhauses auf Reisen". Kulinarische Köstlichkeiten sind hier rund um die Uhr auf der Tagesordnung: luxuriöses Schlemmer-Frühstück und Lunch im „Reinhard's im Kempinski", Five o'clock Tea in der „Gobelin-Halle", leichte, gehobene Küche am Abend und zum Abschluss ein exklusiver Drink in der „Bristol Bar".

Capri by Fraser Berlin

★★★★

Scharrenstr. 22 / 10178 Ortsteil Mitte
www.capribyfraser.com / T.: +49 30 2007701888
reservations.berlin@capribyfraser.com
144 D ab € 120 / Frühstück € 18 / @

Das neue Hotel am Berliner Petriplatz kommt mit viel Licht und frischen Farben daher. Highlight des Hotel sind die freigelegten Kellergewölbe alter Bürgerhäuser in der Lobby. Die Fundstelle gilt als einer der Ausgangspunkte für die Entwicklung der heutigen Stadt Berlin. Mit 144 Zimmer auf sieben Etagen, einem Restaurant, zwei Veranstaltungsräumen für bis zu 60 Personen und einem 24h geöffneter Fitnessraum bieten das Designhotel seinen Gästen eine komfortable Adresse zum Wohnen.

centrovital Hotel

★★★★

Brauereihof 6 / 13585 Ortsteil Spandau
www.centrovital-berlin.de / T.: +49 30 818750
info@centrovital-berlin.de
4 E ab € 88 / 145 D ab € 108 / 9 S ab € 128
Frühstück € 11
@

Hier findet der Gast eine Kombination aus Hotel, Wellness, SPA & Sportclub, Gesundheitszentrum und Gastronomie. Hinter der historischen Fassade einer ehemaligen Brauerei, direkt am Spandauer See, beeindruckt das durch klare Formen und hochwertige Naturmaterialien bestimmte Design in den Zimmern und Suiten. Die Beauty-Lounge, die Spa- und Saunalandschaft und der großzügige Fitnessbereich laden zum Entspannen ein. Vielfältige Gastronomie.

Grand Hyatt Berlin

★★★★★

Marlene-Dietrich-Platz 2 / 10785 Ortsteil Tiergarten
www.grandhyattberlin.com
T.: +49 30 25531234
berlin.grand@hyatt.com
321 D € 175/470
als E € 175/440 / 21 S € 365/4240 / Frühstück € 42
@

Das „Grand Hyatt" am Potsdamer Platz wurde von dem berühmten Architekten Rafael Moneo entworfen und erbaut. Das Haus verbindet zukunftsweisende Architektur, erstklassiges Design und anspruchsvollste Gestaltung zu einem Grandhotel der Gegenwart. Es verfügt über zwei Präsidentensuiten und bietet seinen Gästen auf der siebten Etage einen exklusiven Grand Club mit eigenem Check-In und einer Club Lounge. Im Restaurant „Vox" bereiten Köche in einer Showküche saisonale Gerichte und Sushi zu; internationale Küche im „Tizian" und deutsche Gerichte zum Teilen im „mesa". Sushi-Bar, Vox Bar und großzügiger Wellness-Bereich über den Dächern Berlins.

H10 Berlin Ku'damm

★★★★

Joachimsthaler Str. 31-32 / 10719 Ortsteil Charlottenburg / www.hotelh10berlinkudamm.com
T.: +49 30 322922300 / h10.berlin.kudamm@h10hotels.com
18 E € 75/295 / 154 D € 85/315
7 S € 125/394 / 22 App. € 115/354 / Frühstück € 19
@

In unmittelbarer Nähe des Kurfürstendamm, der Kaiser-Wilhelm-Gedächtniskirche und des Zoologischen Gartens befindet sich dieses außergewöhnliche Designhotel. Die Zimmer und Suiten im Neubau sind im zeitgenössischen Stil. Für Langzeitaufenthalte eignen sich die Lofts im historischen Gebäude hervorragend. Das Despacio Beauty Centre, das →

Restaurant Salt & Pepper mit mediterraner und internationaler Küche, die Steps Bar und fünf Tagungsräume vervollständigen das Angebot.

Hecker's Hotel Kurfürstendamm

★★★★

Grolmanstr. 35 / ✉ 10623 Ortsteil Charlottenburg
www.heckers-hotel.de / T.: +49 30 88900
info@heckers-hotel.de
21 E € 85/260 / 45 D € 95/280 / 3 S € 250/450
Frühstück € 18 / @

Nur wenige Schritte vom Ku'damm entfernt liegt dieses im italienischen Design eingerichtete Privathotel. Die großzügigen Zimmer sind mit King-Size-Betten und Marmorbäder ausgestattet; exklusive Themen-Zimmer und Suiten. Mediterrane Küche im Restaurant „Cassambalis". Hotelbar.

HENRI Hotel Berlin Kurfürstendamm (g)

★★★★

Meinekestr. 9 / ✉ 10719 Ortsteil Charlottenburg
www.henri-hotels.com/de/berlin/ / T.: +49 30 884430
hello@henri-berlin.com
72 D ab € 108 / als E ab € 88 / Frühstück € 16
@

Die Hektik der Großstadt verstummt hinter der bezaubernden Jugendstil-Fassade dieses gepflegten Hotels, das seine Gäste in einer ruhigen Seitenstraße des Bezirk Charlottenburg erwartet. Die großzügigen Zimmer sind elegant und wohnlich ausgestattet. Das stilvolle Restaurant „Grand Cru" mit seinen opulenten Stuckdecken serviert Köstlichkeiten der regionalen und internationalen Küche. Beliebter Treffpunkt ist die Residenz-Bar.

Hollywood Media Hotel

★★★

Kurfürstendamm 202 / ✉ 10719 Ortsteil Charlottenburg
www.filmhotel.de / T.: +49 30 889100
welcome@filmhotel.de
79 E ab € 97 / 88 D ab € 117 / 47 S ab € 127
3 App. ab € 197 / @

Das einzigartige Themenhotel, direkt auf dem Kurfürstendamm gelegen, ist eine Hommage an den Film, internationale Stars und unvergessene Filmlegenden. Das Privathotel überzeugt durch ein individuelles und familiäres Ambiente und ist gleichwohl beliebt bei Städte- sowie Geschäftsreisenden. Die Lage direkt auf der bekannten Shoppingmeile schafft den idealen Ausgangspunkt für eine Entdeckungstour durch die pulsierende Hauptstadt.

Hotel am Steinplatz, Autograph Collection

★★★★

Steinplatz 4 / ✉ 10623 Ortsteil Charlottenburg
www.hotelsteinplatz.com / T.: +49 30 5544440
contact.steinplatz@hotelsteinplatz.com
68 D € 175/305 / 19 S € 235/650 / Frühstück € 35
@

Dieses luxuriöse Berliner Boutique-Hotel zählt zu den beliebtesten Hotels in der deutschen Hauptstadt.Es befindet sich in einem malerischen Wohnviertel, nur wenige Schritte von den wichtigsten Sehenswürdigkeiten im Westen Berlins und dem Kurfürstendamm entfernt. Die moderne Einrichtung harmoniert mit dem historischen Gebäude im Jugendstil und schafft eine bezaubernde, intime Atmosphäre. Stilvolle Zimmer und Suiten, ein Restaurant mit Bar und ein exklusives Spa gehören zur Ausstattung.

Hotel Berlin, Berlin

★★★★

Lützowplatz 17 / ✉ 10785 Ortsteil Tiergarten
www.hotel-berlin-berlin.com / T.: +49 30 26050
info@hotel-berlin.de
701 D ab € 120 / als E ab € 110 / S ab € 166
Frühstück € 21 / @

Inspiriertes Designs und immer wieder frische Ideen macht das Hotel im lebendigen Herzen der Hauptstadt aus. Das Haus, auch bei Promis beliebt, verfügt über eine große Auswahl an geräumigen Zimmern und Suiten, die es dem Gast ermöglichen, sich genau den Stil auszusuchen, der ihm gefällt und in dem er sich wohlfühlt. Mediterrane, internationale Küche im Restaurant „Julius". Multifunktionale und kombinierbare Veranstaltungsräume.

Hotel de Rome, a Rocco Forte Hotel

★★★★★

Behrenstr. 37 / ✉ 10117 Ortsteil Mitte
www.roccofortehotels.com / T.: +49 30 4606090
info.derome@roccofortecollection.com
108 D € 280/850 / 37 S € 750/20000 / Frühstück € 39
@

Das elegante Hotel neben der Staatsoper Unter den Linden ist einer der luxuriösesten Rückzugsorte in Berlin. Der frühere Hauptsitz der Dresdner Bank steht heute selbstbewusst, mit einer gehörigen Portion an Nostalgie und Design, für außergewöhnliche Gastfreundschaft. Den Feinschliff verleihen aufregende Details der Innenarchitektur wie glamouröse Zimmer, der Swimmingpool im ehemaligen Edelsteintresor sowie der große Ballsaal in der alten Kassenhalle. Aus den ehemaligen Büros der Bankdirektoren wurden Luxussuiten.

Hotel Luc, Autograph Collection

★★★★★

Charlottenstr. 50 / ✉ 10117 Ortsteil Mitte
www.marriott.de / T.: +49 30 203750 / info@hotel-luc.com
70 D € 199/345 / als E € 174/320 / 22 S € 249/675
@

Extravagant: Das neue, geradlinige und luxuriöse Hotel Luc (ehem. Sofitel) liegt direkt am Gendarmenmarkt, im Herzen der Hauptstadt. Die eleganten Zimmer und Suiten wurden mit der Fotokunst des ungarischen Fotokünstlers Andras Dobi akzentuiert. Von der großzügigen Frühstücksterrasse blickt man auf den Französischen Dom. Das Heritage Restaurant mit Bar erwartet auch Nicht-Hotelgäste.

Hotel Orania.Berlin

★★★★★

Oranienplatz 17 / 10999 Ortsteil Kreuzberg
www.orania.berlin
T.: +49 30 69539680 / info@orania.berlin
41 D ab € 158

Im kreativen Herzen des Bezirks Friedrichshain-Kreuzberg ist das Orania.Berlin nicht nur ein Ort für Gastlichkeit ohne Grenzen, sondern auch für gutes Essen und kulturelle Incentives. Ein Hotel mit 41 Zimmern, in denen Interior-Design perfekt und widersprüchlich in Szene gesetzt wird, sowie mit kosmopolitischen Auftritten herausragender Berliner Künstler in der Bar. Ein Highlight ist der Orania.Salon mit Blick auf die Skyline von Berlin und riesigem Wohnzimmer mit zwei offenen Kaminen für Meetings, Events, Konferenzen, Filmpräsentationen und Record-Releases. Eine Location für bis zu 150 Personen.

Hotel Palace Berlin

★★★★★

Budapester Str. 45 / 10787 Ortsteil Charlottenburg
www.palace.de / T.: +49 30 25020
hotel@palace.de
15 E € 129/550
222 D € 129/550 / 41 S € 439/7500 / Frühstück € 29

Mitten in der pulsierenden City, zwischen Ku'damm, KaDeWe, Gedächtniskirche – und nur wenige Minuten von der Messe entfernt – bietet das privat geführte Businesshotel jeden erdenklichen Komfort. Das Hotel Palace Berlin verfügt über 278 Zimmer und Suiten, eine exklusive Club Lounge, eine gemütliche Lobby Lounge, ein besonderes Barkonzept im House of Gin, das Restaurant „beef 45" und den 800 Quadratmeter großen Palace SPA mit Fitness, Pool und Sauna. 2.600 Quadratmeter Veranstaltungsfläche mit 17 Räumen, davon 16 mit Tageslicht, bieten für jedes Event den richtigen Rahmen – ob eine hochkarätige Konferenz mit 900 Gästen oder ein exklusives Dinner. Erwarten darf man im Hotel Palace Berlin ein Mehr an Gastlichkeit und persönlichem Service, verbunden mit der Individualität eines privat geführten Hotels.

Hotel Otto (g)

★★★★

Knesebeckstr. 10 / 10623 Ortsteil Charlottenburg
www.hotelotto.com / T.: +49 30 54710080
info@hotelotto.com
46 D ab € 100 / als E ab € 80 / 1 S ab € 200
App. ab € 120 / Frühstück € 18

Nur wenige Minuten vom Kurfürstendamm entfernt, im Herzen von Charlottenburg, ist das Hotel idealer Ausgangspunkt für eine Entdeckungsreise durch die pulsierende Metropole. Die Zimmer und Studios bieten funktionales Design und Komfort. Der Tag startet in der Frühstücks-Lounge „Etage07" mit Blick über die Dächer der Stadt. Der Lieblingsplatz des Hauses ist die Sonnenterrasse.

Hotel Q!

★★★★

Knesebeckstr. 67 / 10623 Ortsteil Charlottenburg
www.hotel-q.com / T.: +49 30 8100660 / hello@hotel-q.com
77 D € 135/255 / als E € 120/225 / S € 215/395

Mit internationalem Standard und bereits einigen Designpreisen hat sich das „Q!" in der Hauptstadt Berlin etabliert. Das ausgefallene Hotelkonzept verspricht seinen Gästen erstklassigen Service und hat mit einer ausgefallenen Innenarchitektur ein besonderes Flair. Bar nur für Hotelgäste.

Hotel Riehmers Hofgarten (g)

★★★★

Yorckstr. 83 / 10965 Ortsteil Kreuzberg
www.riehmers-hofgarten.de / T.: +49 30 78098800
info@riehmers-hofgarten.de
3 E € 98/141 / 19 D € 131/156 / 1 S € 159/199
1 App. € 159/199 / Frühstück € 9 / @

Als „Stadthotel für Individualisten" versteht sich dieses reizvolle Haus, das historische Architektur, funktionale Innengestaltung und zeitgenössische Kunst harmonisch verbindet.

Hotel Wilmina

★★★★

Kantstr. 79 / 10627 Ortsteil Charlottenburg
wilmina.com / T.: +49 30 2018050 / info@wilmina.de
44 D € 130/260 / @

Ziegesteinmauerwerk, vergitterte Fenster, schwere Eisentüren – all das wurde sorgfältig erhalten und mit modernen, hellen Materialien und Tönen kombiniert. Die Rede ist von dem ehemaligen Frauenknast in der Kantstraße, dessen Räumlichkeiten in ein stylisches Boutique Hotel verwandelt wurden. Es besitzt eine Dachterrasse über einem Penthouse sowie eine eine Bibliothek, eine Bar, Spa, Gym und ein Fine-Dining-Restaurant. Die Größe beginnt bei einer 11-Quadratmetter-„Zelle" und reicht bis zur Penthouse-Suite mit 35 Quadratmetern.

InterContinental Berlin

★★★★★

Budapester Str. 2 / 10787 Ortsteil Tiergarten
www.berlin.intercontinental.com / T.: +49 30 26020
intercontinental.berlin@ihg.com
498 D ab € 145 / als E ab € 145 / 50 S ab € 210
Frühstück € 32 / @

Direkt am Botschaftsviertel, zwischen Kurfürstendamm und neuer Mitte, liegt das Luxushotel im Zentrum der Hauptstadt. Zur Vielfalt der Zimmer und Suiten bietet das Haus klassische Eleganz, aber auch ein extravagantes Design- und Raumkonzept sowie exquisiten Service mit erstklassigen Sicherheitsstandards. Die über 5700 qm Konferenzflächen garantieren erfolgreiche Veranstaltungen. Gastronomische Abwechslung offerieren das ausgezeichnete Gourmet-Restaurant „Hugos", das Restaurant „L.A. Cafe" mit internationaler und asiatischer Küche sowie Berlins beliebter Treffpunkt, die Marlene-Bar. Einzigartige Wellnesslandschaft.

Mövenpick Hotel Berlin am Potsdamer Platz

★★★★

Schöneberger Str. 3 / 10963 Ortsteil Kreuzberg
www.movenpick.com/berlin / T.: +49 30 230060
hotel.berlin@movenpick.com
43 E € 99/259 / 200 D € 109/269 / 23 S € 139/364
Frühstück € 24 / @

Nur wenige Minuten Fußweg vom Potsdamer Platz entfernt befindet sich dieses Hotel. Das historische Flair der denkmalgeschützten Siemenshöfe verbindet sich harmonisch mit der innovativen Innenarchitektur. Für die unterschiedlichen Grundrisse der Zimmer, Suiten und Atelierzimmer fanden sich interessante und ungewöhnliche Lösungen. Mediterrane Atmosphäre im Restaurant „Hof zwei" mit einem sich öffnenden Glasdach.

nhow Berlin

★★★★

Stralauer Allee 3 / 10245 Ortsteil Friedrichshain
www.nh-hotels.de/hotel / T.: +49 30 2902990
berlin@nhow-hotels.com
304 D ab € 77 / @

Designhotel direkt an der Spree im OT Friedrichshain gelegen. Die Zimmer sind in ein künstlerisches Pink getupft und verfügen über Minibar, iPod-Docking, einige sogar über Flussblick. Darüber hinaus gibt es eine eigene Kunstgalerie mit wechselnden Ausstellungen, eine Bar, ein Restaurant und Wii-Konsolen für ein Game zwischendurch.

Provocateur Hotel Berlin

★★★★

Brandenburgische Str. 21 / 10707 Ortsteil Wilmersdorf
www.provocateur-hotel.com / T.: +49 30 22056060
hello@provocateur-hotel.com
58 D ab € 110 / @

Inmitten der sich stetig wandelnden City West, stellt das Hotel Provocateur eine Hommage an das Paris der 1920er Jahre dar. Momor, Stuck und Samt in kräftigen Farbtönen schaffen ein Flair von Opulenz – im Burlesque-Style die Bar und Gastronomie. Auch in den 58 Zimmern und Suiten dominiert eine Mischung aus Lifestyle und Sinnlichkeit. Die indochinfranzösisch geprägte Küche von Küchenchef Duc Ngo und die abwechslungsreichen Drinks in der Szenebar bilden vereint die perfekte Ausgangslage die Hauptstadt zu erleben.

Pullman Berlin Schweizerhof

★★★★

Budapester Str. 25 / 10787 Ortsteil Tiergarten
www.pullman-berlin-schweizerhof.com / T.: +49 30 26960
h5347@accor.com
377 D € 120/399 / 16 S € 180/599 / Frühstück € 24
@

Direkt gegenüber dem Zoologischen Garten liegt dieses Premium-Hotel, das sich durch eine Synergie aus Design und Funktionalität auszeichnet. Neben erstklassigem Wohnkomfort bietet es das professionelles Meeting-Konzept „Business Playground", geschaffen mit viel Raum für Kreativität. Entspannen können Gäste im Wellness-Bereich „Fit and Spa-Lounge". Kulinarisch vielseitig präsentiert sich das Restaurant „Xxenia". Cocktail-Bar „9:00 PM". Frühstücksrestaurant „Le Bouveret".

Schlosshotel Berlin by Patrick Hellmann

★★★★★

Brahmsstr. 10 / 14193 Ortsteil Grunewald
www.schlosshotelberlin.com / T.: +49 30 895840
info@schlosshotelberlin.com
43 E € 235/490 / 43 D € 235/490 / 10 S € 400/2990
Frühstück € 35 / @

Inmitten nobler Grunewald-Villen befindet sich dieses märchenhafte Luxushotel der Top-Kategorie. Repräsentativer können Gäste in Berlin nicht wohnen. Das 1914 als Privatresidenz erbaute und unter Denkmalschutz stehende Palais wurde originalgetreu restauriert, um den Glanz vergangener Epochen wieder aufleben zu lassen. Jedes der eleganten und großzügigen Zimmer und Suiten strahlt eine einzigartige, ruhige Atmosphäre aus. Der prächtige Schlosspark, die Kaminbar und der Fitness- und Wellnessbereich sind nur einige Beispiele der Erholungsmöglichkeiten des Hauses.

Sir Savigny Hotel

★★★★

Kantstr. 144 / 10623 Ortsteil Charlottenburg
www.sirsavignyhotel.com / T.: +49 30 323015671
hello@sirsavignyhotel.com
41 D ab € 183 / als E ab € 143 / Frühstück € 18

Das Luxus-Boutique-Hotel im angesagten Berliner Bezirk Charlottenburg, versteht sich als kosmopolitischer, kulinarischer Gastgeber für Lifestyle-Traveller und Einheimische. Der Zoologische Garten und die weltberühmte Flaniermeile Kurfürstendamm befinden sich beide in Laufnähe des Hotels. Wer hier eincheckt, betritt eine stylische Welt, die maßgeschneidertes Design und urbane Lebensart mit Jugendstil zu einer angenehmen Atmosphäre vereint. Die Gesellschaftsräume und die Terrasse stellen die perfekte Location für Seminare, Ausstellungen oder ein geselliges Event dar. Dazu liefert das Küchenteam aus dem Restaurant & Bar The Butcher exzellente Burger, feine, regionale Speisen und Menüs.

SO/ Berlin Das Stue

★★★★★

Drakestr. 1 / 10787 Ortsteil Tiergarten
www.das-stue.com / T.: +49 30 3117220
stay@das-stue.com
59 D € 260/390 / als E ab € 260 / 19 S € 610/2250
Frühstück € 35 / @

Im Gebäude der ehemaligen Königlich Dänischen Gesandschaft, im Botschaftsviertel mit herrlichem Blick in den Tiergarten und über die westliche Skyline, empfängt das Designhotel seine Gäste. Jedes der Zimmer und Suiten ist individuell mit modernem Interieur ausgestattet. Für den Wellnessbereich zeichnet sich das renommierte Yi-Spa verantwortlich. Gastronomisch übernimmt Paco Pérez die Leitung. Bekannt ist er für seine mediterran-avantgardistische Küche. Hotelbar.

Steigenberger Hotel Am Kanzleramt

★★★★

AE · DC · MasterCard · VISA · EC

Ella-Trebe-Str. 5 / ✉ 10557 Ortsteil Mitte
www.kanzleramt-berlin.steigenberger.com
T.: +49 30 740743-0
kanzleramt-berlin@steigenberger.com
20 E € 129/399 / 295 D € 129/399 / 5 S € 329/599
Frühstück € 25

Das Spitzenhotel in Berlin Mitte am Hauptbahnhof bietet gehobenen Komfort und ist ideal für Geschäftsreisende und Städtetouristen. Die Gäste können sich in den Bars und Restaurants verwöhnen lassen oder den Fitness- und Wellnessbereich zum Entspannen nutzen. Ein teil der chic designten Zimmer verfügen über eine unverbaute Aussicht auf das Bundeskanzleramt und den Deutschen Bundestag. Einige Hotspots der Stadt sind auch fußläufig erreichbar.

The Mandala Hotel

★★★★★

AE · DC · MasterCard · VISA · EC

Potsdamer Str. 3 / ✉ 10785 Ortsteil Tiergarten
www.themandala.de
T.: +49 30 590050000
welcome@themandala.de
62 E € 190/270 / 95 S € 180/5800

In dem privat geführten Design-Hotel am Potsdamer Platz (U-Bahn-Station Potsdamer Platz) genießen Gäste ein hochwertig-modernes Ambiente aus Design, Licht, Ästhetik und überaus großzügigen Zimmern und Suiten. Ein absolutes Highlight ist das Gourmet-Restaurant „Facil“, das zur Berliner Spitzengastronomie gehört. Zu den attraktivsten Wellness-Oasen der Stadt zählt der Spa- und Fitness-Bereich „Ono“.

The Regent Berlin

★★★★★

AE · DC · MasterCard · VISA · EC

Charlottenstr. 49 / ✉ 10117 Ortsteil Mitte
www.regenthotels.com/regent-berlin
T.: +49 30 20338
info.berlin@regenthotels.com
156 D € 260/535
als E € 260/360 / 39 S € 470/3650 / Frühstück € 39

In wunderschöner Lage direkt am Gendarmenmarkt im historischen Zentrum der Hauptstadt liegt dieses erstklassige Hotel. Zeitlose Eleganz, wertvolle Antiquitäten und liebevolle Details sorgen für ein besonders angenehmes Ambiente, das durch außergewöhnlich aufmerksamen Service unterstrichen wird. Ein Health Club verwöhnt Körper und Seele. Tagungen und Konferenzen werden in zehn perfekt ausgestatteten Räumen auf individuelle Wünsche abgestimmt. Das vom Schlemmer Atlas ausgezeichnete Gourmet-Restaurant „Fischers Fritz“ bietet eine exquisite Küche. Exklusive Drinks in der Hotelbar.

The Ritz-Carlton, Berlin

★★★★★

AE · DC · MasterCard · VISA · EC

Potsdamer Platz 3 / ✉ 10785 Ortsteil Tiergarten
www.ritzcarlton.com/berlin / T.: +49 30 337777
berlin@ritzcarlton.com
303 D ab € 235 / als E ab € 215
41 S € 335/12000 / 1 App. € 15000/15000
Frühstück € 38

Das am Potsdamer Platz gelegene Hotel erinnert von außen an die US-amerikanischen Art déco-Hochhäuser und ist von innen eine Hommage an das Spätempire. Die eleganten Zimmer und Suiten sind mit modernsten technischen Einrichtungen und erlesenem Komfort ausgestattet und verfügen über beeindruckende Ausblicke auf den Potsdamer Platz sowie auf den Tiergarten. Einer der größten Ballsäle Berlins bildet den Rahmen für rauschende Feste. Das spezielle Tagungskonzept, die französische Brasserie „Desbrosses“, die Bar „The Curtain Club“ sowie der exklusive Boutique Spa, gepaart mit außergewöhnlichem Service, runden das Angebot ab.

The Yard

★★★★

AE · MasterCard · VISA · EC

Alexandrinenstr. 125 / ✉ 10969 Ortsteil Kreuzberg
www.hotel-theyard.berlin / T.: +49 40 3768301
info@hotel-theyard.berlin
55 D ab € 154 / Frühstück € 16

Auf dem neuen The Yard-Gebäudekomplex inmitten der Hauptsstadtmetropole, entstanden neben dem stylischen Boutiquehotel auch moderne Wohnhäuser und eine grüne Oase im Zentrum des Areals. Minimalistisches Design in dezenten Farben und hochwertiges Interieur mit edlen Materialien bringen ein italienisches Flair in das Lifestyle-Hotel. Für Hotelgäste, Bewohner und Nachbarn gleichermaßen einladend ist der luxuriöse Spa- und Fitnessbereich mit dem Zugang zum idyllischen Hotelgarten sowie das moderne Restaurant mit Bar und Lounge.

Waldorf Astoria Berlin

★★★★★

AE · DC · MasterCard · VISA · EC

Hardenbergstr. 28 / ✉ 10623 Ortsteil Charlottenburg
waldorfastoria3.hilton.com / T.: +49 30 8140000
berlin.info@waldorfastoria.com
182 D ab € 240 / als E ab € 240 / 50 S ab € 390

Gleich neben der Kaiser-Wilhelm-Gedächtniskirche erwartet das Luxushotel ganz im Stil der weltberühmten Waldorf Astoria Hotels seine Gäste. Jedes der großzügigen Zimmer und Suiten ist mit Panoramafenstern ausgestattet und gibt traumhafte Aussichten über die Berliner Skyline frei. Der erste Guerlain Spa Deutschlands in der 5. Etage ist ein Ort der Ruhe für die Gäste. Er bietet neben Fitness und Entspannung auch eine Spa-Terrasse zum Sonnenbaden.

Bernau im Schwarzwald

Baden-Württemberg

Breggers Schwanen

★★★★

DC · MasterCard · VISA

Todtmooser Str. 17 / ✉ 79872 Ortsteil Oberlehen
www.breggers-schwanen.de / T.: +49 7675 348
rezeption@breggers-schwanen.de
45 D ab € 104 HP / als E ab € 104 HP /

→

Der Mauerweg, Hinterhöfe und Denkmäler:
Berlin mit dem Rad erkunden – ein Highlight

DEM DEUTSCHEN VOLKE

Das Breggers Schwanen im Schwarzwald ist ein harmonisches Hotelensemble aus Tradition und Moderne. Der 300 Jahre alte Schwarzwaldgasthof mit weit heruntergezogenem Walmdach, Holzschindelfassade und gemütlichen Stuben im Inneren wurde ergänzt mit einem hellen, lichten Holz-Glasbau. Hier befinden sich der lichtdurchflutete Hochtal-SPA, eine Panorama-Lounge, das Restaurant mit regionaler Vitalküche und moderne Zimmer und Suiten.

Bernkastel-Kues
Rheinland-Pfalz

Lifestyle Resort Zum Kurfürsten
★★★★

Amselweg 1 / ✉ 54470 Ortsteil Kues
www.zum-kurfuersten.de / T.: +49 6531 96770
info@zum-kurfuersten.de
5 E € 46/149 / 46 D € 80/166 / 12 S € 112/166

In diesem modernen Urlaubshotel werden die Gäste in eine außergewöhnliche Vital- & Wellnesswelt entführt. Dem Besucher steht ein großes Spektrum an Spa-Einrichtungen und -Anwendungen zur Verfügung. Vom Badehaus mit Wasserliegen und Whirlpoolanlage, einem Dachpool bis hin zu einem Private-Spa-Bereich. Neben dem besonderen Wohn- und Wohlfühlerlebnis in modern und elegant eingerichteten Zimmern, umfasst das Angebot noch viele attraktive Leistungen: eine feine exklusive Frischeküche aus Bio-Anbau, Führungen durch nahegelegene Weinberge u. v. m.

Bernried am Starnberger See
Bayern

Hotel Marina
★★★★

Am Yachthafen 1-15 / ✉ 82347 Ortsteil Bernried
www.marina-hotel.de / T.: +49 8158 9320
info@hotelmarina.de
72 D € 90/210 / als E € 70/220 / 3 S € 150/250
12 App. € 90/190

Direkt am Starnberger See liegt diese schöne Hotelanlage mit Jachthafen. Die in verschiedenen Stilen eingerichteten Zimmer mit vielen nützlichen Extras und teilweise mit Seezugang bieten dem Gast modernsten Komfort und vermitteln ein Gefühl von „Zu Hause". In den Restaurants wird eine regionale Küche vereint mit zeitgenössischem Flair serviert.

Bad Bevensen
Niedersachsen

Parkhotel Bad Bevensen
★★★★

Alter Wiesenweg 2 / ✉ 29549
www.parkhotel-bad-bevensen.com / T.: +49 5821 7007
info@parkhotel-bad-bevensen.com
13 E € 61/97 / 14 D € 99/163 / 1 S € 160/170

Durch seine einmalige Lage direkt an der Jod-Sole Therme und dem Kurpark erschließen sich alle markanten Punkte des Kurortes in wenigen Minuten. Alle Gästezimmer sind modern und gemütlich eingerichtet. Abwechslungsreich ist das Angebot der Küche im Restaurant. Wein- und Cocktail-Lounge, Café-Terrasse und großzügige Gartenanlage. Alle Gäste des Parkhotels haben pro Übernachtung freien, unbegrenzten Eintritt in die Therme (THERMEplus), mit allen Saunen und anderen Annehmlichkeiten.

Sonnenhotel Amtsheide
★★★★

Zur Amtsheide 5 + 14 / ✉ 29549 / www.amtsheide.de
T.: +49 5821 851 / info@amtsheide.de
36 E € 54/78 / 25 D € 98/126 / 11 S € 114/146
10 App. € 98/146

Wellness auf 500 qm bietet dieses zentral und ruhig gelegene Hotel. Erholung pur versprechen die großzügige Badelandschaft mit drei Saunen, Hallenbad und Whirlpool sowie die Kosmetik- und Massageabteilung. Für Golfer bietet sich eine Runde auf dem hoteleigenen 18-Loch-Golfplatz an. Stilvolle Gästezimmer mit zahlreichen Annehmlichkeiten. Im eleganten Abend-Restaurant werden regionale Spezialitäten serviert.

Biberach an der Riß
Baden-Württemberg

Parkhotel Jordanbad
★★★★

Jordanbad 7 / ✉ 88400 Ortsteil Jordanbad
www.jordanbad-parkhotel.de / T.: +49 7351 343300
hotel@jordanbad-parkhotel.de
24 E € 120/137 / 96 D € 83/149 / 2 S € 236/276

Eine weitläufige Parklandschaft umgibt das ansprechende, familiär geführte Hotel, das 1905 erbaut wurde. Es verfügt über gemütlich eingerichtete Zimmer. Regionale und internationale Köstlichkeiten werden im Parkrestaurant gereicht; Grillspezialitäten im Steakrestaurant „Feuerstein". Großzügige Wellnesslandschaft mit Thermal- und Solebad sowie Saunaland.

Bielefeld
Nordrhein-Westfalen

Brackweder Hof
★★★

Gütersloher Str. 236 / ✉ 33649 Ortsteil Brackwede
www.brackweder-hof.de / T.: +49 521 942660
info@brackweder-hof.de
26 E € 75/90 / 14 D € 105/120 / Frühstück € 10

Gastfreundlichkeit und angenehme Atmosphäre empfangen den Gast in diesem familiär geführten Hotel. Die Zimmer sind modern eingerichtet. Im „Brackweder Hof" sorgt ein Restaurant für das leibliche Wohl. Veranstaltungsräume für Feiern bis 110 Personen. Gartenlokal.

Hotel Bielefelder Hof

★★★★

Am Bahnhof 3 / ✉ 33602 / www.bielefelder-hof.de
T.: +49 521 52820 / info@bielefelder-hof.de
22 E € 89/185 / 121 D € 99/175 / 18 S € 139/399

Das Hotel liegt nur 2 Gehminuten vom Stadtzentrum entfernt, direkt gegenüber dem Hauptbahnhof. Die Zimmer und Suiten überzeugen mit einer wohnlich-eleganten Ausstattung und mit Liebe zum Detail. Hochwertige Materialien, Formen und Farben verleihen jedem Hotelzimmer eine ganz persönliche, individuelle Note. Das Restaurant „GeistReich" sowie ein professioneller Tagungsbereich mit hellen Konferenzräumen für bis zu 200 Personen gehört zum Angebot.

Mercure Hotel Bielefeld Johannisberg

★★★★

Am Johannisberg 5 / ✉ 33615 / www.mercure.com/b0q9
T.: +49 521 92380 / HB0Q9@accor.com
118 D ab € 89 / als E ab € 69 / 1 S ab € 129
Frühstück € 17

Auf dem Bielefelder Johannisberg befindet sich dieses komfortable Stadthotel. Mit modernster Technik ausgestattete Tagungsräume und zeitgemäß eingerichtete, gemütliche Zimmer erwarten den Gast. Das Restaurant verwöhnt mit regionaler und internationaler Küche. Gepflegte Drinks an der stimmungsvollen Hotelbar oder auf der Panorama-Terrasse mit Blick über Bielefeld.

Kinderbetreuung / Liegewiese

Billerbeck
Nordrhein-Westfalen

Hotel Domschenke

★★★

Markt 6 / ✉ 48727
www.domschenke-billerbeck.de
T.: +49 2543 93200 / domschenke@t-online.de
6 E € 60/90 / 23 D € 85/120 / 1 S ab € 150

Mal rustikal im altdeutschen Stil, mal mediterran mit südländischem Flair, immer voller Charme und Gastlichkeit – das seit über 125 Jahren im Familienbesitz befindliche traditionsreiche Haus gegenüber des „Billerbecker Doms" ist genauso vielseitig wie seine Gäste. Das Gourmet-Restaurant bietet regionale Spezialitäten und gute Weine. Hotelbar und Biergarten.

Bietigheim-Bissingen
Baden-Württemberg

Eberhards Hotel

★★★★

Holzgartenstr. 31 / ✉ 74321 Ortsteil Bietigheim
www.eberhards.de / T.: +49 7142 771930
info@eberhards.de
5 E € 115/134 / 14 D € 139/149

In idyllischer Lage, mit Waterfront-Gartenterrasse direkt an der Enz, dem Solebad vis-à-vis und in unmittelbarer Nähe zur historischen Bietigheimer Altstadt präsentiert sich diese feine Businessadresse. Dem Auge schmeicheln viele liebevolle Details in den Gästezimmern. Für den kulinarischen Genuss zaubert der Chefkoch in dem stilvollen Restaurant Köstlichkeiten von Gourmetmenü bis Tapas, alles aus frischen Produkten.

Bingen am Rhein
Rheinland-Pfalz

Papa Rhein Hotel & Spa

★★★★

Hafenstr. 47a / ✉ 55411 Ortsteil Bingen
www.paparheinhotel.de / T.: +49 6721 35010
hallo@paparheinhotel.de
101 D ab € 250

In Bingen direkt am Rhein liegt dieses Firstclass-Hotel. Es verwöhnt seine Gäste in einem modernen Spa-Bereich, der über Innen- und Außenpool, Massage- und Ruheräume sowie einen kleinen Beach-Club mit Liegebereich verfügt. Dazu gibt es drei Gastronomien, ein Sonnendeck und eine Rooftop-Lounge.

Binz
Mecklenburg-Vorpommern

Cerês am Meer

★★★★★

Strandpromenade 24 / ✉ 18609 / www.ceres-hotel.de
T.: +49 38393 66670 / info@ceres-hotel.de
42 D € 158/448 / als E € 143/433 / 6 S € 278/788

Die traumhafte Lage des Hotels direkt an der Seebrücke in Binz, der faszinierende Meerblick, die unverwechselbare Architektur und ein zeitloses Design vermitteln das Gefühl von Weite und Ruhe – zum Entspannen und Wohlfühlen. Highlight des Hotels ist die einzigartige Kuppelsuite mit freiem Blick auf das Meer und den Sternenhimmel. Im „Senso Spa", der luxuriösen Wasserwelt, ist die Quelle aller Treatments das Meer mit seinen Salzen und Wirkstoffen. Das Restaurant „Negro", die Bar und die Seeterrassen sind offen konzipiert, zu einem Ort der Kommunikation und der Begegnung interessanter Menschen.

Farbige Schlummer Atlas Sterne
★ bis ★★★★★
Hotels sind in ihrer jeweiligen Kategorie hervorhebenswert

Hotel am Meer & Spa

★★★★

Strandpromenade 34 / ✉ 18609 / www.hotel-am-meer.de
T.: +49 38393 440 / info@hotel-am-meer.de
4 E € 130/220 / 45 D € 170/350 / 11 S € 310/410
2 App. € 150/210

Das Haus, direkt an der Binzer Strandpromenade, sticht durch seine prägnante schneeweiße Fassade hervor. Charakteristische Stilelemente der Bäderarchitektur im Zusammenspiel mit modernen Elementen, wie dem verzinkten Kuppeldach und der Glaskuppel, prägen den Baustil. Innen erwartet den Gast das Thema „Beach", das sich farblich und gestalterisch durch alle Bereiche zieht: in den exklusiv eingerichteten Zimmern mit Blick auf die Ostsee und im Vitality SPA. Seit 2018 ist das Schwesterhaus, die Villa niXe, aus ihrem Dornröschenschlaf erwacht und bietet 16 stilsicher eingerichtetete Suiten.

Hotel Meersinn Binz

★★★★

Schillerstr. 6-10 / ✉ 18609 / www.meersinn.de
T.: +49 38393 6630 / info@meersinn.de
4 E € 125/170 HP / 45 D € 200/290 HP
15 S € 340/670 HP / @

Im historischen Ortskern, nur einhundert Meter vom Meer entfernt, liegt dieses Designhotel. Eine innovative Architektur aus Glas, Stahl und Holz, warme Farben und edle Materialien prägen das Ambiente. Die Zimmer und Suiten präsentieren sich im modernen Design mit Details zum Wohlfühlen. Frische und Natürlichkeit zeichnen die gute Küche des Restaurants aus. „artepuri med" - einzigartiges Gesundheitszentrum für Vorsorgemedizin in Deutschland.

Travel Charme Kurhaus Binz

★★★★

Strandpromenade 27 / ✉ 18609 / www.travelcharme.com
T.: +49 38393 6650 / kurhaus-binz@travelcharme.com
6 E € 78/208 / 100 D € 152/412 / 20 S € 244/1052
11 App. € 216/670

Im neuen Glanz der Bäderarchitektur verwöhnt das internationale Hotel seine Gäste. Seine Lage am Meer sorgt für maritimes Flair, das auch von der Kurhausterrasse aus genossen werden kann. Individuelle Zimmer und Suiten sind stilvoll, elegant und mit Liebe zum Detail gestaltet. Mehrere Restaurants bieten auf gutem Niveau unterschiedliche kulinarische Schwerpunkte. Veranstaltungsräume, Wellness-Landschaft.

Bad Birnbach
Bayern

Hotel Quellenhof

★★★★

Brunnaderstr. 11 / ✉ 84364
www.hotel-quellenhof.info
T.: +49 8563 3070 / info@hotel-quellenhof.info
3 E € 117/150 HP / 30 D € 210/220 HP / 2 S € 260/280 HP

Umrahmt von Natur und gleich neben der Rottal-Therme liegt das familiengeführte Hotel mit einladenden Zimmern. Der riesige Garten, das gute medizinische und sportliche Angebot sowie die Beauty-Farm sorgen für Wohlgefühl. Wellnessbereich mit Thermalbad und original Birnbacher Heilwasser. Spezialitäten und Festmenüs serviert die Küche im stilvollen Restaurant. Café-Terrasse.

Hotel Sonnengut

★★★★

Am Aunhamer Berg 2 / ✉ 84364 / www.sonnengut.de
T.: +49 8563 3050 / info@sonnengut.de
15 E € 146/160 HP / 65 D € 284/316 HP
8 S € 316/450 HP

Die Gäste genießen die Thermal- und Kulturlandschaft Rottal-Inn. Eine Oase der Ruhe bieten der Wellnessbereich mit eigener Therme und Spa auf 2.500 Quadratmetern sowie Luxuszimmer. Ein Medical Wellness Center und Selfness-Angebote ergänzen die vielfältigen Möglichkeiten. Zwei Restaurants sorgen für das leibliche Wohl; Terrasse; Bar. Kochkurse, Kutschfahrten, Golf und geführte Wanderungen.

Bischofswiesen
Bayern

Kulturhof Stanggass

★★★★

Berchtesgadener Str. 111 / ✉ 83483
www.kulturhof.bayern / T.: +49 8652 95850
info@kulturhof.bayern
34 D ab € 190 / @

Mit Blick durch große Panoramafenster auf die Berge und über Streuobstwiesen übernachtet man im Kulturhof Hotel. Dafür wurden 32 bis 69 Quadratmeter große Zimmer, Suiten und freistehende Stadlhäuser konzipiert. Und zwar soweit wie möglich aus Holz – mit Balkon oder eigener Terrasse. Darüber hinaus gibt es einen Natur-Schwimmteich, mehrere Restaurants, eine Bar und Inhouse-Yoga.

Blankenbach
Bayern

Behl's Genusshotel im Brennhaus

★★★

Krombacher Str. 2 / ✉ 63825 / www.behl.de
T.: +49 6024 4766 / info@behl.de
4 E € 89/99 / 23 D € 120/132 / 1 S € 180/200
@

„Als Gäste empfangen, als Freunde gehen ..." ist die Philosophie dieses Traditionshauses, das auch mit modernen Anbauten glänzt. Die individuell eingerichteten, allergikerfreundlichen Zimmer verfügen über Holzdielenböden, warme Farben geben ihnen ein angenehmes Ambiente. Restaurant mit vielseitiger Küche. Interessante Arrangement-Angebote.

Blankenburg im Harz
Sachsen-Anhalt

Schlosshotel Blankenburg
★★★

Schnappelberg 5 / 38889 Ortsteil Blankenburg
www.schlosshotel-blankenburg.de / T.: +49 3944 36190
service@schlosshotel-blankenburg.de
8 E € 79/99 / 57 D € 99/158 / 2 S € 149/179

In direkter Nachbarschaft zur historischen Altstadt liegt das Hotel eingebettet in das Ensemble der Blankenburger Schlossgärten. Die komfortablen Zimmer vermitteln Ruhe und Behaglichkeit. Das Restaurant zaubert kulinarische Köstlichkeiten, die der Gast sowohl in den Räumlichkeiten des Hauses als auch auf der Innen- oder Außenterrasse genießen kann.

Blankenfelde-Mahlow
Brandenburg

Best Western Premier Airporthotel Fontane BERlin
★★★★

Jonas-Lie-Str. 5-11 / 15831
www.airporthotel-fontane.de / T.: +49 3379 2040
info@airporthotel-fontane.de
174 D € 77/136 / als E € 67/111 / S € 139/450
57 App. € 104/247

Dieses moderne Hotel ist mit seiner verkehrsgünstigen Lage vor den Toren der Hauptstadt ein idealer Ausgangspunkt für Aktivitäten in Berlin und Brandenburg. Die Boardinghouse-Suiten und Zimmer mit Kitchenette sowie Speise-Bar sind für einen Langzeitaufenthalt ideal geeignet. Neben multifunktionalen Tagungsräumen mit Garten sind im Hotel zwei Restaurants mit abwechslungsreicher Speisekarte; Grillterrasse im Sommer. Großzügiger Wellnessbereich mit Saunen und Beauty-Oase.

Van der Valk Hotel Berlin Brandenburg
★★★★

Eschenweg 18 / 15827 Ortsteil Dahlewitz
www.berlin.vandervalk.de / T.: +49 33708 580
info@berlin.vandervalk.de
270 D ab € 115 / 6 S ab € 155 /

In ruhiger und doch verkehrsgünstiger Lage befindet sich das moderne Tagungshotel mit gehobener Ausstattung. Die Zimmer sind geschmackvoll eingerichtet, jedes mit Balkon oder Terrasse. Congress- und Event-Center mit 18 Räumen und modernster Konferenztechnik. Das gepflegte Restaurant „Atrium" bietet saisonale und internationale Köstlichkeiten.

Blankenhain
Thüringen

Spa & GolfResort Weimarer Land
★★★★★

Weimarer Str. 60 / 99444
www.golfresort-weimarerland.de / T.: +49 36459 61640
info@spahotel-weimar.de
76 D ab € 289 / als E ab € 189 / 18 S ab € 339

Eingebettet in eine 45-Loch-Golfanlage wurde dem ehemaligen Gutshof Krakau mit viel Hingabe neues Leben eingehaucht. Fabelhafte Spa-, Sport- und Freizeitmöglichkeiten sind Garant für abwechslungsreiche und individuelle Alltagspausen. Der exklusive Spa mit einem Innen- und einem Außenpool sowie einer Lounge zum Sonnen, bietet viel Platz zum Entspannen. Einen persönlichen Rückzugsort zur Erholung findet der Gast in eleganten Zimmern und Suiten. Restaurant Augusta mit Augustastube und Restaurant Masters.

Böblingen
Baden-Württemberg

Hotel Zum Reussenstein
★★★

Kalkofenstr. 20 / 71032 / www.reussenstein.com
T.: +49 7031 66000 / info@reussenstein.com
15 E € 80/125 / 27 D € 99/165 /

Sich in einem Hotel wohl zu fühlen, setzt eine stimmige Mischung aus Sympathie, Erlebnis und Authentizität voraus. Im Hotel Zum Reussenstein stimmt sie. Es gibt tolle Gastgeber, eine schwäbische Küche von rustikal bis fein, dazu Kochkurse, Feiermöglichkeiten und natürlich die modernen aber nicht overstylten Zimmer fürs Nächtle (mit dem Kuh-auf-der-Wiese-Foto). Hier bleibt man gerne auch einen Tag länger.

V8 HOTEL Motorworld Region Stuttgart
★★★★

Charles-Lindbergh-Platz 1 / 71034 Ortsteil Flugfeld
www.v8hotel.de / T.: +49 7031 3069880
info@v8hotel.de
4 E ab € 149 / 174 D ab € 164
2 S ab € 199 / 7 App. ab € 239 / Frühstück € 18

Einen außergewöhnlichen Aufenthalt genießen Auto- und Motorradliebhaber in dem V8 Hotel, das Teil der Motorworld auf dem ehemaligen Böblinger Flugfeld ist. Die Zimmer und Suiten sind mit viel Liebe zum Detail, hochwertigen Materialien, Grafiken und Originalteilen aus der automobilen Welt ausgestattet. Highlight ist die Mercedes Suite über vier Etagen mit privater Dachterrasse und herrlichem Ausblick. Ein Sauna- und Fitnessbereich, Restaurants von Feinschmecker bis Hausbrauerei und Veranstaltungsräume ergänzen das Angebot.

Bochum
Nordrhein-Westfalen

Parkhotel Bochum by stays
★★★★

Klinikstr. 43-45 / 44791 Ortsteil Grumme
www.stays-hotels.com / T.: +49 234 61000
s.tiekoetter@parkhotel-bochum.de
104 D ab € 95 / als E ab € 95 / 2 S ab € 175
Frühstück € 19

Das moderne Hotel liegt zentral und verkehrsgünstig am Rand des idyllischen Bochumer Stadtparks. Elegant eingerichtete, großzügige Zimmer und Suiten laden zum Wohlfühlen ein. Tagungsgäste erwartet ein kleiner Konferenzbereich. Mediterrane Küche im Hotelrestaurant „green olive"; gemütliche Hotelbar.

stays by friends Bochum

★★★★

Stadionring 18 / ✉ 44791 Ortsteil Grumme
www.stays-hotels.com / T.: +49 234 61010
m.stuebbe@stays-bochum.de
174 D ab € 95 / als E ab € 95 / 3 S ab € 175
Frühstück € 19

Mit direktem Zugang zum Veranstaltungszentrum „RuhrCongress" liegt das Hotel nur wenige Minuten entfernt von der Innenstadt, dem Musical „Starlight Express" und den Geschäftszentren Bochums. Die eleganten Zimmer und Suiten sind großzügig und mit vielen Annehmlichkeiten ausgestattet. Voll ausgestattete Tagungsräume. Im Restaurant „Sutherland" wird eine internationale und regionale Küche geboten. Bar mit Live-Musik.

Bocholt
Nordrhein-Westfalen

Hotel Residenz

★★★★

Kaiser-Wilhelm-Str. 28-32 / ✉ 46395
www.hotelresidenz.de / T.: +49 2871 99750
info@hotelresidenz.de
5 E € 88/110 / 42 D € 150/220 / 6 S € 180/220

Großzügigkeit und Stil prägen den Charakter des zentral in der Innenstadt gelegenen, modernen Hotels. Alle Zimmer und Suiten verfügen über zeitgemäßen Komfort und sind sehr behaglich eingerichtet. In dem modernen Restaurant „Siebelts" wird eine frische internationale Küche geboten. Großzügiger Fitnessbereich, mediterrane Terrasse mit 3.000 Quadratmeter großem Hotelgarten, Hotelbar und mit modernster Tagungstechnik ausgestattete Bankettträume.

Bad Bocklet
Bayern

Kunzmann's Hotel | Spa

★★★★

An der Promenade 6 / ✉ 97708
www.kunzmanns.de
T.: +49 9708 780 / willkommen@kunzmanns.de
16 E ab € 90 / 45 D ab € 140 / 4 S ab € 210

Idyllisch liegt das in der vierten Generation geführte Hotel direkt an den Parkanlagen von Bad Bocklet. Lichtdurchflutet und modern gestaltet bieten die Zimmer und Suiten einen herrlichen Blick ins Grüne. Im Kunzmann's Spa, auf über 1.000 Quadratmetern, verwöhnen exklusive Wellness-, Beauty- und Gesundheitsangebote. Traditionelle Ayurvedische Medizin wird im Medical Care von etablierten indischen Spezialisten angeboten.

Bodenmais
Bayern

Hofbräuhaus

★★★★

Marktplatz 5 / ✉ 94249 / www.hotel-hofbraeuhaus.de
T.: +49 9924 7770 / info@hotel-hofbraeuhaus.de
8 E € 78/110 / 61 D € 142/210 / 4 S € 188/254

Seit 150 Jahren führt die Familie Fruhstorfer das mit Mineralien und Edelsteinen dekorierte „Hofbräuhaus". Die zentrale, aber ruhige Lage und die Annehmlichkeiten der Gästezimmer lassen den Aufenthalt zu einem besonderen Erlebnis werden. Gemütliches Restaurant mit bayerischen Schmankerln. Beauty-Welt „Im Reich der Sinne"; Wellnesskomplettangebote.

Wellness- und Wohlfühlhotel Waldeck

★★★★

Arberseestr. 37-39 / ✉ 94249
www.waldeck-bodenmais.de / T.: +49 9924 94030
mail@waldeck-bodenmais.de
4 E € 83/100 / 23 D € 150/184 / 14 S € 156/212
5 App. € 146/200

Am Ortsrand des Kurortes gelegen begrüßt das charmante Hotel seine Gäste. Bayerische Gastfreundlichkeit wird hier groß geschrieben. Behagliche, in hellem Holz gehaltene Zimmer zum Wohlfühlen. Regionale und internationale Küche verwöhnt den Gaumen. Einen Ausgleich zum stressigen Alltag bietet der Wellnessbereich. Großer Garten mit Liegewiese.

Bodman-Ludwigshafen
Baden-Württemberg

Immengarten (g)

★★★★

Überlinger Str. 26-28 / ✉ 78351 Ortsteil Ludwigshafen
www.bodenseehotel-immengarten.de
T.: +49 7773 937420 / info@bodenseehotel-immengarten.de
23 D € 100/150 / als E € 70/100 / 5 S € 130/200

Dank der schönen Lage am Überlinger See und der Nähe zur Autobahn in Richtung Stuttgart, Schaffhausen und Zürich wird das moderne, helle Hotel von Feriengästen wie von Geschäftsreisenden geschätzt. Großzügig und hochwertig sind die Zimmer und Suiten eingerichtet, die überwiegend zur Seeseite liegen und über einen Balkon verfügen. Das Restaurant Rosmarin verwöhnt mit exzellenter Küche, regional mit asiatischen und mediterranen Akzenten. Gemütliche Sonnenterrasse; Hotelbar.

Seehotel Adler

★★★★

Hafenstr. 4 / ✉ 78351 Ortsteil Ludwigshafen
www.seehotel-adler.de / T.: +49 7773 93390
info@seehotel-adler.de
58 D € 130/185 / als E € 85/125 / S € 185/295

Die traumhafte Lage direkt am Bodensee, und doch nur ein paar Meter von der Ortsmitte und vom Bahnhof entfernt, zeichnet dieses Haus aus. Egal zu welchem Anlass, Gäste schwärmen von den Wohlfühlzimmern, der Saunalandschaft, dem Kastaniengarten, den kulinarischen Köstlichkeiten im Seerestaurant oder in der Seelounge und vom herzlichen Service.

Bad Boll
Baden-Württemberg

Badhotel Stauferland
★★★★

Gruibinger Str. 32 / ✉ 73087
www.badhotel-stauferland.de / T.: +49 7164 801680
info@badhotel-stauferland.de
21 E € 55/175 / 15 D € 75/195 / Frühstück € 12

Der Familienbetrieb überzeugt durch seine ruhige und doch verkehrsgünstige Lage im Grünen, den individuellen Service sowie die persönliche Atmosphäre. Die Zimmer sind großzügig und zeitgemäß. Im Restaurant gehobene regional und saisonal ausgerichtete Küche. Café, Bar, Terrasse.

Bonn
Nordrhein-Westfalen

Ameron Bonn Hotel Königshof
★★★★

Adenauerallee 9 / ✉ 53111 Ortsteil Zentrum
www.ameronhotels.com/de/hotel-koenigshof-bonn
T.: +49 228 26010
info@hotel-koenigshof-bonn.de
42 E € 79/180 / 80 D € 109/260 / 7 S € 139/290

Eine der ersten Adressen der Stadt ist der „Königshof", ein Haus mit bester gastlicher Tradition, erlesenem Geschmack und modernen Annehmlichkeiten. Neben mit viel Liebe zum Detail eingerichteten Zimmern bietet es exklusive Räumlichkeiten für stilvolle Feiern und professionelle Konferenzen. Italienische Spezialitäten im Restaurant „Oliveto". Die Rheinterrassen und Oliveto Lounge laden von April bis September ein.

Dorint Venusberg Bonn
★★★★

An der Casselsruhe 1 / ✉ 53127 Ortsteil Venusberg
www.dorint.com/bonn / T.: +49 228 2880
info.bonn@dorint.com
45 E € 77/240 / 32 D € 77/240 / 10 S € 147/540
Frühstück € 22

Mitten im Naturschutzgebiet liegt das im edlen Landhausstil erbaute First-Class-Hotel. Besonders attraktiv wirkt das hoch über dem Rhein gelegene Haus durch seine elegante, stilvolle Einrichtung der Gästezimmer und Suiten. Leichte mediterrane Küche erwartet den Genießer im Restaurant „Basilico" mit seinen zwei Sonnenterrassen und dem herrlichen Ausblick auf das Siebengebirge und das Rheintal.

☐ Terrasse / Liegewiese
Raucherlounge

Kameha Grand Bonn
★★★★★

Am Bonner Bogen 1 / ✉ 53227 Ortsteil Oberkassel
www.kamehabonn.de
T.: +49 228 43345000
info@kamehagrand.com
217 D € 159/299 / 37 S € 259/1999 / Frühstück € 3-

Mit Blick auf den Rhein und das Siebengebirge fügt sich das luxuriöse Bonner Design- und Lifestylehotel wie eine „Rheinwelle" perfekt in die umliegende Naturkulisse der Rheinlandschaft. Die detailverliebte Innenarchitektur des renommierten Designers Marcel Wanders betont die Besonderheit des Hauses. Großzügig geschnitten und außergewöhnlich ausgestattet präsentieren sich Zimmer und Suiten. Der kleine aber feine Wellness- und Fitnessbereich verfügt über Sauna, Dampfbad und Infinitypool. Sechs gastronomische Locations befriedigen Ess- und Trinkgelüste, darunter das Top-Restaurant „Yunico - Japanese Fine Dining".

Living Hotel Kanzler
★★★★

Adenauerallee 148 / ✉ 53113 Ortsteil Zentrum
www.living-hotels.com/hotel-kanzler-bonn
T.: +49 228 6844152 / kanzler@living-hotels.com
18 E € 89/185 / 125 D € 113/209 / 7 S € 163/259

Optimal in der Bonner Südstadt, direkt an der Museumsmeile, befindet sich in einem denkmalgeschützten Gebäude dieses internationale Komfort-Hotel. Die topmodernen Gästezimmer und exklusiven Suiten lassen in punkto Komfort kaum Wünsche offen. Den idealen Rahmen für Tagungen und Seminare bieten die geschichtsträchtigen Konferenzräume; Kino mit 24 Plätzen. Eine kulinarische Reise durch die mediterrane Küche erlebt der Gast im Restaurant „Da Dante" mit Terrasse und Bar.

Bonndorf im Schwarzwald
Baden-Württemberg

Möhringers Schwarzwaldhotel
★★★★

Rothausstr. 7 / ✉ 79848 Ortsteil Bonndorf
www.schwarzwaldhotel.com / T.: +49 7703 93210
info@schwarzwaldhotel.com
15 E € 77/151 / 55 D € 142/250

Gastfreundlichkeit und eine gemütliche Atmosphäre erwarten die Gäste in diesem familiär geführten Hotel, das bequeme Wohlfühlzimmer bietet. Zudem verfügt das Haus über moderne, komplett ausgestattete Konferenzräume sowie ein Hallenbad und eine große Saunalandschaft. Internationale Küche im charmanten Restaurant. Hotelbar und Café-Terrasse.

Boppard
Rheinland-Pfalz

Bellevue Rheinhotel

★★★★ AE VISA

Rheinallee 41 / 56154 / www.bellevue-boppard.de
T.: +49 6742 1020 / info@bellevue-boppard.de
15 E € 69/120 / 78 D € 79/215
2 S € 150/250 / 20 App. € 125/225 / Frühstück € 13
@

Stilvoll wohnen in romantischer Umgebung - das Jugendstilhotel von 1887 befindet sich direkt am Rhein im Herzen Boppards, zentral zur Altstadt. Gästezimmer mit höchster Wohnqualität. Kulinarisch verwöhnt das Gourmet-Restaurant „Le Chopin"; regionale Spezialitäten im „Le Bristol". Im Sommer lädt das „Le Jardin" direkt am Rhein ein. Proben edler Tropfen aus dem eigenen Weinberg bei Kerzenlicht im Weinkeller; Bar „Papillon". Großzügiger Wellnessbereich.

Park-Hotel Bad Salzig (g)

★★★★ VISA

Römerstr. 38 / 56154 Ortsteil Bad Salzig
www.park-villa.de / T.: +49 6742 93930 / info@park-villa.de
2 E € 85/95 / 16 D € 130/160 / 2 S zu € 180
Frühstück € 15
O ● @

In einer Villa der Jahrhundertwende, die seit 1908 als eines der schönsten Hotels des Mittelrheins gilt, bietet dieses kreative, umweltbewusste Hotel Verwöhnkomfort für seine Gäste. Alle Räume sind mediterran und individuell eingerichtet; Themenzimmer mit hochwertiger Ausstattung. Restaurant „Wintergarten" mit regional-frischer Küche. Mediterran-orientalischer Wellnessbereich mit Sauna, Dampfbad und Whirlpool.

Bornheim (Rheinland)
Nordrhein-Westfalen

Bonnem-Inn (g)

★★ AE VISA

Kalkstr. 4 / 53332 Ortsteil Bornheim
www.bonnem-inn.de / T.: +49 2222 94050
info@bonnem-inn.de
8 E € 59/68 / 9 D € 79/89 / ● @

In einer ruhigen Hanglage, mitten im rheinischen Vorgebirge, befindet sich das familiär geführte Hotel garni, ein idealer Ausgangspunkt, um das Rheinland zu entdecken. Die mit Naturholzmöbeln ausgestatteten Zimmer bieten ein gesundes Raumklima; ausgezeichnetes Frühstücksbüfett.

Brakel
Nordrhein-Westfalen

Schloß Gehrden

★★★★ VISA

Schloßstr. 6 / 33034 Ortsteil Gehrden
www.schloss-gehrden.de / T.: +49 5648 963200
info@schloss-gehrden.de
7 E € 95/99 / 12 D € 140/150 / 16 S € 150/220
O @

Ruhig, inmitten des Hochstifts Paderborn vereinigt sich die spirituelle Tradition einer über 850-jährigen Klostergeschichte mit jeglichem modernen Komfort. Besonders die Themenzimmer präsentieren sich wie eine Zeitreise durch verschiedene Stilepochen und spiegeln die Historie des Schlosses wider. Allen Räumlichkeiten gemein ist die individuelle Gestaltung mit antiken Möbeln und wertvollen Unikaten. Kulinarische Erlebnisse bietet die „Brasserie im historischen Kreuzgang". Terrasse, Kaminbar.

Bramsche
Niedersachsen

Akzent Hotel Haus Surendorff

★★★ AE VISA

Dinglingsweg 1 / 49565 Ortsteil Hesepe
www.hotelsurendorff.de / T.: +49 5461 93020
info@hotelsurendorff.de
6 E € 79/100 / 14 D € 101/125 / 4 S € 130/150
4 App. € 140/160 / O @

Eine ruhige Lage im ländlichen Ambiente bietet das in dritten Generation geführte traditionsreiche Haus. Neben geschmackvollen Zimmern, die kaum Wünsche offen lassen, offeriert das Hotel ein Kaminzimmer und ein Restaurant mit Wintergarten. Im „Wellness-Carré" bieten verschiedenen Saunen, Schwimmbad und Whirlpoolwannen Entspannung.

Braunlage
Niedersachsen

relexa hotel Harz-Wald

★★★★ AE VISA

Karl-Röhrig-Str. 5 a / 38700
www.relexa-hotel-braunlage.de / T.: +49 5520 8070
braunlage@relexa-hotel.de
40 E ab € 79 / 73 D ab € 100 / 7 S ab € 150
O @

Ruhiges Wohnen und Tagen am Rande von Braunlage bietet dieses idyllisch gelegene Haus. Es verfügt über gemütlich eingerichtete Nichtraucher-Zimmer mit Balkon sowie mit modernen Annehmlichkeiten. Attraktive Fitness-, Wellness- und

Sportangebote; Beauty-Center; Tagungsräume. Im Restaurant „Boulevard“, im Kaminzimmer oder im Biergarten genießt der Gast internationale Spezialitäten.

Braunschweig
Niedersachsen

Steigenberger Parkhotel Braunschweig
★★★★

Nîmes-Str. 2 / 38100
www.braunschweig.steigenberger.com
T.: +49 531 482220 / braunschweig@steigenberger.de
163 D € 119/429 / 17 S € 169/479

Besten Komfort und „Hotelkultur aus Leidenschaft“ bietet das moderne Kongresshotel. Es liegt im reizvollen Bürgerpark, zentral in der Innenstadt. Zimmern und Suiten im modernen Design, ein Freizeitbereich mit Fitness, Saunen und Dachterrasse, Gastronomie mit deutscher, französischer Küche und einem umfangreichen Weinsortiment sowie Veranstaltungsräume mit hochwertiger Konferenztechnik gehören zum Angebot.

Breitenburg
Schleswig-Holstein

Hotel Breitenburg
★★★★

Osterholz 1 / 25524 / hotel-breitenburg.de
T.: +49 4828 78430 / info@hotel-breitenburg.de
66 D ab € 140 / als E ab € 115 / 14 S ab € 234
Frühstück € 28

Die prächtigen Ziegelsteinmauern der ehemaligen Stallungen des Gutshofs Osterholz gewähren ein Blick in die Geschichte des Anwesens, gelegen am Breitenburger Kanal unweit von Itzehoe. Das zu einem modernen Luxushotel mit Restaurant und großem Spa umgebaute Ensemble bietet einen Golfplatz direkt am Haus und viel Natur drumherum. Für passionierte Reiter und einen ausgedehnten Reiturlaub hält das Hotel eigene Pfredeboxen für die Gäste bereit. Hoher Wohlfühlfaktor.

Breitnau
Baden-Württemberg

Ferienhotel Kaisers Tanne
★★★★

Am Wirbstein 27 / 79874
www.kaisers-tanne.de
T.: +49 7652 12010 / info@kaisers-tanne.de
3 E € 115/175 VP / 20 D € 115/145 VP / 4 S € 145/155 VP

Ruhig am Waldrand liegt dieses angenehme, sehr charmante Ferienhotel mit modernen Bequemlichkeiten. Die gemütlichen Zimmer bieten alle Annehmlichkeiten, die der Gast wünscht. Die Wildgerichte und Schwarzwald-Schmankerln in der „Bauernstube“ sind sehr zu empfehlen; ausgesuchte Weine. Kinderspielplatz und Café-Terrasse, hervorragendes Kuchenbüfett am Nachmittag.

Hotel Hofgut Sternen
★★★★

Höllsteig 76 / 79874 Ortsteil Höllsteig
www.hofgut-sternen.de / T.: +49 7652 9010
info@hofgut-sternen.de
6 E € 64/124 / 54 D € 99/169 / 3 App. € 210/250

Am Eingang zur wildromantischen Ravennaschlucht, zwischen Titisee und Freiburg, befindet sich dieses schwarzwaldtypische Haus. In drei Gebäuden bietet das Hotel eine überraschend große Zimmervielfalt - von gläsern-modern im Glashaus über gemütlich-rustikal im Schwarzwaldhaus bis stilecht-historisch im Goethehaus. Im À-la-carte-Restaurant werden regionale Spezialitäten serviert.

Bremen
Bremen

siehe auch D-28816 Stuhr

Atlantic Grand Hotel
★★★★

Bredenstr. 2 / 28195 Ortsteil Altstadt
www.atlantic-hotels.de / T.: +49 421 620620
grandhotel@atlantic-hotels.de
234 E ab € 105 / 234 D ab € 125 / 10 S ab € 225
Frühstück € 22

In prominenter Altstadtlage, bedeutende Sehenswürdigkeiten und exklusive Einkaufsmöglichkeiten befinden sich in direkter Nachbarschaft, setzt das Hotel neue Akzente. Modernes Design, hochwertige Ausstattung und ein aufmerksamer Service lassen für Businessgäste und Urlaubsreisende gleichermaßen den Aufenthalt zu einem Erlebnis werden. In mulitfunktionalen Veranstaltungsräumen werden Events für bis zu 600 Personen realisiert. Roof Lounge mit einmaligem Blick über die Weser. Weinkeller.

Designhotel ÜberFluss
★★★★

Langenstr. 72 / 28195 Ortsteil Altstadt
www.designhotel-ueberfluss.de
T.: +49 421 322860
info@designhotel-ueberfluss.de
4 E € 124/162 / 46 D € 139/199 / 1 S € 345/345

In exponierter Lage, nur wenige Schritte vom Marktplatz entfernt und direkt an der Weser, befindet sich das auf historischem Boden errichtete Designhotel. Die archäologischen Funde, die bei der Errichtung des Hauses zum Vorschein kamen, wurden harmonisch in den Bau integriert. Mit edlen Designerstücken bekannter Künstler ist die Einrichtung bestückt, wobei man sich modernster Technik in den Zimmern, Tagungsräumen und im Wellnessbereich bediente.

Dorint City-Hotel Bremen
★★★★

Hillmannplatz 20 / 28195 Ortsteil Bahnhofsvorstadt
hotel-bremen-city.dorint.com/de / T.: +49 421 620000
info.bremen-city@dorint.com
226 D € 109/219 / als E € 109/219 / 4 S € 259/489
Frühstück € 19 /

WLAN im Hotel / Lift

Direkt am grünen Wall gelegen, nur wenige Fußminuten von der Altstadt entfernt heißt das Hotel seine Gäste willkommen. Die eleganten Zimmer und Suiten sind mit neuester Technik und exklusiven Accessoires ausgestattet und bieten so Ruhe und Komfort auf höchstem Niveau. Mit exquisiten Gaumenfreuden aus regionalen Produkten verwöhnt die Küchencrew im „Hillmann's Restaurant".

Hotel Munte am Stadtwald

★★★★

Parkallee 299 / ✉ 28213 Ortsteil Neu Schwachhausen
www.hotel-munte.de / T.: +49 421 22020
info@hotel-munte.de
32 E € 99/243 / 84 D € 111/265 / 5 S € 198/265

Ruhig am Stadtwald und doch zentral liegt das Hotel. Die sehr gut eingerichteten Gästezimmer gewährleisten einen angenehmen Aufenthalt. Für Tagungen und Festlichkeiten stehen komplett ausgestattete Räumlichkeiten zur Verfügung. Das gepflegte Restaurant serviert auf Wunsch auch Vegetarisches und Trennkost. Attraktiver Wellnessbereich.

Parkhotel Bremen

★★★★★

Im Bürgerpark / ✉ 28209 / www.hommage-hotels.com
T.: +49 421 34080 / info.bremen@hommage-hotels.com
80 E € 119/319 / 75 D € 169/369 / 20 S € 385/2850
Frühstück € 27

Das Parkhotel Bremen liegt mitten im Bürgerpark, der grünen Lunge Bremens, und doch zentrumsnah. Das Fünf-Sterne-Superior-Hotel verfügt über 155 Zimmer sowie 20 Suiten. Die vielseitigen gastronomischen Outlets wie das „Park Restaurant", die „Parkhotel Bar", die Smoker's Lounge „La Fumadora" sowie die Terrasse am Hollersee bieten Speisen und Getränke auf höchstem Niveau. In der historischen Kuppelhalle und dem Salon „Café am Hollersee" wird täglich Kuchen und Feingebäck aus der hauseigenen Pâtisserie angeboten. Ein komplett renovierter Veranstaltungsbereich bietet den perfekten Rahmen für berufliche und private Veranstaltungen für bis zu 440 Personen. Der weitläufige Hotelgarten am Hollersee eignet sich hervorragend für Empfänge, Barbecues, Incentives und Rahmenprogramme. Für Wellnessliebhaber empfiehlt sich der 1.200 Quadratmeter große Spa- und Wellnessbereich „Spa'rks" mit beheiztem Outdoor-Pool, Whirlpool, Saunen, Dampfbädern und Schneegrotte. Weiterer Pluspunkt des Hotels ist die gute Anbindung an den Bahnhof, den Flughafen und das Kongresszentrum.

Sauna / Freibad / Hallenbad

INNSIDE Bremen

★★★★

Sternentor 6 / ✉ 28237 Ortsteil Gröpelingen
www.melia.com / T.: +49 421 24270
innside.bremen@melia.com
162 D ab € 119 / als E ab € 99

In futuristischem Design präsentiert sich das Hotel der internationalen Komfortklasse unmittelbar an der Weser, in absolut ruhiger und doch verkehrsgünstiger Lage, nur wenige Fahrminuten vom Stadtzentrum entfernt. Die Guestrooms und Premium-Zimmer sind großzügig, mit modernster Kommunikationstechnik und mit ausgefallenem Interieur ausgestattet. Im Restaurant „Starwalker" mit Sonnenterrasse werden regionale und internationale Spezialitäten serviert.

Bremerhaven

Bremen

Best Western Plus Hotel Bremerhaven (g)

★★★★

Fischkai 2 / ✉ 27572 Ortsteil Fischereihafen
www.best-western-bremerhaven.de
T.: +49 471 80935300 / info@best-western-bremerhaven.de
2 E ab € 109 / 92 D ab € 149 / 2 S ab € 199

Im alten Fischereihafen, der das kulturelle Erbe der Stadt widerspiegelt, trifft neuer Stahl auf altes Holz und das Glitzern des Wassers auf lichtdurchflutete Glasfassaden. Das neue Designhotel mit seinen modernen Zimmern reflektiert großstädtisches Flair. Vom Frühstücksraum aus überblickt man das Hafenareal. Der Terrassenbereich des Hotels, der zum Genießen und Entspannen einlädt, liegt direkt über dem Wasser. Moderne Tagungsräume, eine Bar mit Raucherlounge und ein Fitnessbereich mit Sauna.

Hotel Haverkamp

★★★★

Prager Str. 34 / ✉ 27568 Ortsteil Mitte
www.hotel-haverkamp.de / T.: +49 471 48330
info@hotel-haverkamp.de
28 E € 116/141 / 59 D € 154/189 / 10 S € 175/350
1 App. € 129/189 /

Das elegant ausgestattete Hotel befindet sich in unmittelbarer Nähe zum Stadtzentrum. Es zeichnet sich durch gemütliche Zimmer (teilweise mit Whirlpool) und moderne Konferenzräume aus. Elegantes, kosmopolitisches Restaurant „Weinrot" mit weltoffener Küche; Bar „Haverkamp's".

The Liberty Hotel

★★★★

Columbusstr. 67 / ✉ 27568 Ortsteil Mitte
libertybremerhaven.com / T.: +49 471 902240
info@liberty-bremerhaven.com
93 D ab € 148 /

Am Deutschen Auswanderhaus und in unmittelbarer Nähe zum Neuen Hafen wartet das Hotel mit 98 modern-eleganten Zimmern und Suiten auf. 60 Water-View-Zimmer mit eigenem Balkon und die Bar mit Lounge im Dachgeschoss bieten einen schönen Blick über den Yachthafen auf die Außenweser. Eine feine Küche im New York-Style bietet das Restaurant und in der New York Bar mit großer Terrasse dürfen sich Besucher an Drinks und Cocktails erfreuen. Einen Spa-Bereich gibt es außerdem.

Bretten
Baden-Württemberg

Hotel Krone (g)
★★★ AE VISA

Marktplatz 2 / ✉ 75015 / www.krone-bretten.de
T.: +49 7252 97890 / kontakt@krone-bretten.de
13 E € 73/117 / 30 D € 112/138 / 6 S € 93/143
4 App. € 93/143 / @

Im Herzen von Bretten, am historischen Marktplatz, steht das familiengeführte Hotel für gepflegte Gastlichkeit mit individuellem Service und modernem Komfort im Fachwerk-Ambiente. Kleine Relax-Oase.

Bretzfeld
Baden-Württemberg

Hotel Rose
★★★★ AE VISA

Weißlensburger Str. 12 / ✉ 74626 Ortsteil Bitzfeld
www.rose-bitzfeld.de / T.: +49 7946 7750
info@rose-bitzfeld.de
27 E € 68/131 / 35 D € 98/150 / 2 S € 120/150
@

Ob Vesper, original schwäbische Gerichte oder ausgesuchte Menüs: Im eleganten Restaurant bietet die Küche alles, was das Herz begehrt. Der ländliche Gasthof, seit 100 Jahren im Familienbesitz, liegt idyllisch von Obstbäumen umgeben. Gemütliche, zum Teil neue Zimmer. Einen Hauch von Luxus bietet das hauseigene Erlebnisbad. Terrasse.

Briesen (Mark)
Brandenburg

Gut Klostermühle
★★★★ AE VISA

Mühlenstr. 11 / ✉ 15518 Ortsteil Alt Madlitz
www.gutklostermuehle.com / T.: +49 33607 59290
info@gutklostermuehle.com
5 E € 108/118 / 38 D € 158/218 / 23 S € 238/516
● @

Idyllisch am Madlitzer See gelegen, bietet das Gut Klostermühle ein fürstlich-gemütliches Refugium für erholsame Tage, angereichert mit Ausflügen in den waldreichen Naturpark Schlaubetal. Goldig-wohnliche Zimmer und ein Wellnessbereich mit Pool, Massagen und Hautpflegeprogrammen sorgen für den richtigen Wohlfühl-Aufenthalt.

Bruchhausen-Vilsen
Niedersachsen

Forsthaus Heiligenberg
★★★★ AE VISA

Heiligenberg 3 / ✉ 27305 Ortsteil Heiligenberg
www.bruening-hotels.de / T.: +49 4252 93200
hotel@forsthaus-heiligenberg.de
3 E ab € 85 / 34 D ab € 127 / 4 S ab € 165
○ ● @

Idyllisch liegt das von Familie Brüning geführte Forsthaus umgeben von imposanten, historischen Wallanlagen. Hinter Fachwerk und Sprossenfenstern befinden sich mit viel Liebe zum Detail hochwertig ausgestattete helle und freundliche Zimmer. In der stimmungsvollen Atmospäre des Restaurants werden täglich köstliche Kreationen aus saisonalen Produkten der Region serviert. Weitläufige Terrasse und schöne Ruhezonen in der großen Park- und Gartenanlage rund um das Haus.

Bruchsal
Baden-Württemberg

Hotel Scheffelhöhe
★★★★ AE VISA

Adolf-Bieringer-Str. 20 / ✉ 76646
www.scheffelhoehe.de
T.: +49 7251 8020 / hotel@scheffelhoehe.de
60 E € 99/139 / 35 D € 129/189 / 2 S € 170/250
2 App. € 140/190 / ● @

Auf einer Anhöhe über Bruchsal liegt dieses großzügige Hotel. Es verfügt über geschmackvolle Zimmer und Suiten mit modernen Annehmlichkeiten. Das stilvolle Restaurant serviert regionale und internationale Küche. Moderner Wellnessbereich zum Entspannen; Hotelbar.

Bad Brückenau
Bayern

Badhotel Bad Brückenau
★★★ AE VISA

Amand-von-Buseck-Str. 8-10 / ✉ 97769 Ortsteil Staatsbad
www.badhotel-badbrueckenau.de / T.: +49 9741 937600
info@badhotel-badbrueckenau.de
27 D € 89/115 / als E € 68/84 / 4 S € 110/135
@

Schon Ludwig I. wusste die Schönheit und Lage des Staatsbades in der bayrischen Rhön zu schätzen. Idyllisch im Kurpark gelegen erwartet Gäste in dem ehemaligen Badehaus heute ein Hotel mit stilvollem Ambiente, familiärer Atmosphäre und komfortablen Zimmern. Eine feine, abwechslungsreiche regionale und internationale Küche wird im Restaurant serviert.

Brühl (Rheinland)
Nordrhein-Westfalen

Hotel am Stern (g)
★★
Uhlstr. 101-103 / ✉ 50321 Ortsteil Brühl
www.hotel-am-stern.de / T.: +49 2232 18000
info@hotel-am-stern.de
13 E € 84/109 / 28 D € 114/139 / @

Im Herzen der Schlossstadt, unmittelbar an der Fußgängerzone, liegt dieses moderne Hotel mit gediegener Atmosphäre, ideal zur Nutzung des vielfältigen gastronomischen Angebotes oder zum Besuch des nahegelegenen Schlossparks. Alle Zimmer sind ansprechend ausgestattet und sorgen für einen angenehmen Aufenthalt.

Bückeburg
Niedersachsen

Hotel Ambiente
★★★★
Herminenstr. 11 / ✉ 31675 / www.ambiente-hotel.de
T.: +49 5722 9670 / info@ambiente-hotel.de
3 E € 98/122 / 31 D € 138/174 / 2 App. € 168/198
@

In zentraler und ruhiger Lage liegt das Hotel. Die hellen Zimmer sind freundlich eingerichtet. Angenehm verbringen die Gäste ihre Zeit auf der Café-Terrasse, im Gartenlokal oder an der Bar.

Bühl
Baden-Württemberg

Hotel Burg Windeck
★★★
Kappelwindeckstr. 104 / ✉ 77815 / www.burg-windeck.de
T.: +49 7223 94920 / kontakt@burg-windeck.de
18 D € 125/170 / als E € 89/96 / 3 S € 158/175
● @

Viele Annehmlichkeiten bietet die Burg Windeck mit eleganten, im Landhausstil eingerichteten Gästezimmern. Panorama-Restaurant mit Blick über das Rheintal bis nach Straßburg.

Burg im Spreewald
Brandenburg

Bleiche Resort & Spa
★★★★★
Bleichestr. 16 / ✉ 03096 Ortsteil Burg / www.bleiche.de
T.: +49 35603 620 / reservierung@bleiche.de
63 D € 610/710 HP / als E € 315/550 HP
27 S € 940/2440 HP / ○ ●

Idyllisch im Spreewald gelegen, mit hauseigenem Kahnhafen, ist die das Bleiche Resort & Spa eine Adresse für Entspannung in einer besonderen Atmosphäre. Natürlichkeit, Echtheit, Feuer, Wasser, Weite und Licht spiegeln sich in den Zimmern und Suiten wider. 5.000 Quadratmeter großes Wellnessareal mit drei Pools, Saunen, Hamam, Banja, Spa-Kino, Bademantelrestaurant sowie zahlreiche Ruhe- und Anwendungsbereiche. Fine Dining im Gourmet-Restaurant „17fuffzig".

Landhotel Burg im Spreewald
★★★★
Ringchaussee 125 / ✉ 03096 Ortsteil Burg
www.landhotel-burg.de / T.: +49 35603 646
landhotel@landhotel-burg.de
1 E € 119/145 / 66 D € 156/196 / 11 S € 205/244
10 App. € 195/230 / ○ @

Im gemütlichen Landhausstil erbaut liegt dieses freundliche Hotel in Europas größtem natürlichen Erlen-Auwald. Behagliche Zimmer und großzügige Suiten stehen zur Verfügung. Kahnfahrten; Streichelzoo, Ponyhof, Minigolfanlage.

Burgwedel
Niedersachsen

Hotel Kokenhof
★★★★
Isernhägener Str. 3 / ✉ 30938 Ortsteil Großburgwedel
www.kokenhofcom / T.: +49 5139 8030 / info@kokenhof.com
2 E € 99/125 / 52 D € 120/240 / ○ @

Im Hotel Kokenhof findet der Gast die perfekte Synthese aus traditionellem Stil und modernen Elementen. Die stilvollen Hotelzimmer, der Wellnessbereich und das Restaurant mit frischer Küche laden zum Verweilen ein.

Büsum
Schleswig-Holstein

Lighthouse Hotel & Spa
★★★★
Am Museumshafen 11 / ✉ 25761 / www.hotel-lighthouse.de
T.: +49 4834 98420 / info@hotel-lighthouse.de
111 D ab € 139 HP / S ab € 249 / @

Direkt am Meer und dem Büsumer Hafen (rückseitig) gelegen, bietet dieses neue Hotel ein tolles hochwertiges Ambiente plus Wellness, drei Restaurants und zwei Bars. Die Zimmer sind mindestens 25 Quadratmeter groß, bieten Bluetooth sowie eine im Preis enthaltene Minibarfüllung. Highlight: Das Hotel ist unterirdisch mit dem Erlebnisbad, dem Meerzeit Büsum Wellenbad und Spa, verbunden.

Buxtehude
Niedersachsen

Hotel Navigare
★★★★
Harburger Str. 4 / ✉ 21614 / www.hotel-navigare.com
T.: +49 4161 74900 / info@hotel-navigare.com
5 E € 110/145 / 23 D € 135/180 / 4 App. € 155/190
@

Wer Erholung sucht, das Alte Land erleben möchte oder eine Feier oder Hochzeit plant, ist im Hotel Navigare genau richtig. Das Hotel in einem behutsam restaurierten historischen Gebäude der Kaiserzeit bietet ein stilvolles Ambiente und eine exzellente Bewirtung Maritim ist die Atmosphäre auf den einzelnen „Decks" mit ihren schönen Hotelzimmern und Appartements.

C

Calw
Baden-Württemberg

Kloster Hirsau
★★★★

Wildbader Str. 2 / ✉ 75365 Ortsteil Hirsau
www.hotel-kloster-hirsau.de / T.: +49 7051 96740
info@hotel-kloster-hirsau.de
12 E € 76/86 / 29 D € 124/135 / 1 S ab € 145

Das traditionsreiche Hotel liegt direkt neben der berühmten Klosteranlage. Harmonisch wirkende, charmante Gästezimmer stehen zur Verfügung. Das stilvolle Restaurant verwöhnt die Gäste mit internationalen und regionalen Spezialitäten. Hübscher Biergarten.

Celle
Niedersachsen

Althoff Hotel Fürstenhof Celle
★★★★★

Hannoversche Str. 55/56 / ✉ 29221
www.fuerstenhof-celle.com / T.: +49 5141 201136
witzleben@fuerstenhof-celle.com
6 E € 100/230 / 51 D € 130/340 / 5 S € 180/310
Frühstück € 25 /

Als Barockpalais um 1670 erbaut, ist das Althoff Hotel Fürstenhof Celle heute ein Ort der Tradition und einer privater Gastfreundschaft mit einzigartigem Ambiente. Begleitet von einem persönlichen Service, genießt der Gast eine genussvolle Zeit in der Taverna & Trattoria Palio. Ob für private oder geschäftliche Veranstaltungen, im kleinen Kreis oder in großer Gesellschaft, für Tagungen, Konferenzen, moderne Incentives oder die Traumhochzeit – der Fürstenhof bietet immer einen stilvollen Rahmen.

Ringhotel Celler Tor
★★★★

Scheuener Str. 2 / ✉ 29229 Ortsteil Groß Hehlen
www.celler-tor.de / T.: +49 5141 5900 / info@celler-tor.de
31 E € 97/280 / 27 D € 125/310 / 15 S € 134/330

Persönlicher Service und die gemütlich-elegante Einrichtung bestimmen die Atmosphäre dieser großzügigen, privat geführten Hotelanlage. Den Ansprüchen der Gäste gerecht, werden die mit Liebe zum Detail eingerichteten Zimmer. Zum Angebot gehören unter anderem, ein Bade- und Wellnessbereich, professionell ausgestattete Bankettträume, eine Gartenterrasse und internationale Küche mit regionalen Spezialitäten im Restaurant.

Chemnitz
Sachsen

Hotel an der Oper
★★★★

Straße der Nationen 56 / ✉ 09111 Ortsteil Zentrum
www.hoteloper-chemnitz.de / T.: +49 371 6810
info@hoteloper-chemnitz.de
91 D € 110/150 / als E € 75/105 / S € 100/160
6 App. € 115/155

In besonders zentraler Lage unweit des Bahnhofs, bietet diese Hotel einen schönen Blick auf die Chemnitzer Oper. Wie zuhaus fühlen sich Urlaubsgäste und Businessreisende in den hellen, geräumigen Zimmern und Suiten. Das Restaurant „Scala" serviert kulinarisch abwechslungsreiche Küche. Hotelbar „Mozart". Zahlreiche Museen sind fußläufig erreichbar.

Seaside Residenz Hotel
★★★★

Bernsdorfer Str. 2 / ✉ 09126 Ortsteil Bernsdorf
www.residenzhotelchemnitz.de / T.: +49 371 35510
info@residenzhotelchemnitz.de
91 E ab € 62 / 86 D ab € 82

In der Stadtmitte gelegen, verbirgt sich hinter der Fassade des „Seaside Residenz Hotel" Komfort auf hohem Niveau. Großzügige Zimmer, in den oberen Etagen mit herrlichem Blick über die Stadt, eine Hotelbar und mit vielen Business-Extras ausgestattete Zimmer stehen zur Verfügung. Regionale und internationale Küche im Restaurant „Sachsen".

★★★★ Erstklassiges Hotel,
internationales Hotel der gehobenen Kategorie
mit großem Komfort

Chieming
Bayern

Hotel Gut Ising
★★★★

Kirchberg 3 / ✉ 83339 Ortsteil Ising / www.gut-ising.de
T.: +49 8667 790 / hotel@gut-ising.de
8 E € 115/215 / 86 D € 195/345 / 4 S € 365/610
7 App. € 285/385

Im Herzen des Chiemgau, zentral zwischen München und Salzburg, liegt etwas erhaben und in unmittelbarer Nähe zum Chiemsee der Gutshof. Auf 170 Hektar bilden acht Gebäude, eingerichtet vom Landhausstil über bayerisch bis zum Biedermeier Stil, eine harmonische Anlage in idyllischer Atmosphäre. Für kulinarische Abwechslung sorgen vier Restaurants. Moderner Wellness- und Spabereich. Seehaus mit Seezugang. Sportmöglichkeiten, wie Golf, Reiten, Tennis, Segeln, Wandern und Baden.

Clausthal-Zellerfeld
Niedersachsen

Torfhaus Harzresort
★★★★

Torfhaus 2 / ✉ 38667 Ortsteil Torfhaus
www.torfhaus-harzresort.de / T.: +49 5320 22900
info@torfhaus-harzresort.de
26 D € 110/150 / als E € 75/95 /

Das 2013 eröffnete Torfhaus Harzresort liegt inmitten des Nationalpark Harz auf 820 Metern Höhe. Die modern gestalteten Hotelzimmer und Ferienhäuser sind der Landschaft angepasst und verfügen alle über zeitgemäße Annehmlichkeiten. Die einmalige Lage ermöglicht den direkten Einstieg in das Skiloipen- und Mountainbike-Netz. Für das leibliche Wohl im Resort ist im Restaurant Halali gesorgt.

Coburg
Bayern

Hotel Stadt Coburg
★★★

Lossaustr. 12 / ✉ 96450 / www.hotel-stadt-coburg.de
T.: +49 9561 8740 / stadtcoburg@ringhotels.de
13 E € 99/125 / 21 D € 118/138
2 S € 145/165 / Frühstück € 12

Das zentral gelegene Stadthotel begeistert mit ertsklassigem Service. Die Hotelzimmer bieten ein modernes Zuhause auf Zeit. Reichhaltiges Frühstücksbüffet. Herzstück des Hauses ist das Restaurant „Backstüble", ausgestattet mit einem herrlichen Backoffen und offener Feuerstelle. An lauen Sommerabenden lädt die fränkische Küche in den lauschigen Gastgarten ein.

Cochem
Rheinland-Pfalz

Hotel Brixiade & Triton
★★★★

Uferstr. 13 / ✉ 56812 Ortsteil Cond
www.hotel-brixiade.de/cms/front_content.php
T.: +49 2671 9810 / brixiade@moselstern.de
52 D ab € 110 / als E ab € 70 / 2 S ab € 240

Unvergesslich ist der Panoramablick von dieser Hotelanlage am Moselufer auf die historische Altstadt und die Reichsburg. Gäste finden hier Hotelzimmer mit höchstem Komfort und einem Ambiente mit warmen Farben im mediterranen Stil. Ein großes gastronomisches Angebot im Á-la-carte Restaurant „Burgblick" mit Wintergarten, in der „von Lauff Stube", in der Pianobar, auf der Gartenterrasse und im „Tanzpalast Moselstern" lassen keine Wünsche offen. Kleinen Oase für Entspannung und Fitness.

Wellnesshotel Kessler-Meyer
★★★★

Am Reilsbach 10-14 / ✉ 56812 Ortsteil Sehl
www.hotel-kessler-meyer.de / T.: +49 2671 4600
rezeption@hotel-kessler-meyer.de
43 D € 100/200 / als E € 80/140 / 3 S € 240/290

In ruhiger Lage oberhalb des Moseltals findet der Reisende dieses stilvolle, sehr gute Hotel mit herrlichem Ausblick. Es besteht aus vier Häusern, die durch einen Garten miteinander verbunden sind. Die Gästezimmer und Suiten mit angenehmem Ambiente besitzen eine gehobene Ausstattung. In den Restaurants kommen mediterrane und vegetarische Speisen auf den Tisch. Gemütliche Hotelbar „Bacchustreff".

Coswig (Anhalt)
Sachsen-Anhalt

Waldschlößchen
★★★

Kliekener Hauptstr. 10 / ✉ 06869 Ortsteil Klieken
www.hotel-waldschloesschen.com / T.: +49 34903 68480
office@hotel-waldschloesschen.com
14 E € 59/64 / 21 D € 79/84 / 2 S € 94/99

Das familiengeführte Hotel verfügt trotz der ruhigen ländlichen Lage über eine ideale Verkehrsanbindung zur A9 und B187. Charmant zeigen sich die gemütlich eingerichteten Gästezimmer. Im Restaurant wird eine vielseitige Küche serviert. Ansprechende Hotelbar, Kaminzimmer und Gartenlokal. Kleiner Wellnessbereich und Bowlingbahn.

Cottbus
Brandenburg

Best Western Plus Parkhotel & Spa Cottbus
★★★★

Heinrich-Zille-Str. 120 / ✉ 03042 Ortsteil Branitz
www.parkhotel-cottbus.de
T.: +49 355 75429777
info@parkhotel-cottbus.de / 39 D ab € 85 / Frühstück € 15

Bis zu 36 Quadratmeter große Zimmer, überlange Boxspringbetten, Klimatisierung und Fußbodenheizung – das farbenfroh ausgestattete Hotel bietet überzeugende Argumente für eine Auszeit in der Pücklerstadt. Der berühmte Landschaftspark, der Tierpark und das Stadtzentrum sind in 20 Minuten zu Fuß erreichbar. Zum Relaxen stehen Inddor-Pool, Saunen und Hamam zur Verfügung. Fahrradtouristen finden hier bestmöglichen Support.

Pension Cavalierhaus
★★★

Zum Kavalierhaus 9 / ✉ 03042
www.cavalierhaus-branitz.de / T.: +49 355 49397030
info@cavalierhaus-branitz.de
3 D ab € 99 / @

Direkt neben dem Schloss des Hermann von Pückler-Muskau – und mitten in dem vom Schriftsteller, Weltreisenden und Landschaftsarchitekten Pückler designten Park – dürfen die Besucher der Stadt eine kleine, herrschaftliche Auszeit erleben. Nur drei Zimmer mit 22, 36 und 43 Quadratmetern stehen zur Verfügung, die das Pücklersche Leben aufgreifen und mit handgearbeiteten Möbelstücken ausgestattet sind. Für Frühstück, Mittagessen, Kaffee und Kuchen und ein Gourmetmenü am Abend ist ebenfalls gesorgt.

Cuxhaven
Niedersachsen

Badhotel Sternhagen
★★★★★ AE VISA EC

Cuxhavener Str. 86 / 27476 Ortsteil Duhnen
www.badhotel-sternhagen.de / T.: +49 4721 4340
sternhagen@badhotel-sternhagen.de
6 E € 200/275 / 13 D € 285/360 / 28 S € 350/685
@

Das familiär geführte Badhotel Sternhagen, unmittelbar an Nordsee, Strand, Weltschifffahrtsweg und dem UNESCO Weltnaturerbe Wattenmeer gelegen, ist eine Symbiose aus natürlicher Herzlichkeit, kulinarischen Erlebnissen und gelebter Gastfreundschaft. Das im Stil hanseatischer Noblesse mit individuellem Charme und zeitloser Eleganz ausgestattete Haus mit besonderer Aura besticht durch ein kulturell anspruchsvolles Ambiente und die direkte Strandlage. Die gesunde, salzigprickelnde Luft und die Meerwasser-Badelandschaft, deren Thermalanlagen stetig mit frischem Meerwasser gespeist werden, unterstützen die Original Thalasso-Anwendungen des „Nordsee Thalasso-Spa" in vollem Umfang. Erleben Sie die sprichwörtliche Gesundheit aus dem Meer – als eines der wenigen zertifizierten Original Thalasso-Hotels in Deutschland holen wir die Kraft der Nordsee direkt in unser Haus. Auch kulinarisch überzeugen das hoch dekorierte Panorama-Gourmet-Restaurant „Sterneck", das ebenfalls mehrfach ausgezeichnete Panorama-Restaurant „Schaarhörn" sowie die neue, stylishe Location „EIX Bar, Bistro und Lounge". Die hauseigene Konditorei, der prämierte begehbare Weinkeller und der Café- und Sonnengarten am Meer runden das Angebot ab.

Best Western Donner's Hotel & Spa
★★★★ AE VISA EC

Am Seedeich 2 / 27472 / www.bestwestern.de
T.: +49 4721 5090 / info@donners.bestwestern.de
17 E € 96/121 / 53 D € 145/240
@

Das Hotel moderner Prägung empfiehlt sich durch seine elegante Ausstattung und verkehrsgünstige Lage. Die Gästezimmer teilweise mit Blick auf die Elbmündung und den Hafen sind wohnlich eingerichtet. Zeitgemäß ausgestattete Tagungsräume. Moderne, regionale Küche im Restaurant; Hotelbar.

Tiere nicht willkommen

Hotel Muschelgrund (g)
★★★ VISA EC

Muschelgrund 1 / 27476 Ortsteil Sahlenburg
www.muschelgrund.de / T.: +49 4721 2090
info@muschelgrund.de
2 E € 68/85 / 15 D € 90/140 / @

Der Familienbetrieb ist bei Urlaubern sehr beliebt, denn er liegt unmittelbar am wunderschönen Strand. Das aufmerksame Personal sorgt dafür, dass sich die Gäste in den modernen, gepflegten Zimmern gut erholen. Mitbenutzung des Hallenbades im Partnerhotel „Strandhus". Am Morgen erwartet den Besucher ein umfangreiches Frühstücksbüfett.

Hotel Strandperle
★★★★ AE VISA EC

Duhner Strandstr. 15 / 27476 Ortsteil Duhnen
www.strandperle-hotels.de / T.: +49 4721 40060
info@strandperle-hotels.de
4 E € 135/220 / 41 D € 158/230 / 19 S € 250/550
@

Ein aufmerksamer Service, Gemütlichkeit und Ruhe bieten die gute Erholung in einem Hotel, das seit über 75 Jahren in Familientradition geführt wird. Deshalb können die Gäste die lichtdurchflutete „Strandperle" mit Admiralsflügel als „Spitzenklasse am Duhner Strand" bezeichnen. Großzügige Zimmer und Suiten mit erlesener Einrichtung für unvergessliche Stunden. Dezente Gastlichkeit und kulinarische Genüsse in den Restaurants des Hauses.

Strandhotel Duhnen / Aparthotel Kamp
★★★★ VISA EC

Duhner Strandstr. 5-9 / 27476 Ortsteil Duhnen
www.kamp-hotels.de / T.: +49 4721 4030
info@kamp-hotels.de
20 E € 71/206 / 52 D € 129/221 / 3 S € 196/395
19 App. € 88/179 / @

Aus den Hotelzimmern bietet sich den Gästen dieses traditionsreichen, familiär geführten Ferienhotels ein wunderschöner Ausblick über den Strand, das Weltnaturerbe Wattenmeer, den Weltschifffahrtsweg und die Insel Neuwerk. Ein stilvolles Ambiente und die gediegen-elegante Ausstattung der Zimmer sind absolute Vorzüge dieses schönen Hotels. Die Küche des Restaurants richtet sich nach saisonalen Angeboten; sehr gute Fisch-Spezialitäten. „Bistro Kamp's". Tagungsräume.

D

Dahn
Rheinland-Pfalz

Pfalzblick Wald Spa Resort
★★★★

Goethestr. 1 / ✉ 66994
www.pfalzblick.de
T.: +49 6391 4040 / info@pfalzblick.de
7 E ab € 125 HP / 62 D ab € 204 HP / 1 S ab € 266 HP

Das Hotel mit gehobenem Ambiente und angenehmem Service richtet sich vor allem an anspruchsvolle Wellness-Urlauber. Ständige Modernisierungen sorgen für eine zeitgemäße Ausstattung. Die unterschiedlichen Zimmertypen sind mit viel Liebe eingerichtet. Im Abend-Restaurant Frischeküche mit regionalem Bezug. Beauty- und Fitness-Center, Sauna-Vitalwelt und Hallenbad.

Damme
Niedersachsen

Lindenhof Hotel Tepe
★★★★

Osterdammer Str. 51 / ✉ 49401 Ortsteil Osterdamme
www.lindenhof-hotel-tepe.de / T.: +49 5491 97170
info@lindenhof-hotel-tepe.de
2 E € 85/99 / 35 D € 140/160 / 2 S € 189/199

Das komfortable Urlaubs- und Tagungshotel liegt ruhig am Ortsrand von Damme. Rustikal bis elegant ist die gehobene Ausstattung der Gasträume und Zimmer. Wintergarten, Café-Terrasse und Biergarten laden ein. Klassische und regionale Küche im Restaurant. Moderne Bankettträume.

Dannenfels
Rheinland-Pfalz

Hotel Bastenhaus
★★★★

Bastenhaus 1 / ✉ 67814 Ortsteil Bastenhaus
www.bastenhaus.de
T.: +49 6357 975900
hotel-bastenhaus@t-online.de
5 E € 69/85 / 32 D € 98/118

Ruhig am Waldrand gelegen bietet das familiär geführte Hotel ideale Voraussetzungen für einen erholsamen Aufenthalt. Wohnlich eingerichtete Gästezimmer. Klassische, regionale Küche in drei Restaurants. Café-Terrasse und Hotelbar. Nordic-Walking-Schule. Eine gepflegte Gartenanlage mit großem Schwimmteich lädt zum Entspannen ein.

Reiseutensilien für den Hotelaufenthalt: Bluetooth-Box, Kissenspray, Hausschuhe, HDMI-Kabel (Laptop an TV anschließen), individuelle Kosmetikprodukte, Ohrstöpsel

Darmstadt
Hessen

Welcome Hotel Darmstadt
★★★★

Karolinenplatz 4 / ✉ 64289 / www.welcome-hotels.com
T.: +49 6151 39140 / info.dar@welcome-hotels.com
198 D € 99/284 / als E € 89/284 / 10 S € 154/284

Das Hotel in hervorragender Innenstadtlage, direkt am Karolinenplatz, bildet in Anbindung an das „darmstadtium" großzügige Möglichkeiten im Tagungsbereich. Die modern eingerichteten Gästezimmer sind hell und freundlich durch bodentiefe Lärmschutzfenster. Frische/internationale Küche im Restaurant „Herrngarten" und Bistro „Moller" mit regionalen Speisen.

Datteln
Nordrhein-Westfalen

Jammertal Resort
★★★★

Redder Str. 421 / ✉ 45711 Ortsteil Ahsen
www.jammertal.de / T.: +49 2363 3770 / info@jammertal.de
13 E zu € 99 / 77 D € 192/268 / 1 S € 426/536 HP
14 App. € 268/288 /

Das luxuriöse Wellness- und Tagungs-Hotel „Jammertal" liegt idyllisch inmitten des Naturparks Haard. Die elegant-komfortable Zimmerausstattung und eine attraktive Badelandschaft verwöhnen die Gäste. Das kreative Restaurant bietet eine „offene Küche", im Sommer sitzt der Gast hier auf der schönsten Gartenterrasse der Region.

Deidesheim
Rheinland-Pfalz

Hotel Deidesheimer Hof
★★★★

Am Marktplatz / ✉ 67146 / www.deidesheimerhof.de
T.: +49 6326 96870 / info@deidesheimerhof.de
24 E € 130/174 / 24 D € 185/230 / 4 S € 275/330
Frühstück € 22 /

In einem prachtvollen Renaissancegebäude am Marktplatz ist dieses traditionsreiche Hotel beheimatet. Großzügige, elegant eingerichtete Zimmer mit edlen Bädern versprechen einen angenehmen Aufenthalt. In der Weinstube „St. Urban" genießt der Gast die Vielfalt der regionalen Küche, im Gourmet-Restaurant „Schwarzer Hahn" verwöhnt die gehobene Kochkunst; erlesener Weinkeller, Weinproben. Kochkurse.

Hotel Ketschauer Hof
★★★★★

Ketschauerhofstr. 1 / ✉ 67146 / www.ketschauer-hof.com
T.: +49 6326 70000 / info@ketschauer-hof.com
10 D € 230/260 / 7 S € 350/780 /

In dem ehemaligen Herrenhaus werden Gäste mit dem Flair vergangener Zeiten verzaubert. Geschmackvolle Räumlichkeiten bieten eine unverwechselbare Mischung aus klassischer Eleganz und zeitloser Moderne. Für kulinarische Gaumenfreuden sorgen das Gourmet-Restaurant „Freundstück" und das Weinbistro „Bassermännchen". Ein windgeschützter Innenhof, inmitten der Altstadt von Deidesheim, lädt zum Verweilen ein.

Delbrück
Nordrhein-Westfalen

Hotel Waldkrug
★★★★

Graf-Sporck-Str. 34 / ✉ 33129 / www.waldkrug.de
T.: +49 5250 98880 / rezeption@waldkrug.de
5 E € 80/99 / 44 D € 110/158

Das ruhig gelegene und familiär geführte Hotel bietet dem anspruchsvollen Gast Behaglichkeit in grüner Umgebung. Im geschmackvoll eingerichteten Haus sind die Zimmer elegant möbliert. Das Küchenteam verwöhnt mit Spezialitäten der Saison. Urige Bierstube. Großzügiges Angebot im Beauty- und Wellnessbereich. Panorama-Sonnendeck.

Detmold
Nordrhein-Westfalen

Hotel Detmolder Hof
★★★★

Lange Str. 19 / ✉ 32756
www.detmolder-hof.de
T.: +49 5231 980990 / info@detmolder-hof.de
12 D € 154/164 / als E € 104/114 / 1 S € 144/194

Die Gäste des Stadthotels wohnen im historischen Stadtkern und dürfen sich auf exklusive Zimmer, einen herzlichen und zuvorkommenden Service sowie auf eine exzellente Frischeküche im Restaurant freuen. Das traditionsreiche Haus beherbergte einst bekannte Persönlichkeiten aus der Politik wie den früheren Bundespräsidenten Theodor Heuss und den ehemaligen Bundeskanzler Willy Brandt. Gemütlichkeit strahlen die großzügigen und mit Natursteinbädern ausgestatteten Zimmer und Suiten aus.

Dettighofen
Baden-Württemberg

Hotel Hofgut Albführen
★★★★

Albführen / ✉ 79802
www.albfuehren.de
T.: +49 7742 92960 / hotel@albfuehren.de
2 E ab € 95 / 19 D € 175/220 / 2 S € 310/400
2 App. € 220/510

In einer reizvollen Naturlandschaft findet der Reisende dieses charmante Hotel mit stilvollen Gästezimmern, welches das ideale Ambiente für erholsame Tage oder aktive Ferien bietet. Regionale Küche im gemütlichen Ambiente. Kaminzimmer. Seminarräume auf technisch neuestem Stand. Historische Bankettsäle für Feiern und Hochzeiten.

Dierhagen
Mecklenburg-Vorpommern

Strandhotel Dünenmeer
★★★★★

Birkenallee 20 / ✉ 18347 Ortsteil Neuhaus
www.strandhotel-duenenmeer.de / T.: +49 38226 5010
info@strandhotel-ostsee.de
49 D € 276/350 HP / als E € 224/298 HP
16 S € 401/510 HP / 54 App. € 132/465 / Frühstück € 28

Nur zwei Schritte zum Meer - auf der Halbinsel Fischland-Darß-Zingst, abseits vom üblichen Ostseetrubel, liegt das Hotelareal inmitten einer der schönsten Dünenlandschaften. Die Zimmer wurden extra großzügig geplant. Für mehr private Atmosphäre stehen Dünenhäuser oder Dünen-Appartements zur Verfügung. Zusätzliche Wellnessangebote und Fitnessprogramme unterstreichen den Erholungswert für die Gäste. Verschiedene Restaurants, ein Bistro und die Dünenterrasse sorgen für das leibliche Wohl.

Strandhotel Fischland
★★★★

Ernst-Moritz-Arndt-Str. 6 / ✉ 18347 Ortsteil Strand
www.strandhotel-fischland.de / T.: +49 38226 520
info@strandhotel-ostsee.de
66 D € 241/420 HP / als E € 190/360 HP
8 S € 402/670 HP / 82 App. € 135/460 / Frühstück € 25

Direkt hinter dem Ostseestrand, inmitten eines wild-romantischen Küstenwaldes, liegt dieses Refugium der Extraklasse. Mit zahlreichen Bequemlichkeiten versehene Zimmer und luxuriöse Suiten, gemütliche Appartements in reetgedeckten Depandancen und exklusive Landhausvillen stehen zur Verfügung. Vielfältige Möglichkeiten für Freizeit und Erholung. Im großzügigen Spa-Bereich bietet ein himmlisches Verwöhnprogramm Entspannung. Leckereien aus regionalen Produkten in den Restaurants.

Der steilste Weinberg Europas –
in Bremm an der Mosel

Diemelsee
Hessen

Göbel's Seehotel
★★★★

Seestr. 17 / ✉ 34519 Ortsteil Heringhausen
www.hotel-diemelsee.de / T.: +49 5633 99310
info@hotel-diemelsee.de
69 D ab € 130 / als E ab € 95 / App. ab € 85

Das im Landhausstil erbaute Hotel, direkt am Ufer des Diemelsees, ist ein beliebtes Urlaubsziel für Familien. Der Wellness- und Beautybereich, der Kid's Club, der See und der umliegende Naturpark bieten vielfältige Möglichkeiten für eine erholsame Auszeit. Neben den geräumigen Zimmern und Appartements stehen seit Ostern 2017 im hoteleigenen „Chaletpark" verschiedene Chalets in alpinem Design zur Verfügung. Stilvollen Restaurant „Seaside", einladende Lobbybar, Terrasse, Tagungsräume.

Dießen am Ammersee
Bayern

Hotel Seefelder Hof
★★★

Alexander-Koester-Weg 6
✉ 86911 Ortsteil Dießen
www.seefelder-hof.de / T.: +49 8807 1022
info@seefelder-hof.de
4 E € 99/169 / 17 D € 121/199 / 3 App. € 225/302

Nur einen Katzensprung vom Ammersee entfernt, in ruhiger Lage, befindet sich dieses Hotel mit Gasthof. Bayerisch-mediterrane Atmosphäre und behaglich eingerichtete Zimmer findet der Gast in diesem familiär geführten Haus. Fische aus dem Ammersee sind eine Spezialität der Küche; Restaurant, Gaststube und Biergarten.

Dinklage
Niedersachsen

Rheinischer Hof
★★

Burgstr. 54 / ✉ 49413
www.hotel-rheinischer-hof.de
T.: +49 4443 1260 / info@hotel-rheinischer-hof.de
3 E € 59/90 / 20 D € 99/140 / 1 App. € 114/170

Im Herzen des Oldenburger Münsterlandes liegt der Rheinische Hof, verkehrsgünstig an der A1 zwischen Bremen und Osnabrück. Eine familiäre Atmosphäre prägt das gemütliche Hotel. Wie zuhause fühlt sich der Besucher in den mit zahlreichen Extras ausgestatteten Zimmern. Im Restaurant gibt es eine regionale, bodenständige Küche.

Vila Vita Burghotel
★★★★

Burgallee 1 / ✉ 49413 / www.vilavitaburghotel.de
T.: +49 4443 8970 / info@vilavitaburghotel.de
6 E € 130/150 / 49 D € 175/200

Verkehrsgünstig über die A1 zu erreichen, liegt inmitten eines 54 Hektar großen, jahrhundertealten Parks das empfehlenswerte Hotel in unmittelbarer Nähe der Burg Dinklage. Flair, Luxus und Ambiente des Hauses ziehen Geschäftsreisende und Kurzurlauber an. „Burgtherme", eine Wellnessanlage der besonderen Art, zum Entspannen. Rustikal-ländliches Restaurant „Kaminstube" mit internationaler Küche. Biergarten und Hotelbar.

Bad Doberan
Mecklenburg-Vorpommern

Grand Hotel Heiligendamm
★★★★★

Prof.-Dr.-Vogel-Str. 6 / ✉ 18209 Ortsteil Heiligendamm
www.grandhotel-heiligendamm.de
T.: +49 38203 7400
info@grandhotel-heiligendamm.de
D ab € 313 / als E ab € 253 / S ab € 599

Eindrucksvoll umrahmt von Meer, Strand und Buchenwäldern, erstrahlt das ehrwürdige Grand Hotel im ältesten deutschen Heilbad. Sechs klassizistische Gebäude und eine Seebrücke vereinigen sich hier zu einem luxuriösen Ensemble. Klare Formen, edle Materialien und ungezwungene Eleganz prägen die Gestaltung der individuellen Zimmer und Suiten. Im Gourmet-Restaurant „Friedrich Franz" und im „Kurhaus Restaurant" genießen Feinschmecker eine weltoffene Küche und regionale Spezialitäten. Der großzügige Wellnessbereich bietet ein reichhaltiges Verwöhnprogramm. Für Veranstaltungen stehen außergewöhnliche Räume wie ein historischer Ballsaal zur Verfügung.

Prinzenpalais
★★★★

Alexandrinenplatz 8 / ✉ 18209
www.hotel-prinzenpalais.de / T.: +49 38203 73160
info@hotel-prinzenpalais.de
26 D € 89/149 / als E € 79/105 / 4 S € 109/169

1821 inmitten der Altstadt erbaut, beherbergt die ehemalige Sommerresidenz der Großherzöge von Mecklenburg heute ein

Hotel. Historisches Ambiente im klassizistischen Stil und Moderne gehen hier eine außergewöhnliche Verbindung ein. Elegante Orangerie als Restaurant, Prinzenbar mit Terrasse und Kamin. Die Bäder-Dampflokbahn „Molli“ fährt unweit des Hotels ab.

Donaueschingen
Baden-Württemberg

Der Öschberghof
★★★★★

Golfplatz 1 / ✉ 78166
www.oeschberghof.com
T.: +49 771 840 / info@oeschberghof.com
17 E € 325/352 HP
93 D € 477/627 HP / 17 S € 468/785 HP

In einer grünen Ebene zwischen Schwarzwald und Schwäbischer Alb, etwas außerhalb von Donaueschingen gelgen, hat sich dieses Resort einen Namen als Highend-Urlaubsrefugium, als erstklassige Gourmetadresse, als Wellnessdestination und als herausragende Golf-Location gemacht. Ursprünglich war das Hotel mit ein paar Zimmern nur als Clubhaus für den Golfclub mit angeschlossenem 9-Loch-Golfplatz gedacht. Nach mehrfachen Ausbauten und Erweiterungen präsentiert sich der Öschberghof heute mit 127 Zimmern, einem 45-Loch-Golfplatz, über 5.500 Quadratmetern für Spa und Fitness, einem großzügigen Tagungszentrum mit Festsaal, sechs Restaurants und einer Bar mit Wohnzimmer und Tagesbar – welche neuerdings auch Sushi anbietet. (Mehr Informationen über das Hotel des Jahres unter „Auszeichnungen des Jahres“.)

Donaustauf
Bayern

Forsters Posthotel
★★★★

Maxstr. 43 / ✉ 93093 / www.forsters-posthotel.de
T.: +49 9403 9100 / info@forsters-posthotel.de
2 E € 95/165 / 69 D € 105/210 / 2 S € 185/210
4 App. ab € 100 /

Ruhig und direkt am Donauradweg nach Passau/Wien liegt dieser Familienbetrieb. Das gemütliche Haus mit seinem freundlichen Service bietet moderne Seminarräume sowie wohnliche, sehr angenehme Gästezimmer, die teilweise klimatisiert sind. Internationale Küche im Restaurant „Zum Postilon“; Bar; Wellnessbereich und Fitnessraum

Qi Gong: Kombination von Bewegung, kontrollierter Atmung und Meditation. Dadurch werden Stoffwechselvorgänge aktiviert und Energieblockaden gelöst.

Dörscheid
Rheinland-Pfalz

FETZ - Das Loreleyhotel
★★★

Oberstr. 19 / ✉ 56348 / fetz-hotel.de / T.: +49 6774 267
hallo@fetz-hotel.de
1 E € 75/130 / 32 D € 85/160 /

Einen imposanten Blick über das Rheintal genießt der Gast von diesem familiär geführten und ruhig gelegenen Hotel, umrahmt von Weinbergen. Den Besucher erwarten individuelle, liebevoll eingerichtete Zimmer mit romantischer Atmosphäre. Der Gaumen wird mit frischer regionaler und internationaler Küche verwöhnt; Weingut mit Erlebnis-Edelobstbrennerei.

Dortmund
Nordrhein-Westfalen

Der Lennhof
★★★★

Menglinghauser Str. 20 / ✉ 44227 Ortsteil Barop
www.der-lennhof.de / T.: +49 231 758190
info@der-lennhof.de /

Tradition und Moderne verbinden sich auf ideale Weise in diesem Hotel. Herzstück der Anlage ist der markante, über 300 Jahre alte Fachwerkbau. Das elegante Restaurant verwöhnt mit gehobener, regionale Küche. Ein Gartenlokal und die gemütliche Hotelbar laden ein.

Hotel Postkutsche (g)
★★

Postkutschenstr. 20 / ✉ 44287 Ortsteil Aplerbeck
www.postkutsche.de / T.: +49 231 441001
info@postkutsche.de
11 E € 58/95 / 15 D € 80/120

In ruhiger und dennoch zentraler, verkehrsgünstiger Lage findet der Reisende dieses einladende Hotel. Es bietet seinen Gästen freundliche und mit zeitgemäßen Bequemlichkeiten ausgestattete Zimmer. Am Morgen erwartet den Gast ein Frühstücksbüfett. Terrasse und Liegewiese. Restaurant in unmittelbarer Nähe.

l'Arrivée Hotel & Spa
★★★★

Wittbräucker Str. 565 / ✉ 44267 Ortsteil Höchsten
www.larrivee.de / T.: +49 231 880500 / mail@larrivee.de
69 D € 119/219 / als E € 99/199 / 1 S € 179/299

Eine tolle Adresse in der Dortmunder Hotellerie. Direkt am Wald gelegen, verfügt das luxuriöse Domizil über einen 1.000 Quadratmeter großen Day Spa und steht für professionelle Veranstaltungen für bis zu 300 Personen zur Verfügung. Gastronomisch werden die Gäste in zwei Restaurants sowie auf der Terrasse verwöhnt. Weltoffene Küche im Restaurant „Vivre“.

Dötlingen
Niedersachsen

Hotel Gut Altona
★★★★

Wildeshauser Str. 34 / ✉ 27801 Ortsteil Altona
www.gut-altona.de / T.: +49 4431 9500 / info@gut-altona.de
7 E € 55/87 / 81 D € 90/145

Zentral an der A1 und trotzdem ruhig im Grünen liegt das Hotel Gut Altona, entstanden aus einer alten Gutsanlage, umgeben von 100 Hektar Eigenland. Stilvolle, individuelle Einrichtung in allen Zimmern, auch in den neuen Zimmern im Gästehaus, die Konferenzräume bieten modernste Tagungstechnik. Spargelgerichte aus eigenem Anbau sind eine Spezialität der Küche im Wintergarten-Restaurant.

Dreis
Rheinland-Pfalz

Waldhotel Sonnora
★★★★★

Auf dem Eichelfeld 1 / ✉ 54518
www.hotel-sonnora.de
T.: +49 6578 98220
info@hotel-sonnora.de
15 E € 170/270 / 15 D € 220/320 / 4 S € 310/320

Die Gastgeber im Waldhotel Sonnora haben alles gegeben: Während der Lockdowns im Jahr 2020 haben Clemens Rambichler und seine Partnerin Magdalena das Interier der luxuriösen 15 Gästezimmer und Suiten in ein neues, modernes Kleid gehüllt, sprich umfassend renoviert und neu gestaltet. Wie auch das Gourmet-Restaurant. Dezente Blau- und Grautöne leuchten, eine schwerelose Eleganz strahlt dem Gast entgegen. Die Idylle der weißen Villa im Wald, umgeben von einer parkähnlichen Gartenanlage, verzaubert jeden Besucher und macht eine Übernachtung nach einem edlen französischen Menü quasi zum Obligatorium.

Drensteinfurt
Nordrhein-Westfalen

Land-gut-Hotel Lohmann
★★★

Albersloher Str. 25 / ✉ 48317 Ortsteil Rinkerode
www.lohmann-hotel.de
T.: +49 2538 203
reservierung@lohmann-hotel.de
1 E € 60/115 / 9 D € 95/115 / 1 S ab € 135

Im Herzen des Münsterlandes liegt das traditionsreiche Haus, seit über 250 Jahren im Familienbesitz. Individuelle, im Landhausstil eingerichtete Zimmer mit modernem Komfort stehen zur Verfügung. Im stilvollen Ambiente des Restaurants genießt der Gast kulinarische Köstlichkeiten.

Dresden
Sachsen

Bayerischer Hof Dresden
★★★★

Antonstr. 33 / ✉ 01097 Ortsteil Neustadt
www.bayerischer-hof-dresden.de
T.: +49 351 829370
info@bayerischer-hof-dresden.de
56 D € 99/138 / als E € 72/99 / S € 109/168

Durch seine zentrale Lage bietet dieses familiengeführte Hotel mit stilvoller Einrichtung kurze Wege zur historischen Altstadt und den Einkaufspassagen. Die geräumigen Zimmer und Suiten mit gehobener Wohnqualität sind geschmackvoll gestaltet. Glanzlichter setzt der elegante Festsaal. Sächsische und internationale Küche im Abend-Restaurant; Bierstube.

Bilderberg Bellevue Hotel Dresden
★★★★

Große Meißner Str. 15 / ✉ 01097 Ortsteil Innere Neustadt
www.bilderberg-bellevue-dresden.de
T.: +49 351 8050
welcome@bellevue-dresden.com
340 D ab € 119 / als E ab € 119 / 21 S ab € 219
Frühstück € 21

Direkt am Ufer der Elbe bietet das Hotel seinen Gästen höchsten Komfort und den einmaligen Blick auf Dresdens Altstadt. Elegante Zimmer und Suiten mit moderner technischer Ausstattung. „Bell´Acqua Wellnessbereich“. Im Palais Restaurant beginnt der Tag mit dem Westin SuperFoods Frühstück. Der Souschef und sein „Canaletto“-Team nimmt Genießer mit auf eine kulinarische Reise; im Sommer auch in der Lounge „Elbsegler“; Café-Bar Pöppelmann. Hotel-Shop mit Ticketservice.

Bülow Palais
★★★★★

Königstr. 14 / ✉ 01097 Ortsteil Innere Neustadt
www.buelow-palais.de
T.: +49 351 80030
info.palais@buelow-hotels.de
5 E ab € 165 / 42 D ab € 165 / 11 S € 225/650
Frühstück € 30

Im feinen Dresdner Barockviertel liegt das repräsentative Grandhotel Bülow Palais. Der Liebhaber eines individuellen Stils wird gleich beim Betreten der Lobby von einem eleganten Luxus empfangen. Der Schweizer Innenarchitekt Carlo Rampazzi, einer der kühnsten Visionäre des zeitgenössischen Hoteldesigns, hat mit einer imposanten Farbenpracht die weitläufigen und von Licht durchfluteten Räume des Hauses zu Oasen gepflegter Lebensart gestaltet. Die mit viel Liebe zum Detail elegant und großzügig ausgestatteten Zimmer und Suiten bieten jeglichen Komfort und schaffen gleich nach dem Eintreten eine wohltuende Behaglichkeit. Dazu trägt auch das kompetente Personal, von dem man auf angenehme Weise umsorgt wird, entscheidend bei. Das Gourmet-Restaurant „Carroussel Nouvelle“, die Palais Bar und die Cigar Lounge runden das Gesamtbild des Hauses ab. Entspannen kann der Gast im Day-Spa hoch oben über den Dächern der Stadt.

Gewandhaus Dresden, Autograph Collection

★★★★★

Ringstr. 1 / ✉ 01067 Ortsteil Innere Altstadt
www.gewandhaus-hotel.de / T.: +49 351 49490
info@gewandhaus-hotel.de
94 D € 160/340 / als E € 150/330 / 3 S € 260/420
Frühstück € 28

Nur wenige Meter von der Elbe entfernt, im Herzen der historischen Altstadt, ruht dieses imposante Hotel. Die Geschichte des „Gewandhauses" geht auf das Jahr 1295 zurück, als das Tuchmacherhaus erstmals urkundlich erwähnt wurde. Heute präsentiert sich das Gebäude mit historischer Fassade als Boutique-Hotel in neuem Glanz. Es beherbergt elegante Gästezimmer im individuellen-modernen Design, mit hohem Komfort und historischer Eleganz. Um das Atrium (lichter Innenhof mit Glaskuppel) gruppieren sich das Restaurant plus Bar [m]eatery, Lobby mit Kamin, Konferenz- und Bankettäume sowie die Empfangshalle.

Hotel Schloss Eckberg

★★★★

Bautzner Str. 134 / ✉ 01099 Ortsteil Loschwitz
www.schloss-eckberg.de / T.: +49 351 80990
info@schloss-eckberg.de
80 D € 90/250 / als E € 75/205 / 4 S € 145/300
Frühstück € 23

Die unvergleichliche Schlossanlage mit Nebengebäuden befindet sich am Hochufer der Elbe inmitten einer 15 Hektar großen Park- und Waldlandschaft. Individuell mit wertvollen Antiquitäten und Marmorbädern sind die 17 Zimmer und Suiten des Schlosses liebevoll gestaltet. Im „Kavaliershaus" befinden sich weitere 65 Zimmer und zwei Suiten. „Schloss-Restaurant" mit herrlichem Panoramablick. Schöne Terrasse und komplett ausgestattete Tagungsräume; Räume in der „Remise" im Park.

Hotel Suitess an der Frauenkirche

★★★★★

An der Frauenkirche 13 / ✉ 01067 Ortsteil Innere Altstadt
www.suitess-hotel.com / T.: +49 351 417270
info@suitess-hotel.com
49 D € 109/260 / als E € 109/260
23 S € 239/595 / 6 App. € 159/500 / Frühstück € 28

Nobelhotel an der Frauenkirche. Die Nachbarn des Luxushotels „Suitess" sind die berühmten Schätze der Kulturmetropole. Hinter barocken Fassaden, nach historischem Vorbild rekonstruiert, beginnt für den Hotelgast eine Reise zurück in die glorreiche Vergangenheit. Beeindruckend die Ausstattung der Zimmer und Suiten, in denen die Harmonie des Biedermeier-Stils mit erlesenen Materialien und modernem Komfort vereint ist. Im Restaurant „Moritz" ergänzen kulinarische Erlebnisse den Aufenthalt. Vollendung findet ein Tag auf der Gourmet- und Wellnessterrasse mit Blick auf die Kuppel der Frauenkirche.

★★ Gutes Hotel, zeitgemäße oder komfortable Standard-Ausstattung

INNSIDE by Meliá Dresden

★★★★

Salzgasse 4 / ✉ 01067 Ortsteil Innere Altstadt
www.melia.com / T.: +49 351 795150
innside.dresden@melia.com
152 D ab € 99 / als E ab € 99 / 28 S ab € 149
Frühstück € 20

Dresdens Hotel-Design-Tipp im historischen Stadtkern ist - zwischen weltberühmter Frauenkirche, Elbufer und Albertinum gelegen - der ideale Ausgangspunkt für internationales Business, Kulturreisende und Gäste aus aller Welt. In extravaganten Zimmern und Suiten eröffnet sich ein transparentes, innovatives Interieur. Genuss pur im Restaurant VEN mit Lobby Bar. Von der Twist Sky Bar auf der 6. Etage genießt man einen besonders schönen Ausblick auf die Kuppel der Frauenkirche. Konferenzräume, Fitnessraum, Sauna, Beautybehandlungen und Massagen.

Kim Hotel Dresden

★★★★

Gompitzer Höhe 2 / ✉ 01156 Ortsteil Gompitz
www.kim-hotel.de / T.: +49 351 41020
reception@kim-hotel.de
98 D € 85/129 / als E € 65/89 / S € 139/189

Einen schönen Ausblick auf Dresden bietet das ruhige Stadthotel, das sich als idealer Ausgangspunkt für interessante Ausflüge präsentiert. Komfortable, angenehm eingerichtete Zimmer oder der attraktive Wellness- und Fitnessbereich „PK - Fit & Gesund" bieten Entspannung. Das rustikal-gemütliche „Kinzo Alpenstüberl" lädt zu hausgemachten deutschen und österreichischen Spezialitäten ein. Hotelbar; sonniger Biergarten.

Romantik Hotel Bülow Residenz (g)

★★★★

Rähnitzgasse 19 / ✉ 01097 Ortsteil Innere Neustadt
www.buelow-residenz.de/romantikhotel-dresden
T.: +49 351 8003291 / info.residenz@buelow-hotels.de
1 E ab € 129 / 22 D ab € 129 / 5 S ab € 169
Frühstück € 22

Eines der ältesten Herrnhäuser Sachsens, mit dem Flair eines florentinischen Palazzos, beherbergt heute dieses exklusive Hotel. Es vereint historische Eleganz und luxuriöse Bequemlichkeiten, verbunden mit Gastfreundschaft und persönlichem Service in individueller Atmosphäre.

Schloss Hotel Dresden-Pillnitz

★★★★

August-Böckstiegel-Str. 10 / ✉ 01326 Ortsteil Pillnitz
www.schlosshotel-pillnitz.de
T.: +49 351 26140
reservierung@schlosshotel-pillnitz.de
5 E € 90/115 / 42 D € 125/170 / 3 S € 190/230

Das privat geführte Hotel befindet sich in der Schlossanlage Pillnitz, der malerischen Sommerresidenz der sächsischen Könige. Hier an der Elbe können Gäste die Ruhe und familiäre Atmosphäre genießen. Ob Suite oder Komfortzimmer - ein Hauch von italienischem Flair und Behaglichkeit laden zum Wohlfühlen ein. Im Kaminrestaurant verbindet der Chef de Cuisine sächsische Tradition mit französischer Kochkunst. →

Regionale Küche im Wintergarten-Café; Terrasse. Schlossbiergarten im Sommer.

Steigenberger Hotel de Saxe

★★★★

Neumarkt 9 / 01067 Ortsteil Innere Altstadt
www.desaxe-dresden.steigenberger.de
T.: +49 351 43860
desaxe-dresden@steigenberger.de
178 D ab € 119 / als E ab € 119 / 7 S ab € 269
Frühstück € 28 / @

Direkt am historischen Neumarkt, vis-à-vis der weltberühmten Frauenkirche befindet sich das imposante First-Class-Hotel. Schöner lässt es sich kaum wohnen: Hinter der klassischen Fassade laden großzügig geschnittene Zimmer und Suiten in vorbildlicher Modernität zum Entspannen ein. Kulinarische Genüsse werden im Restaurant „de Saxe" serviert, im Sommer auch auf dem Balkon und der Terrasse. Fitness- und Wellnessbereich; Tagungsmöglichkeiten.

Taschenbergpalais Kempinski Dresden

★★★★★

Taschenberg 3 / 01067 Ortsteil Innere Altstadt
www.kempinski.com
T.: +49 351 49120
reservations.taschenbergpalais@kempinski.com
22 E € 125/686
160 D € 135/686 / 31 S € 349/10000 / Frühstück € 33
@

August der Starke baute das Taschenbergpalais Anfang des 18. Jahrhunderts für seine Geliebte Gräfin Cosel. Nach der Zerstörung im Zweiten Weltkrieg wurde das Gebäude 1995 als Hotel der internationalen Spitzenklasse wiederaufgebaut. Das Interieur vereint die klassische Architektur des Barock mit zeitloser Eleganz und luxuriöser Modernität. Exklusive Zimmer und Suiten mit Ausblick auf die Altstadt, die Semperoper und den Dresdner Zwinger. Die kosmopolitische Küche und edle Weine haben das Restaurant „Kastenmeiers" zu einem Treffpunkt für Feinschmecker gemacht. Stilvolle „Karl May Bar", „Palais Bistro" sowie „Sushi and Oyster Bar".

Bad Driburg
Nordrhein-Westfalen

Gräflicher Park Health & Balance Resort

★★★★★

Brunnenallee 1 / 33014
www.graeflicher-park.de
T.: +49 5253 95230 / info@graeflicher-park.de
26 E € 119/289 / 109 D € 159/289
@

Das Resort „Gräflicher Park Health & Balance Resort" liegt am Rande des Teutoburger Waldes. Mitten im üppigen Grün des großen englischen Landschaftsparks erwartet den Gast Luxus, Lebensfreude und Wohlbefinden. Seit 1782 im Privatbesitz der Familie Graf von Oeynhausen-Sierstorpff, bietet das Hotel individuell und zeitlos elegante Zimmer, einen 1.500 Quadratmeter großen Spa-Bereich, 13 Tagungs- und Veranstaltungsräume, zwei exzellente Restaurants sowie vielfältige Sportmöglichkeiten wie Golf oder Tennis. Gourmet-Restaurant.

Bad Düben
Sachsen

Heide Spa Hotel & Resort

★★★★

Bitterfelder Str. 42 / 04849 / www.heidespa.de
T.: +49 34243 33660 / hotel@heidespa.de
92 D € 136/176 / als E € 80/86 / 6 S € 150/216
@

In idyllischer Lage am Rande des Naturparks Dübener Heide befindet sich das moderne Nichtraucher-Hotel. Alle Hotelbereiche vermitteln Harmonie durch einen gelungenen Mix aus modernem Style und ursprünglicher Natürlichkeit. Die Hotelzimmer sind nach den einzelnen Jahreszeiten gestaltet und nach den Lehren des Feng Shui eingerichtet. In den Garten wurden verschiedene Wohlfühloasen unter freiem Himmel integriert. Ein Wellnessbereich und eine Beautylounge befinden sich im Hotel.

Duderstadt
Niedersachsen

Zum Löwen Design Hotel Resort & Spa

★★★★

Marktstr. 30 / 37115 / www.hotelzumloewen.de
T.: +49 5527 849000 / info@hotelzumloewen.de
12 E ab € 75 / 47 D ab € 125 /

Das im 16. Jahrhundert erstmals urkundlich erwähnte ehemalige Herrenhaus liegt im Herzen der Stadt und erstrahlt nach einem Komplettumbau in neuem Glanz. Der Gast steht hier im Mittelpunkt, wird persönlich betreut und genießt eine private Atmosphäre auf höchstem Niveau. Die Zimmer sind geschmackvoll und mit zeitgemäßen Annehmlichkeiten eingerichtet. Entspannung bietet der attraktive Wellnessbereich. Regionale und internationale Spezialitäten in den Restaurants.

Duisburg
Nordrhein-Westfalen

Hotel Conti (g)

★★★★

Düsseldorfer Str. 131-137 / 47051 Ortsteil Dellviertel
www.sorat-hotels.com / T.: +49 203 28089610
conti-duisburg@sorat-hotels.com
2 E € 119/276 / 69 D € 149/316 / @

Das in individueller, moderner Architektur erbaute Hotel garni liegt zentral in der Stadtmitte. Trotzdem schläft der Gast ruhig, da alle großzügigen Zimmer zur Gartenseite liegen. Direkt vor der Tür U-Bahnanbindung zur Essener Messe und zum Flughafen Düsseldorf. Gemütliches Frühstücksrestaurant mit Sonnenterrasse und Lobbybar gehören zum Haus.

Landhaus Milser

★★★★

Zur Sandmühle 2 / 47259 Ortsteil Huckingen
www.landhausmilser.de / T.: +49 203 75800
info@landhausmilser.de
4 E € 49/360 / 53 D € 69/420 / 3 S € 150/550
@

Die warmen Farben Italiens prägen das mediterrane Ambiente dieses im eleganten Landhaus-Stil erbauten Hotels.

Idyllisch an einem See gelegen bietet es stilvoll eingerichtete Zimmer und Veranstaltungsräume, z. T. mit direktem Zugang zur schönen Seeterrasse. Piano-Bar mit Live-Musik und Restaurant „Da Vinci“ mit klassisch italienischer Küche.

Durbach
Baden-Württemberg

Hotel Rebstock
★★★★ VISA

Halbgütle 30 / ✉ 77770 / www.rebstock-durbach.de
T.: +49 781 4820 / info@rebstock-durbach.de
24 D € 180/220 / als E € 100/140 / 6 S € 240/320
○ ● @ ☐

Inmitten des bezaubernden Weinortes erwartet das familiär geführte Hotel mit zuvorkommendem Service seine Gäste. Die großzügigen Zimmer sind mit viel Liebe im regionalen Stil eingerichtet und mit einer Sitzecke bereichert. Auf internationale und regionale Spezialitäten versteht sich die gehobene Küche im Restaurant. Sonnenterrasse im Hotelpark.

Hotel Ritter Durbach
★★★★ VISA

Tal 1 / ✉ 77770 / www.ritter-durbach.de
T.: +49 781 93230 / info@ritter-durbach.de
3 E € 100/100 / 76 D € 140/270 / 7 S € 290/490
@ ☐

Der Familienbetrieb liegt ruhig im Ortskern von Durbach, direkt an der badischen Weinstraße. In historischer Umgebung wird Gastlichkeit seit 1656 gelebt. Helle, stilvoll eingerichtete Zimmer, eine ausgezeichnete Gourmetküche mit gutem Essen und gutem Wein und die Landschaft zwischen Schwarzwald, Rhein und Elsass sind einladend. Wein-Wellness im Ritter Spa.

Bad Dürkheim
Rheinland-Pfalz

Gartenhotel Heusser
★★★★

Seebacher Str. 50-52 / ✉ 67098 Ortsteil Seebach
www.hotel-heusser.de / T.: +49 6322 9300
info@hotel-heusser.de
12 E € 109/187 / 75 D € 188/244 / 5 S € 224/276
○ @ ☐

Zwischen Stadtkern und Weinbergen liegt dieses moderne Wellnesshotel inmitten einer imposanten Gartenanlage mit japanischem Teehaus. Die stilvolle und zeitgemäße Ausstattung der Räumlichkeiten überzeugt Urlaubs- und Tagungsgäste. Wellnessbereich mit neun verschiedenen Saunen, darunter ein beeindruckender Hamam. Restaurant mit internationaler Küche; Weinstube mit Bar.

Hotel Annaberg
★★★★ VISA

Annabergstr. 1 / ✉ 67098 Ortsteil Leistadt
www.halbersbacher-hotel-annaberg.de
T.: +49 6322 94000 / annaberg@halbersbacher.de
5 E € 79/119 🍷 / 22 D € 89/139 🍷 / 8 S € 129/179 🍷
Frühstück € 15 / ○ ● @ ☐

Das historische Weingut aus dem 19. Jahrhundert wurde 1991 zu einem modernen Hotel mit individuell eingerichteten Gästezimmern umgebaut. Die waldreiche Umgebung lädt zu ausgedehnten Spaziergängen ein. Das Restaurant mit großem Garten ist über die Region hinaus bekannt.

Kurpark-Hotel
★★★★ VISA

Schlossplatz 1-4 / ✉ 67098
www.kurpark-hotel.de
T.: +49 6322 7970 / info@kurpark-hotel.de
17 E € 99/139 / 96 D € 164/189
● @ ☐

Schön gelegen, direkt am mediterranen Kurpark, bietet das Hotel mit seinen Gästezimmern, dem Restaurant „Leiningers“, der Hotelbar, der Spielbank, den festlichen Bankettträumen und einer großen Außenterrasse den idealen Ort für Erholung, Tagungen und sportlichen Aktivitäten. Im Wellness- und Fitnessbereich sowie im Beauty Lounge Medical Day Spa erleben Gäste Erholung für Körper und Seele. Ausgewählte regionale Produkte kreiert die Küche zu besonderen Geschmackserlebnissen.

Düsseldorf
Nordrhein-Westfalen

25hours Hotel Düsseldorf Das Tour
★★★★ VISA

Louis-Pasteur-Platz 1 / ✉ 40211 Ortsteil Pempelfort
www.25hours-hotels.com / T.: +49 211 9009100
dastour@25hours-hotels.com
198 D ab € 139 🍷 / @ ☐

Im Düsseldorfer Stadtteil French Quartier vereint das neue Haus der Lifestyle-Hotelgruppe französisches Flair und Deutsche Ingenieurkunst. Ab der 9. Etage zeichnet die französischen Chambres ihr künstlerisches Flair aus und die deutschen Zimmer ihr geradliniges Design. Besonders viel Platz bieten die 25 Zimmer mit eigenen Balkonen auf der Südseite des Gebäudes. In den öffentlichen Bereichen im Erdgeschoss gibt es ein Café, einen Blumenladen und ein Kiosk. Das Highlight des Hauses ist das gastronomische Konzept „The Paris Club“ - Restaurant & Bar. Es erstreckt sich über die zwei oberen Etagen und lockt mit spektakulärem Blick über die Stadt.

Breidenbacher Hof
★★★★★ VISA

Königsallee 11 / ✉ 40212 Ortsteil Stadtmitte
www.breidenbacherhof.com / T.: +49 211 160900
info@breidenbacherhof.com
85 D € 345/935 🍷
als E € 345/935 🍷 / 21 S € 580/14000 🍷 / Frühstück € 48
@

Capella steht für Eleganz, Individualität und Herzlichkeit. Inmitten des kosmopolitischen Düsseldorf verkörpert der Breidenbacher Hof, a Capella Hotel diese Philosophie in Perfektion. In zentraler Lage an einer der berühmtesten Einkaufsstraßen Europas, der Königsallee, wurde das Haus bereits 1812 als Grand Hotel eröffnet. Seit der Neuerrichtung 2008 überzeugt es mit luxuriös und großzügig gestalteten Zimmern und Suiten, Veranstaltungssalons sowie einem „Private Dining Room“. Das Restaurant mit regionalen und internationalen Spezialitäten, die Lobby Lounge mit dem traditionellen Afternoon Tea sowie die Capella-Bar und Cigar-Lounge dienen als Orte der Erholung und des Genusses.

Burns Art Hotel (g)

★★★★

Bahnstr. 76 / ✉ 40210 Ortsteil Stadtmitte
www.hotel-burns.de / T.: +49 211 7792910
info.dus@hotel-burns.de
6 E € 77/450 / 14 D € 111/500 / 11 S € 122/600
26 App. € 77/600 / @

Zentral und verkehrsgünstig gelegen, verfügt das traditionsreiche Hotel über sehr komfortable Zimmer mit klarem, modernem Design. Italienische und asiatische Einflüsse gehen eine interessante Verbindung ein. Mit zeitgenössischer Original-Kunst werden Akzente gesetzt. Frühstück im Gewölbekeller; Restaurant „Sila Thai" mit thailändischer Küche im Haus.

HENRI Hotel Düsseldorf

★★★★

Am Wehrhahn 86 / ✉ 40211 Ortsteil Pempelfort
www.henri-hotels.com / T.: +49 211 44767700
hello@henri-duesseldorf.com

Kein Hotel wie jedes andere, soviel ist klar: Die 1960er- und 1970er-Jahre sind das Motto des Hotels. 79 Studios finden auf den acht Stockwerken des ehemaligen Bürogebäudes Platz. Neben vielen nostalgischen Einrichtungsdetails aus der Zeit der Schlaghosen verfügt das Haus über einen Empfangsbereich mit Wohnlounge, eine Bar und einen Wellnessbereich. Daneben gibt es eine Hausküche mit Selfservice-Kühlschrank, Frühstücksbüfett, „Abendschnittchen", Kaffee, Tee und Kuchen.

Holiday Inn Düsseldorf City Toulouser Allee

★★★★

Toulouser Allee 5 / ✉ 40211 Ortsteil Pempelfort
www.ihg.com / T.: +49 211 20541100 / info@hi-dus-city.de
209 D ab € 130 / als E ab € 89 / Frühstück € 19
@

Passend zum Standort an der Toulouser Alle und dem benachbarten Viertel „Le Quartier Central" setzt das Hotel auf französisches Flair. So heißen Tagungsräume „Petit" oder „Rendezvous"; „Clair" das Restaurant und als besonderer Service, das Display „Mon Concièrge". Der elektronische Helfer gibt Auskunft zum Hotel, zu Düsseldorf sowie zu Flug- und Zugverbindungen. Die Zimmer in 5 Kategorien unterteilt, alle mit großen Panoramafenstern, haben Platz zum Relaxen, Wohnen und Arbeiten.

Hotel Kö59 Düsseldorf

★★★★★

Königsallee 59 / ✉ 40215 Ortsteil Friedrichstadt
www.hommage-hotels.com / T.: +49 211 82850
info.koe59@hommage-hotels.com
253 D € 200/850
als E € 180/800 / 34 S € 400/5000 / Frühstück € 28
@

Bereits der erste Blick in das 40 Meter hohe Artrium aus Naturstein und Glas beeindruckt. Das Lifestyle- und Business-Hotel, an der berühmten Königsallee, inmitten einer exklusiven Boutiquen-Landschaft, bietet den idealen Ausgangspunkt zu den kulturellen Highlights der facettenreichen Rheinmetropole – auch zu Fuß. Die Zimmer und Suiten empfangen die Gäste mit Luxus und Ausstattung auf höchstem Niveau. Zu den Hot Spots der Stadt zählen „bar fifty nine" als auch das stylisch designte Restaurant Kö59 – für Hotelgäste und Düsseldorfer gleichermaßen.

Hotel Nikko Düsseldorf

★★★★★

Immermannstr. 41 / ✉ 40210 Ortsteil Stadtmitte
www.nikko-hotel.de / T.: +49 211 8340 / info@nikko-hotel.de
363 D ab € 99 / als E ab € 99 / 23 S ab € 169
Frühstück € 25 / @

Die Lage des Hotels, inmitten von "Little Tokyo", der größten japanischen Gemeinde Deutschlands, ist so zentral, dass man binnen weniger Minuten die Königsallee und den Kö-Bogen,die Altstadt, die Rheinpromenade oder das Bankenviertel erreicht. Internationale Geschäftsreisende schätzen die vielen Annehmlichkeiten in einem gepflegten, gemütlichen und entspannten Ambiente. Zwei Restaurants, darunter ein Japanisches, Bar & Bistro verwöhnen mit Spezialitäten und Snacks. „nikko spa club" für erholsame Stunden; erstklassige Veranstaltungsmöglichkeiten.

Hyatt Regency Düsseldorf

★★★★★

Speditionstr. 19 / ✉ 40221 Ortsteil Hafen
www.dusseldorf.regency.hyatt.com / T.: +49 211 91341234
dusseldorf.regency@hyatt.com
303 D € 205/580
als E € 175/550 / 13 S € 415/2200 / Frühstück € 32
@

Direkt am MedienHafen Düsseldorf, zwischen Kunst, Kommunikation und Kreativität, ist das Luxushotel beheimatet. Es befindet sich in einem 19-stöckigen Gebäude auf einer Landzunge am Rheinufer mit einem beeindruckenden Ausblick auf den Fluss, die Altstadt und die Düsseldorfer Skyline. Die Zimmer und Suiten des Hotels präsentieren sich in zeitgenössisch-eleganten Design und haben eine komfortable Ausstattung, die Geschäfts- und Privatreisenden gerecht wird. Zudem bietet das Hotel flexible Tagungsräumlichkeiten für Meetings oder Events, den Rive Spa & Fitness und ein vielfältiges gastronomisches Angebot im DOX Restaurant, Café D, DOX Bar und auf der Pebble's Terrasse.

INNSIDE Düsseldorf Hafen

★★★★

Speditionstr. 9 / ✉ 40221 Ortsteil Hafen
www.innside.com / T.: +49 211 447170 / dh@innside.com
58 E ab € 131 / 67 D ab € 159 / 9 S ab € 216
@

Das INNSIDE Düsseldorf Hafen befindet sich im beeindruckenden „Colorium", dem Wahrzeichen des neuen Szene-Viertels im Düsseldorfer Medienhafen. Architektonisch ist das Hotel ein Blickfang des Viertels und umfasst moderne Zimmer und Suiten mit ausgezeichneter Innenausstattung, Tagungsräume für bis zu 100 Personen, ein Restaurant und eine moderne Skybar im obersten Stockwerk mit beeindruckender Aussicht auf den Hafen und die Innenstadt, eine „WellFit" Sauna sowie einen Fitnessraum.

Restaurant im Hotel / Raucherlounge

me and all hotel düsseldorf (g)

★★★★

Immermannstr. 23 / ✉ 40210 Ortsteil Stadtmitte
www.meandallhotels.com / T.: +49 211 542590
booking.duesseldorf@meandallhotels.com
177 D ab € 169 / als E ab € 144 / Frühstück € 18

Als Nachbar im angesagten Kiez stellt sich das me and all hotel düsseldorf vor. Sein Konzept will Stadt und Menschen näher zusammenbringen. Mitten im japanischen Herzen von Düsseldorf bietet das me and all mit seiner gemütlichen Lounge einen entspannenden Treffpunkt, ein Restaurant und manchmal ein Konzerthaus. Asiatisches Essen mit Leidenschaft gekocht, ein überwältigender Blick über die Stadt und singende Local Heros. Die Zimmer sind mit Boxspringbetten, Regendusche und 42-Zoll-TV ausgestattet.

Meliã Düsseldorf

★★★★

Inselstr. 2 / ✉ 40479 Ortsteil Pempelfort
www.melia-duesseldorf.com / T.: +49 211 522840
melia.duesseldorf@melia.com
201 D € 109/455 / als E € 89/435 / 11 S € 195/555

Touristen als auch Geschäftsreisende schätzen die zentrale Lage des modernen Hotels. Vis-à-vis des Hofgartens, aber auch die Sehenswürdigkeiten Düsseldorfs, die Messe und der Flughafen sind schnell erreichbar. Der zuvorkommenden Service ist vorbildlich. Das geschmackvolle Interieur überzeugt. Die Zimmer und die Suiten sind großzügig angelegt. Ein Juwel ist das Restaurant „Aqua" mit einer kreativen, internationalen Küche. Purple Lounge. „Yhi"-Spa-Bereich.

Ruby Coco Düsseldorf

★★★★

Steinstr. 13 / ✉ 40212 Ortsteil Stadtmitte
www.ruby-hotels.com / T.: +49 211 54766260
coco@ruby-hotels.com
92 D ab € 130 / Frühstück € 13 /

Mit der Philosophie des „Lean Luxury" punktet das moderne Ruby Hotel an der Kö-Galerie. Das Stadthotel verzichtet auf Roomservice und Restaurant, nur eine lässige Bar hat rund um die Uhr geöffnet. Wie die Lounge- und der Café-Bereich präsentiert sie sich im Pariser Stil der 1920er Jahre – im Sinne der berühmten Modedesignerin Coco Chanel, die Namensgeberin des Hotels. Die Zimmer sind mit hochwertigem Echtholz-Dielenboden und edlen Textilien ausgestattet.

Ruby Leni Hotel & Bar

★★★★

Jahnstr. 2 / ✉ 40215 Ortsteil Friedrichstadt
www.ruby-hotels.com / T.: +49 211 54570660
leni@ruby-hotels.com
170 D ab € 95 / @

In einer Seitenstraße der Königsallee liegt das Ruby Leni genau dort, wo schon das Düsseldorfer Operettenhaus (ab 1910) und später das Düsseldorfer Schauspielhaus (ab 1950) seinen Standort hatte. Diese Geschichte spiegelt sich im Design des Hotels wieder: Requisiten hier und dort, große beleuchtete Kosmetikspiegel und Marshall-Verstärker gehören zum Interieur. An der 24h-Bar gibt es Drinks, Snacks und Frühstück.

Ruby Luna Hotel & Bar

★★★★

Kasernenstr. 39 / ✉ 40213 / www.ruby-hotels.com
T.: +49 211 26006370 / luna@ruby-hotels.com
206 D ab € 110 / @

Im höchsten Gebäude der Innenstadt erwartet das Designhotel seine Gäste mit dem Thema Raumfahrt und ihren Anfängen in den 1960er Jahren. Geschwungene Oberflächen, Raumfahrerhelme und weitere spacige Details zieren die öffentlichen Bereiche. In der 24h-Bar trifft man sich abends auf einen Cocktail oder morgens zum Frühstück.

Steigenberger Parkhotel Düsseldorf

★★★★★

Königsallee 1 a / ✉ 40212 Ortsteil Stadtmitte
www.duesseldorf.steigenberger.de / T.: +49 211 13810
duesseldorf@steigenberger.de
52 E € 195/450 / 67 D € 235/550 / 11 S € 695/3950
Frühstück € 39 / @

Düsseldorfs erste Hoteladresse – am Startpunkt der legendären Königsallee. Hinter der prächtigen Fassade residiert seit vielen Jahren noble Gastlichkeit. Beispielhaft für Luxus und Komfort sind die im französischen Stil eingerichteten Zimmer und Suiten. In eleganten Salons kann getagt und konferiert werden. Eine Sommerterrasse mit Blick auf den Hofgarten und dem Flair der „Kö" ist im Sommer geöffnet. Ergänzt wird das Hotelangebot mit einem Sauna- und Fitnessbereich. Fine-Dining-Genuss im „Pink Pepper".

The Fritz Hotel

★★★★

Adersstr. 8 / ✉ 40215 Ortsteil Friedrichstadt
www.the-fritz-hotel.de
T.: +49 211 370750
info@thefritzhotel.de
31 D ab € 133 / als E ab € 120 / @

Urbaner Chic und Style, gepaart mit ein bisserl Extravaganz – ein Hotelkonzept passend zur Lage mitten in Düsseldorf, nur 300 Meter von der Kö entfernt. Kaum drei Dutzend Zimmer erwarten ihre Gäste, die zum Frühstück, Lunch oder Dinner das moderne hauseigene Restaurant „Fritz's Frau Franzi" aufsuchen können. Nicht zu vergessen die Bar, die bis ein Uhr morgens Drinks und Fingerfood anbietet. Das „The Fritz" steht für einen gelungenen Mix aus verschiedenen Stilelementen.

The Wellem – In the Unbound Collection by Hyatt (g)

★★★★★

Mühlenstr. 34 / ✉ 40213 Ortsteil Altstadt
www.hyatt.com
T.: +49 211 547650622 / contact@thewellem.com
102 S ab € 200 / @

Europas erstes Hyatt House Düsseldorf im Andreas Quartier, inmitten der lebendigen Altstadt, ist sowohl für Geschäfts- und Freizeitreisende, als auch für Familien attraktiv. Über 102 Zimmer und Suiten hat das Hyatt-Luxushotel am Standort Düsseldorf. Neben der berühmten Einkaufsmeile Königsallee und eine Vielzahl kultureller Einrichtungen in der Rhein-Metropole sind internationale Top-Restaurants und Bars in wenigen Minuten zu Fuß zu erreichen.

E

Edenkoben
Rheinland-Pfalz

Das Prinzregent
★★★★

Unter dem Kloster 1 / ✉ 67480
www.dasprinzregent.de
T.: +49 6323 9520 / info@dasprinzregent.de
60 D € 160/195 / als E € 90/115 / 1 S € 250/350

Umgeben von Weinbergen liegt dieses schöne Hotel mit komfortablen Zimmern, die zum Teil über einen Balkon und alle über eine herrliche Aussicht verfügen. Für das leibliche Wohl sorgen Gerichte der frischen, regionalen Küche im Restaurant, in der rustikalen Weinstube oder auf der wunderschönen Terrasse. Nahe dem Hotel führen der Edenkobener Weinlehrpfad sowie das Wanderwegenetz des „Naturparks Pfälzerwald" vorbei. Die ruhige Umgebung lädt zum Entspannen und Erholen ein.

Edesheim
Rheinland-Pfalz

Hotel Schloss Edesheim
★★★★

Luitpoldstr. 9 / ✉ 67483
www.schloss-edesheim.de
T.: +49 6323 94240 / info@schloss-edesheim.de
5 E € 90/127 / 19 D € 143/176 / 14 S € 194/282

Die traditionsreiche Schlossanlage beherbergt neben einer Freilichtbühne ein einladendes Hotel mit eleganten Zimmern und Suiten. Eine exzellente Küche und erlesene Weine aus der Pfalz genießen Gäste im stilvollen Gourmet-Restaurant oder auf der Parkterrasse. Für Entspannung sorgt der Saunabereich oder eine Entdeckungsreise in der Region.

Ehingen an der Donau
Baden-Württemberg

Best Western Plus BierKulturHotel Schwanen
★★★★

Schwanengasse 18-20 / ✉ 89584 Ortsteil Ehingen
www.bierkulturhotel.de
T.: +49 7391 770850
info@bierkulturhotel.de
5 E € 85/120 / 36 D € 99/150 / 9 S € 89/180
Frühstück € 12

Historie im Dialog mit modernen Architekturkonzepten erwartet Gäste im „BierKulturHotel" im Zentrum der Stadt. Einige Zimmer und Suiten überraschen mit Details wie originales mittelalterliches Mauerwerk oder uralte Eichenbalken, einige mit verblüffenden Möbelskulpturen. Der seit 1697 bestehende Gasthof-Brauerei Schwanen verwöhnt mit hausgebrauten Bieren, schwäbischer Küche und selbstgebrannten Destillaten.

Hotel Adler
★★★★

Hauptstr. 116 / ✉ 89584 Ortsteil Ehingen
www.adlerehingen.de / T.: +49 7391 500460
info@adlerehingen.de
12 E € 60/80 / 24 D € 90/120

Ruhe und Gemütlichkeit wird großgeschrieben in den modern ausgestatteten Zimmern des Hotels, das sich seit fünf Generationen in Familienbesitz befindet. Rustikal und holzvertäfelt präsentieren sich die Gasträume. Exklusiv ausgestatteter Festsaal mit Bühne. Lifestyle-Wirtshaus „Paulas Alb" mit hausgebrauten Bierspezialitäten. Spa-Club mit Fitnesscenter und Sauna

Ehningen
Baden-Württemberg

Hotel Landhaus Feckl
★★★★

Keltenweg 1 / ✉ 71139 Ortsteil Herdstelle
www.landhausfeckl.de
T.: +49 7034 23770
info@landhausfeckl.de
8 E € 79/209 / 13 D € 89/239 / Frühstück € 15

Das ruhig und trotzdem verkehrsgünstig gelegene Landhaus, ein zweiflügeliger Bau mit schmuckem Rundturm, verfügt über 21 geschmackvoll gestaltete Gästezimmer. Im Mittelpunkt steht das ländliche Restaurant mit seiner gehobenen Küche; gute Weinauswahl. Wintergarten und Kochschule.

Eichstätt
Bayern

Wellnesshotel Schönblick
★★★★

Hohes Kreuz 11 / ✉ 85072 Ortsteil Wintershof
www.schoenblick-hotel.net
T.: +49 8421 936080
rezeption@schoenblick-hotel.net
11 E € 117/137 / 11 D € 199/239

Hoch über der wunderschönen Barockstadt, im Herzen des Naturparks Altmühltal, empfängt das luxuriöse Hotel seine Gäste mit persönlichem Service und allen Annehmlichkeiten eines modernen Wellnesshotels. Zeitlos elegant mit Balkon oder einer Terrasse ausgestattet sind die Zimmer und Suiten. Im noblen Restaurant werden die Gäste mit internationalen sowie regionalen Köstlichkeiten verwöhnt. Räumlichkeiten für maßgeschneiderte Tagungen; Wohlfühllandschaft mit Panorama-Pool.

Einbeck
Niedersachsen

Hotel FREIgeist Einbeck
★★★★

Tiedexer Tor 5 / ✉ 37574 / www.freigeist-einbeck.de
T.: +49 5561 3199970 / info@freigeist-einbeck.de
63 D € 131/181 / als E € 99/139 / Frühstück € 11

Ein Designhotel mit edlem Sichtbeton, großzügigen Glasflächen, blinkendem Stahl und geöltem Eichenboden, zwischen Hildesheim und Göttingen gelegen. Kreativen Gedanken kann man in den Tagungsräumen freien Lauf lassen. Kühle Drinks gibt es in der Freigeist-Bar, Kulinarisches vom Grill gegenüber in der Genusswerkstatt.

Eisenach
Thüringen

Berghotel Eisenach
★★★★

An der Göpelskuppe 1 / ✉ 99817
www.berghotel-eisenach.de / T.: +49 3691 22660
info@berghotel-eisenach.de
2 E € 66/79 / 12 D € 109/109 / 2 S € 143/148

Das Berghotel, von dem der Gast einen traumhaften Ausblick auf die Wartburg genießt, bietet gediegene Zimmer mit hoher Qualität, die in warmen Farbtönen gehalten sind. Im gepflegten Ambiente serviert die gehobene Küche internationale Gaumenfreuden. Kaminzimmer; Hotelbar

Haus Hainstein
★★★

Am Hainstein 16 / ✉ 99817 / www.haushainstein.de
T.: +49 3691 2420 / haushainstein@t-online.de
31 E ab € 72 / 36 D ab € 95 /

Seit 1926 ist dieses idyllisch gelegene, im Stil der Jahrhundertwende erbaute und renovierte Haus als christliches Hotel und Tagungsstätte bekannt; hauseigene Kapelle. Stilvoll eingerichtete Zimmer sorgen für einen angenehmen Aufenthalt. Regionale Küche im charmanten Restaurant; Café-Terrasse. Wintergarten mit Blick auf die Wartburg.

Romantik Hotel auf der Wartburg
★★★★

Auf der Wartburg 2 / ✉ 99817
wartburghotel.de
T.: +49 3691 7970 / info@wartburghotel.de
9 E € 130/219 / 27 D € 195/340 / 1 S € 285/450
Frühstück € 20 /

Das 1913 im Stil der Thüringer Burgen erbaute Hotel hat pünktlich zum Lutherjahr alle seine Zimmer modernisiert. Sie sind individuell geschnitten und präsentieren sich in drei unterschiedlichen Farbkonzepten - elegant, mal sanft oder rustikal. Den Burgcharakter unterstreichen teils historische Möbel und hochwertige Textilien. Ausgezeichnete Küche, dazu der der eigens gekelterte Luther-Wein in der Landgrafenstube mit Terrasse und einem sensationellen Panoramablick auf Eisenach und den Thüringer Wald. Standesamtliche Trauungen im historischen Jägerzimmer.

Vienna House Thüringer Hof Eisenach
★★★★

Karlsplatz 11 / ✉ 99817 / www.viennahouse.com
T.: +49 3691 280
info.thueringerhof-eisenach@viennahouse.com
1 E € 109/169 / 125 D € 129/189 / 1 S € 279/339
Frühstück € 17 /

Das bereits 1807 erbaute und mehrmals erweiterte historische Haus wurde liebevoll restauriert. Holzbildhauerarbeiten schmücken Wände und Decke der eindrucksvollen Eingangshalle. Exklusive, individuell gestaltete Gästezimmer mit Blick auf die Stadt und den Thüringer Wald. Der Sauna-Bereich befindet sich auf dem Dach des Hauses. Die „Weinwirtschaft Leander“ bildet das Zentrum des gastronomischen Kleinods.

Eisenschmitt
Rheinland-Pfalz

Molitors Mühle Hotel & Spa
★★★★

Eichelhütte 15 / ✉ 54533 Ortsteil Eichelhütte
www.molitors-muehle.de / T.: +49 6567 9660
hotel@molitors-muehle.de
8 E € 90/105
26 D € 150/210 / 2 S € 270/300 / 2 App. € 190/210

Idyllisch in naturbelassener Einzellage erwartet dieser schöne Familienbetrieb den Gast. Die romantische, ehemalige Mühle steht für serviceorientierte Hotellerie in liebevoll dekorierten Räumen. Große Wellness-Oase mit außergewöhnlichen Angeboten; eigener Badesee. Die Küche überrascht mit besonderen Wild- und Fischgerichten, sowie regionalen und internationalen Frischeprodukten.

Eisleben
Sachsen-Anhalt

Hotel Graf von Mansfeld
★★★★

Markt 56 / ✉ 06295 Ortsteil Lutherstadt Eisleben
www.hotel-eisleben.de / T.: +49 3475 66300
info@hotel-eisleben.de
10 E € 75/95 / 37 D € 110/130 / 3 S € 140/160

Im ehemaligen, liebevoll restaurierten Stadtschloss der Grafen von Mansfeld befindet sich dieses ansprechende Hotel. Es bietet individuell gestaltete, stilvolle Zimmer, die mit Liebe zum Detail eingerichtet sind. Klassische und regionale Küche im Restaurant. Hoteleigener Gästeführer; vielfältige Reiseprogramme von Agentur im Haus.

Eislingen
Baden-Württemberg

Loom Hotel & Skybar
★★★★

Seewiesenstr. 18 / ✉ 73054
www.salvia-hotels.de/loom-hotel
T.: +49 7161 94500180
rezeption@hotel-loom.de
6 E ab € 68 / 66 D ab € 88 / Frühstück € 15

→

Ein Lifestyle-Hotel, auf halber Strecke zwischen Stuttgart und Ulm nahe der Bundesstraße 10 gelegen. Die Zimmer sind zwischen 21 und 33 Quadratmeter groß (die Loom Suite hat 40), sind frisch und modern gestaltet und verfügen über raumhohe Fenster. Highlight ist die Skybar, ein Glaskubus mit Bar und Restaurant, der über die Kanten des Hotels hinausragt. Klasse Blick ins Filstal und die Schwäbische Alb.

Elfershausen
Bayern

Hotel Ullrich
★★★★

August-Ullrich-Str. 40-42 / ✉ 97725 / www.hotel-ullrich.de
T.: +49 9704 91300 / info@hotel-ullrich.de
14 E € 97/102 / 49 D € 144/144

Modernes Wohnen am Fuße der Röhn im herrlich fränkischen Saaletal. Stilvolle Komfort- und Designzimmer erfüllen hohe Ansprüche. Im hauseigenen Aktiv-Spa findet jeder das richtige Angebot wie Sauna, Kneippbecken, Caldarium oder Fitnessgeräte. Gute Küche und Wein gehören in Franken einfach dazu. Ullrichs Vitalküche verwöhnt mit kreativen Ideen aus regionalen Produkten. Moderne Tagungsräume für anspruchsvolles Lernen und Arbeiten. Idealer Ausgangspunkt für Ausflüge in die traumhafte Umgebung. Arrangements.

Bad Elster
Sachsen

Hotel König Albert
★★★★

Carl-August-Klingner-Str. 1 / ✉ 08645
www.hotelkoenigalbert.de / T.: +49 37437 5400
info@hotelkoenigalbert.de
96 D ab € 188 / als E ab € 130 / 12 S ab € 258

Am Waldrand und direkt neben der Soletherme liegt das moderne Hotel. Praktischerweise ist es über einen Bademantelgang mit dieser verbunden, sodass Gäste trocken und auf kurzem Wege alle Wellnesseinrichtungen und Parkplätze erreichen können. Die großen Zimmer mit Balkon (ab 24 Quadratmeter) sind wie für einen längeren Aufenthalt geschaffen. Zwei Restaurants, Hotelbar und Zigarrenlounge bieten dazu die kulinarische Unterhaltung.

Elmau siehe Krün
Bayern

Eltville am Rhein
Hessen

Hotel Frankenbach - Mainzer Hof & Gutenberg Hof
★★★

Wilhelmstr. 13 / ✉ 65343 Ortsteil Eltville
www.hotel-frankenbach.de
T.: +49 6123 9040
info@hotel-frankenbach.de
11 E € 95/115 / 24 D € 120/150 /

Im Herzen von Eltville erwartet ein elegantes Hotel mit gemütlichem Ambiente seine Gäste. Das Café im klassischen Wiener Kaffeehaus-Stil serviert leckeren Kaffee und Kuchen aus der hauseigenen Konditorei. Die Küche bietet eine gehobene, französisch inspirierte Speisenvielfalt im Restaurant „Jean".

Hotel Kronenschlösschen
★★★★

Rheinallee / ✉ 65347 Ortsteil Hattenheim
www.kronenschloesschen.de / T.: +49 6723 640
info@kronenschloesschen.de
12 D € 100/180 / als E € 140/190 / 10 S € 225/390
Frühstück € 18 /

Das „Kronenschlösschen" ist eine romantische, schlossartige Villa aus der Gründerzeit mit eigenem Park und Blick auf den Rhein. Das luxuriöse Ambiente des Hauses mit Marmorbädern, Kunstwerken und edlen Teppichen zieht sich durch alle Räume. Gourmet-Restaurant, Weinstube und Gartenlokal laden ein. Kleine Gerichte schmaust der Gast im Bistro; ausgezeichnete Weinkarte. Veranstalter und Organisator des „Rheingau Gourmet- & Wein-Festivals" (jeweils im Febr./März).

Emmendingen
Baden-Württemberg

Parkhotel Krone Maleck
★★★★

Brandelweg 1 / ✉ 79312 Ortsteil Maleck
www.kronemaleck.de / T.: +49 7641 9309690
info@kronemaleck.de
3 E € 67/79 / 22 D € 95/130

Das einladende Hotel liegt absolut ruhig eingangs des Hochschwarzwaldes. Individuell und liebevoll gestaltete Gästezimmer, familiäre Atmosphäre und umfassende Betreuung sind besondere Merkmale des Hauses. Im Restaurant genießt der Gast neben der guten Küche die Aussicht auf den Park mit den freilebenden Flamingos. Schöne Weinstube.

Emsdetten
Nordrhein-Westfalen

Hotel Kloppenborg
★★

Frauenstr. 15 / ✉ 48282
www.hotel-kloppenborg.de
T.: +49 2572 9210 / info@hotel-kloppenborg.de
7 E € 62/65 / 16 D € 92/98 /

Das historische Haus, in der neunten Generation im Besitz der Familie Kloppenborg, liegt im Ortskern zwischen Rathaus und Kirche. Hier wohnen die Gäste in angenehmen Zimmern. Das rustikale Fachwerk-Restaurant mit offenem Herdfeuer lädt zu klassischen Genüssen ein.

Hotel Lindenhof

★★★★

Alte Emsstr. 7 / ✉ 48282 Ortsteil Zentrum
www.lindenhof-emsdetten.de / T.: +49 2572 9260
info@lindenhof-emsdetten.de
9 E € 85/95 / 42 D € 109/119 / 2 S € 105/160

Der umfangreich renovierte und erweiterte, nachhaltig wirtschaftende Familienbetrieb liegt in ruhiger und zugleich zentraler Lage in Emsdetten. Jedes der liebevoll eingerichteten Zimmer – ob mit 200 Jahre altem Himmelbett oder italienischen Designermöbeln ausgestattet – stellt ein besonderes Unikat dar. Das stilvolle Restaurant begeistert seine Gäste mit einem Mischkonzept aus gutbürgerlich und Gourmet – und natürlich einer sehr guten Küche.

Bad Emstal
Hessen

Parkhotel Emstaler Höhe

★★★★

Kissinger Str. 2 / ✉ 34308 Ortsteil Sand
www.emstaler-hoehe.de / T.: +49 5624 5090
info@emstaler-hoehe.de
10 E € 72/85 / 34 D € 104/140 / 4 S € 135/180
6 App. € 65/95

Auch wer sich nicht auf die Spuren der Brüder Grimm begibt, wird sich in diesem Landhaushotel wohlfühlen. Es sind die aufmerksamen Gastgeber, die mit ihrem kompetenten Team den Aufenthalt so angenehm und schön wie möglich gestalten. Neben gemütlichen Komfortzimmern, dem Restaurant für Genießer oder dem Wellnessbereich für Entspannungsbehandlungen, bietet die Grimm-Heimat Nordhessen märchenhafte Ausflugsziele.

Enzklösterle
Baden-Württemberg

Enztalhotel

★★★★

Freudenstädter Str. 67 / ✉ 75337 Ortsteil Mittelenztal
www.enztalhotel.de / T.: +49 7085 180
info@enztalhotel.de
6 E € 125/143 HP / 32 D € 250/318 HP / 5 S € 300/346 HP
6 App. € 230/276 HP /

Den Schwarzwald mit allen Sinnen erleben: Das exklusive Enztalhotel bietet seinen Gästen eine Erholungs- und Erlebniswelt in reizvoller Umgebung, antike Badefreuden im Wellnessbereich und eine Spitzenküche mit regionalen Genüssen im Gourmet-Restaurant. Großzügige Suiten im eleganten Landhausstil und das stets zuvorkommende Personal tragen zu einem entspannenden Urlaub bei.

Eppingen
Baden-Württemberg

Waldhotel Villa Waldeck

★★★★

Waldstr. 80 / ✉ 75031
www.villa-waldeck.de
T.: +49 7262 61800 / info@villa-waldeck.de
37 E € 78/82 / 9 D ab € 115 / 4 S € 90/155
8 App. € 155/190

Am Rande des Eppinger Hardtwaldes, aber zentrumsnah, erwartet den Reisenden ein familiäres Verwöhnhotel; es stellt einen idealen Ausgangspunkt für Wanderungen und Fahrradtouren dar. Moderne Bequemlichkeit zeichnet die Gästezimmer aus, die gehobenen Ansprüchen gerecht werden. Eine gute Auswahl an Delikatessen bietet die internationale Küche.

Erbach (Donau)
Baden-Württemberg

Brauerei Gasthof Adler

★★★

Adlergasse 2 / ✉ 89155 Ortsteil Dellmensingen
www.adler-dellmensingen.de
T.: +49 7305 931190
info@adler-dellmensingen.de
9 E € 38/46 / 4 D € 67/76 / 3 App. € 46/76 /

In diesem familiär geführten Landhotel wird Gastlichkeit großgeschrieben. Behagliche Zimmer, eine regionale Küche mit frischen schwäbischen Spezialitäten und Bier aus der eigenen Brauerei (Besichtigung möglich) tragen zu einem erholsamen Aufenthalt bei. Biergarten.

Erding
Bayern

Henry

★★★★

Dachauer Str. 1 / ✉ 85435 Ortsteil Klettham
www.hotel-henry.de
T.: +49 8122 909930
info@hotel-henry.de
6 E € 56/215 / 42 D € 76/235 / 1 S € 96/255

Wohnen rund um den Globus - die Vielfalt aller fünf Kontinente erleben Gäste in diesem unweit der Altstadt und der Therme Erding gelegene Hotel. Alle Zimmer sind nach Feng-Shui im Stil der schönsten Weltmetropolen eingerichtet. Romantische, kulinarische Stunden erleben Genießer im Bistro oder im Palmengarten.

Erfurt
Thüringen

Hotel am Kaisersaal (g)
★★★

Futterstr. 8 / ✉ 99084 Ortsteil Altstadt
www.hotel-am-kaisersaal.de / T.: +49 361 658560
info@hotel-am-kaisersaal.de
86 D ab € 104 / als E ab € 84 / @

In der historischen Altstadt, nahe den Sehenswürdigkeiten und dem kulturellen Leben, steht dieses gastliche Haus. Moderne, gut ausgestattete Zimmer in zwei kontrastierenden Farbvariationen bieten den Gästen ein angenehmes Ambiente. Hotelbar und Frühstücksrestaurant vorhanden.

Hotel Krämerbrücke
★★★★

Gotthardtstr. 27 / ✉ 99084 Ortsteil Altstadt
www.hotel-kraemerbruecke.de / T.: +49 361 67400
erfurt@hotel-kraemerbruecke.de
85 D ab € 137 / als E ab € 106
@

Im Herzen der wunderschönen Altstadt und direkt an der Krämerbrücke gelegen, bietet das moderne Hotel 16 bis 42 Quadratmeter große Zimmer und beste Voraussetzungen für einen Ausflug übers Wochenende. Das historische Gebäude „Alter Schwan", erstmals im Jahre 1310 urkundlich erwähnt, wurde zu einem Hotel mit First-Class-Niveau umgebaut. Ambitionierte und ausgezeichnete Küche mit regionaler Prägung im Restaurant.

Erlangen
Bayern

Hotel Bayerischer Hof
★★★★

Schuhstr. 31 / ✉ 91052 / www.bayerischer-hof-erlangen.de
T.: +49 9131 7850 / info@bayerischer-hof-erlangen.de
155 D € 120/280 / als E € 95/240 / 5 S € 160/400
@

Mitten im Altstadtzentrum bietet das Haus alle Annehmlichkeiten moderner Hotelerie. Hohen Ansprüchen werden die großzügigen Zimmer und Suiten gerecht. Echter Marmor, schwere Teppiche und wertvolles Leder schaffen ein elegantes Ambiente. Die Tagungsräume verfügen über eine moderne Ausstattung. Neben fränkischen und bayerischen Schmankerln bietet das Restaurant auch internationale Spezialitäten. Hotelbar, Bistro eresto, Terrassen mit mediterranem Flair.

Essen
Nordrhein-Westfalen

Hotel Essener Hof
★★★★

Am Handelshof 5 / ✉ 45127 Ortsteil Stadtkern
www.essener-hof.com / T.: +49 201 24250
hotel@essener-hof.com
54 E € 65/299 / 56 D € 75/399 / 3 S € 95/399
3 App. € 95/399 / Frühstück € 18 / @

Das liebenswerte, traditionelle Hotel befindet sich verkehrsgünstig in bester Innenstadtlage. Viele der hochwertig ausgestatteten Wohlfühl-Zimmer liegen zum ruhigen, begrünten Innenhof. Neben dem Restaurant „Essener Hof" lädt die internationale Bar „Moonlight Express" zum stimmungsvollen Verweilen ein.

Hotel Friends Zeche Zollverein
★★★★

Martin-Kremmer-Str. 1 / ✉ 45327 Ortsteil Stoppenberg
hotelfriendsdus.wixsite.com/essen / T.: +49 201 74704300
essen@hotelfriends.de
67 D ab € 155 / Frühstück € 15 / @

Auf dem Gelände der berühmten Zeche Zollverein (Weltkulturerbe) checkt ein, wer etwas Großes zu feiern hat oder ein wenig in die Geschichte des Bergbaus im Ruhrgebiet eintauchen möchte. Die Umgebung lässt sich prima mit dem Rad erkunden. Ruhe sanft in 20 bis 40 Quadratmeter großen Designerzimmern, Kunst und Motive aus dem Bergbau zieren Wände und die Gemeinschaftslounge.

Mintrops Land Hotel Burgaltendorf
★★★★

Schwarzensteinweg 81 / ✉ 45289 Ortsteil Burgaltendorf
www.mintrops.mm-hotels.de / T.: +49 201 571710
info@land.mm-hotels.de
21 E € 50/160 / 21 D € 69/190 / 8 S € 100/220
@

Auf einem großflächigen Plateau oberhalb der Ruhr residiert der großzügige Familienbetrieb mitten im Grünen. Der Gast soll sich hier wie zu Hause fühlen. Im außergewöhnlichen Ambiente des Restaurants wird die marktfrische Küche gepflegt. Hotelbar und Laubengarten laden ein. Wellness-Oase mit kleinem Schwimmbecken, Sauna, Solarium und Hydrojet.

Mintrops Stadt Hotel Margarethenhöhe
★★★★

Steile Str. 46 / ✉ 45149 Ortsteil Margarethenhöhe
www.mintrops-stadthotel.de / T.: +49 201 43860
info@stadt.mm-hotels.de
10 E € 74/131 / 29 D € 85/174 / 1 S € 107/185
2 App. € 120/200 / Frühstück € 14 / @

Das Haus am Kleinen Markt im Stadtteil Margarethenhöhe hat die historische Substanz des Standortes neu interpretiert. Die Zimmer sind klassisch, farblich individuell mit viel Liebe zum Detail gestaltet und zeitgemäß ausgestattet. Vielfältige kulinarische Kreationen im Restaurant. Kochschule. Bankette und Firmen-Events für bis zu 100 Personen. Arkadenterrasse.

Schlosshotel Hugenpoet
★★★★★

August-Thyssen-Str. 51 / ✉ 45219 Ortsteil Kettwig
www.hugenpoet.de / T.: +49 2054 12040
info@hugenpoet.de
10 E € 240/285 / 17 D € 270/390
8 S € 380/615 / 1 App. € 665/900 / Frühstück € 30
@

Das Schlosshotel Hugenpoet befindet sich in idealer Lage inmitten des schlosseigenen Parks zwischen den Shoppingmetropolen und Messestädten Essen und Düsseldorf. Das Schloss vereint edles Ambiente mit modernen Standards. Neben individuell gestalteten Zimmern und Suiten gibt es acht Bankettträume bis 120 Personen für Feste, Tagungen und Events. Das ausgezeichnete und legere „Restaurant 1831" sorgt für kulinarische Kurzweil auf hohem Niveau.

the niu Cobbles Essen

★★★★

Friedrichstr. 43 / ✉ 45128 Ortsteil Südviertel
the.niu.de / T.: +49 201 649780
cobbles@the.niu.de
146 D ab € 66 / Frühstück € 13 /

Ruhrpott-Romantik und cooler Look: Grubenlampen hängen von der Decke, Flaschenzüge sorgen für Nachschub. Industrial Design in Kombination mit zeitgenössischem Komfort. Wandhohe Bilder aus der Zeit der Kohle zwischen knalligen Farben und moderne Technik gehen nahtlos ineinander über. Die 19 bis 31 Quadratmeter großen Zimmer verfügen über hochwertige Betten, eine gemütliche Sitzecke, große Flachbildfernseher, USB-Ports und kostenloses WLAN.

Esslingen am Neckar
Baden-Württemberg

Ecoinn Hotel am Campus (g)

★★★

Kanalstr. 14-16 / ✉ 73728 Ortsteil Stadtmitte
www.ecoinn.de / T.: +49 711 3105890 / info@ecoinn.de
59 D ab € 95 /

Vor den Toren Stuttgarts lebt dieses Plus-Energie-Haus den grünen Gedanken. Das Hotel hat den niedrigsten CO2-Fußabdruck pro Übernachtung in Europa. Alle Möbel sind in der eigenen Schreinerei gefertigt - für den baubiologischen Wohnaspekt. Schlafen mit gutem Gewissen.

Suite: Großzügig angelegter Unterkunftstyp in einem Hotel, der aus mehreren miteinander verbundenen Räumen besteht, die zusammen als Einheit abschließbar sind. Häufig wird der Erlebnisfaktor durch zusätzliche Dienstleistungen wie Spa-Angebote erhöht.

Ettlingen
Baden-Württemberg

Hotel Erbprinz

★★★★★

Rheinstr. 1 / ✉ 76275 / www.erbprinz.de
T.: +49 7243 3220 / info@erbprinz.de
58 E € 130/200 / 52 D € 185/250 / 7 S € 315/1250
5 App. € 315/315

Die Geschichte dieses Hotels der internationalen Klasse reicht mehr als 220 Jahre zurück. Moderne, elegant ausgestattete Zimmer zeichnen dieses Traditionshaus aus. Den Gästen stehen Tagungsräume mit modernster Technik und ein exklusiver Wellnessbereich zur Verfügung. Seinen guten Ruf verdankt der „Erbprinz" aber nicht zuletzt seinem Gourmetrestaurant. Hier werden erlesene Kreationen in elegant-vornehmen Ambiente serviert. Hotelbar, Weinstube „Sibylla" und Café-Terrasse laden ein.

Euskirchen
Nordrhein-Westfalen

Welcome Parkhotel Euskirchen

★★★★

Alleestr. 1 / ✉ 53879
www.welcome-hotels.com
T.: +49 2251 7750 / info.eus@welcome-hotels.com
89 D ab € 120 / als E ab € 106 / 3 S ab € 131

Im Herzen von Euskirchen ruht das moderne Ameron Parkhotel, nicht weit von romantischen Burgen und atemberaubenden Weinbergen. Sehr beeindruckend sind die stilvoll eingerichteten Zimmer, die mit Marmorbädern und ausgesuchtem Mobiliar versehen sind; Der Wellnessbereich lädt zum Entspannen ein, die Tagungsräume mit aktueller Technik versprechen produktives Arbeiten. Das Restaurant und die Cantinetta bieten Regionales mit italienischen Einflüssen.

F

Feldafing
Bayern

Golfhotel Kaiserin Elisabeth
★★★★

Tutzinger Str. 2 / ✉ 82340 / www.kaiserin-elisabeth.de
T.: +49 8157 93090 / info@kaiserin-elisabeth.de
25 E € 105/120 / 25 D € 160/195 / 3 S € 285/340

Angesichts des herrlichen Parks und der traumhaften Aussicht über den Starnberger See ist es kaum verwunderlich, dass hier einst einer der Lieblingsplätze der Kaiserin Elisabeth von Österreich war. 24 Sommer lang, jeweils mehrere Wochen, fühlte sich Sisi hier geborgen. Zum Andenken an die unvergessliche Sisi hält das Hotel ihren Namen in Ehren. Die Zimmer sind komfortabel eingerichtet, mit einem Gespür für das Behagliche ist die Ausstattung individuell gewählt, Antiquitäten ergänzen den eigenen Stil.

Fichtenau
Baden-Württemberg

Meiser Vital Hotel
★★★★

Grenzstr. 42 / ✉ 74579 Ortsteil Neustädtlein
www.meiser-hotels.de/vital
T.: +49 7962 711940
vital@meiser-hotels.de
64 D € 139/249 / als E € 89/199 / 3 S € 189/289

Schon seit 1880 wird Gastfreundschaft in diesem Hause, das von anspruchsvollem Ambiente, Liebe zum Detail und einer Wohlfühlatmosphäre geprägt ist, großgeschrieben. Liebevoll eingerichtete Zimmer und Suiten mit harmonischer Ausstrahlung. 1.500 Quadratmeter Wellnessbereich mit Innen- und Außenpool; regionale Küche.

Felsberg
Hessen

Romantik Hotel Zum Rosenhof
★★★★

Rockshäuser Str. 9 / ✉ 34587 Ortsteil Hesserode
www.mayer-stahl.de
T.: +49 5662 2774
info@mayer-stahl.de
9 D ab € 106 / als E ab € 61

Der Ortsteil Hesserode in der idyllischen Natur Nordhessens ist Heimat diese kleinen Romantik Hotels. Mit Liebe zum Detail hat Familie Mayer-Stahl hier aus dem historischen Bauernhof einen Genuss- und Erholungsort geschaffen. Die geräumigen Zimmer mit Rosenflair sind elegant eingerichtet. Für die Kulinarik ist die Chefin persönlich verantwortlich. Frische, saisonale Köstlichkeiten werden von ihr und ihrem Team im gepflegten Ambiente serviert. Romantischer Rosengarten, auch für private Feiern geeignet.

Fischen im Allgäu
Bayern

Allgäuhotel Tanneck
★★★★

Maderhalm 20 / ✉ 87538 Ortsteil Maderhalm
www.hotel-tanneck.de
T.: +49 8326 9990
info@hotel-tanneck.de
12 E ab € 115 VP / 42 D ab € 230 VP / 8 S ab € 310 VP

Die einzigartige Lage oberhalb von Fischen ist fantastisch. Es ist ein wunderschönes Hotel, das bereits in 3. Generation mit echter Gastlichkeit mit Leidenschaft und Herzblut geführt wird. Neben den wohnlichen, sehr geräumigen Gästezimmern und dem freundlichen Service ist die Küche besonders zu loben. Kulinarik für Feinschmecker wird im Alpinrestaurant zelebriert, Entspannung ist in den terrassenförmig angelegten Infinity-Pools und im Dachterrassen-Solewhirlpool garantiert. Die Natur um´s Haus bietet attraktive Freizeitmöglichkeiten.

Parkhotel Burgmühle
★★★★

Auf der Insel 2-4 / ✉ 87538 Ortsteil Fischen
www.parkhotel-burgmuehle.de
T.: +49 8326 9950
info@parkhotel-burgmuehle.de
7 E € 154/201 VP / 37 D € 147/194 VP / 24 S € 175/224 VP

Eleganz und Exklusivität bestimmen die wohltuende, familiäre Atmosphäre in diesem schönen Hotel. Direkt am Naturpark und in unmittelbarer Nähe vom Bahnhof gelegen, verwöhnt es seine Gäste im attraktiven Wellnessbereich mit „Vitalschlößle". Die anspruchsvoll ausgestatteten Zimmer sorgen für einen angenehmen Aufenthalt. Abwechslungsreich ist das Angebot der Feinschmeckerküche; gemütliche Hotelbar. Zwei Kilometer entfernt liegt das Oberallgäuer 45-Loch-Golfresort.

Sonnenbichl Hotel am Rotfischbach
★★★★

Sägestr. 19 / ✉ 87538 Ortsteil Langenwang
www.hotel-sonnenbichl.com
T.: +49 8326 9940
info@hotel-sonnenbichl.com
9 E € 76/113 HP / 40 D € 77/120 / 1 S € 94/120

Das Sonnenbichl im Oberallgäu ist ruhig gelegen und bietet trotzdem eine Vielzahl an Erlebnissen und Aktivitäten. Im „Biergärtle" am plätschernden Rotfischbach genießen die Gäste die Idylle mit einem zauberhaften Blick auf den Hausberg, das Rubihorn. Die Hotelzimmer sind jung und modern eingerichtet, aber auch urgemütlich. Restaurant mit leichter Küche; Allwetter-Terrasse; Wellnessbereich „Vitaldörfle".

Flensburg
Schleswig-Holstein

Hotel Das James
★★★★★

Fördepromenade 30 / ✉ 24944 / www.dasjames.com
T.: +49 461 1672360 / contact@dasjames.com
81 D ab € 270 / als E ab € 170 / 6 S ab € 410

Dieses luxuriöse Refugium mit seinem britischen Ambiente erstreckt sich entlang der Fördepromenade im Nordosten Flensburgs. Im Hafen schaukeln dazu die Boote und vermitteln ein einzigartiges maritimes Flair. Das urbanes Stadt- und Ferienhotel unterstreicht diese Ausrichtung durch ein Badehaus und einem Rooftop-Pool. Der Spa-Bereich erstreckt sich über drei Etagen und wartet unter anderem mit Saunen, Hamam und Massagen auf. Für das leibliche Wohlergehen sorgen vier Restaurants: Das Grace, James Farmhouse, Minato und The Roof.

Hotel Hafen Flensburg
★★★★

Schiffbrücke 33 / ✉ 24939 Ortsteil Altstadt
www.hotel-hafen-flensburg.de
T.: +49 461 160680
info@hotel-hafen-flensburg.de
68 D € 135/185 / als E € 95/155 / 1 S € 165/245
Frühstück € 26 / @

Mit herrlichem Blick auf die Flensburger Förde ist dieses neu erbaute Hotelensemble im Zentrum der Stadt ein Heimathafen für Geschäftsreisende, Familien und Städteurlauber zugleich. In den Zimmer und Appartements sorgt eine harmonische Verbindung aus großen Fenstern, natürlichen Materialien und hellen, maritimen Farben für eine angenehme Atmosphäre. Eigener Wellnessbereich.

Flintsbach am Inn
Bayern

Hotel & Gasthof Dannerwirt
★★★

Kirchplatz 4 / ✉ 83126 Ortsteil Flintsbach
www.dannerwirt.de
info@dannerwirt.de
7 E ab € 70 / 18 D € 95/120 / 2 S € 120/125
App. ab € 100 / @

Im oberbayerischen Inntal erwartet Familie Schweinsteiger ihre Gäste in gemütlich-ländlich und mit viel Holz eingerichteten, zum Teil neu gestalteten Zimmern. Für das leibliche Wohl sorgen die kulinarischen, regionalen Schmankerln des traditionsreichen Wirtshauses. Idyllischer Wirtsgarten mit Blick auf Wendelstein und Barockkirche.

Frankenberg an der Eder
Hessen

DIE SONNE FRANKENBERG
★★★★★

Marktplatz 2-4 / ✉ 35066 Ortsteil Frankenberg
www.sonne-frankenberg.de / T.: +49 6451 7500
info@sonne-frankenberg.de
4 E € 139/189 / 50 D € 189/289 / 6 S € 260/520

Dieses Hotel beherbergt individuelle, sonnige und mediterran anmutende Zimmer und Suiten. Drei Restaurants präsentieren die kulinarische Vielfalt: Das Gourmet-Restaurant Philipp Soldan, die Sonne Stuben mit anspruchsvoller regionaler Küche und das Bistro Philippo. Im Tabak Kolleg umherrscht, bei Zigarrenservice und edlen Bränden, englische Clubatmosphäre. Auf einer Fläche von 1.000 Quadratmetern bietet das Sonne Spa viele Möglichkeiten für ganzheitliche Anwendungen wie Akupunktur, Massagen und Kosmetik. Tiefste Entspannung versprechen Solebecken, Saunen und Ruheräume.

Frankfurt am Main
Hessen

25hours Hotel The Goldman
★★★

Hanauer Landstr. 127 / ✉ 60314 Ortsteil Ostend
www.25hours-hotels.com
T.: +49 69 40586890
rec.goldman@25hours-hotels.com
49 D ab € 127 / als E ab € 99 / @

Blau, violett, grün – knallig bunt sind die Zimmer dieses Eckhotels an der stark frequentierten Hanauer Straße. Sie bieten 22 bis 28 Quadratmeter Platz zum Chillen und Schlafen. In kurzer Laufdistanz liegen die U6 und die Linie 11 (Tram). Ideal für einen kurzen Citytrip oder die Nacht vor der Flugreise.

Alexander am Zoo (g)
★★★★

Waldschmidtstr. 59-61 / ✉ 60316 Ortsteil Ostend
www.alexanderamzoo.de
T.: +49 69 949600
info@alexanderamzoo.de
5 E € 82/250 / 52 D € 102/250 / 9 S € 119/315
@

Das Alexander am Zoo ist ein einladendes, privat geführtes Stadthotel mit gehobener Ausstattung. Ob geschäftlich oder privat, das Haus in zentraler Lage in einem ruhigen Wohngebiet stellt den idealen Ausgangspunkt für Unternehmungen aller Art in und um „Mainhattan“ dar.

Ameron Frankfurt Neckarvillen Boutique

★★★★

Neckarstr. 7-13 / ✉ 60329 / ameroncollection.com
T.: +49 69 75666-0 / info@neckarvillen-boutique.de
30 E ab € 143 / 103 D ab € 424 / @

Dort wo zwischen Altstadt und Bahnhof noch ein wenig historische Bausubstanz übrig geblieben ist, liegt das Gebäudeensemble aus vier ehemalige Geschäftsvillen aus dem frühen 20. Jahrhundert. Die pompösen Fassaden und edles Interieur aus Mahagoni, Messing, Samt und Leder schaffen Struktur und Ambiente. Man darf sich in schicke Polster fallen lassen und die mondän-elegante Atmosphäre genießen.

Capri by Fraser Frankfurt

★★★★

Europa-Allee 42 / ✉ 60327 Ortsteil Gallus
www.frasershospitality.com
T.: +49 69 1338877888
reservations.frankfurt@capribyfraser.com
153 App. ab € 110 / @

Mindestens 32 Quadratmeter Platz bieten die modern gestalteten Appartments dem Gast. Dazu gehören eine Kitchenette, ein „Bad en Suite" mit Regendusche sowie ein umfassendes Home-Entertainment. Orte der Interaktion sind der Waschsalon mit interaktiven Spielen, das Frühstücksrestaurant und die Bar mit umfangreichem Getränkeangebot. Bis in die Fußgängerzone und die City braucht es einen Spaziergang von etwa 30 Minuten.

Hotel Post Frankfurt Airport (g)

★★★

Sindlinger Bahnstr. 12-16 / ✉ 65931 Ortsteil Sindlingen
www.airporthotel-post.de
T.: +49 69 37010
info@airporthotel-post.de
50 E ab € 55 / 52 D ab € 75 / @

Sehr guten Komfort in zentraler Lage bietet das „Hotel Post Frankfurt Airport", nur wenige Minuten von Flughafen, Hauptbahnhof oder Messe entfernt. Alle Zimmer sind freundlich und geschmackvoll eingerichtet. Kostenloser Flughafen-Shuttle von 7.00 bis 22.00 Uhr. Das nahegelegene Mainufer bietet sich für Spaziergänge an. Reichhaltiges Frückstücksbüfett im Frühstücksrestaurant „Postillion".

Die Piktogramme neben den Zimmerpreisen weisen auf die Einrichtung der Zimmer hin.

Hotel Gerbermühle

★★★★

Gerbermühlstr. 105 / ✉ 60594 Ortsteil Sachsenhausen
www.gerbermuehle.de / T.: +49 69 68977790
info@gerbermuehle.de
13 D € 90/250 / als E € 110/310 / 6 S € 260/460
Frühstück € 18 / @

In dem direkt am Ufer des Mains gelegenen Hotel Gerbermühle können die Besucher ein kreativ gestaltetes Stückchen Geschichte der Stadt bewundern. Der Sommergarten, der Wintergarten sowie die angrenzende Terrasse laden zum Entspannen und Erholen ein. Geschichte und Moderne werden hier beim Anblick der imposanten Frankfurter Skyline vereint.

JW Marriott Frankfurt

★★★★★

Thurn-und-Taxis-Platz 2 / ✉ 60313 / www.marriott.de
T.: +49 69 2972370 / @

Das Luxushotel liegt im Herzen der Stadt, fußläufig zur Alten Oper, der Neuen Altstadt, den Bankentürmen und der belebten Einkaufsstraßen. Auf 25 Stockwerken bietet das Hotel einen beeindruckenden Ausblick auf die Frankfurter Skyline sowie ein modernes und gleicher-maßen zeitloses Design. Das kosmopolitische Signature Restaurant „Max on One" und die elegante „Ember Bar & Lounge" bilden das kulinarische Angebot. In luxuriösem Ambiente umfasst der exklusive Talise Spa zwei Saunen, zugehörige Ruhebereiche, fünf Behandlungsräume und vor allem ein vielfältiges Angebot individuell zugeschnittener Behandlungen.

Landhaus Alte Scheune

★★★

Alt Erlenbach 44 / ✉ 60437 Ortsteil Nieder-Erlenbach
www.alte-scheune.de / T.: +49 6101 544000
reservierung@alte-scheune.de
15 E ab € 78 / 17 D ab € 110 / 7 App. € 125/210
@

Die ehemalige Hofreite aus dem 19. Jahrhundert beherbergt heute ein attraktives, mit Liebe zum Detail im Landhausstil gestaltetes Hotel, gelegen zwischen Bad Vilbel und Bad Homburg. In dem historischen Gebäudeensemble sind komfortable Gästezimmer und Appartments für Langzeitgäste untergebracht (Boardinghouse). Das Gartenrestaurant überrascht mit einer gehobenen deutschen Küche, man sitzt unter viel romantischem Grün oder im Wintergarten. Rustikale Bierstube.

Lindley Lindenberg

★★★★

Lindleystr. 17 / ✉ 60314 Ortsteil Ostend
thelindenberg.com/de/hotels/lindley
T.: +49 69 506086050 / lindley@thelindenberg.com
100 D ab € 79 / @

Künstlerisch in lebendigen Farben designte Zimmer, an denen sich das Auge nicht satt sehen kann, große Glasfronten, einen Dachgarten und mehrere Gemeinschaftsräume für Zusammenkünfte – so präsentiert sich das im östlichen Hafengebiet gelegene supermoderne Hotel mit seinen sieben Etagen. In den 16 bis 22 Quadratmeter großen Zimmern findet der Gast Boxspring-Betten, offene Duschen, Textilien aus Sierra Leone, Kunstwerke und maßgescheiderte Designerstücke. Ein Erlebnis

Metropolitan Hotel by Flemings Frankfurt

★★★★

Poststr. 6 / ✉ 60329 Ortsteil Gallus
www.flemings-hotels.de / T.: +49 69 5060700
info@flemings-hotels.com
27 E ab € 220 / 101 D ab € 245 / 3 S ab € 599

In einem der wichtigsten Finanzzentren der Welt - liebevoll „Mainhatten" genannt - befindet sich hinter der historischen Steinfassade aus dem Jahr 1891 dieses erstklassige Hotel. Die Kombination aus innovativer Funktionalität und gediegener Eleganz mit modernen Designelementen schafft eine wohltuende Atmosphäre. Die Zimmer und Suiten sind komfortabel eingerichtet; ausgewählte Materialien fanden Verwendung. Brasserie und Bar sorgen für das leibliche Wohl.

Radisson Blu Hotel Frankfurt

★★★★

Franklinstr. 65 / ✉ 60486 Ortsteil Bockenheim
www.radissonblu.de/hotel-frankfurt / T.: +49 69 7701550
info.frankfurt@radissonblu.com
428 D € 99/455 / als E € 99/455 / 14 S € 299/1250

Die Architektur löst Erstaunen und Bewunderung aus: Ein Hotel aus Glas, das einzig runde Europas. Es befindet sich unweit der Innenstadt, der Flughafen ist über direktem Autobahnanschluss nur 15 Min. entfernt. Auch die Zimmer und Suiten des Design- und Tagungshotels präsentieren sich originell: Der Gast wählt zwischen vier verschiedenen Stilrichtungen. Health Club mit Blick auf die Frankfurter Skyline. Kulinarisch überrascht das Restaurant „Gaia" mit mediterranen Köstlichkeiten; Bar.

relexa hotel Frankfurt am Main

★★★★

Lurgiallee 2 / ✉ 60439 Ortsteil Niederursel
www.relexa-hotels.de / T.: +49 69 957780
frankfurt-main@relexa-hotel.de
105 E € 172/310 / 45 D € 210/350 / 11 S € 230/390

Ein modernes Tagungshotel im Büropark „Mertonviertel". Mit ihrer großzügigen und individuellen Gestaltung in warmen, mediterranen Farben und Materialien laden die Zimmer zum Verweilen ein. Ein vielfältiges Trainings- und Entspannungsangebot findet der Gast im Fitness-Center in der 7. Etage. Die Konferenzräume sind mit modernster Technik ausgestattet. Liebhaber der südländischen Küche werden sich im Restaurant „la fenêtre" besonders wohlfühlen. Bistro und Hotelbar.

Roomers Hotel

★★★★★

Gutleutstr. 85 / ✉ 60329
www.roomers-hotels.com/frankfurt-legend/
T.: +49 69 2713420 / info@roomers-frankfurt.com

Früher ein Bürogebäude, nächtigen heute nicht nur Geschäftsreisende in dem im Frankfurter Bankenviertel gelegenen Hotel. Von außen eher unscheinbar eröffnet sich im Inneren eine sinnliche und harmonische Atmosphäre, geprägt durch innovatives Design kombiniert mit klassisch-dunklem, individuellem Interieur. Internationale Küche mit ausgewählten Produkten. Innenhof-Terrasse; „3Deluxe Biorhythm Spa" mit Fitnessbereich.

Ruby Louise Hotel & Bar

★★★★

Neue Rothofstr. 3 / ✉ 60313 / www.ruby-hotels.com
T.: +49 69 945158770 / louise@ruby-hotels.com
215 D ab € 80

Das Roubi Louse (Namensgeberin ist Louise von Rothschild) trumpft mit einer großen Dachterrasse in der sechsten Etage auf, die man während eines Aufenhalts ausgiebig nutzen kann – zum Frühstück oder auf einen Cocktail am Abend. Bei schlechtem Wetter steht außerdem eine Indoor-Bar rund um die Uhr zur Verfügung. Main Tower, Römer, Shoppingmeilen sowie U- und S-Bahn sind in nur wenigen Minuten zu Fuß erreichbar. Genau das Richtige für einen Großstadttrip.

Saks Urban Design Hotel Frankfurt

★★★★

Mendelsohnstr. 79 / ✉ 60325 Ortsteil Westend
www.saksfrankfurt.com / T.: +49 69 78988490
contact.frankfurt@sakshotels.com
39 D ab € 134

Stilvolles Designhotel in zentraler Lage. Nicht kalte Modernität, sondern warme Wohnlichkeit empfängt den Gast. Zimmer und Suiten zwischen 18 und 52 qm, Lobby mit Bar und das Rooftop-Spa mit Sauna, Dampfbad und modernem Fitnessraum.

Villa Orange (g)

★★★

Hebelstr. 1 / ✉ 60318 Ortsteil Nordend-West
www.villa-orange.de / T.: +49 69 405840
contact@villa-orange.de
20 E € 110/225 / 18 D € 155/275

Die Villa Orange bietet urbanes Bio-Feeling. Das kleine aber feine Boutiquehotel liegt im Zentrum von Frankfurt. Die individuellen Gästezimmer sind hell und hochwertig und mit viel Vollholz eingerichtet. Es gibt Himmelbetten und freistehende Badewannen, eine Bibliothek, eine Hotelbar und Kunst im Foyer. Dazu ein reichhaltiges Frühstück in Bio-Qualität und besten Service. Professionell gestalteter Tagungsbereich.

Steigenberger Frankfurter Hof

★★★★★

Am Kaiserplatz / ✉ 60311 / www.frankfurter-hof.com
T.: +49 69 215-02 / frankfurter-hof@steigenberger.de
24 E € 199/249
237 D € 199/587 / 42 S € 590/13500 / Frühstück € 38

Die Triberger Wasserfälle (163 Meter) sind das Naturerlebnis im Schwarzwald schlechthin

Das legendäre Luxushotel Steigenberger Frankfurter Hof ist ein Refugium für Liebhaber klassischer Eleganz und kosmopolitische Weltbürger gleichermaßen. Seine Lage inmitten der Frankfurter City, gelegen zwischen Maintower, Römer und Paulskirche, zusammen mit seiner historischen Architektur und einer der schönsten Terrassen Frankfurts, macht es darüber hinaus zu einem beliebten Treffpunkt. Auf 1.000 Quadratmetern dürfen Entspannungsuchende Aroma-Dampfbäder, Massagen, exotische Wellness-Rituale und vielfältige Schönheitsanwenundgen genießen. In der wahrhaft stilvollen Umgebung des Steigenberger Frankfurter Hof kommt leicht ein Hochgefühl auf und eine entsprechende Erwartung. Im Gourmet-Restaurant „Français" werden diese Erwartungen durch Küchenchef Partick Bittner und sein Team kulinarisch mehr als erfüllt.

Frauenau
Bayern

Hotel Eibl-Brunner
★★★★

Hauptstr. 18 / ✉ 94258
www.eibl-brunner.de
T.: +49 9926 9510 / info@eibl-brunner.de
3 E ab € 120 VP / 55 D ab € 240 VP / 1 App. ab € 250 VP

Der alteingesessene, freundliche Familienbetrieb befindet sich in zentraler und doch ruhiger Lage in der Ortsmitte. Hier wohnt der Gast in rustikal-komfortablen Zimmern, die Atmosphäre ist bayrisch-gemütlich. Sauna- und Wasserwelt, Kosmetik- und Massage-Abteilung im Haus. Bei der Schmankerlpension kommen alle Gäste auf ihre Kosten. Hotelbar, Biergarten und gemütliches Kaminzimmer.

Wenn nicht ausdrücklich vermerkt, sind im Zimmerpreis Frühstück, Bedienung und Mehrwertsteuer enthalten.

Freiamt
Baden-Württemberg

Hotel Ludinmühle
★★★★

Brettental 31 / ✉ 79348 Ortsteil Brettental
www.ludinmuehle.de / T.: +49 7645 91190
info@ludinmuehle.de
6 E ab € 76 / 54 D ab € 152 / 4 S ab € 260

Die traumhaft schöne Lage im Schwarzwald, 30 Kilometer nördlich von Freiburg, macht die im rustikalen Schwarzwald-Stil erbaute Hotelanlage zu einem idealen Urlaubsziel. Wohlfühlen, genießen und entspannen steht in dem Traditionshaus an erster Stelle. Der Familienbetrieb bietet neben großzügigen Zimmern einen 2.000 Quadratmeter großen Wellnessbereich mit einem beeindruckenden Angebot. Für gepflegte Tafelfreuden aus regionalen und saisonalen Produkten sind die Restaurant bekannt. Café-Terrasse und Hotelbar.

Freiburg im Breisgau
Baden-Württemberg

Colombi Hotel
★★★★★

Rotteckring 16 / ✉ 79098 Ortsteil Altstadt
www.colombi.de / T.: +49 761 21060
info@colombi.de
14 E € 199/237 / 33 D € 303/329 / 65 S € 354/1799
Frühstück € 24

Das luxuriöse Hotel – ein Stück lebendiger Freiburger Geschichte – gehört zu den wenigen seiner Klasse, die sich im Privatbesitz befinden. Die Zimmer und Suiten des am Rande der Altstadt gelegenen Hauses sind liebevoll und individuell mit Stilmöbeln, aber auch wertvollen Antiquitäten eingerichtet. Selbstverständlich findet der anspruchsvolle Reisende jedoch ebenso alle modernen Annehmlichkeiten vor. Zwei Gourmet-Restaurants erwarten den Gast in einem sehr geschmackvollen Ambiente mit viel rustikalem Holz. Elegantes Café mit Terrasse und stilvolle Bar.

Dorint Thermenhotel Freiburg
★★★★

An den Heilquellen 8 / ✉ 79111 Ortsteil St. Georgen
www.dorint.com/freiburg / T.: +49 761 49080
info.freiburg@dorint.com
98 D € 105/193 /

Idyllisch und ruhig liegt das internationale Komfort-Hotel mitten im Mooswald und doch erreichen Gäste die Freiburger Innenstadt in wenigen Minuten. Die Zimmer des Hauses sind modern und behaglich eingerichtet und die kleine gemütliche Hotelbar ist ein beliebter Treffpunkt. Entspannen kann der Gast in den heißen Quellen des direkt mit dem Hotel verbundenen Keidel Mineral-Thermalbades. Das elegante Restaurant „Mooswald" bietet kulinarische Genüsse und badische Gastlichkeit.

Green City Hotel Vauban (g)
★★★

Paula-Modersohn-Platz 5 / ✉ 79100 Ortsteil Vauban
www.hotel-vauban.de / T.: +49 761 8885740
info@hotel-vauban.de
49 D ab € 110 / als E ab € 90 / S ab € 190
App. ab € 150 / Frühstück € 12 / @

Ökologisch, nachhaltig und sozial sind die Charakteristika, die dieses GreenLine Hotel auszeichnen. Dieses Konzept oder diese Wertevorstellung zieht sich durch das gesamte Haus. Die Außenfassade ist begrünt, in den hellen, freundlichen Zimmern wie im restlichen Gebäude wird auf den Energieverbrauch und beim Frühstück wird auf regionale Produkte geachtet. Nachhaltigkeit zum Wohlfühlen.

Hotel Hirschen
★★★★

AE MasterCard VISA EC

Breisgauer Str. 47 / ✉ 79110 Ortsteil Lehen
www.hirschen-freiburg.de / T.: +49 761 8977690
info@hirschen-freiburg.de
27 E € 102/156 / 42 D € 133/200 / 1 S ab € 327
Frühstück € 15

Nicht nur die familiäre Atmosphäre dieses privat geführten Komfort-Hotels überzeugt, sondern auch die optimale Anbindung zur Innenstadt. Ob im toskanischen oder im provenzalischen Stil gehalten: die stilvollen Gästezimmer, großzügig individuell eingerichtet lassen kaum Wünsche offen. Entspannung findet der Gast im attraktiven Wellnessbereich. Die ausgezeichnete badisch-regionale Küche mit saisonalen Zutaten verwöhnt den Gaumen, im Sommer auch auf der Terrasse. Café; Hausbar.

Hotel Oberkirch
★★★

AE MasterCard VISA EC

Münsterplatz 22 / ✉ 79098 Ortsteil Altstadt
www.hotel-oberkirch.de / T.: +49 761 2026868
info@hotel-oberkirch.de
6 E ab € 134 / 12 D ab € 154 / 3 S ab € 204
1 App. ab € 169 /

Das persönlich geführte, historische Haus liegt inmitten der historischen Altstadt gegenüber dem Freiburger Münster. 17 individuell eingerichtete Zimmer bieten zwischen 15 und 35 Quadratmeter (Suite) Wohnfläche. Gemütliche Weinstube mit Kachelofen und Holzvertäfelung, ideal fürs abendliche badische „Viertele".

Hotel Stadt Freiburg
★★★★

AE MasterCard VISA EC

Breisacher Str. 84 / ✉ 79110 Ortsteil Mooswald
www.hotel-stadt-freiburg.de
T.: +49 761 89680
info@hotel-stadt-freiburg.de
31 E € 160/200 / 112 D € 190/250 / 11 S € 250/550

Das moderne Haus, mit internationalen Standards liegt ruhig, aber verkehrsgünstig in unmittelbarer Nähe zur Universitätsklinik und zur Messe. Alle Gästezimmer und Suiten sind mit neuzeitlichen Annehmlichkeiten und einer Kochnische ausgestattet. Regionale und internationale Genüsse serviert das im neuen Design gestaltete Restaurant. Wellness- und Beauty-Angebote.

Hotel Schloss Reinach
★★★★

AE MasterCard VISA EC

St.-Erentrudis-Str. 12 / ✉ 79112 Ortsteil Munzingen
www.schlossreinach.de
T.: +49 7664 4070
info@schlossreinach.de
10 E € 69/110 / 73 D € 99/180 / 15 S € 179/350

In den Mauern des früheren Adelssitzes befindet sich heute ein stattliches Hotel. Viel Licht und helle Farben sorgen für eine freundliche Atmosphäre. Behaglichkeit vermittelt auch das Interieur der drei Restaurants. Hier werden badische, italienische und Gourmetküche angeboten. Neben den schmackhaften Genüssen wird ein vielfältiges Kulturprogramm geboten.

Hotel Zum Schiff
★★★★

AE MasterCard VISA EC

Basler Landstr. 35-37 / ✉ 79111 Ortsteil St. Georgen
www.hotel-zumschiff.de / T.: +49 761 400750
info@hotel-zumschiff.de
10 E € 92/115 / 70 D € 115/148

Aus den hellen und freundlichen Zimmern des Hotels bietet sich dem Gast ein herrlicher Ausblick auf die nahe gelegenen Weinberge, die zu Spaziergängen einladen. Zum Wohlbefinden trägt die Sauna bei. Typisch badische, aber auch internationale Spezialitäten stehen im Restaurant auf der Karte. Eigener Weinbau und Brennerei.

INVITE Hotel Löwen Freiburg
★★★★

AE MasterCard VISA EC

Kappler Str. 120 / ✉ 79117 Ortsteil Kappel
www.invite-hotels.de / T.: +49 761 45891860
info.freiburg@invite-hotels.de
9 E ab € 65 / 41 D € 110/126 /

Mit familiärer und individueller Atmosphäre präsentiert sich das schöne, im Schwarzwaldstil gehaltene Haus am Ortsrand. Die großzügigen Zimmer sind komfortabel und gemütlich ausgestattet. Badische Gastlichkeit und aufmerksamer Service erwarten die Gäste auch im Restaurant, das badische und Schwarzwälder Spezialitäten zubereitet

Schwarzwälder Hof
★★★

AE MasterCard VISA EC

Herrenstr. 43 / ✉ 79098 Ortsteil Altstadt
www.schwarzwaelder-hof.com / T.: +49 761 38030
info@schwarzwaelder-hof.com
24 E ab € 90 / 22 D ab € 129 /

Mitten in der Altstadt: Schlicht aber gemütlich gestaltet sind die Zimmer im 400 Jahre alten Haupthaus des Hauses. Auf 16 bis 22 Quadratmetern logiert man hervorragend übers Wochenende. Urig ist die holzvertäfelte Winzerstube. Kostenfreies ÖPNV-Ticket.

Appartement (frz.) / Apartment (engl.): Modern ausgestattete Kleinwohnung mit Küche, Wohnbereich und Schlafzimmer

Freudenstadt
Baden-Württemberg

Hotel Fritz Lauterbad
★★★★

Am Zollernblick 1 / 72250 Ortsteil Lauterbad
www.fritz-lauterbad.de / T.: +49 7441 950990
info@fritz-lauterbad.de
18 E ab € 73 / 24 D ab € 130 / 2 S ab € 160

Das über 100-jährige, in neuester Zeit nach Feng-Shui-Prinzipien großzügig ausgebaute Landhaus offeriert stilvolle Zimmer und Appartements in Studioqualität. Zur Verfügung stehen außerdem Restaurant, Saunalandschaft und Fitnessraum sowie ein 18-Loch-Golfplatz nebenan. Das Hotel ist idealer Ausgangspunkt für Biker-Adventure-Touren oder Rad-Wanderungen.

Hotel Grüner Wald
★★★★

Kinzigtalstr. 23 / 72250 Ortsteil Lauterbad
www.gruener-wald.de
T.: +49 7441 860540
hotel@gruener-wald.de
5 E € 105/115 / 35 D € 200/246 / 2 S € 246/330

Mitten im Grünen an der Südseite von Freudenstadt liegt diese Oase der Ruhe. Die Gäste wohnen in komfortablen Zimmern oder Suiten, die sich im eleganten Landhausstil präsentieren. Dem Alltag entfliehen Erholungsuchende im Spabereich „AquaViva“. Hier lässt sich träumen und Kraft tanken. Kreative Gourmetküche und eine gut sortierter Weinkeller verwöhnen den Gaumen. Seerosenpark; Wintergarten mit Kamin; Terrasse.

Hotel Lauterbad
★★★★

Amselweg 5 / 72250 Ortsteil Lauterbad
www.lauterbad-wellnesshotel.de
T.: +49 7441 860170
info@lauterbad-wellnesshotel.de
2 E € 100/105 / 35 D € 200/254 / 4 S € 268/290

Den Slogan des Hauses: „Wir machen Lust am Leben“ erlebt der Besucher besonders im neuen „Wohlfühlerlebnis“ Wellnesshotel Lauterbad. Perfekte Entspannung und Anregung findet der Gast im beheizten, Edelstahl-Außenpool, einem 1.800 Quadratmeter großen, ausgezeichneten Relax-Bereich mit Saunen, Relaxzone und einem professionellen Fitnesspark. Elegantes Restaurant mit schöner Sonnenterrasse.

Langenwaldsee
★★★★

Straßburger Str. 99 / 72250
www.hotel-langenwaldsee.de
T.: +49 7441 88930
info@hotel-langenwaldsee.de
8 E € 75/115 / 20 D € 140/225 / 5 S € 165/250
2 App. € 180/280 /

Das familiär und individuell geführte Hotel liegt ruhig an einem Waldsee und zeichnet sich durch die typische Schwarzwälder Gastlichkeit aus. Rustikal-gemütliche Räume und ansprechende Gästezimmer. Regionale Küche. Terrasse; Kaminzimmer. Erholung im Wellnessbereich „SPA am See“; mit Beauty- und Ayurveda-Behandlungen.

Waldblick-Hotel Kniebis
★★★★

Eichelbachstr. 47 / 72250 Ortsteil Kniebis
www.waldblick-kniebis.de / T.: +49 7442 8340
info@waldblick-kniebis.de
8 E € 109/160 VP / 14 D € 210/276 VP / 10 S € 252/312 VP

Eingebettet in einem gepflegten Park, bietet das familiär geführte Hotel Ruhe und Erholung. Die Zimmer sind komfortabel eingerichtet. Ein 1.500 Quadratmeter großer Wellnessbereich mit Kosmetik und Massage lässt keine Wünsche offen. Beliebter Treffpunkt der Gäste ist die Kaminstube. Frische-Küche in den Restaurants.

Friedland (Niedersachsen)
Niedersachsen

Hotel Schillingshof
★★★

Lappstr. 14 / 37133 Ortsteil Groß Schneen
www.schillingshof.de / T.: +49 5504 228
info@schillingshof.de
1 E € 65/65 / 5 D € 119/119 / Frühstück € 18

Im Schillingshof kann man nicht nur ausgesprochen lecker essen, sondern auch in himmlisch ruhiger Umgebung und außergewöhnlichem Ambiente übernachten. Die exklusiv eingerichteten Zimmer verfügen über edle Bäder und moderne Annehmlichkeiten. Eine einzigartige Atmosphäre für Gourmets mit Faible für das Besondere bietet das Restaurant.

Die Zeichen neben den Zimmerpreisen weisen darauf hin, dass alle bzw. einige Zimmer diese Einrichtung besitzen.

Landhaus Biewald

★★★★

Weghausstr. 20 / 37133 Ortsteil Friedland
www.biewald-friedland.de / T.: +49 5504 93500
kontakt@biewald-friedland.de
21 D € 109/150 / als E € 99/120 / Frühstück € 19

Für eine kurze Auszeit im schönen Leinebergland bietet sich das familiengeführte Landhaus Biewald an. Es liegt circa 15 Kilometer südlich von Göttingen in dörflichem Umfeld. Das historische Flair eines Fachwerhauses vereint sich mit einem modernen Hotelneubau zu einem gemütlichen Vier-Sterne-Zuhause auf Zeit. Zum Übernachten gehören Annehmlichkeiten wie Regenwasserdusche und Boxspringbett genauso wie ein reichhaltiges Frühstücksbüfett oder, auf Wunsch, ein sechsgängiges Gourmetmenü in der „Genießer Stube". Das gesamte Haus ist barrierefrei, verfügt über WLAN und auch das E-Auto kann hier problemlos aufgeladen werden.

Friedewald (Hessen)

Hessen

Göbel's Schlosshotel Prinz von Hessen

★★★★★

Schlossplatz 1 / 36289 Ortsteil Friedewald
www.goebels-schlosshotel.de / T.: +49 6674 92240
info@goebels-schlosshotel.de
9 E € 125/145 HP
69 D € 220/280 HP / 14 S € 270/520 HP

Historisches Ambiente verbindet sich im Schlosshotel, direkt am romantischen Wasserschloss gelegen, mit modernem Luxus. Die ruhigen Zimmer sind individuell und gemütlich eingerichtet. International ausgerichtete Gaumenfreuden und eine gediegene Weinkarte werden in den Restaurants angeboten. Cocktails genießt der Gast in der 7-Grad-Bar. Café-Terrasse. Café-Lounge. Wellness-Bistro.

Friedrichshafen

Baden-Württemberg

Hotel Traube am See

★★★★

Meersburger Str. 11 / 88048 Ortsteil Fischbach
www.traubeamsee.de / T.: +49 7541 9580
info@traubeamsee.de
13 E € 85/160 / 78 D € 110/220 / 3 S € 140/300

Nur 100 m sind es bis zum Bodensee mit herrlichem Naturstrand. Das familiär geführte Hotel mit wohnlichen Zimmern überzeugt durch ausgezeichnete Küche und gehobenen Service. Mediterranes Ambiente prägt den Stil des Hauses, wie auch die unterschiedlichen Restauranträume. 800 Quadratmeter Spa-Bereich mit Hallenbad, Saunen und Fitnessraum.

Naturresort Gerbehof

★★★★

Gerbehof 4 / 88048 Ortsteil Ailingen / www.gerbehof.de
T.: +49 7541 50020 / info@gerbehof.de
50 D ab € 110 / als E ab € 58

Nicht nur mit Kind und Kegel, sondern auch mit dem Pferd kann der Gast zum Gerbehof anreisen. Die angeschlossene Pferderanch macht es möglich. Hübsche Zimmer im Landhausstil lassen den Gast sich wohlfühlen. Für die Erwachsenen gibt es einen kleinen aber feinen Wellnessbereich. Die Kinder erfreuen sich an einem super Kinderprogramm.

Ringhotel Krone Schnetzenhausen

★★★★

Untere Mühlbachstr. 1 / 88045 Ortsteil Schnetzenhausen / www.ringhotel-krone.de / T.: +49 7541 4080
info@ringhotel-krone.de
35 E € 99/150 / 100 D € 180/240 / 9 S € 250/300

Getreu dem Motto „Ankommen und sich wohlfühlen" kümmert sich die Eigentümerfamilie mit ihrem Team um das Wohl der Gäste. Die liebevoll gestaltete Einrichtung des Tagungs- und Wellnesshotels verbindet sich mit modernsten Bequemlichkeiten. Das Haus bietet elegante Zimmer, ein Restaurant mit regionalen und saisonalen Spezialitäten sowie eine große Bade- und Saunalandschaft. Cocktailbar, uriger Rebkeller, Rosengarten-Terrasse, Tennishalle und „Oasis Sun Spa".

Fröndenberg an der Ruhr

Nordrhein-Westfalen

Golfhotel Gut Neuenhof (g)

★★★★

Eulenstr. 58 / 58730 Ortsteil Fröndenberg
www.golfhotel-gut-neuenhof.de / T.: +49 2373 917770
mail@golfhotel-gut-neuenhof.de
16 D € 140/150 / als E € 120/130 / Frühstück € 15

Direkt neben dem Clubhaus des Golfclub Gut Neuenhof liegt das elegante Golfhotel. In unmittelbarer Nähe von Unna und Dortmund präsentiert sich das gesamte Resort wie eine prächtige Privatresidenz. Das fängt bei der modernen Architektur an und hört bei den geschmackvoll mit höchstem Komfort eingerichteten Zimmern noch lange nicht auf. Den Gästen werden ihre Erwartungen bis ins kleinste Detail erfüllt - im Service, im Veranstaltungsbereich genauso wie im Wellnessangebot im luxuriösen „Kinga Spa & Beauty".

Friedrichstadt
Schleswig-Holstein

Hotel Aquarium
★★★★

Am Mittelburgwall 4-8 / ✉ 25840 / www.hotel-aquarium.de
T.: +49 4881 93050 / info@hotel-aquarium.de
1 E € 68/108 / 32 D € 131/241 / 2 S € 200/390

Das sympathische, in dritter Generation geführte Hotel liegt in einer der schönsten Regionen Nordfrieslands, ungefähr auf halber Strecke zwischen Husum und Heide. Geschmackvoll und gemütlich sind die 20 bis 30 Quadratmeter großen Gästezimmer eingerichtet. Einige bieten Ausblick auf die Gracht, allen gemein sind Minibar, WLAN und Sat-TV. Schwimmbad, Sauna und Massagen sorgen für Entspannung und Erholung. Für Furore in puncto Kulinarik sorgt das hauseigene Restaurant „Ursprung“ mit seinen erlesenen Speisen und Weinen.

Fulda
Hessen

Hotel Esperanto, Kongress- und Kulturzentrum
★★★★

Esperantoplatz / ✉ 36037 / www.hotel-esperanto.de
T.: +49 661 24291-0 / info@hotel-esperanto.de
6 E € 104/144 / 306 D € 131/164 / 14 S € 181/378

Einen optimalen Treffpunkt zum Tagen, Feiern und Wohlfühlen stellt das herausragende Designhotel mit dem Kongress- und Kulturzentrum Fulda dar. Die auf anspruchsvolle Gäste zugeschnittenen Zimmer mit lassen es an Komfort kaum fehlen. Gastronomie mit vier Restaurantkonzepten, Cafe- und Hotelbar mit Blick über Fulda, 4.000 Quadratmeter großes, luxuriöses Beauty- und Spa-Resort mit vielfältigen Angeboten.

Hotel Fulda Mitte
★★★★

Lindenstr. 45 / ✉ 36037 / www.hotel-fulda-mitte.de
T.: +49 661 83300 / info@hotel-fulda-mitte.de
6 E € 73/138 / 124 D € 93/158 / 3 S € 145/188

Das moderne, großzügig angelegte Hotel am Rande der Innenstadt verfügt über stilvoll eingerichtete Zimmer und Suiten. Von dem Hotel aus sind alle historischen Sehenswürdigkeiten gut zu Fuß zu erreichen. Die Konferenzräume verfügen über moderne Tagungstechnik. Zwei Restaurants mit vielseitiger Küche. Eine gemütliche Hotelbar lädt zum Verweilen ein. Gratis Kaffee- und Tee-Auswahl in den Zimmern.

Romantik Hotel Goldener Karpfen
★★★

Simpliziusbrunnen 1 / ✉ 36037
www.hotel-goldener-karpfen.de / T.: +49 661 86800
info@hotel-goldener-karpfen.de
10 E € 95/165 / 40 D € 135/265 / 4 S € 285/490

Der „Goldene Karpfen“ im Herzen der Barockstadt – das ist anspruchsvolle Hotellerie, in der moderne Lebensart und 100-jährige Tradition zu einem außergewöhnlichen Ensemble verschmelzen. Die großzügigen Gästezimmer, zum Teil im Designerstil, sorgen für einen erholsamen Aufenthalt. Restaurant mit Lunch-Karte. Café-Terrasse; „Feng-Shui-Konferenzräume“.

Füssen
Bayern

Biohotel Eggensberger
★★★★

Enzensbergstr. 5 / ✉ 87629 Ortsteil Hopfen
www.eggensberger.de / T.: +49 8362 91030
info@eggensberger.de
10 E € 137/206 / 35 D € 184/370 / 3 S € 384/430
3 App. € 184/430 /

Am Südhang über dem Hopfensee, einem der wärmsten Badeseen Bayerns, liegt dieses familiengeführte Hotel mit grandiosem Bergpanorama. In gemütlicher Atmosphäre kann der Gast, professionell betreut, alles für Gesundheit und Wohlbefinden tun. Die Bio-Genießerküche und Schlafbereiche mit Naturtextilien, frei von Elektrosmog, ermöglichen echte Erholung.

Hotel am Hopfensee
★★★★

Uferstr. 10 / ✉ 87629 Ortsteil Hopfen
www.hotel-am-hopfensee.de / T.: +49 8362 50570
info@hotel-am-hopfensee.de
3 E € 143/185 / 37 D € 166/258 / 2 S € 242/306

Gastlichkeit und ein angenehmes Ambiente versprechen Erholung an der „Allgäuer Riviera“ von Füssen. Die Zimmer und Appartements sind hochwertig ausgestattet. Ein großes Freizeitangebot sorgt für Entspannung. Restaurant mit Aussicht auf den See, uriges Kaminzimmer und „Bar No 10“. Spa-Bereich.

Hotel Ruchti
★★★

Alatseestr. 38 / ✉ 87629 / www.hotel-ruchti.de
T.: +49 8362 91010 / info@hotel-ruchti.de
6 E € 79/120 / 17 D € 98/250 / 3 App. € 180/350

Direkt am Waldrand, im schönen Faulenbacher Tal, liegt dieses kleine, nette Hotel. Es ist ein gut geführter, mit viel Liebe zum Detail eingerichteter Familienbetrieb. In dem ansprechenden, rustikalen Restaurant mit herrlichem Ausblick wird den Gästen eine Allgäuer Küche geboten. Café-Terrasse; Wellness-Anwendungen.

Luitpoldpark-Hotel

★★★★

Bahnhofstr. 1-3 / ✉ 87629 / www.luitpoldpark-hotel.de
T.: +49 8362 904-0 / reservierung@luitpoldpark-hotel.de
15 E € 89/139 / 109 D € 99/179 / 7 S € 139/299

Im Herzen der historischen Stadt Füssen gelegen, ist das Luitpoldpark-Hotel eine ideale Adresse um das Allgäu mit seinen zahlreichen Sehenswürdigkeiten zu entdecken und die herrliche Natur zu erleben. Aber auch das Hotel selber ist ein Ort zum Entspannen und Genießen, nicht nur wegen der komfortablen und hochwertig ausgestatteten Zimmer und Suiten. Kennzeichen der Küche sind traditionelle und zugleich raffinierte Gerichte, die in den Restaurants und in der LUI's Lounge-Bar serviert werden. Wohlfühlen ist im 500 Quadratmeter großen Luitpold-Spa angesagt. Professionelle Tagungen und Events finden in den sieben Seminarräumen den passenden Rahmen.

Wellness Hotel Sommer

★★★★

Weidachstr. 74 / ✉ 87629 / www.hotel-sommer.de
T.: +49 8362 91470 / info@hotel-sommer.de
1 E € 120/154 / 70 D € 99/154 / 10 S € 142/186

Mit der schönen Aussicht auf Schloss Neuschwanstein lädt das ruhig gelegene Hotel Sommer in Füssen zur Entspannung ein. Die großzügigen, gemütlichen Zimmer und Suiten verfügen über eine gute Ausstattung. Entspannung in der 1500 qm großen Wellnesslandschaft. Im Restaurant sorgt eine vielseitige Küche mit Vital-Pension für das leibliche Wohl. Café-Terrasse, Bar.

Bad Füssing

Bayern

Das Mühlbach Thermal Spa & Romantik Hotel

★★★★

Bachstr. 15 / ✉ 94072
www.muehlbach.de
T.: +49 8531 2780 / info@muehlbach.de
15 E € 129/158 VP / 41 D € 230/302 VP / 5 S € 330/410 VP

In dem exklusiven Thermal Spa & Romantik Hotel vereinigt sich ein gediegenes Ambiente mit der Herzlichkeit der Gastgeber zu einem besonderen Erlebnis. Der Gast findet neben großzügig eingerichteten Zimmern eine Thermalbadelandschaft, den Wellnesstempel mit Kaiser- und Heublumenbad und ein modernes Gesundheitszentrum vor. Regionale und mediterrane Küche wird in den beiden Restaurants serviert.

Holzapfel Wellness- und Thermenhotel

★★★★

Thermalbadstr. 4 + 5 / ✉ 94072 / www.hotel-holzapfel.de
T.: +49 8531 9570 / info@hotel-holzapfel.de
32 E € 130/140 HP / 67 D € 240/298 HP
12 S € 290/336 HP /

Das Traditionshaus, verbunden mit dem Holzapfel's Alchemia Spa & Wellnesshotel, liegt ruhig und zentral in bester Ortslage. Modern eingerichtete Zimmer und die familiäre Führung, machen das Hotel zu einem Zuhause auf Zeit. Die vielfältigen Angebote in dem 1.000 Quadratmeter großen Wellnessbereich mit speziellen alchemistischen Behandlungen, den Thermalbecken sowie der direkte Bademantelgang zur öffentlichen Therme I bilden ein abwechslungsreiches Erlebnis- und Erholungsprogramm.

Ortner's Resort

★★★★

Pockinger Str. 1-5 / ✉ 94072 / www.ortners-resort.com
T.: +49 8531 2790 / info@ortners-resort.com
24 E ab € 75 / 60 D € 75/206 / 16 S € 75/110

In ruhiger Lage, mit Blick ins Grüne erwartet die ehemalige Vierseithofanlage ihre Gäste. Neben Wohlfühlzimmern und modernen Suiten in der exklusiven Villa Sophia verfügt das Hotel über ein Thermalbadeparadies, das seit über 70 Jahren über eine eigene Heilquelle verfügt, ein modernes Therapiezentrum und Wellnessräumlichkeiten. Das Restaurant „Wirt z' Füssing" mit bayerischem Flair und die Vinothek „Zur Weinpress" verwöhnen mit kulinarischen Köstlichkeiten.

Parkhotel

★★★★

Waldstr. 16 / ✉ 94072
www.parkhotel.stopp.de
T.: +49 8531 9280 / team@parkhotel.stopp.de
63 E € 108/123 / 30 D € 212/250 / 3 S € 270/270

Ein familiär geführtes Wohlfühl- und Gesundheitshotel mitten im Grünen, aber dennoch zentrumsnah. In den elegantbehaglichen Balkon-Zimmern fühlen sich die Gäste sofort wohl. Attraktiver Wellnessbereich mit Beauty-Vitalzentrum. Das Restaurant serviert eine feine Küche aus Meisterhand. Hübsche Café-Terrasse. Morgens Fitness-Büfett.

G

Gaienhofen
Baden-Württemberg

Hotel Hoeri am Bodensee
★★★★

Uferstr. 20-23 / ✉ 78343 Ortsteil Hemmenhofen
www.hoeri-am-bodensee.de
T.: +49 7735 8110
info@hoeri-am-bodensee.de
72 D € 125/230 / als E € 95/160 / 3 S € 185/295

Ein paar Tage entspannen oder in aller Ruhe tagen - dafür bietet sich dieses großzügige Haus mit direktem Seezugang am Untersee des Bodensees an. Seeterrasse mit herrlichem Panoramablick. Individuell eingerichtete, geräumige Gästezimmer und moderne Konferenzräume stehen zur Verfügung. Feine, regionale mit mediterranen Akzenten im Restaurant „Seensucht".

Seehörnle Hotel & Gasthaus
★★★

Hörnliweg 14 / ✉ 78343 Ortsteil Horn
www.seehoernle.de
T.: +49 7735 937700
mail@seehoernle.de
4 D € 60/160 / 27 S € 80/200 / @

Direkt am Bodensee-Radweg, und nur 200 Meter entfernt vom Bodensee, sorgt das Management für nachhaltige Urlaube und Seminare. Dazu gehören die 31 modernen Zimmer im Boutique-Stil mit bluetooth-fähiger Soundanlage. Bei Aufenthalt kostenlose ÖPNV-Nutzung. Ideal für Familienurlaube.

Garmisch-Partenkirchen
Bayern

Hotel Zugspitze
★★★★

Klammstr. 19 / ✉ 82467 Ortsteil Garmisch
www.hotel-zugspitze.de
T.: +49 8821 9010
info@hotel-zugspitze.de
7 E € 108/172 HP / 34 D € 198/340 HP / 3 S € 254/652 HP
3 App. € 232/362 HP

Ankommen und zuhause sein – so lautet das Motto dieses familiären Boutique-Hotels. Hier, in einzigartiger Natur, begegnen sich eine gigantische Bergwelt, glasklare Seen und unberührte Wälder mit vielfältigen Sport- und Freizeitaktivitäten, internationaler Kultur und viel Tradition. Wohnkultur im Landhausstil, eine bodenständige Frischeküche, die Genießer und Gourmets überzeugt, und ein großzügiger Spa-Bereich lassen den Aufenthalt zu einem Erlebnis werden.

Staudacherhof
★★★★

Höllentalstr. 48 / ✉ 82467 Ortsteil Garmisch
www.staudacherhof.de / T.: +49 8821 9290
info@staudacherhof.de
4 E € 150/200 VP / 38 D € 255/375 VP / 7 S € 395/575 VP
2 App. € 180/250

Das Hotel mit anliegendem Bauernhaus befindet sich ein bisschen versteckt in ruhiger Lage und doch nicht weit von der Garmischer Flaniermeile entfernt. Seit über 100 Jahren ist der Staudacherhof Rückzugsort, Entspannungsoase und Feinschmeckerparadies für anspruchsvolle Gäste. Mit stilechtem Charme und einer Ausstattung aus hochwertigen Materialien überzeugt das Interieur im Hotel sowie im Bauernhaus, das über weiter Zimmer und Suiten verfügt. Alpinum Spa & Garten auf 1400 qm; regionale Küche und gut sortierte Weinkarte.

Werdenfelserei
★★★★

Alleestr. 28 / ✉ 82467 Ortsteil Garmisch
www.werdenfelserei.de / T.: +49 8821 6869390
info@werdenfelserei.de
51 D € 115/172 / S € 186/330 / @

Vollholzhotel in erhabener Lage mit herrlichem Bergpanorama und zwar direkt an Deutschlands höchstem Berg, der Zugspitze (2.962 Meter). Den Blick auf das Bergmassiv genießt man auch vom Rooftop-Pool des Wellnessbereichs. Für besonders romantische Nächte zu zweit bietet das Haus ein „Private Night Spa" an. Das moderne Interieur der Zimmer mit viel Holz sorgt ist ein weiterer Wohlfühlfaktor. Überhaupt wurden im Haus viele Naturmaterialien verbaut. Die nachhaltige Linie setzt sich in der Küche fort, im Restaurant „Wurzelwerk" mit seiner bayerischen Naturküche.

Garrel
Niedersachsen

Hotel Heidegrund
★★★★

Drei-Brücken-Weg 10 / ✉ 49681 Ortsteil Petersfeld
www.hotel-heidegrund.de / T.: +49 4495 890
info@hotel-heidegrund.de
11 E € 78/108 / 39 D € 108/138 / 8 S € 138/158

Außerhalb des Ortes im Natur- und Freizeitpark „Thülsfelder Talsperre Süd" liegt das Sport- und Tagungshotel. Die Zimmer sind modern und sehr komfortabel ausgestattet. Ein gepflegter Fitnessbereich und eine Sauna- und Badelandschaft bieten Entspannung; 18-Loch-Golfplatz in der Nähe. Vielseitig ist das Angebot der empfehlenswerten Küche im Restaurant; Bierstube, hübsche Café-Terrasse, gemütliche Hotelbar.

Gedern
Hessen

Schlosshotel Gedern
★★★★

AE MasterCard VISA EC

Schlossberg 5 / ✉ 63688 / www.schlosshotel-gedern.de
T.: +49 6045 96150 / info@schlosshotel-gedern.de
12 D € 98/130 / als E € 69/90 /

Harmonisch in das historische Gederner Schloss integriert, erwartet die Gäste eine Wohlfühlatmosphäre in dem familiär geführten Hotel. Inmitten der Region Vogelsberg finden Urlauber hier großzügige, romantisch und behaglich eingerichtete Zimmer. Frische, regionale Küche mit internationalen Einflüssen. Schlossgarten mit Sonnenterrasse.

Geestland
Niedersachsen

Romantik Hotel Bösehof
★★★

AE Diners MasterCard VISA EC

Hauptmann-Böse-Str. 19
✉ 27624 Ortsteil Bad Bederkesa / www.boesehof.de
T.: +49 4745 9480 / info@boesehof.de
8 E € 68/95 / 29 D € 160/194 / 15 S € 233/255

Das familiengeführte Urlaubshotel mit historischer Vergangenheit ist von Wäldern und Seen umgeben. Im Landhaus „Allmers“ sind die Zimmer liebevoll ausgestattet; die Zimmer und Suiten im Hotelgebäude „Jan Bohls“ genügen auch höchsten Ansprüchen. Große Bade- und Saunalandschaft. Regionale Küche mit frischen Produkten in „Böse‘s Restaurant“. Bierstube, Wintergarten und Gartenlokal laden ein.

Geldern
Nordrhein-Westfalen

See Park Janssen
★★★★

AE Diners MasterCard VISA EC

Danziger Str. 5 / ✉ 47608 / www.seepark.de
T.: +49 2831 9290 / info@seepark.de
3 E € 103/183 / 85 D € 158/223

Dem Alltag entfliehen kann der Gast in dem familiengeführten Haus mit modern ausgestatteten Zimmern. Die Tagungsräume verfügen über eine professionelle Ausstattung. Im Restaurant „See Park Terrassen“ wird eine internationale und regionale Küche geboten. Mit Seeblick sowie Wellnessbereich (8.000 Quadratmeter) mit exklusiven Anwendungen.

Geisenheim
Hessen

Burg Schwarzenstein
★★★★★

AE MasterCard VISA EC

Rosengasse 32 / ✉ 65366 Ortsteil Johannisberg
www.burg-schwarzenstein.de
T.: +49 6722 99500
info@burg-schwarzenstein.de
43 D € 250/680 🍷 / 8 S € 480/1200 🍷 / Frühstück € 25

Inmitten der Weinberge, fernab vom Trubel der Welt, liegt hoch über dem Rheingau „Burg Schwarzenstein“ mit der Parkresidenz, dem Burghotel und dem Gästehaus. Hinter denkmalgeschützten Mauern findet der Gast heute eine exklusive Oase der Ruhe mit elegant eingerichteten Zimmern und herrlichem Blick in die umliegende Reblandschaft. Gehobene Brasserie-Küche im „Müllers auf der Burg“, im verglasten Pavillon mit atemberaubender Aussicht über die Weinberge; gepflegte regionale Gerichte im Burg-Restaurant.

Gelsenkirchen
Nordrhein-Westfalen

Buerer Hof (g)
★★★

AE MasterCard VISA EC

Hagenstr. 4 / ✉ 45894 Ortsteil Buer
www.buerer-hof.de
T.: +49 209 933430 / anfragen@buerer-hof.de
10 E € 88/108 / 14 D € 125/165 /

Im Zentrum von Gelsekirchen-Buer, ganz in der Nähe der Autobahnen A2 und A52, empfängt dieses sympathische Hotel seine Gäste. Es verfügt über Geräumige und geschmackvoll eingerichtete Zimmer. Zahlreiche Restaurants und gemütliche Kneipen sind in wenigen Minuten zu Fuß erreichbar.

Heiner's Parkhotel
★★★★

AE MasterCard VISA EC

Am Bugapark 1d / ✉ 45899 Ortsteil Horst
www.heiners.info / T.: +49 209 1772222 / info@heiners.info
8 D ab € 139 / als E ab € 99 / 1 S ab € 169

Am Rande des Nordsternparks, im ehemaligen Magazin der Zeche Nordstern, lässt sich ein Besuch in Heiner‘s Restaurant mit einer Übernachtung in einem der neuen Gästezimmer abrunden. Sowohl Geschäfts- als auch Privatreisende geniessen hier jeglichen Komfort und modernes Design in eleganten Farben. Der Restaurant-Bereich umfasst Heiner‘s Magazin mit Bar, einen Wintergarten, eine Lounge und im Sommer einen Biergarten unter alten Kastanien. Großzügige Veranstaltungsräume für 450 Personen.

Hotel Schloss Berge

★★★

AE MasterCard VISA EC

Adenauerallee 103 / ✉ 45894 Ortsteil Buer
www.schloss-berge.de
T.: +49 209 17740
info@schloss-berge.de
1 E € 99/140 / 8 D € 129/200 / 2 S € 149/250

Das Schlosshotel, umgeben von einer malerischen Parkanlage, erinnert auch heute noch an die große Tradition von einst und vereint historisches Flair mit modernem Ambiente. Die individuell gestalteten Zimmer präsentieren Kreativität, Komfort und guten Geschmack. Einladendes Restaurant mit Showküche. Bankett- und Tagungsräume, Musikveranstaltungen.

Gelting
Schleswig-Holstein

Janbecks FAIRhaus

★★

EC

Lehbek 10 / ✉ 24395
www.janbecks.de
T.: +49 4643 186501 / moin@janbecks.de
7 App. € 75/185 / Frühstück € 17 / @

Rund zwei Kilometer von der Ostsee entfernt liegt das reetgedeckte Backsteinhaus mit seinen Nebengebäuden, umgeben von Wiesen und Gärten. Man hat die Wahl zwischen sieben unterschiedlich großen, charmant eingerichteten Quartieren (Ferienwohnungen). Sie sind zwischen 18 und 90 Quadratmeter groß und dürfen mit Kind, Kegel und Hund bewohnt werden. Die Energie für das durch und durch nachhaltig geführte Urlaubsrefugium wird durch zwei Blockheizkraftwerke gewonnen.

Gengenbach
Baden-Württemberg

Stadthotel Pfeffermühle (g)

★★★

MasterCard VISA EC

Oberdorfstr. 24 / ✉ 77723
www.pfeffermuehle-gengenbach.de
T.: +49 7803 93350
info@pfeffermuehle-gengenbach.de
4 E € 62/68 / 20 D € 90/98 / 1 S € 122/132

„Gastfreundschaft sinnlich erleben" ist die Philosophie des im historischen Altstadtkern gelegenen Hotels mit besonderer Note. Die Zimmer des Familienbetriebes sind modern und komfortabel ausgestattet. Bekannt für saisonale und badische Spezialitäten ist die Küche im Restaurant „Pfeffermühle"; historische Gasträume mit besonderem Flair.

Hotel Die Reichsstadt

★★★★

AE MasterCard VISA EC

Engelgasse 33 / ✉ 77723
www.die-reichsstadt.de
T.: +49 7803 96630 / info@die-reichsstadt.de
26 E € 125/185 / 21 D € 170/190 / 5 S € 220/285

Dieser Familienbetrieb ist ein Kleinod im historischen Zentrum von Gengenbach. Behutsam wurde ein ehemaliges Brauereigebäude mit modernen Akzenten zu einem charmenten Boutique-Hotel umgestaltet. Die Zimmer und Suiten sind individuell geschnitten und dank eleganter Materialien voller Behaglichkeit. Frische Küche im Restaurant. Neuer Spa-Bereich.

Gera
Thüringen

1880 Lofthaus

★★★

MasterCard VISA EC

Greizer Str. 50 / ✉ 07545 / lofthaus-gera.de
T.: +49 365 214711222 / lofthaus@1880.one
16 App. ab € 75 / Frühstück € 10 / @

Ferienwohnung? Hotel? Das komplett in Ziegelstein gehüllte Industriedenkmal, erbaut 1897, ist Teil einer alten Brauerei. Es verfügt über 16 Apartments und Suiten für Familien, Businessreisende, City Tourists und Long-time Residents in der Innenstadt. Ab 31 Quadratmeter Größe, mit eingebauter Küchenzeile und Zubehör. Haustiere sind gestattet, Frühstück gibt es auch. Restaurant „1880 Alte Brauerei" nebenan.

Hotel Zwergschlösschen

★★★

AE MasterCard VISA EC

Untermhäuser Str. 67/69 / ✉ 07548 / www.hotel4you.de
T.: +49 365 22503 / info@hotel4you.de
16 D ab € 108 / @

Am Rande des Geraer Stadtwaldes, nahe der Elster-Auen, liegt das historische Stammhaus mit seinem modernen Erweiterungsbau. Bereits 1891 gab es an diesem Ort ein Ausflugs- und Weinlokal. Unterschiedliche Themenzimmer mit 22 bis 45 Quadratmetern verfügen unter anderem über Minibar und USB-Ladestation. Die Restaurant-Speiseräume befinden sich im historischen Fachwerkhaus.

Gernsbach
Baden-Württemberg

Hotel Schloss Eberstein

★★★★

AE MasterCard VISA EC

Schloss Eberstein / ✉ 76593
www.schlosseberstein.com
T.: +49 7224 995950 / info@schlosseberstein.com
9 D € 158/175 / als E € 115/195 / 5 S € 198/248

Der ehemalige Besitz der Markgrafen von Baden präsentiert sich nach aufwändiger Renovierung als ein kleines Juwel. Die Zimmer sind gekennzeichnet durch edle Naturmaterialien und überraschen mit stilvollen Details. In „Werners Restaurant" werden frische Produkte kreativ zubereitet. Die ausgezeichnete Küche ist über die Grenzen hinweg bekannt. Freunde der badisch-regionalen Spezialitäten kommen ebenso auf ihre Kosten.

Hotel Sternen

★★★

Staufenberger Str. 111 / ✉ 76593 Ortsteil Staufenberg
www.sternen-staufenberg.de / T.: +49 7224 3308
sternen.staufenberg@t-online.de
2 E € 62/92 / 12 D € 91/115 / Frühstück € 9

Im Ortsteil Staufenberg erwartet dieses kleine, familiär geführte Hotel seine Gäste. Hell und großzügig eingerichtete Zimmer präsentieren sich mal gemütlich mal romantisch. Eine schmackhafte, saisonale Vielfalt, von der badischen bis zur feinen Genießerküche, wird in den vier rustikal-gemütlichen Gaststuben serviert, im Sommer auch auf der Terrasse.

Gerolstein
Rheinland-Pfalz

Landhaus Müllenborn

★★★★

Auf dem Sand 45 / ✉ 54568 Ortsteil Müllenborn
www.landhausmuellenborn.de / T.: +49 6591 95880
info@landhaus-muellenborn.de
3 E € 60/82 / 14 D € 116/120 / 2 S € 124/130
3 App. € 124/130 /

In einer von Vulkanismus geprägten Landschaft befindet sich das Landhaus nahe der Brunnenstadt Gerolstein mit einer einzigartigen Panoramaaussicht über die Eifel. Die Zimmer sind fein-rustikal und modern eingerichtet. Marktfrische Landhausküche in traditionellen und neuen Variationen bietet das Restaurant.

Gersbach siehe Schopfheim
Baden-Württemberg

Gersfeld
Hessen

Hotel Gersfelder Hof

★★★★

Auf der Wacht 14 / ✉ 36129
www.gersfelder-hof.de
T.: +49 6654 1890 / info@gersfelder-hof.de
60 D € 99/116 / als E € 62/77 / 20 App. € 70/140

In reizvoller Landschaft finden Gäste den Gersfelder Hof mit Apart-Hotel „Sternkuppe Rhön". Die behaglichen Zimmer unterstreichen die angenehme Atmosphäre; das Wellness- und Beauty-Resort bringt Körper und Seele wieder in Einklang. Das À-la-Carte-Restaurant „Sternkuppe", mit urig gemütlicher Stubenwelt, bietet kulinarische Gaumenfreuden aus der Welt der Berge, regional interpretiert.

Giengen an der Brenz
Baden-Württemberg

Lobinger Parkhotel

★★★★

Steigstr. 110 / ✉ 89537 Ortsteil Giengen
www.lobinger-hotels.de / T.: +49 7322 9530
mail@lobinger-hotels.de
20 E € 85/149 / 43 D € 99/199 / 8 S € 115/225

Verkehrsgünstig, direkt am Ortseingang liegt das familiär geführte Hotel. Freundlich und modern präsentieren sich die Gästezimmer mit zahlreichen zeitgemäßen Annehmlichkeiten. Vor allem für Tagungen und Seminare eignet sich das Haus mit den großzügigen Konferenzräumen. Restaurant mit klassischer Küche. Hotelbar. Umfangreiches Freizeitangebot.

Gießen
Hessen

Hotel Heyligenstaedt

★★★★

Aulweg 41 / ✉ 35392 / www.restaurant-heyligenstaedt.de
T.: +49 6414609650
b.leidner@restaurant-heyligenstaedt.de
3 E € 89/120 / 16 D € 120/170 / 1 S zu € 240
Frühstück € 16 /

Bereits von außen beeindruckt das Boutiquehotel mit seiner denkmalgeschützten Industriefassade aus dem Jahr 1876. Im Innern trifft alte Geschichte auf junge Moderne. Die Zimmer und Suiten sind liebevoll gestaltet und mit technischem Komfort ausgestattet. Ob in den allergikerfreundlichen und barrierefreien Etagen, den Außenterrassen oder im Wellnessbereich, jeder Gast wird seinen Raum zum Wohlfühlen finden. Elegantes Restaurant; Tagungen & Events; Bar & Lounge.

Glottertal
Baden-Württemberg

Schwarzenberg

★★★★

Talstr. 24 / ✉ 79286 / www.hotel-schwarzenberg.de
T.: +49 7684 1324 / anfrage@hotel-schwarzenberg.de
3 E ab € 78 / 17 D ab € 130 / 1 App. ab € 104

Dieses traditionsreiche, familiengeführte Hotel ist ein Ort der Ruhe und Entspannung. Es erwartet seine Gäste mit mediterranem Flair und stilvoller Gemütlichkeit. Mit Liebe zum Detail sind die Zimmer eingerichtet. Genuss verspricht die leichte Küche im Restaurant, auch auf der sonnigen Terrasse unter Palmen. Wellnessbereich.

Glücksburg
Schleswig-Holstein

Alter Meierhof Vitalhotel

★★★★★

Uferstr. 1 / ✉ 24960 Ortsteil Meierwik
www.alter-meierhof.de / T.: +49 4631 61990
info@alter-meierhof.de
48 D € 210/500 / als E € 140/390 / 6 S € 360/580

Direkt an der Flensburger Förde überzeugt dieses privatgeführte Vitalhotel im Bereich Spa und Kulinarik seit Jahren mit Qualität auf höchstem Niveau. Kein Zimmer gleicht dem anderen, jedes ist mit viel Liebe zum Detail, mit hohem Komfort und zeitloser Eleganz gestaltet. Der 1.400 Quadratmeter große Spa-Bereich „Hof-Therme" gilt mit seiner Shiseido-Beautyfarm, dem Innen- und Außenpool, einem Hamam-Tempel und den charmanten Relax-Bereichen als Leuchtturm im Norden. Bekannt ist die mehrfach ausgezeichnete Küche von Dirk Luther nicht nur im eleganten Abend-Restaurant „Meierei Dirk Luther". Brasserie, Bodega, Vitalbar.

Gmund am Tegernsee
Bayern

Hotel Gasthof Eder
★★★

Am Eisweiher 4 / ✉ 83703 Ortsteil Moosrain
www.hotel-gasthof-eder.de
T.: +49 8021 8436
gaestehaus.eder@t-online.de
2 E ab € 98 / 8 D ab € 118 / 3 S ab € 165

Nur drei Kilometer vom Tegernsee entfernt liegt das idyllische, familiär geführte Hotel. Die Gästezimmer bieten ein freundliches Ambiente und vermitteln Wohlfühl-Atmosphäre. In den gemütlichen Gaststuben werden Schmankerln aus der Region gereicht. Schöner schattiger Biergarten.

Göhren-Lebbin
Mecklenburg-Vorpommern

Schloss Fleesensee
★★★★★

Schlossstr. 1 / ✉ 17213
www.schlosshotel.fleesensee.de
T.: +49 39932 80100
schlosshotel@fleesensee.de
159 D € 128/248 / als E € 108/228 / 17 S € 228/488

Das Schlosshotel wurde 1842 im Barockstil erbaut und verbindet heute historischen Stil mit moderner Eleganz. Es ist das perfekte Ziel für kleine Fluchten und verdienten Urlaub. Inmitten der Mecklenburgischen Seenplatte lädt die Umgebung in idyllische Städtchen, Nationalparks und zu über 1.000 Seen ein. Der eigene Park grenzt direkt an den Schloss-Course und fußläufig erreichbar sind zwei weitere 18-Loch Golfplätze sowie das Land Fleesensee SPA .

TUI Blue Fleesensee
★★★★

Seeblick 30 / ✉ 17213 Ortsteil Untergöhren
www.tui-blue.com
T.: +49 39932 4700
info.fleesensee@tui-blue.com
144 D € 110/220 / als E € 70/180 / 12 S € 190/320

Perfekt für Seen-Süchtige - das moderne Iberotel, direkt am Fleesensee, ist wie geschaffen für einen aktiven Wohlfühlurlaub. Neben gehobener Gastronomie und einem großzügigen Wellnessbereich überzeugt das Haus mit seinen geschmackvollen Gästezimmern, die größtenteils über Seeblick verfügen. Vielseitige Vorzüge für Golfer. Restaurants mit Terrasse.

Görlitz
Sachsen

Emmerich Hotel Görlitz (g)
★★★★

Untermarkt 1 / ✉ 02826 / emmerich-hotel.net/de
T.: +49 3581 766600 / info@emmerich-hotel.net
15 D ab € 105 / 3 S ab € 135 / Frühstück € 17

Natursteinplatten, Holzbalken und hohe Fenster: Das historische Hotel im Herzen der Görlitzer Altstadt mit seinen gotischen Bauelementen und Backsteinwänden beeindruckt vor allem mit Stil. Vor über 500 Jahren lebte hier der Bürgermmeister der Stadt, Georg Emmerich. Restaurant und Bar „Horschel".

Goslar
Niedersachsen

Hotels am Kranichsee
★★★★

Parkstr. 4-6 / ✉ 38644 Ortsteil Hahnenklee
www.kranichsee.de / T.: +49 5325 7030
hotels@kranichsee.de
4 E € 63/73 / 23 D € 110/130 / 16 S € 138/198
6 App. € 130/150

Ruhe und stilvolles Ambiente findet der Gast in dieser Hotelanlage, die aus drei Häusern besteht und durch Gänge miteinander verbunden sind. Ob zur Erholung oder geschäftlich, hier ist für jeden etwas dabei: elegante Zimmer, Appartements und Luxus-Suiten. Gaumenfreuden im Restaurant „Seerose" mit großzügiger Sonnenterrasse; „Kranichbar".

Liono Hotel Goslar (g)
★★★

Schieferweg 6 / ✉ 38640 / hotel-liono.de
T.: +49 5321 23098 / welcome@liono-hotel.de
16 D ab € 95 / als E ab € 85 / @

Boxspringbett, Echtholzparkett, Walk-in Glasdusche – selbst die kleinen Zimmer des Liono Hotel Goslar verfügen über diese (und weitere) Annehmlichkeiten. Unweit der Innenstadt gelegen, erreicht man alle Sehenswürdigkeiten zu Fuß und kann sich gleichzeitig direkt vom Hotel aus auf eine Wandertour in den Harz begeben. Das um 1910 erbaute Haus hat sich einen gewissen Pensions-Charme bewahrt und punktet durch Individualität und eine besondere Wohlfühlatmosphäre.

Veranstaltungs-/Tagungsraum

Gößweinstein
Bayern

Hotel Stempferhof
★★★★

Badangerstr. 33 / ✉ 91327
www.stempferhof.de
T.: +49 9242 74150
info@stempferhof.de
11 E € 77/86 / 23 D € 98/109 / 3 S € 119/155

Modern, anspruchsvoll und mit traditioneller Gastfreundschaft, so präsentiert sich der Stempferhof im Herzen der Fränkischen Schweiz. Durch die verkehrsgünstige Lage zwischen Nürnberg, Erlangen, Bamberg und Bayreuth ist das Haus ein attraktiver Ausgangspunkt für Aktivitäten im Freien oder für Tagungen und Events. Großzügige Wohlfühlzimmer, Wellness-Angebote, die Lounge mit Kamin, das Restaurant Wintergarten und die Hotelbar versprechen einen angenehmen Aufenthalt.

Hotel-Spa/Wellnessbereich: Einrichtung in einem Hotel oder Resort, die ganz im Dienste des Wohlgefühls und der Gesundheit steht. Der Gast soll sich zurücklehnen und entspannen. Angeboten werden in der Regel Massagen, Beautybehandlungen sowie Ruhezonen und verschiedene Sauna-typen (zum Beispiel Finnische Sauna, Biosauna, Dampfsauna). Meistens gehören auch Innen- und/oder Außenschwimmbecken zur Einrichtung dazu. Fitnessräume, Bewegungs- und Ernährungsangebote runden die Offerte ab.

Göttingen
Niedersachsen

Eden-Hotel
★★★★

Reinhäuser Landstr. 22 a / ✉ 37083
www.eden-hotel.de
T.: +49 551 507200
info@eden-hotel.de
35 E € 79/169 / 65 D € 106/229

Seit vier Generationen empfiehlt sich der ruhige Familienbetrieb im Stadtzentrum durch seine angenehme Atmosphäre. Die Zimmer sind im traditionellen Stil sehr komfortabel und mit moderner Technik eingerichtet. In den Restaurants bereiten die Küchenchefs original italienische Speisen oder regionale und internationale Gerichte zu. Kaminzimmer. Schwimm- und Saunabereich. Fitnessraum.

Hotel Freizeit In
★★★★

Dransfelder Str. 3 / ✉ 37079 Ortsteil Groß Ellershausen
www.freizeit-in.de
T.: +49 551 90010 / info@freizeit-in.de
69 E € 103/154 / 137 D € 143/194 / 6 S € 163/398

Das moderne und internationale Wellness- und Tagungshotel bietet in verkehrsgünstiger Lage ideale Möglichkeiten für Seminare und private Feierlichkeiten. Mit modernster Technik ausgestatteter Konferenzbereich; separate Seminar-Villa. Ein vielfältiges Freizeit- und Fitnessangebot sowie das 9.500 Quadratmeter große Vital Spa machen Lust auf Bewegung und Entspannung. Der Küchenchef sorgt in drei Restaurants für Überraschungen. Gleich nebenan liegt die Eventlocation „auswärts".

Romantik Hotel Gebhards
★★★★

Goetheallee 22-23 / ✉ 37073
www.gebhardshotel.de
T.: +49 551 49680 / info@gebhardshotel.de
20 E € 98/140 / 20 D € 165/220 / 4 S € 250/300
6 App. € 165/165

Auf dem neuesten Stand der Hotellerie ist das seit 1854 im Familienbesitz befindliche Traditionshotel gegenüber dem ICE-Bahnhof der Universitätsstadt. Die Zimmer sind behaglich und mit Gespür für Individualität ausgestattet. Im Stil von 1925 präsentieren sich die „Georgia Augusta Stuben" mit regionaler und leichter Neuer Küche.

Grainau
Bayern

Eibsee-Hotel
★★★★

Am Eibsee 1-3 / ✉ 82491 Ortsteil Eibsee
www.eibsee-hotel.de / T.: +49 8821 98810
info@eibsee-hotel.de
23 E € 114/135 HP / 93 D € 142/235 HP
8 S € 175/294 HP /

Direkt am Eibsee und am Fuße der Zugspitze liegt das traditionsreiche, seit über 100 Jahren im Familienbesitz befindliche Hotel. Attraktive Freizeitmöglichkeiten sowie eine großzügi- →

ge Saunalandschaft mit direktem Seezugang machen es zu einem beliebten Ausflugsziel. Die Gastfreundschaft zeichnet sich durch luxuriöse Eleganz, Stil und Qualität aus. Empfehlungen der Restaurants sind Fischgerichte aus dem Eibsee und Euro-asiatische Küche aus dem Spezialitäten-Restaurant „Taverne".

Romantik Alpenhotel Waxenstein

★★★★★

Höhenrainweg 3 / ✉ 82491
www.waxenstein.bayern
T.: +49 8821 9840 / info@waxenstein.de
1 E € 95/185 / 36 D € 130/405 / 3 S € 220/440
1 App. € 280/480 /

Dieses Romantik Hotel verkörpert die Vision eines bayerischen Landhauses direkt an der Zugspitze, das zugleich das Flair und die Eleganz Frankreichs trägt. Geschmackvoll ist die Einrichtung mit edlen Hölzern, dezenten Stoffen und zeitgenössischen Kunstwerken. Im Wellness-Bereich kommen, nach einem aktiven Tag in der Natur, Körper und Geist zur Ruhe. Den facettenreichen Genuss einer neuen, regionalen und authentischen Küche bietet das Gourmet-Restaurant „Henri-Philippe". Panorama-Terrasse.

Grasellenbach
Hessen

Ringhotel Siegfriedbrunnen

★★★★

Hammelbacher Str. 7 / ✉ 64689
www.siegfriedbrunnen.com / T.: +49 6207 6080
reservierung@siegfriedbrunnen.com
18 E € 75/124
40 D ab € 156 / 1 S ab € 214 / 1 App. € 153/219

Inmitten herrlicher Wälder, direkt am Nibelungensteig, liegt das persönlich geführte Ferien- und Tagungshotel mit familiärer Atmosphäre. Die Zimmer sind gemütlich und mit allem Komfort eingerichtet. Im Restaurant „Bauernstuben" werden die Gäste mit ländlichen, deftigen Odenwälder Spezialitäten aber auch mit leichter, gesunder Kost verwöhnt.

Grassau
Bayern

Das Achental Resort

★★★★★

Mietenkamer Str. 65 / ✉ 83224 Ortsteil Grafing
www.das-achental.com / T.: +49 8641 4010
reservierung@das-achental.com
8 E € 319/399 / 135 D € 374/590 / 36 S € 540/1425

Im Herzen des Chiemgaus, zwischen Chiemsee und Kampenwand, liegt das Golf Resort Achental. Natur Pur, viel Wohlfühl-Ambiente und ein erstklassiger Service garantieren Erholung und Genuss ab dem ersten Augenblick. Zum Angebot gehören: die Restaurants und Zimmer im alpenländischen Chic, ein großzügiger Golfplatz in einmaliger Naturkulisse und ein Wellnessbereich.

Hotel-Garagen vorhanden
P Hotel-Parkplätze vorhanden

Bad Griesbach im Rottal
Bayern

Drei Quellen Therme

★★★★

Thermalbadstr. 3-7 / ✉ 94086 Ortsteil Bad Griesbach
www.hotel-dreiquellen.de / T.: +49 8532 7980
info@hotel-dreiquellen.de
21 E € 90/125 HP / 75 D € 160/260 HP / 9 S € 210/320 HP

Freundlichkeit und Engagement erwarten den Gast in diesem Hotel. Bayerischer Landhausstil und moderner Komfort verbinden sich zu einem anspruchsvollen und behaglichen Wohlfühlambiete. Der Wellnessbereich ist eine Insel der Entspannung. Ob großer Hunger oder gepflegter Appetit - die gehobene gutbürgerliche Küche des Restaurants gibt eine Antwort.

Hotel Fürstenhof

★★★★

Thermalbadstr. 28 / ✉ 94086 Ortsteil Bad Griesbach
www.quellness-golf.com/fuerstenhof / T.: +49 8532 9810
fuerstenhof@quellness-golf.com
56 E € 113/132 / 84 D € 214/242 / 8 S € 310/318

Mit herrlichem Blick ins Rottal liegt das ruhige Wellnesshotel. Die Zimmer und Suiten sind gemütlich mit modernstem Komfort ausgestattet. Eine großzügige Wellnesslandschaft mit Thermal-Innen- und -Außenbecken, Anti-Aging-Zentrum, Naturfango- und Massagepraxis sowie Beautyfarm runden das Angebot ab. Golfer erhalten auf den sechs 18-Loch-Golfplätzen Vorzugspreise. Gemütliche Fürstenhofbar und Terrasse. Köstlichkeiten aus Fluß und Meer im Restaurant „Fürstenstube".

Maximilian Quellness- und Golfhotel

★★★★★

Kurallee 1 / ✉ 94086 Ortsteil Bad Griesbach
www.quellness-golf.com/hotels/hotel-maximilian/
T.: +49 8532 795-0 / maximilian@quellness-golf.com
42 E € 140/156 HP
152 D € 240/272 HP / 11 S € 380/412 HP

Das Hotel Maximilian ist das Luxushotel in Europas Golfregion Nummer eins. Fünf wunderschöne Plätze bieten für Anfänger und Profis gleichermaßen optimale Voraussetzungen. Die Gäste können ihre Startzeiten bei der Reservierung mitbuchen. Nach dem Sport ziehen sie sich in ihre großzügigen und freundlichen Zimmer zurück oder entspannen im großzügigen Wellnessbereich. Für einen gediegenen Ausklang des

Tages sorgt ein Abendessen im rustikal-eleganten Restaurant mit Köstlichkeiten einer vielseitigen Küche. Gemütliche Hotelbar und Café-Terrasse.

Griesheim
Hessen

Hotel Café Nothnagel (g)
★★★

Wilhelm-Leuschner-Str. 67 / ✉ 64347
www.hotel-nothnagel.de
T.: +49 6155 83700
info@hotel-nothnagel.de
21 E € 75/115 / 10 D € 95/145

Im Zentrum Griesheims begrüßt das komfortable, familiär geführte Hotel seine Gäste. Die gepflegten Zimmer, behaglich und mit modernen Annehmlichkeiten ausgestattet, laden zum Wohlfühlen ein. Entspannung bieten Hallenbad und Sauna. Café im Hause vorhanden mit kleinem Speisenangebot mittags.

Grömitz
Schleswig-Holstein

Villa am Meer (g)
★★★

Seeweg 6 / ✉ 23743
www.villa-am-meer.de
T.: +49 4562 2550 / info@villa-am-meer.de
2 E € 74/139 / 28 D € 130/178 / @

In ruhiger Lage im Kurzentrum des Ostseebades erwartet die Gäste seit Anfang des letzten Jahrhunderts dieses familiär geführte Hotel. Das Haus vereint Stil, Behaglichkeit, Komfort und persönliche Note. Die Zimmer sind modern eingerichtet. Im gemütlichen Restaurant klingt der Tag mit gutbürgerlichen Gerichten auf angenehme Art aus. Hotelbar.

Bad Grönenbach
Bayern

allgäu resort
★★★★

Sebastian-Kneipp-Allee 7 / ✉ 87730
www.allgaeu-resort.de / T.: +49 8334 5346500
info@allgaeu-resort.de
12 E € 99/104 / 75 D € 149/169 / 5 S € 179/199

Dieses First-Class-Hotel bietet sowohl Geschäftsreisenden als auch Erholungsuchenden eine einzigartige Kombination aus stilvollem Ambiente und hochwertigem Interieur. Ruhig im Kneippkurort Bad Grönenbach gelegen, zwischen Memmingen und Kempten nahe dem Bodensee mit Anschluss an die A7, ist das Haus der ideale Ausgangspunkt für sportliche Aktivitäten und Naturerlebnisse. Das einzigartige Helios Prevention Center bietet durch medizinisches Know-how, Ernährungsberatung und sportliche Anleitung professionelle Gesundheitsvorsorge. Restaurant „Weitblick".

Groß Nemerow
Mecklenburg-Vorpommern

Hotel Bornmühle
★★★★

Bornmühle 35 / ✉ 17094 Ortsteil Tollenseheim
www.bornmuehle.de
T.: +49 39605 600
info@bornmuehle.de
13 E € 89/99 / 47 D € 126/180 / 2 S € 150/200
4 App. € 150/200

Das Hotel Bornmühle, es ist Mecklenburg-Vorpommerns Top-Adresse in Sachen Erholung, Wellness und Business-Aufenthalt. Das ganz frisch um einen Neubau erweiterte Anwesen liegt zehn Kilometer von Neubrandenburg entfernt am malerischen Tollensesee. Das Power-Sleeping-Hotel bietet das ganzheitliche Samina-Schlaf-Gesund-Konzept an. Für kulinarische Highlights sorgt das gehobene Gastronomiekonzept im Restaurant „The View".

Seehotel Heidehof
★★★

Seestr. 11 / ✉ 17094 Ortsteil Klein Nemerow
www.seehotel-heidehof.de
T.: +49 39605 2600
info@seehotel-heidehof.de
6 E € 59/63 / 36 D € 79/105 / @

Direkt am Tollenseseeufer in ruhiger Umgebung liegt das Seehotel. Gemütliche Gästezimmer, Lobby mit Bar und Kaminecke sowie Restaurant und Wintergarten. Anlegestelle für Linienschiffe und Sportboote am Haus. Die Mecklenburger Seenplatte bietet jede Menge Ausflugsmöglichkeiten.

Groß-Umstadt
Hessen

Farmerhaus Lodge
★★★

AE MasterCard VISA EC

Carlo-Mierendorff-Str. 5 / ✉ 64823
www.farmerhaus-lodge.de
T.: +49 6078 9307570
lodge@farmerhaus.de
8 D ab € 120

Mitten im Odenwald nimmt dieses 1965 errichtete, kleine Boutique Hotel seine Gäste mit auf eine Reise nach Afrika. In acht individuell im afrikanischen Stil gestaltete Lodges (sechs Doppelzimmer, zwei Juniorsuiten zwischen 15 und 35 Quadratmetern) laden dazu ein. Das hauseigene Restaurant liegt anderthalb Kilometer entfernt, ein Shuttle-Service verbindet Lodge und Restaurant. Hier gibt es afrikanische Wildspezialitäten und Weine.

Grünstadt
Rheinland-Pfalz

Pfalzhotel Asselheim
★★★★

AE Diners MasterCard VISA EC

Holzweg 6-8 / ✉ 67269 Ortsteil Asselheim
www.pfalzhotel.de / T.: +49 6359 80030
info@pfalzhotel.de
15 E € 75/105 / 55 D € 99/145 / 3 S € 136/189
6 App. € 81/91 / @

Behagliche Atmosphäre und moderner Komfort umgeben den Gast des am Ortsrand gelegenen Hauses. Die Zimmer sind liebevoll eingerichtet und verfügen über zeitgemäße Ausstattung. In einem eigenen Bereich befinden sich die modernen, komplett ausgestatteten Tagungsräume. Lustvoll und gesund verwöhnt das Restaurant „Scharfes Eck“ mit regionaler Frischmarktküche und die Weinstube „Zur Weinbergschnecke“; Pfälzer Delikatesse „Pfalzschnecke“. Gemütliche Bar-Lounge.

Grünwald
Bayern

Bio-Hotel Alter Wirt
★★★

AE MasterCard VISA EC

Marktplatz 1 / ✉ 82031
www.alterwirt.de
T.: +49 89 6419340 / info@alterwirt.de
20 E ab € 99 / 28 D ab € 129
@

Das familiär geführte, erste Biohotel in Münchens Umland, pflegt traditionelle Gastfreundschaft. Allen Komfort bieten die frischen, klaren Zimmer. Neben drei hellen Tagungsräumen, steht bei Sonnenschein ein idyllischer Apfelgarten zur Verfügung. In den holzgetäfelten Gasträumen sorgen frische Zutaten aus dem Umland für kulinarischen Genuss mit Gerichten auf leichte bayerische Art.

Junior Suite: Zimmer, das mehr Platz und Annehmlichkeiten als ein gewöhnliches Doppelzimmer bietet, jedoch nicht unbedingt aus mehreren Raumeinheiten besteht.

Günzburg
Bayern

Vienna House Easy Günzburg (g)
★★★★

AE MasterCard VISA EC

Jahnstr. 4 / ✉ 89312
www.viennahouse.com
T.: +49 8221 3510
info.easy-guenzburg@viennahouse.com
100 D € 89/200 / 10 S € 100/250 /

Vis-à-vis des Kongresszentrums „Forum am Hofgarten“ mit Restaurant, nur 100 Meter vom historischen Marktplatz entfernt, liegt das komfortable Hotel. Die Gäste wohnen in gut ausgestatteten, gemütlichen Zimmern und Suiten, die Tagungsräumlichkeiten verfügen über modernste Technik. Abends ist die Hotelbar ein beliebter Treffpunkt.

Concierge (frz.): Im Mittelalter der Wächter und Torhüter. In Frankreich heute Hausmeister und Hausverwalter. Der Begriff bezeichnet eine Schlüsselposition in einem gehobenen Hotel. Der/die Concierge spricht mehrere Sprachen und ist bestrebt, die Wünsche des Gastes so gut wie möglich zu erfüllen.

Güstrow
Mecklenburg-Vorpommern

Kurhaus am Inselsee
★★★★

AE MasterCard VISA EC

Heidberg 1 / ✉ 18273
www.kurhaus-guestrow.de
T.: +49 3843 8500 / info@kurhaus-guestrow.de
4 E € 89/119 / 41 D € 139/169 / 3 S € 209/229
@

Im Herzen eines Naturschutzgebietes, idyllisch Wald und See gelegen, bietet sich das Hotel als Ausgangspunkt für erholsame Wanderungen an. Das Traditionshaus verfügt über großzügige Zimmer mit sehr komfortabler Einrichtung und Seeblick. Im gemütlichen Ambiente des Seeblick-Restaurant genießen die Gäste saisonale und regionale Küche. Pianobar.

Gutach im Breisgau
Baden-Württemberg

Schwarzwald Hotel Silberkönig
★★★★

AE Diners MasterCard VISA EC

Silberwaldstr. 24 / ✉ 79261 Ortsteil Bleibach
www.silberkoenig.de
T.: +49 7685 7010
info@silberkoenig.de
4 E € 54/92 / 37 D € 85/154 / 2 S € 276/361
@

Das familiär geführte Schwarzwaldhotel mit Panoramaterrasse und Gartenanlage liegt inmitten des wunderschönen Elztals bei Freiburg im Breisgau. Den Gästen stehen zum Teil frisch renovierte, gemütliche Zimmer zur Verfügung. Regional-klassische Küche mit köstlichen Seitensprüngen in die Nachbarländer. Dazu werden Weine aus dem einzigartigen Weinbuch kredenzt. Moderne Veranstaltungsräume. „Ölberg-Grotte“ mit Massagen aus aller Welt; Garten- und Parkanlage mit Sinnespfad; Brotbackhäusle mit Grill und Rauchkammer.

Gutenzell-Hürbel
Baden-Württemberg

Hotel Klosterhof
★★★

Schlossbezirk 2 / ✉ 88484 Ortsteil Gutenzell
www.klosterhof-gutenzell.de
T.: +49 7352 92330
info@klosterhof-gutenzell.de
2 E € 81/98 / 22 D € 110/125 / 1 App. € 150/170

Bis ins vorletzte Jahrhundert reicht die Tradition der ehemaligen Torwache zurück. Die gemütlichen Gästezimmer im ländlich-rustikalen Stil vermitteln Wohnkomfort und Behaglichkeit. Die Küche serviert eine abwechslungsreiche Kost mit schwäbischen Spezialitäten im elegant-rustikalen Restaurant. Gartenterrasse.

Gütersloh
Nordrhein-Westfalen

Parkhotel Gütersloh
★★★★

Kirchstr. 27 / ✉ 33330 / www.parkhotel-gt.de
T.: +49 5241 8770 / business@parkhotel-gt.de
99 D € 79/194 / als E € 79/159 / 4 S € 209/414
Frühstück € 18 /

Zentral und verkehrsgünstig liegt das internationale Komfort-Hotel mit unverwechselbar elegantem Ambiente. Die großzügig angelegten Räumlichkeiten sind stilvoll und gemütlich in warmen Farben ausgestattet und verfügen über den Komfort für den anspruchsvollen Gast. Zwei Restaurants verwöhnen mit raffinierter, ausgewogener und abwechslungsreicher Küche. Gemütliche Cocktailbar. Veranstaltungsräume für bis zu 200 Personen.

Kosten für Kurtaxen fallen in der Regel zusätzlich an

Gyhum
Niedersachsen

Niedersachsen-Hof
★★★

Sick 13 / ✉ 27404 / www.niedersachsenhof.de
T.: +49 4286 9400 / info@niedersachsenhof.de
14 E € 66/79 / 21 D € 96/105

Das Hotel befindet sich in malerischer Lage im Ortsteil Sick mit guter Verkehrsanbindung an die A1. Die Gastgeber legen großen Wert auf eine behagliche Atmosphäre. Ruhe und Entspannung versprechen die gemütlichen Gästezimmer und der „Sauna-Keller". Kleine Literatur-Gedächtnis-Ecke zur Erinnerung an den Autor Walter Kempowski. Sommergarten.

Das Elbsandsteingebirge auf deutscher Seite (Sächsische Schweiz) ist ein Naturkunstwerk

H

Hadamar
Hessen

Ringhotel Nassau-Oranien
★★★★

Am Elbbachufer 12 / ✉ 65589
www.nassau-oranien.de
T.: +49 6433 9190 / info@nassau-oranien.de
20 E € 89/99 / 33 D € 104/135 / 5 S € 135/169
1 App. € 124/135

In zentraler Lage befindet sich das historische, denkmalgeschützte Haus im eleganten Landhausstil. Die modernen Zimmer sind mit Flair und Charme eingerichtet. Beauty-Farm und Fitnessbereich sorgen für Entspannung. Professionelle Technik in den Tagungsräumen. Kulinarisch verwöhnt die Küche in drei Restaurants. Hotelbar, Café-Terrasse.

Hagen
Nordrhein-Westfalen

Hotel Dresel
★★★

Rummenohler Str. 31 / ✉ 58091 Ortsteil Dahl
www.hotel-dresel.de / T.: +49 2337 482710-0
info@hotel-dresel.de
5 E ab € 55 / 16 D ab € 101 / 1 S ab € 160
1 App. ab € 100 /

Das traditionsreiche Hotel, gelegen am Fluss Vollme ganz im Süden der Stadt, bietet vielseitige Kost und Logis. Zahlreiche Säle und Stuben bieten sich für Familienfeiern an, BBQ-Events finden auf der großen Terrasse statt.

Hotel Reher Hof
★★

Alter Reher Weg 13
✉ 58119 Ortsteil Hohenlimburg
www.reher-hof.de / T.: +49 2334 50350
reher-hof@t-online.de
10 E € 50/80 / 12 D € 80/100

Mit wohltuend familiärer Atmosphäre erwartet den Gast das in verkehrsgünstiger Lage am dörflichen Ortsrand gelegene gastliche Haus. Die behaglich eingerichteten Zimmer verfügen über zeitgemäße Bequemlichkeiten. Gutbürgerliche Gerichte im Abend-Restaurant.

HP hinter dem Zimmerpreis = Preis inklusive Halbpension

Halle an der Saale
Sachsen-Anhalt

the niu Ridge
★★★★

Riebeckplatz 10 / ✉ 06108 / www.the.niu.de/ridge
T.: +49 345 47119659 / ridge@the.niu.de
186 D ab € 52 / Frühstück € 13 /

Der Name Ridge bedeutet „Kante" und knüpft an die einstige Bedeutung der Salzgewinnung für die Stadt an. Halle war einst Dreh- und Angelpunkt für das begehrte Mineral.Die 186 Zimmer, die Flure und die Lobby stecken voller Ecken und Kanten: Kristalline Muster greifen immer wieder das salzige Thema auf und bringen es gut designt in die Neuzeit. Drinks und Snacks gibt's an der Bar in der modernen Living-Lobby.

Finnische Sauna: Hochtemperatur-Sauna (bis 120 °C) mit einer Luftfeuchtigkeit bis 10 Prozent. Durch anschließende Abkühlung im Freien, im kalten Tauchbecken oder durch kalte Güsse wird der Kreislauf angeregt und das Immunsystem gestärkt.

Hallenberg
Nordrhein-Westfalen

DIEDRICH Wellnesshotel & SPA | Adults only
★★★★

Nuhnestr. 2 / ✉ 59969 / www.hotel-diedrich.de
T.: +49 2984 9330 / mail@hotel-diedrich.de
6 E € 168/236 HP / 57 D € 292/512 HP / 2 S € 488/580 HP

Das DIEDRICH Wellnesshotel & SPA in der Ortsmitte von Hallenberg hat einen wohnlichen, gemütlichen Charakter und passt so wunderbar zu der Urlaubsregion Hochsauerland und dem Rothaargebirge. Im Restaurant, in den Stuben oder auf der Terrasse können die Gäste hausgebackene Kuchen und saisonale Gerichte mit Produkten aus der Region genießen. Der Wellness-Bereich inklusive beheiztem Pool, Fitnessraum, drei verschiedenen Saunen und Ruhebereich laden zum Erholen ein. Im Day Spa und in den Anwendungsräume werden Massagen und Kosmetik angeboten. Das Haus verfügt über 59 Zimmer und Suiten, fast jede Etage ist mit dem Aufzug zu erreichen. Das Hotel ist als Ferien-, Wellness- und Wanderhotel sehr beliebt.

Hamburg
Hamburg

Boulevard Hotel Hamburg (g)
★★★★

Hofweg 73 / ✉ 22085 Ortsteil Uhlenhorst
www.boulevardhotel.de / T.: +49 40 2270220
info@boulevardhotel.de
4 E € 185/295 / 8 D € 245/425 /

Im Herzen der Hansestadt, in schöner Villenlage von Uhlenhorst und nur wenige Schritte von der Außenalster entfernt, liegt diese elegante, komplett restaurierte Jugendstilvilla. Die Zimmer verfügen über zeitgemäße Ausstattung. Im Sommer können die Gäste im Garten der Villa frühstücken.

East Hotel

Simon-von-Utrecht-Str. 31 / 20359 Ortsteil St. Pauli
www.east-hamburg.de / T.: +49 40 309930
info@east-hamburg.de
172 D ab € 160 / als E ab € 145 / 8 S ab € 235
2 App. ab € 425 /

Neben dem Hotel mit seinen funktional gestalteten Zimmern überzeugt das Restaurant mit der einzigartigen Architektur seines Backsteingewölbes. Kulinarisch bedeutet „east“ eine Mischung aus euro-asiatischer Küche, Sushi, mediterranen und regionalen Einflüssen ebenso wie „frisch und fair“. Die Lounges und „Yakshi’s Bar“ sind so abwechslungsreich wie das Angebot an Cocktails und Drinks. Für Beauty und Wellness ist mit zahlreichen Anwendungen und mit dem über 1.000 Quadratmeter großen Fitnessbereich gesorgt.

Empire Riverside Hotel

Bernhard-Nocht-Str. 97 / 20359 Ortsteil St. Pauli
www.empire-riverside.de / T.: +49 40 311190
info@empire-riverside.de
315 D € 159/249 / 12 S € 269/349

Inspiriert von dem Mythos der Oceanliner der 1930er Jahre ragt der imposante, bronzeverkleidete Hotelturm über die St.-Pauli-Landungsbrücken. Im Hotel verschmelzen internationales Flair und zeitlose Eleganz. Markenzeichen eines jeden Zimmers ist die bodentiefe Panoramaverglasung über eine komplette Wandfläche, die einen spektakulären Blick über Hamburg ermöglicht. Einzigartig sind die „Skylinebar 20up“ im 20. Stockwerk sowie die Tagungs- und Event-Etagen.

Fraser Suites Hamburg

Roedingsmarkt 2 / 20459 Ortsteil Hamburg-Altstadt
www.frasershospitality.com/de
T.: +49 40 3808636888
reservations.hamburg@frasershospitality.com
110 D ab € 170 / 44 S ab € 200 /

Mitten in der City am Alsterfleet gelegen, beeindruckt der bombastische Gebäudekomplex mit seiner klassizistischen Fassade Passanten und Hotelgäste gleichermaßen. Um 1900 errichtet und heute unter Denkmalschutz stehend, birgt das Luxushotel viele Annehmlichkeiten, die während eines Citytrips von Bedeutung sind wie Abstellmöglichkeiten für Fahrräder oder einen Fitnessraum und Saunen. Herausragend sind jedoch die mondän und elegant eingerichteten Zimmer, die höchste Ansprüche erfüllen. Zu den weiteren Einrichtungen des Hauses gehören eine Gemeinschaftslounge, Restaurant und Bar.

Fairmont Hotel Vier Jahreszeiten

Neuer Jungfernstieg 9-14 / 20354 Ortsteil Neustadt
www.fairmont-hvj.com
T.: +49 40 34940
hamburg@fairmont.com
29 E ab € 260 / 95 D ab € 310 / 33 S ab € 485
Frühstück € 39

Seit über 115 Jahren begrüßt dieses Luxushotel Gäste aus aller Welt. Es gehört zu Hamburg wie die Alster und der Michel, es ist ein Ort der Emotionen, der sich stetig weiterentwickelt hat und gekonnt Tradition und Moderne miteinander verbindet. Trendiger Lifestyle, zeitlose Eleganz und jeglicher erdenkbarer Luxus sorgen für besten Wohnkomfort. Mit einer internationalen Spitzenküche in neun verschiedenen Restaurants und Bars, dem Vier Jahreszeiten Spa mit seinen vielfältigen Treatments, einem 500 Quadratmeter großen Fitnessbereich, bis hin zu erstklassiger Tagungstechnik für Meetings und Events, bietet die „Grande Dame“ Hamburgs ein vielseitiges Service-Portfolio.

Gastwerk Hotel Hamburg

Beim Alten Gaswerk 3 / 22761 Ortsteil Bahrenfeld
www.gastwerk-hotel.de
T.: +49 40 890620
info@gastwerk-hotel.de
127 D € 130/300 / als E € 130/300
14 S € 180/400

In edlem „Loft-Style“-Ambiente steht dem anspruchsvollen Besucher dieses Design-Hotel zur Verfügung, das mit viel Liebe zum Detail in die alten Mauern eines Gaswerkes integriert wurde. Es verfügt über einen Wintergarten, eine Außenterrasse und einen variabel angelegten Tagungsbereich mit modernster Präsentationstechnik. Für Entspannung sorgt ein marokkanischer Wellnessbereich. World Cuisine serviert das Restaurant Mangold. Elegante Mangold-Bar.

Grand Elysée Hamburg

Rothenbaumchaussee 10 / 20148 Ortsteil Rotherbaum
www.grand-elysee.com
T.: +49 40 414120
info@grand-elysee.com
492 D € 180/260
als E € 160/240 / 18 S € 350/1500 / Frühstück € 25

Im grünen Herzen der Hansestadt gelegen ist das Grand Elysée Hamburg ein ungezwungener Treffpunkt für Hamburger und Gäste aus aller Welt. Das größte Fünf-Sterne-Privathotel bietet seinen Besuchern ein einladendes Ambiente und zuvorkommenden Service. Der Inhaber Eugen Block und seine Familie prägen durch ihr Engagement den familiären Charakter des Hauses entscheidend mit. Einzigartig ist die gastronomische Vielfalt mit vier Restaurants, zwei Bars und einem

→

Café. Als Veranstaltungszentrum mit Nähe zum Congress Centrum und zur Messe bietet es Lösungen für Events jeder Art und Größenordnung. Großzügig und wohnlich zeigen sich die über 500 Zimmer und Suiten. Darüber hinaus trägt eine große Kunstsammlung zum persönlichen Stil des Grand Elysée Hamburg bei.

Hotel Atlantic Hamburg

★★★★★ AE DC MasterCard VISA EC

An der Alster 72-79 / ✉ 20099 Ortsteil St. Georg
www.brhhh.com/atlantic-hamburg / T.: +49 40 28880
hotel.atlantic-hamburg@brhhh.com
188 D € 180/570 / 33 S € 320/3000 / Frühstück € 35

Zu den traditionsreichen Hotels in Hamburg zählt das „Atlantic Hotel Kempinski“ in traumhafter Lage am Alster-Ufer. Das komplett renovierte Haus präsentiert sich mit Zimmern und Suiten im klassisch-eleganten Grandhotel-Stil und mit einem attraktiven Wellness-Bereich „Energy Clinic“. Mit Blick auf die Alster können Feinschmecker im exquisiten „Atlantic-Restaurant“ feinste Gerichte genießen. Bar mit Live-Musik.

Hotel Hafen Hamburg

★★★★ AE DC MasterCard VISA EC

Seewartenstr. 9 / ✉ 20459 Ortsteil Neustadt
www.hotel-hamburg.de / T.: +49 40 311130
info@hotel-hamburg.de
77 E € 120/210 / 303 D € 120/210 / @

Seinen maritimen Stil hat sich das ehemalige Seemannsheim am Hafen mit Blick auf die Landungsbrücken bis heute bewahrt. Die Zimmer präsentieren sich im hanseatisch-klassischen Stil oder in modernem Flair mit lichtdurchfluteter Architektur. Die „Tower Bar“ im 12. Stock bietet einen besonders schönen Ausblick. Regionale und saisonale Küche im stilvollen Restaurant „Port“. Nur wenige Gehminuten sind es zum Alten Elbtunnel und den Landungsbrücken.

Hotel Louis C. Jacob

★★★★★ AE MasterCard VISA EC

Elbchaussee 401-403 / ✉ 22609 Ortsteil Nienstedten
www.hotel-jacob.de / T.: +49 40 822550
jacob@hotel-jacob.de
16 E € 205/265 / 50 D € 265/455
19 S € 655/1300 / @

Wie zuverlässig man sich von einem Hotel ästhetisch und atmosphärisch verzaubern lassen kann, beweist das Louis C. Jacob im Ortsteil Nienstedten als Hotspot der Hamburger Spitzenhotellerie. Das internationale Puplikum schätzt das Kunstkonzept des Hauses mit Werken aus dem 19. Jh. bis zur Moderne, das sich wie ein roter Faden durch alle Zimmer und Salons zieht. Aber nicht nur Feingeister, auch Feinschmecker kommen hier auf den Geschmack. Wenn es das Wetter erlaubt, werden die köstlichen Speisen auf der berühmten Lindenterrasse serviert, einer der schönsten Orte Hamburgs! Unvergesslich der Elbblick auf die vorbeiziehenden Schiffe bis hinüber zum Hafen Finkenwerder und die unzähligen Lichter, die sich am Abend auf dem dunklen Wasser der Elbe spiegeln.

Hotel Mittelweg (g)

★★★ AE DC MasterCard VISA EC

Mittelweg 59 / ✉ 20149 Ortsteil Harvestehude
www.hotel-mittelweg-hamburg.de
T.: +49 40 4141010
hotel.mittelweg@gmx.de
20 E € 95/125 / 10 D € 135/170 / 2 S € 170/220
1 App. € 168/200 / @

In dem um die Jahrhundertwende als Patriziervilla nahe der Außenalster erbauten, stilvoll eingerichteten Hotel genießt der Gast einen angenehmen Aufenthalt. Antikes Ambiente und attraktive Architektur in Verbindung mit hohem Wohnkomfort prägen die harmonische Atmosphäre. Die geschmackvoll eingerichteten Gästezimmer sind mit modernem Komfort behaglich ausgestattet.

Kleinhuis Hotel Mellingburger Schleuse

★★★ AE DC MasterCard VISA EC

Mellingburgredder 1 / ✉ 22395 Ortsteil Sasel
www.mellingburgerschleuse.de / T.: +49 40 61139150
mellingburgerschleuse@t-online.de
47 D ab € 105 / als E ab € 80
O @

Aus dem 1717 erbauten Gasthaus für Treidelschiffer entstand in idyllischer Lage am Alsterlauf dieses reetgedeckte Hotel. Sehr einladend wirken die anspruchsvollen Zimmer, die das in einem wunderschönen Naturschutzgebiet gelegene Haus bereit hält. Regionale Spezialitäten im Restaurant, in der Schleusenstube oder in der Bauernstube. Gartenterrasse mit Alsterblick.

Pierdrei Hotel Hafencity

★★★★ AE MasterCard VISA EC

Am Sandtorkai 46 / ✉ 20457 Ortsteil HafenCity
www.pierdrei-hotel.de / T.: +49 40 55822930
info@pierdrei-hotel.de
212 D ab € 127 / @

212 Zimmer in fünf Kategorien, von Small bis Extra Large. Dazu Restaurant und Bar im Erdgeschoss, Tagungsräume und ein Dachgarten mit Blick über die Skyline von Hamburg. Ein Special ist die „Camper City“, ein Campingplatz in sieben Metern Höhe mit Outdoor-Wohnwagen zum Übernachten. Auf der integrierten Hafenbühne finden Konzerte und Liveübertragungen statt. Die Astor Film Lounge mit drei Kinosälen und bis zu 440 Plätzen komplettiert das Unterhaltungsangebot.

P Hotel-Parkplätze vorhanden

Privathotel Eggers

★★★★

Rahlstedter Str. 78 / 22149 Ortsteil Rahlstedt
www.eggers.de / T.: +49 40 675780 / info@eggers.de
40 E € 79/119 / 50 D € 89/129 / 2 S € 109/149
Frühstück € 16 /

Modernes Design, helle Räume und innovative Technik im traditionsreichen Rahmen, diese Mischung zeichnet das Hotel aus. Eine angenehme Atmosphäre schafft die Kombination aus edlen Materialien, harmonischen Farben und einer außergewöhnlichen Innenarchitektur. Der Gast wohnt in hochwertig eingerichteten Zimmern. Wellnessbereich; Kaminbar. Schickes Restaurant für den puren Genuss.

Raphael Hotel Wälderhaus

★★★

Am Inselpark 19 / 21109 Ortsteil Wilhelmsburg
www.waelderhaus.de / T.: +49 40 302156100
info@raphaelhotelwaelderhaus.de
82 D ab € 84 /

Das futuristisch wirkende, nachhaltig gebaute Hotel liegt südlich der Hafencity am Wilhelmsburger Inselpark. Nahezu die komplette Fassade besteht aus unbehandeltem Lärchenholz. Den Gast erwarten 82 nach heimischen Baumarten benannte Zimmer, die mit natürlichen Materialien eingerichtet sind. Die obersten drei Stockwerke des Hotels wurden in Massivholzbauweise errichtet, auf dem Gründach gibt es eine Photovoltaikanlage. Das Haus beherbergt darüber hinaus das Restaurant Wilhelms, diverse Tagungsräume und das „Science Center Wald", eine dauerhafte Erlebnisausstellung zum Thema

Kostenloser später Check-out:
Nachfragen lohnt sich immer!

Renaissance Hamburg Hotel

★★★★

Große Bleichen / 20354 Ortsteil Neustadt
www.renaissance-hamburg.com / T.: +49 40 349180
hamburg.info@renaissancehotels.com

Direkt im Zentrum der pulsierenden Hafenstadt befindet sich das „Renaissance Hamburg". Hinter der denkmalgeschützten Fassade verbinden sich hanseatische Tradition und moderne Eleganz. Den Komfort eines internationalen Hotels bieten neugestaltete, großzügige Zimmer und Suiten. In „broscheks Restaurant" rotierten vor 80 Jahren noch Druckmaschinen, heute verwöhnt dort eine junge, norddeutsche Küche den Gourmet.

Ruby Lotti Hotel & Bar

★★★★

Düsternstr. 1-3 / 20355 Ortsteil Neustadt
www.ruby-hotels.com / T.: +49 40 696322890
lotti@ruby-hotels.com
290 D ab € 90 /

Mittendrin im Geschehen, direkt am Bleichenfleet und an einem ehemaligen Verlagsstandort, finden Städtereisende diese hippe Bleibe. Zu den Dekodetails gehören alte Schreibmaschinen und Radios oder Zeitungsseiten an der Decke. Hochwertige Materialien in den Zimmern, verglaste Regenduschen und Marshall-Verstärker sind unverkennbare Ruby-Merkmale. Genauso wie die 24h-Bar, die ihre Gäste zum Frühstück, auf einen italienischen Snack zwischendurch oder spät am Abend auf einen Drink erwartet.

Side Design Hotel Hamburg

★★★★★

Drehbahn 49 / 20354 Ortsteil Neustadt
www.side-hamburg.de / T.: +49 40 309990
info@side-hamburg.de
168 D € 170/375
als E € 160/375 / 10 S € 425/1025 / Frühstück € 30

Im Herzen Hamburgs befindet sich das einzigartige Design-Hotel, ein außergewöhnliches Hotelerlebnis der besonderen Art. Den Gast erwartet hier Eleganz, Klarheit und Ausdrucksstärke moderner Architektur einerseits und bewährte hanseatische Gastlichkeit andererseits. Alle Gästezimmer sind elegant eingerichtet und mit den wichtigsten Business Needs ausgestattet. Die Veranstaltungsräume verfügen über neueste Tagungstechnik. In der 8. Etage befindet sich die Sky Lounge mit angrenzender Dachterrasse. Steakspezialitäten, Burger und eine große Auswahl an Tartars serviert die „[m] eatery bar und restaurant". Spa-Bereich.

Sir Nikolai Hotel

★★★★

Katharinenstr. 29 / 20457 Ortsteil Hamburg-Altstadt
www.sirhotels.com
T.: +49 40 29996660
hello@sirnikolaihotel.com
83 D ab € 180 /

Einen noch schöneren und stilvolleren Ausgangspunkt für die Citytour kann man sich kaum vorstellen: Das Hotel – ein siebenstöckiges und denkmalgeschütztes einstiges Kontorhaus – liegt in der Altstadt, rund 500 Meter von der HafenCity entfernt. Man blickt auf das Nikolaifleet oder die Altstadt. Viele künsterlische Details, maßgearbeitete Möbel, ein ausgewählter Minibar-Content, Regendusche und Bluetooth-Lautsprecher gehören zu den geschätzten Standards des Hauses. In einigen Zimmern gibt es auch eine freistehende Badewanne.

Steigenberger Hotel Treudelberg

★★★★

Lemsahler Landstr. 45
22397 Ortsteil Lemsahl-Mellingstedt
www.treudelberg.com
T.: +49 40 608220
info@treudelberg.com
214 D ab € 119 / 11 S ab € 199 / Frühstück € 22

Im Norden Hamburgs, inmitten des Naturschutzgebietes „Alstertal“ gelegen, erwartet Gäste individueller Charme gepaart mit Service, Komfort und Gastlichkeit. Stilvoll sind die Zimmer und Suiten. 500 Quadratmeter großer Day Spa. Mit dem hoteleigenen 27-Loch-Championship-Golfplatz und der Golfakademie „Golf in Balance“ mit professionellen Golftrainer und einem umfangreichen Kursangebot bleiben keine Wünsche offen. Kulinarische Spezialitäten servieren die Restaurants; Hotelbar. Terrassen mit fantastischem Blick über den Golfplatz.

The Fontenay

★★★★★

Fontenay 10 / ✉ 20354 Ortsteil Rotherbaum
www.thefontenay.de
T.: +49 40 60566050
info@thefontenay.de
131 D ab € 405 / als E ab € 315 / S ab € 850

Das Hotel mit dem spektakulären Blick auf die Außenalster bietet eine Symbiose zweier begehrenswerten Lagen: mitten in der Stadt und mitten im Grünen. Die fließende Architektur aus Kreisen schmiegt sich in die Parklandschaft, riesige Fensterfronten öffnen sich zu Licht, Wasser und Erde. Ein Hotel wie der Natur entsprungen. Weltoffen, weil modern, herzlich, weil dem Menschen zugeneigt. Zudem luxuriös, weil die designten Zimmer, die Restaurants auf Spitzenniveau, ein Spa mit Infinity-Pool auf der Dachterrasse sowie Tagungsmöglichkeiten in exklusiven Salons alles bieten, was ein internationales Publikum von einem Hotel erwarten mag.

TORTUE Hamburg

★★★★★

Stadthausbrücke 4 / ✉ 20355 Ortsteil Neustadt / tortue.de
T.: +49 40 33441400 / info@tortue.de
122 D ab € 189 / 4 App. ab € 345

Mittendrin im Geschehen, am Neuen Wall und Jungfernstieg, liegt das Luxushotel „Tortue“ (frz. für Schildkröte), hinter dessen Mauern schon Napoléon logierte (oder zumindest in der Nähe). Für den Besucher heute bietet das Haus neben 22 bis 72 Quadratmeter großen Zimmern und Suiten (hohe Decken) vor allem beste kulinarische Unterhaltung. In drei Restaurants von asiatisch bis französisch und vier Bars mit riesiger Cocktailauswahl darf er sich nach einem erlebnisreichen Tag in der Metropole gütlich tun.

Zollenspieker Fährhaus

★★★★

Zollenspieker Hauptdeich 141
✉ 21037 Ortsteil Kirchwerder
www.zollenspieker-faehrhaus.de
T.: +49 40 7931330
info@zf-elbe.de
9 E € 99/200 / 46 D € 109/230 / 7 S € 220/650
Frühstück € 20

Die besondere Lage des Hotels bietet einen einmaligen Blick nicht nur quer, sondern auch entlang der Elbe. Mit seinen individuellen Gästezimmern ist das historische Fährhaus ein beliebtes Ausflugsziel. Seit dem Frühjahr 2012 verbindet ein neuerbauter Hotelkomplex stilvolles Ambiente mit zukunftsweisendem Komfort. Gehobene, gutbürgerliche Küche.

Hameln
Niedersachsen

Hotel Stadt Hameln

★★★★

Münsterwall 2 / ✉ 31787
www.hotel-stadthameln.de
T.: +49 5151 9010 / info@hotel-stadthameln.de
13 E € 103/125 / 68 D € 129/150 / 3 S zu € 170

Direkt an der Weserpromenade und der historischen Altstadt von Hameln liegt das im Schlossstil erbaute Karrengefängnis, das zu einem modernen Hotel umgebaut wurde. Die Zimmer sind hell und freundlich eingerichtet. Für Entspannung sorgt der Fitness- und Wellnessbereich. Das Restaurant „Stadt Hameln“ bietet eine Neue deutsche Küche. Einen rustikalen Abend kann der Gast „hinter Gittern“ erleben. Terrasse und Biergarten am Weserufer, Pianobar sowie großer Festsaal sind vorhanden.

Hamm an der Sieg
Rheinland-Pfalz

Romantik Hotel Alte Vogtei

★★★

Lindenallee 3 / ✉ 57577 / www.altevogtei.de
T.: +49 2682 259 / mail@altevogtei.de
2 E € 68/107 / 11 D € 97/127 / 2 App. € 135/165
Frühstück € 13

Das reizvolle Fachwerkhaus im Westerwald aus dem Jahre 1753 ging als Geburtshaus des F.W. Raiffeisen in die Geschichte ein. Die erhaltene Architektur im Inneren des Hauses schafft eine einmalige Atmosphäre. In den Zimmern, die Komfort und Wohlfühlen verbinden, lässt es sich träumen. Eine saisonale Küche mit regionalen Produkten genießt der Gast in den ursprünglichen Gaststuben.

Hann. Münden
Niedersachsen

Alter Packhof

★★★★

Bremer Schlagd 10-14 / ✉ 34346 / www.packhof.com
T.: +49 5541 98890 / info@packhof.com
3 E € 80/85 / 17 D € 130/145 / 5 S € 145/165

In einem ehemaligen Lagerhaus („Packhof“) aus dem Jahre 1837 befindet sich dieses sehr komfortable Landhotel direkt an der Fulda. Alle Gästezimmer sind im gemütlichen Landhausstil eingerichtet; Junior-Suiten mit eigener Sauna. Das Restaurant pflegt die leichte Küche mit regionaler Ausrichtung und wechselnden Spezialitäten. Hotelbar, Sommerterrasse.

Concierge (frz.): Im Mittelalter der Wächter und Torhüter. In Frankreich heute Hausmeister und Hausverwalter. Der Begriff bezeichnet eine Schlüsselposition in einem gehobenen Hotel. Der/die Concierge spricht mehrere Sprachen und ist bestrebt, die Wünsche des Gastes so gut wie möglich zu erfüllen.

Hannover
Niedersachsen

DoubleTree by Hilton Hannover Schweizerhof

★★★★

Hinüberstr. 6 / 30175 Ortsteil Mitte
www.schweizerhof-hannover.de / T.: +49 511 34950
info@dt-hannover.de
36 E ab € 115 / 160 D ab € 130 / 4 S ab € 165
Frühstück € 25 /

Ruhig und mit optimaler Verkehrsanbindung liegt das Hotel im Zentrum der Stadt. Vor allem Tagungsgäste oder Privatreisende wissen dies zu schätzen. Die stilvoll und großzügig ausgestatteten Zimmer bieten zahlreiche moderne Annehmlichkeiten. Frische Küche im „Bistro Schweizerhof" mit Außenterrasse und Raucherlounge; Fitness-und Wellnessbereich.

Grand Hotel Mussmann (g)

★★★

Ernst-August-Platz 7 / 30159 Ortsteil Mitte
www.grandhotel.de / T.: +49 511 36560
reservation@grandhotel.de
72 E € 129/349 / 32 D € 169/399 / 10 S € 189/499

Gegenüber dem Bahnhof in der Stadtmitte verfügt dieses Hotel über gute Verkehrsanbindungen. Alle Nichtraucher-Zimmer sind großzügig mit modernen Annehmlichkeiten und Naturmaterialien ausgestattet. Den Gästen stehen eine Sauna und Tagungsräume zur Verfügung. Das nahgelegene hoteleigene Restaurant „Röhrbein" serviert saisonale deutsche Spezialitäten.

Kastens Hotel Luisenhof

★★★★★

Luisenstr. 1-3 / 30159 Ortsteil Mitte
www.kastens-luisenhof.de / T.: +49 511 30440
info@kastens-luisenhof.de
67 E € 109/259 / 64 D € 129/269
11 S € 219/1120 / 7 App. € 249/800 / Frühstück € 22

Im Zentrum Hannovers, zwischen Hauptbahnhof und der Oper, nicht weit vom Airport und der Messe, befindet sich das Geschäftsreisehotel mit Tradition und Charakter. Seine exklusive Ausstattung bietet dem Individual- und Businessgast ideale Voraussetzungen zwischen Wohn- und Schlafkomfort und einem modernen Tagungs- und Konferenzbereich. Effizient eingerichtete Zimmer, elegante Suiten und eine raffinierte Küche im Feinschmecker-Restaurant „Mary's". Fitness- und Wellnessbereich.

me and all hotel hannover

★★★★

Aegidientorplatz 3 / 30159
hannover.meandallhotels.com / T.: +49 511 9368730
booking.hannover@meandallhotels.com
165 D ab € 127 /

Der Maschsee liegt nah, die U-Bahn-Haltestelle direkt vor der Tür. Von außen fallen die großen Rundbogenfenster des markanten Eckgebäudes am Aegidientorplatz auf. Im Inneren besticht das Boutique Hotel durch loftartige, hohe Räume. Für besondere Ausblicke sorgen die gepolsterten Sitzbänke in den Fenstern der weitläufigen Lobby-Lounge-Bar, dem Herzstück des Hotels, lokalem Treffpunkt, Co-Working Space und Ort für regelmäßige Events.

Harrislee
Schleswig-Holstein

Boutique Hotel Wassersleben

★★★★

Wassersleben 4 / 24955 Ortsteil Wassersleben
www.hotel-wassersleben.de
T.: +49 461 77420
info@hotel-wassersleben.de
22 D € 115/164 / als E € 63/120 /

Mit seiner der Landschaft angepassten Architektur ist das historische Hotel ein beliebtes Urlaubsdomizil. Von den gemütlichen Zimmern bietet sich ein schöner Blick über die Förde. Zwei Restaurants mit Panoramablick, darunter das Feinschmeckerrestaurant „Am Steinort". Hotelterrasse mit Blick auf das Wasser

Harsewinkel
Nordrhein-Westfalen

Hotel-Residence Klosterpforte

★★★★

Klosterhof 2-3 / 33428 Ortsteil Marienfeld
www.klosterpforte.de / T.: +49 5247 7080
post@klosterpforte.de
49 E € 99/219 / 95 D € 115/235 / 6 S € 240/475

Die Abgeschiedenheit am Rande des Teutoburger Waldes macht die Hotel-Residence so unverwechselbar. Neben der historischen Atmosphäre zeichnet es sich durch aufmerksamen Service und den wohnlichen Komfort im Landhausstil aus. Westfälische Küche im stilvoll-gemütlichen „Klosterstübchen", mediterrane Kochgenüsse in „Rincklake's Restaurant" und westfälisch-bayerische Schmankerl im „Klosterkeller" mit eigener Hausbrauerei.
Mit dem Bau des neuen Klosterforums positioniert sich die Klosterpforte zum Event- und Veranstaltungshotel für Feiern bis zu 1800 Gästen.

Hartenstein (Sachsen)
Sachsen

Romantik Hotel Jagdhaus Waldidyll

★★★★

Talstr. 1 / 08118 Ortsteil Hartenstein
www.romantikhotel-waldidyll.de / T.: +49 37605 840
waldidyll@romantikhotels.com
4 E € 79/99 / 20 D € 110/139 / 4 S € 159/210

Was dieses romantische Jagdhaus auszeichnet, ist seine idyllische Lage in einem gepflegten Waldpark, das stilvolle Mobiliar und die historische Architektur. Eine Terrasse mit Blick zum Seerosenteich, eingerahmt von Rhododendronbüschen, lädt zum Entspannen ein. In den behaglichen Zimmern spiegelt sich das hohe Niveau der Gastlichkeit wider. Das Restaurant bietet leichte Neue sowie herzhaft regionale Küche. Ein eigenes kleines Haus für Wellnessanwendungen ergänzt das Angebot harmonisch.

Bad Harzburg
Niedersachsen

Romantik Hotel Braunschweiger Hof
★★★★

Herzog-Wilhelm-Str. 54 / 38667
www.hotel-braunschweiger-hof.de
T.: +49 5322 7880
info@hotel-braunschweiger-hof.de
29 E € 90/140 / 39 D € 130/185 / 12 S € 225/280
@

Das Romantik Hotel liegt inmitten der historischen Kurstadt Bad Harzburg, dem Tor zum Nationalpark Harz. Das Hotel verbindet traditionelle Werte mit moderner, vielseitiger Gastlichkeit. Wandern in ursprünglicher Natur, Entspannen in Beautyfarm und Wellness-Bereich und kulinarische Erlebnisse im Restaurant. Hotelpool, Konferenzräume.

Haslach im Kinzigtal
Baden-Württemberg

Hotel Mosers Blume
★★★★

Schnellinger Str. 56 / 77716 Ortsteil Schnellingen
www.mosers-blume.de / T.: +49 7832 91250
info@mosers-blume.de
29 D € 79/129 / als E € 49/99 / @

Eine familiäre Atmosphäre zeichnet dieses schon in der vierten Generation von Familie Moser geführte Hotel aus. Jedes der Gästezimmer ist elegant und geschmackvoll im modernen Landhausstil eingerichtet und verspricht ein Zuhause auf Zeit zu werden. Badische Gastlichkeit oder feine regionale Menüs genießen Gäste in einer der vier Stuben oder auf der Sonnenterrasse. Für besondere Veranstaltungen bietet sich die Silberstub an. Kleiner Wellnessbereich.

Häusern
Baden-Württemberg

Adler Häusern Gourmet & Spa
★★★★

St.-Fridolin-Str. 15 / 79837 / www.adler-schwarzwald.de
T.: +49 7672 4170 / info@adler-schwarzwald.de
7 E ab € 119 VP / 20 D ab € 246 VP / 16 S ab € 330 VP
@

Seit über 150 Jahren sorgt das familiär geführte, exklusive Hotel im Hochschwarzwald mit Herzlichkeit und Gastfreundschaft für das Wohlbefinden der Gäste. Die erstklassigen Zimmer in dem sorgsam restaurierten Schwarzwaldhaus sind individuell mit Liebe zum Detail ausgestattet. Körper und Seele in Einklang bringt der attraktive Wellness- und Spabereich. Für den kulinarischen Genuss ist im Gourmetrestaurant gesorgt. Hotelbar, sonnige Terrassen und Garten.

Heidelberg
Baden-Württemberg

Arthotel Heidelberg
★★★★

Grabengasse 7 / 69117 Ortsteil Altstadt
www.arthotel.de / T.: +49 6221 650060
info@arthotel.de
23 D € 139/242 / als E € 119/212 / 1 S € 195/450
Frühstück € 16 / @

Ein Kleinod inmitten der Altstadt stellt das geschmackvolle Designhotel dar, das sich teils hinter historischer Fassade, teils hinter funktionaler Glasfassade befindet. Moderne Zimmer mit hellen Farben und eleganten Möbeln; Frische-Küche im angeschlossenen Restaurant „Romer", in dem regionale Produkte zu kreativen Gerichten vollendet werden.

Bergheim 41 - Hotel im Alten Hallenbad (g)
★★★★

Bergheimer Str. 41 / 69115 Ortsteil Bergheim
www.bergheim41.de / T.: +49 6221 750040
info@bergheim41.de
31 D € 104/164 / als E € 99/149 / 1 S zu € 280
@

Im Zentrum der Stadt, wurde das Bergheim 41 als modernes Stadthotel konzipiert. Bei der Ausstattung des Hauses wurde besonderen Wert auf die Auswahl der Materialien und auf das Beleuchtungskonzept gelegt. Die großzügigen Zimmer sind lichtdurchflutet und designorientiert mit Wohlfühlambiente. Ein wahrhaft aussichtsreicher Treffpunkt ist der Dachgarten. Von hier und aus einigen Zimmer hat man einen herrlichen Schlossblick.

Boutique Hotel Heidelberg Suites
★★★★★

Neuenheimer Landstr. 12 / 69120
www.heidelbergsuites.com / T.: +49 6221 655650
reservations@huetterboenan.com
26 S ab € 370 / @

Gegenüber der Altstadt, am anderen Neckarufer, erwartet dieses smart-herrschaftliche und elegante Suitenhotel Gäste mit besonderem Anspruch. Von der Classic Suite bis zur Penthouse Suite hat man die Qual der Wahl zwischen zehn unterschiedlichen Kategorien. Allen gemein ist Großzügigkeit und Luxus, aufwendiges Design sowie Ausstattungen wie Kitchenette, iPod-Dockingstation oder Minibar. Was gibt es sonst noch? Private Dining wo immer der Gast wünscht, ein Private Spa mit Massagen und Yoga, ein privater Garten mit Jacuzzi und ein Fitness-Pavillon.

Hotel & Restaurant Grenzhof
★★★★

Grenzhof 9 / 69123 Ortsteil Wieblingen
www.grenzhof.de
T.: +49 6202 9430
welcome@grenzhof.de
14 E € 98/123 / 21 D € 138/160 / 1 S € 160/198
@

In idyllischer Lage eines Lindenparks und eines mittelalterlichen Dorfes entwickelt das Landhaus ein stilvolles Ambiente, das an italienische und englische Landsitze erinnert. Der bekannte Feinschmeckertreff zeichnet sich durch eine ideenreiche Speisekarte aus. Individuell gestaltete Themenzimmer. Wunderschöner Biergarten. Festscheune auch für Tagungsveranstaltungen.

Hotel Europäischer Hof Heidelberg

★★★★★

Friedrich-Ebert-Anlage 1 / ✉ 69117 Ortsteil Altstadt
www.europaeischerhof.com / T.: +49 6221 5150
welcome@europaeischerhof.com

Das in vierter Generation familiengeführte Haus verströmt die kultivierte Geborgenheit eines internationalen Luxushotels. Hier trifft Tradition auf Moderne. Elegante Zimmer und Suiten zeichnen sich durch eine hochwertige und individuelle Einrichtung aus. Für längere Aufenthalte bieten sich die komfortablen Serviced Appartements des Hauses an. Den passenden Rahmen für geschäftliche und private Anlässe bieten die individuell gestalteten Veranstaltungsräume, welche mit modernster Tagungstechnik ausgestattet sind. Gastronomische Höhepunkte bietet das mehrfach ausgezeichnete Fine-Dining-Restaurant „Die Kurfürstenstube". In den Sommermonaten speist der Gast im Sommerrestaurant mit großer Außenterrasse im Innengarten des Hotels. Mit neuesten Cocktail-Kreationen weiß die „Europa-Bar" zu überzeugen. Energie tanken ist im „PANORAMA SPA" möglich, während der Blick über die Dächer der Stadt schweift.

Hotel Heidelberg Astoria (g)

★★★★

Rahmengasse 30 / ✉ 69120 Ortsteil Neuenheim
www.heidelberg-astoria.de / T.: +49 6221 7290350
info@heidelberg-astoria.de
6 D € 135/190 / als E € 95/145 /

Das Hotel garni in der exklusiven Stadtvilla verfügt über stilvoll eingerichtete Zimmer mit angenehmer Atmosphäre. Alle sind mit Dusche/WC sowie Flachbildfernseher und WLAN ausgestattet. Einige verfügen auch über einen Balkon. Hotelbar.

Hotel Hirschgasse

★★★★★

Hirschgasse 3 / ✉ 69120 Ortsteil Neuenheim
www.hirschgasse.de / T.: +49 6221 4540
info@hirschgasse.de
2 E € 110/180 / 8 D € 160/245 / 10 S € 295/385

Ein gastliches Kleinod mit klarem Bekenntnis zu Tradition und Atmosphäre ist dieses historische Hotel mit originellen Gästezimmern. Hier schnitzte sich einst auch der junge Bismarck in die heute über 200 Jahre alten Stammtische der Mensurstube ein. Zwei stilvolle Restaurants bieten französisch-moderne sowie traditionell-rustikale Küche. Direkt am Aufgang zum Philosophenweg, gegenüber dem Schloss gelegen.

Hotel Zum Ritter St. Georg

★★★★

Hauptstr. 178 / ✉ 69117 Ortsteil Altstadt
www.hotel-ritter-heidelberg.com / T.: +49 6221 705050
info@hotel-ritter-heidelberg.com
6 E € 79/199 / 31 D € 109/299 /

Im Herzen der Altstadt befindet sich eines der schönsten historischen Hotels von Heidelberg mit prachtvoller Renaissance-Fassade. Komfortable Zimmer und Suiten, die kaum Wünsche offen lassen, empfehlen sich für einen angenehmen Aufenthalt. In der „Ritterstube" speist der Gast ausgezeichnete traditionelle und saisonale Gerichte. Noch feiner geht es im Gourmet-Restaurant „Simplicissimus" zu.

Heidesee
Brandenburg

Hotel Waldhaus Prieros

★★★

Am Waldhaus 1 / ✉ 15754 Ortsteil Prieros
www.hotel-waldhaus-prieros.de / T.: +49 33768 9990
kontakt@hotel-waldhaus-prieros.de
4 E € 99/109 / 19 D € 129/149 /

Direkt am Streganzer See, in herrlicher Natur, präsentiert sich das Hotel mit einem Ensemble von historischer Villa und individuellen Hotelhäusern, die über eigene Terrassen verfügen. Für kulinarischen Genuss sorgt das Restaurant „Seeromantik" mit brandenburgischer und internationaler Küche, auch auf der Villenterrasse oder im Sommergarten. Kaminzimmer.

Heigenbrücken
Bayern

Hotel Villa Marburg im Park

★★★★

Werner-Wenzel-Str. 1 / ✉ 63869 / www.villa-marburg.de
T.: +49 6020 979990 / info@villa-marburg.de
35 D € 125/155 / als E € 95/100 / 3 S € 155/175

Ein Ort des Rückzugs und der Erholung - das ist die ruhig gelegene Villa Marburg, eingebettet in einen wunderschönen Park. Auch die mit geschmackvollem Interieur versehenen Wohlfühlzimmer, alle mit Blick auf den Lohrbach, garantieren Urlaub vom Alltagsstress. In zwei Restaurants und in der Weinstube wird der Feinschmecker mit exzellenten Delikatessen verwöhnt. Verlockender Wellnessbereich; Kaminzimmer.

Heilbad Heiligenstadt
Thüringen

Hotel am Vitalpark

★★★★

In der Leineaue 2 / ✉ 37308 / www.hotel-am-vitalpark.de
T.: +49 3606 66370 / info@hotel-am-vitalpark.de
130 D ab € 129 / als E ab € 99 / 4 S ab € 219

Ruhig am Ortsrand befindet sich diese großzügige Hotelanlage mit direkter Anbindung an den Vitalpark. Hier erwartet den Gast eine Bade- und Saunalandschaft der Superlative; außerdem Wellness-, Beauty- und Kurtherapiebereich. Vom gemütlichen Standardzimmer über moderne Komfortzimmer bis zur →

großzügigen Suite reicht das Angebot. Internationale Küche und Eichsfelder Spezialitäten in den Restaurants; Hotelbar.

Hotel Norddeutscher Bund

★★★

Göttinger Str. 25 / ✉ 37308
www.hotel-norddeutscher-bund.de
T.: +49 3606 55300
info@hotel-norddeutscher-bund.de
11 D ab € 83 / @

Inmitten des nordthüringischen Heilbades, gut 30 Autominuten von Göttingen entfernt, erwartet das seit 1844 als Hotelbetrieb geführte Haus Stadtbesucher und Durchreisende. Die Gestaltung der 21 Zimmer lässt sie in die Geschichte blicken, in die Zeit der Gründung des Norddeutschen Bundes im Jahr 1866. Hier finden sich die Konterfeis historischer Persönlichkeiten oder Teppiche mit dem Aufdruck historischer Karten. Wer die Möglichkeit hat, sollte abends im Restaurant speisen.

Heilbronn
Baden-Württemberg

insel-hotel

★★★★

Willy-Mayer-Brücke / ✉ 74072
www.insel-hotel.de
T.: +49 7131 6300 / insel@insel-hotel.de
80 E € 119/199 / 40 D € 139/219 / 5 S € 260/440
@

Das First-Class-Hotel liegt wie ein Traumschiff mitten in der Stadt, umgeben von Neckar und Parkanlagen auf einer Insel. Bahnhof, Stadtzentrum, Theater und Marktplatz sind nur wenige Gehminuten entfernt. Die geschmackvoll eingerichteten Zimmer und Salons verfügen über modernen Komfort. Komplett ausgestattete Tagungsräume; kleiner Wellnessbereich. Das „Schwäbische Restaurant“ verwöhnt mit guter regionaler und internationaler Küche; eigene Konditorei. Sonnenterrasse „Piazza“.

Heiligenhafen
Schleswig-Holstein

Beach Motel Heiligenhafen

★★★★

Seebrückenpromenade 3 / ✉ 23774
www.beachmotel-hhf.de
T.: +49 4362 50030
heiligenhafen@beachmotels.de
111 D ab € 79 / als E ab € 79 / 4 S ab € 209
62 App. ab € 165
@

Ein ganzes Stück US-Ostküstenflair haben die Macher des Beach Motel hier an die Ostsee gepflanzt. Äußere Kennzeichen des Hotels: flach gebaut, Fassade und Balkone holzverkleidet und unmittelbar am Strand gelegen. Drinnen gibt's hübsche Zimmer mit Blick in alle Himmelrichtungen, größere Lofts über zwei Ebenen, Family-Zimmer oder Friends-Zimmer für bis zu vier Personen mit gemütlicher Sitzecke. Das hauseigene Spa wartet auf mit mit Sauna- und Ruhebereich, Indoorpool und Wellnessanwendungen. So soll und kann keine Hektik aufkommen. Cocktails und Longdrinks schmecken in der Hotelbar oder direkt am Wasser auf „Deck 7“.

Heiligendamm siehe Bad Doberan
Mecklenburg-Vorpommern

Heiligenhaus
Nordrhein-Westfalen

Waldhotel Heiligenhaus

★★★★

Parkstr. 38 / ✉ 42579 Ortsteil Mitte
www.wald-hotel.de
T.: +49 2056 5970 / reservierung@wald-hotel.de
14 E € 93/187 / 63 D € 160/247
3 S € 269/349 / 6 App. € 269/329 / Frühstück € 16
@

Im Herzen des Niederbergischen Landes liegt das aparte Hotel mitten im Wald und doch zentral. Die geschmackvollen, teilweise klimatisierten Zimmer sind elegant eingerichtet. Ein schöner Wellnessbereich hält den Körper in Schwung. Restaurant mit Wintergarten, Wein- und Kochseminare. Konferenzzentrum. WLAN kostenfrei.

Heimbuchenthal
Bayern

Hotel Lamm

★★★★

St.-Martinus-Str. 1 / ✉ 63872
www.hotel-lamm.de
T.: +49 6092 9440 / info@hotel-lamm.de
20 E € 82/95 / 48 D € 122/130 / 3 S € 167/185
@

Die Vorzüge des Hauses sind eine gepflegte Atmosphäre, traditionelle Gastlichkeit und sehr guter Komfort. Angenehm wohnt der Gast in modernen, individuellen Zimmern. Internationale und heimische Spezialitäten bietet das Restaurant im Landhausstil. Ferienarrangements und Wellness-Therme „ElsaVital“.

Heinsberg
Nordrhein-Westfalen

Villa Glanzstoff

★★★★

Boos-Fremery-Str.63 / ✉ 52525 Ortsteil Oberbruch
www.villa-glanzstoff.de / T.: +49 1520 4527605
info@villa-glanzstoff.de
3 E ab € 95 / 6 S € 130/190 / Frühstück € 18
@

Entspannung in stilvollem Ambiente: Die Villa Glanzstoff ist ein modernes Gästehaus im Ortsteil Oberbruch. Anfang 2019 frisch renoviert, bietet es neun individuell eingerichtete Zimmer sowie einen Raum zum Feiern für verschiedene Anlässe.

Die Villa ist umgeben von einer großflächige Parkanlage, die zum Entspannen und Feiern einlädt.

Heimsheim
Baden-Württemberg

Hotel Hirsch
★★★

Hirschgasse 1 / ✉ 71296
www.hirsch-heimsheim.de
T.: +49 7033 53990 / info@hirsch-heimsheim.de
27 E € 65/95 / 14 D € 80/115 / 3 App. € 110/130

Zimmer von der Business- bis zur Komfort-Klasse findet der Gast in diesem familiengeführten Haus; Appartements mit Kochgelegenheit für Langzeitgäste. Kulinarische Spezialitäten und regionale Gerichte bietet die gute Küche im Restaurant; lichtdurchfluteter Wintergarten und Sonnenterrasse.

Heitersheim
Baden-Württemberg

Landhotel Krone
★★★★

Hauptstr. 12 / ✉ 79423 / www.landhotel-krone.de
T.: +49 7634 51070 / info@landhotel-krone.de
3 E € 82/112 / 30 D € 112/142 / 3 S ab € 152

1618 wurde das Kronenwirtshaus in der Malteserstadt erstmals erwähnt. Liebevoll renoviert, verfügt das persönlich geführte Hotel heute über gemütlich eingerichtete Zimmer. Sehr gute Küche im ländlich-modernen Restaurant; Die attraktiven Angebote im Wellnessbereich mit Wellness-Grotte und Ruhegarten lassen keine Wünsche offen.

≋ Freibad / ≋ Hallenbad
Eigener Seezugang

Herford
Nordrhein-Westfalen

Pfennigskrug
★★

Engerstr. 82 / ✉ 32051
www.hotel-pfennigskrug.de
T.: +49 5221 599777 / info@hotel-pfennigskrug.de
17 E € 68/120 / 16 D € 110/150 / 2 App. € 90/130
Frühstück € 9 / @

Das komfortable Hotel begrüßt seine Gäste mit einer freundlichen Atmosphäre. Die Zimmer verfügen über eine moderne Ausstattung und ein behagliches Ambiente. Zum Verweilen laden ein Biergarten, ein Kaminzimmer sowie ein Restaurant mit regionaler und internationaler Küche ein.

Hansa (g)
★★★

Brüderstr. 40 / ✉ 32052
www.hotel-hansa-herford.de
T.: +49 5221 59720 / info@hotel-hansa-herford.de
8 E € 69/159 / 26 D € 119/199

Zentral und ruhig im Herzen der Stadt gelegen, bietet das beliebte Hotel alle Voraussetzungen für einen angenehmen Aufenthalt. Freundlichkeit und ein zuvorkommender Service werden hier groß geschrieben. Geschmackvolle und komfortable Zimmer. WLAN und kostenloses Parken im Parkhaus Altstadt, gelegen direkt neben dem Hotel.

Waldesrand
★★★★

Zum Forst 4 / ✉ 32049 Ortsteil Schwarzenmoor
www.hotel-waldesrand.de
T.: +49 5221 92320
waldesrand@t-online.de
19 E ab € 62 / 32 D ab € 99 / 1 S ab € 145

Verkehrsgünstig und doch ruhig liegt das Hotel etwas außerhalb von Herford. Über hohen Komfort verfügen die Gästezimmer. Zum Entspannen steht die exklusive Saunalandschaft bereit. In der näheren Umgebung befinden sich vier Golfplätze. Die bekannt gute Küche im gemütlichen Restaurant „Waldesrand“ serviert klassische Gerichte.

Heringsdorf
Mecklenburg-Vorpommern

Das Ahlbeck Hotel & Spa
★★★★

Dünenstr. 48 / ✉ 17419 Ortsteil Seebad Ahlbeck
www.das-ahlbeck.de
T.: +49 38378 4994800
info@das-ahlbeck.de
40 D € 191/481 / 6 S € 382/822 / 31 App. € 259/577

Direkt an der Strandpromenade und den endlos langen und feinsandigen Stränden der 3-Kaiserbäder gelegen, erwartet ein modernes und gleichzeitig zeitloses Design die Gäste. Mit natürlichen Farben, sinnlichen Materialien und in zeitloser Eleganz sind die Zimmer und Appartements ausgestattet. Die Räume in unterschiedlichen Größen, zum Teil mit Seeblick, versprechen eine erholsame Nacht. 1.200 Quadratmeter Wellness- und Spa-Bereich. Gaumenfreuden aller Art im Restaurant mit Showküche.

Der Schlummer Atlas wird laufend überarbeitet und erscheint jährlich neu. Für Anregungen und Hinweise sind wir immer dankbar: **redaktion@schlummer-atlas.de**

Hotel Kaiserhof Heringsdorf

★★★★

Strandpromenade
✉ 17424 Ortsteil Ostseebad Heringsdorf
www.kaiserhof-usedom.de / T.: +49 38378 650
info@kaiserhof-usedom.de

In der Nähe der Seebrücke, direkt an der Strandpromenade, liegt das Hotel. Die Lage ist ideal für Spaziergänge und Ausflüge ins idyllische Hinterland. Die freundliche Atmosphäre des Hauses wird durch modernes und individuelles Design unterstrichen. Die großzügig geschnittenen Zimmer und Suiten bieten ein erstklassiges Wohnambiente. Das Wellnesszentrum Kaiserhof sorgt für Entspannung. Kulinarisch verwöhnen die Restaurants „Palmengarten" und „Sommergarten".

Kaiser Spa Hotel Zur Post

★★★★

Seestr. 5 / ✉ 17429 Ortsteil Seebad Bansin
www.hzp-usedom.de / T.: +49 38378 560
info@hzp-usedom.de
110 D € 138/218 / 60 S € 178/258

Unter Berücksichtigung des Denkmalschutzes ist die 1902 im wilhelminischen Stil erbaute Villa vollständig renoviert worden. Das Hotel bietet sehr guten Komfort in geschmackvoll eingerichteten Gästezimmern, eine familiere Atmosphäre und einen großen Wellnessbereich mit zahlreichen Angeboten. Die Gastronomie bietet drei Restaurants, eine gemütliche Bar sowie eine erlesene Vinothek und im Sommer einen Kaffeegarten.

Seetelhotel Ahlbecker Hof

★★★★★

Dünenstr. 47 / ✉ 17419 Ortsteil Ahlbeck
www.seetel.de
T.: +49 38378 620 / ahlbecker-hof@seetel.de
44 D € 142/302 / 28 S € 208/572 / 19 App. € 202/448
Frühstück € 18 /

Luxuriöse Zimmer hinter historischer Fassade, eleganter Salon und exquisite Restaurants - das ist der „Ahlbecker Hof", der schon seit Anfang des Jahrhunderts als „Haus des ersten Ranges" gilt und heute in neuem Glanz erstrahlt. Ein großzügiger Wellnessbereich, ein Gourmet-Restaurant, die Brasserie mit Erlebnisgastronomie sowie das Thailändische Spezialitäten-Restaurant und das mondäne Kaminzimmer garantieren einen edlen und entspannenden Aufenthalt.

Steigenberger Grandhotel & Spa

★★★★★

Liehrstr. 11 / ✉ 17424 Ortsteil Ostseebad Heringsdorf
www.heringsdorf.steigenberger.de
T.: +49 38378 4950
heringsdorf@steigenberger.de
108 D ab € 175 / 6 S ab € 245 / 55 App. ab € 265

Direkt an der rund 12 km langen Strandpromenade liegt das im Jahr 2011 erbaute Grandhotel. Das großzügig angelegte Resort mit Hotel, zwei Residenzen, der Villa am Meer und der Villa Augusta sowie einem Kinderclub fügt sich nahtlos in die Stilrichtungen der Bäderarchitektur ein. Highlight ist der 2000 qm große „Baltic Sea Grand Spa" Usedom mit Wellness vom Feinsten. Auch gastronomisch hat das Haus Hochkarätiges im Programm: Im Restaurant „Lilienthal" und im Bistro „Waterfront" warten zeitgemäße, leichte Küche sowie heimische Klassiker für Genießer.

Upstalsboom Hotel Ostseestrand

★★★★

Eichenweg 4-5 / ✉ 17424 Ortsteil Ostseebad Heringsdorf
www.hotel-ostseestrand-usedom.de
T.: +49 38378 630
ostseestrand@upstalsboom.de
1 E € 89/239 / 98 D € 99/339 / 4 S € 200/400

Nur wenige Meter vom feinen Sandstrand entfernt, erinnert dieses elegante Hotel an die weißen Villen der „Bäderromantik" zur Kaiserzeit. Gäste wohnen in hellen, lichtdurchfluteten Zimmern, ausgestattet mit allen erdenklichen Annehmlichkeiten. Regional geprägt ist die Küche im Restaurant. Wohltuend das Angebot im 1000 qm großen Wellnessbereich.

Herleshausen

Hessen

Hotel Hohenhaus

★★★★★

Hohenhaus / ✉ 37293 Ortsteil Holzhausen
www.hohenhaus.de / T.: +49 5654 9870
info@hohenhaus.de
5 E € 110/135 / 15 D € 184/212 / 2 S € 330/360
Frühstück € 30

Das Schlosshotel blickt auf eine 400-jährige Geschichte zurück. Das ehemalige Rittergut am Rande von Herleshausen ist heute ein exklusives Hotel – früher wie heute von einem hauseigenen Wald- und Wiesengebiet geprägt, das den Gästen ein einzigartiges Naturschauspiel bietet. Jedes Gästezimmer und jede Suite auf Hohenhaus ist ein Unikat in Format und Einrichtung. Hier nehmen klassische zurückhaltende Elemente und Farben die eleganten Linien ins Visier. Manche Gäste kommen nur zum Arbeiten in den professionell ausgestatteten Tagungsbereich. Andere suchen die Erholung bei Outdoor-Aktivitäten oder bei den vielfältigen Wellnessangeboten. Absolut Empfehlenswert ist das „Herz" des Schlosshotels, das Gourmet-Restaurant. Übrigens: Zum Gut Hohenhaus gehören 3.600 Hektar eigenes Jagdgebiet mit vier festangestellten Jägern, einem Imker mit 80 Völkern und 1.200 Hektar Landwirtschaft. Das Land wird sowohl vom Gut Hohenhaus als auch in Pacht von Bauern bewirtschaftet, die nicht spritzen dürfen, um einen Nitrateintrag in eine der hauseigenen, offiziell anerkannten Mineralwasser-Quellen auszuschließen. Das Hotel verfügt über drei E-Ladestationen, die zu 100 Prozent mit Ökostrom „Made by Werra-Meissner-Kreis" gespeist werden.

Bad Herrenalb
Baden-Württemberg

Hotel Lamm
★★★

Mönchstr. 31 / ✉ 76332 Ortsteil Rotensol
www.lamm-rotensol.de
T.: +49 7083 92440
info@lamm-rotensol.de
8 E € 60/127 / 17 D € 126/152 / 5 S € 161/191

Im Nordschwarzwald, inmitten von Wiesen und Wäldern liegt das gemütliche, familiäre Landhotel. Die Zimmer mit Balkon sind komfortabel-modern. Im Restaurant genießt der Gast eine exzellente Frischeküche mit schwäbischen und badischen Klassikern. Gute Verkehrsanbindung und idealer Standpunkt für Naturfreunde und Kulturbegeisterte.

Hotel Schwarzwald Panorama
★★★★

Rehteichweg 22 / ✉ 76332
www.schwarzwald-panorama.com
T.: +49 7083 927-0
info@schwarzwald-panorama.com
88 D € 144/254 / als E € 119/189 / 1 S € 214/294
8 App. € 199/309 /

Harmonisch schmiegt sich das Hotel in die idyllische Natur der Nordschwarzwaldlandschaft ein. Sich fallen lassen, Ruhe und Regeneration - das bieten die Beauty- & Spa-Bereiche des Hauses mit Angeboten von Meditation, Yoga, Fastenkuren bis hin zu Therapien aus der Traditionellen Chinesischen Medizin. Kulinarisch werden phantasievolle Neuinterpretationen der Schwarzwälder Küche und regionale Klassiker in Bioqualität angeboten.

Herrenberg
Baden-Württemberg

Hotel Hasen
★★★★

Hasenplatz 6 / ✉ 71083 / www.hasen.de
T.: +49 7032 2040 / post@hasen.de
24 E € 69/127 / 30 D € 93/154
4 S € 105/181 / 8 App. € 97/153 / Frühstück € 12

Das zentral gelegene, traditionsreiche Hotel wurde um 1620 erstmals urkundlich erwähnt. Die Zimmer sind komfortabel und gemütlich eingerichtet. In der historischen Gaststube wird eine Küche serviert, die der Küchenchef aus frischen Produkten saisonal abgestimmt zubereitet. Cocktail-Creationen in der Lounge-Bar. Alle Tagungsräume sind klimatisiert und mit neuester Lichttechnik ausgestattet.

☐ Terrasse / Liegewiese

Herrieden
Bayern

Genießerhotel Limbacher
★★

Vordere Gasse 34 / ✉ 91567
www.gasthaus-limbacher.de
T.: +49 9825 5373
info@gasthaus-limbacher.de
4 E € 65/75 / 6 D € 98/130 / 2 S € 75/140
2 App. € 75/140 /

Im Oberen Altmühltal in Mittelfranken weiß Paul Limbacher seine Gäste in dem Traditionshaus zu verwöhnen. Für Genuss sorgt seine über die fränkischen Grenzen hinaus bekannte, raffinierte, fränkische Küche mit internationalem Einschlag. Eine erholsame Nacht versprechen die großzügigen und modern eingerichteten Zimmer.

Serviced Apartment (engl.), auch Studio (ital.): Modern ausgestattete Kleinwohnung mit Küche, Wohnbereich und Schlafzimmer. Bei einem Aufenhalt werden durch das Hotel zusätzliche Dienstleistungen angeboten.

Herrsching am Ammersee
Bayern

Romantik Boutique Hotel Chalet am Kiental
★★★★

Andechsstr. 4 / ✉ 82211 Ortsteil Herrsching
www.chaletamkiental.de
T.: +49 8152 982570
info@chaletamkiental.de
10 D € 185/265 / Frühstück € 18

Das exklusive kleine Hideaway verspricht Behaglichkeit, stilvolles Ambiente und zuvorkommende Gastlichkeit auf hohem Niveau. Es ist idyllisch und ruhig am Pilgerweg nach Andechs gelegen. Auf sehr charmante Weise verbinden die individuell und hochwertig mit Naturmaterialien ausgestatteten Designzimmer Nostalgie mit heutigem Zeitgeist. Das ausgezeichnete Gourmet-Restaurant überrascht mit moderner, regionaler Küche.

Herschberg
Rheinland-Pfalz

Landhotel Weihermühle
★★★
Weihermühle 1 / ✉ 66919 Ortsteil Weihermühle
www.landhotel-weihermuehle.de / T.: +49 6334 449080
info@landhotel-weihermuehle.de
2 E € 85/95 / 31 D € 125/170 / 1 S € 205/215

Natur pur, Idylle und Komfort erwartet nicht nur Erholungsuchende hier in der Pfalz. Die Zimmer im modernen Landhausstil sind mit viel Liebe zum Detail eingerichtet. Im Restaurant sorgen regionale und internationale Spezialitäten für Genuss, der Kamin für Behaglichkeit.

Bad Hersfeld
Hessen

Romantik Hotel Zum Stern
★★★★
Linggplatz 11 / ✉ 36251 / www.zumsternhersfeld.de
T.: +49 6621 1890 / info@zumsternhersfeld.de
7 E € 60/124 / 39 D € 124/179 / S € 174/189

Das Romantik Hotels blickt auf eine seit Jahrhunderten gewachsene Tradition zurück. Hier findet der Gast zukunftsorientierten Komfort , Service und geschmackvoll ausgestattete Zimmer. Eine ausgezeichnete Küche wird in drei Restaurants geboten. Relaxen und entspannen in Stern's Spa.

Herxheim bei Landau in der Pfalz
Rheinland-Pfalz

Hotel Krone
★★★★
Hauptstr. 62-64 / ✉ 76863 Ortsteil Hayna
www.hotelkrone.de / T.: +49 7276 5080 / info@hotelkrone.de
7 E € 105/190 / 44 D € 170/240 / 9 S € 210/315

Die Gastlichkeit der Familie Kuntz reicht zurück bis ins 17. Jahrhundert. Seit damals zieht das Hotel Reisende an, die eine private Atmosphäre bevorzugen. Zur Hotelausstattung gehören ein Wellnessbereich mit Schwimmbad, eine Saunalandschaft plus Fitnessraum sowie hauseigene Tennisplätze. Wohltuende Massagen unter fachkundigen Händen sorgen für Entspannung pur. Seit April 2022 werden hier im ersten CBD-Spa Deutschlands wohltuende Cannabidiol-Anwendungen verabreicht. Feinste Küche gibt es im Gourmet-Restaurant, regionale Spezialitäten im gemütlichen Ambiente der Pfälzer Stuben und hausgemachten Kuchen auf der herrlichen Sonnenterrasse.

Herzlake
Niedersachsen

Hotel Aselager Mühle
★★★★
Zur Alten Mühle 12 / ✉ 49770 Ortsteil Westrum
www.aselager-muehle.de / T.: +49 5962 93480
info@aselager-muehle.de
15 E € 91/161 / 28 D € 121/171 / 6 S € 181/191
1 App. zu € 201 /

In familiärer Atmosphäre kann sich der Gast dieses schönen Hotels rundum wohlfühlen. Die Zimmer sind mit modernem Komfort ausgestattet. Ein vielseitiges Sport- und Freizeitangebot sorgt für Erholung. Das traditionelle Gutsherrenbüfett ergänzt jeden Freitagabend die gehobene Regionalküche des „Mühlen-Restaurants". Weinstube und Hotelbar laden ein.

Heßheim
Rheinland-Pfalz

Landhotel Hopp (g)
★★★
Großniedesheimer Str. 44 / ✉ 67258
www.landhotel-hopp.de / T.: +49 6233 37780
info@landhotel-hopp.de
8 E € 71/86 / 43 D € 104/126 / 1 S ab € 128
1 App. € 126/152 / Frühstück € 9 /

Zwischen Ludwigshafen und Neustadt gelegen bietet das Landhotel Hopp dem Gast sehr viele Möglichkeiten, die Weinstraße und Kurpfalz von ihrer schönsten Seite kennenzulernen. Auch für Geschäftsreisende bietet sich ein gemütliches Zuhause. Im angegliederten Weingut findet der Gast ein gutes Tröpfchen, für sich oder für Freunde.

Hiddenhausen
Nordrhein-Westfalen

Hotel Freihof
★★★★
Herforder Str. 118 / ✉ 32120 Ortsteil Schweicheln-Bermbeck / www.hotel-freihof.de
T.: +49 5221 9944990
info@hotel-freihof.de
10 E € 69/99 / 30 D € 99/119 / 2 S € 109/139

Eingebettet in grüne Landschaft und trotzdem verkehrsgünstig liegt dieses familiär geführte Landhotel. Die angenehmen Zimmer sind mit viel Sinn für Harmonie und Stil eingerichtet. Kulinarische Köstlichkeiten in einer gepflegten Atmosphäre genießt der Gast im Restaurant. Hotelbar und Bierstube laden zum Verweilen ein.

Hilden
Nordrhein-Westfalen

Hotel am Stadtpark
★★★

Klotzstr. 22 / ✉ 40721
www.hotel-stadtpark.de
T.: +49 2103 5790 / info@hotel-stadtpark.de
74 E € 79/249 / 33 D € 114/309 / 2 App. € 135/350
Frühstück € 13

Aus der Gründerzeit stammt das in der Stadtmitte gelegene, denkmalgeschützte Haus mit familiärer Atmosphäre. Die Zimmer verfügen über eine großzügige Ausstattung. Tagungs- und Veranstaltungsmöglichkeiten für bis zu 150 Personen. Restaurant mit Kamin und Terrasse.

Hildesheim
Niedersachsen

Van der Valk Hotel Hildesheim
★★★★

Markt 4 / ✉ 31134 Ortsteil Mitte
hildesheim.vandervalk.de
T.: +49 5121 3000
info@hildesheim.valk.com
6 E € 89/339 / 104 D € 109/359 / Frühstück € 16

Am historischen Marktplatz befindet sich hinter denkmalgeschützten Fassaden ein Hotel mit unvergleichlichem Charme. Von den geschmackvoll eingerichteten Zimmern beeindrucken einige mit Marktplatzblick. Das Restaurant „Gildehaus" begeistert mit einer fantasievollen, internationalen Küche. Entspannte Atmosphäre in der eleganten Bar. Räumlichkeiten für Veranstaltungen aller Art.

Hillesheim (Eifel)
Rheinland-Pfalz

Das Krimihotel
★★★

Am Markt 14 / ✉ 54576
www.krimihotel.de
T.: +49 6593 98089600
info@krimihotel.de
4 E € 69/69 / 10 D € 89/89 / 4 S € 109/109
2 App. € 129/198 / @

In der Vulkaneifel, dort wo bekannte Autoren der Region ihren kriminalistischen Stempel aufgedrückt haben, befindet sich das erste Krimihotel Deutschlands. Alle Zimmer und Suiten sind individuell mit Details bekannter Kriminalromane eingerichtet. Nostalgischer Clubraum.

Thalasso: Eine Thalasso-Therapie umfasst verschiedene Bahandlungsformen mit und aus dem Meer, wie Packungen oder Bäder mit Schlamm und Algen, aber auch Wanderungen am Strand. Wichtiger Faktor ist die Meeresnähe mit dem gesunden Küstenklima (griechisch „Thalasso": „Heilbehandlung durch das Meer").

Hilpoltstein
Bayern

Zum schwarzen Ross
★★★

Markt Str. 8-10 / ✉ 91161 / www.hotelschwarzesross.de
T.: +49 9174 47950 / info@hotelschwarzesross.de
7 E € 62/75 / 13 D € 79/115 / 3 S € 135/150
Frühstück € 10 / @

Im familiären Stil geführtes Hotel, direkt am Marktplatz von Hilpoltstein gelegen. Gemütliche Zimmer mit zum Teil rustikaler und moderne Einrichtung im „Schwarzen Ross". Im benachbarten Gasthaus Gutmann zur Post kann der Gast zu Abend essen und gepflegt ein Bierchen trinken.

Bad Hindelang
Bayern

Panoramahotel Oberjoch
★★★★

Paßstr. 41 / ✉ 87541 Ortsteil Oberjoch
www.panoramahotel-oberjoch.de / T.: +49 8324 93330
info@panoramahotel-oberjoch.de
69 D € 204/238 HP / als E € 234/268 HP
45 S € 226/310 HP / @

Ein Domizil für Gourmets, Naturliebhaber und Kraftsuchende ist das familiengeführte Firstclass-Wellness-Hotel in den Bayerischen Alpen. Neben der guten Luft in 1.200 Metern Höhe genießen Gäste die ruhigen Nächte in den heimeligen Zimmern und Suiten, die alle über einen Balkon mit herrlicher Aussicht verfügen. Der 3.000 Quadratmeter große Alpin-Spa-Bereich bietet ausreichend Raum zur Erholung. Panorama-Restaurant für Hausgäste und das À-la-Carte-Restaurant „Steak Zwölfhundert NN". Hotelbar.

Prinz-Luitpold-Bad
★★★★

Andreas-Gross-Str. 7 / ✉ 87541 Ortsteil Bad Oberdorf
www.luitpoldbad.de / T.: +49 8324 8900
info@luitpoldbad.de
8 E € 113/168 / 73 D € 162/322 / 2 S € 236/450
@

Das 1864 erbaute traditionsreiche Hotel liegt ruhig am Südhang und steht für stilvolle Lebensfreude. Charme und Atmosphäre der Prinzregentenepoche verbinden sich hier mit modernsten Bequemlichkeiten. Den Gästen steht mit dem „Quelldorado", einer 1.500 Quadratmeter großen Badelandschaft, die von eigenen Quellen gespeist wird, ein ungewöhnlich attraktiver Wellnessbereich zur Verfügung; eigene Schwefelquelle und alpines Hochmoor. Restaurant mit regionaler Küche; Café-Terrasse.

Hinterzarten
Baden-Württemberg

Boutique-Hotel Alemannenhof
★★★★

Bruderhalde 21 / ✉ 79856 Ortsteil Bruderhalde
www.hotel-alemannenhof.de / T.: +49 7652 91180
info@hotel-alemannenhof.de
29 D € 60/135 / als E € 60/135 / 1 S € 100/160
11 App. € 60/135 /

Direkt am Titisee liegt das traditionelle Schwarzwaldhaus mit direktem Zugang zum See, Badesteg und Bootssteg. Individuell sind die Gästezimmer - jedes ein Unikat - fein und mit viel Liebe gestaltet. Das Hotel verfügt über eine See-Terrasse mit herrlichem Blick auf den Titisee. Das Restaurant bietet regionale sowie internationale Crossover-Küche mit frischen Zutaten, variantenreich und mit Raffinesse zubereitet.

Erfurths Bergfried
★★★★

Sickinger Str. 28 / ✉ 79856 / www.bergfried.de
T.: +49 7652 1280 / info@bergfried.de
8 E € 160/195 HP / 28 D € 330/390 HP
6 S € 400/500 HP / 2 App. € 440/460 HP

Das Ferien & Wellnesshotel liegt am Rand des beliebten Heilklimakurortes, nahe am Wald und an den Wanderwegen. Es verzichtet bewusst auf Angebote für Kinder. Die Gäste schätzen die Ruhe und Erholung im Haus. Die Schwimmbad- und Saunalandschaft bietet auf 850 Quadratmetern viel Platz zur Erholung und Entspannung. Im neuen SPA Kosmetik-, Wellness- und Massagebehandlungen. In den Restaurantstuben wird eine marktfrische und regionale Küche angeboten.

Waldhotel Fehrenbach
★★★

Alpersbach 9 / ✉ 79856 Ortsteil Alpersbach
www.waldhotel-fehrenbach.de
T.: +49 7652 91940
info@waldhotel-fehrenbach.de
1 E € 88/98 / 13 D € 128/138 /

Ruhig und abgeschieden in der Nähe des Feldbergs gelegen, bietet sich das komfortable Hotel als guter Ausgangspunkt für ausgedehnte Wanderungen an. Die Zimmer sind freundlich und gemütlich eingerichtet. Das ausgezeichnete Restaurant „Zur Esche“ serviert feine Schwarzwälder Spezialitäten mit erlesenen Kräutern und setzt den Fokus auf frische, regionale Produkte.

Parkhotel Adler
★★★★★

Adlerplatz 3 / ✉ 79856
www.parkhoteladler.de
T.: +49 7652 1270 / info@parkhoteladler.de
6 E € 199/229 VP / 28 D € 358/438 VP / 22 S € 458/738 VP

Schöner kann man in Hinterzarten nicht wohnen: Seit 1446 ist das exklusive Hotel im Familienbesitz. Das reizvolle Haus verfügt über liebevoll und modern-elegant gestaltete Zimmer. Ein exklusiver Wellness-Pavillon bietet auf zwei Ebenen (500 Quadratmeter Fläche) ein umfangreiches Angebot für Fitness, Schönheit und Entspannung. Der Chefkoch mit seiner Brigade sorgt in verschiedenen Restaurants für regionale und internationale Gaumenfreuden auf hohem Niveau. Hotelbar, Café-Terrasse, exzellente Freizeit- und Sportmöglichkeiten sowie professionelle Tagungsräume; hauseigene Golfcaddys zur Fahrt auf die drei Kilometer entfernte Golfanlage.

Höchenschwand
Baden-Württemberg

Wander- & Wellnesshotel Nägele
★★★★

Bürgermeister-Huber-Str. 11 / ✉ 79862
www.hotel-naegele.de / T.: +49 7672 93030
info@hotel-naegele.de
9 E € 88/92 / 28 D € 87/102 / 2 S € 120/120

Charakteristisch für dieses familiär geführte Urlaubshotel ist der persönliche Service. Erholung findet der Gast im schönen Garten, im wohltuenden Wellnessbereich mit Whirlpool, Dampfbad, Infrarotkabine, Salzgrotte, Aroma-, Kräuter- und Finnischer Sauna sowie in den gemütlichen Wohlfühlzimmern, teilweise rollstuhlgerecht. Restaurant und Maximilian-Stube sorgen für das leibliche Wohl. Seminarraum.

Hof (Saale)
Bayern

Hotel Central
★★★★

Kulmbacher Str. 4 / ✉ 95030 / www.hotel-central-hof.de
T.: +49 9281 6050 / info@hotel-central-hof.de
20 E € 95/130 / 81 D € 109/145 / 2 S € 150/220

Komfort und Gemütlichkeit bietet das in der Innenstadt gelegene Hotel seinen Gästen. Das Haus ist direkt mit der „Hofer Freiheitshalle“ verbunden. Für Entspannung sorgt der großzügige Wellnessbereich. Hervorragende regionale und mediterrane Küche im Restaurant „Kastaniengarten“; hoteleigene Indoor-Golfanlage; Spa-Lounge mit Massage- und Kosmetikabteilung.

Biosauna: Milde Sauna (50 °C) mit trockenem Raumklima, das für den Körper nicht belastend ist und zumeist mit ätherischen Essenzen kombiniert wird. Zusätzliche Farbenspiele wirken entspannend oder anregend.

Höfen an der Enz
Baden-Württemberg

Hotel Ochsen
★★★★

Bahnhofstr. 2 / ✉ 75339
www.ochsen-hoefen.de
T.: +49 7081 7910 / info@ochsen-hoefen.de
16 E € 90/105 / 34 D € 124/170 / 3 S € 200/260

In verkehrsgünstiger Lage, an der Schwarzwald-Bäderstraße, empfängt das traditionsreiche Hotel seine Besucher mit typisch Schwarzwälder Gastlichkeit. Behaglich eingerichtete Zimmer sorgen für erholsamen Wohnkomfort. Exquisite Kochkunst im gemütlichen Restaurant. Helle und freundliche Farben im neugestalteten Wellness- und Lobbybereich. Wanderwege und der Enz-Tal-Radweg führen rund um das Hotel.

Ayurveda: Die 5.000 Jahre alte altindische „Lehre vom Leben" hat das Ziel, die psychische und physische Balance wiederherzustellen. Mentale Entspannung und gesunde Lebensweise, die Bewegung und Ernährung einschließen, setzen die Kräfte der Selbstheilung frei. Eine zentrale Rolle spielen dabei die drei „Doshas", die alle Abläufe im menschlichen Organismus bestimmen. Deren unterschiedliche Gewichtung gibt Auskunft über seinen allgemeinen Gesundheitszustand.

Hofheim am Taunus
Hessen

Vital Hotel Frankfurt
★★★★

Niederhofheimer Str. 67 / ✉ 65719 Ortsteil Hofheim
www.vital-hotel-frankfurt.de
T.: +49 6192 97779800
info@vital-hotel-frankfurt.de
93 E € 99/309 / 93 D € 149/359 / 4 S € 199/469

Vor den Toren der Metropole Frankfurt gelegen, ist das Vital Hotel eine ideale Adresse für Erholungsuchende oder auch Geschäftsreisende, die die Nähe zum Flughafen und zur City zu schätzen wissen. Viele der modernen Zimmer und Suiten haben Skylineblick, ebenso wie die um sich selber drehende Panoramabar. Für Genuss sorgt das Hotel-Restaurant mit regionalen und internationalen Gerichten, als Menü oder Büfett. Über den Bademantelgang gelangen Gäste bequem in die 15.000 Quadratmeter große Rhein-Main-Therme.

Hofstetten (Baden)
Baden-Württemberg

Gasthaus Linde
★★★

Hauptstr. 1 / ✉ 77716
www.linde-hofstetten.de
T.: +49 7832 999920 / info@linde-hofstetten.de
7 D ab € 94 / als E ab € 56 / 2 App. € 50/60

Das traditionsreiche Gasthaus wurde durch ein kleines Hotel mit modernen, im gehobenen Landhausstil ausgestatteten Zimmern erweitert. Für Kinder gibt es Spielzimmer und Spielplätze. Im Restaurant sorgt eine empfehlenswerte, internationale Küche für das leibliche Wohl. Panoramaflügel mit Terrasse.

Hohen Demzin
Mecklenburg-Vorpommern

Schlosshotel Burg Schlitz
★★★★★

Burg Schlitz 1-2 / ✉ 17166 Ortsteil Burg Schlitz
www.burg-schlitz.de / T.: +49 3996 12700
info@burg-schlitz.de
14 D € 230/335 / 6 S € 330/605 / Frühstück € 30

Burg Schlitz gilt als das bedeutendste klassizistische Schloss Mecklenburg-Vorpommerns. Heute befindet sich in dem prächtigen Anwesen ein Hotel mit historischem Ambiente. Jedes der exklusiven, anspruchsvoll ausgestatteten Zimmer hat seinen eigenen Charakter. Im historischen Wappensaal ist das Restaurant untergebracht, in dem frische, marktorientierte Küche serviert wird. Café; eigene konfessionsfreie Schlosskapelle. Elegante Räume für Festlichkeiten. Pferdeboxen.

Hohenberg an der Eger
Bayern

Zum Weissen Lamm
★★

Selber Str. 1 / ✉ 95691 Ortsteil Hohenberg
www.zumweissenlamm.de / T.: +49 9233 9480
info@zumweissenlamm.de
3 E € 45/52 / 9 D € 69/80 / @

Der urige, historische Familienbetrieb, der vor 500 Jahren erbaut wurde, bietet seinen Besuchern fränkische Gastlichkeit und sehr gemütliche und liebevoll modernisierte Zimmer. Für das leibliche Wohl sorgt die ansprechende regionale Küche; Wildspezialitäten aus eigener Jagd.

Hohenkammer
Bayern

Schloss Hohenkammer
★★★★★

Schlossstr. 20 / 85411
www.schlosshohenkammer.de
T.: +49 8137 9340 / mail@schlosshohenkammer.de
105 E € 75/255 / 63 D € 95/295

Ruhe, Idylle und Konzentration findet der Gast in diesem Haus, das doch nur dreißig Autominuten von der Münchner Innenstadt entfernt ist. Die komfortabel und funktional ausgestatteten Zimmer kombiniert mit der ländlichen Stille versprechen einen guten Start in den Tag. Genießer erwartet ein breites gastronomische Spektrum von feiner regionaler Küche bis mediterran und asiatisch inspirierten Köstlichkeiten. Seminarzentrum mit modernster Kommunikationstechnik in den Veranstaltungsräumen.

Hohenroda
Hessen

Hessen Hotelpark Hohenroda
★★★

Schwarzengrunder Str. 9 / 36284 Ortsteil Oberbreitzbach / www.hotelpark-hohenroda.com / T.: +49 6676 181
info@hotelpark-hohenroda.com
35 E € 90/110 / 170 D € 137/160

Zwischen Rhön und Thüringer Wald, von viel schöner Natur umgeben, liegt das sympathische Hotel. Die Komfortzimmer sind modern ausgestattet. Ein reichhaltiges Sport- und Freizeitangebot sorgt für Abwechslung. Die Bar „History" mit Details aus dem Bergbau lädt zum Plauschen und Tanzen ein. Auch für Tagungen bestens geeignet.

Evtl. Kosten für Kurtaxen fallen in der Regel zusätzlich an.

Hohenstein (Untertaunus)
Hessen

Hofgut Georgenthal
★★★★

Georgenthal 1 / 65329 Ortsteil Steckenroth
www.hofgut-georgenthal.de
T.: +49 6128 9430
info@hofgut-georgenthal.de
11 E ab € 124 / 28 D ab € 165 / 1 S ab € 208

Zwischen Wiesen und Wäldern liegt das restaurierte, zum modernen Hotel umgebaute Hofgut. Das äußere Erscheinungsbild gleicht einem Schloss, während im Innern die Zimmer und Suiten, zwei exklusive Turmzimmer sowie die Tagungsräume elegant und modern eingerichtet sind. Kulinarisch verwöhnt die Küche im Restaurant „Giorgios" mit regionalen und mediterranen Gerichten, im Restaurant „Cantina Dunus" bei Kaffee und Kuchen. Terrasse, Raucherlounge, Beauty Spa und Regionalmuseum „Limes im Hofgut".

Höhr-Grenzhausen
Rheinland-Pfalz

Hotel Heinz
★★★★

Bergstr. 77 / 56203 Ortsteil Höhr
www.hotel-heinz.de
T.: +49 2624 94300 / info@hotel-heinz.de
18 E € 87/140 / 77 D € 152/310 / 2 S € 306/336

Mitten im Westerwald liegt das familiär geführte „Hotel Heinz". An dem traditionellen Haus schätzen die Gäste vor allem das gemütliche, mit viel Liebe zum Detail geschaffene Ambiente. Die Bade-Welt mit Beautyfarm und Massage bietet Entspannung pur. Die Restaurants verwöhnen mit traditionellen und regionalen Gerichten. Hotelbar und Biergarten.

Zugbrücke Grenzau
★★★★

Brexbachstr. 11-17 / 56203 Ortsteil Grenzau
www.zugbruecke.de / T.: +49 2624 1050
info@zugbruecke.de
6 E € 94/109 / 130 D € 139/199 / 1 S € 279/279

Schmal und kurvenreich schlängelt sich der Weg nach unten in das Brexbachtal. Oben die Burg Grenzau. Über Generationen gewachsene Architekturen präsentieren sich im Innern mit klaren Linien und zeitgemäßen Komfort. Familiär und individuell geht es im familiengeführten Privathotel mit mehreren Restaurants und Bars, Schwimmbad- und Saunalandschaft, Beauty Spa und Fitnessstudio zu.

Hohwacht
Schleswig-Holstein

Ringhotel Hohe Wacht
★★★★

Ostseering 5 / 24321 / www.hohe-wacht.de
T.: +49 4381 90080 / info@hohe-wacht.de
32 D € 139/175 / als E € 113/139 / 3 S € 195/257
60 App. € 69/159 / @

„Ankommen und sich wohlfühlen" lautet die Devise in diesem schönen Hotel, das nur 100 Meter vom Strand entfernt liegt. Elegante Zimmer und Suiten mit Whirlpool knüpfen an die mondäne Bädertradition früherer Zeiten an. Mit modernster Technik ausgestattete Tagungsräume und ein großzügiger Wellnessbereich stehen zur Verfügung. Das stilvolle Park-Restaurant mit Wintergarten pflegt eine leichte Neue Küche. Der Kamin in der Hotelhalle schafft behagliche Atmosphäre. Hotelbar.

Holzkirchen (Oberbayern)
Bayern

Hotel und Landgasthof Altwirt
★★★★

Tölzer Str. 135 / ✉ 83607 Ortsteil Großhartpenning
www.hotel-altwirt.de / T.: +49 8024 303220
info@hotel-altwirt.de
10 E € 98/140 / 24 D € 130/180 / 8 S € 180/240

In ruhiger Lage befindet sich das im mediterranen Stil gebaute und familiär geführte Hotel und Landgasthof Altwirt. Liebevoll eingerichtet sind die individuellen, in warmen Farben gehaltenen Komfortzimmer. Zwei Restaurants sorgen im gemütlichen Ambiente für das leibliche Wohl. Urige Hotelbar „Voglhäusl". Wellness- und Beautybereich.

Bad Homburg vor der Höhe
Hessen

Parkhotel Bad Homburg (g)
★★★★

Kaiser-Friedrich-Promenade 53-55
✉ 61348 Ortsteil Bad Homburg
www.parkhotel-bad-homburg.de / T.: +49 6172 8010
info@parkhotel-bad-homburg.de
40 E € 96/134 / 72 D € 116/154 / 10 App. € 154/168

Direkt am Kurpark befindet sich dieses privat geführte Hotel. Dem Gast stehen anspruchsvoll ausgestattete Zimmer und Konferenzräume mit professionellem Equipment zur Verfügung. Wellness-Oase mit modernsten Trimmgeräten, Infrarotsauna und Massageanwendungen. Das Restaurant „Limoncello" verwöhnt mit italienischer Küche, das „Steakhouse im Park" mit Steaks, Fisch und einheimischen, saisonalen Angeboten.

VP hinter dem Zimmerpreis = Preis inklusive Vollpension

Steigenberger Hotel Bad Homburg
★★★★★

Kaiser-Friedrich-Promenade 69-75
✉ 61348 Ortsteil Bad Homburg
www.bad-homburg.steigenberger.de / T.: +49 6172 1810
bad-homburg@steigenberger.de
160 D € 115/379 / 14 S € 195/499 / Frühstück € 26

Vor den Toren Frankfurts am Fuße des Taunus und am ältesten Kurpark Europas gelegen, knüpft das „Steigenberger" an eine glanzvolle Hoteltradition an. Hinter der repräsentativen Fassade öffnet sich ein Domizil im Art déco-Stil, das Großzügigkeit und Gastlichkeit ausstrahlt. Zum gastronomischen Angebot gehört die Charly's Stubb - ein gemütliches Restaurant mit moderner hessischer Küche. Beliebte Gästetreffpunkte sind ebenfalls Hotelbar und Sommerterrasse.

VP hinter dem Zimmerpreis = Preis inklusive Vollpension

Hopferau
Bayern

Schloss zu Hopferau
★★★★

Schloßstr. 9-11 / ✉ 87659
www.schloss-hopferau.com
T.: +49 8364 984890 / info@schloss-hopferau.com
4 E € 94/104 / 11 D € 128/208 / 1 S € 295/581

Das über 550 Jahre alte einstige Jagdschloss fügt sich in die hübsche dörfliche Landschaft des Allgäu und bietet Wolfsskulpturen zum Verkauf. Umfangreich renoviert, erstrahlt das gesamte Gebäude in neuem Glanz. Großzügige und hochwertig eingerichtete Gästezimmer. Die Schloss-Gastronomie genießt über die Region hinaus einen guten Ruf. Schöner Biergarten.

Hornbach
Rheinland-Pfalz

Kloster Hornbach
★★★★

Im Klosterbezirk / ✉ 66500
www.kloster-hornbach.de
T.: +49 6338 910100 / info@kloster-hornbach.de
4 E € 99/169 / 29 D € 129/250 / 15 S € 199/260

Ruhe und Erholung findet der Gast in diesem exklusiven Hotel, das inmitten eines ehemaligen Benediktinerklosters aus dem Jahre 742 liegt. Ein stilvolles Ambiente erwartet den Gast in diesem mit viel Aufwand geschaffenen Hotel. Die Zimmer wurden mit Gefühl für Form, Farbe und Materialien eingerichtet. Moderne deutsche Küche aus erstklassigen Produkten im Gourmet-Restaurant „Refugium". Regionale und rustikale Speisen werden in der Klosterschänke und im Biergarten serviert.

Lösch für Freunde
★★★★

Hauptstr. 19-21 / ✉ 66500 / www.loesch-fuer-freunde.de
T.: +49 6338 91010200 / info@loesch-fuer-freunde.de
4 D zu € 368 VP / 11 S € 378/408 VP

In diesem Landhaus sind den Gästen alle Bereiche des Gebäudes frei zugänglich. Das gilt für die Küche mit benachbartem Esszimmer ebenso wie für das gemeinschaftliche „Wohnzimmer" mit Kamin und die Weinlounge mit begehbarem Weinschrank. Lange Tische, an denen man gemeinsam Platz nimmt, sorgen dabei für kommunikative Geselligkeit. Jede Wohnwelt wartet mit einer modernen und großzügigen Einrichtung auf. Die Sauna-Oase auf dem Dach rundet das Wohnerlebnis ab. Terrasse mit Whirlpool und Panoramablick.

Der Schrecksee ist eines von vielen kleinen Bergparadiesen im Allgäu

Hornberg
Baden-Württemberg

Hotel Schloss Hornberg
★★★

Auf dem Schlossberg 1 / ✉ 78132 Ortsteil Stadtgebiet
www.schloss-hornberg.de
T.: +49 7833 96550
info@schloss-hornberg.de
9 E € 69/115 / 29 D € 99/155

Hoch über dem romantischen Gutachtal präsentiert sich das Schloss in einer Parkanlage an der Stätte des berühmten „Hornberger Schießens“. Das Haus bietet einen reizvollen Rahmen für einen schönen Aufenthalt in stilvollen Zimmern. Gutbürgerliches Restaurant mit regionalen Spezialitäten; jeden 1. Samstag im Monat „Rittermahl“ unterhalb des Schlosses.

Hörnum
Schleswig-Holstein

Budersand Hotel, Golf & Spa
★★★★★

Am Kai 3 / ✉ 25997 / www.budersand.de
T.: +49 4651 46070 / hotel@budersand.de
8 E € 235/275 / 45 D € 285/490 / 22 S € 410/1350

Im ruhigen Süden Sylts verbindet dieses Luxushotel eindrucksvolle Architektur, beispiellosen Genuss und unzählige Entspannungsmöglichkeiten. Direkt am Meer erbaut, fügen sich vier, über Brücken verbundene Häuser behutsam in die raue Natur ein. Große Lichthöfe schaffen eine Verbindung zum Leben des Foyers, des Restaurants und des luxuriösen Spa-Bereichs. Die moderne Innenarchitektur zeichnet sich durch sportlich elegantes Design kombiniert mit edlen und exklusiven Naturmaterialien aus. In den öffentlichen Bereichen verleiht Großzügigkeit dem Haus eine gelöste und sehr private Atmosphäre. Mit klassischer Küche, neu, modern und raffiniert interpretiert verwöhnt das Restaurant „KAI3“.

HP hinter den Zimmerpreis = Preis inkl. Halbpension.

Hörstel
Nordrhein-Westfalen

Parkhotel Surenburg
★★★★

Surenburg 13 / ✉ 48477 Ortsteil Riesenbeck
www.parkhotel-surenburg.com / T.: +49 5454 93380
info@parkhotel-surenburg.com
1 E € 95/125 / 28 D € 159/209 / 1 S € 280/340

Am Rande des Teutoburger Waldes liegt dieses familiär geführte Hotel, direkt neben dem Wasserschloss Surenburg. Geschmackvoll eingerichtete Gästezimmer im modern gehobenen Landhausstil. Die Küche des Restaurants verwöhnt mit raffinierten, regionalen Gerichten aus heimischen Produkten. Biergarten.

Höxter
Nordrhein-Westfalen

Ringhotel Niedersachsen
★★★★

Grubestr. 3-7 / ✉ 37671 / www.hotelniedersachsen.de
T.: +49 5271 6880 / info@hotelniedersachsen.de
35 E € 82/115 / 43 D € 120/190 / 2 S € 220/220

Zentral im historischen Stadtkern sehr ruhig gelegen, hat das Privathotel eine über 75-jährige Tradition. Die Zimmer sind komfortabel ausgestattet und verfügen teilweise über einen Balkon. Badelandschaft „Corbie-Therme“ mit angeschlossenem Wellness-Center. Hochwertige Küche im Restaurant „Huxori-Stube“ mit heimischen und internationalen Spezialitäten. Moderne Tagungsräume und Biergarten.

Husum
Schleswig-Holstein

Genießer Hotel Altes Gymnasium
★★★★

Süderstr. 2-10 / ✉ 25813
www.geniesserhotel-altes-gymnasium.de
T.: +49 4841 8330
info@altes-gymnasium.de
12 E € 119/169 / 35 D € 195/239 / 6 S € 295/329

Das unter Denkmalschutz stehende historische Gebäude wurde 1867 als Gymnasium erbaut und hat bis heute seine Tradition bewahrt. Die luxuriösen Zimmer verfügen über hohen Komfort, elegante Bäder und eine faszinierende Atmosphäre. In der ehemaligen Turnhalle befindet sich heute das schöne Schwimmbad. Das stilvolle Abend-Restaurant „Eucken“ bietet den passenden Rahmen für frische gehobene Küche aus regionalen Produkten. Leichte Neue Küche im Restaurant „Alte Schule“.

I/J

Bad Iburg
Niedersachsen

Landidyll Hotel Gasthof zum Freden
★★★

Zum Freden 41 / ✉ 49186
www.hotel-freden.de
T.: +49 5403 4050 / info@hotel-freden.de
7 E € 90/115 / 29 D € 135/165 / 3 S € 195/195

Im Jahr 1879 begann im „Hotel zum Freden“ jene Familientradition, die sich bis heute fortsetzt. Im Laufe der Jahrzehnte entwickelte sich das Haus zu einem modernen und doch familiär-persönlichen Hotel, das sich mit ländlicher Lebensfreude, herzlichem Service, gehobener Gastronomie und zeitgemäßem Komfort präsentiert. Professionelle Tagungsmöglichkeiten. Idealer Ausgangspunkt für Wander- und Radtouren.

Idstein
Hessen

Hotel Höerhof
★★★★

Obergasse 26 / ✉ 65510
www.hoerhof.de
T.: +49 6126 50026
info@hoerhof.de
7 D ab € 126 / als E € 98/113 / 7 S € 128/156

In ruhiger Lage in der Stadtmitte beherbergt die vierflügelige Renaissance-Anlage (erbaut 1620-26) ein modernes Hotel. Die Zimmer verfügen über sehr guten Komfort. Die Konferenzräume bieten neueste Technik. In der Nähe befindet sich ein 18-Loch-Golfplatz. Das Restaurant serviert regionale und leichte, frische Küche; Gartenlokal.

Iffeldorf
Bayern

Landgasthof Osterseen
★★★

Hofmark 9 / ✉ 82393 / www.landgasthof-osterseen.de
T.: +49 8856 9286-0 / Landgasthof@osterseen.de
10 E € 95/115 / 10 D € 125/145 / 4 S € 180/195

In ruhiger, idyllischer Lage im Naturschutzgebiet Osterseen liegt dieses sehr angenehme Hotel. Hier fühlen sich Gäste wohl, die das Besondere schätzen. Entspannung und Erholung garantieren die elegant eingerichteten Gästezimmer. Im ländlich gepflegten Stil ist das Restaurant gestaltet, das gehobene regionale und saisonale Küche bietet.

Illschwang
Bayern

Landhotel Weißes Roß
★★★★

Am Kirchberg 1 / ✉ 92278 / www.weisses-ross.de
T.: +49 9666 18805-0 / info@weisses-ross.de
1 E € 89/89 / 41 D € 174/264 / 3 S € 284/410

Idyllisch liegen Landgasthof und Hotel auf dem Kirchberg. Tradition wird in diesem Familienbetrieb großgeschrieben. Die individuell gestalteten Zimmer sind wohnlich und komfortabel eingerichtet. Der großzügige Wellness-Bereich mit Hallenbad und Außenbecken lädt zum Entspannen ein und in den gemütlichen Gaststuben lässt es sich vorzüglich speisen. Hotelbar, Biergarten.

Ilsenburg (Harz)
Sachsen-Anhalt

Berghotel Ilsenburg
★★★★

Suental 5 / ✉ 38871 Ortsteil Ilsenburg
www.berghotel-ilsenburg.de / T.: +49 39452 900
info@berghotel-ilsenburg.de
1 E ab € 80 / 29 D ab € 130 / 3 S ab € 170
3 App. ab € 150

Das Berghotel der gehobenen Klasse liegt idyllisch auf einer Anhöhe über der Stadt und bietet den Gästen einen wunderschönen Ausblick auf das Harzvorland. Angenehme Zimmer und stilvoll eingerichtete Räumlichkeiten laden zum Wohlfühlen ein. Entspannung bietet ein Wellnessbereich. Das Restaurant sorgt mit seiner abwechslungsreichen Küche für ein kulinarisches Verwöhnprogramm. Hotelbar, Raucher-Lounge mit Humidor.

Landhaus Zu den Rothen Forellen
★★★★★

Marktplatz 2 / ✉ 38871 Ortsteil Ilsenburg
www.rotheforelle.de / T.: +49 39452 9393
info@rotheforelle.de
4 E ab € 115 / 67 D € 165/300 / 5 S ab € 350

Direkt am Naturpark Hochharz liegt dieses Landhaus im historischen Städtchen Ilsenburg. Seine Urspünge reichen zurück bis in das Jahr 1574. Das unmittelbar am Forellensee gelegene Hotel mit seinen elegant eingerichteten Zimmern und Suiten und der kreativen Küche im Gourmet-Restaurant Forellenstube wird höchsten Ansprüchen gerecht. Großzügig angelegte Bade- und Saunalandschaft mit Beautybereich. Eine gemütliche Lounge und die Kaminbar laden zum Entspannen ein.

Immenstaad am Bodensee
Baden-Württemberg

Hotel Heinzler am See
★★★★

Strandbadstr. 3 / ✉ 88090 Ortsteil Immenstaad
www.heinzleramsee.de / T.: +49 7545 93190
info@heinzleramsee.de
2 E € 69/110 / 14 D € 138/216 / 9 S € 176/282
2 App. € 194/302

→

Erholung und Tradition verbindet dieses direkt am Bodensee gelegene Haus mit wohltuender heimeliger Atmosphäre. Elegante Behaglichkeit mit Komfort sorgt für Entspannung. Die großzügig eingerichteten Zimmer haben einen Blick auf den See. Die gute Küche im Restaurant serviert kulinarische Köstlichkeiten der Region; rustikale Bauernstube.

Ingelheim am Rhein
Rheinland-Pfalz

Fetzers Landhotel
★★★★

Gaulsheimer Str. 14 / ✉ 55218 Ortsteil Sporkenheim
landhotel-fetzer.de / T.: +49 6725 30130
info@fetzersgastro.de
14 D € 104/125 / als E € 75/84 / O @ ·)) P □

Besonders für Kurzurlauber, Radfahrer und Wanderer empfiehlt sich dieses ruhig gelegene Haus in modernem Landhausstil. Aufmerksamer Service und familiäre Gastlichkeit gehören zum Charakter des Hotels mit einem angenehmen Ambiente. Sehr gemütliche, zeitgemäß ausgestattete Zimmer. Ausgezeichnete Küche in „Fetzer's Restaurant Lindenhof".

Iserlohn
Nordrhein-Westfalen

Romantik Hotel Neuhaus
★★★★

Lösseler Str. 149 / ✉ 58644 Ortsteil Lössel
www.hotel-neuhaus.de / T.: +49 2374 97800
info@hotel-neuhaus.de
7 E € 78/115 / 23 D € 114/160 / 3 S € 158/200
O ● ≋ @ ·)) P □ ≈

Ein außergewöhnliches Haus in dem sich neben Kunst, Kultur und Kreativität auch gehobene Lebensart und anspruchsvolle Gastlichkeit verbinden. Bis ins Jahr 1753 reicht die Geschichte dieses von einem Skulpturengarten umgebenen Hotels zurück in welchem bis heute liebevoll der Charme einer vergangenen Zeit angenehm bewahrt wird, ohne auf modernsten Komfort zu verzichten. Die Zimmer und Suiten sind individuell und zeitgemäß eingerichtet. Spezialitäten aus der Region und internationale Küche.

Isny im Allgäu
Baden-Württemberg

Berghotel Jägerhof
★★★★

Jägerhof 1 / ✉ 88316 Ortsteil Beuren
www.berghotel-jaegerhof.de / T.: +49 7562 770
info@berghotel-jaegerhof.de
5 E € 99/109 / 74 D € 190/220 / 9 S € 220/280
● @ ·)) P □ ≈

Die ruhige Lage mit einzigartigem Alpenpanorama zeichnet dieses sehr ansprechende, urgemütliche Urlaubshotel aus. Fast alle Zimmer und Suiten haben Südlage und einen Balkon. Erholung finden die Gäste in einer attraktiven Bade- und Thermenlandschaft. Das elegante Restaurant bietet Spezialitätenbüfetts und bereitet regionale Leckerbissen aus dem Allgäu auf frische und leichte Art zu. Großzügige Empfangshalle mit offenem Kamin, gemütliche Hotelbar und Café-Terrasse gehören zum Haus.

Isselburg
Nordrhein-Westfalen

Romantik Parkhotel Wasserburg Anholt
★★★

Klever Str. 2 / ✉ 46419 Ortsteil Anholt
www.schloss-anholt.de / T.: +49 2874 4590
info@schloss-anholt.de
4 E € 109/109 / 19 D ab € 169 / 8 S € 240/340
O ● @ ·)) P □

Inmitten des 42 ha großen Schlossparks liegt das Wasserschloss ruhig, umgeben vom Wasser der Burggräfte. Gastlichkeit, Natur und Geschichte verbinden sich an diesem Ort. Neben dem wunderschönen Schlosspark gehört auch ein Museum, eine 18-Loch-Golfanlage und der Biotopwildpark Anholter Schweiz zu dem Ensemble. Das Restaurant bietet eine feine regionale Küche mit mediterranem Einfluss und erlesenen Weinen.

≋ Zimmer klimatisiert / Zimmer rollstuhlgerecht
@ Zimmer mit Internet / ·)) WLAN im Hotel
Tiere nicht willkommen

Jena
Thüringen

Gasthaus Zur Noll
★★★

Oberlauengasse 19 / ✉ 07743 Ortsteil Zentrum
www.zurnoll.de / T.: +49 3641 59770
zur.noll@t-online.de
5 E ab € 78 / 37 D ab € 96 / 3 App. ab € 121
@ ·)) P □

Das traditionsreiche Gasthaus aus dem 16. Jahrhundert inmitten der Stadt beherbergt heute ein hübsch eingerichtetes Hotel mit individuellen Gästezimmern. Das urige Restaurant serviert Thüringer Küche; Biergarten. Wechselnde Ausstellungen und Musikabende.

Steigenberger Esplanade Jena
★★★★

Carl-Zeiss-Platz 4 / ✉ 07743 Ortsteil West
www.jena.steigenberger.de / T.: +49 3641 8000
reservations@jena.steigenberger.de
13 E € 89/160 / 114 D € 89/160
13 S € 129/350 / App. € 129/160 / Frühstück € 15
≋ @ ·)) P

In die „Goethe-Galerie", eine der modernsten und exklusivsten Einkaufspassagen Thüringens, wurde das „Esplanade" integriert. Ein Traum aus Licht, Glas und architektonischer Perfektion erwartet den Besucher hier. Die Zimmer sind elegant und luxuriös eingerichtet, die Tagungsräume mit modernster Technik ausgestattet. Das Restaurant „Rotonda" empfiehlt sich nicht nur Hotelgästen. Bistro-Bar „B 12".

Jever
Niedersachsen

Hotel im Schützenhof
★★★

AE MasterCard VISA EC

Schützenhofstr. 47 / ✉ 26441
www.schuetzenhof-jever.de / T.: +49 4461 9370
info@schuetzenhof-jever.de
103 E € 72/72 / 103 D € 95/103 / 2 S € 85/85

Mitten in Friesland empfängt das charmante und auf Basis ökologischer Prinzipien geführte Hotel Feiergäste und Urlauber.Die liebevoll eingerichteten Gästezimmer des Hauses überzeugen. Am Abend raffinierte, abwechslungsreiche Speisen im Restaurant. Bei schönem Wetter lädt der urige Biergarten ein.

Jonsdorf
Sachsen

Romantik Hotel Zum Lindengarten
★★★★

AE MasterCard VISA EC

Großschönauer Str. 21 / ✉ 02796
www.romantikhäuser.de / T.: +49 35844 70654
lindengarten@romantikhotels.com
2 E € 69/99 / 5 D € 50/75 / 3 S € 75/115 / ● @

Die Lage im wunderschönen Zittauer Gebirge spricht für erholsame Urlaubstage. Dazu bietet das liebevoll und denkmalgerecht restaurierte Hotel ein stilvolles und gemütliches Ambiente. Im Restaurant mit Kaminzimmer und in der historischen Blockstube werden heimischen Spezialitäten serviert.

Juist
Niedersachsen

Romantik Hotel Achterdiek
★★★★

MasterCard EC

Wilhelmstr. 36 / ✉ 26571 Ortsteil Ostdorf
www.hotel-achterdiek.de / T.: +49 4935 8040
info@hotel-achterdiek.de
5 E € 141/201 HP / 30 D € 262/342 HP / 5 S € 312/447 HP

Ostfriesische Gastlichkeit empfängt den Besucher hinter dem Deich, „achtern Diek“. Das persönlich geführte Familienhotel im eleganten Stil gestaltet den Aufenthalt in komfortablen Zimmern und noblen Ambiente sehr angenehm. Restaurant guter Küche mit Verwöhncharakter. Großzügiger Beauty- und Wellness-Bereich. Hotelbar

Hotel Pabst
★★★★

AE MasterCard VISA EC

Strandstr. 15-16 / ✉ 26571 / www.hotelpabst.de
T.: +49 4935 8050 / info@hotelpabst.de
9 E € 95/185 / 27 D € 180/350 / 15 S € 220/390
5 App. € 240/390

Nur durch eine Düne wird das ruhig gelegene Hotel vom Strand getrennt. Die Zimmer verfügen über modernen Komfort. Eine schöne Badelandschaft und ein großzügiges Wellness-Angebot sorgen für Entspannung. Für die kleinen Gäste gibt es ein Kinderparadies. Nordseefisch und Regionales sorgen im Restaurant für kulinarische Freuden.

Strandhotel Kurhaus Juist
★★★★

EC

Strandpromenade 1 / ✉ 26571
www.strandhotel-kurhaus-juist.com / T.: +49 4935 9160
hotel@strandhotel-kurhaus-juist.com
4 D € 146/230 / als E € 126/213 / 48 S € 207/372
17 App. € 168/310
@

In einzigartiger Lage erhebt sich das „Weiße Schloss am Meer“. Ein spektakulärer Bau im Stil der Grand-Hotels des 19. Jahrhunderts. Mittelpunkt des Hotels ist das lichtdurchflutete, über drei Geschosse reichende Vestibül mit offenen Galerien. Die Zimmer, Appartements und Suiten bieten ganz individuell gestaltete Lebens-Räume. Selbstverständlich ist eine hochwertige Ausstattung mit stilvollen Möbeln und feinsten Stoffen. Feine, frische Küche im Restaurant „Weißer Saal“ mit Meerblick.

K

Kahl am Main
Bayern

Hotel Zeller
★★★★

Aschaffenburger Str. 2 / ✉ 63796 Ortsteil Kahl
www.hotel-zeller.de / T.: +49 6188 9180
rezeption@hotel-zeller.de
58 E € 106/220 / 23 D € 206/300 / 5 S € 230/300
@

In Unterfranken empfängt das seit 100 Jahren privat und im Familienbesitz geführte Hotel und Restaurant seine Gäste. Über Generationen gewachsen, besteht das Firstclass-Hotel aus einem historischen Haupthaus, hier befinden sich Restaurant und Rezeption, und einem modernen Anbau. Die Zimmer und Suiten sind stilvoll und mit viel Liebe eingerichtet. Ein Erholungsbereich mit Fitnessraum, Schwimmbad und Sauna sorgt für Entspannung. Terrasse mit Lounge-Charakter unter alten Bäumen.

Kaisersbach
Baden-Württemberg

Hotel Reich am Ebnisee
★★★

Ebnisee 2 / ✉ 73667 Ortsteil Ebnisee
www.hotel-reich-ebnisee.de / T.: +49 7184 2938020
ebnisee@hotel-reich.de
4 E ab € 75 / 11 D ab € 99 / @

Direkt am Ebnisee (mitten in der Schwäbischen Alb) in waldreicher Umgebung liegt dieses Hotel, das Wochenendausflügler und Businessreisende gleichermaßen anlockt Es gibt moderne, schöne Zimmer mit viel Holzausstattung, Aussicht aufs Wasser und natürlich Gratis-WLAN. Im Almrestaurant und Café Himmelreich mit rustikalem Holzinterieur und großer Terrasse mit Seeblick lässt es sich gemütlich verweilen oder ausgelassen feiern.

Kostenloser später Check-out: Nachfragen lohnt sich immer!

Kaiserslautern
Rheinland-Pfalz

Alcatraz Hotel am Japanischen Garten (g)
★★

Morlauterer Str. 1 / ✉ 67657
www.alcatraz-hotel.com
T.: +49 631 4140400 / info@alcatraz-hotel.com
54 D € 89/139 / als E € 69/119 / 2 S € 119/159
@

Ein wenig Knast-Feeling soll aufkommen in dem ehemaligen Gefängnis (im Stadtzentrum), das zu einem einfachen Hotel umfunktioniert wurde. Zu sehen gibt es viele Gitter, hohe Backsteinmauern und kleine Fenster. Auf Komfort muss allerdings niemand verzichten. Doch die verfügbaren Schlafanzüge im Sträflingslook müssen dann doch nicht sein ...

Hotel Barbarossahof
★★★★

Eselsfürth 10 / ✉ 67657 Ortsteil Eselsfürth
www.barbarossahof.com / T.: +49 631 41440
hotel@barbarossahof.com
10 E € 79/173 / 128 D € 102/208 / 4 S € 175/250
@

Dank eines engagierten Hotelteams erfährt der Gast im Barbarossahof eine sehr persönliche Betreuung. Die behaglichen Zimmer sind stilvoll, komfortabel und mit viel Geschmack eingerichtet. Es gibt Bankettträume und kleines Fitnesscenter plus Sauna. Internationale und saisonale Pfälzer Küche im gemütlichen Restaurant. Biergarten und Hotelbar.

Saks Urban Design Hotel Kaiserslautern
★★★★

Stiftsplatz 11 / ✉ 67655 / www.sakshotels.com
T.: +49 631 361250 / contact@sakshotels.com
74 D ab € 139 🍷 / als E ab € 119 🍷 / 18 S ab € 159 🍷
@

Urban Design in Reinkultur im Zentrum der Stadt - Reisende erleben eine angenehme, diskrete Atmosphäre und finden die optimale Infrastruktur für einen geschäftlichen wie privaten Aufenthalt vor. Das Interieur und die Multimedia-Ausstattung in den Zimmern und Suiten sind hochwertig und von zeitloser Aktualität. Extravagante Lobby mit Kamin. Rooftop-Spa. Im Restaurant werden eine authentische Fusionsküche aus der Pfalz und frisch zubereitete internationale Spezialitäten serviert.

Kaisheim
Bayern

Schloss Leitheim
★★★★

Schloßstr. 1 / ✉ 86687 Ortsteil Leitheim
www.schloss-leitheim.de
T.: +49 9097 485980
info@schloss-leitheim.de
47 D € 200/240 / als E € 125/145 / 2 S ab € 250
@

Mit außergewöhnlich historischem Ambiente heißt das bei Donauwörth auf einer Anhöhe gelegene Schloss Ensemble seine Gäste willkommen. Die neuen Zimmer und Suiten im Hotel sind mit kostbaren Stoffen in harmonischen Farben und ausgewähltem Interieur eingerichtet. Gehobene, regionale Küche und feine Weine verwöhnen in den getäfelten Stuben des „Weingärtnerhauses“. Entspannung bieten der elegante Spabereich oder die Gartenanlage mit herrlichem Blick über die Donauauen. Hochzeiten finden in der Schlosskirche den idealen Rahmen, die Leitheimer Schlosskonzerte begeistern im Rokokosaal. Golfplatz in der Nähe.

Kalkhorst
Mecklenburg-Vorpommern

Schlossgut Gross Schwansee
★★★★

Am Park 1 / ✉ 23942 Ortsteil Groß Schwansee
www.schwansee.de / T.: +49 38827 88480
info@schwansee.de
50 D € 108/198 / als E € 98/168 / 13 S € 128/258
O ● P □

1745 erbaute Freiherr von Booth dieses Schloss an der Ostsee. Heute erwartet Gäste in dem Schlossgut eine einzigartige Symbiose aus Natur, Lifestyle und Tradition. Zum Träumen laden die eleganten Hotelzimmer und Suiten im Schloss und im Parkgebäude ein, zum Genuss die feine Küche in einem der beiden exklusiven Restaurants. Die unberührte Natur und der Schlosspark versprechen ebenso Entspannung wie das Wellnessangebot des Hauses.

Kampen (Sylt)
Schleswig-Holstein

Haus Rechel (g)
★★

Kroghooger Wai 3 / ✉ 25999 / www.haus-rechel.de
T.: +49 4651 98490 / info@haus-rechel.de
3 E € 55/90 / 6 D € 110/130 / 1 App. € 120/130
O @ P □

Das kleine Hotel liegt in Strandnähe, teilweise mit Meerblick, inmitten eines idyllischen Gartens mit Ententeich, Rosen und Hortensien. Das behaglich eingerichtete Reetdachhaus verfügt über liebevoll gestaltete Zimmer mit individueller Ausstattung und kultivierter Atmosphäre.

Ahnenhof (g)
★★★

Kurhausstr. 8 / ✉ 25999
www.ahnenhof.de
T.: +49 4651 42645 / info@ahnenhof.de
4 E € 96/142 / 10 D € 176/303 / O @ P □

In diesem familiär geführten Hotel mit weitem Blick über die Heide und auf das Meer erwarten den Erholung suchenden Gast hell und freundlich eingerichtete Zimmer mit vielen Annehmlichkeiten. Reichhaltiges Frühstück in dem von friesischer Wohnkultur geprägten Frühstücksraum.

Rungholt
★★★★

Kurhausstr. 35 / ✉ 25999 / www.hotel-rungholt.de
T.: +49 4651 4480 / info@hotel-rungholt.de
17 E € 112/206 / 16 D € 212/350 / 32 S € 282/511
O @ P □

Einen Blick auf Nordsee, Wattenmeer, Heide und Dünen bietet dieses Familienhotel am Ortsrand seinen Gästen. In traumhafter Lage mitten im Naturschutzgebiet stehen Ruhe und Erholung im Mittelpunkt des Urlaubs. Die Gästezimmer sind luxuriös ausgestattet und lassen kaum Wünsche offen. Moderne Tagungstechnik steht in den Konferenzzimmern zur Verfügung. Das Abend-Restaurant verwöhnt mit internationalen Spezialitäten. Hotelbar und Gartenterrasse sowie 500 qm großer Wellnessbereich.

Village (g)
★★★★

Alte Dorfstr. 7 / ✉ 25999 / www.village-kampen.de
T.: +49 4651 46970 / hotel@village-kampen.de
3 D € 259/355 / 7 S € 359/885 / @ P □

Individuelle, cosmopolitische Gestaltung zeichnen dieses Suitenhotel mit dem schönen reetgedeckten Dach aus. Zum Wohlfühlen sind die Wohnräume, die zum Teil über eine eigene Terrasse mit Strandkorb verfügen. Spezialität des Hauses ist das „Spätstück“: Bis zum Mittag kann man das leckere Frühstück genießen. Hotelbar; kleine, feine Abend-Speisekarte.

Kappelrodeck
Baden-Württemberg

Gasthof Rebstock Waldulm
★★★

Kutzendorf 1 / ✉ 77876 Ortsteil Waldulm
www.rebstock-waldulm.de / T.: +49 7842 9480
info@rebstock-waldulm.de
11 D € 112/134 / als E € 62/74 / O P □

Der romantische Fachwerkgasthof aus dem Jahre 1750, ruhig an eigenen Weinbergen gelegen, beherbergt heute ein kleines Hotel mit dekorativ ausgestatteten Gästezimmern, z. T. mit Kachelofen. Empfehlenswert ist die ausgezeichnete badische Küche im nostalgischen Restaurant

Karlsruhe
Baden-Württemberg

Hotel Winterrot
★★★★

Rudolf-Link-Str. 10 / ✉ 76228 Ortsteil Grünwettersbach
www.hotelwinterrot.de / T.: +49 721 5979470
mail@hotelwinterrot.de
44 D ab € 139 / O @ P □

Einige Kilometer außerhalb der Stadt, nahe der A8 (AS Karlsbad), liegt dieses Boutique Hotel. Die schon fast luxuriös ausgestatteten Zimmer sind zwischen 22 und 40 Quadrat-

➡

meter groß und bieten 43-Zoll-Flatscreens, Regenduschen und vegane Kosmetikartikel. Obwohl primär als Businesshotel geplant, bietet sich das Haus aufgrund seiner guten Anbindungen auch für Stadtausflüge an (Karlsruhe, Ettlingen).

Maison Suisse Karlsruhe (g)

★★★

Hildebrandstr. 24 / ✉ 76227 Ortsteil Durlach
www.maison-suisse.de / T.: +49 721 406048
info@maison-suisse.de
13 E € 118/186 / 9 D € 135/238 / 1 S € 218/268

Ein elegantes Privathotel, das mit Stil, Raffinesse und Frische sich wohltuend vom Standard abhebt. Eine Symphonie von bestechenden, strahlenden Farben, edlen Stoffen, raffinierten Lichteffekten und einer herzlich persönlichen Atmosphäre hebt dieses Haus besonders hervor. Reichhaltig serviertes Frühstück, im Sommer auch im Schweizer „Gärtle", sorgt für einen guten Start in den Tag.

Schlosshotel Karlsruhe

★★★★

Bahnhofplatz 2 / ✉ 76137 Ortsteil Südweststadt
www.schlosshotelkarlsruhe.de / T.: +49 721 3832-0
info@schlosshotelkarlsruhe.de
51 E € 79/189 / 42 D € 99/209 / 3 S € 129/259

Gegenüber von Hauptbahnhof, Stadtgarten und Zoo verbindet das „Schlosshotel" alte Tradition und modernsten Hotelkomfort. Die luxuriösen Zimmer des traditionellen Hauses verfügen alle über einen individuellen Charakter. Typisch badische Gerichte werden im behaglichen Restaurant „Schwarzwaldstube" zubereitet. Raffinierte Cocktails gibt es in der Schlossbar. Komplett ausgestattete Tagungsräume stehen zur Verfügung. - Ein perfektes Umfeld zum übernachten, tagen und feiern.

Kassel
Hessen

Renthof Kassel

★★★★

Renthof 3 / ✉ 34117 Ortsteil Mitte
www.renthof-kassel.de / T.: +49 561 506680
info@renthof-kassel.de
15 E € 89/165 / 32 D € 125/225 / 8 S € 169/319
Frühstück € 15 /

Es ist das älteste Gebäude Kassels – ein ehemaliges Kloster, ein Pflegeheim, eine Ruine – bis mit dem Renthof aus dem Traditionsgebäude ein Schmuckstück geworden ist. Das daraus entstandene Hotel ist ein Quartier mit 55 exklusiven Gästezimmern und Suiten, einem Feinschmecker-Restaurant sowie einer urigen Bar mit Theke und Kamin. Dass der Renthof auch eine beliebte Eventlocation ist liegt zum einen an der Atmosphäre und dem schönen Ambiente der Räume und an der Möglichkeit im Freien, in dem idyllischen Innenhof Feste zu feiern.

Hotel Chassalla

★★★

Wilhelmshöher Allee 99
✉ 34121 Ortsteil Wehlheiden
www.hotel-chassalla.de / T.: +49 561 92790
info@hotel-chassalla.de
11 E € 57/97 / 33 D € 77/137

Mit hellen und freundlich eingerichteten Zimmern empfängt dieses moderne Hotel seine Besucher. Der Familienbetrieb legt großen Wert auf eine individuelle Betreuung seiner Gäste. Rundum-Service vom Frühstücksbüfett bei Tagungen bis zum „Schlummertrunk".

In der Zeichenerklärung im Vorspann dieses Buches sind sämtliche Piktogramme nach ihrer Zusammengehörigkeit erfasst und erklärt.

Kehl
Baden-Württemberg

Hotel Der Rebstock

★★★★

Hauptstr. 183 / ✉ 77694
www.rebstock-kehl.de
T.: +49 7851 91040 / info@rebstock-kehl.de
12 E € 85/145 / 36 D € 125/165 / 3 S € 145/230

Das ruhig gelegene, stilvolle Hotel begeistert mit individuellen, von Künstlern gestalteten Themenzimmern. Moderne Gastronomie und badische Gastlichkeit gehen eine interessante Verbindung ein. Am Abend bietet das Restaurant eine gute Küche. Schöner Hotelgarten.

Kelkheim
Hessen

Romantik Hotel Schloss Rettershof

★★★★

Rettershof 5 / ✉ 65779 Ortsteil Fischbach
www.schlosshotel-rettershof.de
T.: +49 6174 29090
info@schlosshotel-rettershof.de
1 E € 98/153 / 31 D € 140/198 / 3 S € 160/214

Bis in das Jahr 1146 geht die Geschichte dieses Hauses zurück. Heute bietet es den perfekten Rahmen für stilvolle Hochzeiten und Events, romantische Wochenenden, sowie Tagungen und Seminare in inspirierender Umgebung. Die Zimmer sind anspruchsvoll ausgestattet. In der Umgebung bestehen vielfältige Freizeitmöglichkeiten. Die Küche vom Restaurant „Retter's" verwöhnt mit saisonalen Spezialitäten.

Kempten
Bayern

Hotel Bayerischer Hof
★★★★ AE VISA

Füssener Str. 96 / ✉ 87437
www.bayerischerhof-kempten.de / T.: +49 831 57180
hotel@bayerischerhof-kempten.de
21 E € 55/96 / 26 D € 110/125 / 1 S zu € 177
2 App. zu € 135 / @

Auf eine Geschichte bis ins 15. Jahrhundert blickt dieses altehrwürdige Haus in zentraler Lage zurück. Neben einer kleinen Wellnessoase bietet das familiär geführte Hotel eine regionale Küche. Gäste schätzen die exklusiven und mit viel Liebe in unterschiedlichen Stilrichtungen eingerichteten Zimmer.

Kenzingen
Baden-Württemberg

Hotel Schieble
★★★ AE VISA

Offenburger Str. 6 / ✉ 79341 / www.hotel-schieble.de
T.: +49 7644 9269990 / info@hotel-schieble.de
10 E € 79/90 / 16 D € 109/129 / 1 S € 200/280
@

Das familiär geführte Stadthotel verfügt über schöne, gemütliche Zimmer im exklusiven Landhausstil. Viele Ausflugsziele in der Umgebung sind schnell erreichbar. Badische und französische Spezialitäten im behaglichen Restaurant. Für einen guten Start in den Tag sorgt das umfangreiche Frühstücksbüfett. Große Freiterrasse:

Ketsch
Baden-Württemberg

See-Hotel Ketsch
★★★★ AE VISA

Kreuzwiesenweg 5 / ✉ 68775 / www.seehotel.de
T.: +49 6202 6970 / info@seehotel.de
15 E € 95/150 / 54 D € 115/170 / O @

Das idyllisch an einem kleinen See gelegene Privathotel bietet dem anspruchsvollen Gast in den Hotelzimmern, die mit zeitgemäßem Komfort ausgestattet sind, und im Restaurant „Die Ente" ein gehobenes und stilvolles Ambiente. Liebevoller Service sowie gute Qualität aus Küche und Keller sorgen für einen erholsamen Aufenthalt; herrliche Gartenterrasse.

Kiel
Schleswig-Holstein

me and all hotel kiel
★★★★ AE VISA

Kaistr. 80 / ✉ 24114 Ortsteil Südfriedhof
kiel.meandallhotels.com / T.: +49 431 3630510
booking.kiel@meandallhotels.com
165 D ab € 115 / @

Ganz in der Nähe vom Hauptbahnhof und direkt an der Kieler Innenförde empfängt das moderne Stadthotel seine Besucher. Das Interieur ist mit allerlei modern-maritimen Accessoires und Motiven ausgestattet. Gemütliche Sitzgelegenheiten und Boxspringbetten gibt es in den Zimmern, während in der Lounge bepflanzte Decken, Holzplanken, Sitzkojen und Hängesessel den Besucher in ihren Bann ziehen.

Ringhotel Birke
★★★★ AE VISA

Martenshofweg 2-8 / ✉ 24109 Ortsteil Hasseldieksdamm
www.hotel-birke.de / T.: +49 431 53310
info@hotel-birke.de
11 E € 89/243 / 65 D € 149/332 / 12 S € 208/370
2 App. € 149/279 / O ● @

Nicht weit vom Stadtzentrum und der Ostsee-Förde entfernt, ruhig und idyllisch am Waldrand, liegt das familiengeführte Hotel. Wer den Norden schätzt, fühlt sich hier wohl. Das Interieur ist norddeutsch elegant gestaltet mit warmen Farben und hellem Holz. Im Restaurant „Fischers Fritz" wird bei offener Show-Küche regionale, feinheimische und saisonale Gerichte nach den Prinzipien von Slow Food serviert. Birke Spa mit Bistro, Kaminbar. Moderne Tagungs- und Veranstaltungsräume.

Romantik Hotel Kieler Kaufmann
★★★★ AE VISA

Niemannsweg 102 / ✉ 24105 Ortsteil Düsternbrook
www.kieler-kaufmann.de / T.: +49 431 88110
info@kieler-kaufmann.de
14 E € 105/155 / 42 D € 135/195 / 1 S € 185/245
Frühstück € 16 / O @

Im Villenviertel oberhalb der Kieler Förde liegt das ehemalige Herrenhaus aus dem Jahre 1911 mit eigenem Park und typisch hanseatischer Atmosphäre. Die Zimmer des inhabergeführten Hotels sind mit sehr gutem Komfort ausgestattet, inklusive WLAN. Den Landhausstil des Hauses prägt auch das schöne Kaminzimmer. Elegantes Fine-Dining-Restaurant, lichtdurchfluteter Wintergarten und Terrasse mit weitläufigem Garten.

the niu Welly Kiel
★★★★ AE VISA

Andreas-Gayk-Str. 10 / ✉ 24103 / the.niu.de
T.: +49 431 55588809 / welly@the.niu.de
113 D ab € 127 / @

Kieltouristen wohnen mitten in der City, etwa 800 Meter vom Hauptbahnhof entfernt, in 19 bis 22 Quadratmeter großen Zimmern. Ein modernes teilweise maritimes Design prägt das von außen schlichte Haus mit seinen großen Fenstern im Erdgeschoss. Die riesige Lounge mit Barbereich ist beliebter Treff und Frühstücksbereich zugleich.

Kirchheim bei München
Bayern

Beim Schrey (g)
★★★ AE VISA

Dorfstr. 14 / ✉ 85551 Ortsteil Kirchheim
www.beim-schrey.de / T.: +49 89 9077480
info@beim-schrey.de
12 E ab € 88 / 14 D ab € 118
@

Östlich von München befindet sich dieses privatgeführte Businesshotel mit moderner und komfortabler Ausstattung. Am Morgen erwartet die Gäste ein abwechslungsreiches Frühstücksbüfett, im Sommer ein solarbeheizter Swimmingpool.

Kirchzarten
Baden-Württemberg

Hofgut Himmelreich

★★

Himmelreich 37 / ✉ 79199 / www.hofgut-himmelreich.de
T.: +49 7661 98620 / info@hofgut-himmelreich.de
5 E € 39/72 / 10 D € 80/100 /

Erholsame Stunden in historischem Ambiente, verbunden mit einem herzlichem Service und einer gutbürgerlich-badischen und internationalen Küche, verspricht ein Aufenthalt im „Himmelreich“, ein integrativer Betrieb im Dreisamtal, zwischen Freiburg und Titisee.

Bad Kissingen
Bayern

Hotel Kaiserhof Victoria

★★★★

Am Kurgarten 5 / ✉ 97688 / www.kaiserhof-victoria.de
T.: +49 971 7010 / info@kaiserhof-victoria.de
57 E € 75/85 / 107 D € 129/240 / 2 S € 340/340

Ob Urlaub, Seminar oder Genießen der besonderen Art – noch heute knüpft das direkt am Kurpark gelegene Haus an die verpflichtende Grandhotel-Tradition an. Seit alters her eine der ersten Adressen des Bayerischen Staatsbades, erwartet Gäste eine gelungene Melange aus historischer Vergangenheit und modernem Komfort. Für exquisite Erholung sorgen geschmackvolle Zimmer und Suiten, eine feine regionale Küche im Restaurant „Stelldichein“ und der moderne Wellnessbereich.

Romantik Hotel Laudensacks Parkhotel

★★★★

Kurhausstr. 28 / ✉ 97688
www.laudensacks-parkhotel.de
T.: +49 971 72240 / info@laudensacks-parkhotel.de
11 E € 97/108 / 9 D € 164/194 / 1 S ab € 212

In einem verträumten Park liegt dieses schmucke kleine Hotel. Das 1901 erbaute Haus bietet heute seinen Gästen stilvoll eingerichtete, dekorative Zimmer und einen kleinen aber gut ausgestatteten Spa-Bereich. Das Restaurant serviert eine klassische Gourmetküche mit regionalen Einschlägen; Hotelbar.

Kleinblittersdorf
Saarland

Glamping Resort Biosphäre Bliesgau

★★

Zum Bergwald 6 / ✉ 66271 Ortsteil Rilchingen-Hanweiler
www.glamping-resorts.de / T.: +49 681 93271800
info@glamping-resorts.de
13 D ab € 109 /

Kein Hotel, Keine Pension, kein Resort, aber auch kein Zelt. Das Stichwort heißt „Glamour Camping“ und es findet nahe der französischen Grenze statt. Unweit der Saar übernachtet man in organisch geformten Naturhotelzimmern einer großen Gartenanlage, die sich in die vier Bereiche Wald-, Sonnen-, Wein- und Obstgarten unterteilt. Eine Hütte (gleich ein Zimmer) bietet Platz für maximal drei Personen, eine Nasszelle mit WC, Fußbodenheizung, Kühlschrank und Klimaanlage. Genau richtig für diejenigen, die mitten in der Natur verweilen und nicht auf Komfort verzichten möchten. Oder für den ein oder anderen Pilger, der den angrenzenden Jakobsweg erwandert.

Kleines Wiesental
Baden-Württemberg

Gasthof Haldenhof

★★★

Haldenhof 1 / ✉ 79692 Ortsteil Neuenweg
www.haldenhof-schwarzwald.de / T.: +49 7673 284
haldenhof@aol.com
1 E ab € 50 / 8 D ab € 80 / 3 S ab € 100

Idyllisch und ruhig liegt das Haus im oberen Teil des Kleinen Wiesentales. Behaglich eingerichtete Zimmer und die gemütliche Atmosphäre laden zum Wohlfühlen ein. Das Restaurant verwöhnt mit vielfältigen internationalen und regionalen Spezialitäten. Sehr gutes Preis-Leistungs-Verhältnis.

Klink
Mecklenburg-Vorpommern

Seehotel Schloss Klink

★★★★

Schlossstr. 6 / ✉ 17192 / www.schlosshotel-klink.de
T.: +49 3991 7470 / direktion@schlosshotel-klink.de
1 E € 65/105 / 95 D € 90/250 / 10 S € 150/300

Das 1898 in Anlehnung an die berühmten Loire-Schlösser erbaute Traumschloss eröffnete nach 100 Jahren Dornröschenschlaf seine Pforten als Hotel mit neuer Seeresidenz. Vis-à-vis der Müritz gelegen, verfügen das Schloss und die angrenzende Orangerie über individuell, mit allem Komfort eingerichtete Zimmer und Suiten. Ein großzügiger Wellnessbereich mit Panoramaschwimmbad lädt zum Entspannen ein. Vielseitig ist das Angebot der Küche in verschiedenen Restaurants. Hotelpark und Bar.

Koblenz
Rheinland-Pfalz

FÄHRHAUS Koblenz

★★★★

An der Fähre 3 / ✉ 56072 Ortsteil Metternich / faehr.haus
T.: +49 261 20171-0 / Hotel@Faehr.haus
37 D € 190/380 / 10 S € 450/2000

Direkt an der Mosel liegt dieses nachhaltig geführte Firstclass-Refugium mit bodentiefen Fenstern, Spa und Sonnenterrasse. Mit 37 modernen Zimmern, 10 exklusiven Suiten und eigenem Yachthafen mit 8 Bootsanlegeplätzen bietet das Hotel etwas für jeden Anlass. Mit Moselblick oder lieber Landblick. Mit Balkon oder lieber ohne. Kleine Suite oder lieber ein großartiges Penthouse.

Diehls Hotel

★★★★

Rheinsteigufer 1 / 56077 Ortsteil Ehrenbreitstein
www.diehls-hotel.de
T.: +49 261 97070
info@diehls-hotel.de
10 E € 69/86 / 55 D € 76/109 / 2 S € 220/390
Frühstück € 14

Der liebevoll-persönliche Service und seine mit modernem Komfort ausgestatteten Hotelzimmer zeichnen dieses altbekannte Koblenzer Hotel aus. Im ‚Esszimmer' lässt sich der ganze Tag genussvoll verbringen. Ob beim Frühstück, Kaffeekränzchen High-Tea, à la carte Speisen – es gibt für jeden etwas. Die drei Tagungs- und sechs Gruppenräume verfügen über professionelle Konferenztechnik. Auch eine Hotelbar sowie ein Beauty- und Massagebereich sind vorhanden.

Bad Kohlgrub
Bayern

Schillingshof

★★★★

Fallerstr. 11 / 82433
www.hotel-schillingshof.com
T.: +49 8845 7010 / info@hotel-schillingshof.com
14 E € 90/179 / 116 D € 118/209 / 1 S € 169/218

Gemütlichkeit setzt dieses traditionsreiche Hotel als Gegenmittel gegen Stress und Hektik ein: „Einfach aussteigen und sich verwöhnen lassen" empfiehlt das freundliche Service-Team. Alle Gästezimmer verfügen über moderne Ausstattung und Balkon oder Terrasse. Attraktiver Wellnessbereich. Bayerische und klassische Küche im Restaurant; Kaminbar.

Köln
Nordrhein-Westfalen

Essential by Dorint Art Cologne (g)

★★★★

Adam-Stegerwald-Str. 9 / 51063 Ortsteil Mülheim
www.dorint.com
T.: +49 221 6711690
info.art-cologne@dorint.com
118 D € 101/141 / als E € 80/120 / O @

Das Hotel in Messe Nähe überzeugt durch Modernität und zeitgemäßes Design. Mit dem Charme eines Privathotels laden Zimmer in klaren Formen und mit technischem Know-how zum Entspannen und Wohlfühlen ein. Wie eine Ausstellung präsentieren sich Stahl-Skulpturen und Installationen unterschiedlicher Weltkulturen in dem Hotel.

Art of Comfortableness Hotel Haus Ingeborg (g)

★★★

Grengeler Mauspfad 79
51147 Ortsteil Porz-Wahnheide
www.aoc-hotel.de
T.: +49 2203 96999 / info@aoc-hotel.de
8 E € 63/115 / 16 D € 84/150 / 6 App. € 94/169
Frühstück € 9 / O @

In ruhiger, aber verkehrsgünstiger Lage zwischen Köln und Bonn liegt das familiär geführte Hotel. Gemütliche Gast- und Aufenthaltsräume sowie ansprechende Zimmer mit gutem Komfort stehen den Gästen zur Verfügung.

Falderhof

★★★

Falderstr. 29 / 50999 Ortsteil Sürth
www.falderhof.de
T.: +49 2236 966990 / info@falderhof.de
18 E € 85/95 / 15 D € 110/125 / O @

Durch umfassende Restaurierung, bei der der ursprüngliche Gutshof-Charakter des Baudenkmals beibehalten wurde, entstand dieses charmante Privathotel. Die Gäste wohnen in liebevoll eingerichteten Zimmern, die alle dem sehr ruhigen Innenhof und der Gartenseite zugewandt sind. Internationale und klassische Küche im stilvollen Restaurant; historischer Weinkeller.

Hopper Hotel St. Josef (g)

★★★★

Dreikönigenstr. 1-3 / 50678 Ortsteil Altstadt-Süd
www.hopper.de / T.: +49 221 998000 / st.josef@hopper.de
22 E € 70/245 / 40 D € 95/315 / 2 S € 135/355
1 App. € 120/340 / Frühstück € 13 / @

Das gut erhaltene Baudenkmal von 1891 beherbergt heute ein designorientiertes Hotel. Elegante Zurückhaltung in der Gestaltung der Gästezimmer mit zeitgenössicher Kunst und die Liebe zum Detail schaffen eine Atmosphäre zum Verweilen und Abschalten. In der ehemaligen Kapelle des Hauses befindet sich das Frühstücks-Restaurant. Es erzählt mit seinen original Deckenbögen und Wandmalereien einen Teil der Kölner Geschichte.

Hotel zur Malzmühle

★★★

Heumarkt 6 / 50667 Ortsteil Altstadt-Nord
www.muehlenkoelsch.de / T.: +49 221 92160611
info@muehlenkoelsch.de
36 D ab € 112 / als E ab € 86 / 1 S ab € 135
Frühstück € 15 / @

→

Das Hotel zur Malzmühle befindet sich im Gebäude der familiengeführten Brauerei, mitten im Zentrum der Stadt. Perfekt für alle, die Bier lieben und Köln erleben möchten. In den komfortabel eingerichteteten Zimmern fühlen sich die Hotelgäste rundum wohl. Das Highlight in der Braumeister Suite ist die Zapfanlage im Bad, so dass sich die Suitegäste zwischen Wasser und hoteleigenem Mühlen Kölsch entscheiden können. Zur leckeren und deftigen Brauhausküche trinkt man natürlich auch ein frisch gezapftes Mühlen Kölsch.

Excelsior Hotel Ernst

★★★★★

Trankgasse 1-5 / ✉ 50667 Ortsteil Altstadt-Nord
www.excelsiorhotelernst.com / T.: +49 221 2701
info@excelsior-hotel-ernst.de
21 E € 170/490 / 86 D € 180/580 / 29 S € 450/3200
Frühstück € 36

Zeitlose Eleganz und Tradition prägen das Excelsior Hotel Ernst und faszinieren Gäste aus aller Welt. Die exponierte Lage im Herzen der Stadt und vis-á-vis zum Kölner Dom ermöglichen eine einfache Anreise aus allen Richtungen. Oper und berühmte Museen sind ebenso bequem zu Fuß erreichbar wie der Hauptbahnhof und das Messegelände. Das vielfach ausgezeichnete Haus ist das einzige Mitglied der „Leading Hotels of the World" in Köln und kann auf eine lange Gastlichkeit zurückblicken. Edle Materialien und wertvolle Antiquitäten verleihen dem Interieur seinen eigenen Charakter und Charme. Feine französische Kochkunst wird in der stilvollen „Hanse Stube", asiatische

Anregungen und Hinweise: **redaktion@schlummer-atlas.de**

Hyatt Regency Köln

★★★★★

Kennedy-Ufer 2 a / ✉ 50679 Ortsteil Deutz
www.cologne.regency.hyatt.de / T.: +49 221 8281234
cologne.regency@hyatt.com
288 D ab € 210 / als E ab € 190
17 S ab € 365 / 1 App. ab € 450 / Frühstück € 36

Das internationale Luxushotel mit schöner Atriumlobby liegt direkt am Rheinufer und bietet einen außergewöhnlichen Blick auf den Dom. Sowohl der Hauptbahnhof als auch die Messe und die Innenstadt liegen in unmittelbarer Nähe, die „Lanxess arena" ist in wenigen Gehminuten erreichbar. Die elegant mit jeglichem Luxus eingerichteten Zimmer und Suiten lassen von begehbaren Duschen bis zum 24-Stunden-Zimmerservice keine Wünsche offen.

Legend Hotel

★★★★

Bürgerstr. 2 / ✉ 50667 / www.legendhotel.de
T.: +49 221 50099974 / info@legendhotel.de
20 D ab € 139 /

Im Herzen der Kölner City bietet sich dem trubelverliebten Stadttourist eine schicke Übernachtungsmöglichkeit direkt gegenüber des Gothischen Rathauses. Der Ausblick auf die historischen Baudenkmäler ist wirklich schön. Im Erdgeschoss gibt es die zum Hoteldesign passende Casual-Dining-Adresse.

Ruby Ella Hotel & Bar

★★★★

Hohenzollernring 79-83 / ✉ 50672 Ortsteil Neustadt-Nord
www.ruby-hotels.com / T.: +49 221 99993640
ella@ruby-hotels.com
186 D ab € 110 /

Direkt am Hohenzollenring und unweit vom Friesenplatz liegt das hippe Designhotel, das ohne Restaurant auskommt, aber dafür mit einer cool designten 24h-Bar aufwartet. Vor Jahren waren hier TV-Studios untergebracht, in denen Formate wie „Schmidteinander" oder „TV-Total" abgedreht wurden. Mikros, Leuchtschilder und plüschige Stoffe sind heute im Hotel zu finden, nicht zuletzt auch in Erinnerung an das Capitol-Theater und an seine Geschichte.

Savoy Hotel

★★★★

Turiner Str. 9 / ✉ 50668 Ortsteil Altstadt-Nord
www.savoy.de / T.: +49 221 16230 / info@savoy.de
39 E ab € 100 / 42 D ab € 150 / 16 S ab € 271

Im Zentrum der Stadt liegt das exklusive Design- und Wellnesshotel „Savoy". Die Gäste schätzen die ausgefallenen Interieurs der geschmackvoll und mit viel Liebe zum Detail ausgestattete Zimmer und Suiten; Erlebnisbäder und Whirlpool. In der „Divas Bar" und im Wintergarten-Restaurant werden die Gäste mit internationalen Köstlichkeiten verwöhnt. Schönheit und Entspannung der Luxusklasse im 650 Quadratmeter großen „Savoy Spa" mit Beautyfarm; Spa-Suiten. Einzigartige Dachterrasse mit Panoramablick.

Tante ALMA's Hotel Lasthaus am Ring

★★★

Hohenzollernring 20 / ✉ 50672 Ortsteil Neustadt-Nord
tante-alma-hotels.com/koeln / T.: +49 221 20560
info@tante-alma-koeln.com
50 D ab € 89 / als E ab € 59 /

Das Hotel liegt direkt am Hohenzollernring im Belgischen Viertel und erinnert ein wenig an Omas Wohnzimmer. Mit alten Möbelstücken, Kissen und Deckchen dekoriert, mag es so manch einem etwas verschroben vorkommen. Doch alles hat Stil und Herzlichkeit und damit seine Richtigkeit. Eierlikör gibt es auch, Hunde dagegen sind nicht erwünscht.

Wasserturm Hotel Cologne Curio Collection

★★★★★

Kaygasse 2 / ✉ 50676 Ortsteil Altstadt-Süd
www.hilton.com / T.: +49 221 20080
info@hotel-im-wasserturm.de
88 D € 138/179 / als E ab € 114 / 4 S ab € 429
Frühstück € 28 /

Exklusiv, einzigartig, erlebenswert - das internationale Luxushotel im einst größten Wasserturm Europas zählt zu den ausgefallensten Herbergen in Deutschland. Hinter denkmalgeschützten, über 140 Jahre alten Mauern verbirgt sich eine außergewöhnliche Innenarchitektur von zeitloser Modernität. Elegante Zimmer und Suiten bestechen durch ihre Individualiät und Großzügigkeit. Elegante Hotelbar im obersten Stock.

Köngernheim
Rheinland-Pfalz

Jordan's Untermühle

★★★★

Außerhalb 1 / ✉ 55278
www.jordans-untermuehle.de
T.: +49 6737 71000 / info@jordans-untermuehle.de
4 E € 176/184 HP / 41 D € 144/194 HP / 5 S € 181/210 HP

Hinter den Mauern dieser historischen Hotelanlage erwartet den Besucher eine Kombination aus stilvollem Ambiente, Wohlbehagen, kulinarischen Genüssen und Romantik. Die Lage des Mühlenanwesens ist idealer Ausgangspunkt für Unternehmungen im Rhein-Main-Gebiet und in Rheinhessen. Im rustikalen Stil zeigen sich die Landhauszimmer. Behagliches Restaurant; Tagungs- und Banketträume.

Bad Königshofen im Grabfeld
Bayern

Schlundhaus

★★★

Marktplatz 25 / ✉ 97631 Ortsteil Bad Königshofen
www.schlundhaus.de
T.: +49 9761 1562
info@schlundhaus.de
2 E ab € 50 / 3 D ab € 80 / 1 S € 80/120 /

Das Schlundhaus ist rund 300 Jahre alt und wurde auf einem alten Steingewölbekeller erbaut. Die historisch eingerichteten Hotelzimmer und der gemütliche Hofgarten laden zu einem gemütlichen Aufenthalt ein. Im Restaurant wird eine deutsch-fränkische Küche geboten; die Speisekarte richtet sich nach saisonalen Marktangeboten.

Königstein im Taunus
Hessen

Falkenstein Grand

★★★★★

Debusweg 6-18 / ✉ 61462 Ortsteil Falkenstein
www.brhhh.com/falkenstein-grand / T.: +49 6174 900
falkenstein-grand@brhhh.com
13 E € 190/330 / 51 D € 240/480
24 S € 390/14000 /

1909 war die feierliche Eröffnung des Anwesens für höhere Offiziere durch Kaiser Wilhelm II ein gesellschaftliches Ereignis. 100 Jahre später erstrahlt das liebevoll restaurierte Anwesen am Rande des Taunus, inmitten eines sechs Hektar großen Privatparks, wieder im alten Glanz. Die exklusiven Zimmer und Suiten sind mit viel Sinn für Farbe, Form und Stil eingerichtet und lassen keine Wünsche offen. Ein exzellenter Service, perfekt ausgestattete Tagungsräume und ein großzügiger Wellness- und Fitnessbereich machen den Aufenthalt zum Erlebnis. Regionale und leichte Neue Küche im Restaurant. Gemütliches „Raffael's Bistro" mit Bar und Kaminlounge. ASCARA SPA, Wellness pur auf 1.200 Quadratmetern.

Villa Rothschild

★★★★★

Im Rothschildpark 1 / ✉ 61462 Ortsteil Königstein
www.brhhh.com/villa-rothschild
T.: +49 6174 29080
villa-rothschild@brhhh.com
4 E ab € 160 / 14 D ab € 180 / 4 S ab € 290

Inmitten eines zehn Hektar großen Parks liegt der herrschaftliche Bau der „Villa Rothschild", der zur Gruppe der Kempinski Hotels gehört und nur 20 Minuten von der Frankfurter Innenstadt entfernt ist. Die großzügigen, exklusiv eingerichteten Zimmer und die ruhige Lage bieten ideale Voraussetzungen für einen erholsamen Aufenthalt. Im eleganten, vom Schlemmer Atlas ausgezeichneten Gourmet-Restaurant erwartet die Gäste eine französische Küche, die modern und zeitgemäß repräsentiert wird.

Königswinter
Nordrhein-Westfalen

Steigenberger Grandhotel & Spa Petersberg

★★★★★

Petersberg / ✉ 53639
www.grandhotel-petersberg.steigenberger.de
T.: +49 2223 740
info@petersberg.steigenberger.de
102 D € 250/400 / als E € 199/199 / 9 S € 600/4000
Frühstück € 28

Der Petersberg in Königswinter schrieb deutsche Geschichte. Wo große Staatsmänner und gekrönte Häupter residierten, findet der Gast auch heute noch klassische Eleganz und Komfort auf hohem Niveau – genauso wie eine wunderschöne Aussicht auf das idyllische Rheintal. Das Steigenberger Grandhotel Petersberg verfügt über luxuriöse Zimmer und Suiten, die mit edlen Stoffen und Hölzern, feinstem Leder, Marmor und Messing ausgestattet sind.

Konstanz
Baden-Württemberg

HARBR. hotel Konstanz
★★★★

Hans-Sauerbruch-Str. 2 / 78467 / harbr.de
T.: +49 7531 9424610 / konstanz@harbr.de
72 D ab € 124

Nicht weit von Zentrum Rhein und Promenade, ein Park liegt um die Ecke. Das moderne 2018 erbaute Designhotel mit seinen riesigen Zimmerfenstern ist ideal für einen Kurzaufenthalt. Die Zimmergröße: Ab 18 Quadratmeter gehts los bis hin zum 52 Quadratmeter großen Studio mit Kitchenette, Schlafsofa und Sitzecke. Bar, Frühstück und Restaurant.

Hotel 47°
★★★★

Reichenaustr. 17 / 78467 Ortsteil Petershausen
www.47grad.de / T.: +49 7531 127490 / 47@47grad.de
99 D € 150/310 / als E € 110/230 / @

Mit einem herlichen Blick über den Bodensee, die Alpen und die Konstanzer Altstadt beeindruckt das Designhotel, direkt am Seerhein gelegen. In den Zimmern und Studios verbinden sich klare Formen und Linien mit ausgewählten Materialien in warmen Erdtönen zu dezentem Luxus und Komfort. Die Oase der Entspannung im sechsten Stockwerk garantiert Wohlbefinden. Im Restaurant „Friedrichs"mit Blick auf den See lassen saisonale Highlights und regionale Produkte kulinarische Herzen höher schlagen.

RIVA Hotel
★★★★★

Seestr. 25 / 78464 Ortsteil Petershausen
www.hotel-riva.de
T.: +49 7531 363090
welcome@hotel-riva.de
41 D € 220/525 / als E € 140/330 / 5 S € 350/980

Entlang der Uferpromenade besticht das luxuriöse Designhotel nicht nur durch seine Lage sondern auch mit seinem ausgeprägten Sinn für geschmackvolle Gestaltung. Mit viel Liebe zum Detail verleihen edle Materialien und ein exquisites Interieur in Kombination mit internationalen Accessoires dem Haus ein unbeschwertes und leichtes Flair. Höchste Anprüche an Komfort und Wohnkultur erfüllen die Zimmer und Suiten, die mit bodentiefen Fenster und großzügigen Balkonen einen zauberhaften Blick auf den Bodensee bieten. Bei bestem Service bietet das Hotel Entspannung und Genuss Pur. Das RIVA Hotel ist bekannt für seine exzellente Küche im „Ophelia Fine Dining". Außerdem Bar, Außen-Lounge und das Riva-Spa mit Pool auf dem Dach.

Steigenberger Inselhotel
★★★★★

Auf der Insel 1 / 78462 Ortsteil Altstadt
www.konstanz.steigenberger.de / T.: +49 7531 1250
konstanz@steigenberger.de
28 E € 129/248 / 72 D € 202/357 / 2 S € 354/453

Dieses erstklassige Hotel findet sich hinter den Mauern eines ehemaligen Dominikanerklosters. Neuzeitlicher Komfort trifft sich harmonisch in den eleganten Zimmern und Suiten mit historischen Einrichtungsgegenständen. In drei Restaurants mit Seeblick wird auf hohem Niveau gespeist. Gesellige Stunden erlebt der Gast in der „Zeppelin-Bar", auf der Seeterrasse oder in der „Dominikaner-Stube".

Kranzberg
Bayern

Hörger Biohotel
★★★

Hohenbercha 38 / 85402 Ortsteil Hohenbercha
www.hoerger-biohotel.de / T.: +49 8166 990980
info@hoerger-biohotel.de
25 D ab € 89 / als E ab € 64 / @

In dörflicher Ruhe übernachten, etwa 33 Kilometer nördlich von München. Der neue, vom Stammhaus getrennte Zimmertrakt (21 Zimmer) wurde mit viel Zirbenholz ausgestattet und liegt inmitten des hauseigenen Apfelgartens. Es herrscht familiäre Atmosphäre und die Bioküche des Hauses bietet Bayerisches nach Art des Hauses sowie den ein oder anderne französischen Klassiker. Daneben gibt es noch eine eigene Metzgerei und eine Gärtnerei.

Kremmen
Brandenburg

Schloss Ziethen
★★★★

Alte Dorfstr. 33 / 16766 Ortsteil Groß-Ziethen
www.schlossziethen.de / T.: +49 33055 950
info@schlossziethen.de
4 E € 95/95 / 39 D € 119/162 / 1 S ab € 192

Inmitten unberührter Landschaft liegt dieses großzügige, märkische Schloss aus dem 14. Jh., das in ein modernes Hotel umgebaut wurde. Die eleganten, stilgerecht und individuell mit schönen Stoffen eingerichteten Zimmer lassen kaum Wünsche offen. Ein weitläufiger Park, eine sonnige Terrasse und ein stimmungsvolles Kaminzimmer erwarten den Gast. Leichte Neue Küche im eleganten Restaurant „Die Orangerie".

Kressbronn am Bodensee
Baden-Württemberg

Bodensee-Hotel Sonnenhof
★★★★

Sonnenhof 8 / 88079 Ortsteil Retterschen
www.sonnenhof-bodensee.de
T.: +49 7543 500220
info@sonnenhof-bodensee.de
2 E € 79/89 / 79 D € 59/289 / 1 S € 339/409

Oberhalb des Boodensees, eingebettet in eine wunderschöne ruhige Wohn- und Parkanlage, bietet das Hotel seinen Gästen einen unvergleichlichen Panoramablick über den See und auf die Schweizer Alpen. Die Zimmer sind bequem und komfortabel eingerichtet. Entspannung verspricht der Wellnessbereich, Genuss das Restaurant mit abwechslungsreicher Küche und erlesenen Weinen. Sonnenterrasse.

Boutique Hotel Friesinger (g)

★★★★

Bahnhofstr. 5 / ✉ 88079 Ortsteil Kressbronn
www.boutique-hotel-friesinger.de / T.: +49 7543 9398787
info@boutique-hotel-friesinger.de
3 D € 138/198 / als E € 118/198 / 4 S € 188/248

Mitten in Kressbronn, nur wenige Gehminuten vom Seeufer entfernt, befindet sich diese kleine Wohlfühloase. In dem charmanten Boutiquehotel harmoniert modernes Innendesign mit dem Flair einer eleganten Stadtvilla. Genuss verspricht die frische Aromenküche im Restaurant „Meersalz".

Bad Kreuznach

Rheinland-Pfalz

BC Hotel Bad Kreuznach

★★★

Mühlenstr. 10 / ✉ 55543 / www.hotel-muehlentor.de
T.: +49 671 838200 / info@hotel-muehlentor.de
5 E ab € 58 / 14 D ab € 84 / @

Das Hotel inmitten der Stadt kann auf eine lange Geschichte zurückblicken. Heute bietet das historische Haupthaus mit seinen Gästehäusern liebevoll eingerichtete Zimmer mit modernem Komfort. In der rustikalen Weinstube und im Restaurant wird eine frische, gehobene Küche mit regionalen Spezialitäten geboten.

Hotel Naheschlößchen

★★★

Berliner Str. 69 / ✉ 55583 Ortsteil Bad Münster-Ebernburg
www.naheschloesschen.de / T.: +49 6708 661031
kontakt@naheschloesschen.de
2 E ab € 40 / 14 D ab € 80 / @

In zentraler Lage mit schönem Blick auf die Landschaft befindet sich das familiär geführte Haus. Individuelle Gästezimmer mit geschmackvoller Ausstattung. Im weit bekannten Restaurant „Jahreszeiten" wird eine deutsche Frischeküche serviert.

Sympathie Hotel Fürstenhof

★★★★

Kurhausstr. 20 / ✉ 55543 / www.sympathie-hotels.de
T.: +49 671 2984670 / reservierung@sympathie-hotels.de
24 E € 89/99 / 51 D € 129/139 / 1 S € 169/209

Mitten im Kurviertel, gegenüber dem Bäderhaus, befindet sich dieses Hotel mit dem traditionsreichen Namen „Fürstenhof". Alle Gästezimmer sind elegant aber wohnlich eingerichtet. Mit modernsten Kommunikationsmitteln ausgestattete, klimatisierte Tagungsräume stehen zur Verfügung. Vielseitige Küche im Restaurant.

Land-gut-Hotel BurgBlick

★★★

Schloßgartenstr. 33
✉ 55583 Ortsteil Bad Münster-Ebernburg
www.hotel-burgblick.com / T.: +49 6708 62940
info@hotel-burgblick.com
2 E € 58/90 / 19 D € 88/110

Das familiäre Hotel besticht nicht nur durch sein Ambiente und den Panoramablick zum Rotenfels und zur Ebernburg. Für Wanderungen und Spaziergänge ist es der ideale Ausgangspunkt. Geschmackvolle Zimmer bieten behaglichen Wohnkomfort. Gutbürgerlich-regionale Küche.

Kronberg im Taunus

Hessen

Schlosshotel Kronberg

★★★★★

Hainstr. 25 / ✉ 61476 Ortsteil Kronberg
www.schlosshotel-kronberg.de
T.: +49 6173 70101
reception@schlosshotel-kronberg.de
45 D € 225/365 / 16 S € 475/2190 / @

Das imposante Schlosshotel wurde um 1893 von Viktoria Kaiserin Friedrich erbaut. Bis heute wird ihr besonderer Geist bewahrt und verleiht dem Haus seine einmalige Atmosphäre. Nur wenige Autominuten von der Innenstadt Frankfurts entfernt liegt das Hotel am Südhang des Taunus inmitten eines großen Parks mit einem 18-Loch-Golfplatz. In der Küche werden klassische Gaumenfreuden mit neuen Tendenzen der Kochkunst vereint. Lunch oder Dinner genießt der Gast in einem der schönen Säle oder im Sommer auf der Terrasse mit Blick in den weitläufigen Schlosspark. Die Weinkarte enthält verschiedenste edle Tropfen aus dem eigenen Weingut „Prinz von Hessen". Über 50 verschiedene Whiskeys bietet die Bar „Jimmy's".

Schützenhof (g)

★★

Friedrich-Ebert-Str. 1 / 61476 Ortsteil Kronberg
www.schuetzenhof-kronberg.de
T.: +49 6173 94110
6 E € 65/85 / 6 D € 95/130 / 1 App. ab € 130 / @

Im Herzen der historischen Altstadt von Kronberg befindet sich dieser gut geführte Familienbetrieb. Individuell ausgestattete Gästezimmer mit neuzeitlichem Komfort und persönlicher Service sorgen für einen angenehmen Aufenthalt. Schöne Terrasse unter Plantanen.

Krummhörn
Niedersachsen

Hohes Haus

★★

Hohe Str. 1 / 26736 Ortsteil Greetsiel
www.hoheshaus.de / T.: +49 4926 1810
info@hoheshaus.de
2 E € 84/129 / 31 D € 132/159
@

In unmittelbarer Nähe des Hafens, mitten im historischen Ortskern, empfängt das Hotel seit über 300 Jahren anspruchsvolle Gäste mit dem Gespür für „das gewisse Extra". Aufwendig restauriert bietet es alle Annehmlichkeiten eines modernen Hotels. Regional-gutbürgerliche Küche.

Landhaus Steinfeld

★★★★

Kleinbahnstr. 16 / 26736 Ortsteil Greetsiel
www.landhaus-steinfeld.de / T.: +49 4926 91810
hotel@landhaus-steinfeld.de
2 E € 90/180 / 23 D € 145/235 / 2 App. € 212/335
@

Nur 600 Meter vom Fischerhafen und der Ortsmitte Greetsiels entfernt liegt das empfehlenswerte, aus einem „Gulfhof" entstandene Hotel idyllisch inmitten grüner Wiesen. Die geschmackvoll eingerichteten, sehr großzügigen Zimmer verbreiten eine behagliche Atmosphäre. Im Abend-Restaurant lässt sich der Gast ostfriesische Spezialitäten munden.

Hotel Witthus

★★

Kattrepel 5-9 / 26736 Ortsteil Greetsiel
www.witthus.de / T.: +49 4926 92000
info@witthus.de
15 E € 86/130 / 15 D € 110/160 / 10 S € 155/180

Nur 200 Meter vom Hafen entfernt liegt das gepflegte Friesenhaus in einer ruhigen Gasse. Wohnliche Zimmer, freundliches Personal und ein angenehmes Ambiente zeichnen es aus – Saunabenutzung inklusive. Im Restaurant ausgezeichnete Fischgerichte; gute Weine. Frühstücksbüfett.

Krün
Bayern

Das Kranzbach

★★★★★

Kranzbach 1 / 82493 / www.daskranzbach.de
T.: +49 8823 928000 / info@daskranzbach.de
13 E € 216/300 HP / 111 D € 378/538 HP
7 S € 460/766 HP
@

Mehr als nur Urlaub in klassischer Bergromantik verspricht ein Aufenthalt in dem typisch englischen Landsitz. Dank der absoluten Alleinlage, umgeben von 13 Hektar hoteleigener Bergwiesen und Wälder und mit Blick auf Karwendel und Zugspitze, ist das Kranzbach ein Rückzugsort für Ruhe und Entspannung. Ausschließlich privat reisende Erwachsene genießen in der Kombination aus Historischem und Modernem die Nächte in den Zimmern und Suiten, im exklusiven Baumhaus oder im Torhaus. Für Entspannung sorgen das Badehaus mit fünf Pools, der Ladies Spa und der Wellnessbereich mit Massage- und Beauty-Angeboten. Einzig Hotelgäste kommen im Restaurant in den Genuss köstlicher Speisen.

Schloss Elmau - Luxury Spa Retreat & Cultural Hideaway

★★★★★

In Elmau 2 / 82493 Ortsteil Elmau
www.schloss-elmau.de / T.: +49 8823 180
schloss@elmau.de
16 E ab € 210 HP / 20 D ab € 400 HP / 126 S ab € 500 HP
@

Schloss Elmau liegt am Wettersteingebirge, in 1.000 Metern Höhe und bietet Individualisten, Künstlern, Gourmets und Kindern ungestörte Erholung und Inspiration mit Kultur, Kochkunst, Spa und Sport. Die Mischung von Materialien aus der Region und Asien, verleihen dem Haus ein weltoffenes und kosmopolitisches Ambiente. Moderne, zeitlos schöne Gästezimmer und Suiten sowie mehrere Restaurants bieten viel Abwechslung auf höchstem Niveau.

Kuhlen-Wendorf
Mecklenburg-Vorpommern

Schlosshotel Wendorf
★★★★★

Schlossallee 1 / 19412 Ortsteil Wendorf
www.schlosshotel-wendorf.de / T.: +49 38486 33660
info@schlosshotel-wendorf.de
6 E zu € 165 / 6 D zu € 220
9 S € 220/750 / 32 App. € 180/280 / Frühstück € 25

Nahe der Landeshauptstadt Schwerin, inmitten der grünen mecklenburgischen Seenlandschaft und umgeben von einem schönen Park liegt das beeindruckende Anwesen. Teilweise mit Antiquitäten ausgestattet, prägen Individualität und schlichter Luxus den Charakter der Zimmer und Suiten. Frische Kost aus Bio-Produkten gibt es im mehrfach ausgezeichneten Restaurant „Cheval Blanc". Darüber hinaus runden eine Zigarrenlounge, ein Whiskeyzimmer, eine Orangerie, der hauseigene Spa-Bereich,Tagungs- und Reitsportmöglichkeiten und eine 6 km entfernte Golfanlage das Angebot ab.

Kühlungsborn
Mecklenburg-Vorpommern

Hotel Aquamarin
★★★

Hermannstr. 33
18225 Ortsteil Ostseebad Kühlungsborn/West
www.hotel-aquamarin.de
T.: +49 38293 4020
Reservierung@hotel-aquamarin.de
99 D € 100/250 / als E ab € 70 / 13 App. € 49/250

Wer etwas mehr will als nur ein Bett für die Ferien, der wird sich im „Aquamarin" direkt am Meer wohlfühlen. Die Zimmer sind von unterschiedlicher Größe geschmackvoll und gemütlich eingerichtet. Im Restaurant wird eine feine, regionale Küche serviert. Unterhaltung findet sich an der gemütlichen Hotelbar bei außergewöhnlichen Cocktails.

Travel Charme Ostseehotel
★★★★

Zur Seebrücke 1 / 18225 / www.travelcharme.com
T.: +49 38293 43882 / ostseehotel@travelcharme.com
2 E € 101/422 / 101 D € 144/844 / 7 S € 252/1590

Direkt an der Seebrücke befindet sich das in traditioneller Seebäderarchitektur erbaute Hotel. Beim Betreten des lichtdurchfluteten Eingangsbereiches empfängt die Gäste ein mediterranes Flair. Individuell und sehr komfortabel sind die Zimmer und Suiten eingerichtet. Spezialitäten aus dem Meer im Restaurant „Kiek in", mit Live Cooking. Hotelbar und Café-Terrasse mit Blick auf die Ostsee; großzügiger Wellnessbereich.

Ringhotel Strandblick
★★★★

Ostseeallee 6 / 18225 Ortsteil Ost
www.ringhotel-strandblick.de
T.: +49 38293 633
kuehlungsborn@ringhotels.de
1 E € 135/195 / 46 D € 150/210 / 5 S € 180/240

Direkt am Meer gelegen, bietet das liebevoll renovierte Jugendstilhaus angenehmen Komfort in erholsamer Atmosphäre. Die behaglichen Zimmer verfügen teilweise über Balkon oder Terrasse. Im Restaurant kann der Gast unter anderem maritime Spezialitäten genießen. Hotelbar; bewirtschaftete Gartenterrasse; Wellness- und Spabereich.

Upstalsboom Hotelresidenz & SPA Kühlungsborn
★★★★

Ostseeallee 21 / 18225
www.hotelresidenz-kuehlungsborn.de
T.: +49 38293 4299-0
hotelresidenz@upstalsboom.de
6 E € 108/223 / 144 D € 133/250 / 19 S € 268/732

Eine idealere Lage lässt sich für ein Wellnesshotel wohl kaum finden. Gerade einmal wenige Meter vom weißen Sandstrand entfernt liegt das Hotel im Ostseebad und bietet einen wunderbaren Blick auf das Meer. Die großzügigen Zimmer sind elegant eingerichtet und mit kleinen, liebevollen Details ausgestattet. Im 1.300 Quadratmeter großen Wellnessbereich können sich die Gäste von den Strapazen des Alltags erholen. Kulinarische Glanzpunkte setzen die gastronomischen Bereiche des Hotels: Das Genießer-Restaurant „Brunshaupten" und das Restaurant „Fulgen" mit einer 800 Quadratmeter großen Sonnenterrasse laden zum Verweilen ein. Das Wiener Café „Arendsee" mit selbstgemachten Kuchen und Torten, sowie die Bar „Cubanze" runden das Angebot ab.

Künzell
Hessen

Bäder Park Hotel
★★★★

Harbacher Weg 66 / 36093
www.baeder-park-hotel.de
T.: +49 661 3970 / kontakt@baeder-park-hotel.de
134 D € 154/199 / als E ab € 105 / 8 S € 199/220

Ruhig am Ortsrand, in der Nähe von Fulda, verbindet das Hotel komfortables, modernes Wohnen mit einem großen Freizeitangebot. Für Hausgäste ist die Nutzung des „Sieben Welten

Therme & Spa Resort" auf 30.000 Quadratmetern kostenlos. À-la-carte-Speisen und Büfett im Hauptrestaurant „Eastside".

Künzelsau
Baden-Württemberg

Hotel Anne-Sophie
★★★★

Hauptstraße 22-28 / ✉ 74653
www.hotel-anne-sophie.de
T.: +49 7940 93460 / info@hotel-anne-sophie.de
54 D € 110/180 / als E € 89/140

Das besondere Haus in einem historischen Gebäude, mitten im belebten Herzen der Kreisstadt, ist ein Ort des Miteinanders, an dem Menschen mit und ohne Handicap Hand in Hand arbeiten. Mehrere Zimmer sowie alle öffentlichen Räume sind barrierefrei zugänglich. Innen ein 200 Jahre alter Gewölbekeller für Veranstaltungen und die Bibliothek. Der Fitness- und Wohlfühlbereich sowie die Hermann-Lenz-Bar laden zum Verweilen und Entspannen ein.

Küsten
Niedersachsen

Kartoffelhotel
★★

Lübeln 1 / ✉ 29482 Ortsteil Lübeln
www.kartoffel-hotel.de / T.: +49 5841 1360
office@kartoffel-hotel.de
17 E ab € 44 / 36 D ab € 82 /

Dieses Kartoffel-Themenhotel liegt im Wendland in der östlichen Lüneburger Heide nahe Lüchow. Es ist Teil eines gut erhaltenen Rundlings (historische Dorfform) mit insgesamt 12 Höfen. Liebevoll restauriertes Fachwerk und ländliche Traditionen prägen das Dorf. Im Hotel dreht sich alles um die Kartoffel, entweder im Restaurant mit vielen Kartoffelspeisen oder auch im Wellnessbereich mit speziellen Kartoffel-Anwendungen. Beliebte Freizeitziele in der Umgebung sind das Biosphären-Reservat Elbtalaue und die Nemitzer Heide.

Kupferzell
Baden-Württemberg

Landhotel Gasthof Krone
★★★

Hauptstr. 40 / ✉ 74635 Ortsteil Eschental
www.krone-eschental.de / T.: +49 7944 670
info@krone-eschental.de
20 E € 82/86 / 36 D € 119/129 / 2 App. zu € 129

Gemütlichkeit und Wohlbehagen erlebt der Gast in diesem traditionellen Familienbetrieb. Ein Wellnessbereich ist vorhanden, sodass Sport und Entspannung bei den Gästen nicht zu kurz kommen. Moderne Konferenzräume. Vielseitige Küche im Restaurant.

L

Bad Laasphe
Nordrhein-Westfalen

Jagdhof Glashütte
★★★★★

Glashütter Str. 20 / ✉ 57334 Ortsteil Glashütte
www.jagdhof-glashuette.de
T.: +49 2754 3990
info@jagdhof-glashuette.de
3 E € 158/158 / 17 D € 336/396 / 9 S € 396/456

Zwischen den sanften Hügeln des Wittgensteiner Landes verbirgt sich dieses veritable Juwel für Erholungsuchende und Gourmets. Mit seinen eleganten, im englischen Landhausstil eingerichteten Zimmern und den stilvoll-exklusiven Suiten erfüllt das Relais & Châteaux Hotel alle Ansprüche an Komfort. Privatsphäre bietet der Wellness- und Beautybereich. Begeistert sind die Gäste von der herzlichen Atmosphäre und dem aufmerksamen Service. Zwei Restaurants, darunter das luxuriöse Gourmet-Restaurant „Ars Vivendi", bieten für jeden Geschmack etwas. Außergewöhnliches Frühstücksbüfett; Wiener Kaffeehaus; hübsche Hirschgarten-Terrasse und stimmungsvolle Hotelbar. Laufend Sonderveranstaltungen.

★ Farbige „Schlummer Atlas" Sterne: Hotels sind in ihrer jeweiligen Kategorie hervorhebenswert

Romantik Landhotel Doerr
★★★★

Sieg-Lahn-Str. 8-10 / ✉ 57334 Ortsteil Feudingen
www.landhotel-doerr.de / T.: +49 2754 3700
info@landhotel-doerr.de
2 E € 77/216 / 45 D € 158/188 / 1 S € 216/216

Inmitten des Wittgensteiner Landes, zwischen Lahn, Sieg, Eder und Ilse, führt das Landhotel Doerr seit über 100 Jahren den Dreiklang von Tradition, Familiensinn und herzlicher Gastlichkeit. Genuss aus Küche und Keller, gemütliche Zimmer und Räume elegant oder rustikal, sorgen für eine freundliche Atmosphäre. Großzügiger Wellness- und Beautygarden.

Bad Laer
Niedersachsen

Haus Große Kettler
★★

Bahnhofsstr. 11 / ✉ 49196 / www.haus-grosse-kettler.de
T.: +49 5424 8070 / hotel@haus-grosse-kettler.de
9 E € 54/67 / 22 D € 82/94 / @

Mitten im Ort befindet sich in Einzellage auf einem großzügigen Grundstück dieses sehr familiäre, angenehme Haus. Außergewöhnlich ist das Schwimmbad mit Sonnenterrasse in der ersten Etage. Das Restaurant serviert regionale Gerichte und Spezialitäten vom Galloway aus eigener Zucht.

Lahr/Schwarzwald
Baden-Württemberg

Hotel Adler
★★★★

Reichenbacher Hauptstr. 18
✉ 77933 Ortsteil Reichenbach / www.adler-lahr.de
T.: +49 7821 906390 / adler@adler-lahr.de
5 E € 85/105 / 18 D € 130/150 / 1 S zu € 170

Dem familiär geführten Gasthof, der Gaumenfreuden auf höchstem Niveau bietet, ist ein ansprechendes Hotel angegliedert. Hier finden die Gäste helle, elegant eingerichtete Zimmer mit zeitgemäßem Komfort. Gourmet-Restaurant und Gasthaus mit regionaler Küche.

Lam
Bayern

Sonnenhof
★★★★

Himmelreich 13 / ✉ 93462 Ortsteil Himmelreich
www.sonnenhof-lam.de / T.: +49 9943 370
info@sonnenhof-lam.de
68 E € 105/117 HP / 97 D € 152/214 HP
9 S € 252/272 HP /

Bester Komfort in großzügigen, im eleganten Landhausstil ausgestatteten Zimmern und Suiten verbindet sich in diesem sportlich orientierten Haus mit außergewöhnlichem Service. Von der Terrasse aus können die Gäste den Panoramablick über den Lamer Winkel genießen. In der stilvollen Hotelbar geht ein anstrengender Ski- oder Konferenztag angenehm zu Ende. Großer Wellness-Bereich. Die empfehlenswerten Restaurants bieten internationale und landestypische Spezialitäten.

Tiere nicht willkommen

Chiemsee: Der größte See Bayerns
ist ein Wassersport-Eldorado

© mmphoto/stock.
.com

Landshut
Bayern

Romantik Hotel Fürstenhof
★★★

AE MasterCard VISA EC

Stethaimer Str. 3 / ✉ 84034
www.hotel-fuerstenhof-landshut.de / T.: +49 871 92550
info@hotel-fuerstenhof-landshut.de
8 E € 85/100 / 11 D € 125/150 / 3 S € 150/210

Romantisch und liebenswert präsentiert sich dieses kleine Stadthotel, das geschichtliches Ambiente mit stilvollem Komfort harmonisch verbindet, ideal für einen Kurzurlaub im schönen Landshut. Zwei Restaurants lassen die Wahl zwischen elegant-anheimelnder oder bayerisch-rustikaler Atmosphäre.

Langenargen
Baden-Württemberg

Akzent Hotel Löwen
★★★★

AE MasterCard VISA EC

Obere Seestr. 4 / ✉ 88085 / www.loewen-langenargen.de
T.: +49 7543 3010 / info@loewen-langenargen.de
27 D € 119/240 / als E € 79/185 / 1 App. € 160/240

Die familiäre Atmosphäre und die einmalige Lage direkt an der Bodenseepromenade zeichnen das Hotel aus. Die lichtdurchfluteten Appartement-Zimmer sind mit eleganten Mahagoni-Möbeln ausgestattet. Die Küche serviert fangfrischen Bodenseefisch und gute Weine; Seeterrasse.

Langenburg
Baden-Württemberg

Mawell Resort
★★★★

AE MasterCard VISA EC

Roseneck 5 / ✉ 74595 / www.mawell-resort.de
T.: +49 7905 9414-0 / info@mawell-resort.de
80 D € 260/400 HP
als E € 170/230 HP / 24 S € 360/540 HP

Hoch über dem Jagsttal, im Hohenloher Land, erwartet Gäste hier ein von den natürlichen Gegebenheiten inspiriertes Refugium zum Entspannen, Genießen und Tagen. Nicht nur die mit viel Holz und der Liebe zum Detail eingerichtet Hotelzimmer sind zum Wohlfühlen. Besonders ist der 3.500 Quadratmeter große Spa-Bereich, eingebettet in eine uralte Natursteinlandschaft und mit einem Rooftop-Infinity-Pool auf dem Dach der Turmbar. Kulinarik, frisch und aus der Region, wird im Restaurant serviert.

Langeoog
Niedersachsen

Biohotel Strandeck (g)
★★

AE MasterCard VISA EC

Kavalierpad 2 / ✉ 26465 / www.biohotel-strandeck.de
T.: +49 4972 6880 / info@strandeck.de
6 E € 70/105 / 30 D € 126/218 /

Ostfriesische Gastlichkeit erwartet die Urlauber in diesem typisch friesischen Backsteinhaus. Die gemütlich eingerichteten Gästezimmer sowie die ruhige Lage hinter den Dünen sorgen für beste Urlaubserholung in dem Biohotel auf der autofreien Insel.

Lauda-Königshofen
Baden-Württemberg

Becksteiner Rebenhof
★★★★

MasterCard VISA EC

Am Hummelacker 34-52 / ✉ 97922
www.becksteinerrebenhof.de
T.: +49 9343 9809000
info@rebenhof.net
25 D ab € 210 /

Ein kleines, verträumtes Hideaway inmitten der hügeligen, tauber-fränkischen Reblandschaft außerhalb von Laudakönigshofen – so der geografische Steckbrief des Becksteiner Rebenhof. Das inhabergeführte, von viel Grün umgebene Hotel verfügt über einen Wellnessbereich mit Sauna, Fitnessraum und einem entsprechenden Angebot an Beauty-Anwendungen und Massagen. Vom Schwimmbad im ersten Stock des Hauses genießen Gäste einen schönen Blick in die Berglandschaft. Zu kulinarischen Unterhaltung gibt es Weintastings, Grillabende sowie natürlich das À-la-carte-Angebot des hauseigenen Restaurants.

Lautenbach
Baden-Württemberg

Hotel Sonnenhof
★★★★

MasterCard VISA EC

Hauptstr. 51 / ✉ 77794 Ortsteil Renchtal
www.sonnenhof-lautenbach.de
T.: +49 7802 704090
info@sonnenhof-lautenbach.de
48 D € 169/199 / als E € 119/149 / 1 S € 179/179

In traumhafter Landschaft im Renchtal befindet sich dieses Hotel, ein traditionelles Schwarzwälder Fachwerkanwesen, vollständig restauriert und elegant ausgestattet. Gäste entspannen sich in den individuell und modern eingerichteten Zimmern. Mit regionaler Küche werden Gäste in der Sonne verwöhnt.

Lauterbach (Hessen)
Hessen

Romantik Hotel Schubert
★★★★

AE MasterCard VISA EC

Kanalstr. 12 / ✉ 36341 Ortsteil Lauterbach
www.hotel-schubert.de / T.: +49 6641 96070
info@hotel-schubert.de
12 E € 79/109 / 21 D € 144/159 / 3 S € 169/169

Dieses typische Familienhotel besticht durch seinen persönlichen Service. In einer Seitenstraße der historischen Altstadt erwarten den Gast liebevoll eingerichtete Zimmer. Hervorragende Küche im Restaurant „Schuberts" und in der Weinstube „Entennest".

Foyer (frz.): Empfangsbereich

Bad Lauterberg im Harz
Niedersachsen

revita - Ihr Tagungshotel
★★★★★

Sebastian-Kneipp-Promenade 56
✉ 37431 Ortsteil Bad Lauterberg / www.revita-hotel.de
T.: +49 5524 831 / urlaub@revita-hotel.de
248 D € 238/274 HP / als E € 144/162 HP
12 S € 338/512 HP /

Am Kurpark liegt das Verwöhnhotel, welches sich durch gehobenes Wohnvergnügen im gediegenen Ambiente und ein attraktives Wellnessangebot auszeichnet. Dazu gehören auch eine Beauty-Farm und umfangreiche Fitnessprogramme unter professioneller Anleitung. Die Köche des „Kurpark-Restaurants" und der Restaurants „Hirschfänger" und „Brunello" finden den kreativen Weg zwischen Harzer Erbe und „Haute Cuisine". Gemütliche Hotelbars, Café-Terrasse. Frühstücksbüfett mit Bio-Ecke.

Leinsweiler
Rheinland-Pfalz

Leinsweiler Hof
★★★★

Weinstr. / ✉ 76829 / www.leinsweilerhof.de
T.: +49 6345 4090 / info@leinsweilerhof.de
55 D € 149/179 / als E ab € 89 / 5 S ab € 199

Wie eine Insel ragt das Wellnesshotel aus einem Rebenmeer - herrliche Fernsicht, Ruhe und Erholung inklusive. Auf hohem Niveau können Gäste hier wohnen, tagen und feiern. Die Zimmer und Suiten sind geschmackvoll und individuell mit viel Liebe zum Detail ausgestattet. Ein 1.200 Quadratmeter großer Wellness- und Bäder-Bereich lädt zum Entspannen ein. Ausgezeichnete Küche im Panorama-Restaurant; südländische Terrasse; Hotelbar.

Leipzig
Sachsen

Arthotel ANA Symphony (g)
★★★★

Hainstr. 21 / ✉ 04109 Ortsteil Zentrum
ana-hotels.com/symphonie-leipzig / T.: +49 341 21203100
symphonie@ana-hotels.com
97 D ab € 63 / Frühstück € 12 /

Das Designhotel in der Leipziger City liegt nahe der S-Bahnhaltestelle Leipzig Markt. In zwei Minuten sind alle Highlights in der Innenstadt zu Fuß erreichbar. 21 Quadratmeter große Zimmer mit Schreibtisch, Klimaanlage und Walk-in-Shower, teilweise auch mit Balkon. Vier- und Fünfbettzimmer verfügbar.

Capri by Fraser Leipzig
★★★★

Brühl 76 / ✉ 04109 Ortsteil Zentrum
www.frasershospitality.com / T.: +49 341 92881800
reservations.leipzig@capribyfraser.com
151 App. ab € 99 / Frühstück € 17 /

Die City und der Hauptbahnhof liegen um die Ecke, besser kann die Lage für einen Citytrip kaum sein. Wer sich selbst verpflegen möchte, bucht im Capri by Fraser ein Studio (ab 29 Quadratmeter) mit Küchenzeile und Mikrowelle. Natürlich kann man auch ein Frühstück dazu bestellen.

Hotel Atlas Leipzig
★★★

Eisenbahnstr. 10 / ✉ 04315
hotel-atlas-leipzig.business.site / T.: +49 341 25076700
leipzig@hg-hotelgruppe.de
9 E ab € 55 / 55 D € 65/130 /

15 Minuten zu Fuß bis zum Hauptbahnhof und in die City – oder mit der Straßenbahn, die direkt vor der Tür abfährt. Das moderne sechsgeschossige Stadthotel an einer Straßenecke mit Lounge, Bar und privatem Parkplatz bietet die perfekte Lage für den Wochenendtrip. 22 Quadratmeter große Doppelzimmer mit Flat-TV, Schallisolierung und Minibar.

Hotel Fregehaus
★★★

Katharinenstr. 11 / ✉ 04109 Ortsteil Zentrum
www.hotel-fregehaus.de / T.: +49 341 26393157
kontakt@hotel-fregehaus.de
30 D ab € 90 / als E ab € 80 / Frühstück € 10

Das Hotel im Zentrum der Stadt ist beliebt bei Reisenden, die eine gemütliche Atmosphäre hinter historischer Fassade bevorzugen. Alle Räume gruppieren sich auf 4 Etagen um den ruhigen Innenhof. Die Zimmer sind liebevoll, funktional, in schlichter Eleganz ausgestattet. Im Erdgeschoss lädt ein kleiner blauer Salon die Hausgäste zum abendlichen Verweilen und Lesen ein.

Hotel Michaelis
★★★

Paul-Gruner-Str. 44 / ✉ 04107 Ortsteil Zentrum-Süd
www.michaelis-leipzig.de / T.: +49 341 26780
info@michaelis-leipzig.de
16 E € 79/139 / 62 D € 109/159 / 2 S € 149/199
8 App. € 129/179 /

Das Hotel Michaelis liegt in einem wunderschön hergerichteten Gebäude aus dem 19. Jahrhundert, im Zentrum von Leipzig. Es überzeugt durch sein individuelles Ambiente und persönlichen Service. Hier wohnt der Gast in modernen, eleganten Zimmern. Im gepflegten Restaurant wird eine feine deutsche Küche geboten. Schöne Sonnenterrasse. Auch für Tagungen und Events geeignet.

Steigenberger Grandhotel Handelshof
★★★★★

Salzgäßchen 6 / ✉ 04109 Ortsteil Zentrum
www.leipzig.steigenberger.com / T.: +49 341 3505810
leipzig@steigenberger.de
163 D ab € 179 / 14 S ab € 399

Direkt in der Leipziger Innenstadt, hinter der prunkvollen historischen Fassade des ehemaligen städtischen Handelshofes liegt das im April 2011 eröffnete Grandhotel. Unterschiedliche Grundrisse machen jedes der mit jeglichem Komfort ausgestatteten Zimmer und Suiten zu einem Unikat. Der imposante Lichthof mit seiner Lobby Bar bildet einen fließenden Übergang zu der Brasserie Le Grand mit Vinothek, in der der Küchenchef Lukullisches serviert.

The Westin Leipzig

★★★★★

Gerberstr. 15 / ✉ 04105 Ortsteil Zentrum-Nord
www.westinleipzig.com / T.: +49 341 9880
info@westin-leipzig.com
404 D ab € 89 / 32 S ab € 224 / Frühstück € 21

Das internationale Businesshotel, von japanischen Architekten entworfen, spiegelt auch in seinem Erscheinungsbild das ostasiatische Design wider. Japanische Akzente unterstreichen die Ausstattungen. Dank der exponierten Lage ist aus allen Zimmern und Suiten ein herrlicher Ausblick garantiert. Die Lobby, das ausgezeichnete Gourmet-Restaurant „Falco" in der 27. Etage und ein großer Teil der Räumlichkeiten sind puristisch-mondän gestaltet. Kulinarische Vielfalt auf hohem Niveau auch in den Restaurants „Gusto", „Brühl" und „Yamato". „Shinto Bar & Lounge", „Falco Bar & Lounge". „Westin Running Concierge" mit großem Pool, Sauna und Fitness.

Townhouse Leipzig

★★★★

Thomaskirchhof 13/14 / ✉ 04109
www.vagabondclub.com/leipzig / T.: +49 341 496140
townhouse.leipzig@vagabondclub.com
52 D ab € 130 / @

Neben der Thomaskirche liegt das Hotel, zentraler gehts nicht. Zwischen 23 und 39 Quadratmeter groß sind die Zimmer mit Blick zur Stadt oder in den Garten. Espresso-Kaffeemaschine, Minibar, WLAN und Yogamatte vervollständigen den Steckbrief der Gemächer. Ein Grill-Restaurant mit großem Außenbereich sorgt für kulinarische Kurzweil. Zur Entspannung darf der Gast Sauna und Fitnessraum aufsuchen – oder die Bibliothek im Renaissancehaus.

Lennestadt

Nordrhein-Westfalen

Haus Hilmeke

★★★

Haus Hilmeke 1 / ✉ 57368 Ortsteil Saalhausen
www.haus-hilmeke.de
T.: +49 2723 91410
info@haus-hilmeke.de
6 E € 111/111 / 18 D € 164/214 / 6 App. € 262/262

In ruhiger Südlage mit Blick auf das Sauerland vermittelt das in einem schönen Garten gelegene Hotel eine angenehme Atmosphäre. Gemütlich eingerichtete Zimmer bieten sehr guten Komfort. Vielfältige regionale Küche im Restaurant; hausgebackene Kuchen; Café-Terrasse. Badelandschaft „Hilmeker Vitalquell".

Landhotel Voss

★★★

Winterberger Str. 36 / ✉ 57368 Ortsteil Saalhausen
www.hotel-voss.de
T.: +49 2723 91520
info@hotel-voss.de
5 E € 69/115 / 15 D € 118/180 / 4 App. € 140/190

Das familiär geführte Hotel mit langer Tradition besticht durch seinen edlen Romantikstil. Viel Fachwerk, großzügige Gästezimmer und die elegante Landhausstube laden zum Verweilen ein. Der persönliche Service und die abwechslungsreiche Küche sind weitere Vorzüge. Neu renovierter, 400 qm großer Wellnessbereich.

Lenzen an der Elbe

Brandenburg

Ahead Burghotel

★★★★

Burgstr. 3 / ✉ 19309 / aheadhotel.de
T.: +49 38792 5078300
hallo@aheadhotel.de
39 D € 109/199

Die mittelalterliche Burganlage, seit 1993 Eigentum des Bundes für Umwelt und Naturschutz (BUND), liegt idyllisch am Flüsschen Löcknitz unweit der Elbe in der Prignitz. Nachhaltigkeit spielt in dem Mitte 2021 eröffneten Hotel eine Schlüsselrolle. Es gibt ein Blockheizkraftwerk, ein rein veganes Restaurant, ein veganes Frühstücksbüfett und einen fünf Hektar großen Burggarten. Für sportlich Aktive werden Bambus-Fahrräder, Kanus und Stand-up-Paddling-Boards verliehen.

Lenzkirch

Baden-Württemberg

Hotel Saigerhöh

★★★★

Saiger Höhe 8-10 / ✉ 79853 Ortsteil Saig
www.saigerhoeh.de / T.: +49 7653 6850
info@saigerhoeh.de
38 E ab € 90 / 31 D ab € 210 / 36 S ab € 300

Das Hotel Saigerhöh, idyllisch auf einem sonnigen Bergrücken gelegen, bietet dem Gast nicht nur einen wunderschönen Blick auf den Schwarzwald, sondern auch moderne Appartements und Landhaus-Zimmer. Die anspruchsvolle Küche verwöhnt mit internationalen und regionalen Spezialitäten. Umfangreiches Sport- und Freizeitangebot. „Saigerhöh-Spa". Gemütliche Hotelbar, Sonnenterrasse und Kaminzimmer.

Bad Liebenstein

Thüringen

Kulturhotel Kaiserhof

★★★★

Esplanade 9 / ✉ 36448
www.kulturhotel-kaiserhof.de
T.: +49 36961 73370 / info@kulturhotel-kaiserhof.de
14 E € 59/89 / 50 D € 79/109 / 6 S € 99/129

Als Kur- und Kultur-Hotel präsentiert sich der Kaiserhof inmitten des Thüringer Waldes. Glanzvolle Geschichte und lebendige Gegenwart vereinen sich in diesem prachtvollen Hotel. Lichtdurchflutete Zimmer und die Gemütlichkeit der Ausstattung machen den Wohlfühlfaktor aus. Im Restaurant thüringische Spezialitäten und internationale Küche.

Lieser
Rheinland-Pfalz

Schloss Lieser
★★★★★

Moselstr. 33 / ✉ 54470 / www.schlosslieser.de
T.: +49 6531 986990 / info@schlosslieser.de
37 D ab € 249 / 13 S ab € 280
@

1885 erbaut, strahlt das aufwendig restaurierte Schloss an der Mittelmosel heute immer noch den Glanz der Kaiserzeit aus. Originale, filigrane Details der Fassade und prächtige Wand- und Deckenmalereien im Inneren machen das Gebäude einzigartig. Neben individuell und stilvoll eingerichteten Zimmern und Suiten gehören zu den Highlights des Hotels: ein Wellnessbereich mit Pool und Saunen sowie eine historische Kirche für Trauungen, eine Sonnenterrasse für Tagesgäste, Konferenzräume und gehobene Küche in den Restauranträumen bei herrlichem Blick über den Hotelpark und die Weinberge an der Mosel.

Limburg an der Lahn
Hessen

DOM Hotel Limburg
★★★★

AE VISA

Grabenstr. 57 / ✉ 65549 Ortsteil Limburg
www.domhotellimburg.de / T.: +49 6431 9010
info@domhotellimburg.de
27 E € 88/165 / 15 D € 109/165 / Frühstück € 12
@

Das zentral in der verkehrsberuhigten Zone der romantischen Altstadt gelegene traditionsreiche Dom Hotel ist den Ansprüchen der modernen Hotellerie angepasst. Alle Gästezimmer und Suiten sind individuell mit edlen, sorgfältig aufeinander abgestimmten Materialien eingerichtet. Die Tagungsräume wurden mit der modernsten Kommunikationstechnik ausgestattet. Im eleganten Restaurant de Prusse serviert die Küche internationale und heimische Spezialitäten; reichhaltiges Frühstück.

Hotel Amts-Apotheke
★★★

AE VISA

Grabenstr. 32-34 / ✉ 65549 / www.hotel-aa.de
T.: +49 6431 6965 / info@hotel-amtsapotheke.de
20 D ab € 133 / als E ab € 80 / 1 S ab € 150 / @

Kleines Hotel mit historischer Fassade inmitten der Altstadt, nur fünf Gehminuten vom Hauptbahnhof entfernt. In dem Gebäude war ab 1867 eine Apotheke zuhause. Wunderschöne und mit plüschigen Stoffen ausgestattete Zimmer sowie eine 49 Quadratmeter große Suite. Mediterranes und deutsches Frühstück, italienisches Restaurant gleich nebenan.

Lobby: Rezeptionsbereich und Empfang in einem Hotel

Lindau am Bodensee
Bayern

Boutique Hotel Adara
★★★

VISA

Alter Schulplatz 1 / ✉ 88131 Ortsteil Insel
www.adara-lindau.de / T.: +49 8382 943500
info@adara-lindau.de
14 D € 165/330 / als E € 145/270 / 2 S € 330/420
1 App. € 290/400 / @

Altes Fachwerk in harmonischer Kombination mit modernem Interieur und geschmackvollen, hochwertigen Details. Heute befindet sich in dem liebevoll sanierten, historischen Gebäudekomplex ein charmantes Boutique Hotel mit großzügigen Zimmern und Suiten. Highlight ist die dreistöckige Turmsuite mit freistehender Badewanne.

Hotel Bayerischer Hof
★★★★★

AE VISA

Seepromenade / ✉ 88131
www.bayerischerhof-lindau.de
T.: +49 8382 9150 / hotel@bayerischerhof-lindau.de
6 E € 168/272 / 95 D € 224/388 / 3 S € 579/815
@

Unmittelbar an der Seepromenade gelegen, bietet das „Hotel Bayerischer Hof" seinen Gästen elegant eingerichtete Zimmer mit hohem Komfort. Zudem ist es eine ideale Adresse für Tagungen, Seminare und Feierlichkeiten in angenehmer Atmosphäre. Auf der Seeterrasse des Restaurant Reutemann lässt sich der wunderschöne Blick über den Bodensee bis zu den Alpen so richtig genießen. Im stilvollen Hotel-Restaurant werden regionale und internationale Spezialitäten, aber auch vegetarische Gerichte auf hohem Niveau serviert. Das Corner Café/Bar mit Terrasse rundet das gastronomische Angebot ab.

Landhotel Martinsmühle
★★★

AE VISA

Bechtersweiler 25 / ✉ 88131 Ortsteil Unterreitnau
www.landhotel-martinsmuehle.de
T.: +49 8382 5849
relax@landhotel-martinsmuehle.de
1 E € 60/70 / 20 D € 100/130 / 3 App. € 140/150
● @

Das romantische Landhotel liegt in einer ruhigen Einzellage idyllisch zwischen Obstbäumen und Wiesen. Gemütlich wohnt man in freundlichen Zimmern, die mit Bauernmöbeln stilvoll eingerichtet sind. Abends regionale Köstlichkeiten in der Vesperstube. Eigene Schnapsbrennerei.

VILLINO
★★★★

AE VISA

Mittenbuch 6 / ✉ 88131 Ortsteil Bodolz
www.villino.de
T.: +49 8382 93450 / info@villino.de
15 D € 170/350 / als E € 110/260 / 6 S € 340/420
○ ●

Oberhalb von Lindau, abseits der Touristenströme bietet das „Villino" eine Welt aus Schönem. Das kleine, exquisite Hotel im italienischen Landhausstil, der idyllische Garten mit Fontänen und romantischen Lauben, der hochmoderne Wellness- und Beautybereich und die Restaurant-Terrasse mit hübsch eingedeckten Tischen und schattigen Plätzen ist geschaffen für Menschen, die Außergewöhnliches lieben und genießen können - nebst Gaumenfreuden und Hochgenuss im Gourmet-Restaurant.

Lingen an der Ems
Niedersachsen

Hotel Am Wasserfall
★★★

Am Wasserfall 2 / ✉ 49808 Ortsteil Darme
www.hotel-am-wasserfall.de
T.: +49 591 8090
info@hotel-am-wasserfall.de
20 E € 59/79 / 60 D € 79/89 / 3 S zu € 104

Neben komfortablen, modern eingerichteten Zimmern und Konferenzräumen bietet das auf einer Landzunge am Kanal gelegene Hotel vielfältige Möglichkeiten der aktiven Erholung. Dazu gehören auch Entdeckungstouren per Rad, Schiff oder Planwagen. In den Restaurants speist der Gast gutbürgerlich und international.

Bad Lippspringe
Nordrhein-Westfalen

Best Western Premier Park Hotel & Spa
★★★★

Peter-Hartmann-Allee 4 / ✉ 33175
www.parkhotel-lippspringe.de
T.: +49 5252 9630
info@parkhotel-lippspringe.de
19 E € 89/159 / 112 D € 149/194 / 4 S € 199/214

In einer einzigartigen Lage direkt am Kaiser-Karl-Park mit angrenzendem Kurwald findet der Gast dieses elegante Urlaubs-, Wellness- und Tagungshotel. Auffallend sind seine großzügigen, äußerst angenehm eingerichteten Gästezimmer. Regionale und internationale Küche im eleganten Park Restaurant und im Garten Restaurant. 1.500 Quadratmeter großer Wellnessbereich Arminius Therme & Spa.

List auf Sylt
Schleswig-Holstein

A-ROSA Sylt
★★★★★

Listlandstr. 11 / ✉ 25992 Ortsteil List / www.a-rosa.de
T.: +49 4651 967500 / sylt@a-rosa.de
4 E € 138/388 HP / 143 D € 208/618 HP
30 S € 398/1168 HP

Ein einzigartiger Rückzugsort, ganz am Lebensgefühl der Insel, und vollendetes Lifestyle-Domizil ist das zum „Hotel des Jahres“ ausgezeichnete A-ROSA Sylt. Mit seinem Interieur übertrifft es alle Erwartungen. Von den elegant-modernen Zimmer und Suiten sind es nur wenige Schritte bis zum Wattenmeer. Kulinarische Wünsche erfüllen die Restaurants im Hause. Das „Dünenrestaurant“ präsentiert ein täglich wechselndes Büfett mit Live-Cooking-Stationen. Für Erholung pur sorgt das 3.500 Quadratmeter große SPA-ROSA mit ganzjährig beheizter Meerwasser-Poollandschaft, Themensaunen, Treatmenträumen und Fitness.

Hotel Strand am Königshafen (g)
★★★★

Hafenstr. 41 / ✉ 25992 Ortsteil List
www.hotel-strand-sylt.de
T.: +49 4651 889750 / info@hotel-strand-sylt.de
15 D € 170/320 / 15 S € 240/490 / 15 App. € 180/430

Das privatgeführte Designhotel besticht durch seine Architektur und durch sein einzigartige Lage direkt an der Nordsee. Ruhe und Erholung sowie ein unvergesslicher Blick über das Wattenmeer und auf den Sylter Ellenbogen sind garantiert. Geräumige Zimmer, Suiten sowie lichtduchflutete Appartements, ein Wellnessbereich und Wassersport und der hauseigene Bootssteg bieten vielfältige Möglichkeiten für einen individuellen Aufenthalt zu jeder Jahreszeit. Frühstücksbüfett auch auf der sonnigen Gartenterrasse.

Lanserhof Sylt
★★★★★

Am Lanserhof 1-8 / ✉ 25992
lanserhof.com/de/lanserhof-sylt
T.: +49 4651 995957-0 / info.sylt@lanserhof.com
68 D ab € 790 / @

Im Norden der Insel eröffnete 2022 das dritte Lanserhof Medical Spa Resort. Ein einzigartiges Ensemble aus reetgedeckten Gebäuden, die sich unmittelbar am Strand in die gewellte Dünenlandschaft einfügen. Das Panoramaglas in den bis zu 80 Quadratmeter großen Quartieren schafft herrliche Aussichten und in der 5.000 Quadratmeter großen Treatment Area stehen alle Zeichen auf Regeneration, Bewegung und Entspannung. Eine Woche Mindestaufenthalt. (Mehr Informationen über das Health-Konzept des Jahres unter „Auszeichnungen des Jahres“.)

Loddin
Mecklenburg-Vorpommern

Strandhotel Seerose
★★★★

Strandstr. 1 / ✉ 17459 Ortsteil Kölpinsee
www.strandhotel-seerose.de / T.: +49 38375 540
info@strandhotel-seerose.de
21 E € 55/145 / 82 D € 98/243 / 4 S € 160/270
2 App. € 160/259

Direkt am Strand, geschützt von hohen Bäumen, liegt dieses Urlaubs- und Konferenzhotel, das an eine große Tradition anknüpft. Fast alle der geräumigen, geschmackvoll eingerichteten Zimmer und Suiten bieten einen herrlichen Blick aufs Meer. Gehobene regionale Küche und leckere Fischspezialitäten werden im Restaurant serviert.

@ Zimmer mit Internet / Zimmer klimatisiert
Zimmer rollstuhlgerecht

Löf
Rheinland-Pfalz

Moselstern Parkhotel Krähennest
★★★★

Auf der Kräh 2 / ✉ 56332
www.parkhotel-kraehennest.de
T.: +49 2605 8080
kraehennest@moselstern.de
7 E € 89/140 / 93 D € 109/300 / S € 200/300

Am Ufer der Terrassen-Mosel ist das Hotel ein idealer Ausgangspunkt für die vielfältigsten Exkursionen durch die Vulkan-Eifel. Es ist die Summe der Dinge, die für das Hotel sprechen und das Besondere ausmachen. Ob nach einem spannenden Ausflug oder einem langen Tagungsmarathon, auf 4.500 Quadratmetern bietet der Mosel SPA die richtigen Wellness- & Fitnessangebote zur Entspannung. Das große gastronomische Angebot im À-la-carte-Restaurant hält für jeden Geschmack etwas bereit, Hotelbar, Sonnenterrasse, Diskothek.

Suite: Großzügig angelegter Unterkunftstyp in einem Hotel, der aus mehreren miteinander verbundenen Räumen besteht, die zusammen als Einheit abschließbar sind. Häufig wird der Erlebnisfaktor durch zusätzliche Dienstleistungen wie Spa-Angebote erhöht.

Junior Suite: Zimmer, das mehr Platz und Annehmlichkeiten als ein gewöhnliches Doppelzimmer bietet, jedoch nicht unbedingt aus mehreren Raumeinheiten besteht.

Lohme
Mecklenburg-Vorpommern

Panorama Hotel Lohme
★★★

An der Steilküste 8 / ✉ 18551
www.panorama-hotel-lohme.de
T.: +49 38302 9110
info@panorama-hotel-lohme.de
3 E € 69/99 / 40 D € 99/179 / 1 S € 139/189
1 App. € 79/169

Im Nordosten der Insel über der berühmten Kreideküste verspricht das Hotel mit dem Charme der Zeit um 1900 eine ruhige, familiäre Atmosphäre, helle Zimmer und freundlichen Service. Drei Gästehäuser und die Gartenzimmer komplettieren das Angebot. Gute frische Küche im Restaurant. Atemberaubend ist der Blick von der Terrasse.

Löningen
Niedersachsen

Deutsches Haus (g)
★★

Langenstr. 14 / ✉ 49624
www.deutsches-haus-loeningen.de
T.: +49 5432 94560
info@deutsches-haus-loeningen.de
2 E € 46/55 / 13 D ab € 75 / 5 S ab € 85

In diesem Hotel garni, im Herzen von Löningen gelegen, umfängt den Gast eine angenehme Atmosphäre. Für Abwechslung sorgen das urige Kaminzimmer, das gemütliche Pilsstübchen und die schöne Sonnenterrasse im Garten. Nach einer erholsamen Nacht erwartet den Gast ein gut bestücktes Frühstücksbüfett.

Losheim am See
Saarland

Hochwälder Wohlfühlhotel (g)
★★★★

Zum Stausee 192 / ✉ 66679 Ortsteil Losheim
www.hochwaelder-wohlfuehlhotel.de
T.: +49 6872 9692-0
info@hochwaelder-wohlfuehlhotel.de
56 D ab € 135 / als E ab € 88 / 6 S ab € 217

Das Hotel bietet neben einem herrlichen Ausblick auf den Losheimer See auch Wellness für ruhige Momente, großzügig-moderne Wohlfühlzimmer und ein gemütliches Restaurant mit Stil. Am Ortsrand gelegen, ist das Haus am See umgeben von saftigen Wiesen und grünen Wäldern, die zu Wanderungen oder Spaziergängen einladen. Empfehlenswert das selbstgebraute Bier in der Brauerei nebenan oder bei einer Auszeit auf der gemütlichen Terrasse am See. Feiern und Tagen. Kosmetik und Massagen.

Löwenberger Land
Brandenburg

Schloss & Gut Liebenberg
★★★★

Parkweg 1 a / ✉ 16775 Ortsteil Liebenberg
www.schloss-liebenberg.de
T.: +49 33094 7000
hotel@schloss-liebenberg.de
63 D ab € 132 / als E ab € 80

Nur 45 Autominuten von Berlin entfernt, liegt das Schloss & Gut Liebenberg. In der idyllischen Natur Brandenburgs, umgeben von Wiesen, Feldern und Wäldern, erwartet das historische Anwesen Tagungsgäste und gestresste Großstädter gleichermaßen. Sie können dort feiern, Radtouren durch das Löwenberger Land unternehmen oder eine authentisch-regionale Küche genießen. Und natürlich exklusiv übernachten.

Lübeck
Schleswig-Holstein

A-ROSA Travemünde
★★★★★

Außenallee 10 / ✉ 23570 Ortsteil Travemünde
www.a-rosa-resorts.de
T.: +49 4502 30700
travemuende@a-rosa.de
7 E € 158/268 / 145 D € 198/338 / 39 S € 278/488
@

In bester Lage mit Blick auf die Ostsee verbinden sich im A-ROSA Travemünde historische Kurhausarchitektur mit modernem Design und ausgewähltem Ambiente. Geprägt durch höchste Qualität bieten die Zimmer und Suiten private Orte zum Wohlfühlen. Bei einem Segeltörn, einer Partie Golf oder einem Verwöhntag im 4.500 Quadratmeter großen SPA-ROSA mit exklusivem Original-Thalasso-Zentrum, unterschiedlichen Saunen, Massage- und Beautyanwendungen sowie einem Fitness- und Cardiobereich, bleiben keine Wünsche offen. Wintergartenrestaurant mit Frontcooking, Weinwirtschaft mit Spezialitäten aus den Weinregionen und erlesenen Weinen.

Restaurant im Hotel
HP Halbpension / VP Vollpension

Atlantic Grand Hotel Travemünde
★★★★★

Kaiserallee 2 / ✉ 23570 Ortsteil Travemünde
www.atlantic-hotels.de
T.: +49 4502 3080
travemuende@atlantic-hotels.de
4 E € 129/359 / 54 D € 149/409 / 15 S € 309/549
O @

Direkt an der Strandpromenade, inmitten einer weitläufigen Garten- und Parkanlage, liegt dieses erstklassige Hotel, im historischen Gebäude des ehemaligen „Conversationshauses" von 1914. In den stilvoll eingerichteten Wohlfühlzimmern und Suiten sowie im Restaurant und auf den großzügigen Terrassen mit beeindruckendem Blick auf die Ostsee werden Urlaubsträume wahr. In der „Seven C's Bar" genießt der Gast eine Selektion feinster Whiskeys und Cocktails. Der großzügige Wellnessbereich und das exklusive „Atlantic beauty & spa" sorgen für Entspannung pur. Veranstaltungsräume und historischer Ballsaal.

Atlantic Hotel Lübeck
★★★★

Schmiedestr. 9-15 / ✉ 23552
www.atlantic-hotels.de
T.: +49 451 384790 / luebeck@atlantic-hotels.de
11 E € 139/199 / 115 D € 159/219 / 3 S € 239/299
6 App. € 239/299 / @

Im Zentrum der Altstadt befindet sich das Hotel mit moderner Einrichtung und erstklassigem Komfort. Die Sehenswürdigkeiten sind in nur wenigen Gehminuten zu erreichen. Das Restaurant „Salis" verwöhnt mit leckeren Steaks und erlesenen Salzen. Veranstaltungsräume für Konferenzen ebenso wie für private Anlässe geeignet. Highlights des Hotels sind die exklusiven Veranstaltungsräume „Weinkeller" und die „Roof Lounge".

Hotel Fisher's Loft (g)
★★★★

Fischergrube 83 / ✉ 23552 / fishersloft-hotel.de
T.: +49 451 40082558 / info@fishersloft-hotel.de
10 D ab € 150 / @

Auf der Altstadtinsel, nur einige Meter von der Trave entfernt, zeigt sich dem Stadtbesucher ein historisches Refugium. Seit 1754 existiert das einst als Lagerhaus fungierende Gebäude. Auf drei Stockwerken verteilen sich nur zehn Zimmer – einige erstrecken sich auf zwei Ebenen. Details wie alte Holzbalken und Wände sowie extra gefertigte Leinenbettwäsche lassen etwas von dem vergangenen Flair der berühmten Lübecker Seefahrer- und Handelszeiten wieder aufleben.

SlowDown Travemünde
★★★★

Priwallpromenade 20 / ✉ 23570 Ortsteil Travemünde
www.slowdown-travemuende.de / T.: +49 451 3030106
info@slowdown-travemuende.de
110 D ab € 113 / O @

Kilometerlanger Strand, ein schicker kleiner Hafen, eine Promenade mit Shoppingmöglichkeiten und Restaurants bestimmen das Motto: „Life is a Beach". Die legendäre Viermastbark „Passat" liegt gleich vor Ort zur Besichtigung bereit. Die Zimmer bieten unter anderem ein privates Dampfbad mit Doppelregendusche, einen Biokamin, große Balkone sowie eine Kitchenette.

Ludwigsburg
Baden-Württemberg

nestor Hotel Ludwigsburg
★★★★

Stuttgarter Str. 35/2 / ✉ 71638
www.ghotel-group.de/hotels/ludwigsburg/
T.: +49 7141 9670 / ludwigsburg@nestor-hotels.de
80 E € 69/249 / 85 D € 89/269 / 14 S € 114/499
Frühstück € 19 / @

Modernes Design hinter geschichtsträchtigen Mauern einer alten Garnisonsbäckerei aus dem 19. Jh. erleben Gäste in diesem Cityhotel. Unweit von Schloss Ludwigsburg bieten frisch renovierte Zimmer den idealen Ort für eine erholsame Nacht. Das Restaurant, der Wintergarten, die Bar und die Sonnenterrasse laden zum Essen und Genießen ein. Erholung verspricht der Wellness- und Fitnessbereich.

Schlosshotel Monrepos
★★★★

Domäne Monrepos 22 / ✉ 71634 Ortsteil Eglosheim
www.schlosshotel-monrepos.de / T.: +49 7141 3020
info@schlosshotel-monrepos.de
10 E ab € 89 / 65 D ab € 99 / 2 S ab € 179
Frühstück € 21 / O ● @

Tradition trifft Zeitgeist. In einzigartiger Lage in einem über 250 Hektar großen Schlosspark, nur zehn Autominuten von der Innenstadt entfernt, erwartet den Gast ein Hotel mit Weingut, Schloss, Golfplatz und Reitanlage. Zeitgemäß eingerichtete Zimmer, ein professioneller Tagungsservice moderne Konferenzräume, stilvoll-elegante Salons im barocken Seeschloss und eine raffinierte Küche im historischem Ambiente offerieren eine außergewöhnliche Atmosphäre.

Ludwigshafen am Rhein
Rheinland-Pfalz

Hotel René Bohn
★★★★

René-Bohn-Str. 4 / ✉ 67063 Ortsteil Friesenheim
www.renebohn.basf.de / T.: +49 621 6099100
rene-bohn@basf.com
32 E € 89/200 / 40 D € 89/230 / 8 S € 169/470
11 App. € 169/305 /

Dieses moderne Komforthotel hat sich ganz auf die hohen Ansprüche Geschäftsreisender eingestellt. Die großzügigen Living Appartements sind auch Langzeitgästen ein Zuhause mit vielen Annehmlichkeiten. In den Business und Club Etagen prägt eine hochwertige Ausstattung die geräumigen Zimmer und Suiten. Für einen guten Start in den Tag sorgt das abwechslungsreiche Frühstücksbüfett im Restaurant. Die exklusive Lounge-Terrasse lädt zum Verweilen ein. Hotelbar.

Lüneburg
Niedersachsen

Anno 1433 Hotel Lüneburg
★★★

Neue Sülze 24 / ✉ 21335 / www.anno-1433.de
T.: +49 41 316036400 / info@anno-1433.de
10 D ab € 100 / 2 S ab € 150
Frühstück € 10 / @

Vor einigen Jahren wunderschön saniertes Haus aus dem Jahr 1433, gelegen im westlichen Teil der Altstadt. Die Zimmer und Suiten (20 bis 50 Quadratmeter) verfügen über Eichendielen und sind teilweise mit historischen beziehungsweise Designer-Möbeln ausgestattet. Drei Zimmer im Erdgeschoss haben eine eigene Terrasse. In der Nachbarschaft befinden sich zahlreiche Restaurants und Bars.

Bergström Hotel Lüneburg
★★★★

Bei der Lüner Mühle / ✉ 21335 Ortsteil Altstadt
www.dormero.de/bergstroem-hotel-lueneburg
T.: +49 4131 3080 / bergstroem@dormero.de
8 E € 119/204 / 109 D € 144/224 / 14 S € 174/224

Unmittelbar am Wasser, im historischen Stadtkern und direkt neben dem „Alten Kran", bietet das sehr komfortable Hotel ein herrliches Ambiente. Der Stil des Hauses ist geprägt durch den Charme seiner historischen Gebäude. Die Restaurants „Lüner Mühle" mit Weinhandlung, „Marina Café" mit Terrasse und direktem Blick auf den Hafen servieren regionale und internationale Gerichte; „Mama Rosa" im Trattoria-Stil mit Feinkost- und Weinhandlung. Café-Terrasse und Piano-Bar.

Das kleine Hotel im Wasserviertel
★★★

Lünertorstr. 3 / ✉ 21335 / www.hoteleinzigartig.de
T.: +49 4131 4006000 / info@hoteleinzigartig.de
2 E ab € 127 / 14 D ab € 138 / @

Das schmucke Haus aus dem Jahr 1579 verströmt reichlich historisches Flair. Es liegt inmitten der Altstadt nur 50 Meter vom Fluss Ilmenau entfernt. In den zum Teil nur 15 Quadratmeter großen Zimmern befinden sich Holzdielen, Balken und hier und dort ein Stück alte Mauer – sowie Rainshower, Espresso Maschine, Flat-TV und Kunst an den Wänden. Absolut charmant.

Reiseutensilien für den Hotelaufenthalt: Bluetooth-Box, Kissenspray, Hausschuhe, HDMI-Kabel (Laptop an TV anschließen), individuelle Kosmetikprodukte, Ohrstöpsel

M

Magdeburg
Sachsen-Anhalt

artHOTEL Magdeburg (g)
★★★

Breiter Weg 9 / ✉ 39104 Ortsteil Altstadt
www.arthotel-magdeburg.de
T.: +49 391 620780
info@arthotel-magdeburg.de
4 E ab € 85 / 34 D ab € 95 / 2 S ab € 150
Frühstück € 17 / @

Das wohl bunteste und architektonisch interessanteste Haus Ostdeutschlands steht in Magdeburg. Integriert in das Hundertwasserhaus „Grüne Zitadelle" bietet dieses Hotel originelle Zimmer mit individuell gefertigten Möbeln. Highlights sind die unkonventionell gefliesten Bäder. 17 bis 23 Quadratmeter große Zimmer und 24/7-Bar mit Cocktails & Co.

Das ELB Hotel
★★★

Seilerweg 19 / ✉ 39114 Ortsteil Werder
www.das-elb-hotel.de
T.: +49 391 5632660
info@das-elb.de
33 App. ab € 119 / Frühstück € 15

Am Ufer der Alten Elbe im Stadtpark Rotehorn liegt es, das moderne Appartement-Hotel mit seinen 40 bis 60 Quadratmeter großen Refugien. Zwar geht man eine gute halbe Stunde zu Fuß bis zum Dom, dafür ist das Umfeld herrlich naturnah und die üppig ausgestatteten Zimmer bieten eine herrliche Aussicht auf Elbe und Stadtpark.

Maierhöfen
Bayern

Natur-Landhaus Krone
★★★★

Kirchweg 2 / ✉ 88167
www.naturlandhaus-krone.de
T.: +49 8383 254 / info@naturlandhaus-krone.de
6 E € 96/108 / 16 D € 172/202 / 4 S € 192/212
2 App. € 225/245

Mit reichlich Massivholz und Naturstein ausgestattetes Hotel für den perfekten Familien- und Wellnessurlaub im dörflichen Allgäu. 28 Zimmer, Panorama-Hallenbad, verschiedene Saunen, ein natürlich angelegter Wellnessgarten und eine mit Hingabe geführte Landküche im Restaurant. Klein aber fein und familiengeführt. Außerdem Yoga, Detox und Basenfasen sowie veganes Speiseangebot.

In der Zeichenerklärung im Vorspann dieses Buches sind sämtliche Piktogramme nach ihrer Zusammengehörigkeit erfasst und erklärt.

Maikammer
Rheinland-Pfalz

Hotel Residenz Immenhof
★★★★

Immengartenstr. 26 / ✉ 67487
www.hotel-immenhof.de
T.: +49 6321 9550 / info@hotel-immenhof.de
4 E € 82/92 / 51 D € 140/198 / 2 S € 174/198

In dem Wein- und Erholungsort im Südwesten Deutschlands ist der „Immenhof" eine adäquate Herberge. Das elegant-gemütliche Refugium ist umgeben von einer Gartenlandschaft im mediterranen Flair, eine Oase zum Entspannen. Momente ganz anderen Genusses erlebt man in der Vital-Oase mit Hallenbad, Saunen und vielfältigen SPA-Angeboten. Die Gastgeberfamilie empfiehlt die feine Kulinarik bei gutem Wein im gemütlichen Restaurant mit Freiterrasse.

Mainz
Rheinland-Pfalz

Atrium Hotel Mainz
★★★★

Flugplatzstr. 44 / ✉ 55126 Ortsteil Finthen
www.atrium-mainz.de
T.: +49 6131 4910
info@atrium-mainz.de
30 E € 109/280 / 86 D € 109/320
3 S € 299/619 / 31 App. € 60/135 / Frühstück € 15

Charakteristisch für das Hotel sind Innovationsfreude, absolutes Qualitätsstreben und Wohlfühlambiente – die Gastlichkeit eines privaten Hotels, das Ruhe und Harmonie ausstrahlt. Mit klimatisierten Zimmern in edlem Design und einer großen Gartenanlage sowie zwei Restaurants und eine Wellness-World, die das Angebot ergänzen. Das repräsentative „Congress Centrum" erfüllt höchste Ansprüche; 2.000 Quadratmeter große Konferenz-, Kongress- und Präsentationsfläche; große Lounge mit Blick ins Grüne mit ganztägiger Gastronomie. News-Lounge heißt der moderne Barbereich.

Favorite Parkhotel

★★★★

Karl-Weiser-Str. 1 / 55131 Ortsteil Oberstadt
www.favorite-mainz.de / T.: +49 6131 80150
empfang@favorite-mainz.de
141 D € 139/259 / 9 S € 199/389 / 2 App. € 650/1350

Großzügig, modern eingerichtete Zimmer bietet das persönlich geführte Favorite Parkhotel seinen Gästen. Hier wohnt und tagt der Besucher ruhig und professionell im gepflegten Ambiente. Nicht nur die herrliche Lage im Stadtpark wissen die Gäste zu schätzen, sondern auch die leichte und moderne Küche im Gourmet-Restaurant. Ein attraktiver Wellnessbereich mit Sonnendeck steht zur Entspannung bereit. Die schick designte Weinbar setzt Akzente.

Hyatt Regency Mainz

★★★★★

Templerstr. 6 / 55116 Ortsteil Altstadt
www.hyattregencymainz.com / T.: +49 6131 731234
mainz.regency@hyatt.com
265 D € 125/490
als E € 125/445 / 3 S € 950/2715 / Frühstück € 31

Nicht nur durch eine erstklassige Lage direkt am Rheinufer, sondern auch durch die modern-elegante Innenarchitektur besticht dieses Hotel. Exklusive Zimmer, geschmack- und stilvoll eingerichtet. Einzigartig ist die historische Festung Fort Malakoff, die geschickt in das Hotel integriert wurde. Es umfasst neben einem urigen Weinkeller auch das „Palatorium" mit offener Showküche sowie die Malakoff Bar mit Hofgarten. Mit saisonal-regionalen Spezialitäten werden im Restaurant „Bellpepper" wahre Gaumenfreuden serviert. Im „Club Olympus Spa & Fitness" mit Day Spa und moderner Fitnesseinrichtung können Gäste nach einem anstrengenden Tag neue Energie für Körper und Geist tanken.

me and all hotel mainz

★★★★

Binger Str. 23 / 55131 Ortsteil Oberstadt
www.meandallhotels.com / T.: +49 6131 89446-0
booking.mainz@meandallhotels.com / @

Ganz schön cool ist das Cityhotel schräg gegenüber vom Hauptbahnhof. Übernachten kann man in 162 urban gestalteten (Wohn-) Zimmern. Des weiteren stehen jedem Gast eine Lounge mit Co-Working Area, Raucherlounge, Chill-Out-Bereich und Bar zur Verfügung. Ein Highlight ist der Fitness- und Relaxbereich auf zwei Etagen. Auf dem Dach wartet der Saunagarten mit Panoramablick.

Mannheim
Baden-Württemberg

NYX Hotel Mannheim

★★★★

F 4, 4-11 / 68159 Ortsteil Quadrate
www.nyx-hotels.de/mannheim / T.: +49 621 1503930
info.nyxmannheim@leonardo-hotels.com
151 D ab € 69 / als E ab € 69 /

Poppig und bunt präsentiert sich das Hotel mitten in der City. Zehn Künstlerinnen und Künstler aus der Graffiti- und Street-Art-Szene haben das Hotel zu einem echten Hingucker gemacht. Von der exponierten Fassaden-Ecke mit futuristischer Grafik bis zu großflächigen Wandgestaltungen, abstrakten Gemälden, Skulpturen und Beleuchtungssystemen – das NYX präsentiert sich frisch, modern und außergewöhnlich.

Speicher7 Hotel & Bar

★★★

Rheinvorlandstr. 7 / 68159 Ortsteil Mühlauhafen
www.speicher7.com / T.: +49 621 1226680
info@speicher7.com
20 D ab € 104 / @

Ein Speichergebäude aus den 1950er Jahren, direkt am Rheinufer gelegen, mit Bar im Foyer und eine Terrasse zum Rhein. Die Mannheimer Innenstadt ist fußläufig erreichbar. 20 Zimmer mit einer Größe zwischen 25 und 45 Quadratmetern warten auf Besucher, die auch den Yoga- und Meditationsraum mit angeschlossenem Saunabereich nutzen können. Drinks und Tapas gibt es in der großzügigen Bar.

Staytion Mannheim

★★★★

Heinrich Lanz Str. 5 / 68165 Ortsteil Schwetzingerstadt
www.staytion.de / T.: +49 621 49076780
mannheim@staytion.de
4 E ab € 89 / 39 D ab € 144 / @

Im Hotel Staytion lautet das Motto „Music meets Industry". Jede der sechs Etagen erzählt eine Story von einem bestimmten Musiker, einer Band oder einer Musikrichtung. Hinzu kommt das Designkonzept im Industrial Style, das sich in den Zimmern sowie in der Lounge wieder findet. Die Lage gegenüber des Hauptbahnhofs ist für Reisende günstig, bietet aber keine Parkplätze für die Gäste.

Syte Mannheim

★★★★

Tattersallstr. 2 / 68165 Ortsteil Schwetzingerstadt
www.sytehotel.de / T.: +49 621 4907670
mannheim@sytehotel.de
39 D ab € 129 / als E ab € 119 / @

Nahe des Hauptbahnhofs, harmonisch in die Umgebung eingefügt, ist das SYTE ideal gelegen, um die der Stadt zu erkunden. Hier, wie in allen Räumlichkeiten, schaffen Details ein wohliges Ambiente, das mit dunklen Farbtönen und Interieur aus ausgewählten und individuell hergestellten Design-Möbel edel wirkt. Casual mit Raffinesse ist die Devise im Food Club, der Snacks für jede Tageszeit, Gerichte und saisonale Interpretationen bietet.

Marbach am Neckar
Baden-Württemberg

Bären Hotel und Metzgerei (g)

★★★

Markstr. 21 / 71672 Ortsteil Stadtmitte
www.baeren-marbach.de / T.: +49 7144 5455
info@baeren-marbach.de
5 E € 55/95 / 5 D € 92/121 / 1 S € 111/169 / @

Das historische Gebäude mit familiärem Flair liegt in der Altstadt, direkt am Markt und an der Fußgängerzone. Moderne individuelle Gästezimmer. Schwäbisches, reichhaltiges Frühstück mit Wurst und Schinken aus der hauseigenen Metzgerei.

→

Marburg
Hessen

VILA VITA Rosenpark
★★★★★

Anneliese-Pohl-Allee 7-17 / ✉ 35037
www.rosenpark.com / T.: +49 6421 60050
info@rosenpark.com
39 E € 117/188 / 128 D € 144/225
27 S € 207/319 / 30 App. € 158/319 / Frühstück € 14

Inmitten der wunderschönen Lahnauen und doch nur wenige Minuten vom Marburger Zentrum entfernt, liegt das luxuriöse VILA VITA Rosenpark. Prunkstück der Anlage ist die pavillonartige Hotelhalle mit ihrem gläsernen Kuppeldach. Das gesamte Interieur befasst sich mit dem Thema Rose. Mit viel Gefühl für Form, Farbe und Harmonie sind die Zimmer elegant und üppig eingerichtet. Der perfekte Service sowie ein großzügiger Wellness-, Fitness- und Beautybereich lassen keine Wünsche mehr offen. In den zwei Restaurants, dem Cafè Rosenpark sowie dem „VITA essential" erfährt der Gast kulinarische Vielfalt auf höchstem Niveau.

Marktbreit
Bayern

InHotel Mainfranken
★★★

Ochsenfurter Str. 29 / ✉ 97340
www.inhotel-mainfranken.de
T.: +49 9332 5924400
info@inhotel-marktbreit.de
8 E € 68/118 / 30 D € 75/125

23 Kilometer südöstlich von Würzburg liegt das sympathische Drei-Sterne-Hotel inmitten des Weinanbaugebiets Franken, am Rande der mittelalterlichen Kleinstadt Marktbreit. Ob Tagung, Seminar oder einfach der kurze Urlaubsaufenthalt – im InHotel Mainfranken kümmert man sich um die Belange der Gäste. Es bietet helle Zimmer ab 20 Quadratmeter mit Boxspringbetten sowie Fitnessraum und Sauna. Direkt ans Haus grenzt ein großer Park mit altem Baumbestand.

Marxen
Niedersachsen

LandHaus Zum LindenHof
★★★★

Hauptstr. 18 / ✉ 21439 / www.landhaus-zum-lindenhof.de
T.: +49 4185 4182 / info@landhaus-zum-lindenhof.de
6 D € 92/122 / als E € 60/90 / Frühstück € 9

Hinter der denkmalgeschützten Fassade von 1904 verbirgt sich ein Geheimtipp für gute Küche und entspanntes Schlafen. Das Landhaus mit wunderschön eingerichteten Zimmern liegt nur 30 Minuten von Hamburgs City entfernt in einem Garten und bietet den Rahmen für erholsame Urlaubstage.

Marktheidenfeld
Bayern

Hotel Anker
★★★★

Kolpingstr. 7 / ✉ 97828 / www.hotel-anker.de
T.: +49 9391 60040 / info@hotel-anker.de
13 E € 79/96 / 22 D € 122/149 / 4 S € 179/240

Wo der Main am schönsten ist, zwischen Spessart und Fränkischem Weinland, liegt das familiäre Hotel. Die gemütlichen Zimmer bieten einen Blick auf den romantischen Innenhof. Im ausgezeichneten Restaurant „Weinhaus Anker" mit historischer Stube genießt der Gast die Spitzenküche mit regionaler Prägung. Weine des familieneigenen Weingutes werden im urigen Gewölbekeller kredenzt.

Marxzell
Baden-Württemberg

Hotel Marxzeller Mühle
★★★★

Albtalstr. 1 / ✉ 76359 / www.marxzeller-muehle.de
T.: +49 7248 91960 / info@marxzeller-muehle.de
16 E ab € 65 / 16 D ab € 75 / Frühstück € 10

Im idyllischen Albtal befindet sich der malerische Schwarzwaldort Marxzell. Hier lädt das traditionsreiche Haus mit seiner gemütlichen Einrichtung die Gäste zu einem erholsamen Aufenthalt ein. Ein idealer Ort für Familienfeiern, Hochzeiten und Geburtstage. Vielseitig ist das Angebot der Küche in zwei Restaurants. Gewölbekeller und Café-Terrasse.

Meerane
Sachsen

Romantik Hotel Schwanefeld
★★★★

Schwanefelder Str. 22 / ✉ 08393 / www.schwanefeld.de
T.: +49 3764 4050 / info@schwanefeld.de
2 E € 99/125 / 47 D € 139/168 / 2 S € 195/205
1 App. € 265/265

Durch das historische Fachwerkhaus, einst Zollstation mit Gasthof und heute komfortables, liebevoll eingerichtetes Hotel mit Gourmetrestaurant, Kutscherstube, hauseigener Patisserie und einer Scheune verläuft direkt die Grenze zwischen Sachsen und Thüringen. Das historische Hotel wurde renoviert und ein Neubau integriert. Neben geschmackvoll und im Landhausstil wohnlich eingerichteten Zimmern erfreut sich der Gast auch an einem hoteleigenen Kräutergarten und an toskanischer Küche.

Meersburg
Baden-Württemberg

Romantik Hotel Residenz am See
★★★★

Uferpromenade 11 / ✉ 88709
www.hotel-residenz-meersburg.com
T.: +49 7532 80040
residenz@romantikhotels.com
1 E € 113/127 / 21 D € 176/312 / 3 S € 314/425
1 App. € 262/412

Eingebettet in Weinberge und umgeben von einer Parkanlage bietet sich ein freier Blick über den Bodensee. Mit Liebe zum Detail ausgestattete Gästezimmer, Suiten und ein Appartement sorgen für einen angenehmen Aufenthalt. Im Gourmet-Restaurant „Casala" wird eine ausgezeichnete, klassisch-französische Küche serviert. Altbewährte Rezepte der Region werden im Residenz Restaurant innovativ verfeinert.

Buffet (frz. Theke, Anrichte), Büfett (dt.): Eine besondere Form des Speiseangebotes, bei welcher Speisen auf einer langen Tafel oder mehreren Einzelstationen angeboten werden. Ein Büfett besteht aus Vorspeisen, Hauptspeisen und Desserts. Es verspricht freie Auswahl und Zusammenstellung und ist damit eine zwanglose Alternative zum Tischservice – attraktiv für Gruppen und Familien mit kleinen Kindern.

Meisenheim
Rheinland-Pfalz

Meisenheimer Hof
★★★★

Obergasse 33 / ✉ 55590
www.meisenheimer-hof.de
T.: +49 6753 1237780
mail@meisenheimer-hof.de
1 E € 88/119 / 16 D € 149/169 / 4 S € 199/248
2 App. € 195/248

Meisenheim: Eine Stadt „en miniature" als einzige im Südwesten Deutschlands seit über 500 Jahren von Kriegen verschont und daher voll wunderbarer Bausubstanz. Wiege schwedischer und bayrischer Könige, verwoben mit europäischer Geschichte, eingebettet in eine sanfte Natur. Unser Hotel liegt mitten in der wunderschönen Altstadt. Entdecken Sie eine der schönsten Landschaften Deutschlands. Besonders regenarm und besonders sonnenreich, präsentiert sich unsere Region mit südlicher Heiterkeit. Gelegen an den Ausläufern des Pfälzer Waldes und des Nationalparks Hunsrück Hochwald, eingebettet in die romantischen Flusstäler von Nahe und Glan befinden sich wunderschöne Wander- und Radwege direkt vor der Haustür. Gepilgert wird auf den Pfaden von Hildegard von Bingen. Oder darf es eine Weinwanderung durch einige der besten Weinlagen der Welt sein?

Meißen
Sachsen

Hotel Fährhaus Meißen (g)
★★★★

Hafenstr. 16 / ✉ 01662
designhotel-meissen.de
T.: +49 3521 7288860 / post@faehrhaus-meissen.de
2 E ab € 95 / 6 D ab € 150

Nur wenige Meter vom Elbufer entfernt liegt dieses schnuckelige, historische Kleinod der Gemütlichkeit für den bewusst Reisenden – ein Gästehaus und Atelier zugleich. Hinter der historischen Fassade liegen moderne Zimmer. Über 1000 Kunstwerke zieren die Wände des Hauses, in dem auch Designerstoffe und antike Einzelstücke ihren Platz haben. Hinzu kommen hochwertige Boxspring-Betten und handgefertigte Möbel. Kinder sind ab zehn Jahren als Gäste willkommen.

Romantik Hotel Burgkeller & Residenz Kerstinghaus
★★★★

Domplatz 11 / ✉ 01662 / www.hotel-burgkeller-meissen.de
T.: +49 3521 41400 / info@hotel-burgkeller-meissen.de
21 D ab € 135 / als E ab € 80 / 3 S ab € 190
1 App. ab € 190 /

Das Hotel, ehemals königlich sächsischer Burgkeller, befindet sich in absolut ruhiger Lage. Stil, guter Geschmack und viel Liebe zum Detail prägen den Charakter der individuell eingerichteten Zimmer. Kulinarische Delikatessen können im hauseigenen Restaurant „Böttgerstube" genossen werden. Terrasse mit Panoramablick.

Mellenthin
Mecklenburg-Vorpommern

Wasserschloss Mellenthin
★★★

Schlossallee 5 / ✉ 17429
www.wasserschloss-mellenthin.de
T.: +49 38379 28780
info@wasserschloss-mellenthin.de
26 D € 84/110 / als E € 70/100 /

Das Anwesen aus dem Jahre 1575 liegt mitten im Naturschutzpark „Insel Usedom". Das Hotel wurde in den Westflügel der Anlage integriert, wobei der alte Renaissancestil sich mit modernen Akzenten harmonisch mischt. Mit viel Liebe zum Detail und großzügigen Bädern sind die Gästezimmer eingerichtet. Regionale Küche im Restaurant; Gasthausbrauerei, Kaffeerösterei, Limonaden-Manufaktur.

Mellrichstadt
Bayern

Biohotel Sturm
★★★

VISA

Ignaz-Reder-Str. 3 / 97638 / www.hotel-sturm.com
T.: +49 9776 81800 / info@hotel-sturm.com
7 E € 87/97 / 36 D € 71/123 / O @ P

Ein mit nachhaltigen Materialien ausgestattetes Refugium inmitten der Rhön. Wellnessgarten mit Schwimmteich und Obst zum Naschen. Perfekt für eine nachhaltige und genussvolle Auszeit. Der Ortskern von Mellrichstadt liegt nur zehn Minuten zu Fuß entfernt.

Mendig
Rheinland-Pfalz

Hansa (g)
★★★

VISA

Laacher-See-Str. 11 / 56743 Ortsteil Niedermendig
www.mendighansahotel.de / T.: +49 2652 97080
info@mendighansahotel.de
2 E € 62/78 / 16 D € 102/126 / O @ P

Im Herzen des Vulkanparks Osteifel – drei Kilometer sind es zur Abtei Maria Laach am Laacher See – liegt das familiär geführte Hotel Hansa mit hellen, komfortablen Zimmern, teils mit Klimaanlage. Lichtdurchflutete, klimatisierte Räume laden zum reichhaltigen Frühstücksbüfett ein. In der neugestalteten Lounge und auf der Terrasse werden Getränke serviert. Minigolfanlage und großer, kostenfreier Parkplatz am Haus. Qualifiziertes Wandererhotel.

Bad Mergentheim
Baden-Württemberg

Bundschu Ringhotel
★★★★

VISA

Milchlingstr. 24 / 97980 / www.hotel-bundschu.de
T.: +49 7931 9330 / info@hotel-bundschu.de
30 E € 75/109 / 30 D € 110/150 / O @ P

Die ideale Lage am Rande der historischen Altstadt ist ruhig und in unmittelbarer Nähe zum weitläufigen Kur- und Schlosspark. Alle Zimmer überzeugen mit zeitgemäßer moderner Eleganz. Gepflegter Saunabereich und ein gemütliches Restaurant, das mit einer jahreszeitlich betonten Frischeküche verwöhnt.

Das Schaffers
★★★

VISA

Edelfinger Str. 7 / 97980 / www.dasschaffers.de
T.: +49 7931 97120 / info@dasschaffers.de
12 E ab € 85 / 20 D ab € 119 / @ P

Das kleine Hotel liegt am Stadtrand am Ufer der Tauber. Die Altstadt von Bad Mergentheim erreicht man gemütlich nach nur 10 Gehminuten. 15 bis 35 Quadratmeter große Zimmer stehen den Gästen in Stammhaus und Neubau zur Verfügung. Familienzimmer, kleiner Wellnessbereich und badische Spezialitäten im Restaurant.

Mertesdorf
Rheinland-Pfalz

Hotel Weingut Weis
★★★★

VISA

Eitelsbacher Str. 4 / 54318 / www.hotel-weis.de
T.: +49 651 95610 / info@hotel-weis.de
12 E € 72/97 / 29 D € 99/135 / 6 S € 143/165
O @ P

Das Hotel und Weingut liegt im romantischen Ruwertal, an der Stadtgrenze von Trier. Großzügig und mit funktionellem Komfort eingerichtete Zimmer und Suiten erwarten den Gast. Neue Wellnessanlage. Im Restaurant werden regionale und saisonale Speisen in Verbindung mit hauseigenen Weinen angeboten. Sonnige Terrasse mit Blick ins Ruwertal.

Merzen
Niedersachsen

Gasthof Dückinghaus mit Hotel Bahnhof Lechtrup-Merzen
★★

Osterodener Weg 20 / 49586 / www.dueckinghaus.de
T.: +49 5466 368 / info@dueckinghaus.de
9 D ab € 81 / als E ab € 61 / @ P

Wer wollte nicht schon einmal in einem historischen Eisenbahnwaggon übernachten? Eine halbe Autostunde von Osnabrück entfernt stehen fünf Waggons mit 19 Betten zur Verfügung. Natürlich kann man hier auch Feste feiern, kegeln oder nur gemütlich zu Abend essen.

Meschede
Nordrhein-Westfalen

Landhotel Donner
★★★

VISA

Zur alten Schmiede 4 / 59872 Ortsteil Remblinghausen
www.landhotel-donner.de / T.: +49 291 952700
info@landhotel-donner.de
6 E € 84/98 / 11 D € 120/148 / @ P

Nahe dem Hennesee, in einem ein reizvollen und vielseitigen Wandergebiet, liegt dieses familiär geführte Landhotel. Die wohnlichen Zimmer, alle mit Lift erreichbar, bieten auch Geschäftsreisenden eine komfortable Ausstattung. Die Abwechslungsreiche, marktfrische Küche im Restaurant verwöhnt auch mit regionalen Klassikern. Café-Terrasse.

Mespelbrunn
Bayern

Rügers Forstgut - Naturhotel & Restaurant

★★★★

Schloßallee 25 / ✉ 63875 / www.ruegers-forstgut.de
T.: +49 6092 6080
info@ruegers-forstgut.de
9 E ab € 85 / 26 D € 120/150 / 4 S € 175/185

In romantischem Ambiente, nur einen Steinwurf von Schloss Mespelbrunn entfernt, verwöhnt das Hotel schon seit 100 Jahren mit kulinarischen Spezialitäten und ausgezeichnetem Service. Die Gästezimmer sind sehr behaglich und individuell eingerichtet. Entspannung verschafft die avantgardistische Wellness-Lounge. Restaurant, Hotelbar, Terrasse.

Mettlach
Saarland

Buchnas Landhotel Saarschleife

★★★★

Cloefstr. 44 / ✉ 66693 Ortsteil Orscholz
www.hotel-saarschleife.de
T.: +49 6865 1790
info@hotel-saarschleife.de
4 E € 89/144 / 32 D € 144/210 / 3 S € 230/230
1 App. ab € 179

In zehn Minuten am Naturdenkmal Saarschleife – mitten im romantischen Saarland liegt dieses Landidyll. Es verfügt über ländliche moderne Wohlfühlzimmer und eine moderne Spa- und Wellnessanlage auf 500 Quadratmetern zum Auftanken neuer Kraft und Energie. Eine Hotelbar mit regionalen Getränken, eine ausgezeichnete Landküche und vor allem ein herzliches Mitarbeiterteam umsorgen die Gäste professionell und sehr achtsam.

Mettmann
Nordrhein-Westfalen

Hotel Land Gut Höhne

★★★★

Düsseldorfer Str. 253 / ✉ 40822
www.guthoehne.de
T.: +49 2104 7780 / info@guthoehne.de
33 E € 90/230 / 91 D € 150/320 / 4 S € 360/520
3 App. € 210/360

Offenes Mauerwerk, Massivholz und heimischer Schiefer kleiden die luxuriösen Zimmer des historischen Anwesens unweit von Düsseldorf. Das Hotel entstand aus einem ehemaligen Bauernhof von 1760 durch Um- und Ausbau über viele Jahrzehnte. Exklusive, bis zu 65 Quadratmeter große Wellness-Suiten mit Whirlpool.

Mittenwald
Bayern

Alpengasthof Gröbl-Alm

★★★

Gröbl-Alm 1-3 / ✉ 8248
www.groeblalm.de
T.: +49 8823 9110 / groeblalm@t-online.de
2 E € 75/107 / 23 D € 120/220 / 3 S € 180/244

Die ideale Lage des Hotels oberhalb von Mittenwald, umgeben von Wiesen, bietet einen traumhaften Rundblick auf die Bergwelt. In gemütlicher, familiärer Atmosphäre sorgen behagliche, komfortable Zimmer für einen unbeschwerten Aufenthalt. Gemütliche, warme Holzstuben laden zu bayerischen Schmankerln aus heimischen Produkten. Konditorei.

Bichlerhof (g)

★★★

Adolf-Baader-Str. 5 / ✉ 82481
www.bichlerhof-mittenwald.de
T.: +49 8823 9190
bichlerhof.mittenwald@t-online.de
4 E € 45/81 / 18 D € 120/136 / 2 App. € 132/148

Das zentral aber ruhig gelegene Hotel wird familiär geführt. Es bietet seinen Gästen mit viel Liebe eingerichtete Zimmer, mit Terrasse oder Balkon und herrlichem Bergblick sowie ein Restaurant mit traditioneller Küche. Der Wellnessbereich lockt mit einem Schwimmbad mit Jet-Stream, Finnischer Sauna, Infrarotkabine und Dampfkabine, Massagen und Beautybehandlungen nach vorheriger Anmeldung.

Frühstück wird extra berechnet

Ortsrand / abseits gelegen

Lift / Zimmer rollstuhlgerecht

WLAN im Hotel / @ Zimmer mit Internet

HP hinter dem Zimmerpreis = Preis inklusive Halbpension

VP hinter dem Zimmerpreis = Preis inklusive Vollpension

Terrasse / Liegewiese

Mölln
Schleswig-Holstein

Seehotel Schwanenhof
★★★★

Am Schulsee 1 / ✉ 23879
www.seehotel-schwanenhof.de
T.: +49 4542 84830
info@seehotel-schwanenhof.de
29 D € 100/140 / als E € 75/95 / 1 S € 130/180

In reizvoller Lage, zwischen zwei Seen, heißt das moderne Haus seine Gäste in großzügigen, elegant eingerichteten Räumlichkeiten willkommen. Der aufmerksame Service unterstreicht die angenehme Atmosphäre. Restaurant, Café-Terrasse direkt am See. Sauna und Ayurveda-Anwendungen.

Moltzow
Mecklenburg-Vorpommern

Hotel Schloss & Gut Ulrichshusen
★★★

Seestr. 14 / ✉ 17194 Ortsteil Ulrichshusen
www.ulrichshusen.de / T.: +49 39953 7900
info@ulrichshusen.de
53 D € 80/130 / als E € 70/130 / 10 App. € 100/150

Ein ganz besonderer Ort für einen Aufenthalt ist die am Rande der Mecklenburgischen Seenplatte gelegene Schlossanlage und das zwei Kilometer entfernte Gut Ulrichshusen. Dezent und geschmackvoll ist die Einrichtung der Gästezimer und Appartements. Kulinarisch verwöhnt das Restaurant „Am Burggraben" im Sommer auch auf der Terrasse. Ideale Tagungsbedingungen.

Mülheim an der Mosel
Rheinland-Pfalz

Weinromantikhotel Richtershof
★★★★

Hauptstr. 81-83 / ✉ 54486 / www.weinromantikhotel.com
T.: +49 6534 9480 / info@weinromantikhotel.de
2 E € 139/169 / 36 D € 194/224 / 5 S € 274/354

Eingebettet in eine 10.000 Quadratmeter große Parkanlage, verfügt das romantische Hotel, ein ehemaliges Weingut, über individuell eingerichtete Zimmer und Suiten. Gleich zwei Restaurants sorgen für das leibliche Wohl. Zigarren-Lounge, das Beauty-Atelier mit römischem Spa, der Jugendstil-Ballsaal und der historische Kreuzgewölbekeller ergänzen das facettenreiche Angebot.

Mülheim an der Ruhr
Nordrhein-Westfalen

Villa am Ruhrufer Golf & Spa
★★★★★

Dohne 105 / ✉ 45468 Ortsteil Mitte
www.villa-am-ruhrufer.de
T.: +49 208 9413970
info@villa-am-ruhrufer.de
6 E ab € 175 / 6 D ab € 195 / 6 S ab € 375
Frühstück € 25 /

Das kleinste Luxushotel Deutschlands liegt in mitten des pulsierenden Ruhrgebiets. Mit außergewöhnlichen Suiten, dem privaten „Villa-Spa", regionalen Köstlichkeiten in schönster Atmosphäre im „Restaurant Raffelberg Nice Dining" und zwei hoteleigenen Golfplätzen bietet die herrschaftliche Villa am Ruhrufer Natur und Luxus Pur. Für Ausflüge nach Essen, Oberhausen oder zu kulturellen Highlights der Rhein-Ruhr-Region ist das kleine Hotel der ideale Ausgangspunkt. Ein kostenloser Shuttle Services bringt die Gäste jederzeit bequem zu den Golfplätzen.

München
Bayern

siehe auch D-85609 Aschheim

AMBER Econtel München (g)
★★★

Bodenseestr. 227 / ✉ 81243 Ortsteil Pasing-Obermenzing
www.amber-hotels.de/hotel-muenchen
T.: +49 89 871890
muenchen@econtel-hotels.de
67 D € 59/340 / als E € 59/320 / 2 S € 105/360
Frühstück € 11 /

Im grünen Westen Münchens, in verkehrsgünstiger Lage zur Autobahn und mit direkter S-Bahn-Verbindung zum Flughafen, liegt dieses Drei-Sterne-Hotel. Hier kann man getrost das Auto stehen lassen und mit der S8 ins Zentrum rauschen – und wieder zurück. Das Haus bietet moderne Gästezimmer mit vielen Extras für jeden Anspruch. Eine Besonderheit sind die geräumigen Familienzimmer. Dazu gibt es Gratis-WLAN, Parkmöglichkeiten direkt am Hotel und eine hoteleigene Tiefgarage mit kostenloser E-Ladestation für Pkw. Täglich ab 11 Uhr kostenloser Kaffee- und Teeservice; Frühstücksbüfett.

Cocoon Hauptbahnhof (g)
★★★

Mittererstr. 9 / ✉ 80336 Ortsteil Ludwigsvorstadt-Isarvorstadt
www.cocoon-hotels.de / T.: +49 89 59993905
info.hbf@cocoon-hotels.de
103 D ab € 95 / als E ab € 86 /

Im typischen „Cocoon-Style" zeichnet sich auch das Hotel am Hauptbahnhof durch sein funky Retro-Design aus. Die Zimmer ausgestattet mit Boxspringbetten und Regendusche sind dank modernster Entertainment-Technik geeignet zum Chillen und zum entspannten Arbeiten in Wohnzimmeratmosphäre. Eine Almhütte im Garten kann für gesellige Events bis 10 Personen gebucht werden.

Excelsior by Geisel

★★★★

Schützenstr. 11
80335 Ortsteil Ludwigsvorstadt-Isarvorstadt
www.excelsior-hotel.de / T.: +49 89 551370
excelsior@geisel-privathotels.de
26 E € 130/450 / 76 D € 155/525 / 12 S € 255/815
Frühstück € 22 /

Bayerische Gastlichkeit, gediegene Eleganz und persönlicher Service erwarten den Gast gleich beim Betreten des „Hotel Excelsior" und sind auch seit Jahrzenten Aushängeschild des First-Class-Hotels. Wohnliches Ambiente, das den Gast bereits in der Lobby empfängt, erwartet ihn auch in den individuell gestalteten Zimmern, den Alpin-Zimmern und den exquisiten Suiten. Gelebte traditionelle Gemütlichkeit paart sich im Restaurant, der Vinothek, mit italienischer Lebensfreude, einer großen Auswahl an internationalen Flaschenweinen und der mediterran inspirierten Küche.

Bayerischer Hof

★★★★★

Promenadeplatz 2-6 / 80333 Ortsteil Altstadt-Lehel
www.bayerischerhof.de
T.: +49 89 21200
info@bayerischerhof.de
263 D € 460/750 / 74 S € 850/15000 / Frühstück € 46

Das mehrfach ausgezeichnete und privat geführte Hotel gehört zu den führenden Häusern im deutschsprachigen Raum. Das Ambiente der Zimmer und Suiten ist im höchsten Maße elegant und stilistisch vielseitig – von kosmopolitischem Urban Chic bis zu einer raffinierten, afro-asiatischen Ästhetik. Absolut edel sind die Zimmer und Suiten in eleganten Perlgrau- und Champagnertönen. Zu den Highlights gehören die exklusiven Restaurants „Atelier", „Garden" und „Trader Vic's" sowie die Cinema Lounge, ein luxuriöser Vorführraum mit neuester Technik für private und öffentliche Events. Das Blue Spa und der Night Club mit Live-Jazz gehören zu den weiteren Attraktionen des eleganten Hotels.

BEYOND by Geisel

★★★★★

Marienplatz 22 / 80331 Ortsteil Altstadt-Lehel
www.beyond-muc.de/de / T.: +49 89 700746-700
contact@beyond-muc.de
17 D € 350/1650 / 2 S € 800/1750 / Frühstück € 25

Die 19 luxuriös eingerichteten Schlafzimmer verteilen sich im „BEYOND by Geisel" rund um das über zwei Etagen offene Wohnzimmer. Daran angrenzend die Wohnküche sowie Weinlounge mit Panoramafenstern und direktem Blick auf das Münchner Rathaus mit Glockenspiel. Ein Maximum an Luxus, Wohnlichkeit und Wohlgefühl. Frühstück sowie Speisen – vom kleinen Snack aus dem Kühlschrank bis hin zum extra vom Koch zubereiteten Lieblingsgericht des Gastes – sowie Getränke sind bei Buchung des Kulinarikpakets rund um die Uhr im Übernachtungspreis enthalten. Die Nutzung der öffentlichen Bereiche ist ausschließlich Gästen der Residenz vorbehalten.

Hotel Torbräu

★★★★

Tal 41 / 80331 Ortsteil Altstadt-Lehel
www.torbraeu.de
T.: +49 89 242340 / info@torbraeu.de
23 E ab € 142 / 56 D ab € 185 / 3 S ab € 359

Im Zentrum der historischen Altstadt gelegen, nur wenige Schritte von der Oper entfernt, liegt eines der ältesten Hotels der bayerischen Landeshauptstadt. Schon Ende des 15. Jahrhunderts gingen hier am Isartor die Gäste ein und aus. Seit vier Generationen fühlt sich die Familie Kirchlechner dieser Tradition verpflichtet. Die individuell einherichteten Zimmer und Suiten vermitteln ein behagliches Gefühl.

Farbige Schlummer Atlas Sterne
★ bis ★★★★★
Hotels sind in ihrer jeweiligen Kategorie hervorhebenswert

Mandarin Oriental, Munich

★★★★★

Neuturmstr. 1 / ✉ 80331 Ortsteil Altstadt-Lehel
www.mandarinoriental.com/munich / T.: +49 89 290980
momuc-reservation@mohg.com
48 D € 575/1125
als E € 575/1125 / 25 S € 750/15000 / Frühstück € 44

Im Herzen Münchens, nur zwei Gehminuten vom Marienplatz entfernt, liegt das elegante Luxushotel. Das repräsentative Neorenaissance-Gebäude, 1875 als Ballhaus errichtet, erstrahlt heute in neuem Glanz. Die Zimmer und Suiten wurden mit Liebe zum Detail und mit technischen Raffinessen umgestaltet. Exotische Blumen, ornamentale Stoffe sowie wertvolle Kunstgegenstände setzen stilvolle asiatische Akzente. Die Dachterrasse mit beheiztem Pool bietet einen einzigartigen 360-Grad-Blick über die Dächer der Stadt bis zu den Alpen. Die japanisch-peruanische Küche im Restaurant „Matsuhisa" begeistert die Gäste.

Hotel Vier Jahreszeiten Kempinski München

★★★★★

Maximilianstr. 17 / ✉ 80539 Ortsteil Altstadt-Lehel
www.kempinski.com/vierjahreszeiten
T.: +49 89 2125-0
reservation.vierjahreszeiten@kempinski.com
13 E € 240/700 / 292 D € 300/1165 /
60 S € 620/20000
Frühstück € 45 /

An einem der elegantesten Boulevards der Welt, der Maximilianstraße, umgeben von Galerien, Theatern und der Staatsoper liegt dieses Luxushotel. In der leuchtenden Glaskuppel der vornehmen Lobby spiegelt sich der royale Charme dieses traditionsreichen Hauses wider. Die Zimmer und Suiten sind elegant und individuell eingerichtet und haben den außergewöhnlichen Luxus eines „Leading Hotel of the World". Das Restaurant „Schwarzreiter" bietet eine junge, bayrische Küche mit regionalen und saisonalen Produkten. In der Lobby verführen Kaffeespezialitäten und hausgemachter Kuchen oder auch der Teemaster mit Tee der Extraklasse.

MOMA1890 Boutique Hotel (g)

★★★

Orleansplatz 6 a / ✉ 81667 Ortsteil Au-Haidhausen
www.moma1890.com / T.: +49 89 4482424
info@moma1890.com
17 E ab € 158 / 34 D ab € 173 / S ab € 246 /

1890 im Stadtteil Haidhausen erbaut, ist das Gründerzeit-Haus heute ein inhabergeführtes BoutiqueHotel. Jedes der Zimmer ist ein Unikat, das im 70er Jahre Vintage-Design gestaltet und eingerichtet wurde. Neben der stilvollen Mischung aus Tradition und Moderne wird viel Wert auf persönlichen Service gelegt. Bars und Restaurants in der Nähe.

München Palace

★★★★★

Trogerstr. 21 / ✉ 81675 Ortsteil Bogenhausen
www.hotel-muenchen-palace.de / T.: +49 89 419710
info@hotel-muenchen-palace.de
16 E ab € 225 / 58 D ab € 265 / 15 S ab € 420
Frühstück € 40 /

Wunderschöne Zimmer bieten Eleganz und Gemütlichkeit. Ein Zuhause auf Reisen im noblen Bogenhausen, in direkter Nachbarschaft zum Prinzregententheater, zu der Villa Stuck, dem Friedensengel und dem Maximilianeum. Kompromisslos hohe Qualität und ein feines Gespür für das Schöne kennzeichnen die Restaurants der Familie Kuffler. Ein Portfolio, in das sich das München Palace harmonisch einfügt.

Platzl Hotel

★★★★

Sparkassenstr. 10 / ✉ 80331 Ortsteil Altstadt-Lehel
www.platzl.de / T.: +49 89 237030 / servus@platzl.de
25 E € 165/365 / 141 D € 215/415 / Frühstück € 29

Das Platzl Hotel, äußerst zentral in Münchens historischer Altstadt gelegen, repräsentiert bayerische Lebensart im traditionellen Münchner Stil. Hier wohnt der Gast in individuell und urig-gemütlich eingerichteten Zimmern. Im Restaurant Pfistermühle werden neben erlesenen Weinen regionale Spezialitäten serviert. Lebendige Münchner Wirtshauskultur erlebt der Gast im Wirtshaus Ayingers.

Roomers Munich

★★★★★

Landsberger Str. 68 / ✉ 80339 Ortsteil Schwanthalerhöhe
www.roomers-munich.com / T.: +49 89 4522020
info@roomers-munich.com /

Das glamouröse Hotel, westlich der Innenstadt, schafft mit seinem Innendesign, dem Gastrokonzept und Spa unvergessliche Momente. Marmor, verspiegelte Badezimmer, weiche Betten und inspirierende Kunst – jedes Zimmer der perfekte Ort, sich selbst zu verwöhnen. Suiten mit Sauna und Jacuzzi auf der Terrasse. Ein Pool im Untergeschoss mit Kinobildschirm und eigenem Bar-Konzept lässt keine Wünsche offen. Das japanische Restaurant Izakaya und die Roomers-Bar verleihen dem kosmopolitschen Lebensstil Ausdruck. Professionell präsentieren sich die Konferenzräume.

Ruby Lilly Hotel & Bar

★★★★

Dachauer Str. 37 / ✉ 80335 Ortsteil Maxvorstadt
www.ruby-hotels.com / T.: +49 89 954570820
lilly@ruby-hotels.com
177 D ab € 139 / als E ab € 124 / Frühstück € 17

Schlanker Luxus lautet die Philosophie der Ruby Hotels. Zentral gelegen im angesagten Stadtviertel Maxvorstadt ist kein Restaurant und kein Roomservice notwendig. Dafür ist eine Bar rund um die Uhr geöffnet. Die Zimmer sind so geschnitten, dass sie keinen Platz verschwenden, gestyled mit hervorragender Technik, Marshall-Verstärker auf dem Zimmer, Gitarren zum Ausleihen, schalldichte Räume für die eigene musikalische Freiheit und die Ruhe der anderen.

Ruby Rosi Hotel & Bar

★★★★

Bayerstr. 12 / ✉ 80335
www.ruby-hotels.com
T.: +49 89 125095210 / rosi@ruby-hotels.com
101 D ab € 120 / @

Zentraler kann man in München kaum unterkommen: Schräg gegenüber vom Hauptbahnhof und drei Fußminuten vom Stachus entfernt taucht der Gast ein in die Ruby-Welt. Verglaste Regenduschen, komfortable Betten und eine nonstop geöffnete Bar sind deren Markenzeichen. Das Motto des „Rosi" sind deutsche Märchenerzählungen, die sich in den Farben rot und schwarz niederschlagen. Livemusik und Gin-Tastings finden auf der Dachterrasse statt.

Schiller 5 Hotel (g)

★★★

Schillerstr. 5 / ✉ 80336 Ortsteil Ludwigsvorstadt-Isarvorstadt / www.schiller5.com / T.: +49 89 515040
info@schiller5.com
52 D € 119/519 / als E € 99/499 / 2 S € 219/619
3 App. € 179/579 / @

Ganz im Sinne des Namenspatron Friedrich von Schiller ist das zentral gelegene Haus geprägt von dezenter Eleganz in Verbindung mit edlen Akzenten. Hinter einer schwarzen Granitfassade präsentiert sich modernes und schlichtes Design im Wohlfühlambiente. Hochwertige Materialien und warme Farben prägen das Interieur der Zimmer und Suiten.

Schwabinger Wahrheit by Geisel (g)

★★★

Hohenzollernstr. 5 / ✉ 80801 Ortsteil Schwabing-Freimann
www.schwabinger-wahrheit.de / T.: +49 89 551378196
reservations@schwabinger-wahrheit.de
80 D ab € 120 / 8 S ab € 140 / Frühstück € 16
@

Mitten in Schwabing liegt dieses schnörkellos und pragmatisch designte Hotel in direkter Nähe zur Münchner Freiheit und zur Leopoldstraße. Vom „Teamzimmer" für maximal sechs Personen bis zur geräumigen Kompaktsuite hat das Haus mehrere smarte Zimmerkategorien zu bieten. Außerdem gibt es einen Mini-Spa mit Freiluft-Whirlpool, finnischer Sauna und Holz-Fitnessgeräten sowie eine hoteleigene Tiefgarage. Morgens darf man sich an einem reichhaltigen Frühstücksbüfett gütlich tun.

Sofitel Munich Bayerpost

★★★★★

Bayerstr. 12 / ✉ 80335 Ortsteil Ludwigsvorstadt-Isarvorstadt / www.sofitel-munich.com / T.: +49 89 599480
h5413@sofitel.com
339 D € 220/520 / 57 S € 315/5500 / Frühstück € 40
@

Wenige Gehminuten von Stachus und Marienplatz entfernt, entstand hinter der verzierten gründerzeitlichen Fassade der ehemaligen Königlich-Bayerischen Post dieses Luxushotel. Beeindruckend ist die avantgardistische Innenarchitektur, gepaart mit künstlerischem Design. Tagungsräume auf 1.800 Quadratmetern, ausgestattet mit modernster Konferenztechnik und ausgebildete Tagungsmanager garantieren Events auf höchstem Niveau. Exklusive „Spa Lagune". Fine-Dining-Restaurant, „Délice La Brasserie", Bar „Isarbar".

★★★★★ Luxus-Hotel,
internationales Luxus-Hotel
mit einem Höchstmaß an Komfort

The Charles Hotel, a Rocco Forte Hotel

★★★★★

Sophienstr. 28 / ✉ 80333 Ortsteil Maxvorstadt
www.thecharleshotel.com
T.: +49 89 544555-0
info.charles@roccofortehotels.com
136 E € 270/860
136 D € 270/860 / 24 S € 570/16000 / Frühstück € 42
@

Im Herzen Münchens, zwischen dem Alten Botanischen Garten, dem Karlsplatz sowie dem Königsplatz, ist das Hotel der ideale Ausgangspunkt für Geschäfts- und Privatreisende. Das preisgekrönte Haus beherbergt Zimmer und Suiten mit mindestens 40 Quadratmeter Wohnfläche. Für das Innendesign zeichnet sich Olga Polizzi, Schwester von Sir Rocco Forte, verantwortlich. Mit seinem 15 Meter langen Schwimmbecken und innovativen Wellnessanwendungen lädt der The Charles SPA zum Entspannen ein. Sophia's Restaurant & Bar verwöhnen die Gäste mit „zwanglosen Genuss". Die Liebe zum Detail und der intuitive Gästeservice machen den besonderen Aufenthalt im The Charles aus.

The Westin Grand München

★★★★★

Arabellastr. 6 / ✉ 81925 Ortsteil Bogenhausen
www.westingrandmunich.com / T.: +49 89 92640
grandmuenchen@westin.com
49 E € 119/479 / 550 D € 119/479
@

Im exklusiven Arabellapark in Bogenhausen liegt dieses einladende Grand-Hotel. Es vereint traditionelle und moderne Elemente auf harmonische Weise. Ein überdachtes, dreigeschossiges Atrium mit attraktiver Gastronomie und Showküche bildet den Mittelpunkt des luxuriösen Hauses. Alle Zimmer sind harmonisch in warmen Farben gestaltet und mit modernster Kommunikationstechnik ausgestattet. Nach einer erfolgreichen Tagung auf einer der drei Konferenzetagen, kommt dem Gast das Fitness- und Wellness-Angebot im Arabella Spa zugute. Die „Executive Club Lounge" in der 23. Etage ist ein besonderes Erlebnis.

Von der Zugspitze (2962 Meter) bei klarer
Sicht bis zu 250 Kilometer weit schauen

Münchweiler an der Alsenz
Rheinland-Pfalz

Hotel Klostermühle
★★★

Mühlstr. 19 / ✉ 67728
www.klostermuehle.com
T.: +49 6302 92200 / info@klostermuehle.com
10 E € 65/79 / 15 D € 98/126 / S zu € 145 / App. zu € 145

Eine alte Hofanlage aus dem 12. Jahrhundert beherbergt dieses modern eingerichtete Hotel, das sich mitten im Grünen unweit von Kaiserslautern befindet. Es bietet harmonisch wirkende Zimmer mit ausgesuchtem Mobiliar. Zum Relaxen lädt das „Wohlfühlrefugium" im Sandsteingewölbe ein. Regionale Küche mit Bio-Produkten.

Münsingen
Baden-Württemberg

Hotel Herrmann
★★★★

Marktplatz / ✉ 72525
www.hotelherrmann.de
T.: +49 7381 18260
reservierung@hotelherrmann.de
5 E € 89/123 / 36 D € 159/205 / 2 S € 134/220
1 App. € 134/242 /

Im Herzen der Schwäbischen Alb weiß Familie Autenrieth ihre Gäste zu verwöhnen. Dazu gehören der Relaxbereich „Wellness Verbena", moderne Zimmer und Suiten, ein vitales Landfrühstücksbüfett und die Herrmann-Küche im Gasthof. Diese steht für eine kreative und zugleich bodenständige Kochkunst, geprägt von regionalen und saisonalen Einflüssen.

Münster
Nordrhein-Westfalen

Central Hotel
★★

Aegidiistr. 1 / ✉ 48143 Ortsteil Centrum
www.central-hotel-muenster.de
T.: +49 251 510150 / mail@central-ms.de
22 D € 115/145 / als E € 109/299 / 1 S € 189/379
Frühstück € 15 /

Mitten im Kulturgebiet der Universitätsstadt Münster bietet sich das „Central"-Hotel als idealer City-Standort an. Die persönliche Betreuung und die mit Werken zeitgenössischer Künstler modern und individuell ausgestatteten Gästezimmer des kleinen, feinen Privathotels vermitteln eine behagliche Atmosphäre.

Hotel Kaiserhof
★★★★

Bahnhofstr. 14 / ✉ 48143 Ortsteil Centrum
www.kaiserhof-muenster.de
T.: +49 251 4178-0
hotel@kaiserhof-muenster.de
45 E ab € 99 / 55 D ab € 119 / 5 S ab € 194
Frühstück € 19 /

Tradition und Innovation in perfekter Symbiose - so präsentiert sich das privat geführte Hotel in der Innenstadt Münsters, zwischen Hauptbahnhof und Altstadt. Das Haus verfügt über fünf thematisiert eingerichtete Etagen mit individuellen Raucher- und Nichtraucherzimmern. Die ausgesuchten Speisen der geschmackvollen Restaurants „Gabriel's" sowie eine gemütliche Hotelbar und ein stilvoller Weinkeller runden das Angebot ab. Exklusiver Wellnessbereich.

Hotel zur Davert (g)
★★

Davertstr. 40 / ✉ 48163 Ortsteil Amelsbüren
www.hotel-zur-davert.de
T.: +49 2501 96110
info@hotel-zur-davert.de
7 E € 60/70 / 11 D € 81/105 /

In unmittelbarer Nähe zur Davert, dem größten Waldgebiet des Münsterlandes, liegt das familiengeführte Hotel. Die komfortabel ausgestatteten Zimmer bieten urgemütliche münsterländische Gastlichkeit. Im Restaurant „Altes Gasthaus Freitag" genießen die Gäste echte westfälische Küche.

Landhaus Eggert
★★★★

Zur Haskenau 81 / ✉ 48157 Ortsteil Handorf
www.landhaus-eggert.de / T.: +49 251 328040
info@landhaus-eggert.de
5 E € 98/165 / 28 D € 155/193 / 3 S € 233/233
1 App. € 233/233 /

In einer reizvollen Parkanlage liegt das romantische Hotel, das sich aus einem historischen Bauernhof entwickelt hat. Die ruhigen, exklusiv eingerichteten Zimmer sowie der Wellnessbereich sorgen für einen erholsamen Aufenthalt. Eine Küche aus der Heimat und des Genusses wird im Landhaus-Restaurant serviert.

Mauritzhof Hotel Münster
★★★★

Eisenbahnstr. 17 / ✉ 48143 Ortsteil Centrum
www.mauritzhof.de / T.: +49 251 41720 / info@mauritzhof.de
6 E € 159/210 / 45 D € 149/340 / 1 S € 600/1000
Frühstück € 26 /

Inmitten Münsters grünem Zentrum befindet sich dieses Design-Hotel mit von Star-Architekten exklusiv eingerichteten Zimmern. Sympathisch, weltoffen und persönlich bietet der „Mauritzhof" Charme und modernes Lebensgefühl. Die Empfangshalle ist individuell mit einer Hotelbar gestaltet. Gäste können nach einer Bistro-Karte speisen. Tageslichtdurchflutete Konferenzräume mit modernster Kommunikationstechnik genügen höchsten Ansprüchen.

Hotel zur Prinzenbrücke

★★★

Osttor 16 / ✉ 48165 Ortsteil Hiltrup
www.hotel-zur-prinzenbruecke.de
T.: +49 2501 44970
info@hotel-zur-prinzenbruecke.de
15 E € 78/90 / 20 D € 98/118 / 1 S € 108/145

Rund acht Kilometer südlich des Zentrums wartet das familiär geführte, gemütliche Hotel Zur Prinzenbrücke mit seinen 36 Zimmern auf seine Gäste. Ruhig gelegen und gut angebunden an das Wander- und Radwegenetz, ist es ein idealer Startpunkt für Fahrradtouren in die Region und das Stadtgebiet von Münster. Passend dazu bietet das Hotel-Management ein Arrangement mit Leihfahrrädern, zwei Übernachtungen und Frühstück. Golfer können vom Hotel binnen Minuten eine Neun-Loch-Golfanlage erreichen, über ein Dutzend weitere Golfplätze liegen in einem Umkreis von nur 25 Kilometern. Nette Kneipe direkt am Kanal.

Mövenpick Hotel Münster

★★★★

Kardinal-von-Galen-Ring 65 / ✉ 48149
www.movenpick.com/muenster
T.: +49 251 89020
hotel.muenster@movenpick.com
60 E € 85/185 / 164 D € 123/205 / 7 S € 200/330
Frühstück € 23

Das Business-Hotel mit Feriencharakter, nur wenige Minuten vom Zentrum entfernt, bietet mit seiner Lage in der Nähe des Aasees Ruhe und Erholung. Großzügig gestaltete, moderne Gästezimmer. Die Tagungs- und Bankettträume sind mit neuzeitiger Technik ausgestattet. Das Mövenpick Hotel Restaurant mit mediterranem Flair und das „Chesa Rössli" mit gehobener Küche und erlesenen Weinen setzen kulinarische Highlights.

Romantik Hotel Hof zur Linde

★★★★

Handorfer Werseufer 1 / ✉ 48157 Ortsteil Handorf
www.hof-zur-linde.de / T.: +49 251 32750
info@hof-zur-linde.de
7 E € 100/194 / 37 D € 141/302 / 8 S € 186/266

Im Wald vor den Toren der Stadt liegt dieses familiär geführte Landhotel in einer Hofanlage von 1340. Stilvolle Zimmer, schöne Turm-Suiten mit Kamin und Spa-Juniorsuiten unterstreichen die Atmosphäre. Restaurant, Wein- und Bierstube.

Schloss Wilkinghege

★★★★

Steinfurter Str. 374 / ✉ 48159 Ortsteil Kinderhaus
www.schloss-wilkinghege.de / T.: +49 251 144270
info@schloss-wilkinghege.de
7 E € 99/200 / 16 D € 140/320 / 11 S € 175/250

Das ruhig in idyllischer Natur vor den Toren Münsters gelegene Renaissance-Wasserschloss wurde im Jahre 1311 bereits urkundlich erwähnt. Mitte der 50er Jahre entstand hier ein exklusives Hotel mit ganz besonderem Flair. Die Gästezimmer sind stilvoll und wohnlich eingerichtet. Ausgezeichnetes Restaurant, großer Weinkeller, prachtvolle Säle und Salons im Spätrenaissance-Stil; Lesesalon zum Ausspannen.

Münstertal
Baden-Württemberg

Romantik Hotel Spielweg

★★★★

Spielweg 61 / ✉ 79244 Ortsteil Obermünstertal
www.spielweg.com / T.: +49 7636 7090
fuchs@spielweg.com
8 E € 113/141
24 D € 179/299 / 2 S € 298/325 / 12 App. € 261/425

Bis ins 17. Jh. reicht die Geschichte dieses wunderschön gelegenen Hauses zurück. Im Laufe der Zeit wurde das sehr einladende Romantik Hotel mit seinen gemütlichen, im Landhausstil eingerichteten Komfortzimmern zu einem gastronomischen Mittelpunkt der Region. Die „Alte Wirtsstube" ist für ihre regionale, bodenständige Küche bekannt. Café-Terrasse.

Murnau am Staffelsee
Bayern

Alpenhof Murnau

★★★★★

Ramsachstr. 8 / ✉ 82418 Ortsteil Murnau
www.alpenhof-murnau.com / T.: +49 8841 4910
info@alpenhof-murnau.com
20 E € 139/289 / 65 D € 159/309 / 17 S € 309/1149

Südlich von München, direkt am Rande des Naturschutzgebietes „Murnauer Moos" gelegen, ist dieses stilvolle Landhaus ein Hotel der internationalen Komfort-Klasse. Die Gastronomie des Hotels ist für ihre hervorragende Küche weit über die Grenzen Murnaus bekannt, die Sonnenterrassen zählen zu den schönsten Oberbayerns. Entspannung im großzügigen Wellness- und Spa-Bereich. Das Haus bietet den richtigen Rahmen für Veranstaltungen.

N

Nagold
Baden-Württemberg

Landhotel Pfrondorfer Mühle
★★★★

Pfrondorfer Mühle 1 / 72202 Ortsteil Pfrondorf
www.pfrondorfer-muehle.de
T.: +49 7452 84000
info@pfrondorfer-muehle.de
10 E € 69/79 / 10 D € 69/128 / 3 S € 100/260
@

Im reizvollen Nagoldtal heißt das Landhotel seine Gäste in sehr gemütlich ausgestatteten Zimmern willkommen. Im Mittelpunkt des Hauses steht das rustikal-elegante Restaurant mit schwäbischen Spezialitäten und internationaler Frischeküche. Uriger Biergarten, moderne Tanzbar.

Nauen
Brandenburg

Landgut Stober
★★★★

Behnitzer Dorfstr. 27-31 / 14641 Ortsteil Groß Behnitz
www.landgut-stober.de
T.: +49 33239 20440
info@landgut-stober.de
172 E ab € 109 / 105 D ab € 129 / 23 S ab € 159
● @

Inmitten einer herrlichen Parklandschaft, direkt am wunderschönen Groß Behnitzer See und nur 20 Kilometer westlich von Berlin gelegenes Biohotel. Mit dem Biohotel, dem Logierhaus, professionell ausgestatteten Veranstaltungsräumen und einer marktfrischen, regionalen Küche im Restaurant Seeterrassen ist das Landgut der ideale Ort zum Tagen, Feiern oder einfach zum Wohlfühlen und Entspannen.

Bad Nauheim
Hessen

Herrenhaus von Löw
★★★★

Steinfurther Hauptstr. 36 / 61231 Ortsteil Steinfurth
www.herrenhaus-von-loew.de
T.: +49 6032 96950
info@herrenhaus-von-loew.de
4 E € 99/169 / 17 D € 139/189 / S € 129/209
@

Unweit der Mainmetropole Frankfurt steht im Rosenort Steinfurth das individuelle Haus. Der historische Herrensitz des Barons von Steinfurth beherbergt nach Restaurierung exklusive, stilvoll eingerichtete Zimmer mit schönen Marmorbädern. Wohlfühl- und Feinschmecker-Hotel mit traditionellem Ambiente. Freizeitanlage mit römischem Dampfbad, Kaminzimmer

Sauna / Freibad / Hallenbad

Naumburg an der Saale
Sachsen-Anhalt

Gasthof Zufriedenheit
★★★

Steinweg 26 / 06618 Ortsteil Naumburg
www.gasthof-zufriedenheit.de
T.: +49 3445 7912051
welcome@gasthof-zufriedenheit.de
15 D € 130/266 / 2 S € 216/301 / Frühstück € 22
@

Ein kleines Schmuckstück ist das elegante Boutique-Hotel in der Domstadt. Bereits seit 1853 existiert es als Gasthof, der zu DDR-Zeiten anderweitig genutzt wurde und danach lange leer stand. Erst als das Ehepaar Zielke aus Hamburg das Haus restaurierte und zum Hotel machte, wurde es wieder zum Leben erweckt. Siebzehn Zimmer und Suiten laden zum Wohnen für gehobene Ansprüche ein. Es gibt eine gemütliche Lounge, einen Tagungsraum und ein schickes Restaurant mit einer ehrlichen, frischen Küche.

Naurath
Rheinland-Pfalz

Rüssels Landhaus
★★★

Büdlicherbrück 1 / 54426 Ortsteil Büdlicherbrück
www.ruessels-landhaus.de
T.: +49 6509 91400
info@ruessels-landhaus.de
11 D € 140/215 / als E € 95/140 / 3 S € 195/235
○ ● @

Idyllisch und verkehrsgünstig zugleich liegt das 1852 als Mühle erbaute, freundlich-familiäre Haus im Dhrontal. Geschmackvoll gestaltete Themen-, Landhauszimmer und Suiten oder die Terrasse unter alten Bäumen laden zum Entspannen ein. In den Restaurants verwöhnt neue deutsche Küche aus überwiegend regionalen Produkten den Gaumen.

Neckarwestheim
Baden-Württemberg

Schloss Liebenstein
★★★

Liebenstein 1 / 74382 Ortsteil Liebenstein
www.schloss-liebenstein.de
T.: +49 7133 2032448
reservierungen@schloss-liebenstein.de
8 E ab € 70 / 16 D ab € 120 / @

Hinter der historischen Fassade des idyllisch gelegenen Schlosses erwarten die Gäste gemütliche Komfortzimmer.

Drei stilvolle Restaurants verwöhnen mit empfehlenswerter Küche und guten Weinen. Das Schlossrestaurant sorgt mit frischen internationalen Gaumenfreuden für das leibliche Wohl und verwöhnt mit edlen Tropfen.

Neckarzimmern
Baden-Württemberg

Hotel Burg Hornberg
★★★★

Burg Hornberg / ✉ 74865
www.burg-hotel-hornberg.de
T.: +49 6261 92460 / info@burg-hotel-hornberg.de
4 E € 78/100 / 26 D € 110/160 / 1 S ab € 170

Hoch über dem romantischen Neckartal, mit herrlichem Ausblick, liegt diese Burg, deren Ursprung bis in das 11. Jahrhundert zurückgeht. 1517 kaufte Götz von Berlichingen die einstige Ritterburg. Heute bildet das trutzige Gebäude die stilvolle Kulisse für ein komfortables Hotel-Restaurant; ideal für Tagungen und Festivitäten. Burgbesichtigungen möglich.

Neu-Anspach
Hessen

Landhotel Zum Hessenpark
★★★

Laubweg 1 / ✉ 61267 Ortsteil Anspach
www.landhotel-zum-hessenpark.de
T.: +49 6081 94981940 / landhotel@hepa-gastro.de
13 E € 89/109 / 19 D € 139/199 / 1 App. € 169/209

Nach dem Vorbild Gießener Kaufmanns- und Handwerkshäuser, Anfang des 20. Jahrhunderts errichtet, verfügt das Hotel über liebevoll gestaltete Zimmer mit historischem Flair. Gute regionale Delikatessen aus Frischeprodukten werden im traditionellen Ambiente gereicht. Einladende Bar; modern ausgestattete Konferenzräume im Haus.

Neu-Isenburg
Hessen

Kempinski Hotel Frankfurt Gravenbruch
★★★★★

Graf zu Ysenburg und Büdingen Platz 1
✉ 63263 Ortsteil Gravenbruch
kempinski.com/gravenbruch / T.: +49 69 389880
reservations.frankfurt@kempinski.com
187 D € 189/529 / 35 S € 399/5000
3 App. € 1044/3429 / Frühstück € 35

Als dezent-elegantes Landhotel bietet das „Kempinski Hotel Frankfurt Gravenbruch" ausgezeichneten Service und erholsame Ruhe. Inmitten einer großen Parkanlage mit alten Bäumen können die Gäste den idyllischen Ausblick auf den hoteleigenen See genießen und sind doch nur 15 Minuten von der Frankfurter Innenstadt entfernt. Die großzügigen, stilvoll eingerichteten Zimmer und Suiten bieten luxuriöses Ambiente. Verschiedene Restaurants machen Hungrige und Feinschmecker mit ihren vielfältigen Angeboten glücklich. Einladende Hotelbar, hübsche Café-Terrasse.

Bad Neuenahr-Ahrweiler
Rheinland-Pfalz

Hohenzollern an der Ahr
★★★

Am Silberberg 50 / ✉ 53474 Ortsteil Ahrweiler
www.hotelhohenzollern.com / T.: +49 2641 9730
info@hotelhohenzollern.com
2 E € 79/84 / 25 D € 125/155 /

Das familär geführte Hotel liegt direkt am Rotweinwanderweg. Auf einer Anhöhe oberhalb der Stadt, bietet es einen herrlichen Blick über das Ahrtal bis zur Rheinebene. Die stilvollen Gästezimmer sind mit viel Liebe zum Detail eingerichtet. Das elegante Restaurant verwöhnt mit internationaler Küche. Jährlicher Veranstaltungskalender.

Romantik Hotel Sanct Peter
★★★★

Walporzheimer Str. 118 / ✉ 53474 Ortsteil Walporzheim
www.hotel-sanctpeter.de / T.: +49 2641 905030
info@hotel-sanctpeter.de
5 E € 118/143 / 33 D € 158/188 / 3 S € 188/198
2 App. € 158/198 /

Seit 2004 gibt es hier neben den beiden exquisiten Restaurants „Brogsitter" und „Weinkirche" das in unmittelbarer Nähe gelegene, familiär und persönlich geführte Romantik Hotel. Stilvoll und großzügig präsentieren sich die Gästezimmer in diesem Haus inmitten einer wunderschönen Gartenparklandschaft. Eine kleine, exklusive Wellnesslandschaft mit Duo-Crystalwanne sorgt für Entspannung.

Steinheuers Hotel Landhaus
★★★★

Landskroner Str. 110 / ✉ 53474 Ortsteil Heppingen
www.steinheuers.de / T.: +49 2641 94860
info@steinheuers.de
6 D € 98/128 / als E € 88/148 / 4 S € 198/238

Ein wahres Kleinod ist dieses feine Hotel im Ortsteil Heppingen. Jedes der komfortablen Gästezimmer ist individuell gestaltet, die Badezimmer außergewöhnlich luxuriös. Im Mittelpunkt des Hauses steht jedoch das sehr empfehlenswerte Restaurant. Die Neue deutsche Küche sowie der gut ausgestattete Weinkeller begeistern nicht nur Gourmets; Gartenlokal. Neue Lounge mit offenem Kamin.

○ Ortsrand / ● abseits gelegen
Restaurant im Hotel

Weinquartier Burggarten (g)

★★★

Landskroner Str. 61-67 / ✉ 53474 Ortsteil Heppingen
www.weingut-burggarten.de / T.: +49 2641 91490
info@weinquartier-burggarten.de
2 E zu € 90 / 15 D € 120/130 / O @

Das Weingut Burggarten verfügt über ein kleines, exklusives Hotel garni. Die 14 unterschiedlich, nach Wein- und Rebsorten benannten Themenzimmer, sind komfortabel mit hochwertigen Materialien und großen Bädern ausgestattet. Entspannung bietet der kleine Wellnessbereich. Hausinterne Führungen durch Weinberge mit Verkostung und Winzerteller.

Neuenstein (Hessen)
Hessen

Landgasthof Hess

★★

Geistalstr. 8 / ✉ 36286 Ortsteil Aua
www.landgasthof-hess.de
T.: +49 6677 92080
info@landgasthof-hess.de
9 E € 59/85 / 39 D € 89/120 / 2 App. € 110/155
O @

In dem gepflegten Fachwerkhaus wird der gemütlich-rustikal eingerichtete Landgasthof seit über 100 Jahren als Familienbetrieb geführt. Geräumige Hotelzimmer sind modern ausgestattet. Im Restaurant sorgt die Küche für regionalen Genuss aus eigener Metzgerei und Landwirtschaft.

Neuhaus am Rennweg
Thüringen

Boutique Hotel Schieferhof

★★★★

Eisfelder Str. 26 / ✉ 98724 Ortsteil Neuhaus
www.schieferhof.de / T.: +49 3679 7740
info@schieferhof.de
10 E € 90/130 / 28 D € 120/180
@

Seit 1908 dient das verschieferte Fachwerkhaus als Hotel. Nach aufwändigem Umbau erstrahlt es heute außen mit altem Charme und innen im jungen Design in warmen Farben mit spannenden Wohnkonzepten. Das Küchenkonzept ist natürlich anders, eine lustvolle kreative Frischeküche.

WLAN im Hotel / Lift
Tiere nicht willkommen

Neuleiningen
Rheinland-Pfalz

Alte Pfarrey

★★★

Untergasse 54 / ✉ 67271 / www.altepfarrey.de
T.: +49 6359 86066 / info@altepfarrey.de
1 E zu € 115 / 10 D € 130/180 / @

Unvergessliche Tage verspricht dieses ehemalige Pfarrhaus mit seinen wunderschönen Erkern und Türmchen. Das liebevoll renovierte Haus im Herzen des Ortes wird mit jungem Elan unter Wahrung gepflegter Gastlichkeit geführt. Neben stilvollen Zimmern erwartet den Gast eine exzellente Gastronomie. Samstags Übernachtung nur in Verbindung mit Tischreservierung.

Neumünster
Schleswig-Holstein

Altes Stahlwerk Business & Lifestyle Hotel

★★★

Rendsburger Str. 81 / ✉ 24537 Ortsteil Gartenstadt
www.altes-stahlwerk.com
T.: +49 4321 55600
info@altes-stahlwerk.com
100 D ab € 92 / @

Eine beeindruckende Industriearchitektur, moderne künstlerische Details, mehrere Restaurants, ein Day Spa und der gewisse Wohlfühlfaktor sind die wichtigsten Merkmale dieses Hotels, das nicht nur Tagungs- und Partygäste untebringt, sondern insbesondere auch Durchreisenden sehr zu empfehlen ist. 19 bis 34 Quadratmeter große Zimmer im farbenrohen Design.

Hildebrandt's - Das grüne Stadthotel (g)

★★★

Plöner Str. 76 / ✉ 24534
www.hildebrandts-hotel.de
T.: +49 4321 252220 / info@hildebrandts-hotel.de
24 D € 119/142 / als E € 85/111 / @

Nur fünf Minuten von der Innenstadt entfernt liegt das kleine Hotel mit Tagungsraum und Naschgarten. In den modern eingerichteten Zimmern finden sich Boxspringbetten und sanftes Leselicht. Morgens schmeckt ein reichhaltiges, hausgemachtes Frühstück.

Neunburg vorm Wald
Bayern

Der Birkenhof Spa & Genuss Resort

★★★★★

Hofenstetten 55 / ✉ 92431 Ortsteil Hofenstetten
www.der-birkenhof.de
T.: +49 9439 9500
info@der-birkenhof.de
2 E € 101/118 / 53 D € 180/242 / 24 S € 231/541
● @

„Zu Gast in der Natur" – unter diesem Motto steht das auf einer Anhöhe mit wunderschönem Panoramablick gelegene Luxusresort. Exklusiv eingerichtet sind die Landhauszimmer, die Suiten lassen kaum Wünsche offen. Großzügig angelegter, 2.000 Quadratmeter großer Wellnessbereich. Vielseitig ist das Angebot der exquisiten Küchen in den Restaurants „Oberdorfers Eisvogel" und „Turmstube"; Bar. Garten mit Teich, Pavillons, Blockhaus und Grillplatz. Bio-Badeteich. Außenpool, Panorama-Sauna, Saunagarten.

Neunkirchen (Baden)
Baden-Württemberg

NaturKulturHotel Stumpf
★★★★

Zeilweg 16 / ✉ 74867 Ortsteil Neunkirchen
www.hotel-stumpf.de / T.: +49 6262 9229-0
info@hotel-stumpf.de
8 E € 89/95 / 35 D € 172/230 / 4 S € 208/266

Natürlich, modern und innovativ - das ist das Profil des Hotels. Die geschmackvoll eingerichteten Gästezimmer mit modernem Komfort und die großzügige Badelandschaft mit Gesundheitsschleife machen den Aufenthalt zu einem entspannenden Genuss. Auf der Speisekarte des Restaurants stehen Gerichte der leichten, regionalen und vegetarischen Küche.

Neuss
Nordrhein-Westfalen

Hotel Fire & Ice
★★★★

An der Skihalle 1 / ✉ 41472 Ortsteil Grefrath
www.hotelfireandice.de
T.: +49 2131 1244500
hotel@alpenpark-neuss.de
73 D ab € 119 / als E ab € 119 / 6 S ab € 399
Frühstück € 16 /

Das Sport- und Tagungshotel verbindet ein außergewöhnliches Zimmer- und Tagungsangebot mit den vielfältigen Freizeitmöglichkeiten in und um die Jever Fun Skihalle Neuss. Zur Hotelausstattung gehört auch ein Wellnessbereich mit Sauna und Fitness-Bühne sowie ein Gastronomieangbebot vom Gourmet-Restaurant bis zur Hüttengaudi.

Neustadt an der Donau
Bayern

Dorint Marc Aurel Spa & Golf Resort Bad Gögging
★★★★

Heiligenstädter Str. 34-36 / ✉ 93333 Ortsteil Bad Gögging
www.dorint.com
T.: +49 9445 9580
info.marcaurel@dorint.com
13 E € 99/120 / 136 D € 160/250 / 16 S € 200/290

Dieses außergewöhnliche Hotel bietet seinen Gästen Wellness, Golf und ein einzigartiges Ambiente. So lassen sich in der grandiosen, 2.800 Quadratmeter großen Bäder- und Saunalandschaft mit prächtigen Deckenmalereien, Säulen, Statuen und Wasserspielen eine Vielfalt an Entspannungsmöglichkeiten finden. Die gepflegte Gastronomie mit mediterraner Küche sowie ein hauseigener 9-Loch-Golfplatz und ein 300 Quadratmeter großes Fitness-Center runden das umfangreiche Angebot ab.

Hotel Der Eisvogel
★★★★

An der Abens 20 / ✉ 93333 Ortsteil Bad Gögging
www.hotel-eisvogel.de
T.: +49 9445 9690
info@hotel-eisvogel.de
20 E € 100/220 / 32 D € 260/310 / 6 S € 300/450

Familiäre Gastfreundschaft, kulinarische Genüsse der Saison, Wohlfühlambiente und eine herrliche Natur, das erwartet Gäste im „Eisvogel". Erholung bieten die gemütlichen Zimmer sowie der medical Wellnessbereich mit den Bad Gögginger Heilmitteln Schwefel und Moor, mit Massagen, Bädern und Kosmetikangeboten. Großzügiger Eisvogel-Spa auf 1.600 Quadratmetern. Die ausgezeichnete Küche im Gasthof serviert regionale Schmankerln von gutbürgerlich bis exquisit. Viele Freizeitmöglichkeiten in der Umgebung.

The Monarch Hotel
★★★★

Kaiser-Augustus-Str. 36 / ✉ 93333 Ortsteil Bad Gögging
www.monarchbadgoegging.com
T.: +49 9445 980
welcome@monarchbadgoegging.com
163 E € 89/99 / 132 D € 129/204 / 15 S € 199/360

Inmitten herrlicher Naturlandschaften im Zentrum Bayerns, verkehrsgünstig zwischen München, Regensburg und Ingolstadt verbindet dieses Hotel gehobenen Komfort und bayerisch gemütliches Ambiente in den Gästezimmern mit professionellen Tagungsmöglichkeiten, Wellness-Anwendungen in „The Monarch SPA" und Freizeitangeboten. Verschiedene Restaurants sowie zum Ausklang des Tages ein ruhiges Plätzchen mit einem Cocktail an der Hotelbar vollenden einen gelungenen Aufenthalt.

Bad Neustadt an der Saale
Bayern

Schlosshotel Bad Neustadt
★★★★

Schlossplatz 5
✉ 97616 Ortsteil Bad Neustadt
www.schlosshotel-bad-neustadt.de
T.: +49 9771 61610
info@schlosshotel-bad-neustadt.de
17 D € 145/165 / als E € 100/115 / 9 S € 160/175

In grüner Idylle befindet sich die spätbarocke Schlossanlage mit angeschlossener Kirche. Nach der umfangreichen Renovierung erstrahlt das Haus mit historischem Flair wieder in seinem alten Glanz. Für seine Gäste hält es sehr stilvolle Zimmer und luxuriöse Suiten bereit, die großzügig bemessen und individuell eingerichtet sind. Ein traumhafter Ort für Feiern aller Art sind die Wandelhalle im Park oder die Terrasse. Die ausgezeichete Küche sorgt für das leibliche Wohl. Bar und Weinstube.

Neustrelitz
Mecklenburg-Vorpommern

Park Hotel Fasanerie Neustrelitz

★★★★

Karbe-Wagner-Str. 59 / ✉ 17235
www.parkhotel-neustrelitz.de / T.: +49 3981 48900
info@parkhotel-neustrelitz.de
4 E € 49/99 / 64 D € 59/149 / Frühstück € 18

Ruhig in einer wunderschönen Parklandschaft liegt das Hotel am naturbelassenen Weiher - doch zentral und stadtnah. Die geschmackvoll eingerichteten Gästezimmer sind mit zeitgemäßem Komfort ausgestattet. Im Restaurant „Fasanerie" werden frische Köstlichkeiten der regionalen und internationalen Küche angeboten. Panoramaterrasse und Hotelbar.

Kinderbetreuung / Liegewiese

Nieder-Olm
Rheinland-Pfalz

C B Hotel Becker (g)

★★

Backhausstr. 12 / ✉ 55268
www.hotelbecker.de
T.: +49 6136 75880 / info@hotelbecker.de
2 E ab € 75 / 10 D ab € 89 / @

Ruhig in einer Seitenstraße im Ortskern liegt dieses romantische Hotel. Es entstand aus einem alten Bauernhaus. Die gemütlichen, mit Antiquitäten eingerichteten Gästezimmer verfügen über guten Komfort.

Niederkassel
Nordrhein-Westfalen

Hotel Clostermanns Hof

★★★★

Heerstr. / ✉ 53859 Ortsteil Uckendorf
www.clostermannshof.de / T.: +49 2208 94800
info@clostermannshof.de
2 E € 109/309 / 64 D € 129/409

Das Hotel „Clostermanns Hof" ist ein historischer denkmalgeschützter Gutshof, idyllisch im Grünen zwischen Köln und Bonn gelegen. Eine Oase der Ruhe, die über sehr günstige Verkehrsanbindungen zu den jeweiligen Stadtzentren sowie zur Messe Köln und zum Flughafen Köln/Bonn verfügt. Den Gast erwarten großzügige Zimmer, 12 moderne Tagungsräume sowie elegante Bankettträumlichkeiten für bis zu 120 Personen. Darüber hinaus gibt es zwei Restaurants, einen Kaffeegarten mit Parkblick sowie ein Biergarten im Innenhof.

Niedernberg
Bayern

Seehotel Niedernberg – Das Dorf am See

★★★★

Leerweg / ✉ 63843 / www.seehotel-niedernberg.de
T.: +49 6028 999-0 / mail@seehotel-niedernberg.de
11 E € 125/155 / 86 D € 160/285 / 10 S € 290/520
Frühstück € 24 / @

Inmitten der Natur, fernab von Stress und Hektik und doch nahe zu Frankfurt am Main gelegen, bietet das Hotel optimale Möglichkeiten für jeden Anspruch und Anlass. Eine frische, anspruchsvolle Küche verwöhnt den Gaumen. Das umfangreiche Wellness- und Kosmetikprogramm in der „vitalOase" gibt die nötigen Energien für einen erfolgreichen Tag. Highlights sind die hauseigene Insel mit Bootshaus und der Beach Club. Auf der Seeterrasse genießen die Gäste Köstlichkeiten aus der eigenen Konditorei.

Nohfelden
Saarland

Seezeitlodge Hotel & Spa

★★★★

Am Bostalsee 1 / ✉ 66625 Ortsteil Gonnesweiler
www.seezeitlodge-bostalsee.de / T.: +49 6852 80980
mail@seezeitlodge.de
100 D ab € 226 / als E ab € 143

Gradlinig, lässig, gemütlich und immer eine Spur überraschend. In exponierter Lage am Bostalsee, im nördlichen Saarland, versteht sich das neu erbaute Seezeitlodge Hotel & Spa als Rückzugsort inmitten der Natur. Natürliche Materialien, frische Farben und Holz spielen im gesamten Haus eine wichtige Rolle, so auch in den 98 Zimmern und Suiten. Diese bieten fast alle einen herrlichen Seeblick und raffinierte Ausstattungsdetails wie Himmelbett, Walddusche oder eine Hängematte auf dem Balkon. Die Verbundenheit zur umliegenden Natur spiegelt auch das Seezeit Spa mit Saunalandschaft, Innen- und Außenpool im Infinity-Stil und mit luxuriösen Wellnessanwendungen wider. Für den aktiven Ausgleich sorgen Stand Up Paddling, Yoga oder Golfen auf dem hoteleigenen Golfpark. Ob im Restaurant Lumi mit Terrasse, in der Bar Nox mit Feuerlounge, der Bibliothek oder in einem der drei Tagungsräume, bodentiefe Fenster mit Blick zum See sorgen für einen Perspektivwechsel.

Hallenbad / Freibad

Nonnenhorn
Bayern

Hotel & Spa Torkel
★★★★★

Seehalde 14 / ✉ 88149 / www.hotel-torkel.de
T.: +49 8382 98620
info@hotel-torkel.de
1 E € 85/185 / 10 D € 250/430 / 14 S € 310/510

Im „Torkel", nicht weit vom Bodensee entfernt, fühlen sich nicht nur Wellnessgäste zuhause. Die liebevoll eingerichteten Zimmer und Suiten bieten modernen Wohnkomfort zum Wohlfühlen. Zudem verspricht das Wellness- und Massageangebot im kleinen Spa-Bereich Entspannung. Für den kulinarischen Genuss im stimmungsvollen Restaurant ist mit regionalen und naturbelassenen Produkten gesorgt. Stilvolle Hotelbar und Weinkeller.

Nonnweiler
Saarland

Parkschenke Simon
★★

Auensbach 68 / ✉ 66620 Ortsteil Bierfeld
www.parkschenke-simon.de
T.: +49 6873 669970
info@parkschenke-simon.de
8 E ab € 59 / 9 D ab € 79 /

Kultivierte Gastlichkeit, modernen Wohnkomfort in den Zimmern und die gemütliche Atmosphäre eines Familienbetriebes findet der Gast hier vor. Das Restaurant mit klassischer regionaler sowie saisonaler Küche bietet den passenden Rahmen für Betriebs- und Familienfeiern.

Norden
Niedersachsen

Hotel Fährhaus
★★★★

Hafenstr. 1 / ✉ 26506 Ortsteil Norddeich
www.hotel-faehrhaus.de / T.: +49 4931 98877
info@hotel-faehrhaus.de
11 E € 95/190 / 65 D € 170/240 / 4 S € 240/250

Gegenüber dem Fähranleger nach Juist und Norderney ragt der Rundbau des Hotels Fährhaus über den Hafen von Norddeich. Wer hier an Bord geht, erlebt traditionsreiche Gastlichkeit in familiärem Ambiente. Die wohnlichen Zimmer und der individuelle Service machen den Aufenthalt angenehm. Leicht erhöht gelegen, bietet das Hotel seinen Gästen Wellness mit Weitsicht und einen Außenpool in 25 Metern Höhe. Köstliche Fischbüfetts im Restaurant. Teestube und Hausbar.

Hotel Regina Maris
★★★★

Badestr. 7 c / ✉ 26506 Ortsteil Norddeich
www.hotelreginamaris.de / T.: +49 4931 18930
rezeption@hotelreginamaris.de
12 E € 62/85 / 42 D € 106/160 / 6 S € 138/180

Unbeschwerte ostfriesische Gastfreundschaft empfängt seit über 40 Jahren sowohl Familien als auch Singels in diesem fröhlichen Privathotel. Gemütliche Zimmer, zum Teil mit Meerblick, der Wellness- und Beauty-Bereich „Theramaris", das Restaurant „Regina Maris", die gute Stube „störtebeker's" mit Smokers-Lounge „fumaris" und das freundliche Hotelpersonal garantieren einen erholsamen Aufenthalt. Hotelbar mit Kamin.

Romantik Hotel Reichshof
★★★★

Neuer Weg 53 / ✉ 26506 / www.reichshof-norden.de
T.: +49 4931 1750 / info@reichshof-norden.de
1 E € 167/207 VP / 48 D € 141/182 VP / 5 S € 172/192 VP
10 App. € 70/173

Zu einem erholsamen Urlaub in Ostfriesland lädt das Wohlfühl-Ambiente dieses familiengeführten Hotels inmitten der Stadt Norden ein. Herzlichkeit, zeitgemäßer Komfort und professioneller Service sind hier selbstverständlich. Jedes der individuell und mit liebevollen Details romantisch gestalteten Zimmer sowie natürlich die Suiten und Wellness-Lofts sind der perfekte Ort zum Erholen. Frisch und regional ist die Küche im Restaurant, die vom Gourmetmenü bis zu Themenbüfetts eine breite Palette bietet. Großzügiger „Meer & Moor Spa".

Norderney
Niedersachsen

Hotel Seesteg
★★★★★

Damenpfad 36 a / ✉ 26548 / www.seesteg-norderney.de
T.: +49 4932 893600 / empfang@seesteg-norderney.de
7 D ab € 350 / als E ab € 290 / 9 S ab € 450

Wunderschönes Design Hotel in fantastischer Lage am Strand von Norderney. Zwei Brüder, ein Architekt und ein Hotelier,

→

bauten ihr „Traumhotel". Viel Licht, edle Materialien und warme Erdfarben verleihen dem Haus Wärme und Luxus. Den anspruchsvollen Gast erwarten elegant eingerichtete Zimmer, alle mit Blick aufs Meer und eine Genießerküche mit selbstgemachter Pasta und frischem selbstgebackenen Brot. Eines der Highlights ist der Dach-Außenpool ebenfalls mit Blick auf die Nordsee.

Strandhotel Georgshöhe

★★★★

Kaiserstr. 24 / 26548
www.georgshoehe.de
T.: +49 4932 8980 / info@georgshoehe.de
39 E € 76/158 / 68 D € 160/331 / 25 S € 195/447

In schönster Lage auf Deutschlands Thalasso-Insel Norderney ist das Thema Meerwasser im Spa- und Resorthotel Georgshöhe ein wesentlicher Bestandteil in allen Bereichen. Einen fantastischen Blick auf die wilde Nordsee bieten sowohl die luxuriösen Zimmer und Suiten sowie das Gourmet-Restaurant mit seiner mediterran anmutenden Seeterrasse. Auf 4.000 Quadratmetern wird Spa vom Feinsten geboten: Meerwasserhallen- und -außenpool, eine Saunaanlage mit Meerblick sowie ein 300 Quadratmeter großer Fitness- und Cardiobereich. Über 30 verschiedene Anwendungen und ein eigens zur Förderung des Meerwassers gebohrter Brunnen bürgen für die Qualität der Angebot im Wellnessbereich.

Villa Ney

★★★

Gartenstr. 59 / 26548 / www.villa-ney.de
T.: +49 4932 9170
info@villa-ney.de
4 D € 155/175 / als E € 110/125 / 10 S € 165/340

Ruhig, in der autofreien Zone der Insel Norderney, liegt dieses im Villenstil erbaute Hotel. In den elegant oder romantisch im modernen Landhausstil eingerichteten Studios und Suiten erlebt der Gast eine wohltuende Atmosphäre. Mit Fantasie verwöhnt der Chef de Cuisine seine Gäste und kreiert besondere Spezialitäten.

Nordhorn
Niedersachsen

Riverside Hotel

★★★★

Heseper Weg 40 / 48529
www.riverside-nordhorn.de
T.: +49 5921 819810 / info@riverside-nordhorn.de
19 D € 120/130 / als E ab € 99 / S ab € 150
Frühstück € 12 /

Das Haus mit seinen geschmackvoll eingerichteten Gästezimmern liegt idyllisch direkt am Nordhorner Vechtesee. Kulinarisch bietet das Restaurant Pier 99 alles vom Frühstück, über den selbst gebackenen Kuchen am Nachmittag bis hin zum Abendessen mit anschließendem Cocktail.

★★ Gutes Hotel, zeitgemäße oder komfortable Standard-Ausstattung

Nörten-Hardenberg
Niedersachsen

Hardenberg BurgHotel

★★★★★

Hinterhaus 11 A / 37176
www.burghotel-hardenberg.de
T.: +49 5503 9810
info@hardenberg-burghotel.de
38 D € 189/389 / als E € 139/230 / 4 S € 359/682

Unweit von Göttingen, mit Aussicht auf die Burgruine Hardenberg, liegt das Relais & Châteaux Hotel im idyllischen Bever Tal. Im historischen Gebäude aus dem frühen 18. Jahrhundert finden die Gäste in dem grundlegend modernisierten Haus stilvolle Zimmer und Suiten, die dank inidivueller Möblierung und des Einsatzes hochwertiger Stoffe über eine einzigartige persönliche Note verfügen. Für kulinarische Höchstleistungen sorgt die Küche im Gourmet-Restaurant „Novalis", ländlich-bodenständig sind die Spezialitäten in der Hardenberg „KeilerSchänke" oder im Biergarten. Wellnessbereich „BurgSpa". Ein Standesamt befindet sich in der Burg.

Lift / Zimmer rollstuhlgerecht

Nürburg
Rheinland-Pfalz

Dorint Am Nürburgring/Hocheifel

★★★★

Grand-Prix-Strecke / 53520
www.dorint.com/nuerburgring
T.: +49 26 91309-0
info.nuerburgring@dorint.com
6 E ab € 104 / 198 D ab € 144 / 3 S ab € 249

Die Kulisse des Grand-Prix-Kurses und die herrliche Landschaft rund um die legendäre Nordschleife umrahmen dieses Haus. Das futuristische Foyer mit seinen Panorama-Aufzügen steht für modernes Ambiente. An Renntagen verwandelt sich jedes der Hotelzimmer in einen perfekten Logenplatz. Rennluft schnuppern die Gäste auf der Café-Terrasse, bevor sie sich im Restaurant kulinarisch verwöhnen lassen. Hotelbar.

Nürnberg
Bayern

Art & Business Hotel (g)

★★★

Gleißbühlstr. 15 / 90402 Ortsteil Gleißbühl
www.art-business-hotel.com / T.: +49 911 23210
info@art-business-hotel.com
25 E € 62/185 / 24 D € 92/220 /

Im Herzen der Stadt liegt dieses familiär geführte Nichtraucherhotel - idealer Ausgangspunkt für einen Altstadtbummel und die Besichtigung der nahen Sehenswürdigkeiten. Die Zimmergestaltung ist sauber, freundlich und schnörkellos. Das Frühstücksbüfett wird liebevoll mit frischen Produkten zubereitet. Die gemütliche Atmosphäre der „art bar & lounge" lädt zum Verweilen ein.

Hotel Deutscher Kaiser

★★★

Königstr. 55 / ✉ 90402 Ortsteil Lorenz
www.deutscher-kaiser-hotel.de / T.: +49 911 242660
info@deutscher-kaiser-hotel.de
18 E € 92/268 / 31 D € 109/318 / S € 168/428

Eine Perle der Nürnberger Architekturgeschichte ist das Haus in bester Innenstadtlage. Das Hotel, seit über 100 Jahren unter familiärer Leitung, verfügt über ansprechende Zimmer und bietet den idealen Ausgangspunkt für die Entdeckung der zahlreichen Sehenswürdigkeiten in unmittelbarer Nähe. Reichhaltiges Frühstücksbüfett.

Hotel Drei Raben (g)

★★★

Königstr. 63 / ✉ 90402 Ortsteil Lorenz
www.hoteldreiraben.de / T.: +49 911 274380
info@hoteldreiraben.de
21 D € 160/295 / als E € 130/295 / 5 S € 195/500

Direkt in der Altstadt in der Nähe des Hauptbahnhofes befindet sich das erste Themenhotel der Stadt. In jedem Zimmer erzählen die drei Raben mittels Schrift, Accessoires und Sandsteinreliefs eine andere Geschichte aus der Welt der Nürnberger Mythen. Großzügige Design-Lounge mit Wein- und Cocktailbar.

Hotel Victoria Nürnberg (g)

★★★★

Königstr. 80 / ✉ 90402 Ortsteil Lorenz
www.hotelvictoria.de / T.: +49 911 24050
book@hotelvictoria.de
11 E € 82/128 / 52 D € 98/158 / 2 S € 198/268

Im Herzen der Stadt begrüßt das inhabergeführte Privathotel, in dem Gastlichkeit seit 1896 groß geschrieben wird, seine Gäste. Aufmerksamer, herzlicher Service, individuelle Betreuung und eine stilvolle Einrichtung im gepflegten Ambiente sind selbstverständlich. Zum Verweilen lädt das Café La Terrazza mit Blick auf das Neue Museum ein.

Hotel Schindlerhof

★★★★

Steinacher Str. 6-10 / ✉ 90427 Ortsteil Boxdorf
www.schindlerhof.de
T.: +49 911 9302609
hotel@schindlerhof.de
92 E € 99/154 / 74 D € 182/200 / 6 S € 175/221

Aus einem 300 Jahre alten Bauernhof entstand nach liebevoller Restaurierung dieses Hoteldorf. Das Konzept vereint geräumige Hotelzimmer, eine gute fränkische Küche im Restaurant „unvergESSlich", helle, modern ausgestattete Tagungsräume und ein Gelände mit fernöstlichen Inspirationen. Qualität und Service werden hier großgeschrieben.

Romantik Hotel Gasthaus Rottner

★★★★

Winterstr. 15-17
✉ 90431 Ortsteil Großreuth b. Schweinau
www.rottner-hotel.de
T.: +49 911 658480
info@rottner-hotel.de
7 E € 113/220 / 31 D € 121/245

Weitab vom Stress und Lärm der Stadt hat das Hotel sehr ruhige und stilvoll eingerichtete Gästezimmer. Der moderne Komfort und die persönliche Atmosphäre sorgen für einen angenehmen Aufenthalt. Gehobene regionale und internationale Haute Cuisine in zwei Restaurants. Eine gemütliche Hotelbar, eine Café-Terrasse und ein Biergarten komplettieren das Angebot.

O

Oberammergau
Bayern

Aktiv Hotel Böld
★★★★
König-Ludwig-Str. 10 / 82487
www.hotel-boeld.de
T.: +49 8822 9120 / info@hotel-boeld.de
6 E € 105/125 / 39 D € 160/250 / 7 S € 200/350
1 App. € 250/280

Im oberbayerischen Stil ist das Hotel „Böld" erbaut. Es bietet behaglich eingerichtete Zimmer mit komfortabler Ausstattung. Die Küche des gemütlichen Restaurants überzeugt mit heimischen und internationalen Spezialitäten. Schönes Garten-Restaurant.

Hotel Maximilian
★★★★★
Ettaler Str. 5 / 82487
www.maximilian-oberammergau.de
T.: +49 8822 948740
hotel@maximilian-oberammergau.de
18 D € 195/345 / als E € 110/250 / 2 S € 345/475

Neben der berühmten Holzschnitzkunst und den Passionsspielen hat Oberammergau auch eine hervorragende Hotellerie zu bieten. Am Fuße der Ammergauer Alpen befindet sich das Hotel, dem es an Exklusivität nicht fehlt. Individuell eingerichtete Gästezimmer sowie elegante Suiten, die über einen separaten Schlaf- und Wohnbereich verfügen, bieten stilvolles Ambiente. Der kleine, feine Wellnessbereich hält eine Fülle an Angeboten bereit. Fine Dining im Restaurant „Benedikts'" (nur für Hausgäste). Das hauseigene, urig-rustikale Brauhaus „Ammergauer Maxbräu" verwöhnt mit leckeren Schmankerln der bayerischen Frischeküche.

Parkhotel Sonnenhof
★★★★
König-Ludwig-Str. 12 / 82487
www.parkhotel-sonnenhof.de
T.: +49 8822 9130
info@parkhotel-sonnenhof.de
7 E € 90/140 / 26 D € 130/215 / 14 S € 154/255
3 App. € 154/240 HP

In der idyllischen Berglandschaft des Ammertals ist Ruhe und Erholung in dem familiär geführten Hotel garantiert. Ob im Wohlfühlbereich bei Massagen und Beautyangeboten oder in den individuell gestalteten Gästezimmern. Zahlreiche Wander- und Radwege beginnen direkt vor der Tür. Die Schlösser Neuschwanstein und Linderhof oder auch das Kloster Ettal liegen in der Umgebung.

Oberhausen
Nordrhein-Westfalen

Arthotel ANA Soul
★★★
Paul-Reusch-Str. 38 / 46045
ana-hotels.com/soul-oberhausen / T.: +49 208 8279950
soul@ana-hotels.com
135 D ab € 76

Oberhausen holt auf. Industriekultur, Emscher Kunst und das riesige Shoppingcenter Centro sind schon lange reizvolle Anziehungspunkte. Nur 300 Meter vom Hauptbahnhof entfernt, bringt das Arthotel Ana Soul seine Gastfreundlichkeit in die Stadt. Geschmackvolle Zimmer, eine große, einladende Lobby und vor allem ein legendäres Frühstücksbuffet mit Brot- und Kaffeespezialitäten stärken das Zuhausegefühl.

Parkhotel Oberhausen
★★★★
Teutoburger Str. 156 / 46119
www.parkhotel-oberhausen.de / T.: +49 208 69020
info@parkhotel-oberhausen.de
D € 89/139 / als E € 79/109 / S € 139/219
Frühstück € 12

Im Herzen des Ruhrgebiets liegt das internationale Komfort-Hotel verkehrsgünstig an einem Wald- und Sportgelände. Messen und Veranstaltungen im Umfeld sind schnell erreichbar. Die modernen Gästezimmer bestechen durch ihre stilvolle Einrichtung. Im Restaurant „Zur Bockmühle" wird eine kreative Frische-Küche durch gute Weine ergänzt.

Oberkirch
Baden-Württemberg

Waldhotel Grüner Baum
★★★★
Alm 33 / 77704 Ortsteil Ödsbach
www.waldhotel-gruener-baum.de / T.: +49 7802 8090
info@waldhotel-gruener-baum.de
3 E € 100/132 / 37 D € 178/228 / 5 S € 278/350

Ferien an der Sonnenseite des Schwarzwaldes, unter diesem Motto kann sich der Gast in der freundlichen und familiären Atmosphäre dieses First-Class-Hotels verwöhnen lassen. Alle Gästezimmer sind behaglich eingerichtet und verfügen über modernen Komfort. Für die Entspannung sorgt ein großzügiges Wellness-Angebot. Das Restaurant bietet badische und internationale Spezialitäten. Café-Terrasse; eigene Hausbrennerei.

Obermaiselstein
Bayern

Hotel Berwanger Hof
★★★★
Niederdorf 11 / 87538 Ortsteil Niederdorf
www.berwangerhof.de / T.: +49 8326 36330
info@berwangerhof.de
2 E € 112/152 HP / 36 D € 210/318 HP / 2 S € 288/328 HP
2 App. € 284/324 HP

Am Ortsrand, umrahmt von der Allgäuer Bergwelt, können Gäste hier den Alltag hinter sich lassen. Die Zimmer sind gemütlich und teilweise im modernen Design. Feine Algäuer Küche aus Produkten der Region wird im Restaurant serviert, eine Spezialität sind Heugerichte. Im AlpenSpa verwöhnen Ayurveda, Kosmetik und Massagen. Kaminstube.

Oberotterbach
Rheinland-Pfalz

Schlössl Oberotterbach
★★★

Weinstr. 6 / ✉ 76889 / www.schloessl-suedpfalz.de
T.: +49 6342 923230 / info@schloessl-suedpfalz.de
1 E € 75/120 / 6 D € 120/150 / 1 S € 150/180

Das hübsche „Schlössl“ mit seiner barocken Gartenalage liegt in der südlichen Pfalz kurz vor der Grenze zu Frankreich. Wer hier am Wochenende oder an Feiertagen übernachten möchte, muss auch einen Tisch im Restaurant reservieren.

Oberstaufen
Bayern

Allgäu Sonne
★★★★★

Stießberg 1 / ✉ 87534 / www.allgaeu-sonne.de
T.: +49 8386 702-0 / info@allgaeu-sonne.de
65 E € 134/174
39 D € 280/374 / 12 S € 490/722 / 33 App. € 280/354

Das Kur- und Sporthotel zählt zu den ersten Adressen des Allgäus. Die Panorama-Halle mit ihrem großartigen Ausblick auf die Berge, gemütliche Zimmer und großzügige Landhaus-Appartements schaffen Erholung. Umfangreiches Sport- und Wellness-Angebot und Beauty-Farm. Das elegante Restaurant serviert regionale und internationale Küche, das Kur-Restaurant bietet Schrothkur und Metabolic-Balance. Live-Musik im Tanzlokal.

Concordia Wellnesshotel & Spa
★★★★

In Pfalzen 8 / ✉ 87534 / www.concordia-hotel.de
T.: +49 8386 4840 / info@concordia-hotel.de
10 E € 92/115 / 37 D € 154/228 / 5 S € 150/228

Das im exklusiven Landhausstil eingerichtete Hotel bietet gemütlich ausgestattete Zimmer. Dem Gast steht ein umfangreiches Freizeit- und Fitnessangebot sowie ein großer Beauty- und Wellnessbereich zur Verfügung. Delikat und leicht präsentiert sich die kreative Küche im behaglichen Restaurant; gutes Frühstücksbüfett mit Bio-Ecke. Tagsüber lädt die Wellness-Lounge zum Entspannen ein, abends sorgt die gemütliche Hotelbar für Unterhaltung.

Haubers Naturresort
★★★★

Meerau 34 / ✉ 87534 Ortsteil Kalzhofen / www.haubers.de
T.: +49 8386 93305 / info@haubers.de
86 D € 230/528 HP / als E € 122/147 HP / S ab € 330 HP

Über 60 ha Wiesen, Mischwälder und Quellbäche zeichnen das Naturresort aus. Hier eröffnen sich ganz andere Möglichkeiten der Urlaubsgestaltung: Ob im großzügigen Wellness- und Beautybereich oder in den Waldhängematten, beim Bergfrühstück oder auf dem hoteleigenen Klimapfad (2,5 km). Direkteinstieg in den 18-Loch-Golfplatz und die Loipe am Hotel.

Steinhausers Hotel Hochbühl
★★★

Auf der Höh 12 / ✉ 87534 / www.hochbuehl.de
T.: +49 8386 93540 / info@hochbuehl.de
13 E € 65/92 / 6 D € 140/164 / 1 S zu € 186

Umgeben von Wiesen mit einem herrlichen Ausblick auf die Allgäuer Voralpen begrüßt dieses familiär geführte Hotel seine Gäste. Die Zimmer sind gemütlich eingerichtet und verfügen alle über Balkon oder Terrasse. Vitalernährung, Trennkost und HP im Abend-Restaurant; Schrothkur.

Oberstdorf
Bayern

Alpin Lifestyle Hotel Löwen & Strauss
★★★★

Kirchstr. 1 / ✉ 87561 / www.oberstdorf-hotel.org
T.: +49 8322 800080
willkommen@loewen-strauss.de
3 E € 65/110 / 15 D € 140/180 / 7 S € 180/280
1 App. € 200/250 /

Exklusives Design und modernes Ambiente empfängt Gäste in diesem innovativen Haus. Ein eleganter Mix aus edlen Stoffen, pfiffigen Mustern und typisch alpenländischem Charme prägt das Interieur der komfortablen Zimmer und luxuriösen Suiten, die zum Teil über eine Loggia verfügen. Modernstes Entertainment gehört zum Standard. Die kleine Wellnessoase „Casa Alp“ überzeugt mit einer Panoramasauna und einer Relax-Insel auf der Dachterrasse. Genussvolle regionale und frische Küche im „Ess Atelier Strauss“ oder in der „Löwenwirtschaft“.

Birgsauer Hof
★★★

Birgsau 9 / ✉ 87561 Ortsteil Birgsau
www.birgsauer-hof.de / T.: +49 8322 96900
info@birgsauer-hof.de
2 E € 67/73 / 24 D € 110/157 / 4 App. € 150/162

Inmitten atemberaubender Naturkulisse und mit herrlichem Ausblick lädt der Birgsauer Hof zum Erholen und Genießen ein. Behaglich sind die Zimmer, die mit viel Komfort und Liebe ausgestattet wurden. Leicht, bekömmlich und voller Aromen sind die nationalen und internationalen Spezialitäten in den drei Restaurantbereichen. Große Panoramaterrasse.

Hotel Exquisit

★★★★

Lorettostr. 20 / ✉ 87561 / www.hotel-exquisit.de
T.: +49 8322 96330 / info@hotel-exquisit.de
40 D € 290/400 HP / als E € 175/420 HP
12 S € 314/640 HP

An einem Platz von Schönheit, Weite und Großzügigkeit liegt dieses kleine Paradies vor der herrlichen Kulisse der Allgäuer Alpen. Die Architektur ist eine gelungene Kombination aus zeitgemäßem Bauen und Allgäuer Stiltreue. Im wohltuenden Ambiente genießen die Gäste unaufdringliches Verwöhnen, herzlichen Service und eine exquisite Gourmetküche. Die Zimmer und Suiten sind anspruchsvoll, mit Liebe zum Detail eingerichtet. Der weitläufige Spa-Bereich gibt ein wunderbares Wohlgefühl.

Romantik Hotel Das Freiberg

★★★★

Freibergstr. 21 / ✉ 87561
www.das-freiberg.de
T.: +49 8322 96780 / info@das-freiberg.de
1 E € 122/139 / 22 D € 174/278 / 3 S € 264/318
2 App. € 242/272 /

1911 erbaut, blieb die Fassade dieses kleinen, familiär geführten Hotels weitgehend unverändert. Aber innen prägen hochmodernes Design und Bauhausklassiker die Gästezimmer, in denen sich aber auch Elemente ländlicher Wohnkultur finden lassen. Spa-Bereich mit Außenpool, kulinarische Angebote.

Hotel Filser

★★★★

Freibergstr. 15 / ✉ 87561 / www.filserhotel.de
T.: +49 8322 7080 / info@filserhotel.de
39 E ab € 69 HP / 42 D ab € 124 HP / 3 S ab € 205 HP
10 App. ab € 178 /

Der sehr ansprechende Familienbetrieb liegt ruhig im Kurviertel, am südlichen Ortsrand nur wenige Gehminuten vom Zentrum entfernt. Die Hotelanlage besteht aus dem Stammhaus mit großem medizinischen Bäderbereich, dem Landhaus und drei Gästehäusern. Alle Zimmer und Appartements sind im Landhausstil eingerichtet. Im Restaurant oder auf der Terrasse lässt sich die vielseitige Küche genießen. Pilsstube, Garten mit Liegewiesen.

Hotel Franks

★★★★★

Sachsenweg 11 / ✉ 87561 / www.hotel-franks.de
T.: +49 8322 7060 / info@hotel-franks.de
6 E € 180/249 / 42 D € 370/594 / 13 S € 526/1032

Exklusiv, aber nicht abgehoben ist das Ambiente des Hotels, in dem sich Genussmenschen und Wellnessliebhaber wohlfühlen. Familie Frank schafft mit ihrem Team eine persönliche Atmosphäre aus guter Laune, Wärme und Stil, mit bester Sicht auf die Alpen. Franks Urlaubsräume reichen von klassisch, über modern bis alpin mit natürlichen, regionalen Materialien. Die im Stil der Oberstdorfer Alpenwelt gestaltete 1.800 Quadratmeter große Wellnesslandschaft „WellEtage" vereint Naturnähe mit exklusiven Anwendungen und einem entspannten Feeling. Naturpool im Garten.

Kappeler-Haus (g)

★★★

Am Seeler 2 / ✉ 87561
www.kappeler-haus.de
T.: +49 8322 96860 / info@kappeler-haus.de
17 E € 62/88 / 30 D € 108/170

In diesem zentral, aber trotzdem idyllisch im Grünen gelegenen Hotel garni findet der Gast guten Komfort in wohnlich eingerichteten Zimmern. Auf Wunsch kleine Gerichte am Abend; gutes Frühstücksbüfett.

Schüle's Gesundheitsresort & Spa

★★★★

Ludwigstr. 37-41 a / ✉ 87561
www.schueles.com
T.: +49 8322 7010
info@schueles.com
59 E € 123/221 HP / 49 D € 242/382 HP
3 S € 342/458 HP / 6 App. € 342/424 HP

Dieses inhabergeführte Hotel überzeugt mit erstklassigem Komfort und einem umfangreich erweiterten, attraktiven Wellness-, Beauty-und Spa-Bereich, inklusive Ladies Spa. Darüber hinaus wird Medical Wellness mit zwei Fachärzten und qualifizierten Therapeuten angeboten. Einzigartig ist die Lage am Ortsrand, und der herrliche Blick auf die Bergwelt. Allgäuer Gastlichkeit verströmen nicht nur die Zimmer und Suiten. Das Restaurant verwöhnt mit regionaler und leichter neuer Küche. Panoramaterrasse; Hotelbar.

Oberursel

Hessen

Dorint Hotel Frankfurt/Oberursel

★★★★

Königsteiner Str. 29 / ✉ 61440
hotel-frankfurt-oberursel.dorint.com
T.: +49 6171 27690
Restaurant.Oberursel@dorint.com
125 D ab € 99 / als E ab € 99 / 15 S ab € 99
Frühstück € 24

Herzstück der Hotelanlage, nördlich der Mainmetropole Frankfurt, ist die historische Unternehmervilla „Villa Gans" mit angeschlossenem Neubau. Umgeben von einem hoteleigenen zehn Hektar großen Park, ist das Haus eine Oase der Ruhe und Entspannung: geschmackvolle Zimmer und Suiten, großzügige Restaurant- und Barterrasse, Wellnessbereich und Veranstaltungsräume für bis zu 400 Personen.

Oberwesel
Rheinland-Pfalz

Burghotel Auf Schönburg
★★★★

Auf Schönburg / ✉ 55430 / www.hotel-schoenburg.com
T.: +49 6744 93930 / huettl@hotel-schoenburg.com
2 E € 130/190 HP / 17 D € 230/360 HP / 8 S € 320/440 HP

Hoch über dem Rhein zwischen dem idyllischen Loreleyfelsen und der Pfalz von Kaub erhebt sich die 1000 Jahre alte Schönburg mit dem romantischen und außergewöhnlichen Burghotel. Zauberhafte Zimmer mit Himmelbetten und liebevollen Details laden ein. Exzellente, saisonale Küche im eleganten Restaurant. Terrasse mit Rheinblick.

Oberwiesenthal
Sachsen

Jens Weissflog Hotel
★★★★

Emil-Riedel-Str. 50 / ✉ 09484 / www.jens-weissflog.de
T.: +49 37348 100 / hotel@jens-weissflog.de
2 S € 116/198 / 16 App. € 99/152

Weltmeisterlich erholen kann sich der Gast im Haus des Olympiasiegers und Weltmeisters Jens Weißflog. Das individuell gestaltete Hotel verfügt über geräumige 32 bis 86 qm große Appartements, alle mit eingerichteter Küche. Regionale Gerichte sowie internationale Köstlichkeiten werden im Restaurant serviert. Entspannen im Vitalzentrum. Neue Relax-Lodge.

Odelzhausen
Bayern

Schlossgut Odelzhausen
★★★

Am Schlossberg 1 / ✉ 85235
www.schlossgut-odelzhausen.de
T.: +49 8134 9987100
post@schlossgut-odelzhausen.de
3 E € 70/100 / 28 D € 90/140 / 1 S € 140/180

Seit fast 100 Jahren im Familienbesitz, ist der ursprüngliche Charakter des ehemaligen Adelssitzes erhalten geblieben. Heute bietet sich das in die Gebäude der Brauerei integrierte Hotel besonders für Tagungen und Feierlichkeiten an. Die Zimmer sind großzügig und lichtdurchflutet. Im Bräustübel wird Schmackhaftes aus Jagd und Backstube serviert. Eigene Brauerei.

Offenbach am Main
Hessen

Achat Hotel Offenbach Plaza
★★★★

Ernst-Griesheimer-Platz 7 / ✉ 63071
www.achat-hotels.com
T.: +49 69 809050
offenbach-plaza@achat-hotels.com
153 D ab € 73 / als E ab € 63 / 2 S ab € 113
Frühstück € 17

In den denkmalgeschützten 100-jährigen Mauern des ehemaligen Schlachthofes entstand dieses Hotel in postmodernem Design. Die geschmackvoll eingerichteten Zimmer entsprechen den Ansprüchen des Geschäftsreisenden, der Tagungsgäste und Wochenendurlauber. Wellnessbereich mit Fitness- und Relaxraum. Restaurant mit regionaler und internationaler Küche, Lobbybar.

Offenburg
Baden-Württemberg

Hotel Liberty
★★★★

Grabenallee 8 / ✉ 77652 Ortsteil Stadtmitte
www.hotel-liberty.de
T.: +49 781 28953000
info@hotel-liberty.de
38 D ab € 150

Schlafen hinter Gefängnismauern. Der ehemalige Knast ist wahrlich zu einem Firstclass-Hotel mutiert. Auf den Etagen wurden die ehemaligen Zellen in Zimmer verwandelt, Zwischenwände entfernt und die Backsteinwände verputzt. Edel erstrahlen die Räume in neuem Disign. Das Restaurant wurde zu ebener Erde im gläsernen Verbindungsbau zwischen den beiden historischen Sandsteingebäuden untergebracht. Neben schottischen Bränden und karibischen Drinks verfügt die stylische Bar über ein beachtliches Angebot von Branntweinen, Gin und selbstgemachtem Rum aus dem Badischen.

Ofterschwang
Bayern

Sonnenalp Resort
★★★★★

Sonnenalp 1 / ✉ 87527 Ortsteil Schweineberg
www.sonnenalp.de
T.: +49 8321 2720
info@sonnenalp.de
28 E € 233/477 HP / 120 D € 394/884 HP
70 S € 676/1556 HP / 7 App. € 730/1088 HP

Diese familiär geführte Resort-Anlage liegt eingebettet in die malerische Alpenlandschaft des Oberallgäus. Das luxuriöse familiengeführte Resort der Spitzenklasse bietet ein Ambiente, das Eleganz, individuelle Betreuung und rustikale Behaglichkeit harmonisch verbindet. Die Gästezimmer und Suiten erfüllen jeden Komfortwunsch (Zimmerpreise enthalten Halbpension). Souveräne Ausstattungskonzepte prägen den Charakter der Gästezimmer. Das Feriendomizil bietet vielfältige Sportmöglichkeiten, darunter drei Golfplätze. In neun Restaurants von jeweils besonderem Charakter werden von einer gehobenen Küche kulinarische Köstlichkeiten serviert. Wintersport am Haus. Hotelbar.

Ayurveda: Die 5.000 Jahre alte altindische „Lehre vom Leben" hat das Ziel, die psychische und physische Balance wiederherzustellen. Mentale Entspannung und gesunde Lebensweise, die Bewegung und Ernährung einschließen, setzen die Kräfte der Selbstheilung frei. Eine zentrale Rolle spielen dabei die drei „Doshas", die alle Abläufe im menschlichen Organismus bestimmen. Deren unterschiedliche Gewichtung gibt Auskunft über seinen allgemeinen Gesundheitszustand.

Oldenburg in Oldenburg
Niedersachsen

Hotel Wieting
★★★

Damm 29 / ✉ 26135 Ortsteil Osternburg
www.hotel-wieting.de
T.: +49 441 92400
info@hotel-wieting.de
24 E € 76/119 / 35 D € 96/139 / 4 S € 144/159

Zentral und doch ruhig gelegen, empfängt das traditionsreiche Haus – seit 1893 in Familienbesitz – den Gast mit behaglich eingerichteten Zimmern, zeitgemäßem Ambiente und freundlichem Service. Das hoteleigene Restaurant serviert Spezialitäten der internationalen und regionalen Küche. Abends trifft man sich gern in der gemütlichen Hotelbar.

Hotel-Garagen vorhanden

Bad Orb
Hessen

Hotel an der Therme
★★★★

Horststr. 1 / ✉ 63619
www.toskanaworld.net/de/62/hotel-bad-orb/hotel
T.: +49 60 52881-00 / info@kurhotel-bad-orb.de
16 E ab € 101 / 89 D ab € 168 / 7 S ab € 248

Das Hotel an der Therme Bad Orb ist ein elegantes Domizil in grüner Parkanlage. Der bequeme Bademantelgang verbindet das Hotel direkt mit der futuristischen Toskana Therme, eintauchen in die Champagnersole, baden in Licht und Musik. Perfekt für Urlaub und Erholung, für Tagungen, Seminare sowie große und kleine Festlichkeiten. Schöne Café-Terrasse und stimmungsvolle Foyer-Bar.

Osnabrück
Niedersachsen

Romantik Hotel Walhalla
★★★★

Bierstr. 24 / ✉ 49074 / www.hotel-walhalla.de
T.: +49 541 34910 / walhalla@hotel-walhalla.de
25 E € 99/129 / 42 D € 109/139 / 2 S € 199/329
Frühstück € 20 / @

Dieses charmante, über 300 Jahre alte Fachwerkhaus im Herzen von Osnabrück hat sich mit der Zeit vom Bürgerhaus zum romantischen, gemütlichen Hotel entwickelt. Die Gäste wohnen angenehm in eleganten Zimmern, die historisches Ambiente mit modernem Komfort verbinden. Das Restaurant serviert klassische und regionale Küche. Lounge und Biergarten.

Vienna House Remarque Osnabrück
★★★★

Natruper-Tor-Wall 1 / ✉ 49076 Ortsteil Westerberg
www.viennahouse.com / T.: +49 541 60960
restaurant.remarque-osnabrueck@viennahouse.com
139 D € 99/196 / als E € 74/184 / 17 S € 149/356
Frühstück € 18 / @

Das Hotel, das den Namen des berühmten Schriftstellers trägt, liegt direkt gegenüber der historischen Altstadt. Es hat eine offene, kommunikative Atmosphäre. Die Gästezimmer und Suiten sind modern und sehr komfortabel gestaltet. Im Restaurant sind Liebhaber deftiger österreichischer und deutscher Gerichte genau richtig. Treffpunkt aller Nachtschwärmer ist die „Haarlem Bar".

Ostrach
Baden-Württemberg

Landhotel Alte Mühle
★★★

Auenstr. 13 / ✉ 88356 Ortsteil Waldbeuren
www.landhotelaltemuehle.de / T.: +49 7585 9390
info@landhotelaltemuehle.de
4 E € 79/89 / 30 D € 114/144 / 12 S € 138/152
12 App. € 136/148 / @

Erstmals 1279 erwähnten und zum Kloster Salem gehörend, entstand aus der Getreidemühle ein Landhotel mit viel Behaglichkeit, gemütlichen Gästezimmern und familiärer Atmosphäre. Im Mühlen-Restaurant werden frische, saisonale Spezialitäten serviert, bei schönem Wetter auch auf der Terrasse. Die Sonnenterrasse und eine große Liegewiese mit Kinderspielplatz und Grillhütte sorgen für Erholung und abwechslungsreiche Abende. Gemütliches Kaminzimmer.

P/Q

Paderborn
Nordrhein-Westfalen

Galerie-Hotel Abdinghof
★★★

Bachstr. 1 / ✉ 33098 Ortsteil Kernstadt
www.galerie-hotel.de / T.: +49 5251 12240
reception@galerie-hotel.de
3 E € 85/92 / 8 D € 115/122 / @

Ruhe und Erholung ist in dem massiven Steinhaus mit spätgotischem Giebel dank der Lage am Paderquellgebiet, einer Oase inmitten der Stadt, garantiert. Dazu tragen auch die behaglich im reduzierten Landhausstil eingerichteten Künstlerzimmer bei. Mediterrane Köstlichkeiten im gemütlichen Restaurant „La Petite Galerie". Tee und Café Stübchen.

Waldhotel Nachtigall
★★★★

Hatzfelder Str. 45 / ✉ 33104 Ortsteil Schloß Neuhaus
www.waldhotel-nachtigall.de / T.: +49 5254 805350
rezeption@waldhotel-nachtigall.de
49 D € 104/114 / als E € 77/95 / 3 S € 144/174

Schon im 17. Jahrhundert wussten die Fürstbischöfe die ruhige, exklusive Lage der „Nachtigall" zu schätzen. Ehemals Sommerresidenz, beherbergt das Anwesen heute ein Hotel mit reizvollem Ambiente aus historischen und modernen sowie rustikalen und eleganten Elementen. Ansprechende Gästezimmer und Suiten bieten jeglichen Wohnkomfort, die Saunalandschaft mit Ruheraum lädt zum Entspannen ein und das Restaurant verspricht Genuss mit saisonalen und regionalen Delikatessen. Großzügige Lobby.

Panker
Schleswig-Holstein

Hotel Ole Liese
★★★

Gut Panker / ✉ 24321 / www.ole-liese.de
T.: +49 4381 90690 / info@ole-liese.de
19 D € 99/175 / als E € 99/155 / 3 S € 199/219
1 App. € 269/299 / ● @

Auf dem historischen Gut Panker, in der Nähe der Hohwachter Bucht, befindet sich dieses kleine, romantische Hotel mit individuellen und eleganten Zimmern und Suiten. Im Restaurant „1797" sorgt der Küchenchef mit moderner deutscher Küche für kulinarischen Hochgenuss, im „Ole Liese" für bodenständigen Genuss. Kleiner Wellnessbereich, Kaminzimmer.

Papenburg
Niedersachsen

Hotel Alte Werft
★★★★

Ölmühlenweg 1 / ✉ 26871 / www.hotel-alte-werft.de
T.: +49 4961 9200 / info@hotel-alte-werft.de
37 E € 117/197 / 85 D € 152/222 / @

Einen unverwechselbaren Charakter hat dieses aus einer Maschinenbauhalle entstandene Hotel. Zur Anlage gehört neben der zur Stadthalle umgebauten Schiffsbauhalle auch das Theater auf der Alten Werft. Die Zimmer sind komfortabel eingerichtet. Ansprechendes Ambiente in den Restaurants „Schnürboden" und „Graf Goetzen".

Passau
Bayern

mk|hotel passau
★★★

Bahnhofstr. 24 / ✉ 94032 / www.mkhotels.de/de/passau/
T.: +49 8723 97871-2200 / passau@mkhotels.de
128 D € 89/129 / als E € 69/119 / 14 S € 78/161
@

Im Herzen der schönen Dreiflüssestadt Passau, mit Blick auf die Donau, gegenüber vom Bahnhof, liegt das Hotel. Die Gästezimmer sind gemütlich und gehoben komfortabel eingerichtet. Unterhaltung und Abwechslung findet der Gast im Schwimmbad und Saunabereich mit Beautyoase. Regionale Küche im Restaurant „Culinaria", das nach Vorreservierung ab 20 Personen geöffnet ist. Bar „La Bodega".

Perl
Saarland

Landgasthaus Sonnenhof
★★★

Merziger Str. 3 / ✉ 66706 Ortsteil Hellendorf
www.sonnenhof-perl.de / T.: +49 6868 773
info@sonnenhof-perl.de
4 E € 49/52 / 13 D € 69/75 / @

Das familiengeführte Landgasthaus „Sonnenhof" bietet anspruchsvolle Wohnkultur und gastronomische Qualität. Der aufmerksame Service und die private Atmosphäre vermitteln ein Bild charmanter Gastlichkeit. Mediterranes Flair im Restaurant mit Wintergarten und Terrasse.

Victor's Residenz-Hotel Schloss Berg
★★★★★

Schloßstr. 27-29 / ✉ 66706 Ortsteil Nennig
www.victors.de / T.: +49 6866 790 / info.nennig@victors.de
90 D ab € 181 / 44 S ab € 321
○ ● @

Reizvoll, inmitten von Weinbergen im Dreiländereck Deutschland-Frankreich-Luxemburg, liegt das luxuriöse Hotel mit großzügigen Zimmern und Suiten. Der Gast wählt zwischen der mediterranen „Villa" und dem „Renaissance-Schloss". Kulinarische Vielfalt wird in drei Restaurants geboten: regio- →

nale Schmankerl im Landgasthaus „Die Scheune“, mediterrane Küche im Restaurant „Bacchus“ oder außergewöhnliche Kompositionen im Gourmet-Restaurant von Christian Bau. Ein großzügiger Wellnessbereich mit angeschlossener Beauty-Farm sowie Konferenzräume mit modernster Tagungstechnik stehen zur Verfügung.

Bad Peterstal-Griesbach
Baden-Württemberg

Hotel Dollenberg
★★★★★

Dollenberg 3 / ✉ 77740 Ortsteil Bad Griesbach
www.dollenberg.de / T.: +49 7806 780
info@dollenberg.de
6 E € 164/213 / 14 D € 266/324 / 69 S € 322/1034

Das First Class-“Relais & Châteaux“ Hotel in ruhiger Lage wurde vom Schlummer Atlas im Jahr 2004 zum „Hotel des Jahres“ gekürt. Alle Zimmer sind mit warmen Farben elegant und gleichzeitig gemütlich eingerichtet und verfügen über einen Balkon mit herrlicher Aussicht. Der freundliche Zimmerservice macht den Aufenthalt rundum angenehm. Ein kompetentes Beauty- und Wellnessteam bietet außergewöhnliche Verwöhnprogramme. Das elegante Gourmet-Restaurant „Le Pavillon“ bildet den passenden Rahmen für die bekannt gute Küche von Martin Herrmann. Angebote wie Picknicks oder Tanzabende lassen keine Langeweile aufkommen.

Pfalzgrafenweiler
Baden-Württemberg

Nationalparkhotel Waldsägmühle
★★★★

Waldsägmühle 1 / ✉ 72285 Ortsteil Kälberbronn
www.waldsaegmuehle.de
T.: +49 7445 85150
info@waldsaegmuehle.de
5 E € 77/85 / 28 D € 134/158 / 5 S € 170/170

Sehr guter Komfort in reizvoller Landschaft: das bringt das Angebot dieses Hotels auf den Punkt. Die Gästezimmer sind zeitgemäß hergerichtet, die Konferenzräume modern ausgestattet. Wellness- und Spa-Angebote in der Zinsbach-Therme. Die rustikal-gemütlichen Gasträume und das Gartenrestaurant laden zur Stärkung ein. Empfehlenswerte Küche im renommierten Restaurant.

Pfinztal
Baden-Württemberg

Villa Hammerschmiede
★★★★★

Hauptstr. 162 / ✉ 76327 Ortsteil Söllingen
www.villa-hammerschmiede.de
T.: +49 7240 6010
info@villa-hammerschmiede.de
24 D € 194/298 / als E € 137/226 / 5 S € 348/518
Frühstück € 20

Das Hotel, ein großzügiges Villengebäude aus dem 19. Jh., vereinigt günstige Tagungsmöglichkeiten mit eleganten Zimmern und einem Spitzenrestaurant unter seinem Dach. Liebevoll ausgewählte Einzelstücke und luxuriöse Bäder machen jedes Zimmer zu einem Kleinod. Ruhe finden die Gäste in der Bibliothek und Entspannung in dem am Rande einer Schlucht gelegenen Felsenbad. Im Feinschmecker-Restaurant genießen Gourmets die klassische französische Küche und auch mediterrane. In den Guten Stuben werden feine regionale Spezialitäten serviert.

Pfofeld
Bayern

Strandhotel Seehof
★★★★

Seestr. 33 / ✉ 91738 Ortsteil Langlau
www.strandhotel-seehof.de
T.: +49 9834 9880
info@strandhotel-seehof.de
82 D € 154/179 / als E € 99/112 / 3 S € 202/202

Das 1995 erbaute Hotel liegt idyllisch im Fränkischen Seenland, direkt am Kleinen Brombachsee. Mit seinen behaglichen, sehr modernen Zimmern bietet es den Gästen viel Komfort. In den luftigen, sonnigen Restaurants „Seehof“ und „Brombachsee“ (Selbstbedienung) wird der Saison angepasste, regionale Küche serviert. Für Tagungen und Konferenzen stehen komplett ausgestattete Räume zur Verfügung. Hübscher Seewiesen-Biergarten und große Seeterrasse laden bei schönem Wetter ein.

Pforzheim
Baden-Württemberg

Parkhotel Pforzheim
★★★★

Deimlingstr. 32-36 / ✉ 75175
www.parkhotel-pforzheim.de
T.: +49 7231 1610
info@parkhotel-pforzheim.de
24 E € 90/151 / 180 D € 136/181 / 4 S € 161/446

Das Hotel liegt im Herzen der Stadt mit Anbindung zum „CongressCentrum“, aber dennoch ruhig an den Flussauen von Enz und Nagold. Die Innenarchitektur im Art-déco-Stil mit viel Licht, warmen Farben und Naturmaterialien vermittelt eine Atmosphäre zum Wohlfühlen. Zimmer und Suiten sind mit modernem Komfort ausgestattet. Der Küchenchef serviert feine regionale und internationale Spezialitäten. Gemütliche Hotelbar; exklusiver Wellness-Spa über den Dächern von Pforzheim.

Pfronten
Bayern

Berghotel Schlossanger Alp
★★★★

Am Schlossanger 1 / 87459 / www.schlossanger.de
T.: +49 8363 914550
info@schlossanger.de
18 D € 235/300 / 17 S € 300/460

Ruhig liegt das einladende Hotel in der Allgäuer Landschaft. In einer herzlichen und familiären Atmosphäre finden Gäste zahlreiche Annehmlichkeiten. Behagliche Zimmer. Das ausgezeichnete Restaurant serviert saisonale und regionale Spezialitäten auf gehobenem Niveau. Kaminstube. Großzügiger Wellness-Bereich; Kinderspielplatz; Weinkeller.

Burghotel Falkenstein
★★★★

Auf dem Falkenstein 1 / 87459
www.burghotel-falkenstein.de
T.: +49 8363 914540
info@burghotel-falkenstein.de
7 D € 142/222 / als E ab € 120 / 9 S € 160/250

Das Burghotel Falkenstein mit seinen 16 Zimmern und Suiten und seinem Wellnessbereich ist etwas ganz Besonderes – es ist ein Nest für Genießer par exellence. Nicht nur wegen seiner Lage auf 1.250 Metern mit wunderschönem Ausblick auf das Vilstal, sondern auch wegen seines schönem Ambientes und seiner erstklassigen Küche. Nur unwesentlich höher liegt die höchstgelegene Burgruine Deutschlands gleich nebenan.

Piesport
Rheinland-Pfalz

schanz.restaurant.hotel.weinhaus
★★★★

Bahnhofstr. 8 a / 54498
www.schanz-hotel.de
T.: +49 6507 92520 / info@schanz-hotel.de
12 E € 137/143 / 12 D € 169/175 / 3 App. € 219/228

Das kleine, von der Winzerfamilie Schanz geführte Hotel ist ein wahres Kleinod mit herzlicher Gästebetreuung in entspannter Atmosphäre. Alle Zimmer sind geschmackvoll und mit modernem Komfort ausgestattet. Für besondere kulinarische Momente bietet das ausgezeichnete, lichtdurchflutete Gourmet-Restaurant einen stilvollen Rahmen. Schöne Sommerterrasse mit mediterranem Flair; eigenes Weinhaus.

Pirmasens
Rheinland-Pfalz

Hotel Kunz
★★★★

Bottenbacher Str. 74 / 66954 Ortsteil Winzeln
www.hotel-kunz.de / T.: +49 6331 8750
info@hotel-kunz.de
7 E ab € 95 / 35 D ab € 125 / 9 S ab € 165

Das ansprechende Top-Hotel liegt im Dreieck zwischen Pfälzer Wald, Elsass und Lothringen. In den individuell von Designern gestalteten Zimmern fühlt sich der Gast wohl. Im ländlich-eleganten Restaurant werden Pfälzer und internationale Gerichte mit französischem Akzent serviert. Moderner Wellnessbereich und Day Spa. Hotelbar.

Pirna
Sachsen

Designhotel Laurichhof
★★★★

Hauptplatz 4 / 01796 / www.laurichhof.de
T.: +49 3501 7709077 / info@laurichhof.de
27 S € 90/320

Gegenüber des Stadtzentrums auf der anderen Elbseite liegt das inspirierende, farbenfrohe Hotel mit seinen ganz individuellen und luxuriös eingerichteten Suiten (ab 33 Quadratmeter). Die außergewöhnlichen Designermöbel kann man nach dem Aufenhalt sogar käuflich erwerben. Spa-Bereich, Frühstückslounge und Restaurant „Lazy Laurich".

Plauen
Sachsen

Hotel Alexandra
★★★★

Bahnhofstr. 17 / 08523 Ortsteil Stadtmitte
www.hotel-alexandra-plauen.de
T.: +49 3741 71951
info@hotel-alexandra-plauen.de
22 E € 75/99 / 48 D € 99/119 / 2 S € 160/390

Das Hotel mit 160-jähriger Tradition besitzt den individuellen Charme eines Hauses in Familienbesitz. Es ist geprägt vom Jugendstil, kombiniert mit klassisch italienischen Möbeln. Die Zimmer sind gemütlich und stilvoll eingerichtet. Hochzeits- und Barocksuite. Vogtländische, sächsische und internationale Spezialitäten. Hotelbar.

Suite: Großzügig angelegter Unterkunftstyp in einem Hotel, der aus mehreren miteinander verbundenen Räumen besteht, die zusammen als Einheit abschließbar sind. Häufig wird der Erlebnisfaktor durch zusätzliche Dienstleistungen wie Spa-Angebote erhöht.

Historisch und oft gemalt: Laufenburg (Baden) am Rhein, an der Grenze zur Schweiz

Pöcking
Bayern

La Villa am Starnberger See
★★★★ AE VISA

Ferdinand-von-Miller-Str. 39
82343 Ortsteil Niederpöcking / www.lavilla.de
T.: +49 8151 77060 / info@lavilla.de
12 E ab € 162 / 18 D ab € 235 / O @ □

1854 erbaut, gilt das Haus als Kleinod der vergangenen Villenkultur am Starnberger See. Es wurde behutsam restauriert und bietet jetzt das zauberhafte Ambiente eines italienischen Landsitzes. Dem anspruchsvollen Hausgast wird eine leichte Neue Küche geboten. Für Veranstaltungen besonders geeignet sind der Gartenpavillon und die Orangerie.

Pößneck
Thüringen

Boutique Hotel Villa Altenburg
★★★★ AE VISA

Straße des Friedens 49 / 07381 Ortsteil Pößneck,Stadt
www.villa-altenburg.de / T.: +49 3647 5042888
info@villa-altenburg.de
14 D € 124/194 / O □

Die sorgfältig restaurierte herrschaftliche Villa, das ehemalige Wohnhaus des Verlegers Ludwig Vogel 1928, beherbergt heute ein komfortables Hotel. Umgeben von einem großen Park, liegt es ruhig im Grünen. Individuell gestaltete Zimmer laden zum Wohlfühlen ein. Regionale und internationale Küche im stilvollen Restaurant

Potsdam
Brandenburg

Hotel Am Jägertor
★★★★ AE VISA

Hegelallee 11 / 14467 Ortsteil Nördliche Innenstadt
www.hotel-am-jaegertor.de / T.: +49 331 2011100
info@hotel-am-jaegertor.de
8 E € 88/220 / 50 D € 98/190 / 4 S € 160/230
Frühstück € 16 / @ □

Die feine Stadtresidenz mitten im historischen Potsdam, zwischen Park Sanssouci und Holländischem Viertel gelegen, verbindet historische Architektur und stilvolles Interieur mit herzlicher Gastfreundschaft. Die mehrfach ausgezeichnete Küche überzeugt mit frischen Produkten aus der Region, neuer Kreativität sowie mit innovativen Gerichten.

Inselhotel Potsdam-Hermannswerder
★★★★ AE VISA

Hermannswerder 30 / 14473 Ortsteil Templiner Vorstadt
www.inselhotel-potsdam.de / T.: +49 331 23200
info@inselhotel-potsdam.de
80 D € 135/200 / als E € 105/165 / 8 S € 225/270
O ● @ □

Das Privathotel befindet sich auf der malerischen Insel Hermannswerder, direkt am Ufer des Templiner Sees und doch nur sieben Autominuten vom Stadtzentrum entfernt. Es bietet beste Möglichkeiten für Übernachten in Potsdam, für Tagungen, Erholung und glanzvolle Feste. Im Spa- und Wellnesscenter Aquamarin findet jeder Zeit, an sich selbst zu denken - ob in einem der beheizten Pools oder in der schwimmenden Seesauna. Eigenes Restaurant mit wunderschöner Seeterrasse.

Villa Monte Vino (g)
★★★ AE VISA

Gregor-Mendel-Str. 27 / 14469
www.hotelvillamontevino.de / T.: +49 331 2013339
info@hotelvillamontevino.de
6 E € 89/119 / 16 D € 129/179 / 1 S € 169/199
2 App. € 169/196 / @ □

Auf einem malerischen grünen Hügel, oberhalb des königlichen Weinberges von Schloss Sanssouci, liegt das luxuriöse Hotel-Ensemble- zentral und doch ruhig in einem liebevoll angelegten Park. Die elegant eingerichteten Gästezimmer mit hochwertigem Mobiliar sowie die individuelle, familiäre Atmosphäre des Hauses, tragen in jeder Hinsicht zu einem gelungenen Aufenthalt bei.

□ Terrasse / Liegewiese
Raucherlounge

Prichsenstadt
Bayern

Hotel Freihof
★★★★ AE VISA

Freihofgasse 3 / 97357 / www.hotelfreihof.com
T.: +49 9383 9020340 / info@hotelfreihof.com
4 E € 100/136 / 35 D € 130/168 / 4 S € 200/210
@ □

Zwischen wehrhaften Türmen und malerischen Fachwerkhäusern in der unterfränkischen Altstadt von Prichsenstadt, verbirgt sich hinter historischer Fassade Tradition mit Exklusivität in frischem Design. Elegant-moderne Zimmer und Studios sowie ein 250 qm großer Spa Bereich stehen den Gästen zur Verfügung. Die Küche im Restaurant „prixxess" verwöhnt mit kulinarischen Köstlichkeiten und mit besten Weinen aus der Region. „prixxbar" im Kellergewölbe.

Prien am Chiemsee
Bayern

Yachthotel Chiemsee
★★★★ AE VISA

Harrasser Str. 49 / 83209 Ortsteil Prien
www.yachthotel.de / T.: +49 8051 6960 / info@yachthotel.de
2 E € 99/189 / 93 D € 99/189 / 5 S € 139/369
Frühstück € 20
O ● @ □

Nicht nur wegen seiner Lage direkt am See und seines Yachthafens zählt dieses Haus mit eigenem Badestrand zu den schönsten Hotelanlagen im Chiemgau. Freundlich und elegant eingerichtete Zimmer sowie ein großzügiges Hotelgelände mit Liegewiese bieten ideale Voraussetzungen für einen erholsamen Aufenthalt. Eine Besonderheit ist die dreistöckige Turmsuite (Hochzeitssuite). See-Restaurant und „Zirbelstüberl" mit ausgezeichneter Küche. Café-Terrasse mit Seeblick und moderne Tagungsräume.

Probstzella
Thüringen

Bauhaushotel „Haus des Volkes“
★★★

Bahnhofstr. 25 / ✉ 07330 / www.bauhaushotel.com
T.: +49 36735 46057 / hdv@probstzella.de
104 D € 54/83 / S € 79/113 / Frühstück € 7

Das größte Gebäude-Ensemble, errichtet 1925 im Sinne der Bauhaus-Philosophie, vereint das „Haus des Volkes“ in Probstzella. Das markante Haus mit Turm liegt direkt an der ICE-Strecke Nürnberg-Leipzig mit Blick ins Loquiztal am Thüringer Wald. Knapp zwei Kilometer sind es bis zur bayerischen Landesgrenze (ehemaliges DDR-Sperrgebiet). Im Hotel gibt es ein Museum sowie eine digitale Führung. Ansonsten übernachtet man ordentlich und darf Sauna, Bowlingbahn und das Restaurant (Blauer Saal) mit thüringischen Spezialitäten aufsuchen.

Pronstorf
Schleswig-Holstein

Flair Hotel Strengliner Mühle
★★★

Mühlenstr. 2 / ✉ 23820 Ortsteil Strenglin
www.strenglinermuehle.de
T.: +49 4556 997099
info@strenglinermuehle.de
10 E € 70/95 / 25 D € 102/140 / 1 App. € 140/170

In malerischer Lage am Rande der Holsteinischen Schweiz befindet sich das persönlich geführte Hotel. Die ehemalige Wind- und Wassermühle ist seit über 250 Jahren im Familienbesitz und bietet gemütliche Gästezimmer. Im Restaurant werden holsteinische Spezialitäten serviert.

Pullach im Isartal
Bayern

Hotel Seitner Hof
★★★★

Habenschadenstr. 4 / ✉ 82049 Ortsteil Pullach
www.seitnerhof.de / T.: +49 89 744320 / info@seitnerhof.de
40 D € 159/422 / als E € 129/402

In stilvollem Ambiente ankommen, ausspannen, auftanken und sich wohlfühlen - das einladende Hotel vor den Toren Münchens bietet hierzu die besten Voraussetzungen. Die eleganten Gästezimmer verfügen über sehr guten Komfort. Feine Küche im behaglichen Restaurant „Alte Brennerei“. Erlesene Auswahl an hausgemachten Kuchen und Torten im Gutshofcafé.

Appartement (frz.) / Apartment (engl.): Modern ausgestattete Kleinwohnung mit Küche, Wohnbereich und Schlafzimmer

Putbus
Mecklenburg-Vorpommern

Hotel Wreecher Hof
★★★★

Kastanienallee 1 / ✉ 18581 Ortsteil Wreechen
www.wreecher-hof.de / T.: +49 38301 850
info@wreecher-hof.de
2 E € 49/89 / 32 D € 79/119 / 5 S € 169/269

Das Hotel besteht aus sieben reetgedeckten einstöckigen Häusern in einer großen Gartenanlage. Die Gebäude präsentieren sich von außen im traditionellen Stil der Insel, im Innern findet der Gast hohen Komfort und umweltfreundliche Technik. Das Hotel bietet hauptsächlich gut ausgestattete Suiten an. Das Restaurant serviert klassische und regionale Küche.

Bad Pyrmont
Niedersachsen

Steigenberger Hotel & Spa Bad Pyrmont
★★★★★

Heiligenangerstr. 2-4 / ✉ 31812
www.bad-pyrmont.steigenberger.de / T.: +49 5281 1502
reservations@bad-pyrmont.steigenberger.de
70 E € 125/145 / 72 D € 240/280 / 3 S € 360/400
6 App. € 280/320

Bereits beim Betreten des exklusiven Hauses verspürt der Gast den Glanz des ehemaligen „Fürstlichen Kurhotels“. Seine stilvolle Ausstattung und die eleganten Zimmer lassen kaum Wünsche offen. Die 1.500 Quadratmeter große „Spa World Luxury“ mit großzügiger Bade- und Saunalandschaft, Ruheraum, Saunagarten und Meersalzgrotte bildet das Herzstück des Hauses. Verwöhnende Wellness- und Beautybehandlungen runden das Angebot perfekt ab. Kulinarische Genüsse der besonderen Art werden in der lichtdurchfluteten Brasserie „Palmengarten“ mit einladender Parkterrasse serviert.

Quedlinburg
Sachsen-Anhalt

Romantik Hotel Am Brühl
★★★★

Billungstr. 11 / ✉ 06484 / www.hotelambruehl.de
T.: +49 3946 96180 / kontakt@hotelambruehl.de
9 E ab € 138 / 29 D ab € 173 / 6 S ab € 293
3 App. ab € 293

Südlich des Schlossbergs und nahe der historischen Innenstadt befindet sich das unter Denkmalschutz stehende Hotel-Ensemble, Gründerzeithaus und ehemals Destille, mit seinem leitläufigen, begrünten Innenhof. Mit großer Sorgfalt renoviert und modernisiert, bietet das Haus mediterranen Charme, individuell gestaltete Zimmer als Rückzugsort oder die Lounge mit Kamin als geselliger Treffpunkt. Im Restaurant Weinstube kommen Genießer bei frischer Kulinarik und edlen Tropfen auf ihre Kosten.

R

Rabenau (Sachsen)
Sachsen

Naturhotel Heidemühle
★★★★

Heidestr. 73 / ✉ 01734 Ortsteil Karsdorf
www.heidemuehle.de / T.: +49 3504 64840
mail@heidemuehle.de
10 D ab € 119 / als E ab € 89 / 1 S ab € 149

Südlich von Dresden, in einem Waldgebiet gelegen, hat Familie Sellack die ehemalige Wassermühle zu einem Hotel im hellen, elegant-rustikalen Landhausstil gemacht. Unterstrichen wird das sehr geschmackvolle Ambiente mit Vollholzmöbeln und geölten Eichenholzdielen. Naturnah und frisch, mit vorwiegend regionalen Produkten ist die ländlich-mediterrane Küche, die im lichtdurchfluteten Restaurant oder auf der Sonnenterrasse offeriert wird. Romantische Hochzeiten und Feiern finden im Kaminzimmer, im Mühlenzimmer oder am hoteleigenen Schwimmteich den idealen Rahmen.

Radebeul
Sachsen

Hotel Villa Sorgenfrei
★★★★

AE VISA

Augustusweg 48 / ✉ 01445
www.hotel-villa-sorgenfrei.de
T.: +49 351 7956660 / info@hotel-villa-sorgenfrei.de
14 D € 114/196 / als E € 96/161 / 2 S € 214/306

Zwei Weltkriege hat die Villa, die von Bauhistorikern dem Dresdner Zopfstil – einer Zeit zwischen gemäßigtem Rokoko und Klassizismus – zugeordnet wird, unbeschadet überstanden. Nach mehreren aufwändigen Sanierungsphasen in den 1990er Jahren und zuletzt im Jahr 2022 erstrahlt das unter der höchsten Stufe des Denkmalschutzes stehende Hotel heute in neuem Glanz.

Radolfzell am Bodensee
Baden-Württemberg

Aquaturm Hotel (g)
★★★★

VISA

Güttinger Str. 15 / ✉ 78315 Ortsteil Radolfzell
www.aquaturm.de / T.: +49 7732 52255 / info@aquaturm.de
15 D ab € 115 / 1 S ab € 270 /

Das Designhotel im Aquaturm ist das Highlight in Radolfzell am Bodensee. Hinter der eleganten Fassade in dem Nullenergie-Hochhaus ist durch den achteckigen Grundriss nichts gewöhnlich. 7 Etagen-Appartements mit Balkon befinden sich im 1. bis 7. Stockwerk, Die Panoramazimmer mit spektakulärem Blick auf die Altstadt, den Bodensee und bei schönem Wetter auf die Schweizer Alpen im 8. bis 10. Stockwerk. Ein außergewöhnlicher Ort zum Übernachten oder für kleine Meetings ist die Suite im 12. Stock, mit 330°-Aussicht und unzähligen technischen Raffinessen sowie ein elektrisch-absenkbarer Besprechungstisch für bis zu 7 Personen.

ArtVilla am See (g)
★★★★

VISA

Rebsteig 2/2 / ✉ 78315 Ortsteil Mettnau
www.artvilla.de / T.: +49 7732 94440 / hotel@artvilla.de
8 D € 135/215 / als E € 97/255 / 4 S € 180/280

Das elegante Hotel liegt auf der Halbinsel Mettnau im Bodensee und bietet in einem außergewöhnlichen Ambiente eine private Atmosphäre. Jedes der geräumigen Zimmer ist individuell mit antiken Möbelstücken eingerichtet und besitzt modernen Komfort. Große Weinkarte, Gartenanlage. Kaminzimmer. Exklusive Beauty- und Massage-Angebote.

bora HotSpaResort
★★★★

AE VISA

Karl-Wolf-Str. 35 / ✉ 78315 Ortsteil Radolfzell
www.bora-hotsparesort.de / T.: +49 7732 950400
info@bora-hotsparesort.de
1 E € 150/200 / 78 D € 185/275 / 5 S € 315/490

Freundlich, kundenorientiert, umweltbewusst, Regionalität, Qualität, Flexibilität und Offenheit. - Das sind die Schlagworte, die das Wellness- und Lifestyle-Resort am westlichen Ufer des Bodensees verinnerlicht hat. So außergewöhnlich wie die Architektur sind auch die Zimmer und der Empfangsbereich, sehr modern und stylisch. Ein schöner 7000 qm großer Wellnessbereich steht auch externen Gästen zur Verfügung. Leicht und gesund, aus ausgewählten Zutaten ist die Küche.

Ramsau bei Berchtesgaden
Bayern

Hotel Rehlegg
★★★★

AE VISA

Holzengasse 16 / ✉ 83486 / www.rehlegg.de
T.: +49 8657 98840 / info@rehlegg.de
11 E ab € 91 / 60 D ab € 200 / 16 S ab € 260

Das nachhhaltige Urlaubshotel liegt ruhig mit herrlicher Aussicht auf die umliegende Bergwelt. Neben familiärer Atmosphäre bietet es großzügig und ansprechend eingerichtete Zimmer sowie eine gemütliche Halle mit offenem Kamin. Speisemöglichkeiten im Galerierestaurant, Almstüberl, in der Bauernstube oder im ESS-Zimmer für Zwei. Sonnenterrasse, Kastaniengarten. (Mehr Informationen über das Nachhaltigkeitskonzept des Jahres unter „Auszeichnungen des Jahres".)

Ratekau
Schleswig-Holstein

Landhaus Töpferhof
★★★★

AE VISA

Fuchsbergstr. 3-11 / ✉ 23626 Ortsteil Warnsdorf
www.landhaus-toepferhof.de
T.: +49 4502 2124 / info@landhaus-toepferhof.de
17 D € 160/199 / als E € 110/190 / 5 S € 128/230
16 App. € 198/295 /

Das geschmackvolle Hotel liegt dörflich-idyllisch in Warnsdorf, Travemünde und Timmendorfer Strand sind nicht weit entfernt. Im stilvollen Ambiente stehen den Gästen hübsche, behagliche Zimmer zur Verfügung. Für kulinarische Genüsse sorgt der Küchenchef im Restaurant; selbstgebackene Brote im Steinbackofen. Hofcafè „Tausendschön"; Weinkeller mit Verkostung, Seminarmöglichkeiten.

Rathen
Sachsen

Elbiente
★★★★

Wehlener Weg 1 / 01824 / www.elbiente.de
T.: +49 35024 75500 / info@elbiente.de
30 D € 100/160 / als E € 75/135 /

Einzigartiger könnte die Lage dieses First-Class-Hotels in der Sächsischen Schweiz nicht sein. Am Fuße der bekannten Basteifelsen und direkt an der Elbe, bietet das Haus alles für einen erholsamen Aufenthalt: moderne Zimmer zum Teil mit Balkon; Wellness- und Beautyanwendungen in entspannter Atmosphäre im ElbienteSpa; Regionale Küche mit frischen Produkten im Panorama-Restaurant. Terrasse mit Elbblick.

Rattenberg
Bayern

Posthotel Rattenberg
★★★★

Dorfplatz 2 / 94371 / www.posthotel-rattenberg.de
T.: +49 9963 9500 / info@posthotel-rattenberg.de
7 E € 85/99 HP / 35 D € 156/226 HP / 3 S € 309/392 HP

Das familiengeführte Tagungs- und Urlaubshotel wurde mit viel Liebe zum Detail renoviert und bietet sehr schöne Zimmer. Lauschige Plätzchen findet der Gast in der idyllischen, neugestalteten Parkanlage. Das gemütliche Restaurant serviert regionale und mediterrane Küche.

Rauenberg
Baden-Württemberg

Landhotel Winzerhof
★★★★

Bahnhofstr. 4-8 / 69231 / www.winzerhof.net
T.: +49 6222 9520 / info@winzerhof.net
24 E € 89/150 / 73 D € 130/250 / 1 App. € 200/250

Das gut geführte Landhotel im Kraichgau befindet sich seit Anfang des Jahrhunderts in Familienbesitz. Diese Tradition findet der Gast im aufmerksamen Service wieder. Die Gästezimmer sind gemütlich und mit modernem Komfort ausgestattet. Vielseitige Küche im „Winzerhof-Restaurant" und im Abend-Restaurant „Angela"; gemütliche Hotelbar.

Rechenberg-Bienenmühle
Sachsen

Naturhotel Lindenhof
★★★

Bergstr. 4 / 09623 Ortsteil Holzhau
www.lindenhof-holzhau.de
T.: +49 37327 820
info@lindenhof-holzhau.de
13 E ab € 51 / 39 D ab € 82 / 3 S ab € 102
1 App. ab € 102 /

Hervorzuheben sind das einladende Äußere des Hotels, das gut in erzgebirgische Landschaft passt, das gute Essen, der freundliche Service sowie der Kneipp- und Barfußpfad auf dem Hotelgrundstück. Der 390 Seelenort Holzhau ist hauptsächlich als Wintersportort bekannt und ideal, um in klarer Luft und reiner Natur neue Energie zu tanken. Gäste kommen auch für Wellness, Tagungen und Kegeln.

Recklinghausen
Nordrhein-Westfalen

Parkhotel Engelsburg
★★★★

Augustinessenstr. 10 / 45657 Ortsteil Stadtmitte
www.parkhotel-engelsburg.de / T.: +49 2361 2010
info@parkhotel-engelsburg.de
8 E € 103/145 / 38 D € 132/179 / 5 S € 170/319
14 App. € 142/189

Das historische Gebäude empfängt seine Gäste mit über 300-jähriger Gechichte – im Herzen der Altstadt und trotzdem ruhig gelegen. Ob klassisch oder komfortabel, ob zum idyllischen Garten oder zum Innenhof gelegen, jedes der Zimmer ist liebevoll eingerichtet. Hier verbinden sich zeitlose Eleganz und moderner Komfort, sowohl für Geschäftsreisende mit Tagungsmöglichkeiten, als auch für Wochenendgäste. Standesamtliche Trauung im Hotel möglich. Restaurant Vesttafel im Haus. Wellnessbereich mit Fitnessraum.

Residenz Hotel am Festspielhaus
★★★★

Josef-Wulff-Str. 75 / 45657
www.residenzhotel-recklinghausen.de
T.: +49 2361 9171904
info@residenz-recklinghausen.de
20 E € 84/94 / 11 D € 94/104
3 S € 89/109 / 2 App. € 88/99 / Frühstück € 13

Idyllisch am Stadtgarten, gegenüber dem Festspielhaus, liegt das komplett barrierefreie Hotel. Es begeistert mit einem anspruchsvollen Ambiente sowie mit großzügigen, modern und stilvoll eingerichteten Zimmern, Suiten und Appartements. Mit einer Kitchenette eignen sich diese auch für Langzeitgäste. Beauty- und Wellnessangebote im „ResiVital". Regionale Küche serviert das Restaurant „Allegro"; Sonnenterrasse; Bar Da Capo. Tagungsräume mit professioneller Technik.

Regensburg
Bayern

Bischofshof am Dom
★★★★

Krauterermarkt 3 / 93047
www.hotel-bischofshof.de
T.: +49 941 58460 / info@hotel-bischofshof.de
16 E € 90/150 / 33 D € 150/185 / 8 S € 180/310

Das historische Gebäude liegt direkt neben dem Dom. Die Anfänge des berühmten Hauses datiert man auf das späte 8. Jh. Sogar Kaiser nahmen hier schon Quartier im „Bischofshof". Später wurde er Brauhaus, dann Gasthof und Hotel. Die Gästezimmer und Suiten sind romantisch eingerichtet. Das Restaurant „Bischofshof am Dom" befindet sich im Hause.

Goliath am Dom (g)

★★★★

Goliathstr. 10 / ✉ 93047
www.hotel-goliath.de
T.: +49 941 2000900 / info@hotel-goliath.de
39 D € 160/185 / als E € 115/175 / 2 S € 180/240

Das Hotel befindet sich direkt in der Regensburger Altstadt, zwischen dem Dom und dem alten Rathaus. Für die Einrichtung wurden Farben, Stoffe und Material mit viel Feingefühl ausgesucht und geben jedem Zimmer einen unverwechselbaren Charakter. Kleine Snacks im Bistro; Cocktails an der Hotelbar. Dachterrasse. Frühstück gibt es rund um die Uhr.

Münchner Hof (g)

★★★

Tändlergasse 9 / ✉ 93047 / www.muenchner-hof.de
T.: +49 941 58440
info@muenchner-hof.de
10 E € 93/122 / 45 D € 122/169 / 3 S € 169/189 / @

Mitten im historischen Altstadtkern liegt dieses traditionsreiche Haus aus dem 13. Jahrhundert. Seit über 70 Jahren im Familienbesitz fühlt sich das Hotel seinen Gästen verpflichtet. Großzügige Zimmer mit modernen Annehmlichkeiten. Mediterrane Küche im „Ristorante Bavarese“, das aus der Gründerzeit stammt.

Rehlingen-Siersburg
Saarland

Land & Genuss Hotel Niedmühle

★★★★

Niedtalstr. 13-14 / ✉ 66780 Ortsteil Eimersdorf
www.restaurant-niedmuehle.de
T.: +49 6835 67450
info@restaurant-niedmuehle.de
1 E € 90/100 / 9 D € 125/150 / 1 S ab € 175

Diese Adresse ist ein kleines und individuell geführtes Hotel in sehr ruhiger Lage direkt an der Nied. Eine komfortable, geschmackvolle Inneneinrichtung erwartet den Gast in den Zimmern, die allesamt neu gebaut und modern gestaltet sind. Im Restaurant Niedmühle werden nur die besten Frischeprodukte verwendet.

Bad Reichenhall
Bayern

Amber Residenz Bavaria

★★★★

Am Münster 3 / ✉ 83435
www.hotel-bavaria.de
T.: +49 8651 7760 / reichenhall@amber-hotels.de
143 D € 90/174 / als E € 60/92 / 27 S € 150/290

Das Kur-, Ferien- und Tagungsdomizil im Berchtesgadener Land befindet sich in zentraler, dennoch ruhiger Lage. Ein traumhafter Blick auf die Berge erwartet den Gast, der in stilvoll eingerichteten Räumlichkeiten logiert. Im Restaurant „St. Zeno“ sorgt eine exquisite Küche für das leibliche Wohl; Kutscherstüberl und Kaminzimmer. Vital-Center.

Reil
Rheinland-Pfalz

Boutique Hotel Villa Melsheimer

★★★★

Moselstr. 5 / ✉ 56861
www.melsheimer.de
T.: +49 6542 900034 / hotel@melsheimer.de
14 D € 125/150 / als E € 85/110 / 3 S € 195/245

Direkt am Moselufer verspricht ein Aufenthalt in dem geschmackvollen Gebäudeensemble Ruhe, Erholung und Genuss. Die Zimmer, das Restaurant, das Kaminzimmer sowie der Rezeptionsbereich wurden mit hochwertigen Materialien in harmonischen Farben frisch renoviert. Ausgezeichnete deutsche Küche mit französischer Note. Moselterrasse und Wintergarten.

Concierge (frz.): Im Mittelalter der Wächter und Torhüter. In Frankreich heute Hausmeister und Hausverwalter. Der Begriff bezeichnet eine Schlüsselposition in einem gehobenen Hotel. Der/die Concierge spricht mehrere Sprachen und ist bestrebt, die Wünsche des Gastes so gut wie möglich zu erfüllen.

Reinbek
Schleswig-Holstein

Waldhaus Reinbek

★★★★★

Loddenallee / ✉ 21465 / www.waldhaus.de
T.: +49 40 727520
waldhaus@waldhaus.de
23 E € 149/169 / 19 D € 173/189 / 6 S € 216/467
Frühstück € 20

Ein Hotel und viel mehr - das ist das luxuriöse Haus am Fuße des malerischen Sachsenwaldes. Hochwertige Materialien unterstreichen das elegante Ambiente des exzellenten Hotels. Hier findet der Gast großen Komfort und geschmackvoll eingerichtete Zimmer und Suiten, einen Beauty-Massage-Bereich sowie eine vielfältige Restaurantlandschaft. Im Sommer lädt die Café-Terrasse ein. Bei einem Drink an der urigen Hotelbar klingt der Abend aus. Moderne, komplett ausgestattete Tagungsräume stehen dem Businessgast zur Verfügung.

Reit im Winkl
Bayern

Hotel Oberschmied (g)

★★★

Hausbergstr. 1 / ✉ 83242
www.oberschmied.de
T.: +49 8640 98120 / info@oberschmied.de
2 E € 39/90 / 12 D € 45/70 / 6 App. € 55/90

Zentral aber ruhig gelegen ist das Hotel ein idealer Ausgangspunkt für Freizeitaktivitäten, sommers wie winters. Die komfortablen Gästezimmer und Appartements, zum Teil mit Balkon, versprechen eine erholsame Nacht. Am Abend genießen Hausgäste im gemütlichen Restaurantbereich ein liebevoll zubereitetes Halbpensionsmenü. Bar und Lounge.

Relais & Châteaux
Gut Steinbach Hotel Chalets SPA

★★★★

Steinbachweg 10 / ✉ 83242 Ortsteil Blindau
www.gutsteinbach.de / T.: +49 8640 8070
info@gutsteinbach.de
4 E € 178/209 / 36 D € 195/269 / 13 S € 314/569
7 App. € 680/1417

Es ist schon ein Idyll auf Erden, dieses Gut Steinbach in Reit im Winkl. Es liegt zu Füßen der Chiemgauer Alpen, deren hügelige und waldreiche Ausläufer unmittelbar an das Anwesen der Familie Graf von Moltke grenzen. Sieben moderne Landhaus Chalets mit privatem SPA gruppieren sich hier um einen Naturschwimmteich und stehen für eine luxuriöse und gleichzeitig naturnahe Auszeit zur Verfügung. Das imposante, im Chiemgauer Stil erstrahlende, Stammhaus umfasst 50 Zimmer und Suiten sowie das Restaurant „HEIMAT“, die gemütlichen „Stuben“ samt Sonnenterrasse sowie eine Kaminbar mit Salettl. Im Beauty & Spa-Bereich erwartet den Gast Entspannung pur. Der rundum erneuerte Spa-Bereich „Heimat & Natur SPA“ mit 2.000 Quadratmetern hat im Dezember 2021 neu eröffnet. Ein moderner Tagungsbereich bietet zudem einen idealen Ort für Meetings und Seminare. Im Heimatrefugium Gut Steinbach steht das Erlebnis Natur im Vordergrund. Gäste schmecken und fühlen sie in allen Bereichen des Hotels. Die, mehrfach für ihre nachhaltige Philosophie prämierte, Gastronomie überzeugt durch bayerisch zeitgeistige Gerichte.

Weitere Hotels sind unter **schlummer-atlas.de** gelistet.

Remscheid
Nordrhein-Westfalen

Hotel Villa Paulus

★★★

Schüttendelle 30 / ✉ 42857 Ortsteil Innen
www.villapaulus.de
T.: +49 2191 4619430
info@villapaulus.de
4 E ab € 99 / 4 D ab € 139 / 3 S ab € 149 / 3 App. ab € 139

Das liebevoll geführte Haus überzeugt durch eine Kombination aus historischem Ambiente und modernem Komfort. Durch die individuelle Einrichtung hat jedes der großzügigen Zimmer seinen eigenen Charme und bildet den angemessenen Rahmen für einen erholsamen Aufenthalt. Im Restaurant saisonale Frischeküche mit mediterranen und regionalen Einflüssen.

Rendsburg
Schleswig-Holstein

Hotel ConventGarten

★★★★

Hindenburgstr. 38-42 / ✉ 24768
www.conventgarten.de
T.: +49 4331 59050 / info@conventgarten.de
72 D ab € 129 / als E ab € 89 / 8 S ab € 179

In bester Stadtlage, direkt am Ufer des Nord-Ostsee-Kanals, genießen Gäste seit jeher unvergleichliche Blicke auf die Ozeanriesen aus aller Welt. Modern eingerichtete Zimmer, teilweise mit Blick auf den Kanal. Im Restaurant werden internationale und schleswig-holsteinische Spezialitäten, auch in Form von wechselnden Aktionskarten, zum kulinarischen Erlebnis.

Reutlingen
Baden-Württemberg

Achalm Hotel

★★★★

Achalm (Gewand) 2 / ✉ 72766
www.achalm.com
T.: +49 7121 4820
info@achalm.com
99 D € 159/209 / als E € 115/145 / 1 S ab € 325

Auf der Sonnenseite des Reutlinger Hausberges gelegen, überzeugt das Hotel nicht nur mit einem herrlichen Blick auf die Schwäbische Alb und mit der Nähe zur Innenstadt. Eine ruhige Atmosphäre versprechen die designorientierten Zimmer, die mit edlen Naturmaterialien ausgestattet sind. Zum Feiern und Tagen bieten sich die Räumlichkeiten im Hotel an oder der liebevoll ausgebaute Schafstall. Im Restaurant oder auf der Aussichtsterrasse reicht das Speisenangebot von regional bis international.

Land-Gasthof Adler

★★

Hohenstaufenstr. 11 / ✉ 72768 Ortsteil Sickenhausen
www.land-gasthof-adler.de
T.: +49 7121 96870
info@land-gasthof-adler.de
5 E € 70/90 / 30 D € 110/132

Das Haus ist durch seine zentrale Lage sowohl für Geschäftsreisende als auch Urlauber gleichermaßen interessant. Schwäbische Gastfreundschaft verbunden mit familiärer Atmosphäre sowie komfortable Gästezimmer sorgen für einen angenehmen Aufenthalt. Klassische, regionale Küche im Restaurant.

Rheda-Wiedenbrück
Nordrhein-Westfalen

Hotel Sonne
★★★★

Hauptstr. 31 / ✉ 33378 Ortsteil Wiedenbrück
www.hotelsonne.de
T.: +49 5242 93710
post@hotelsonne.de
23 E € 89/124 / 19 D € 99/139
2 S € 114/144 / App. € 89/129 / Frühstück € 9

Wohlfühlatmosphäre, großzügige und geschmackvolle Gästezimmer (zum Teil mit Balkon oder Terrasse) mit höchstem Schlafkomfort kennzeichnen das persönlich geführte Hotel. Das Frühstück wird im Sommer auch gerne auf der Terrasse serviert. Das moderne Restaurant mit Gartenterrasse, die Hotelbar und der Fitnessbereich mit Sauna und Ruheraum ergänzen das Angebot.

Rheine
Nordrhein-Westfalen

Hotel Borcharding
★★★

Alte Bahnhofstr. 13 / ✉ 48432 Ortsteil Mesum
www.borcharding.de
T.: +49 5975 1270
info@borcharding.de
9 E € 49/74 / 8 D € 69/89 / Frühstück € 9

Seit 1712 befindet sich das Gasthaus im Familienbesitz. Die eleganten Gästezimmer sind stilvoll eingerichtet. Das Restaurant bietet eine vielfältige Speisenkarte. Regionale, saisonale, frische und gesunde Gerichte stehen im Vordergrund; Juniorchef kocht selbst; gute Weinauswahl und hauseigenen Weinstube.

Hotel Lücke
★★★★

Heiliggeistplatz 1 a / ✉ 48431
www.hotel-luecke.de
T.: +49 5971 16180 / info@hotel-luecke.de
15 E € 94/108 / 24 D € 129/159 / 1 S € 159/159

Direkt an Deutschlands längstem Fluss, der Ems, ruhig und doch zentral, liegt dieses Familienhotel. Es bietet gut ausgestattete Gästezimmer mit zeitgemäßem Komfort und Ausblick auf die alte Stadtkirche oder den Flusslauf. Dem modernen Flair des Hauses angepasst ist das Restaurant „SunDays". Hier können die Gäste eine internationale, leichte Küche mit saisonalen Spezialitäten genießen.

Rheinfelden in Baden
Baden-Württemberg

Hotel Maien
★★★

Maienplatz 2 / ✉ 79618 Ortsteil Eichsel / www.maien.com
T.: +49 7623 72150 / info@maien.com
5 E € 71/94 / 18 D € 99/125 /

Ruhig auf den Höhen des Dinkelbergs liegt das traditionsreiche Haus, das sich seit 110 Jahren im Familienbesitz befindet. Dem historischen Gasthaus wurde ein Hotel mit modernen, ansprechenden Zimmern hinzugefügt. Die Küche bietet saisonale, badische Spezialitäten.

Rheinmünster
Baden-Württemberg

Hotel Engel
★★★

Hurststr. 1-3 / ✉ 77836 Ortsteil Schwarzach
www.engel-schwarzach.de / T.: +49 7227 97960
info@engel-schwarzach.de
2 E € 72/78 / 13 D € 94/113 / 1 S € 83/153 /

In einem denkmalgeschützten Fachwerkhaus im Ortskern begrüßt das kleine, familiäre Hotel seine Gäste. Modern ausgestattete Zimmer mit rustikaler Note laden zum Wohlfühlen ein. Ausgezeichnetes Restaurant mit regionalen und internationalen Spezialitäten. Schöne Gartenterrasse, großer grüner Biergarten.

Rheinsberg
Brandenburg

Precise Resort Hafendorf Rheinsberg
★★★★

Hafendorfstr. 1 / ✉ 16831
www.precisehotels.com/hafendorf-rheinsberg
T.: +49 33931 800800
hafendorf.rheinsberg@precisehotels.com
118 D € 95/155 / als E € 75/135 / 58 S € 125/185

Wohlfühlen und Entspannen in maritimer Atmosphäre - dies garantiert die direkte Lage am Hafen. Aber auch die Zimmer mit herrlichem Ausblick oder die Insel-Suiten in separaten Häusern lassen keine Wünsche offen. Mit einer Wellness-lounge, zahlreichen gastronomischen Angeboten sowie variablen Veranstaltungsmöglichkeiten ist das Hotel der ideale Ort für alle die das Besondere lieben. Sonnenterrasse; Nachtclub.

Precise Resort Marina Wolfsbruch

★★★★ AE MasterCard VISA EC

Im Wolfsbruch 3 / ✉ 16831 Ortsteil Kleinzerlang
www.marina-wolfsbruch.de / T.: +49 33921 87
rheinsberg@precisehotels.com
203 D € 86/148 / als E € 66/112 / 8 S € 126/198
18 App. € 86/189

Am Rande der Mecklenburgischen Seenplatte, befindet sich die großzügige Hotelanlage. Liebevoll ausgestattete Hotelzimmer, Ferienwohnungen und -häuser sorgen für einen erholsamen Aufenthalt. Mittelpunkt des Hotelcenters ist die glasüberdachte Piazza mit ihrer mediterranen Atmosphäre. Vielfältiges Freizeit-, Wellness- und Restaurant-Angebot; Yachthafen.

Rhodt unter Rietburg

Rheinland-Pfalz

Wohlfühlhotel Alte Rebschule

★★★★ MasterCard VISA EC

Theresienstr. 200 / ✉ 76835 / www.alte-rebschule.de
T.: +49 6323 70440 / info@alte-rebschule.de
1 E € 169/269 HP / 34 D € 249/349 HP / 3 S € 339/459 HP

Das Wohlfühlhotel Alte Rebschule – malerisch eingebettet ins Pfälzer Rebenmeer – bietet vielfältige Natur-, Wein- und Wandererlebnisse, Kultur und sportliche Herausforderungen ebenso wie Ruhe und Erholung. In den großzügigen Zimmern und Suiten mit Panoramablick über die Rheinebene fühlen sich Gäste gut aufgehoben. Ein inspirierender Ort der Entspannung ist das großzügige SPA Rebenmeer, das die einmalige Weinkultur der Pfalz zeitgemäß aufgreift. Zum Verwöhnprogramm gehören neben Saunen, Dampfbad, einladendem Pool und Fitnessraum wohltuende Massagen und Kosmetikanwendungen – abgestimmt auf das Beste aus der Rebe. Kulinarische Köstlichkeiten kredenzt das hoteleigene Restaurant. Schätze aus pfälzischen Weinkellern begleiten das abwechslungsreiche Angebot. Für typisch pfälzische Gaumenfreuden steht das urige Gasthaus Sesel.

Rieneck

Bayern

Seehotel Gut Dürnhof

★★★ AE MasterCard VISA EC

Burgsinner Str. 3 / ✉ 97794 / www.gut-duernhof.de
T.: +49 9354 1001 / info@gut-duernhof.de
5 E € 65/90 / 22 D € 85/125 / Frühstück € 10

Eingebettet in eine wunderschöne Naturlandschaft liegt das komfortable Landhotel mit eigenem See. Bei der Gestaltung des Hauses und der behaglichen Zimmer wurde viel Wert auf ökologische Verträglichkeit gelegt. Zwei Restaurants servieren feine fränkische Küche; Vitalfrühstücksbüfett.

Rietberg

Nordrhein-Westfalen

Lind Hotel an der Ems

★★★★ AE MasterCard VISA EC

Am Nordtor 1 / ✉ 33397
www.lind-hotel.de
T.: +49 5244 700100 / info@lind-hotel.de
44 E ab € 83 / 34 D ab € 116 / 2 S ab € 176
Frühstück € 13

Direkt an der Ems, im Zentrum von Rietberg gelegenes Hotel. Übernachtungsgäste finden hier gehoben ausgestattete Zimmer mit vielen Annehmlichkeiten sowie großzügige Seminar- und Konferenzräume mit moderner Tagungstechnik. Saisonal wechselnde Gerichte und Spezialitäten bietet die vielseitige Küche im stilvollen Ambiente des Restaurants „Mauritz"; gemütliche Hotelbar. Zum Entspannen und Relaxen lädt der großzügige Wellnessbereich „Lind Vital" ein.

MasterCard / VISA Visa / EC EC-Karte

Rinteln

Niedersachsen

Hotel Schaumburger Ritter

★★★ AE MasterCard VISA EC

Burgstr. 2-4 / ✉ 31737 Ortsteil Schaumburg
www.schaumburger-ritter.com / T.: +49 5152 947460
kontakt@schaumburger-ritter.com
2 E € 49/79 / 21 D € 79/129 / 2 S € 159/169 /

Gegenüber der Schaumburg, ruhig über der Ortschaft Schaumburg, liegt dieses historische Haus. Komfortables ländliches Hotel mit liebevoll eingerichteten Gästezimmern. Empfehlenswerte Küche in den gemütlichen Restauranträumen; Ritteressen. Schöne Gartenterrasse.

Roding

Bayern

City-Hotel Roding

★★★★ AE MasterCard VISA EC

Schulstr. 25 / ✉ 93426 / www.city-hotel-roding.de
T.: +49 9461 40250 / info@city-hotel-roding.de
6 E ab € 98 / 78 D ab € 98 / 4 S ab € 143 / App. € 30/50
Frühstück € 12 /

Das City-Hotel Roding ist ein Firstclass Aktiv- und Businesshotel am Tor zum Bayerischen Wald. Verschiedene Tagungsräume, ein großer Saal, zwei Restaurants in einem wunderbaren Zusammenspiel zwischen Tradition und Moderne sowie eine stilvoll eingerichtete Hotelbar bieten viel Raum für kreative Tagungen und Seminare. Gästezimmer verschiedener Kategorien ermöglichen die komfortable Unterbringung auch größerer Gruppen. Großzügiger Fitness- und Wellnessbereich.

Rohrdorf (am Inn)
Bayern

Hotel zur Post
★★★

Dorfplatz 14 / ✉ 83101 Ortsteil Rohrdorf
www.post-rohrdorf.de / T.: +49 8032 1830
hotel@post-rohrdorf.de
10 E € 57/94 / 60 D € 74/110 / 5 S € 95/159
28 App. € 95/159 /

Das Hotel, seit Generationen im Familienbesitz, liegt zentral im ruhigen Ortskern. In den gemütlichen, mit viel Holz gestalteten Stuben und in den komfortablen Gästezimmern kann man sich wohlfühlen. Im Restaurant wird Fleisch aus der eigenen Metzgerei serviert. Lauschiger Biergarten. Gästehaus „Poststadel" mit Zimmern, die alle über Balkon oder Terrasse verfügen.

Röhrnbach
Bayern

Wellnesshotel Jagdhof
★★★★★

Putzgartenstr. 2 / ✉ 94133 / www.jagdhof-roehrnbach.de
T.: +49 8582 91590 / info@jagdhof-bayern.de
3 E € 224/262 VP / 38 D € 195/318 VP / 64 S € 191/956 VP

Mitten im Bayerischen Wald ist der Jagdhof eine Wohlfühloase zum Entspannen und Genießen. Neben den Wellness- und Wasserwelten auf 6.500 Quadratmetern, mit Sport-Außenbecken, Saunalandschaft, Lady-Spa und vielem mehr, begeistern ebenso die exklusiven, großzügigen Zimmer und Luxus-Suiten. Köstliche Menüs und Schlemmereien werden in den liebevoll eingerichteten Restaurantstuben und auf der Gartenterrasse serviert.

Rosengarten (Landkreis Harburg)
Niedersachsen

Hotel Holst
★★★

Hauptstr. 29-33 / ✉ 21224 Ortsteil Leversen
www.hotel-holst.de / T.: +49 4108 5910
rezeption@hotel-holst.de
6 E ab € 50 / 60 D ab € 80 / 3 S ab € 99

Mitten im Grünen, unweit der Lüneburger Heide und dem Alten Land, vor den Toren Hamburgs, und doch verkehrsgünstig an der A 261, liegt dieses Hotel. Das im Familienbesitz befindliche Haus widmet sich mit viel Herz seinen Gästen. Wohnlich ausgestattete Zimmer. 300 Quadratmeter große „Vitalis-Therme" mit Erlebnis-Schwimmbad; Beauty-Bereich. Gute Küche.

Rosenheim
Bayern

Hotel San Gabriele
★★★★

Zellerhornstr. 16 / ✉ 83026 Ortsteil Aising
www.hotel-sangabriele.de / T.: +49 8031 26070
info@hotel-sangabriele.de
18 E € 89/147 / 20 D € 120/180 / Frühstück € 9

In dem Hotel San Gabriele in Rosenheim genießt der Gast bei allem Komfort das mittelalterliche Ambiente eines jahrhundertealten Klosters. Alle Zimmer sind individuell gestaltet und haben einen besonderen Reiz, viele sind mit einem Kreuzgewölbe ausgestattet. Außergewöhnlich auch die Gestaltung des Ristorantes „Il Convento" mit offener Feuerstelle und Weinkeller.

Parkhotel Crombach (g)
★★★

Kufsteiner Str. 2 / ✉ 83022 / www.parkhotel-crombach.de
T.: +49 8031 3580 / info@parkhotel-crombach.de
34 E € 80/119 / 25 D € 118/172 / 1 S € 500/700
3 App. € 180/355 /

Rosenheim-City, direkt am Park und gegenüber des Kultur- und Kongresszentrums: Hier erwartet das Parkhotel Crombach seine Gäste – mit Doppelzimmern und Suiten (18 bis 35 Quadratmeter) zur Parkseite oder zur verkehrsberuhigten Kufsteiner Straße. Zu Fuß erreicht man den Hauptbahnhof in nur 7 Minuten, die hoteleigenen Parkplätze sind kostenlos. Im lichtdurchfluteten Frühstücksraum schmeckt ein reichhaltiges Frühstücksbüfett. Das sympathische Hotel wird bereits in der dritten Generation von der Familie Crombach geführt.

Rostock
Mecklenburg-Vorpommern

Arthotel ANA Amber
★★★

Lübecker Str. 30 / ✉ 18057 Ortsteil Kröpeliner Tor-Vorstadt
ana-hotels.com/amber-rostock/
T.: +49 381 969898
amber@ana-hotels.com
155 D € 68/95 /

Das Arthotel ANA Amber liegt einen Kilometer westlich der Altstadt, nur einen Katzensprung vom Wasser, der Unterwarnow, entfernt. Geradlinig und modern, ausgestattet mit Live-Front-Cooking im Restaurant, ist das Hotel genau die richtige Adresse für einen Citytrip am Wochenende. Kaffee und Highspeed-WLAN gibt es rund um die Uhr, Fahrräder kann man sich gratis ausleihen. Parkplätze sind nur begrenzt verfügbar, deshalb am besten gleich mit dem ÖPNV anreisen: Die Tram-Haltestelle liegt quasi vor der Tür, ebenso wie die S-Bahn-Anbindung nach Warnemünde.

Hotel Am Leuchtturm (g)

★★★

Am Leuchtturm 16
✉ 18119 Ortsteil Seebad Warnemünde
www.hotel-am-leuchtturm.de / T.: +49 381 54370
info@hotel-am-leuchtturm.de
2 E € 125/195 / 28 D € 165/335 / 4 App. € 115/215
Frühstück € 20 / @

Direkt auf der Promenade von Warnemünde, mit fantastischer Aussicht auf den breiten Sandstrand und das Meer, befindet sich diese schmucke Badhotel. Die einladenden Zimmer sind gemütlich eingerichtet - einige mit direktem Ostseeblick und eigener Dachterrasse. Bistro „Papa Doble" und Tagungsmöglichkeit im Haus.

Hotel Neptun

★★★★

Seestr. 19 / ✉ 18119 Ortsteil Seebad Warnemünde
www.hotel-neptun.de / T.: +49 381 7770
info@hotel-neptun.de
99 E € 104/399 / 203 D € 164/559 / 10 S € 299/1899
3 App. € 349/1009 / @

Seit über 40 Jahren prägt das weiße Haus am Meer die Silhouette des Hafenstädtchens. Einzigartig ist die Lage direkt am breiten Sandstrand. Jedes Zimmer hat einen Balkon und traumhaften Meerblick. Im Neptun Spa ist auf 2.400 Quadratmetern auch das erste Original-Thalasso-Zentrum in Deutschland beheimatet. Das Angebot der Restaurants umfasst Fischspezialitäten und internationale Gerichte. Café und Sky-Bar in 64 Metern Höhe mit Live-Musik und einmaligem Panoramablick. Hotelrestaurant.

Hotel Warnemünder Hof

★★★★

Stolteraer Weg 8 / ✉ 18119 Ortsteil Diedrichshagen
www.warnemuender-hof.de / T.: +49 381 54300
info@warnemuender-hof.de
2 E € 79/149 / 104 D € 99/199 / 7 App. € 159/219
@

Abseits des touristischen Trubels, nur 950 Meter vom Ostseestrand und vom Golfplatz entfernt, liegt dieses beliebte Ringhotel. Ansprechende Zimmer mit zeitgemäßem Komfort stehen den Gästen zur Verfügung. Im Restaurant mit Wintergarten werden regionale und internationale Spezialitäten serviert. Entspannung finden die Gäste im Wellnessbereich und am Abend an der Hotelbar. Garten mit Sonnenterrasse; Parkplätze gratis.

Strand-Hotel Hübner

★★★★

Seestr. 12 / ✉ 18119 Ortsteil Seebad Warnemünde
www.hotel-huebner.de
T.: +49 381 54340
info@hotel-huebner.de
16 E € 145/190 / 73 D € 185/240 / 6 S ab € 300
@

Nach mehr als 100 Jahren wechselvoller Geschichte steht seit 1996 an der Strandpromenade von Warnemünde das Strand-Hotel Hübner mit Blick auf Leuchtturm und Hafeneinfahrt. Die persönliche und herzliche Atmosphäre sowie die unaufdringliche Eleganz zeichnen das mit hellen und großzügigen Zimmern ausgestattete Haus aus. Besonders empfehlenswert ist das Restaurant „Gutmannsdörfer" mit angeschlossener Vinothek und gut sortiertem Weinkeller.

Yachthafenresidenz Hohe Düne

★★★★★

Am Yachthafen 1 / ✉ 18119 Ortsteil Hohe Düne
www.hohe-duene.de
T.: +49 381 50400
info@yhd.de
368 D € 200/335 / als E € 160/275 / S € 290/890
@

Auf einer Landzunge, direkt am weißen Ostseestrand, liegt in Warnemünde die Yachthafenresidenz Hohe Düne. Elegantes Interieur und Ambiente, geprägt von natürlichen Materialien und liebevollen Details, zeichnen das Haupthaus und die drei Residenzen aus. Die mit vielen Annehmlichkeiten und in warmen Farbtönen gestalteten Zimmer und Suiten lassen keine Wünsche offen. In elf exklusiven Restaurants & Bars kommt der Gourmet ganz auf seine Kosten: Das Angebot reicht von fangfrischen Meeresfrüchten bis hin zu internationalen Gaumenfreuden. Großzügige Spa- und Wellnesslandschaft. Modernste Technik in den Tagungsräumen.

Rotenburg an der Fulda

Hessen

Göbel's Hotel Rodenberg

★★★★

Heinz-Meise-Str. 96-98 / ✉ 36199
www.goebels-rodenberg.de
T.: +49 6623 43490
info@goebels-rodenberg.de
44 E € 84/139 / 136 D € 130/180 / 10 S € 170/220
2 App. € 210/250

Oberhalb des Fachwerkstädtchens mit einer hervorragenden Verkehrsanbindung liegt dieses First-Class-Hotel. Für jeden Anlass bietet es den entsprechenden Rahmen. Die edlen Zimmer und Suiten stellen auch anspruchsvolle Gäste vollauf zufrieden; vielseitige Wellness- und Sportmöglichkeiten. Das Restaurant „Zinne" verwöhnt mit Spezialitäten.

Biosauna: Milde Sauna (50 °C) mit trockenem Raumklima, das für den Körper nicht belastend ist und zumeist mit ätherischen Essenzen kombiniert wird. Zusätzliche Farbenspiele wirken entspannend oder anregend.

Rotenburg an der Wümme
Niedersachsen

Landhaus Wachtelhof
★★★★★

Gerberstr. 6 / ✉ 27356 Ortsteil Rotenburg
www.wachtelhof.de
T.: +49 4261 8530
entspannen@wachtelhof.de
4 E € 150/230 / 34 D € 240/295 / 1 S € 300/400

Das ausgefallene, im Stil einer Landresidenz erbaute Privathotel wird höchsten Ansprüchen gerecht. Erlesene Materialien prägen die stilvolle Eleganz des Hauses, warme Holztöne tragen zur harmonischen, freundlichen Atmosphäre bei. Der persönliche Service und die liebevolle Einrichtung der mit einem Höchstmaß an Komfort ausgestatteten Gästezimmer bieten alles, um den Aufenthalt zu einem Erlebnis werden zu lassen. Im Restaurant verwöhnt das Küchenteam seine Gäste mit immer neuen exquisiten Kreationen. Im Weinkeller findet der Kenner alle Lagen, exzellente Jahrgänge und große Ausnahmeweine. Wintergarten und Hotelbar. Die Wachtelhof-Therme ergänzt das Haus mit einer 1.000 Quadratmeter großen Wellnesslandschaft.

Rothenburg ob der Tauber
Bayern

Hotel Reichsküchenmeister
★★★★

Kirchplatz 8-10 / ✉ 91541 Ortsteil Rothenburg
www.reichsküchenmeister.de / T.: +49 9861 9700
hotel@reichskuechenmeister.com
49 E € 76/171 / 49 D € 106/201 / 4 S € 161/201
4 App. € 50/110 / Frühstück € 13

In einem der ältesten Patrizierhäuser der Stadt befindet sich dieses im altdeutschen Stil eingerichtete Hotel als Stätte gemütlicher Gastlichkeit und neuzeitlicher Wohnkultur. Kulinarische Leckerbissen bieten das Restaurant und die Weinstube „Löchle“ sowie das Gartenrestaurant. Hausbar.

Glocke Weingut und Hotel
★★

Plönlein 1 / ✉ 91541 Ortsteil Rothenburg
www.glocke-rothenburg.de / T.: +49 9861 958990
info@Glocke-Rothenburg.de
5 E € 72/90 / 18 D € 98/135 / @

Am Malerwinkel „Plönlein“ führt Familie Thürauf die traditionsreiche „Glocke“ seit 1898. Das Hotel verfügt über moderne, wohnlich eingerichtete Gästezimmer. Eine bodenständige Küche sorgt im rustikalen Restaurant für das leibliche Wohl; Weinproben im eigenen Weingut.

★★★★ Erstklassiges Hotel,
internationales Hotel der gehobenen Kategorie
mit großem Komfort

Hotel Tilman Riemenschneider
★★★

Georgengasse 11-13 / ✉ 91541 Ortsteil Rothenburg
www.tilman-riemenschneider.de / T.: +49 9861 9790
hotel@tilman-riemenschneider.de
2 E € 100/165 / 51 D € 140/340 / @

Das romantische Hotel mit seiner hübschen Fachwerk-Fassade liegt in der Stadtmitte, am Beginn der Fußgängerzone. Für Hotelgäste ist die Anfahrt mit dem Auto jederzeit möglich. Die großzügigen Zimmer sind mit handbemalten Bauernmöbeln im Landhausstil eingerichtet.In unterschiedlichen, künstlerisch gestalteten Gasträumen werden die Gäste mit fränkischen und internationalen Gerichten sowie mit fränkischen Weinen verwöhnt.

Villa Mittermeier Hotellerie und Restauration
★★★★

Vorm Würzburger Tor 7 / ✉ 91541 Ortsteil Rothenburg
www.villamittermeier.de / T.: +49 9861 94540
vm@mittermeiershospitality.com
6 E € 75/160 / 18 D € 89/209 / 4 S € 129/239
Frühstück € 19 / @

Harmonisch und selbstbewusst fügt sich die noble Herberge in die kleine Parklandschaft vor den mittelalterlichen Mauern und Türmen der Stadt. Ganz nah am Zentrum und doch fernab vom Touristenrummel verwöhnt das Hotel den Gast nicht nur mit Haute Cuisine, sondern auch mit einer Hotelkultur, die sich durch Liebe zum Detail, Kreativität und Persönlichkeit auszeichnet. Fast jedes der originellen Gästezimmer mit offenen Bädern ist ein stilvolles Unikat. Restaurant; Terrasse.

Rottach-Egern
Bayern

Althoff Seehotel Überfahrt
★★★★★

Überfahrtstr. 10 / ✉ 83700 Ortsteil Egern
www.seehotel-ueberfahrt.com / T.: +49 8022 6690
info@seehotel-ueberfahrt.com
123 D ab € 255 / als E ab € 220 / 53 S € 615/4500
● @ □ ≋

Direkt am Tegernsee bietet das Althoff Seehotel Überfahrt den idealen Rahmen für eine entspannende Auszeit, die keine Wünsche offen lässt. Gäste erleben dieses luxuriöse Wellnesshotel in Perfektion, liebenswerte bayrische Tradition und eine atemberaubende Naturlandschaft, nur 45 Autominuten von München entfernt. Ein herrliches Refugium direkt am Seeufer, wahre Kochkunst in fünf ausgezeichneten Restaurants sowie eine Bar und der „4 elements spa by Althoff", der auf 3.000 Quadratmetern zu jeder Jahreszeit eine neue Dimension der Entspannung bietet, sind nur einige der Highlights.

Hotel-Garagen vorhanden

Parkhotel Egerner Höfe
★★★★★

Aribostr. 19-26 / ✉ 83700
www.egerner-hoefe.de
T.: +49 8022 6660 / info@egerner-hoefe.de
84 D ab € 225 / als E ab € 149 / 24 S ab € 455
○ ● @ □

Das nach einem umfassenden Umbau im August 2021 neu eröffnete Parkhotel Egerner Höfe passt perfekt in das idyllische Bild der Bergromantik. Das einzigartige Hotel, umgeben von grünen Bergwiesen und nur fünf Minuten Fußweg vom malerischen Tegernsee entfernt, zeigt seinen Luxus vor allem im Inneren des Hauses. Bei den geräumigen geschmackvoll ausgestatteten Zimmern, die alle zum Wohlfühlen einladen und doch gleichzeitig stylisch durchdacht aussehen. Naturmaterialien wurden geschickt zu einem modernen, gemütlichen und eleganten Landhausstil verarbeitet. Entspannung pur findet der Gast auch im neuen und großzügigen Wellness-Bereich Mangfall Spa. Vier Restaurants, von der Gourmetküche im Gourmetrestaurant Dichter bis hin zum urigen Almrestaurant, verwöhnen ein anspruchsvolles Publikum.

Bachmair am See
★★★★

Seestr. 47 / ✉ 83700 Ortsteil Egern / www.bachmair.de
T.: +49 8022 2720 / info@bachmair.de
100 E € 120/170 / 186 D ab € 170 / 12 S € 370/900
60 App. € 250/320 / @ □ ≋

Das Hotel Bachmair am See, gegründet 1826 von Johann Bachmair, steht für internationale Eleganz eines Luxushotels und außergewöhnlichen Service in traumhafter Lage am Ufer des Tegernsees. Frisch renoviert zeigen sich Zimmer und Suiten in neuem Glanz. Kulinarisch verwöhnt das Panorama-Restaurant, die Bierstube oder die Andrebar. Entspannung und Erholung bieten die großzügige Bade- und Saunalandschaft sowie das Beauty und Spa Resort; 30.000 Quadratmeter große, hoteleigene Parkanlage. Fitness- und Trainingscenter mit Indoor-Golf-Putting-Green

Spa & Resort Bachmair Weissach
★★★★★

Wiesseer Str. 1 / ✉ 83700 Ortsteil Weißach
www.bachmair-weissach.com / T.: +49 8022 2780
hello@bachmair-weissach.com
68 D € 179/299 / als E € 149/189 / 78 S € 284/799
○ @ □ ≋

Herzliche bayerische Gastlichkeit erwartet den Besucher im gemütlich-eleganten, im Landhausstil gestalteten Hotel mit komfortablen Zimmern. Vorzüglich lässt es sich am Bächlein im Hotelpark lustwandeln. Der Gasthof zur Weissach verwöhnt in fünf urigen Stuben, darunter auch eine Fondue-Stube und eine Sushi Bar. Der 700 Quadratmeter große Spa-Bereich sorgt für die Entspannung von Körper und Geist.

Rötz
Bayern

Hotel Wutzschleife
★★★★

Hillstett 40 / ✉ 92444 Ortsteil Hillstett
www.wutzschleife.com / T.: +49 9976 180
info@wutzschleife.com
5 E € 79/156 / 50 D € 109/238 / 3 S € 258/298
● @ □

Das Resort mit seinem Romantik Hotel, hervorgegangen aus der Glasschleiferei des Alois Wutz, hat sich im Laufe der Jahre als privat geführtes First-Class-Hotel im Naturpark Oberer Bayerischer Wald etabliert. Die Lage des Resorts und individuell ausgestattete Gästezimmer garantieren einen ruhigen Aufenthalt. Regionale und bayerische Spezialitäten, Gourmetküche im „Gregor's Fine Dining", Golfsport, ein außergewöhnlicher Wellnessbereich und Ayurveda lassen sich hier wunderbar miteinander kombinieren.

Rüdesheim am Rhein
Hessen

Hotel Breuer's Rüdesheimer Schloss
★★★★

Steingasse 10 / ✉ 65385
www.ruedesheimer-schloss.com / T.: +49 6722 90500
info@ruedesheimer-schloss.com
4 E € 90/125 / 22 D € 125/155 / 3 S € 155/165
@ □

Das etwas andere Hotel, mit großem Komfort im historischen Ambiente von 1729, ist geprägt von Wein, Kunst und Design. Genießen Sie in gemütlichen Weinstuben und dem romantischen Schlossgarten die regionale frische Küche und Weine aus dem eigenen Weingut Georg Breuer

Hotel Krone Assmannshausen

★★★★

Rheinuferstr. 10
65385 Ortsteil Assmannshausen
www.hotel-krone.com / T.: +49 6722 4030
info@hotel-krone.com
12 E € 115/165 / 41 D € 155/245 / 13 S € 275/320
1 App. € 325/400 / @

Der über 450 Jahre alte, romantische Gasthof im Herzen des Rheingaus bietet den Komfort eines Luxushotels. Das Ambiente der gemütlichen Stübchen, des eichenholzvertäfelten Restaurants, des Fachwerks, der Türmchen und Erker ist unnachahmlich. Die Zimmer sind individuell mit wertvollen Antiquitäten, Exponaten und Marmorbädern ausgestattet, die Suiten zum Teil mit Kamin, Sauna und Whirlpool. Die internationale sowie klassische Küche und eine gute Weinkarte lässt keine Wünsche offen.

Runkel
Hessen

Landhaus Schaaf

★★★

Oberstr. 15 / 65594 Ortsteil Schadeck
www.landhaus-schaaf.de / T.: +49 6482 2980
info@landhaus-schaaf.de
26 D € 69/105 / als E € 55/85

An der Grenze zwischen Taunus und Westerwald liegt dieses familiär geführte Landhotel. Mit gutem Komfort eingerichtete Zimmer und moderne Tagungsräume stehen den Gästen zur Verfügung. Vielseitig ist das Angebot der Küche im Restaurant, in der Raucherstube oder im Biergarten.

Rust
Baden-Württemberg

Castillo Alcazar

★★★★

Europa-Park-Str. 4+6 / 77977
www.europapark.de
T.: +49 7822 8600 / hotel@europapark.de
116 D € 199/199 / als E € 176/176 / 4 S € 348/793
@

Viele Menschen träumen davon, einmal Ritter und Ritterfräulein sein zu dürfen. Im Europa-Park Rust werden geheime Wünsche wahr. Wie eine Ritterburg aus dem Mittelalter erhebt sich das Hotel Castillo Alcazar. Auf einen der oberen Etagen liegt die Bar Buena Vista Club. Von der Dachterrasse aus genießt der Gast neben den Cocktails eine wunderbare Aussicht auf den Erlebnis-Park. Blanke Tische erwarten den Hungrigen im Restaurant Castillo, in dem die Fleischdrehspieße über dem offenen Grill eine Attraktion darstellen.

Hotel Bell Rock

★★★★

Peter-Thumb-Str. 6 / 77977 / www.europapark.de
T.: +49 7822 8600 / hotel@europapark.de
190 D € 203/229 / als E € 179/202 / 35 S € 444/1254
@

Amerika, insbesondere Neuengland, ist das Thema des Erlebnishotels Bell Rock in Rust. Die Zimmer sind im gemütlichen Kolonialstil eingerichtet. Nicht nur für Kinder sind die dekorativen Holzschiffe im Restaurant, am Pool oder im Zimmer ein echter Hingucker. Drei Restaurants, Buffetrestaurant mit Show-Küche, ein À-la-carte-Restaurant mit moderner englische Küche und das Gourmet-Restaurant Ammolite im Leuchtturm erwarten den Gast. Wellnessbereich mit Pool und Fitnesscenter. Kinderfreundlich. Wer im Bell Rock übernachtet, ist mitten im Geschehen, nur 50 Meter vom Europa-Park entfernt, und trotzdem schön ruhig.

Krønasår – The Museum-Hotel

★★★★

Roland-Mack-Ring 3 / 77977 / www.europapark.de
T.: +49 7822 8600 / hotel@europapark.de
276 D € 203/229 / als E € 179/202 / 39 S € 479/1280
@

Themenzimmer im nordischen Stil oder Themenzimmer mit historischen Artefakten erwarten den erlebnishungrigen Besucher dieses Hotels nach einem aufregenden Tag im Europapark Rust.

Rüthen
Nordrhein-Westfalen

Romantik Landhotel Knippschild

★★★★

Theodor-Ernst-Str. 3 / 59602 Ortsteil Kallenhardt
www.hotel-knippschild.de / T.: +49 2902 80330
info@hotel-knippschild.de
3 E € 89/109 / 15 D € 128/208 / 2 S € 178/218
@

In einem liebevoll restaurierten westfälischen Fachwerkhaus von 1850 befindet sich dieses hübsche, familiengeführte Romantik Hotel der gehobenen Mittelklasse. Die großzügigen Gästezimmer sind geschmackvoll im romantischen Landhausstil eingerichtet; Erlebnissaunalandschaft. Das Restaurant verwöhnt mit regionaler Küche.

S

Saarbrücken
Saarland

ESPLANADE Boutique Hotel
★★★★

Nauwieserstr. 5 / ✉ 66111 Ortsteil St Johann
www.esplanade-sb.de / T.: +49 681 84499120
hotel@esplanade-sb.de
16 D € 280/310 /

Mittendrin im Nauwieser Viertel, im Herzen der Stadt, erwartet das kleine hübsch-herrschaftliche Boutique Hotel seine Gäste. In den 16 Zimmern gibt es Parkettboden, hohe Fenster, viel Licht und der Blick fällt auf hohe Bäume. Style und Design sind schlicht bis minimalistisch aber zugleich schick und elegant. Stoffe und Materialien sowie Möbel wurden sorgfältig ausgewählt und aufeinander abgestimmt. Das mit Liebe zum Detail hergerichtete Gebäude aus der Gründerzeit ist eine geniale Location für ein Genießer-Wochende zu zweit. Dazu bietet das gleichnamige Gourmet-Restaurant im Hause eine herausragende, klassisch französische Küche.

Triller Hotel
★★★★

Trillerweg 57 / ✉ 66117 Ortsteil Alt-Saarbrücken
www.hotel-am-triller.de / T.: +49 681 580000
info@hotel-am-triller.de
35 E € 90/130 / 73 D € 115/160 / 2 S € 150/230

Das moderne Designhotel, in ruhiger Parklage mit Blick auf die Stadt, befindet sich unweit der City und Autobahn. Für einen angenehmen Aufenthalt sorgen nicht nur der freundliche Service, sondern auch die mit allem erdenklichen Komfort ausgestatteten Gästezimmer und Suiten; Restaurant Triller's, Hotelbar.

Finnische Sauna: Hochtemperatur-Sauna (bis 120 °C) mit einer Luftfeuchtigkeit bis 10 Prozent. Durch anschließende Abkühlung im Freien, im kalten Tauchbecken oder durch kalte Güsse wird der Kreislauf angeregt und das Immunsystem gestärkt.

Victor's Residenz-Hotel
★★★★

Deutschmühlental 19 / ✉ 66117 Ortsteil Alt-Saarbrücken
www.victors.de / T.: +49 681 588210
info.saarbruecken@victors.de
74 E € 99/240 / 57 D € 119/260 / 9 S € 230/520
Frühstück € 13

An einem großen Park, nahe der Saarmesse, empfängt dieses First-Class-Hotel seine Gäste mit dem Flair eines Grandhotels, mit einem repräsentativen Veranstaltungsbereich, eleganten Zimmern, individuell gestalteten Suiten und einem Wellness-Bereich. Freunde der französischen und der internationalen Küche kommen in der Brasserie „Chez Victor's" auf ihre Kosten.

Saarburg
Rheinland-Pfalz

Hotel Wirtshaus zum Pferdemarkt
★★

Pferdemarkt 3 / ✉ 54439
www.wirtshaus-zum-pferdemarkt.de
T.: +49 6581 993913
info@wirtshaus-zum-pferdemarkt.de
2 E ab € 60 / 8 D ab € 97 / 1 S ab € 118 / @

Das familiär geführte Hotel befindet sich in ruhiger Lage in der Fußgängerzone inmitten der Altstadt. Die Zimmer sind stilvoll und gemütlich eingerichtet. In dem historischen Sandsteingemäuer-Restaurant serviert die Küche frische regionale und vegetarische Gerichte.

Saarlouis
Saarland

La Maison Hotel
★★★★

Prälat-Subtil-Ring 22 / ✉ 66740
www.lamaison-hotel.de
T.: +49 6831 89440440 / reservierung@lamaison-hotel.de
50 E € 124/149 / 50 D € 168/220 / 7 S € 225/380

Eine historische Villa mit modernem Anbau, dazu eine feine Adresse für Genießer und zentral in Saarlouis gelegen. Frankophile Atmosphäre verbindet sich mit urbanem Zeitgeist, mit dem Ziel, ein intuitives Wohlgefühl für Gäste zu schaffen. Die Zimmer und Suiten sind indivduelle Refugien, eingerichtet mit ausgesuchtem Interieur und einer harmonischen Kombination von Licht und Farben. Das „Pastis" mit Wintergarten und Innenhof empfängt zu jedem Anlass in französischer Bistro-Manier.

Bad Saarow
Brandenburg

Hotel Esplanade Resort & Spa
★★★★

Seestr. 49 / ✉ 15526 Ortsteil Bad Saarow-Pieskow
www.esplanade-resort.de / T.: +49 33631 4320
info@esplanade-resort.de
169 D € 150/220 / als E € 95/170 / 5 S € 290/380

Direkt am Scharmützelsee, nur eine Stunde von Berlin entfernt, befindet sich dieses Hotel. Es bietet moderne Zimmer und Suiten, drei Restaurants mit regionalen Spezialitäten bis hin zu euro-asiatischer Küche, eigenen Yachthafen sowie einen einzigartigen Wellnessbereich.

Villa Contessa - Luxury Spa Hotels

★★★★★

Seestr. 18 / ✉ 15526 Ortsteil Bad Saarow-Pieskow
www.villa-contessa.de / T.: +49 33631 58018
info@villa-contessa.de
7 D € 359/599 / 8 S € 459/2879

Traumhaft gelegen am Ufer des majestätischen Scharmützelsees ist das Villa Contessa Luxury Hotel & Spa Resort ein echter Geheimtipp. Das luxuriöse 5-Sterne-Hotel in Familienbesitz verzaubert seit über 110 Jahren mit seinen wunderschönen weißen Villen im Flair einer Sommerresidenz der French Riviera. Mit 15 wunderschönen Zimmern und Suiten, einem großzügigen Spa und einem ausgezeichneten Restaurant ist das Villa Contessa Resort ein Spa Hideaway der Extraklasse.

Bad Sachsa
Niedersachsen

Göbel's Vital Hotel Bad Sachsa

★★★★

Am Kurpark 1-3 / ✉ 37441 / www.vitalhotel.de
T.: +49 5523 94380 / info@vitalhotel.de
3 E € 90/105 / 83 D € 140/210 /

Die ruhige Lage im beschaulichen Harzstädtchen und die Liebenswürdigkeit in Kombination mit dem professionellen Service machen das Hotel nicht nur zu einem idealen Aufenthaltsort für Businessreisende. Die Zimmer sind elegant mit zeitgemäßem Komfort eingerichtet und stellen auch anspruchsvolle Gäste zufrieden. Im Restaurant „La Vida" gestalten regionale Produkte die Speisenkarte.

Romantischer Winkel – RoLigio & Wellness Resort

★★★★

Bismarckstr. 23 / ✉ 37441 / www.romantischer-winkel.de
T.: +49 5523 304-0 / josef.oelkers@romantischer-winkel.de
14 E € 123/198 / 70 D € 199/380 / 7 S € 351/750

Das familiär geführte Spa- und Wellness-Resort schmiegt sich idyllisch an die Südharzer Berge. Alle Zimmer und Suiten sind individuell eingerichtet und liegen in fünf Hotelflügeln, die direkt oder durch einen Glasgang miteinander verbunden sind. Entspannung und Ruhe bietet das unter einer Glaskuppel liegende Spa- und Wellness-Paradies (über 3500 qm), bestehend aus Health- und Beauty-Center, Badewelt, Außenpool, Saunalandschaft und Fitness-Lounge. Die Restaurants verwöhnen mit einer Küche aus stilvollen Dinners oder regionalen Spezialitäten. Hotelbar, Seeterrasse, Hotelpark und toskanischer Innenhof sowie ein Kids- und Teens-Club gehören zum Angebot.

Bad Säckingen
Baden-Württemberg

Ringhotel Goldener Knopf

★★★★

Rathausplatz 9 / ✉ 79713 / www.goldenerknopf.de
T.: +49 7761 5650 / info@goldenerknopf.de
36 E € 105/115 / 27 D € 160/225 / 5 S € 250/250

Das historisch gewachsene Ringhotel Goldener Knopf in Bad Säckingen blickt auf eine Jahrhunderte lange Geschichte zurück. Alle Zimmer sind mit Dusche oder Bad, WC, TV, Radio, Telefon und einer W-LAN Internetverbindung ausgestattet. Gehobene, regionale Küche und eine Auswahl an über 150 erlesenen Weinen.im Restaurant „Le Jardin".

Salach
Baden-Württemberg

Burghotel Staufeneck

★★★★★

Burg Staufeneck / ✉ 73084 / www.burg-staufeneck.de
T.: +49 7162 933440 / info@burg-staufeneck.de
4 E € 130/150 / 30 D € 250/290 / 7 S € 315/395
3 App. € 270/300 /

Ein Fünf-Sterne-Superior-Luxushotel und ein exzellentes Gourmet-Restaurant – liebevoll eingebettet in das historische Ambiente der Burg Staufeneck aus dem 12. Jahrhundert. Das Ganze hoch über dem Ort Salach im Kreis Göppingen gelegen mit schönem Blick über die Schwäbische Alb. Hier erlebt der Gast die entspannende Ruhe schöner Zimmer und Suiten, unvergessliche Feiern und Events auf dem Burggelände, angenehme Seminare und sein ganz persönliches Verwöhnprogramm in einer modernen Wellnessanlage mit beheiztem Panorama-Außenpool, Panorama-Sauna und Fitnessraum. Das elegante Gourmetrestaurant „fine dining RS" ist Treffpunkt für Genießer aus aller Welt. Mehr als drei Jahrzehnte hält Rolf Straubinger das hohe Niveau seiner Küche. In den Genuss einer traditionellen, schwäbischen und vegetarischen Küche kommen Hungrige im modernen Burgrestaurant „oifach andersch".

Sailauf
Bayern

Schlosshotel Weyberhöfe

★★★★

Weyberhöfe 9-15 / ✉ 63877
www.schlosshotel-weyberhoefe.com / T.: +49 6093 993320
rezeption@schlosshotel-weyberhoefe.com
8 E ab € 120 / 26 D ab € 150 / 2 S ab € 250

Vor den Toren Aschaffenburgs liegt in einem herrlichen Naturpark das historische Anwesen, das liebevoll, in Anlehnung an überlieferte Skizzen, großzügig renoviert wurde. Das exklusive Ambiente in Verbindung mit der gemütlichen Einrichtung vermittelt eine wohltuende Atmosphäre.

Salzkotten
Nordrhein-Westfalen

Hotel Walz (g)
★★★

Paderborner Str. 21 / ✉ 33154
www.hotel-walz.de
T.: +49 5258 9880 / info@hotel-walz.de
7 E € 80/88 / 19 D € 115/135

Das persönlich geführte Haus bietet seinen Gästen einladende Zimmer mit moderner Ausstattung. Das Restaurant verwöhnt mit gepflegter deutscher und saisonal wechselnder Küche. Ein kühles Helles gönnt der Gast sich auf der Bierterrasse. Hotelbar.

Bad Salzschlirf
Hessen

aqualux Wellness- & Tagungshotel
★★★★

Ahornstr. 7 / ✉ 36364 / www.aqualux.de
T.: +49 6648 5590 / info@aqualux.de
10 E € 79/93 / 116 D € 118/146

Das überaus großzügig ausgestattete Wellness- und Tagungshotel, gelegen im gemütlichen Kurort, bietet eine moderne Beautyfarm, attraktive Wellness- und Saunabereiche, Thermal-Solebecken mit den Mineralien des Toten Meeres, Sport- und Fitnesscenter sowie „schneiders Restaurant"; „K1" Tanzbar, Weinstube, Ahorn-Terrasse; Tagungs- oder Bankettträumlichkeiten.

Bad Salzuflen
Nordrhein-Westfalen

Hotel Arminius
★★★★

Ritterstr. 2-8 / ✉ 32105
www.hotelarminius.de
T.: +49 5222 3660 / info@hotelarminius.de
20 E € 85/99 / 40 D € 115/129 / 11 S € 135/179

Das Geheimnis kultivierter Lebensart liegt oft in der Liebe und Sorgfalt gegenüber den kleinen Dingen des Lebens. Dafür möchte das Hotel seine Gäste begeistern. Ein einzigartiges Ambiente, eine liebevolle Ausstattung, zeitgemäßer Komfort und individueller Service prägen das Haus. Für das leibliche Wohl sorgt die saisonale Frischeküche im Resaurant „Varus". Beauty- und Wellnessanwendungen im „Tavia SPA". Classic Bar und Vinothek „Brogsitter" mit gut sortiertem Weinangebot.

Hotel Lippischer Hof
★★★★

Mauerstr. 1-5 / ✉ 32105 / www.hof-hotels.de
T.: +49 5222 5340
lipphof@hof-hotels.de
23 E € 85/179 / 41 D € 105/220 / 4 S € 230/420
App. € 180/230

Im Herzen der historischen Altstadt liegt das familiär geführte Altstadt-Palais 100 Meter von der Fußgängerzone entfernt. Die modernen Zimmer und Suiten bieten dem Geschäftsreisenden, Ferien- sowie Tagungsgast eine erholsame Atmosphäre. Aus einer Londoner Apothekeneinrichtung von 1860 wurde eine einzigartige Erlebnisgastronomie geschaffen. Sehenswert ist der hauseigene Aging-Room, in dem beste Steaks reifen. Neue Eventlocation mit Aussicht.

St. Englmar
Bayern

Angerhof Sport- und Wellnesshotel
★★★★

Am Anger 38 / ✉ 94379 Ortsteil Sankt Englmar
www.angerhof.de
T.: +49 9965 1860 / hotel@angerhof.de
10 E € 140/180 HP / 45 D € 178/284 HP / 15 S € 234/396 HP

Im dem bekannten Wintersport- und Luftkurort liegt der familiär geführte Angerhof, naturnah am Südhang mit herrlichem Fernblick über das Donautal. Er empfiehlt sich als Oase für Körper und Geist und verfügt über eine einzigartige 2.000 Quadratmeter große Wellnesslandschaft und einen 30.000 Quadratmeter großen Naturpark mit attraktiven Angeboten wie einem 500 Meter langen abwechslungsreichen Barfußpfad. Elegante, mit modernem Komfort eingerichtete Zimmer und Suiten. Ausgezeichnete Gourmetküche.

Thalasso: Eine Thalasso-Therapie umfasst verschiedene Bahandlungsformen mit und aus dem Meer, wie Packungen oder Bäder mit Schlamm und Algen, aber auch Wanderungen am Strand. Wichtiger Faktor ist die Meeresnähe mit dem gesunden Küstenklima (griechisch „Thalasso": „Heilbehandlung durch das Meer").

St. Goar
Rheinland-Pfalz

Hotel Schloss Rheinfels
★★★★

Schlossberg 47 / ✉ 56329 Ortsteil St Goar
www.schloss-rheinfels.de / T.: +49 6741 8020
info@schloss-rheinfels.de
8 E ab € 85 / 56 D ab € 189 / 4 S ab € 229
4 App. € 165/245
O @

Im wunderschönen Mittelrheintal liegt die Hotelanlage, zu der das Schloss, die Villa Rheinfels und das Appartementhaus auf Gut Rheinfels gehören. Luxuriöse Zimmer und Suiten, moderne Gebäudetechnik und eine wohltuende Wellness-Oase hinter historischen Mauern, machen das Hotel zu einer der ersten Adresse für Geschäfts- und Privatreisende. Unter dem Motto „Fine Dining an der Loreley“ überzeugt die Küche jeden Tag aufs Neue im Schloss-Restaurant „Auf Scharffeneck“.

St. Märgen
Baden-Württemberg

Gasthaus zum Kreuz
★★★

Hohlengraben 1 / ✉ 79274
www.gasthaus-zum-kreuz.de
T.: +49 7669 91010 / info@gasthaus-zum-kreuz.de
1 E ab € 29 / 10 D € 60/68 / 3 App. € 68/74

Zwischen Furtwangen und Hinterzarten, nahe der B 500, aber ansonsten mitten im Grünen, bietet dieser traditionsreiche Urlaubsgasthof dem Gast auch so einiges an Urlaubsglück: Gemütliche Zimmer im Landhausstil, einen kleinen Wellnessbereich und eine feine Schwarzwald-Küche rund um Saibling, Schinken und Gulasch.

St. Martin
Rheinland-Pfalz

Wiedemann's Weinhotel
★★★★

Einlaubstr. 64-66 / ✉ 67487
www.wiedemanns-weinhotel.de
T.: +49 6323 94430
info@wiedemanns-weinhotel.de
2 E € 143/164 HP / 31 D € 246/344 HP
O ● @

Das Landhotel liegt in idyllischer Waldrandlage mit herrlichem Blick über die Rheinebene. Alle Zimmer im modernen, gehobenen Landhausstil sind ansprechend ausgestattet. In dem bio-zertifizierten Restaurant verwöhnt das Küchenteam die Gäste mit einer kreativen Frischeküche. Täglich hausgebackener Kuchen. Weinterrasse und mediterrane Gartenanlage; Wellness-Oase „Wein & Spa“.

Landhaus Christmann (g)
★★

Riedweg 1 / ✉ 67487 / www.landhaus-christmann.de
T.: +49 6323 94270
info@landhaus-christmann.de
1 E € 67/92 / 5 D € 115/145 HP / 3 App. € 95/110
Frühstück € 15 / O ● @

In einem idyllischen Winzerort an der Südlichen Weinstraße liegt dieses hübsche Landhaus, das liebevoll eingerichtete Gästezimmer mit Antiquitäten bietet. Im eigenen Weingut mit Brennerei kann der Gast edle Tropfen kosten. Der „Gutsausschank Kabinett“ hat nach Vereinbarung für Gruppen (bis 56 Pers.), Familienfeiern und Events geöffnet; Café-Terrasse.

O Ortsrand / ● abseits gelegen

St. Peter-Ording
Schleswig-Holstein

Beach Motel
★★★

Am Deich 31 / ✉ 25826 Ortsteil Ording
www.beachmotel.de / T.: +49 4863 90800
info@beachmotel.de
98 D € 69/169 / als E € 59/159 / 5 S € 199/229
@

Nicht nur der kilometerlange Strand direkt vor dem Haus und der herrliche Meerblick sind die Highlights des jungen und unkomplizierten Surfer-Hotels. In lockerer Atmosphäre, mit schicken Zimmern im Surf-Style, köstlichen, mediterranen Gerichte aus dem holzgefeuerten Steinofen und einem eigenen SPA bietet es für jede Preiskategorie etwas. Stellplätze für VW-Bulli oder Surfer-Van.

Urban Nature Hotel
★★★★

Fritz-Wischer-Str. 13 / ✉ 25826
www.urban-nature.de
T.: +49 4863 476500 / connect-spo@urban-nature.de
87 D ab € 202 / 13 S ab € 267
@

Ob mit oder ohne Surfbrett – junge und junggebliebene Großstädter dürften sich in dem hippen Hotel nahe der Promenade wohlfühlen (1.000 Meter sind es bis zum Strand). Zimmer ab 22 Quadratmeter mit Bluetooth Box, Strandtasche, Tagesbetten und Riesenfenstern. Einige verfügen über eine eigene Dachterrasse. Großer Outdoor-Barbereich, geöffnet bis Mitternacht und darüber hinaus. Rooftop-Spa.

St. Wendel
Saarland

Angel's - das hotel am golfpark
★★★★

Golfparkallee 1 / ✉ 66606 / www.angels-hotels.de
T.: +49 6851 999000 / reservierung@angels-hotels.de
44 D € 189/219 / als E € 143/158 / 2 S € 225/271

Helle, licht durchflutete Architektur, die sich perfekt in die Umgebung einfügt, edle Materialien, eine überwältigende Golflandschaft und ein perfekter Service, das ist das komfortable Mittelklassehotel. Vom Restaurant genießt der Gast neben einer anspruchvollen Küche den herrlichen Blick auf den Golfpark. Komplett ausgestattete Tagungsräume und Hotelbar.

Sasbachwalden
Baden-Württemberg

Naturhotel Holzwurm (g)
★★★

Am Altenrain 12 / ✉ 77887 / www.naturhotel-holzwurm.de
T.: +49 7841 20540 / info@naturhotel-holzwurm.de
1 E € 55/75 / 8 D € 100/140 / 3 App. € 110/150

Das Naturhotel Holzwurm liegt im Schwarzwälder Blumen- und Weindorf Sasbachwalden, auf einer Höhe von 289 Metern, zwischen Wäldern, Wiesen und Weinbergen. Die Betten und die Einrichtung sind größtenteils aus Massivholz, die Wände aus Lehm, die Böden sind mit Fliesen oder Holz ausgelegt. Zu trinken gibt es gereinigtes Quellwasser. Aber Achtung: Zwischen 22 Uhr und 7 Uhr morgens gibt es kein WLAN im Hause! Erholung pur.

Bad Saulgau
Baden-Württemberg

Romantik Hotel Kleber Post
★★★★

Poststr. 1 / ✉ 88348 / www.kleberpost.de
T.: +49 7581 5010 / hotel@kleberpost.de
9 E € 94/114 / 47 D € 149/189 / 1 S zu € 219
Frühstück € 17 /

Die Landschaft ist idyllisch, das Städtchen romantisch und das Hotel besonders. Exklusivität und Gemütlichkeit in den eleganten Zimmern sind in dem familiär geführten Haus genauso selbstverständlich wie Genussfreude und kulinarische Erlebnisse im neuen Restaurant „Vinum" und im „Esszimmer". Lounge-Bar, Sonnenterrasse und Wellnessbereich.

Bad Schandau
Sachsen

Elbresidenz an der Therme Bad Schandau
★★★★★

Markt 1-11 / ✉ 01814
www.elbresidenz-bad-schandau.net
T.: +49 35022 919700
reservierung@elbresidenz-bad-schandau.de

Zwischen Dresden und Prag, direkt am Elbufer, inmitten des Nationalparks Sächsische Schweiz, bietet das nach aufwendiger Renovierung wiedereröffnete Hotel einen ganz besonderen Erholungs- und Gesundheitsurlaub. Ein elegantes Foyer, das Restaurant Sandstein, die Rio Xingù Bar, der Wellnessbereich und mit viel Liebe zum Detail eingerichtete Zimmer und Suiten bieten höchsten Komfort. 200 Meter entfernt ist die Toskana Therme Bad Schandau.

Schalkenmehren
Rheinland-Pfalz

Michels Wohlfühlhotel & Restaurant
★★★★

St.-Martin-Str. 9 / ✉ 54552
www.michels-wohlfuehlhotel.de
T.: +49 6592 9280
info@michels-wohlfuehlhotel.de
6 E € 122/151 / 53 D € 196/300 / 1 S € 270/294
5 App. € 302/326

Das Michels Wohlfühlhotel liegt in dem reizvollen Ort Schalkenmehren, direkt am gleichnamigen Maar. Eine freundlich-elegante Atmosphäre und familiäre Gastfreundschaft sind ideale Bedingungen für Ferien, Tagungen oder einen Kurzurlaub. „Abtauchen" und sich wohlfühlen heißt es im VitalQuell, der auf 2.000 Quadratmetern angelegten Wellness-Oase für eine Massage- oder Beautyanwendung, zum Saunieren in der Saunalandschaft mit Innen- und Außenbereich, zum Ruhen in verschiedene Räume sowie zum Schwimmen im Hallenbad oder Pool. Die Restaurantküche verwöhnt auf hohem Niveau mit Eifeler Spezialitäten.

Scharbeutz
Schleswig-Holstein

Hotel Gran BelVeder
★★★★

Strandallee 146 / ✉ 23683
www.hotel-belveder.de
T.: +49 4503 3526600
m.schmid-burgk@belveder.de
83 D € 200/340 / als E € 150/290 / 15 S € 400/540
1 App. € 400/540

Die direkte Lage am Timmendorfer Strand, ein Glasgang zur Ostseetherme und der Beauty-Spa sind nur einige Vorzüge dieses Hotels. Auf „Wolke 7" fühlen sich Gäste, wenn sie am Morgen in den stilvoll und dekorativ mit edlem Interieur ausgestatten Zimmern und Suiten aufwachen. Für das kulinarische Erlebnis sorgen fantasievolle Kompositionen der französisch-mediterranen Küche. Bar „CaVa's"; Smoker's Lounge.

Der Leuchtturm Dornbusch im „Hochland“ der Ostseeinsel Hiddensee

Scheidegg
Bayern

Hotel Edita
★★★★

Am Hammerweiher 3 / ✉ 88175 / www.hotel-edita.com
T.: +49 8381 91232-0 / info@hotel-edita.com
93 D € 138/248 / als E ab € 85

Österreich und der Bodensee liegen vor der Tür, dazu gibt es einen herrlichen Blick Ausblick auf die Allgäuer Alpen und das saftige Grün der Wiesen. Das Hotel Edita des betagten Unternehmerpaares Edith und Alois Berger ist ein modernes Refugium mitten im Grünen. Es bietet Gastronomie, Wellness, Poolhaus mit Innen- und Außenpool, Balkone, Barrierefreiheit und Sportmöglichkeiten. Eine Woche Urlaub wird hier sicher nicht langweilig.

Schermbeck
Nordrhein-Westfalen

Landhotel Voshövel
★★★★

Am Voshövel 1 / ✉ 46514 Ortsteil Weselerwald
www.landhotel.de / T.: +49 2856 91400 / post@landhotel.de
4 E € 184/225 HP / 71 D € 302/384 HP / 7 S € 357/534 HP

Seit über 139 Jahren ein Garant für Gastlichkeit ist das „Landhotel Voshövel". Der Familienbetrieb bietet seinen Besuchern Zimmer und Suiten, die mit modernen Annehmlichkeiten ausgestattet sind. Vielseitige Küche im Restaurant. Bar, Bierstube und Gartenlokal; moderne Tagungsräume. Einzigartig ist das 3.000 Quadratmeter große Spa mit Außen- und Innenpool.

Scheßlitz
Bayern

Hotel Schloss Burgellern
★★★★

Kirchplatz 1 / ✉ 96110 Ortsteil Burgellern
www.burgellern.de / T.: +49 9542 774750
info@burgellern.de
2 E € 99/119 / 18 D € 139/185 / 3 S € 159/265
Frühstück € 5

Nur einen Katzensprung von Bamberg entfernt, am Eingang zur Fränkischen Schweiz in malerischer Umgebung, liegt das Schloss aus dem 18. Jh. Hinter den historischen Gemäuern des familiengeführten Hotels warten stimmungsvoll-elegante Zimmer auf ihre Besucher. Regionale und mediterrane Köstlichkeiten im stilvollen Restaurant. Festsaal; Biergarten.

Schleswig
Schleswig-Holstein

Hotel Waldschlösschen
★★★★

Kolonnenweg 152 / ✉ 24837
www.hotel-waldschloesschen.de
T.: +49 4621 3830
reception@hotel-waldschloesschen.de
15 E € 95/159 / 99 D € 115/189 / 2 S € 259/279

Am Pöhler Gehege, am Rande der Schleistadt Schleswig, ist das Waldschlösschen seit 50 Jahren die Adresse für Gäste aus Nah und Fern. Das renommierte Hotel bietet gehobenen Wohnkomfort, persönlichen Service und eine regionale Frischeküche, wahlweise im Hotel-Restaurant „Olearius" oder im Abend-Restaurant „Fasanerie". Für welchen Aufenthalt auch immer: Gäste wählen aus großzügigen Zimmern, Themenzimmern oder Saunasuiten. 2.500 Quadratmeter Garten-Spa mit Schwimmbad, Sauna und Anwendungsbereich.

Schirgiswalde-Kirschau
Sachsen

Hotel BEI SCHUMANN
★★★★

Bautzener Str. 74 / ✉ 02681 Ortsteil Kirschau
www.bei-schumann.de / T.: +49 3592 520-0
info@bei-schumann.de
1 E € 102/152 / 21 D € 187/314 / 41 S € 289/806

Ein Ort der Sinne und der Sinnlichkeit, der Entspannung und der Ruhe ist dieses Refugium in der Oberlausitz, ein Ensemble aus romantischem Jugendstil-Hotel-Schlösschen und einem von römischer Badekultur inspirierten Spa-Tempel. Familie Schumann weiß zu verwöhnen: Die mit hochwertigen Materialien ausgestatteten Zimmer und Suiten sind ein Kleinod für sich. Kulinarisch wird im Spa-Restaurant „Kirschgarten" mit einem ausgiebigen Frühstück gestartet, später verwöhnt das Team die Gäste im Wellnessbereich. Neben der „Weberstube" und dem Ristorante „Al Forno" gibt es ein „Juwel", das gleichnamige Gourmet-Restaurant, eine der ersten Adressen für leidenschaftliche Feinschmecker.

Schliersee
Bayern

Arabella Alpenhotel am Spitzingsee
★★★★

Seeweg 7 / ✉ 83727 Ortsteil Spitzingsee
www.arabella-alpenhotel.com / T.: +49 8026 7980
alpenhotel@arabella-hotel.com
3 E ab € 127 / 105 D ab € 166 / 12 S ab € 254

Hier wo alle Straßen enden, auf 1100 Metern Höhe, liegt der glasklare Spitzingsee, umrahmt von einem herrlichen Bergpanorama. In dieser Kulisse, nur wenige Schritte vom See entfernt, liegt das Arabella Alpenhotel. Das Hotel, aus zwei Gebäuden bestehend, ist im eleganten Landhausstil eingerichtet und strahlt Eleganz und Behaglichkeit aus. Für Erholung sorgt Deutschlands höchstgelegene „Soletherme" im AlpenSpa. In den beiden Restaurants werden Spezialitäten der regionalen und mediterranen Küche serviert. Dazu kommen erlesene Tropfen aus dem hauseigenen Weinkeller. Hotelbar.

Schluchsee
Baden-Württemberg

Boutique Hotel Mühle
★★★★

Unterer Mühlenweg 13 / ✉ 79859
www.landhaus-muehle.de
T.: +49 7656 209
info@landhaus-muehle.de
10 D ab € 175 / als E ab € 135

In einem über 500 Jahre alten, liebevoll restaurierten Schwarzwaldhof am Ortsrand von Schluchsee, versprechen individuell eingerichtete, moderne Zimmer eine erholsame Nacht. Nach Vorbestellung werden am Abend abwechslungsreiche Speisen aus frischen Produkten im ehemaligen Kuhstall serviert. Zum Entspannen stehen eine Sauna und ein Saunagarten zur Verfügung. Großer Garten mit Terrasse.

Vier Jahreszeiten am Schluchsee
★★★★

Am Riesenbühl 4 / ✉ 79859 / www.vjz.de
T.: +49 7656 700 / info@vjz.de
50 E € 135/170
115 D € 244/335 / 17 S € 331/495 / 23 App. € 280/355

Eintauchen in eine Welt voller Ruhe, Erholung und Regeneration mit einem einzigartigen Wellness- und Fitnessangebot. Besonders interessant: ein Ayurveda-Bereich mit originalen und traditionellen Methoden. Das Personal wird eigens aus Sri Lanka eingeflogen. Das Hotel bietet alles, um die Hektik des Alltags hinter sich zu lassen, neue Energie zu schöpfen und mit allen Sinnen ausgiebig zu genießen.

Schmallenberg
Nordrhein-Westfalen

Berghotel Hoher Knochen
★★★★

Hoher Knochen 1 / ✉ 57392 Ortsteil Westfeld
www.berghotel-hoher-knochen.de
T.: +49 2975 850
info@hoher-knochen.de
10 E € 69/89 / 40 D € 138/208 / 5 S € 218/238

Eine kleine, gut ausgebaute Zufahrtsstraße führt aus dem Dorf zum idyllisch gelegenen Hotel. So hübsch wie die Landschaft, so elegant und stilvoll sind die Räumlichkeiten ausgestattet. Die individuell eingerichteten Zimmer unterstreichen das angenehme Ambiente. Die Restaurants sorgen mit ihrem vielseitigen Angebot (Wild- und Hausmacher-Spezialitäten) für das leibliche Wohl; eigener Weinkeller. Langlaufloipen.

Hotel Störmann
★★★

Weststr. 58 / ✉ 57392 / www.hotel-stoermann.de
T.: +49 2972 999123 / info@hotel-stoermann.de
13 E € 70/90 / 17 D € 120/160 / 1 S € 200/220

In dem historischen Gebäude, einer „Posthalterei" von 1769, befindet sich ein modernes Hotel, das Tradition und Komfort aufs Angenehmste verbindet. Die stilvollen Gästezimmer sind sehr gemütlich ausgestattet. Internationale und regionale Spezialitäten im Restaurant; Hotelbar. Attraktive Badelandschaft und Kosmetikinstitut.

Landhotel Gasthof Hubertus
★★★

Latroper Str. 24 / ✉ 57392 Ortsteil Fleckenberg
www.gasthof-hubertus.de / T.: +49 2972 5077
info@gasthof-hubertus.de
6 E € 84/96 / 16 D € 136/162 / 3 S € 174/194
App. € 182/198 /

Umgeben von alten Bäumen liegt das Ferienhotel ruhig im romantischen Latroptal. Seit über 100 Jahren werden hier Sauerländer Gastlichkeit und anheimelnde Zimmer mit gutem, gediegenem Komfort geboten. Weiträumiger Badebereich; leichte Sauerländer Küche im Restaurant. Spazier- und Rundwanderwege starten direkt vor dem Hotel, der Sauerland-Radring liegt 300 Meter entfernt. Sonnenterrasse mit Blick auf das Rothaargebirge.

Landgasthof Schneider
★★★

Winterberger Str. 5 / ✉ 57392 Ortsteil Westfeld
www.schneider-westfeld.de / T.: +49 2975 332
info@schneider-westfeld.de
4 E € 40/55 / 12 D € 68/110 / 6 App. ab € 80

Persönliche Betreuung und familiäre Gastfreundschaft hat sich der urige Landgasthof auf seine Fahnen geschrieben. In den behaglichen Zimmern fühlt der Reisende sich geborgen.

→

Das Restaurant bietet westfälische Küche und saisonale Gerichte. Hauseigene Konditorei; Bierstube.

Romantik- und Wellnesshotel Deimann

★★★★★

Alte Handelsstraße 5 / ✉ 57392 Ortsteil Winkhausen
www.deimann.de / T.: +49 2975 810 / info@deimann.de
6 E € 160/490 HP
44 D € 270/560 HP / 46 S € 400/920 HP

Zwischen der reizvollen Mittelgebirgslandschaft des Hochsauerlandes verbirgt sich dieses veritable Juwel für Erholungsuchende und Gourmets. Mit seinen elegant eingerichteten Zimmern und den stilvoll-exklusiven Suiten erfüllt das familiär geführte Fünf-Sterne-Hotel alle Ansprüche an Komfort. Privatsphäre bietet der 3.200 Quadratmeter große Wellnessbereich mit Bade- und Saunalandschaft. Das „SPA im Gutshof" besticht unter anderem mit individuellen Beautybehandlungen von geschulter Hand. In direkter Nähe des Hauses liegt einer der reizvollsten 27-Loch-Meisterschaftsgolfplätze Deutschlands, den die Hotelgäste mit entsprechender Greenfee-Ermäßigung bzw. freiem Rangefee-Gebrauch nutzen können. Die Gäste haben die Wahl zwischen zwei Restaurant, darunter das luxuriöse Gourmet-Restaurant „Hofstube", bekannt für seine vielfach ausgezeichnete Kulinarik auf Spitzenniveau!

Waldhaus Ohlenbach

★★★★

Ohlenbach 10 / ✉ 57392 Ortsteil Ohlenbach
www.waldhaus-ohlenbach.de / T.: +49 2975 840
info@waldhaus-ohlenbach.de
33 D € 260/310 HP / als E € 150/175 HP
3 S € 340/450 HP /

Das Waldhaus Ohlenbach ist herrlich gelegen auf 700 Metern Höhe am Südhang des Kahlen Astens. Nur eine kleine Privatstraße führt zu dem familiengeführten Hotel. Gemütliche Wohnatmosphäre und liebevolle Details unterstreichen die großzügige Art des Hauses. Sport- und Freizeitangebote, Wellnessbereich. À-la-Carte-Restaurant „Die Schneiderstube, Weinkeller, Bar.

Schmitten
Hessen

Ringhotel Kurhaus Ochs

★★★★

Kanonenstr. 6-8 / ✉ 61389 / www.kurhaus-ochs.de
T.: +49 6084 480
reception@kurhaus-ochs.de
17 E € 69/103 / 23 D € 98/139

Wer individuelle Erholung und Entspannung sucht, der findet sie im „Hotel Kurhaus Ochs". Seit 1896 befindet sich das Haus in Familienbesitz. Hinter der malerischen Fachwerkfassade wohnt man in modern-rustikal eingerichteten Zimmern. Zeitgemäße Küche und hessische Spezialitäten sowie Wildgerichte bieten die zwei Restaurants des Hauses. Hotelbar.

Serviced Apartment (engl.), auch Studio (ital.): Modern ausgestattete Kleinwohnung mit Küche, Wohnbereich und Schlafzimmer. Bei einem Aufenhalt werden durch das Hotel zusätzliche Dienstleistungen angeboten.

Schönau am Königssee
Bayern

Alm- & Wellnesshotel Alpenhof

★★★★

Richard-Voss-Str. 30 / ✉ 83471 Ortsteil Faselsberg
www.alpenhof.de
T.: +49 8652 6020
info@alpenhof.de
8 E € 86/148 / 45 D € 210/310

Zentral aber dennoch ruhig liegt das Hotel in 700 Metern Höhe mit einem traumhaften Panoramablick auf den Watzmann. Der Stil des Hauses ist alpenländisch, das Interieur alpin-mediterran. Die Wasserwelten und eine Wohlfühl-Sauna-Alm bieten umfangreiche Angebote, um dem Alltag zu entfliehen.

Alpenhotel Zechmeisterlehen

★★★★

Wahlstr. 35 / ✉ 83471 Ortsteil Oberschönau
www.zechmeisterlehen.de / T.: +49 8652 9450
info@zechmeisterlehen.de
22 D € 190/300 / als E € 145/220 / 13 S € 240/400
14 App. € 240/400

Von Wiesen und Bergen umgeben liegt das traditionsreiche Alpinhotel. Modernste Annehmlichkeiten, besonders in der gut ausgestatteten Bäderabteilung mit neuem Panorama-Hallenbad und Saunalandschaft, eine gepflegte Atmosphäre und ein liebevoller Service zeichnen das gemütliche Haus mit seinen freundlichen Zimmern aus. Die Küche verwöhnt die Gäste abends mit regionalen und internationalen Spezialitäten. Café und Hotelbar laden ein.

Schönau an der Brend
Bayern

Hotel Im Krummbachtal

★★★★

Krummbachstr. 24 / ✉ 97659 Ortsteil Schönau
www.krummbachtal.de / T.: +49 9775 91910
hotel@krummbachtal.de
27 D € 192/222 HP / als E € 116/131 HP

Mit viel Herzlichkeit begrüßt das gemütliche Hotel der gehobenen Mittelklasse seine Gäste und bietet ihnen individuelle Zimmer, die mit viel Liebe zum Detail eingerichtet sind. Zum Entspannen lädt der Wellness- und Beautybereich ein, zum Aktiv sein die herrliche Umgebung, in der zum Beispiel gewandert werden kann. Frische Küche mit regionalen Produkten.

Bad Schönborn
Baden-Württemberg

Hotel Villa Medici

★★★★

Waldparkstr. 20 / ✉ 76669 Ortsteil Mingolsheim
www.hotel-villa-medici.de / T.: +49 7253 98710
info@hotel-villa-medici.de
16 E € 76/109 / 68 D € 86/129 / 4 S € 136/179
Frühstück € 17

Am Tor zum Kraichgau liegt das moderne Tagungshotel. Die liebevoll und individuell gestalteten Zimmer und Suiten sind elegant und im mediterranen Stil eingerichtet. Florentinische Spiegel und antike Terrakottafliesen im Bad verleihen ihnen das gewisse Etwas. Im hausinternen Wellnessbereich lässt es sich wunderbar entspannen.

Buffet (frz. Theke, Anrichte), Büfett (dt.): Eine besondere Form des Speiseangebotes, bei welcher Speisen auf einer langen Tafel oder mehreren Einzelstationen angeboten werden. Ein Büfett besteht aus Vorspeisen, Hauptspeisen und Desserts. Es verspricht freie Auswahl und Zusammenstellung und ist damit eine zwanglose Alternative zum Tischservice – attraktiv für Gruppen und Familien mit kleinen Kindern.

Schönwald im Schwarzwald
Baden-Württemberg

Hotel Dorer

★★★★

Franz-Schubert-Str. 20 / ✉ 78141 Ortsteil Ortsmitte
www.hotel-dorer.de / T.: +49 7722 95050
info@hotel-dorer.de
5 E € 95/105 / 9 D € 170/200 / 4 S € 200/225
Frühstück € 20

Der individuell geführte Familienbetrieb liegt abseits der Durchgangsstraßen. Hier kann man zu jeder Jahreszeit angenehm „kurlauben". Die Einrichtung der Gästezimmer verbindet kultivierte Landhauswohnlichkeit mit modernen Annehmlichkeiten. Die ausgezeichnete Küche lässt jedes Essen zu einem Fest werden. Wellnessbereich.

Hotel Ochsen

★★★★

Ludwig-Uhland-Str. 18 / ✉ 78141 / www.ochsen.com
T.: +49 7722 866480 / post@ochsen.com
35 D € 138/197 / als E € 118/177

In dem attraktiven Ferien- und Sporthotel, dessen Familientradition bis ins Jahr 1796 zurück reicht, findet man zu jeder Jahreszeit wohltuende Entspannung und anregende Unterhaltung. Die großzügigen und stilvoll eingerichteten Zimmer lassen keine Wünsche offen. Drei Restaurants sorgen für das leibliche Wohl. Café-Terrasse.

Schopfheim
Baden-Württemberg

Hotel Krone

★★★

Am Rain 6 / ✉ 79650 Ortsteil Wiechs
www.krone-wiechs.de / T.: +49 7622 39940
hotel@krone-wiechs.de
21 E € 92/110 / 25 D € 148/170 / 3 S € 172/190
1 App. € 190/190

Das Haus mit Tradition ist ein gut geführter Familienbetrieb mit angenehmem Ambiente und charmant eingerichteten Wohlfühlzimmern. Eine saisonale und regionale Küche serviert das Restaurant; Grillabende auf der Blumenterrasse. Wellness- und Beautybereich zur Entspannung. Waldevent: Kutsch- oder Schlittenfahrten mit Bewirtung.

Hotel Löwen
★★★

Gündenhausen 16 / ✉ 79650
www.loewen-schopfheim.de / T.: +49 7622 6884990
info@loewen-schopfheim.de
8 E € 55/63 / 8 D € 90/105 / 9 S € 113/130

Tradition und eine persönliche Atmosphäre prägen das älteste Gasthaus in Schopfheim im Wiesental. Badische Gemütlichkeit und rustikale, stilvolle Zimmer sorgen für einen angenehmen Aufenthalt. Eine bodenständige klassisch badische oder alemannische Küche erwartet den Gast; Gewölbekeller, alte Scheune. Im Sommer Innenhof mit südländischem Ambiente.

Farbige Schlummer Atlas Sterne
★ bis ★★★★★
Hotels sind in ihrer jeweiligen Kategorie hervorhebenswert

Hotel-Gasthaus Adler
★★★

Hauptstr. 100 / ✉ 79650
www.adler-schopfheim.de
T.: +49 7622 6884880 / adler-schopfheim@t-online.de
4 E € 59/79 / 13 D € 100/140 / 1 S zu € 105

Der 300 Jahre alte, historische Gasthof bietet seinen Gästen komfortabel und geschmackvoll eingerichtete Zimmer. Eine familiäre und kinderfreundliche Atmosphäre lädt zum Wohlfühlen ein. Im Restaurant genießt der Gast eine gehobene regionale Küche mit badischen Spezialitäten.

Schorndorf
Baden-Württemberg

Boutique Hotel Pfauen
★★★

Höllgasse 9 / ✉ 73614
www.pfauen-schorndorf.de
T.: +49 7181 6699010 / rezeption@pfauen-schorndorf.de
6 D ab € 139 / als E ab € 109 / 1 S ab € 149

Das schöne Fachwerkhaus mit nur sieben Zimmern garantiert persönliche Betreuung. Für kulinarische Vielfalt, von der französischen Brasserie bis zum feinen Gourmet-Restaurant, ist mit dem Restaurant Pfauen, dem Lokal „Chez Amis“ (um die Ecke) und natürlich dem Gourmet-Restaurant Nico Burkhardt bestens gesorgt.

Schorssow
Mecklenburg-Vorpommern

Hotel Schloss Schorssow
★★★★

Am Haussee 3 / ✉ 17166
www.schloss-schorssow.de
T.: +49 39933 790 / info@schloss.schorssow.de
43 D € 128/168 / als E € 102/132 / 1 S € 223/283

Inmitten eines englischen Landschaftsparks, direkt am idyllischen Haus gelegen, präsentiert sich ein liebevoll restaurierter klassizistischer Dreiflügelbau. Die heutige Gestalt erhielt das Gebäude erst zu Beginn des 19. Jahrhunderts. Die geräumigen Zimmer im Schlossgebäude und in der nur wenige Meter entfernten Residenz sind mit Seidentapeten beziehungsweise Wandmalereien ausgestattet. Dort befindet sich auch der SeeSpa mit viel Platz für Entspannung. Die verschiedenen gastronomischen Einrichtungen bieten kulinarischen Genuss aus Küche und Keller.

Schwabenheim an der Selz
Rheinland-Pfalz

Zum alten Weinkeller
★★

Schulstr. 6-10 / ✉ 55270
www.immerheiser-wein.de
T.: +49 6130 941800 / immerheiser-wein@t-online.de
15 D € 89/125 / als E € 65/99 / 1 S ab € 159

Dieses sympathische Hotel mit historischem Landgasthof stellt ein einzigartiges Refugium mit Gastronomie, Vinothek und ländlich-charmanten Gästezimmern dar. Edle Tropfen aus eigenem Weinanbau und exquisite Köstlichkeiten verwöhnen den Gaumen. Innenhof mit provenzalischem Flair.

Schwäbisch Hall
Baden-Württemberg

Hotel Goldener Adler
★★★

Am Markt 11 / ✉ 74523
hotelgoldeneradler.de
T.: +49 791 94664680 / GoldernerAdler.SHA@t-online.de
2 E ab € 64 / 21 D € 79/105 /

Direkt am historischen Marktplatz liegt das schmucke Fachwerkhaus, in dem sich ein kompetent geführtes, kleines Hotel befindet. Es bietet helle und stilvoll eingerichtete Gästezimmer und gemütliche Gasträume. Die gutbürgerliche Küche verwendet Produkte aus der Region

Landhaus Wolf

★★★

Karl-Kurz-Str. 2 / ✉ 74523 Ortsteil Hessental
www.landhauswolf.eu / T.: +49 791 930660
info@landhauswolf.eu
22 E € 79/99 / 36 D € 99/140 /

Mitten im Hohenloher Land, vor den Toren der Kulturstadt Schwäbisch Hall, befindet sich dieses moderne Landhotel. Ob als Urlaubsaufenthalt, Wochenendtrip, Geschäftsreise, zum Besuch der Freilichtspiele oder der Kunsthalle Würth, es bietet für jeden Anlass das passende Arrangement. Das elegante Restaurant „Eisenbahn" ist wegen seiner ausgezeichneten Küche weit über die Grenzen der Region hinaus bekannt.

Ringhotel Hohenlohe

★★★★

Weilertor 14 / ✉ 74523 / www.hotel-hohenlohe.de
T.: +49 791 7587-0 / info@hotel-hohenlohe.de
16 E € 119/166 / 92 D € 156/232 / 6 S € 258/398

Umgeben von der historischen Kulisse der ehemaligen freien Reichsstadt, liegt das erstklassige Haus mit seinen Zimmern. Der persönliche Stil, die familiäre Atmosphäre und die herzliche Betreuung sorgen für einen angenehmen Aufenthalt. Wellness-Abteilung mit warmem Solebad mit Innen- und Außenbecken, Saunalandschaft; physiotherapeutischer Bereich, Fitnessraum, Beauty-Abteilung und eine Salzgrotte. Tagungsräume. Ausgezeichnete Küche im Restaurant.

Romantik Hotel Der Adelshof

★★★★

Am Markt 12-13 / ✉ 74523 / www.hotel-adelshof.de
T.: +49 791 75890 / info@hotel-adelshof.de
18 E € 99/129 / 26 D € 119/200 / 1 S € 169/229

In dem historischen Gemäuer des Adelshofes weht frischer Wind. Jedes Zimmer des modernen Traditionshotels ist ein Juwel und erzählt eine Geschichte. Kulinarisch verwöhnt das Hotel vom Frühstück bis zum Abendbrot. Traditionelle schwäbische Gerichte oder auch moderne Küche. Für Veranstaltungen mit Tanz stehen alle Säle zur Verfügung. Tagungen werden zur Success Story.

Schwaigern
Baden-Württemberg

Zum Alten Rentamt

★★★

Schlossstr. 6-8 / ✉ 74193 / www.altesrentamt.de
T.: +49 7138 5258 / info@altesrentamt.de
4 E € 78/80 / 6 D € 110/115 / 3 S € 128/130 /

Das historische Hotel besitzt den Charme vergangener Zeiten, ohne auf die Annehmlichkeiten der Moderne zu verzichten. Die behagliche Atmosphäre spiegelt sich auch in den liebevoll eingerichteten Zimmern wider. Internationale Küche im Restaurant. Romantische Innenhof-Terrasse.

Schwalmstadt
Hessen

Hotel Rosengarten

★★★

Muhlystr. 3 / ✉ 34613 Ortsteil Ziegenhain
www.hotel-rosengarten.org
T.: +49 6691 94700
info@hotel-rosengarten.org
4 E € 45/55 / 12 D € 70/80 / 2 App. ab € 80 /

Das schöne Fachwerkhaus aus dem 17. Jahrhundert ist eine traditionsreiche Stätte herzlicher Gastlichkeit. Die Zimmer bieten eine moderne Einrichtung in gemütlichem Ambiente. Im gepflegten Restaurant wird eine regionale, vegetarische und saisonale Küche serviert. Räume für Veranstaltungen stehen bereit. Terrasse und schöner Biergarten.

Schwangau
Bayern

Das König Ludwig Inspiration Spa

★★★★

Kreuzweg 15 / ✉ 87645 / www.koenig-ludwig-hotel.de
T.: +49 8362 889-0 / info@koenig-ludwig-hotel.de
7 E ab € 214 / 78 D ab € 355 / 26 S ab € 414

Am Ortsrand von Schwangau ist das Wellness- und Spa-Resort umgeben von den Königsschlössern Neuschwanstein und Hohenschwangau. In den Zimmern, Suiten und Chalets lässt es es sich gemütlich wohnen. Highlight ist der 4.500 Quadratmeter große Wellnessbereich. Kulinarisches serviert das „genuss. reich". Stylische Lilien-Lounge mit Panoramablick.

Ameron Neuschwanstein Alpsee Resort & Spa

★★★★

Alpseestr. 21 / ✉ 87645 Ortsteil Hohenschwangau
ameroncollection.com / T.: +49 8362 70300
info@ameron-neuschwanstein.de
137 D ab € 187 /

Historisch, romantisch, luxuriös: Das Luxusresort liegt am Fuße der Königsschlösser Neuschwanstein und Hohenschwangau unweit von Füssen. Direkt am Alpsee und vor malerischer Alpenkulisse erwarten den Gast unter anderem 137 Zimmer und Suiten, ein großes Spa mit Seeblick, drei Restaurants und eine Bar. Hervorgegangen ist das Resort aus den Traditionshäusern Alpenrose, Jägerhaus und dem Schlosshotel Lisl, die zusammen mit zwei neu errichteten Komplexen das gesamte Areal ausmachen. Eine Destination wie geschaffen für Naturliebhaber und Kulturinteressierte.

Schwarmstedt
Niedersachsen

Gästehaus Schloss Bothmer
★★★

Alte Dorfstr. 15 / 29690 Ortsteil Bothmer
www.schlossbothmer.de
T.: +49 5071 3037
info@schlossbothmer.de
6 E € 95/105 / 6 D € 129/139 / 1 App. ab € 200

Das Gästehaus liegt ruhig in einem schönen Schlosspark. Hier finden die Gäste Ruhe in geschmackvollen Zimmern, die mit vielen Annehmlichkeiten versehen sind. Im Restaurant mit Wintergarten werden regionale Spezialitäten angeboten. Eine Reitanlage ist ebenfalls Bestandteil des Schlosskomplexes.

Schwarzach am Main
Bayern

Flair Hotel Zum Benediktiner
★★★

Weideweg 7 / 97359 Ortsteil Münsterschwarzach
www.zumbenediktiner.de
T.: +49 9324 9120
info@zumbenediktiner.de
14 E € 61/67 / 31 D € 81/91

Das altfränkische Gasthaus, 1478 als Klosterherberge gebaut, ist seit 1853 im Familienbesitz und wurde 1979 um einen modernen Hotelbau erweitert. Die Zimmer sind freundlich und individuell eingerichtet. In den gemütlichen Gasträumen und der alten Weinstube findet man eine gepflegte, entspannte Atmosphäre. Feine regionale Küche.

Schwab's Landgasthof
★★★

Bamberger Str. 4 / 97359 Ortsteil Stadtschwarzach
www.landgasthof-schwab.de / T.: +49 9324 1251
info@landgasthof-schwab.de
3 E zu € 59 / 8 D zu € 96 / 2 S € 130/145 / @

Das traditionsreiche Haus, das sowohl Stammgäste wie Geschäftsreisende und Urlaubsgäste schätzen, wird bereits in der vierten Generation von Familie Schwab geführt. Die Wirtshausromantik mit einer regional verfeinerten Küche, deren Zutaten aus heimischen Flüssen, Fluren und der eigenen Jagd stammen, begeistern. Liebevoll im Landhausstil eingerichtete Gästezimmer.

Schwendi
Baden-Württemberg

Hotel Oberschwäbischer Hof
★★★★

Hauptstr. 9-15 / 88477
www.oberschwaebischer-hof.de
T.: +49 7353 98490
info@oberschwaebischer-hof.de
26 D € 130/170 / 2 S € 160/170 / 2 App. € 160/160
@

Das großzügig angelegte Hotel besteht aus zwei Hauptgebäuden, die durch ein Foyer verbunden sind. Sie umschließen einen Innenhof mit Biergarten. Die Gästezimmer verfügen über modernen Komfort, die Suiten erstrecken sich über zwei Etagen. Vorzügliche Küche.

Schwerin
Mecklenburg-Vorpommern

Weinhaus Uhle
★★★★

Schusterstr. 13-15 / 19055 Ortsteil Altstadt
www.weinhaus-uhle.de
T.: +49 385 48939430
rezeption@weinhaus-uhle.de
16 D € 105/155 / als E € 95/125 / 2 S € 195/288
Frühstück € 16
@

Das schmucke Hotel liegt im Ortszentrum von Schwerin und wurde im Jahr 2016 von Annika und Dirk Frymark liebevoll restauriert. Die geräumigen Gästezimmer sind mit dem Lift bequem zu erreichen und verfügen über alle modernen Standards. Zudem befinden sich das gleichnamige Gourmet-Restaurant, eine Weinhandlung mit Bistro und Veranstaltungsräume mit großem Saal für bis zu 80 Personen im Haus.

Hotel Speicher am Ziegelsee
★★★★

Speicherstr. 11 / 19055 Ortsteil Werdervorstadt
www.speicher-hotel.com / T.: +49 385 50030
info@speicher-hotel.com
17 E € 100/115 / 46 D € 120/145 / 14 App. € 155/165
@

Hinter den denkmalgeschützten Backsteinmauern des historischen Getreidespeichers verbergen sich stilvoll eingerichtete Zimmer mit einem zauberhaften Blick auf den Ziegelsee. Restaurant „aurum" mit feiner regionaler Küche, beheizte Holzdeckterrasse am See, Lobby mit offenem Kamin, eigener Bootsanleger, Bobinga-Bar und Wellnessbereich.

Seeheim-Jugenheim
Hessen

Malchen (g)
★★★

Im Grund 21 / ✉ 64342 Ortsteil Malchen
www.hotel-malchen.de
T.: +49 6151 94670
info@hotel-malchen.de
6 E € 87/109 / 19 D € 127/144 / 1 App. € 40/40

Im waldreichen Süden Darmstadts modern wohnen - ruhig schlafen: So lautet das Motto des familiär geführten Hotels, das verkehrsgünstig und trotzdem ruhig in einem Wohngebiet umgeben von Wald liegt. Es verfügt über zeitgemäß ausgestattete Zimmer. Reichhaltiges Frühstücksbüfett. Für jeden Hotelgast gibt es einen kostenfreien Parkplatz.

Seeshaupt
Bayern

Seeresidenz Alte Post
★★★

Alter Postplatz 1 / ✉ 82402
www.seeresidenz-alte-post.de
T.: +49 8801 9140
info@seeresidenz-alte-post.de
7 E € 100/135 / 10 D € 160/200

Die Seeresidenz bietet anspruchsvolle Gastlichkeit und ein modernes Ambiente. Hochwertig ausgestattete Zimmer, Schwimmbad, Sauna und das hauseigene Seegrundstück schaffen ideale Bedingungen für einen angenehmen Aufenthalt. Im Restaurant und auf der Panoramaterrasse kann man gepflegt und unbeschwert die von frischen Produkten inspirierte Küche genießen.

Seewald
Baden-Württemberg

Hotel Oberwiesenhof
★★★★

Freudenstädter Str. 60 / ✉ 72297 Ortsteil Besenfeld
www.hotel-oberwiesenhof.de
T.: +49 7447 2800
info@hotel-oberwiesenhof.de
7 E € 89/96 / 38 D € 168/198 / 10 S € 208/216
2 App. € 168/176

Der „Oberwiesenhof" ist ein ansprechendes Wellnesshotel auf einem schönen Hochplateau im Nordschwarzwald. Die hübsch gestalteten Zimmer und eleganten Wohlfühlsuiten bieten Ruhe. Das Restaurant hält regionale und internationale Spezialitäten sowie Wildgerichte aus heimischer Jagd bereit. Neu gestaltete Eingangshalle mit offenem Kamin und Cocktailbar. Hoteleigenes Jagdhaus im Privatwald; 800 Quadratmeter Wellnessbereich mit Badelandschaft. Beauty- und Massageangebote.

Sellin
Mecklenburg-Vorpommern

Cliff Hotel Rügen
★★★★

Cliff am Meer 1 / ✉ 18586 / www.cliff-hotel.de
T.: +49 38303 80 / info@cliff-hotel.de
52 E € 80/165 / 128 D € 130/265 / 39 S € 170/295
27 App. € 120/260 /

Einzigartige Resortlage ohne Landseite - an der südlich gelegenen Küste, eingebettet in eine wunderschöne Naturlandschaft, befindet sich dieses erstklassige Hotel mit eigenem Sandstrand. Mit seiner exzellenten Wellness-, Spa- und Beautywelt sowie einer ausgezeichneten Küche stellt das Hotel das ideale Reiseziel in jeder Saison dar. Für Genießer und Erholungsuchende schafft das sportlich-elegante Ambiente des Hotels den richtigen Rahmen. Stilvolle Übernachtungsmöglichkeiten.

Romantik ROEWERS Privathotel - The Spa Concept
★★★★★

Wilhelmstr. 34 / ✉ 18586 / www.roewers.de
T.: +49 38303 1220 / info@roewers.de
28 D € 174/274 / als E € 135/235 / 24 S € 224/364

Den Charme der Jahrhundertwende hat die Hotelanlage bewahrt: In fünf reizvollen, historischen Gebäuden, verbunden durch eine unterirdische Galerie, befinden sich modern eingerichtete Zimmer und Suiten, eine Bibliothek und eine Kaminlounge. Drei Restaurants bereiten dem Gast eine mediterrane, leichte französische und regionale Küche. Großzügiger Pool- und Saunabereich mit mediterranem Charme. „Caspar's" Brasserie und Bar „b.ambi", Hotelpark mit altem Baumbestand.

Senden (Westfalen)
Nordrhein-Westfalen

Hofhotel Grothues-Potthoff
★★★

Hof Grothues-Potthoff 4-6 / ✉ 48308 Ortsteil Senden
www.hof-grothues-potthoff.de / T.: +49 25 97696418
hofhotel@hof-grothues-potthoff.de
65 D € 103/103 / als E € 74/74 / 4 S € 158/158
Frühstück € 14 /

Im Münsterland, in ländlicher Ruhe, befindet sich dieses Hofhotel. Reisende jeglicher Couleur genießen die Übernachtungsmöglichkeiten im gehobenen Stil, den Wellnessbereich mit Sauna und Erlebnisduschen sowie eine feine westfälische Küche mit französischen Akzenten. Multifunktionale Konferenzräumen runden das Angebot ab. Swin Golf-Anlage, Hofbäckerei, Hofladen und Hofcafé.

Senftenberg
Brandenburg

Wellnesshotel Seeschlößchen – Ayurveda & Naturresort
★★★★
Buchwalder Str. 77 / 01968 Ortsteil Großkoschen
www.ayurveda-seeschloesschen.de
T.: +49 3573 37890
info@ayurveda-seeschloesschen.de
2 E € 187/187 HP / 42 D € 172/224 HP / 6 S € 224/319 HP
4 App. € 187/187 HP

Schlossromantik und Wellnessrefugium – ein Ort, an dem die Küche Mittelpunkt des Hauses geblieben ist und der Gast sich immer willkommen fühlt. Das Seeschlößchen vermittelt den Charme eines liebevoll eingerichteten Privatbesitzes mit einer unvergleichlich warmen Ausstrahlung. Ein idyllischer Wellnessgarten mit verschlungenen Wegen, Quellen, Brücken und Teichen intergriert sich in das weitläufige Spa. Das Haus bietet ruhigen Wellnessurlaub und Ayurvedakuren.

Siegen
Nordrhein-Westfalen

Hotel Pfeffermühle
★★★
Frankfurter Str. 261 / 57074
www.pfeffermuehle-siegen.de
T.: +49 271 230520
info@pfeffermuehle-siegen.de
2 E € 72/112 / 41 D € 94/134 /

Idyllisch und ruhig am Stadtrand liegt das bekannte, sympathische Familien- und Tagungshotel. Großzügig bemessene Zimmer im Landhausstil und ein persönlicher, professioneller Service erwarten den Gast. Im eleganten Restaurant wird eine feine, regionale Küche serviert. Für Tagungen und Veranstaltungen stehen moderne Räume zur Verfügung.

Simmerath
Nordrhein-Westfalen

Hotel Haus am See
★★★★
Pleushütte 1 / 52152 Ortsteil Einruhr
www.hausamseeeifel.de
T.: +49 2485 95050
hotel@haus-am-see-eifel.de
1 E zu € 66 / 22 D € 57/82

Zauberhafte Momente erleben Naturliebhaber in diesem familiengeführten Hotel. Nach einem aktiven Tag in der reizvollen Eifellandschaft versprechen die freundlichen Zimmer einen erholsamen Schlaf. Frische, regionale Küche in dem Restaurant „La Grue“.

Simmern im Hunsrück
Rheinland-Pfalz

Hotel Birkenhof
★★★★
Birkenweg 1 / 55469 Ortsteil Klosterkumbd
www.landidyll-birkenhof.de / T.: +49 6761 95400
info@landidyll-birkenhof.de
4 E € 83/90 / 18 D € 115/135 /

Ruhig am Waldrand gelegen, ist dieses Haus eine ideale Adresse für einen erholsamen Kurzurlaub. Gemütlich eingerichtete Zimmer sorgen für angenehme Stunden. Dietrich‘s Restaurant serviert saisonale, die Gaststube regionale Küche; gut sortierte Weinkarte. Ein dazugehöriger Bauernhof liefert beste Qualität vom Charolais-Weiderind. Gartenlokal.

Simonsberg
Schleswig-Holstein

Lundenbergsand Hideaway & Spa
★★★
Lundenbergweg 3 / 25813 Ortsteil Simonsberger Koog
www.hotel-lundenbergsand.de / T.: +49 4841 83930
info@hotel-lundenbergsand.de
2 E € 149/169 / 14 D € 189/249 / 7 S € 249/309

Direkt an der Nordsee, am Weltnaturerbe Wattenmeer, liegt in herrlicher Alleinlage das reetgedeckte Hotel. Die Zimmer sind mit viel Liebe gestaltet und bieten hohen Wohnkomfort. Ausgezeichnete holsteinische Küche im Restaurant. Café. Wellnessoase „Watt‘n Spa“ mit breit gefächertem Spa- und Beautyangebot.

Sittensen
Niedersachsen

Hotel Zur Kloster-Mühle
★★★
Kuhmühler Weg 7 / 27419 Ortsteil Groß Meckelsen
www.hotel-kloster-muehle.de / T.: +49 4282 594190
info@kloster-muehle.de
14 D € 130/250 / als E € 90/140 /

Abseits von Lärm und Hektik zwischen Hamburg und Bremen gelegen. Das historische Mühlengebäude bietet modern ausgestattete Zimmer und eine abwechslungsreiche Speisekarte. Darüber hinaus gibt es Tagungs- und Veranstaltungsräume mit modernster Technik.

Bad Sobernheim
Rheinland-Pfalz

BollAnts Spa im Park
★★★★
Felkestr. 100 / 55566 / www.bollants.de
T.: +49 6751 93390 / info@bollants.de
12 E € 164/234 HP / 53 D € 328/408 HP
11 S € 528/608 HP / 6 App. € 528/608 HP

Von der Gründerfamilie in vierter Generation geführt, wurde das Jugendstil-Ensemble zu einem Refugium des Wohlfühlens liebevoll restauriert. Gästezimmer und Suiten in freundlichen Farben sind gemütlich ausgestattet. Hoteleigener Park und ein großzügiges Sauna- und Entspannungszentrum. Drei Restaurants, das stilvoll-moderne Gourmet-Restaurant „Jungborn" mit ausgezeichneter Küche, „Villa" und „Hermannshof" verwöhnen kulinarisch; Park-Terrasse.

Bad Soden-Salmünster
Hessen

Hotel Birkenhof
★★★★

König-Heinrich-Weg 1 / ✉ 63628 Ortsteil Bad Soden
www.hotel-birkenhof-am-park.de
T.: +49 6056 91690
info@bh-bs.de
29 E € 67/93 / 13 D € 100/134
1 S € 114/178 / 4 App. € 92/119 / Frühstück € 15

Wohlfühlen und Entspannen kann der Gast im „Birkenhof", ein individuell geführtes Hotel mit modernen Gästezimmern in zentraler Lage. Vielfältige Beauty-, Wellness- und Fitnessangebote. Frische regionale und saisonale Speisen sowie Diät- oder Vollwertkost serviert die ausgezeichnete Küche im Restaurant. Gemütliche Hausbar „Centhof". Reichhaltiges Frühstücksbüfett. Sky-Lounge. Angeschlossenes Appartmenthaus12 mit den Vorzügen eines Hotels und der Flexibilität eines Appartments.

Sonnenbühl
Baden-Württemberg

Romantik Hotel Hirsch
★★★★

Im Dorf 12 / ✉ 72820 Ortsteil Erpfingen
www.romantikhotel-hirsch.de / T.: +49 7128 92910
info@romantikhotel-hirsch.de
1 E € 103/180 / 13 D € 150/212 / 1 S ab € 280

Das Kleinod auf der Schwäbischen Alb ist eine romantische Zuflucht für stille Urlaubstage. Die Umgebung bietet vielfältige Möglichkeiten für Sportler und Naturfans, die Hotelzimmer haben eine elegante, persönliche Note und zum Wohlfühlen sind die urwüchsigen Albwiesen-Schwitzstuben mit der Bio-Sauna und dem wohligen Ruhebereich der richtige Ort. Das kulinarische Herz des Hotels ist die Restaurantküche, das mit schwäbischen Spezialitäten aus lokalen, biologischen Zutaten überzeugt.

Sonthofen
Bayern

AllgäuSternHotel
★★★★

Buchfinkenweg 2 / ✉ 87527
www.allgaeustern.de
T.: +49 8321 279-0
info@allgaeustern.de
329 D € 112/246 HP / als E € 81/148 HP
28 S € 364/460 HP / 70 App. € 170/210 HP

In der großzügigen Hotelanlage findet jeder Gast seine ganz individuelle Urlaubserfüllung: Erholung für Genießer, Urlaubserlebnis für die Familie, interessante Wellness-Arrangements und abwechslungsreiche Angebote für den Kurz- und Wochenendaufenthalt. Mit geräumigen, sehr komfortablen Zimmern und exklusiven Suiten sowie der Erlebnisgastronomie in sieben Restaurants und Bars ist das Haus ideal für Urlaub, Wellness und Tagung. Besonders hervorzuheben ist das Restaurant „Rôtisserie" mit ausgezeichneter Küche. Komplett ausgestattete Konferenzräume. Kaminzimmer, Bierstube, Weinkeller und Nightclub.

Bad Sooden-Allendorf
Hessen

Romantik Hotel Ahrenberg
★★★★

Auf dem Ahrenberg 5 / ✉ 37242 Ortsteil Ahrenberg
www.hotel-ahrenberg.de
T.: +49 5652 95730
info@hotel-ahrenberg.de
4 E € 65/85 / 19 D € 95/145 /

Geschmackvoll übernachten, genüsslich schlemmen und wohlig Entspannen, all das ist im Romantik Hotel Ahrenberg, annähernd in der geografischen Mitte Deutschlands, möglich. Kaum einen Wunsch lassen die Zimmer im modernen Landhausstil offen. Ebenso die Küche, die von regionalen Spezialitäten bis zu innovativen Genüssen, in der Schlemmer-, der Hubertusstube, der Vinothek und auf der Sonnenterrasse mit Blick über das Werratal serviert. Saunabereich und Massageangebote.

Spangenberg
Hessen

Schloss Spangenberg
★★★

Zum Schloss 1 / ✉ 34286
www.schloss-spangenberg.de / T.: +49 5663 93980
hotel.schloss.spangenberg@t-online.de
4 E € 65/79 / 19 D € 99/160 / 4 S € 130/160 /

Das schöne Jagdschloss heißt seine Gäste in stilvollem Ambiente mit sehr gut ausgestatteten Zimmern willkommen. Gemütlich ist die Atmosphäre des Restaurants. Hier verwöhnt die Schlossküche mit Wildspezialitäten, gutem Wein und Süßem aus eigener Konditorei. Abwechslung bieten auch die Freiterrasse, der Rittersaal und das Jagdmuseum.

○ Ortsrand / ● abseits gelegen
Restaurant im Hotel

Speyer
Rheinland-Pfalz

Hotel Domhof
★★★★

Bauhof 3 / ✉ 67346
www.hoteldomhof.de
T.: +49 6232 13290 / rezeption@domhof.de
7 E € 107/120 / 42 D € 140/240

Fern von daheim und doch zuhause fühlen sich Reisende, die in dem gastfreundlichen Hotel übernachten, das sich im ehemaligen Reichskammergericht der Stadt befindet. Die Zimmer sind großzügig und rund um einen mediterranen Innenhof gelegen. Mit frischen Pfälzer Köstlichkeiten sowie nationalen und internationalen Gerichten verwöhnt die Küche.

Lindner Hotel & Spa Binshof

★★★★

Binshof 1 / ✉ 67346
www.lindner.de
T.: +49 6232 6470
info.binshof@lindner.de
30 E € 109/169 / 93 D € 149/209 / 10 S € 219/289

Das „Lindner Hotel & Spa Binshof" im Norden der Salierstadt gelegen, ist sowohl für Wellness- als auch für Tagungsgäste ein Ort zum Wohlfühlen. Die regionalen und mediterranen Spezialitäten der Restaurants „Salierhof", „Pfälzer Stube" und „Vitalbistro", die individuell und exklusiv ausgestatteten Zimmer und Suiten, die einzigartige 5.200 Quadratmeter große Spa- und Thermenwelt sowie die außergewöhnliche Architektur geben dem Ganzen ein einzigartiges Flair. Multimediales Veranstaltungszentrum.

Spiekeroog
Niedersachsen

Hotel Inselfriede

★★★★

Süderloog 12 / ✉ 26474 / www.inselfriede.de
T.: +49 4976 91920
info@inselfriede.de
5 E € 95/140 / 20 D € 135/220
6 S € 170/260 / 16 App. € 80/210 / Frühstück € 20

Das Hotel ist ein Familienbetrieb, das seine Gäste mit typisch friesischer Gastlichkeit empfängt. Nur wenige Minuten vom Strand und den Kureinrichtungen entfernt bietet es individuell und komfortabel eingerichtete Zimmer, Suiten und Appartements. Das Abend-Restaurant „Friesenstube" serviert regionale und mediterrane Gaumenfreuden, Original Irish Pub im viktorianischen Stil.

Sprockhövel
Nordrhein-Westfalen

Golfhotel Vesper

★★★★

Frielinghausen 1 / ✉ 45549 Ortsteil Herzkamp
www.golfhotel-vesper.de / T.: +49 202 648220
info@golfhotel-vesper.de
3 E € 99/159 / 64 D € 139/199 / 3 S € 249/299

Erbaut im 17. Jahrhundert beherbergt der ehemalige Gutshof heute ein sehr geschmackvolles, hochwertig ausgestattetes Golfhotel mit persönlicher Atmosphäre. Inmitten der hoteleigenen 45-Loch-Golfanlage im Bergischen Land, überzeugt das Haus mit hellen, lichtdurchfluteten Räumlichkeiten. Von Fine-Dining bis deftig-kräftig reicht das gastronomische Angebot in den Restaurants, die alle über eine eigene Terrasse mit herrlichem Ausblick verfügen.

Bad Staffelstein
Bayern

Best Western Plus Kurhotel an der Obermaintherme

★★★★

Am Kurpark 7 / ✉ 96231
www.kurhotel-staffelstein.de
T.: +49 9573 3330
info@kurhotel-staffelstein.de
132 D € 138/344 / als E € 94/227 / 4 S € 254/453

Inmitten der schönen fränkischen Landschaft des Obermains liegt das elegante Hotel mit komfortabel eingerichteten Zimmern. Seinen Namen bekam das Haus durch die unmittelbare Nähe zur „Obermain Therme". Ein attraktives Wellnessangebot im Vitus Spa oder in der Therme, die über einen Bademantelgang direkt erreichbar ist, lässt kaum einen Wunsch offen. Vielseitige Küche im Hauptrestaurant und im „v. Scheffel"-Gourmetrestaurant. Innovative Tagungsräume.

Starnberg
Bayern

Hotel Vier Jahreszeiten Starnberg

★★★★

Münchner Str. 17 / ✉ 82319
www.vier-jahreszeiten-starnberg.de / T.: +49 8151 44700
info@vier-jahreszeiten-starnberg.de
115 D € 169/249 / als E € 149/209 / 7 S € 209/349

Vor den Toren Münchens, nur 5 Gehminuten vom Starnberger See entfernt, verfügt das privat geführte Hotel über stilvoll eingerichtete Zimmer und Suiten mit zahlreichen modernen Annehmlichkeiten. Kreativ und außergewöhnlich sind die Food-Kreationen des ausgezeichneten Gourmetrestaurant Aubergine, sowie die klassisch-bodenständigen Gerichte des À-la-carte-Restaurant Oliv's. Hemingway Bar im englischen Stil. Kleiner, aber feiner Wellness- und Fitnessbereich im fünften Stock.

Starzach
Baden-Württemberg

Schloss Weitenburg

★★★

Weitenburg / ✉ 72181 Ortsteil Sulzau
www.schloss-weitenburg.de / T.: +49 7457 9330
info@schloss-weitenburg.de
2 E € 95/117 / 19 D € 177/195 / 4 S € 240/290

Das Schloss mit besonderem Ambiente aus Renaissance, Barock und Neugotik liegt sehr ruhig mit einem herrlichen Blick ins romantische Neckartal. Den Gast erwarten ein individueller Service und stilvoll eingerichtete Zimmer. Gehobene, vielseitige Küche; Terrasse, Kaminzimmer.

Bad Steben
Bayern

relexa hotel Bad Steben
★★★★

Badstr. 26-28 / ✉ 95138
www.relexa-hotel-bad-steben.de
T.: +49 9288 720
badsteben@relexa-hotel.de
59 E € 81/90 / 56 D € 106/180 / 7 S € 146/281

Wellness im Naturpark Frankenwald - das sind Streicheleinheiten für Körper, Geist und Seele. Direkt am Kurpark des bayerischen Staatsbades liegt das stilvolle Gesundheits- und Wellnesshotel. Es bietet seinen Gästen Verwöhnurlaub, Beauty und aktive Erholung. Alle Zimmer sind wohnlich und elegant ausgestattet. Drei Restaurants servieren ein großes kulinarisches Angebot. Bade- und Wellnesslandschaft; Hotelbar, Terrasse. 150 Meter zur Therme der Stadt.

Lounge: 1. Exklusiver Wartebereich für Reisende im Flughafen oder in einem Bahnhof. 2. Komfortabler Sitz- und Aufenthaltsbereich mit (Bar-)Gastronomie in einem Hotel.

Stolpe an der Peene
Mecklenburg-Vorpommern

Hotel Gutshaus Stolpe
★★★★

Peenstr. 33 / ✉ 17391 Ortsteil Stolpe
www.gutshaus-stolpe.de
T.: +49 39721 5500
info@gutshaus-stolpe.de
4 E € 130/200 / 29 D € 190/250
3 S € 370/460 / 2 App. € 260/350 / Frühstück € 25

Inmitten einer denkmalgeschützten Gutsanlage aus dem 19. Jahrhundert mit Park und alten Bäumen liegt das Relais & Châteaux Hotel. Die Gästezimmer sind mit Antiquitäten individuell ausgestattet. Der Gast hat die Wahl zwischen den eleganten Zimmern des Gutshauses oder denen in der Remise mit mediterranem Flair. In den Gutshausrestaurants verwöhnt eine französische, mediterrane Küche. Das Ambiente bietet den passenden Rahmen für festliche Bankette oder Tagungen.

Steinheim am Albuch
Baden-Württemberg

Ringhotel sKreuz
★★★★

Hauptstr. 26 / ✉ 89555 Ortsteil Steinheim
www.kreuz-steinheim.de
T.: +49 7329 96150
info@kreuz-steinheim.de
16 E € 69/108 / 30 D € 99/140

Stolz blickt dieses Ringhotel auf eine über 300-jährige Tradition zurück. Dem historischen Gasthof wurde eine Erweiterung mit modernen, freundlich eingerichteten Zimmern angefügt. Schwäbische und internationale Spezialitäten im gepflegten Restaurant; umfangreiches Weinangebot. Hübsche Bierstube und Gartenlokal laden zum Verweilen ein.

Stralsund
Mecklenburg-Vorpommern

Romantik Hotel Scheelehof
★★★★

Fährstr. 23-25 / ✉ 18439 Ortsteil Altstadt
www.scheelehof.de
T.: +49 3831 283300
info@scheelehof.de
81 D ab € 150 / als E ab € 124 / 11 S ab € 180

Die denkmalgeschützten, geschichtsträchtigen Giebelhäuser im Zentrum der Altstadt beherbergen ein einzigartiges Hotel mit hanseatischem Flair. Ein unvergleichliches Ambiente schafft die Verbindung von modernem Komfort und historischer Architektur in den individuell eingrichteten Zimmern und Suiten. Gastronomisch reicht das Angebot von der urigen Kellerkneipe bis zum Gourmet-Restaurant. Neuer Wellnessbereich mit Saunabereich, wohltuenden Kosmetikbehandlungen und Massagen.

Straubenhardt
Baden-Württemberg

Landhotel Adlerhof
★★★

Mönchstr. 14 / ✉ 75334 Ortsteil Schwann
www.adlerhof.de
T.: +49 7082 92340
info@adlerhof.de
10 E € 89/96 / 10 D € 116/136

Der „Adlerhof" – direkt am Waldrand gelegen – bewahrt die große Tradition der Schwarzwälder Gastlichkeit. Gemütliche Zimmer versprechen Ruhe und Erholung. Die empfehlenswerte Küche serviert heimische und saisonale Gerichte. Am Nachmittag lassen sich hausgemachte Kuchen und Torten auch auf der Terrasse mit Fernblick genießen.

Junior Suite: Zimmer, das mehr Platz und Annehmlichkeiten als ein gewöhnliches Doppelzimmer bietet, jedoch nicht unbedingt aus mehreren Raumeinheiten besteht.

Straubing
Bayern

Hotel Theresientor
★★★★
Theresienplatz 51 / ✉ 94315
www.hotel-theresientor.de
T.: +49 9421 8490 / straubing@hotel-theresientor.de
42 D € 109/130 / als E € 79/115 / 1 S € 145/175

Direkt am historischen Stadtplatz liegt das schöne Hotel. Im Inneren zeichnet es sich durch Harmonie und Gemütlichkeit aus. Die Zimmer sind exklusiv und modern ausgestattet, teilweise mit Dachterrasse. Restaurant „Zum Geiss" (unter separater Leitung) mit regionaler Küche; kostenfreie Nutzung eines Fitness- und Freizeitzentrums. Eigene Tiefgarage.

Frühstück wird extra berechnet

Stromberg
Rheinland-Pfalz

Land & Golf Hotel Stromberg
★★★★
Am Buchenring 6 / ✉ 55442 Ortsteil Schindeldorf
www.golfhotel-stromberg.de
T.: +49 6724 6000
info@golfhotel-stromberg.de
51 E € 155/165 / 103 D € 250/270 / 20 S € 330/390

Die besondere Attraktion in Stromberg ist der 18-Loch-Golfplatz, der direkt an diesem ruhig und doch verkehrsgünstig gelegenen Hotel beginnt. Die im Landhausstil eingerichteten Zimmer mit sehr gutem Komfort versprechen Erholung in sportlicher Atmosphäre. Großzügiger Wellnessbereich mit Ruhepavillon im mediterranen Stil und Vitalbereich. Drei Restaurants bieten vielfältige kulinarische Angebote.

Stuhr
Niedersachsen

Hotel Kreuz Meyer
★★★
Hauptstr. 2 / ✉ 28816 Ortsteil Seckenhausen
www.hotel-kreuzmeyer.de / T.: +49 421 898550
info@hotel-kreuzmeyer.de
5 E € 60/104 / 10 D € 94/120 / 3 App. € 99/150

Das familiengeführte Hotel mit persönlicher Atmosphäre liegt verkehrsgünstig vor den Toren Bremens. Die Zimmer sind modern und geschmackvoll gestaltet. Im Restaurant mit Sommerterrasse werden frische norddeutsche Spezialitäten serviert. Hotelbar, Wintergarten, Festsaal.

Stuttgart
Baden-Württemberg

Arcotel Camino
★★★★
Heilbronner Str. 21 / ✉ 70191 Ortsteil Nord
www.arcotel.com/camino / T.: +49 711 258580
camino@arcotel.com
7 E € 99/299 / 152 D € 99/299
1 S € 169/369 / 2 App. € 239/439 / Frühstück € 22

„Neue Begegnungen" auf kulinarischer und gastlicher Ebene der besonderen Art bietet dieses elegante Hotel in bester Innenstadtlage. Es lebt vom behaglichen Design mit überraschenden Elementen. Den anspruchsvollen Gast und Geschäftsreisenden erwartet hinter der historischen Fassade eine gelungene Symbiose moderner Elemente. Im Restaurant „Weissenhof" wird eine Kombination aus schwäbischer und österreichischer Küche geboten. Ein beliebter Treffpunkt ist die „Bar Scala".

Hotel Der Zauberlehrling
★★★★
Rosenstr. 38 / ✉ 70182 Ortsteil Mitte
www.zauberlehrling.de
T.: +49 711 2377770
kontakt@zauberlehrling.de
17 D € 190/450 / als E € 125/250 / 4 S € 230/500

Klein, aber fein - das zentral gelegene Design-Hotel begeistert mit einer sehr individuellen Atmosphäre und verströmt den Zauber unterschiedlicher Kulturen. Mit viel Liebe zum Detail ist jedes Zimmer in einem anderen Stil sehr aufwändig gestaltet. Auch der Service ist ganz auf die Bedürfnisse der Gäste zugeschnitten. Gehobene Küche im Restaurant.

Hotel Unger (g)
★★★★
Kronenstr. 17 / ✉ 70173 Ortsteil Mitte
www.hotel-unger.de / T.: +49 711 20990
info@hotel-unger.de
58 E € 87/170 / 50 D € 124/249

Mittendrin und dennoch ruhig liegt das Privathotel in der Landeshauptstadt, das vor allem durch die persönliche Atmosphäre und den Service besticht. Viele der Zimmer sind klimatisiert, teilweise mit Balkon mit Blick auf den Weinberg, dessen Wein an der Bar genossen werden kann. Das Gourmetfrühstück vom Buffet mit regionalen Spezialitäten ist das Highlight des Hauses.

Die Zeichen neben den Zimmerpreisen weisen darauf hin, dass alle bzw. einige Zimmer diese Einrichtung besitzen.

Le Méridien Stuttgart
★★★★★

Willy-Brandt-Str. 30 / ✉ 70173
www.lemeridienstuttgart.com / T.: +49 711 22210
info@lemeridienstuttgart.com
279 D € 145/375 / als E € 145/375
12 S € 495/4200

Zu den ersten Adressen der Schwaben-Metropole gehört das Hotel Le Méridien Stuttgart, das gegenüber dem Schlossgarten, nur wenige Gehminuten von der Einkaufsmeile Königstraße und dem Hauptbahnhof entfernt, liegt. Die elegant ausgestatteten Gästezimmer und der aufmerksame Service stellen auch den anspruchsvollen Gast zufrieden. Das Restaurant „Le Cassoulet“ und das „Bistro Le Médoc“ verwöhnen mit französischer Küche. Eine Vielfalt an Cocktails und Apéritifs bietet die einladende, gut sortierte Bar. Das attraktiv ausgestattete Fitnesscenter unter fachkundiger Anleitung bringt nach Business oder City-Bummel Körper und Seele wieder in Einklang. Modernes Business-Center mit komplett ausgestatteten Tagungsräumen.

WLAN im Hotel / Lift
Tiere nicht willkommen

Steigenberger Graf Zeppelin
★★★★

Arnulf-Klett-Platz 7 / ✉ 70173 Ortsteil Mitte
www.stuttgart.steigenberger.com / T.: +49 711 20480
stuttgart@steigenberger.de
52 D ab € 189 / 26 S ab € 289 / Frühstück € 32

Inmitten des Zeppelin-Carrés, im Herzen Stuttgarts befindet sich dieses Grandhotel. Schon nach Eintritt in die luxuriöse Hotelhalle zeigt sich das gehobene Flair eines internationalen Stadthotels. Direkt neben dem Hauptbahnhof und in unmittelbarer Nähe zu den zahlreichen Einkaufsmöglichkeiten. Ein Mix aus hochwertigen Materialien und modernem Design lässt die Zimmer in zeitlosem Glanz erstrahlen. Hoch über den Dächern Stuttgarts entführt der Zeppelin Day Spa ist eine Oase der Ruhe. Drei Restaurants decken jeden erdenklichen kulinarischen Wunsch des Gastes ab.

Waldhotel Stuttgart
★★★★

Guts-Muths-Weg 18 / ✉ 70597 Ortsteil Degerloch
www.waldhotel-stuttgart.de / T.: +49 711 1857212-0
info@waldhotel-stuttgart.de
26 E € 120/350 / 68 D € 140/360 / 2 S € 210/510
Frühstück € 21

Stadtnah und direkt am Wald, gut erreichbar und doch mitten in der Natur. Das Privathotel in Degerloch, unweit der Messe und des Flughafens, verfügt über großzügige Zimmer und Suiten im zeitgenössischen Design. Sauna- und Fitnessbereich mit Blick ins Grüne. Für Feiern und Tagungen eignen sich die perfekt ausgestatteten Veranstaltungsräume. Im denkmalgeschützten Restaurant Finch wird regionale, gehobene Küche serviert. Die Hotelbar No.18 mit offenem Kamin rundet das Angebot ab.

Süderende
Schleswig-Holstein

Landhaus Altes Pastorat
★★★

Haus 45 / ✉ 25938
www.landhaus-altes-pastorat.de
T.: +49 4683 226 / info@landhaus-altes-pastorat.de
4 D € 170/180 / als E € 75/130 / 4 S € 230/280

Das „Ualh Prääster Huß“, ein Pfarrhaus, wurde 1673 erbaut. Seit 1970 beherbergt es ein kleines Hotel mit wildromantischem Garten und friesisch ausgestatteten Zimmern. Die Küche im Friesenhaus serviert landestypische, feine Spezialitäten. Hübsches Kaminzimmer und lauschige Terasse.

Süderholz
Mecklenburg-Vorpommern

Hotel im Golfpark Strelasund
★★★★

Zur Alten Hofstelle 1-4 / ✉ 18516 Ortsteil Kaschow
www.golfpark-strelasund.de
T.: +49 38326 45830
hotel@golfpark-strelasund.de
63 D € 76/120 / als E € 53/85 / S € 170/195
4 App. € 60/70 /

In der ruhigen, vorpommerschen Landschaft vor den Toren von Stralsund, liegt dieses familiengeführte Golfhotel. Individuell im Landhausstil eingerichtet, lassen die Zimmer und Suiten moderne Annehmlichkeiten nicht missen. Für Genuss sorgt die frische, regionale Küche im Landgasthof Frettwurst. Das Angebot für sportlich Aktive ist groß: ein 36-Loch-Golfplatz direkt vor der Tür, der Spa-Bereich StrelaMare, Rasentennisplätze und Nordic Walking Parcours. Moderne Tagungsmöglichkeiten im Clubhaus.

Südharz
Sachsen-Anhalt

Naturresort Schindelbruch
★★★★

Schindelbruch 1 / ✉ 06536 Ortsteil Stolberg
www.schindelbruch.de/de/ / T.: +49 34654 8080
info@schindelbruch.de
9 E € 119/219 HP / 78 D € 198/368 HP / 3 S € 219/298 HP
8 App. € 476/476 HP

Das moderne, nachhaltig geführte Hotel inmitten der grünen Hügel des Südharzes bietet seinen Gästen schöne und großzügig eingerichtete Zimmer. Die empfehlenswerte Küche des Restaurants serviert neben regionalen und internationalen Gerichten Wildspezialitäten aus eigener Jagd. Gemütliche Hotelbar, Kaminzimmer und Bibliothek. Entspannung in der 2.500 Quadratmeter große Wellness- und Beauty-Landschaft mit zwei Schwimmbädern, Ruheräume; Fitness-Center, Tennisplätze.

Sulzburg
Baden-Württemberg

Waldhotel Bad Sulzburg
★★★★

Badstr. 67 / ✉ 79295 / www.waldhotel4you.de
T.: +49 7634 505490
info@waldhotel4you.de
4 E € 79/130 / 31 D € 99/170 / 4 S € 121/190

Mitten im Wald und damit ideal für den Wanderer und Ruhesuchenden liegt dieses Hotel. Elegant und sehr ansprechend sind die Gästezimmer und Suiten eingerichtet. Ein großzügiger Wellnessbereich lädt zum Entspannen ein. Das stilvolle Restaurant überzeugt mit frischer und regionaler Küche sowie vegetarischer Kost. Romantische Stunden verbringt man auf der Café-Terrasse. Hotelbar und Wintergarten.

Sundern
Nordrhein-Westfalen

Hotel Seegarten
★★★★

Zum Sorpedamm 21 / ✉ 59846 Ortsteil Langscheid
www.hotel-seegarten.com
T.: +49 2935 96460
info@hotel-seegarten.com
47 D € 109/249 / als E € 89/129

Im Sauerländer Luftkurort mit hohem Freizeitwert, direkt am Sorpesee, liegt malerisch das familiengeführte Landhotel. Es bietet mit viel Liebe zum Detail zeitgemäß, stilvoll eingerichtete Zimmer. Der moderne Anbau besticht mit luxuriöser Innenausstattung, modernstem Komfort und einem Sky-Spa vom Feinsten. Das Restaurant gehört zu den besten der Region.

Sylt
Schleswig-Holstein

Benen-Diken-Hof
★★★★

Keitumer Süderstr. 3-5 / ✉ 25980 Ortsteil Keitum
www.benen-diken-hof.de
T.: +49 4651 93830
info@benen-diken-hof.de
1 E € 184/280 / 20 D € 192/430 / 10 S € 280/454
17 App. € 318/640

Das reetgedeckte Haus wird auch gerne als die „Insel auf der Insel" bezeichnet. In diesem empfehlenswerten First-Class-Hotel findet der Gast die nötige Ruhe von dem Alltagsstress. Angenehm wird der Aufenthalt auch durch den individuellen Service und die luxuriösen Gästezimmer. Der attraktive Bade- und Fitnessbereich bringt Körper und Geist in Schwung. Frühstück bis 13.00 Uhr; friesische Spezialitäten und leichte Küche im Restaurant „Kökken".

Hotel Aarnhoog (g)
★★★★

Gaat 13 / ✉ 25980 Ortsteil Keitum / www.aarnhoog.de
T.: +49 4651 3990 / info@aarnhoog.de
4 D € 270/460 / als E € 210/710 / 7 S € 390/780
5 App. € 200/410 / Frühstück € 24 / @

Heute sind die ehemaligen reetgedeckten Kapitänshäuser eine der exklusivsten Wohnanlagen Deutschlands, das Aarnhoog ist ein Teil dieser Idylle. Außen zeitlos elegant, beherbergt das Innere eine mit allen denkbaren Annehmlichkeiten ausgestattete Gegenwart. Zentrum ist die Tee- und Kaffeestuuv, hier werden Frühstück und hausgemachte Kuchen serviert. Kleiner Spabereich. Appartmenthaus „Lüüvhoog" 500 Meter entfernt.

Solebad: Baden im Wasser natürlicher Salzquellen. Dient zur Anregung des Stoffwechsels und zur Entschlackung.

Hotel Fährhaus Sylt
★★★★★

Bi Heef 1 / ✉ 25980 Ortsteil Munkmarsch
www.faehrhaus-sylt.de / T.: +49 4651 93970
info@faehrhaus-sylt.de
27 D € 280/480 / als E € 220/420 / 12 S € 400/1360
3 App. € 340/960

Einst war das Fährhaus Sylt das Tor zur Insel, heute lädt das Hotel mit seiner einzigartigen Lage am Wattenmeer zu einem besonderen Genießerurlaub ein. Lichtdurchflutete Zimmer mit verschiedenen Farbkonzepten bieten ein nordisches Domizil zeitloser Eleganz. Das mehrfach ausgezeichnete Gourmet-Restaurant „Fährhaus" begeistert nicht nur die Hotelgäste mit außergewöhnlichen Kreationen. Regionale Küche wird in der „Käpt'n Selmer Stube" geboten. Das Fährhaus SPA auf 700 Quadratmetern lädt zum Entspannen ein.

Hotel Jörg Müller
★★★★

Süderstr. 8 / ✉ 25980 Ortsteil Westerland
www.hotel-joerg-mueller.de / T.: +49 4651 27788
hotel-joerg-mueller@t-online.de
18 D € 190/300 / als E € 115/215 / 4 S € 270/420
@

Dezente Eleganz und Großzügigkeit in stilvollem Ambiente prägen den Charakter dieses beliebten Hauses. Individuelle Zimmer und Suiten in geschmackvoller Ausstattung laden zu angenehmem Wohnen ein. Moderner Wellnessbereich mit Dampfsauna, Bistro-Bar.

Hotel Miramar

★★★★★

Friedrichstr. 43 / ✉ 25980 Ortsteil Westerland
www.hotel-miramar.de / T.: +49 4651 8550
info@hotel-miramar.de
15 E € 165/435 / 25 D € 230/455 / 22 S ab € 275

In schönster Meerlage verströmt dieses Jugendstil-Hotel, das sich seit 1903 in Familienbesitz befindet, eine kultivierte Atmosphäre. Die stilvollen, in harmonischen Farbvariationen gehaltenen Gästezimmer und Suiten - zum größten Teil mit Blick auf Meer und Promenade - sorgen für das richtige Urlaubsgefühl. In stilvollem Ambiente werden im Restaurant regionale und internationale Spezialitäten serviert. Cocktailbar und Café-Terrasse.

Hotel Stadt Hamburg

★★★★★

Strandstr. 2 / ✉ 25980 Ortsteil Westerland
www.hotelstadthamburg.com / T.: +49 4651 8580
mail@hotelstadthamburg.com
20 E € 115/340 / 25 D € 205/440 / 25 S € 315/600
Frühstück € 31 / @

Friesischer Charme und traditionsreiche hanseatische Gastlichkeit vereinen sich im feinen „Relais & Châteaux" Hotel „Stadt Hamburg" zu einem Sylt-Erlebnis ganz besonderer Art. Seit drei Generationen im Familienbesitz, bietet das Kleinod heute wunderschöne Zimmer im englischen Country-House-Stil und eine professionelle Wellness-Landschaft. Zwei Restaurants sorgen im Hause für kulinarische Genüsse: Das „Hardy's Bar und Restaurant", in dem eine außergewöhnliche Bar in Szene gesetzt wird, sowie das stilvoll-gemütliche Bistro.

Severin*s Resort & Spa

★★★★★

Am Tipkenhoog 18 / ✉ 25980 Ortsteil Keitum
www.severins-sylt.de / T.: +49 4651 460660
info@severins-sylt.de
34 D € 290/470 / als E € 230/680
28 S € 390/1150 / 27 App. € 240/2450 / Frühstück € 32
@

Ankommen, Durchatmen und sich Wohlfühlen, so lautet die Philosophie des Hauses im pittoresken Keitum, direkt am Wattenmeer. Auf einer Gesamtfläche von 30.000 qm bieten luxuriöse, großzügig geschnittene Zimmer und Suiten sowie Studios und Appartements mit edlem und naturnahem Ambiente viel Raum für Individualität, Ruhe und Erholung. Ein außergewöhnliches Spa sowie ausgewählte Sport- und Freizeit-Programme begeistern. Das kulinarische Angebot reicht vom abwechslungsreichen Frühstück über die typisch Sylter Teezeit bis zum gemütlichen Abendessen im Restaurant „Tipken's" mit Terrasse oder im „Hoog". Hotelbar.

Landhaus Stricker

★★★★★

Boy-Nielsen-Str. 10 / ✉ 25980 Ortsteil Tinnum
www.landhaus-stricker.de
T.: +49 4651 88990
info@landhaus-stricker.de
7 E € 160/250 / 10 D € 260/390 / 21 S € 290/850
@

Seit über 270 Jahren steht im Ortsteil Tinnum das weiße, reetgedeckte Landhaus Stricker – unter Feinschmeckern seit langem eine bekannte Adresse. Das komplett renovierte Landhaus und der im Sylter Stil errichtete Hotelkomplex überzeugen mit sehr eleganten Zimmern und Suiten. Gehobene mediterrane Küche im Gourmet-Restaurant „Bodendorf's" und moderne, internationale Küche im Restaurant „Siebzehn84". Gemütliche Hotelbar und großzügiger, luxuriöser Wellnessbereich; Kinderspielplatz; Cinema Lounge für neun Personen.

Söl'ring Hof

★★★★★

Am Sandwall 1 / ✉ 25980 Ortsteil Rantum
www.soelring-hof.de
T.: +49 4651 836200
info.soelringhof@hommage-hotels.com
13 D € 585/1040 / als E € 540/995 / 2 S € 890/1545
@

„Genuss für alle Sinne" verspricht das exklusive Hotel „Söl'ring Hof". Das reetgedeckte Friesenhaus liegt malerisch eingebettet zwischen Dünengras und feinem Sand und verfügt über einen eigenen Strandzugang. Die mit viel Sinn für Form, Farbe und Stil individuell eingerichteten Zimmer und Suiten, teilweise mit offenem Kamin, lassen kaum einen Wunsch offen. Kulinarische Köstlichkeiten und regionale Spezialitäten bietet das Restaurant am Abend.

T

Bad Tabarz
Thüringen

Hotel Frauenberger
★★★★

Max-Alvary-Str. 9-11 / ✉ 99891
www.hotel-frauenberger.de / T.: +49 36259 5220
info@hotel-frauenberger.de
5 E € 80/95 / 37 D € 135/145 / 1 App. € 140/165

Direkt am Hochwaldrand liegt dieses familiär geführte Hotel im Kurstädtchen Tabarz. Alle Gästezimmer, die es an Bequemlichkeiten kaum fehlen lassen, sind im gediegenen Landhausstil mit viel Liebe eingerichtet. Leichte regionale Gerichte werden im freundlichen Restaurant mit Schauküche serviert. Café-Terrasse.

Tangermünde
Sachsen-Anhalt

Hotel Schloss Tangermünde
★★★★

Auf der Burg, Amt 1 / ✉ 39590
www.schloss-tangermuende.de / T.: +49 39322 7373
rezeption@schloss-tangermuende.de
1 E € 80/120 / 34 D € 110/178 / 2 S € 120/250

Das im Jahr 1699 von Friedrich I. erbaute Gebäude liegt im Herzen der Kaiserstadt. Die Gästezimmer sind mit viel Liebe eingerichtet. Die Alte Kanzlei, das ehemalige Tanzhaus Kaiser Karl IV, bietet sich für feierliche Anlässe an. Elbterrasse und Café im Burginnenhof. Aktive finden regionale Rad- und Wanderwege und die schönsten Joggingpfade entlang der Elbe. Ansonsten: Elbauen und Natur pur, soweit das Auge reicht!

Tegernsee
Bayern

DAS TEGERNSEE
★★★★★

Neureuthstr. 23 / ✉ 83684 / www.dastegernsee.de
T.: +49 8022 1820 / info@dastegernsee.de
4 E ab € 169 / 58 D ab € 255 / 12 S ab € 465

Das Gebäudeensemble verbindet auf ideale Weise Tradition und Lifestyle und begeistert mit einem überwältigenden Ausblick auf den See und die Tegernseer Alpen. Sehr geschmackvoll sind die Zimmer und Suiten ausgestattet. Zum See ausgerichtet ist auch das sinnlich faszinierende SPA – eine traumhafte Beauty- und Wellness-Landschaft. Die ausgezeichnete Küche verwöhnt mit frischen und abwechslungsreichen Gerichten. Bayerische Spezialitäten im Biergarten.

Bad Teinach-Zavelstein
Baden-Württemberg

Hotel Berlins KroneLamm
★★★★

Marktplatz 1-3 / ✉ 75385 Ortsteil Zavelstein
www.berlins-hotel.de / T.: +49 7053 92940
kronelamm@berlins-hotel.de
2 E € 113/140 / 57 D € 152/310 / 3 S € 290/352

Das familiengeführte Wellnesshotel liegt auf einem sonnigen Hochplateau im Naturpark Schwarzwald. Der kinderfreie Wellnessbereich, mit verschiedenen Pools und Saunen, lädt zum Entspannen und Erholen ein. Drei unterschiedliche Restaurants von schwäbisch-rustikal bis hin zur kreativen Gourmetküche sorgen für das leibliche Wohl der Gäste.

Hotel Therme Bad Teinach
★★★★

Otto-Neidhart-Allee 5 / ✉ 75385 Ortsteil Bad Teinach
www.hotel-therme-teinach.de
T.: +49 7053 290
info@hotel-therme-teinach.de
34 E € 99/139 / 78 D € 159/249 / 2 S € 218/308
4 App. € 175/275

Im nördlichen Schwarzwald, umgeben von Natur und vielseitigen Freizeit- und Erholungsmöglichkeiten, befindet sich dieses Wohlfühl- und Business-Hotel. Nach einer umfangreichen Erweiterung erwartet die Gäste neue Zimmer und Suiten sowie eine neue Therme mit großzügiger Saunalandschaft und exklusivem Beauty- und Spa-Angebot. Spezialitäten aus der Region werden im Quellenrestaurant und im neuen Wintergarten, mit Blick in den Park, serviert. Urige Wanderhütte.

Teisnach
Bayern

Landromantik Hotel Oswald
★★★★

Am Platzl 2 / ✉ 94244 Ortsteil Kaikenried
www.hotel-oswald.de
T.: +49 9923 84100
info@hotel-oswald.de
2 E € 111/116 VP / 11 D € 123/183 VP / 31 S € 153/228 VP

In der idyllischen Umgebung des Bayerischen Waldes lädt das familiär geführte Haus mit freundlicher Atmosphäre zum Wohlfühlen ein. Die gemütlichen Zimmer mit Balkon sind komfortabel ausgestattet; Hotelbar. Im Restaurant wird eine feine bayerische Küche geboten; eigene Metzgerei. Exklusiver Wellnessbereich; Ausflugsmöglichkeiten.

Temnitzquell
Brandenburg

Landhotel Märkische Höfe
★★

Dorfstr. 7 + 11 / ✉ 16818
www.maerkischehoefe.com
T.: +49 33924 8980 / info@maerkischehoefe.com
20 D € 50/80 / als E € 50/80 / 4 App. € 70/100

Himmlische Ruhe verspricht der Aufenthalt in den stilgerecht umgebauten Vierseithöfen im Straßendorf Netzeband. Nordwestlich von Berlin erwartet Gäste eine familiäre Atmosphäre, die Küche im Restaurant „Calvis" auf dem Gäntikowhof sowie ein Badeteich in herrlicher Natur.

Templin
Brandenburg

Hotel Döllnsee-Schorfheide
★★★★

Döllnkrug 2 / ✉ 17268 Ortsteil Groß Dölln
www.doellnsee.de / T.: +49 39882 630
info@doellnsee.de
54 E € 68/195 / 68 D € 84/304 / 4 S € 149/364

Etwa eine Autostunde von Berlin entfernt liegt das Hotel ruhig im Biosphärenreservat - ein Traum in der Natur. Die freundlichen Zimmer sind mit modernen Annehmlichkeiten versehen. Das professionelle Tagungs- und Seminarzentrum führt Veranstaltungen zum Erfolg und das Restaurant „Cottage" verwöhnt mit internationaler und regionaler Küche.

Timmendorfer Strand
Schleswig-Holstein

Grand Hotel Seeschlösschen Sea Retreat & SPA
★★★★★

Strandallee 141 / ✉ 23669
www.seeschloesschen.de
T.: +49 4503 6011 / info@seeschloesschen.de
13 E € 149/289 / 92 D € 189/329 / 20 S € 259/749

Direkt am Strand des bekannten Badeortes liegt das moderne, elegante Privathotel mit Appartementhaus, das sich ganzjährig für Ferien- und Kurzaufenthalte empfiehlt. Die eleganten Zimmer und großzügigen Suiten sind individuell und sehr komfortabel eingerichtet. Die Restaurants „Panorama", „Grill Seesteg" und „La Mer", alle mit herrlichem Seeblick, kredenzen Genießern kulinarische internationale und regionale Spezialitäten. Im 2.300 Quadratmeter großen Spa-Bereich verwöhnen in angenehmer Wellness-Atmosphäre vielfältige Angebote. Hotelgäste erhalten auf der hoteleigenen 36-Loch-Golfanlage eine Greenfee-Ermäßigung.

Landhaus Carstens
★★★★

Strandallee 73 / ✉ 23669
www.landhauscarstens.de
T.: +49 4503 6080
info@landhauscarstens.de
1 E € 95/175 / 30 D € 150/280 / 1 S € 300/480

Der Landhausstil verleiht diesem edlen Hotel eine urgemütliche Atmosphäre. Die zentrale und trotzdem ruhige Lage direkt am Strand zeichnet es aus. Individuell eingerichtete Gästezimmer und elegante Suiten mit schönen Bädern verfügen über modernen Wohnkomfort. Eine große Auswahl an Speisen bietet das ländlich-elegante „Landhaus Carstens". Besonders bei schönem Wetter bietet sich die Gartenterrasse an. Attraktive Badelandschaft; Wellness-Bereich.

Hotel Royal
★★★★

Kurpromenade 2 / ✉ 23669 / www.royal-timmendorf.de
T.: +49 4503 35950 / info@royal-timmendorf.de
6 E € 77/110 / 28 D € 121/155
11 S € 131/215 / 8 App. € 60/115 / Frühstück € 14

Im Zentrum von Timmendorf, nur 50 Meter vom Strand entfernt, liegt dieses privat geführte Hotel. Für einen angenehmen Aufenthalt sorgen die charmant eingerichteten Zimmer. Die elegante Lobby mit Bibliothek ist ein beliebter Treffpunkt. Im stilvollen Restaurant „Filou" speist der Gast eine gute Küche. Schöner Kaffeegarten, gemütliche Hotelbar, Bierstube und Biergarten.

The Cozy Hotel Timmendorfer Strand
★★★★

Schmilinskystr. 2 / ✉ 23669
www.thecozy-hotel.de
T.: +49 4503 76091000 / info@thecozy-hotel.de
57 D € 90/195 /

Abseits vom ganz großen Trubel und doch nur einige Gehminuten vom Strand entfernt, findet sich der Gast in diesem gemütlichen Hotel wieder, das seinen Fokus ganz klar auf ein stilvolles aber doch bodenständiges Wohlfühlambiente legt. Gegenüber liegt der Kurpark mit seinen alten Bäumen, auf der Veranda baumeln die Füße. Das Hotel wurde liebevoll im Stil der klassischen Bäderarchitektur des 19. Jahrhunderts renoviert. Viel Holz, Stoffe und zahlreiche Einrichtungsdetails schaffen ein Zuhause-Gefühl vom ersten Moment an, in jedem einzelnen Winkel des Hauses.

The Flamingo
★★★★

Strandallee 60 / ✉ 23669 / the-flamingo.de
T.: +49 4503 8090 / The-Flamingo@nordic-wave.com
43 D ab € 240 / als E ab € 174 / 7 S ab € 340

Das ehemalige Hotel Atlantis (Baujahr 1974) wurde renoviert und mit neuen Werten aufgepeppt. Die Zimmer: Boxspringbetten, Nespressomaschine und bodentiefe Fenster, integriert in modernes Design auf 24 Quadratmetern. Inklusive Balkon, Minibar und USB-Steckdosen. Dazu gibt's einen Wellnessbereich, ein Restaurant und diverse flotte Sprüche. Alles nur 50 Meter vom Strand entfernt. Daumen hoch.

Perfekt entschleunigen an
Deutschlands Ostseeküste

© naiderose/stock.adobe.com

Titisee-Neustadt
Baden-Württemberg

siehe auch D-79856 Hinterzarten

Landgasthof Jostalstüble
★★★

Jostalstr. 60 / ✉ 79822 Ortsteil Neustadt
www.jostalstueble.com / T.: +49 7651 918160
jostalstueble@t-online.de
2 E ab € 55 / 9 D ab € 100 / 2 App. ab € 120

Auf 860 Metern Höhe im idyllischen Jostal liegt das familiär geführte Landhotel. Hier gibt es gutes Essen, nette Menschen und den Glanz der Natur. Die Zimmer sind alle auf modernem Stand und verfügen über einen eigenen Balkon. Kleiner Wellnessbereich.

Seehotel Wiesler
★★★★

Strandbadstr. 5 / ✉ 79822 Ortsteil Titisee
www.seehotel-wiesler.de / T.: +49 7651 98090
info@seehotel-wiesler.de
35 D ab € 210 / 2 S ab € 290

Die ruhige, idyllische Lage dieses persönlichen Ferienhotels an der Sonnenseite des Titisees lädt zum Verweilen ein. Die hellen, geräumigen Gästezimmer mit Blick auf den See sind modern und individuell eingerichtet. Die Küche überzeugt mit badischen Spezialitäten. Das Natur Spa entspannt die Seele schon durch sein wohliges Ambiente.

Treschers Schwarzwalhotel am See
★★★★

Seestr. 10 / ✉ 79822 Ortsteil Titisee
www.treschers.de
T.: +49 7651 8050 / info@treschers.de
5 E € 135/165 / 61 D € 192/294 / 5 S € 240/260
2 App. € 306/336

Direkt am See liegt das erstklassige, persönlich geführte Urlaubshotel. Die großzügigen Zimmer und Suiten sind im gehobenen Landhausstil eingerichtet und bieten viele Annehmlichkeiten. Im Seeflügel verfügen alle frisch renovierten, eleganten Zimmer über Seeblick. Das kulinarische Repertoire im Restaurant reicht vom Frühstücksbüfett über regionale Spezialitäten bis hin zu internationalen Klassikern der gehobenen Art. Kaminbar, Lobby mit Piano-Lounge; Weinkeller. Moderne Tagungsräume.

Titting
Bayern

Hotel Dirsch Wellness & Spa Resort
★★★★

Hauptstr. 13 / ✉ 85135 Ortsteil Emsing
www.hotel-dirsch.de
T.: +49 8423 1890
info@hotel-dirsch.de
10 E € 89/150 / 40 D € 109/200 / 40 S € 119/450
2 App. € 159/450

Inmitten des Naturparks Altmühltal liegt das Hotel „Dirsch". Ideenreich gestaltete Zimmer in neuzeitigem Stil und moderne Tagungsräume garantieren einen angenehmen Aufenthalt. 1.500 Quadratmeter großer Wellnessbereich. Neben einem reichhaltigen kulinarischen Angebot bietet das Restaurant auch Hirschspezialitäten aus eigener Zucht; im Sommer lädt der Biergarten ein.

Todtmoos
Baden-Württemberg

Schwarzwaldgasthof Rößle
★★★★

Kapellenweg 2 / ✉ 79682 Ortsteil Strick
www.hotel-roessle.de / T.: +49 7674 90660
info@hotel-roessle.de
6 E € 80/103 / 22 D € 160/240 / 2 S € 192/240
2 App. € 192/240

Seit der Gründung dieses Schwarzwaldgasthofes im Jahr 1670 hat sich das Gespür für die wunderschöne Lage des Hauses bis heute bewahrheitet. In dem modernen Hotel sind gemütliche Gaststuben, komfortable Zimmer und Apartments, eine viel gelobte Küche und zahlreiche Angebote aus Wellness, Fitness und Unterhaltung Garant für einen erholsamen Aufenthalt. Entspannung im Hallenbad mit Panoramablick.

Todtnau
Baden-Württemberg

derWaldfrieden naturparkhotel
★★★★

Dorfstr. 8 / ✉ 79674 Ortsteil Herrenschwand
www.derwaldfrieden.de
T.: +49 7674 92093-0 / info@derwaldfrieden.de
2 E € 100/110 / 12 D € 130/210 / 8 S € 230/310

Mitten im Südschwarzwald, auf einem Sonnenplateau, trifft Schwarzwälder Charme auf raffinierte Architektur. Das Stammhaus mit den Zimmern und Gaststuben ist ein heimeliger, traditioneller Ort. Modernes Design, ursprünglich klar und reduziert, kennzeichnet das neue spa Haus. Hier befinden sich Panorama-Spa, Kaminstube und Suiten.

Darf ich Gäste in mein Hotelzimmer einladen? In der Regel gilt: Gäste im gebuchten Hotelzimmer empfangen ist ok, eine Übernachtung hingegen nicht. In jedem Fall sollte man das individuell mit dem Hotel klären und Besuch in jedem Fall anmelden. Gemäß Bundesmeldegesetz (BMG) müssen mitreisende (mitübernachtende) Gäste ohnehin registriert werden.

Traben-Trarbach
Rheinland-Pfalz

Ayurveda Parkschlösschen
★★★★

Wildbadstr. 201 / ✉ 56841 Ortsteil Bad Wildstein
www.ayurveda-parkschloesschen.de / T.: +49 6541 7050
rezeption@parkschloesschen.de
13 E € 310/355 VP / 30 D € 355/355 VP
15 S € 435/480 VP

In einem stillen Seitental der Mosel liegt das Schlösschen eingebettet in einem weitläufigen Park. Dem Konzept des reinen Ayurveda-Hauses liegt die jahrtausende alte ayurvedische Weisheit zugrunde, dass Gesundheit aus dem Einklang des Menschen mit sich und seiner Natur entspringt. Schwerpunkte des Gesundheitshotels ist die ayurvedische Entgiftungskur. Darüber hinaus werden u. a. Pachaharma und Spezialprogramme zum Stressabbau, Abnehmen und bei Rückenleiden angeboten. Die vegetarische Gourmetküche rundet den Aufenthalt ab.

Hotel Moseltor
★★★

Moselstr. 1 / ✉ 56841 Ortsteil Trarbach / www.moseltor.de
T.: +49 6541 6551 / urlaub@moseltor.de
9 D € 140/180 / als E € 120/140 / 5 S € 210/270

Seit 1920 befindet sich das schöne Nichtraucherhotel, eine ehemalige Torschänke, in Familienbesitz. Geschmackvolle, individuell eingerichtete Zimmer in dem moselländischen Bruchsteinhaus machen den Aufenthalt angenehm. Leichte Neue Kost und regionale Frische-Küche wird abends im bekannten „Bauer's" Restaurant serviert.

Romantik Jugendstilhotel Bellevue
★★★★

An der Mosel 11 / ✉ 56841 Ortsteil Traben
www.bellevue-hotel.de / T.: +49 6541 7030
info@bellevue-hotel.de
6 E € 85/120 / 26 D € 140/220 / 38 S € 210/415
6 App. € 80/140

Modernste Annehmlichkeiten und einzigartige Jugendstil-Elemente wurden bei diesem direkt an der Mosel gelegenen Hotel zu einer harmonischen Einheit verbunden. Die exklusiven Zimmer sind großzügig gestaltet. Im Restaurant „Belle Epoque" genießt der Gast eine gehobene regionale Kochkunst und besten Wein. Spa-Bereich, Art-Déco-Salon, Hotelbar im Jugendstil.

Treis-Karden
Rheinland-Pfalz

Schloß-Hotel Petry
★★★

St.-Castor-Str. 80 / ✉ 56253 Ortsteil Karden
www.schloss-hotel-petry.de
T.: +49 2672 9340
info@schloss-hotel-petry.de
9 E € 66/105 / 44 D € 94/180 / 19 S € 150/180

Das historische Gebäude beherbergt ein familiär geführtes Hotel mit gut ausgestatteten Zimmern. Die ruhige Lage mit Blick auf die Mosel und die Weinberge, das Engagement der Gastgeber und das gute kulinarische Angebot der beiden Restaurants „Schlossstube" und „Weinstube" sind beste Vorraussetzungen für einen angenehmen Aufenthalt.

Trier
Rheinland-Pfalz

siehe auch D-54318 Mertesdorf

Becker's Hotel
★★★★

Olewiger Str. 206 / ✉ 54295 Ortsteil Olewig
www.beckers-trier.de / T.: +49 651 938080
info@beckers-trier.de
15 D € 110/170 / als E € 85/110 / 9 S € 110/240

Von der Innenstadt kommend, fährt der Reisende am Amphitheater vorbei und erreicht den Ortsteil Olewig. Hier befindet sich in ruhiger Lage das umfassend erweiterte Hotel mit charmanten Gästezimmern. Eine frische und kreative Küche lässt sich in angenehmem Ambiente genießen.

Berghotel Kockelsberg
★★★

Kockelsberg 1 / ✉ 54293 Ortsteil Trier-West-Pallien
www.kockelsberg.de / T.: +49 651 82480
kockelsberg@web.de
5 E ab € 66 / 27 D ab € 88 / 1 S ab € 125 / 2 App. ab € 125

Das Berghotel liegt auf dem höchsten Punkt des Trierer Stadtgebietes, mit fantastischer Aussicht auf die älteste Stadt Deutschlands und die Mosel. Gute Erholung versprechen die gemütlichen Gästezimmer. Die sympathische Gastgeberin kümmert sich leidenschaftlich um das Wohlergehen ihrer Gäste.

Hotel Blesius-Garten
★★★★

Olewiger Str. 135 / ✉ 54295 Ortsteil Olewig
www.blesius-garten.de / T.: +49 651 36060
m.tonkaboni@blesius-garten.de
8 E € 68/77 / 52 D € 86/127 / 1 S € 116/137
Frühstück € 14

Ruhig gelegen, umgeben von Weinbergen, bietet das Hotel individuell und geschmackvoll eingerichtete Gästezimmer mit Landhausflair und einen aufmerksamen Service. Die vielseitige Gastronomie offeriert ein großes kulinarisches Angebot für ein breit gefächertes Publikum. Wintergarten- und Brauereistube, eigene Hausbrauerei sowie Biergarten laden ein.

Hotel Klosterschenke

★★★

Klosterstr. 10 / 54293 Ortsteil Pfalzel
www.hotel-klosterschenke.de
T.: +49 651 968440
info@hotel-klosterschenke.de
11 D € 84/102 / 2 App. € 60/85 / Frühstück € 7

Ein wunderschönes Ambiente und die traumhafte Lindengarten am Moselufer zeichnen das historische, unter Denkmalschutz stehende ehemalige Kloster aus. Romantisch eingerichtete, ruhige Zimmer mit Blick auf die Mosel und eine sorgfältige Frischeküche sorgen für einen entspannten Aufenthalt.

Park Plaza Trier

★★★★

Nikolaus-Koch-Platz 1 / 54290
www.parkplaza-trier.de
T.: +49 651 99930
info@parkplaza-trier.de
145 D ab € 133 / als E ab € 99 / 5 S ab € 149
Frühstück € 17

Im Herzen der ältesten Stadt Deutschlands erwartet die Gäste das zeitgemäße Hotel. Zeugnisse der römischen Vergangenheit harmonieren in besonderer Weise mit dem modernen Design des Hauses. Mediterraner Innenhof. Lichtdurchflutete Lounge-Bar sowie klimatisierte Bankett- und Konferenzräume mit moderner Tagungstechnik. Der Wellnessbereich „Relaxarium" hoch über den Dächern Triers lädt zur Entspannung ein. Öffentliche Tiefgarage.

Villa Hügel

★★★★

Bernhardstr. 14 / 54295 Ortsteil Heiligkreuz
www.hotel-villa-huegel.de
T.: +49 651 937100
info@hotel-villa-huegel.de
43 D € 163/243 / als E ab € 118 / 2 S € 206/263

Die Jugendstilvilla inmitten einer wunderschönen Gartenanlage bietet ihren Gästen einen herrlichen Panoramablick über die Sehenswürdigkeiten der Stadt. Moderne Annehmlichkeiten und ein stilvolles Ambiente prägen die Gästezimmer. Im Restaurant werden regionale Gerichte serviert. Sonnenterrasse und romantischer Garten.

Tübingen
Baden-Württemberg

siehe auch D-72181 Starzach

Hotel La Casa

★★★★★

Hechinger Str. 59 / 72072 Ortsteil Südstadt
www.lacasa-tuebingen.de / T.: +49 7071 946660
info@lacasa-tuebingen.de
19 E € 179/205 / 14 D € 205/235
4 S € 276/325 / 2 App. € 305/400 / Frühstück € 23

Zentrumsnah am südlichen Eingang der Stadt empfängt das First-Class-Hotel seinen Gästen. Großzügige Zimmer mit keramischen Bodenbelägen vereinen stimmungsvolle Farbigkeit mit einem Hauch Orient. Die beiden Wellnessbereiche „Spa La Casa" und „Arabisches Bad & Hamam", ein Fitnessraum, die gemütliche Gartenlounge und eine legere Abendgastronomie mit Piano-Live-Musik bieten dem Gast einen angenehmen Aufenthalt. Tagungs- und Bankettmöglichkeiten.

Landhotel Hirsch Bebenhausen

★★★

Schönbuchstr. 28 / 72074 Ortsteil Bebenhausen
www.hirsch-bebenhausen.de / T.: +49 7071 60930
info@hirsch-bebenhausen.de
4 E ab € 98 / 8 D ab € 155 /

Gelungen vereint das familiär geführte Hotel Tradition mit modernem Zeitgeist. Liebevoll eingerichtete Gästezimmer sorgen für einen erholsamen Aufenthalt. Im Restaurant, im traditionsreichen „Königsstüble" oder im Kaminzimmer genießt der Gast regionale und internationale Spezialitäten.

Twist
Niedersachsen

Landgasthof Backers

★★★

Kirchstr. 25 / 49767 Ortsteil Bült
www.gasthof-backers.de / T.: +49 5936 904770
info@gasthof-backers.de
5 E ab € 69 / 5 D ab € 102 / Frühstück € 10

Mitten im Naturpark Bourtanger Moor gelegen, 600 Meter von der grünen niederländisch-deutschen Grenze entfernt, logieren Radfahrer, Partygäste und Kurzurlauber in dem seit 175 Jahren familiengeführten Landgasthof. Ein besonderes Highlight ist die gehobene und originelle Küche des Hauses, aber auch die vier gemütlichen, rundum modernisierten Zimmer können sich sehen lassen. Der richtige Ort für eine friedliche und vor allem genussvolle Auszeit.

U

Überherrn
Saarland

Romantik Hotel Linslerhof
★★★★

Linslerhof 1 / 66802 / www.linslerhof.de
T.: +49 6836 8070 / rezeption@linslerhof.de
12 E € 80/158 / 50 D € 119/188

Das Gutshaus aus dem 11. Jahrhundert beherbergt heute eine großzügige Hotelanlage. Im englischen Landhausstil eingerichtete Zimmer bieten den Gästen ein angenehmes Zuhause. Das Restaurant „Antonius" mit offenem Kamin und die gemütliche „Georg-Stube" sorgen mit saarländischen Spezialitäten und kulinarischen Köstlichkeiten für das leibliche Wohl. Biergarten im Sommer. Schießstand, Jagdschule, Falknerei.

Überlingen
Baden-Württemberg

Bad Hotel Überlingen
★★★★

Christophstr. 2 / 88662
www.bad-hotel-ueberlingen.de
T.: +49 7551 8370 / info@bad-hotel-ueberlingen.de
10 E € 80/195 / 62 D € 105/235 / 4 S € 140/335
Frühstück € 19 / @

Direkt am Park und See gelegen verspricht die sonnige Südlage des Bad Hotel Überlingen einen erholsamen Bodensee-Urlaub. Im Jahr 2013 aufwendig renoviert, verfügt das Bad Hotel über wohnliche Zimmer mit modernen Annehmlichkeiten. Die Dependance Villa „Seeburg" liegt direkt am See und ist vom Bad Hotel nur 100 Meter entfernt.

Parkhotel St. Leonhard
★★★★

Obere St.-Leonhard-Str. 71 / 88662
www.parkhotel-st-leonhard.de / T.: +49 7551 808100
info@parkhotel-sankt-leonhard.de
26 E € 89/169 / 141 D € 129/369 / 16 S € 389/469

Einen wundervollen Panoramablick über den Bodensee bis zu den Schweizer Alpen bietet dieses exklusive Hotel. Das Haus liegt ruhig in einer Parkanlage mit Wildgehege. Die mit vielen Extras ausgestatteten, hellen Gästezimmer lassen es an nichts fehlen. Spa-Abteilung und Panorama-Sauna mit Seeblick. Leichte klassische Küche auf der Terrasse des eleganten Restaurants. Tagungsmöglichkeiten. Weinstube, Bar; eigene Tennishalle und eigener E-Bike-Fuhrpark.

Romantik Hotel Johanniter-Kreuz
★★★★

Johanniterweg 11 / 88662
www.johanniter-kreuz.de
T.: +49 7551 937060 / info@johanniter-kreuz.de
4 E € 83/113 / 20 D € 136/208 / 4 S € 178/220

Im 400 Jahre alten Landhaus erlebt der Gast ein einzigartiges, gewachsenes Ambiente und gepflegte Wohlfühlzimmer. Eine gemütliche Hotelbar, eine Café-Terrasse und eine Weinstube sind beliebte Treffpunkte. Das stimmungsvolle Kaminrestaurant verwöhnt mit einer leichten, regionalen Küche. Liegewiese; lichtdurchfluteter Wellnessbereich.

Ueckermünde
Mecklenburg-Vorpommern

Hafenhotel Pommernyacht
★★★

Altes Bollwerk 1 b / 17373 / www.pommernyacht.de
T.: +49 39771 2150 / info@pommernyacht.de
18 D € 86/189 / als E € 61/70 / @

Vis à vis der Insel Usedom liegt das maritime Hotel mit guten Ausflugsmöglichkeiten auf die Insel und nach Polen. Die großzügigen Zimmer sind geschmackvoll eingerichtet mit Blick auf den Stadthafen oder den Ueckerpark. Das hauseigene Restaurant „Roter Butt" bietet eine feine regionale Küche.

Uhingen
Baden-Württemberg

Gerber Park Hotel
★★★★

Kanalstr. 47 / 73066 / www.gerber-park.de
T.: +49 7161 946970 / info@gerberpark-hotel.de
30 D € 139/177 / als E ab € 98 / 2 S ab € 195
Frühstück € 16 / @

Neben herzlicher Gastlichkeit erwartet Urlaubsgäste und Businessreisende ein besonderes Ambiente im zentral an der Fils gelegenen Gerber Park. Wohlfühlorte sind die großzügigen, mit viel Liebe sehr geschmackvoll gestalteten Zimmer und Suiten. Zu der Anlage gehören neben dem Hotel das Brauhaus mit Biergarten, der Festsaal, die Orangerie mit Terrasse sowie die BrennBar, Tagungsräume und ein Event-Stad'l. Brauereiführungen.

Uhldingen-Mühlhofen
Baden-Württemberg

Hotel Seehalde
★★★

Birnau-Maurach 1 / 88690 Ortsteil Birnau-Maurach
www.seehalde.de / T.: +49 7556 92210 / info@seehalde.de
3 E € 81/97 / 18 D € 151/210 / @

Eingebettet in eine idyllische Naturlandschaft bietet dieses Hotel mit direkter Seeuferlage ideale Voraussetzungen für einen erholsamen Aufenthalt. Die Zimmer sind gemütlich eingerichtet. Leichte und regionale Spezialitäten im Gourmet-Restaurant. Gartenterrasse; Badestrand.

Ulm
Baden-Württemberg

Hotel am Rathaus & Hotel Reblaus (g)
★★

Kronengasse 10 / 89073 Ortsteil Mitte
www.rathausulm.de / T.: +49 731 968490
info@rathausulm.de
10 E ab € 82 / 24 D ab € 100 / 2 S ab € 148 / @

→

Unweit des historischen Fischerviertels liegt dieses urige Doppelhotel in der Altstadt. Ein paar Schritte nur sind es zum Donauradweg und zum Ulmer Münster, dem höchsten Kirchturm der Welt. Die kleinen Zimmer des Hotel Reblaus (1651) sind äußerst liebevoll gestaltet, Fachwerk und bemalte Kleiderschränke sowie praktische Gimmicks erwarten den Gast. Perfekt für einen kurzen Aufenthalt in der City. Radler können ihr Bike im Fahrradraum unterstellen und das Auto bleibt am besten im Parkhaus außerhalb der Innenstadt.

Hotel Schiefes Haus (g)

★★

Schwörhausgasse 6 / ✉ 89073 Ortsteil Mitte
www.hotelschiefeshausulm.de
T.: +49 731 967930
hotelschiefeshausulm@t-online.de
11 D ab € 124 / als E ab € 114 /

Dieses historische, denkmalgeschützte Fachwerkgebäude aus dem 13. Jahrhundert bietet die Verbindung des Mittelalters mit den Annehmlichkeiten des 20. Jahrhunderts. Individuell eingerichtete Zimmer mit zeitgemäßem Komfort versprechen einen angenehmen Aufenthalt; Frühstücksbüfett

Lago Hotel & Restaurant am See

★★★★

Friedrichsau 50 / ✉ 89073 Ortsteil Oststadt
www.hotel-lago.de / T.: +49 731 2064000
hotel@lago-um.de
60 D € 99/159 / als E € 89/137 / Frühstück € 17

Ruhig am Rand der Stadt liegt das Lago Hotel und bietet einen herrlichen Ausblick auf die Friedrichsau und die Donau. Die Zimmer sind individuell eingerichtet und mit vielen liebevollen Details gestaltet. Elegant und stilvoll wirken die hellen Räume mit dunklen Akzenten. Das Restaurant kommt mit warmen Farben daher und präsentiert den Gästen Gaumenfreuden aus dem nationalen und internationalen Bereich.

me and all hotel ulm

★★★★

Bahnhofplatz 7 / ✉ 89073 Ortsteil Mitte
www.meandallhotels.com
contact.ulm@meandallhotels.com
147 D € 94/145 /

Auf acht Etagen bietet das modern designte Hotel gegenüber vom Hauptbahnhof neben 147 Zimmern eine Fitness-Zone, Chill-Out-Bereich und Coworking-Areas sowie eine Rooftop-Bar. Perfekt also, um mit dem Zug anzureisen und die Stadt zu Fuß oder mit dem Fahrrad zu erkunden. In den Zimmern gibt es Boxspringbetten, TV mit Soundbar und Subwoofer, reichlich USB-Ports und sogar eine kostenlose Minibar. Achtung: Es sind keine Parkplätze verfügbar! Kartenzahlung wird gerne gesehen.

Unterammergau
Bayern

Boutique-Hotel Lartor

★★★★

Weiherweg 34-36 / ✉ 82497
www.lartor.de
T.: +49 8822 939910 / info@lartor.de
12 D ab € 185 /

Die malerische Natur der Ammergauer Alpen, Kunst und Kulinarik sind die drei Charakteristika des edlen kleinen Design-Hotels mit Skulpturenpark, gelegen am grünen Dorfrand von Unterammergau. Die 12 Zimmer sind mit bodentiefen Fenstern, Eichenparkett und Designmöbeln aus Eichenholz ausgestattet. Ein absolutes Highlight sind die gläsernen Duschröhren mitten im Zimmer. Im Übrigen wird konsequent auf Plastik verzichtet. Feine Genüsse kommen im elegant-rustikalen Restaurant „Hieronymus" mit Sportsbar und Grill auf den Tisch.

Unterneukirchen
Bayern

Raspl's Traumschmiede

★★★

Tüßlinger Str. 2 / ✉ 84579
www.hotel-traumschmiede.de
T.: +49 8638 1535 / info@hotel-traumschmiede.de
28 D ab € 84 / als E ab € 62 / 7 App. ab € 110
Frühstück € 9

Inmitten der Inn-Salzach-Region, südlich von Altötting, ist die „Traumschmiede" ein Zuhause auf Zeit, für Urlauber und Geschäftsreisende gleichermaßen. Gemütliche Zimmer im modern-alpinen Design laden zum Wohlfühlen ein, das Frühstück im „Wohnzimmer" zu einem guten Start in den Tag. Nebenan im Gasthof Raspl wird regionale Küche serviert. Zahlreiche Rad- und Wanderwege und attraktive Ausflugsziele befinden sich in der Umgebung.

Unterreichenbach
Baden-Württemberg

Ringhotel Mönch's Waldhotel

★★★★

Zu den Mühlen 2 / ✉ 75399 Ortsteil Kapfenhardt
www.moenchs-waldhotel.de / T.: +49 7235 7900
info@moenchs-waldhotel.de
26 E € 73/140 / 48 D € 129/190 / 4 S € 189/230

„Herzlich willkommen im Schwarzwald" - so begrüßt das Hotel, das sich in idyllischer Lage im Kapfenhardter Tal befindet, Tagungsgäste, Urlauber und Geschäftsreisende. Persönliche Betreuung in familiärer Atmosphäre ist hier selbstverständlich. Frühstück im sonnigen Wintergarten. Kulinarisch wird der Gaumen in der Mönchstube verwöhnt.

Bad Urach
Baden-Württemberg

Hotel Graf Eberhard

★★★★

Bei den Thermen 2 / ✉ 72574
www.hotel-graf-eberhard.de
T.: +49 7125 1480
info@hotel-graf-eberhard.de
19 E € 79/161 / 53 D € 119/191 / 7 S € 144/191

Im Kurpark von Bad Urach befindet sich das familiär geführte Biosphären-Hotel mit angenehmem Ambiente und komfortablen Zimmern. Die Küche verwendet Erzeugnisse heimischer Höfe mit artgerechter Tierhaltung und umweltverträglicher Landwirtschaft. Ein Gästeprogramm sorgt für Abwechslung.

V

Vaihingen an der Enz
Baden-Württemberg

Kachelofa (g)
★★★

Katharinenstr. 4 / ✉ 71665 Ortsteil Gündelbach
www.kachelofa.de / T.: +49 7042 815590
info@kachelofa.de
11 D zu € 86 / als E zu € 62

Schwäbische Herzlichkeit am Fuß des Strombergs, direkt an der längsten Weinstraße Deutschlands, erwartet den Reisenden in der Pension „Kachelofa“. Erholung versprechen nicht nur die hochwertig ausgestatteten Gästezimmer im neuzeitigen Stil, sondern auch die malerische Umgebung; umfangreiches Frühstücksbüfett.

Varel
Niedersachsen

Friesenhof
★★★

Neumarktplatz 4-6 / ✉ 26316 / www.hotel-friesenhof.de
T.: +49 4451 9250 / info@hotel-friesenhof.de
19 E € 53/58 / 74 D € 88/108 / 20 S € 118/138

Einen angenehmen Aufenthalt bietet das familiär geführte Hotel mit seinen angrenzenden Gästehäusern im Herzen der Stadt. Freundlich eingerichtete Zimmer, zwei Restaurants mit vielseitiger Küche sowie professionell ausgestattete Konferenz- und Veranstaltungsräume stehen zur Verfügung. Hotelbar und Erlebnisgaststätte; Wellnessbereich, Kosmetik-Studio.

Upstalsboom Landhotel Friesland
★★★★

Mühlenteichstr. 78 / ✉ 26316 Ortsteil Obenstrohe
www.landhotel-friesland-varel.de
T.: +49 4451 9210
landhotel@upstalsboom.de
102 D € 108/178 / als E € 88/168 / 3 S € 228/268

Dieses Hotel liegt direkt am idyllischen Mühlenteich, umgeben von altem Baumbestand. Entspannung verspricht der mehr als 2.500 Quadratmeter große Wellnessbereich Balance & Spa. Anschließend serviert das Restaurant „Entenblick“ kulinarische Köstlichkeiten. Hotelbar, gemütliche Lounge.

Vellberg
Baden-Württemberg

Hotel im Städtle (g)
★★★

Im Städtle 23 / ✉ 74541 / www.hotel-cafe-vellberg.de
T.: +49 7907 5880100 / info@hotel-cafe-vellberg.de
4 E € 58/68 / 24 D € 85/93 / 2 S € 109/123 / @

Liebevoll aufpoliert und zeitgemäß herrgerichtet ist das Raumangebot und das Ambiente in diesem historischen Baudenkmal, im 1514 erbauten Ganerbenhaus, in dem auf die moderne Annehmlichkeiten nicht verzichtet werden muss. Unmittelbar gegenüber verwöhnt der Gasthof „Ochsen“ mit regionalen Spezialitäten

Villingen-Schwenningen
Baden-Württemberg

Romantik Hotel Rindenmühle
★★★★

Am Kneipp-Bad 7-9 / ✉ 78052 Ortsteil Villingen
www.rindenmuehle.de / T.: +49 7721 88680
mail@rindenmuehle.de
5 E € 98/170 / 18 D € 154/190

In direkter Nähe zu Kurpark und Kneipp-Schwimmbad, umgeben von Garten und Wiesen liegt dieses Haus in einer der schönsten Regionen, dem Schwarzwald. Das historische Zentrum ist in wenigen Gehminuten erreicht. Im stilvollen Ambiente wird eine vorzügliche Küche mit Kräutern aus dem eigenen Garten geboten; mediterrane Gartenterrasse. Neuer Wellness und Spa. Golfliebhaber nutzen die kurze Entfernung zum Golf- und Countryclub Königsfeld zur sportlichen Aktivität.

Schlenker's Hotel Ochsen
★★★

Bürkstr. 59 / ✉ 78054 Ortsteil Schwenningen
www.hotelochsen.com / T.: +49 7720 8390
info@hotelochsen.com
22 E € 82/130 / 17 D € 130/150 / Frühstück € 9

Eine angenehme, behagliche Gastlichkeit bietet das familiär geführte Haus mit einer über hundertjährigen Tradition. Die gemütlichen Zimmer verfügen über zeitgemäßen Komfort. Klassische und regionale Küche wird in der „Ochsenstube“ serviert. Das „Ochsengärtle“ rundet das kulinarische Angebot ab.

Vogt
Baden-Württemberg

Der Bio-Adler in Vogt
★★★

Ravensburger Str. 2 / ✉ 88267
www.vogter-adler.de
T.: +49 7529 912212 / info@vogter-adler.de
2 E ab € 87 / 8 D ab € 125 / @

Das traditionsreiche, denkmalgeschützte Fachwerkhaus im Ortszentrum wird nachhaltig bewirtschaftet und bietet mit Massivholz ausgestattete Zimmer. Die Gäste schätzen die besondere Atmosphäre und die komfortablen Zimmer. Uriggemütliches Restaurant mit ausgezeichneter regional geprägter Küche.

Vogtsburg im Kaiserstuhl
Baden-Württemberg

Kreuz-Post Hotel-Restaurant-Spa
★★★

Landstr. 1 / ✉ 79235 Ortsteil Burkheim
www.kreuz-post.de / T.: +49 7662 90910
info@kreuz-post.de
2 E € 81/128 / 27 D € 132/194

Das familiäre Hotel liegt umgeben von Weinbergen am Kaiserstuhl und ist ein guter Ausgangspunkt zur Erkundung der Umgebung. Ob einfach nur gemütlich oder etwas luxuriöser, alle Zimmer laden zum Wohlfühlen ein. Ebenso eine der zahlreichen Massagen oder Beautyanwendungen im 700 Quadratmeter großen Wellnessbereich. Ausgezeichnetes Restaurant mit regionalen und Elsässer Spezialitäten.

Schwarzer Adler
★★★

Badbergstr. 23 / ✉ 79235 Ortsteil Oberbergen
www.franz-keller.de / T.: +49 7662 933010
reservation@franz-keller.de
14 D € 170/190 / als E € 120/150 / @

Ein Paradies für Weinliebhaber und Gourmets stellt der „Schwarze Adler" am Kaiserstuhl dar. Hier erwarten den Gast edle Tropfen aus dem eigenen Weingut und eine exzellente Küche. Zum Abschalten und Entspannen laden die hochwertig und stilvoll eingerichteten Gästezimmer des Hotels ein. Winzerhaus Rebstock mit badischer Küche.

Köpfers Steinbuck
★★★

Steinbuckstr. 20 / ✉ 79235 Ortsteil Bischoffingen
www.koepfers-steinbuck.de / T.: +49 7662 9494650
info@koepfers-steinbuck.de
18 D € 105/159 / als E € 95/109 / 1 App. € 135/165

In der Bischoffinger Weinlage Steinbuck liegt das familiengeführte Hotel mit Panoramablick. Der Gast wohnt in heimeligen, geschmackvoll eingerichteten Zimmern. Die Küche des „Panorama-Restaurants" bietet regionale Gerichte. Gemütliche Weinstube.

Vöhl
Hessen

Privathotels Dr. Lohbeck Hotel Freund
★★★★

Sauerlandstr. 6 / ✉ 34516 Ortsteil Oberorke
www.hotelfreund.de / T.: +49 6454 7090
info@hotelfreund.de
15 E € 99/118 / 65 D € 196/236 / 5 S € 236/306
5 App. € 296/366

Mitten in der herrlichen Natur des Waldecker Landes, nahe dem Edersee, liegt dieses persönlich geführte Hotel. Die Wellness-, Bade- und Beautylandschaft, ein großes Freizeit- und Aktiv-Angebot, kulinarische Vielfalt in den Restaurants, ein modernes Tagungszentrum und vieles mehr sorgen dafür, dass keine Wünsche offen bleiben. Der Gast erlebt hier Ferienfreude pur in stilvollem Ambiente.

Zimmer klimatisiert / Zimmer rollstuhlgerecht
@ Zimmer mit Internet / WLAN im Hotel
Tiere nicht willkommen

Volkach
Bayern

Hotel Turmdieb
★★★

Hauptstr. 2 / ✉ 97332
www.turmdieb.de
T.: +49 9381 806677 / info@turmdieb.de
3 E ab € 55 / 13 D ab € 120 / @

Mit zu einer Hand geformten Sesseln in poppigen Farben macht dieses Hotel in einem historischen Gebäude mitten in der City auf sich aufmerksam. Unten im Café schlürft man in Ruhe seinen Latte und genießt dazu hausgemachten Kuchen. Offenes Mauerwerk, Holzbalken und Holzdielen in Kombination mit Design-Accessoires machen den Charakter des Hauses aus. Eine echt nette Location für einen Kurzaufenthalt im hübschen Städtchen Volkach. Einen hauseigenen Weinkeller, in dem Weinproben stattfinden, gibt es auch.

Romantik Hotel Zur Schwane
★★★★

Hauptstr. 12 / ✉ 97332 / www.schwane.de
T.: +49 9381 80660 / schwane@romantikhotels.com
10 E € 95/125 / 24 D € 159/175 / 3 S zu € 210
@

Dieser traditionsreiche, 1404 gegründete Gasthof wird seit 1934 von der Familie Pfaff geführt. Die stilvollen, mit Antiquitäten versehenen Gästezimmer vermitteln eine gemütliche Atmosphäre. Neben gehobener leichter und fränkischer Küche bietet das Restaurant Weine aus eigenem Anbau an. Weinstube und historischer Innenhof.

W

Waakirchen
Bayern

Lanserhof Tegernsee
★★★★★

Gut Steinberg 1 / 83666 Ortsteil Marienstein
www.lanserhof.com / T.: +49 8022 18800
marketing@lanserhof.com
64 D € 450/840 / als E € 300/625 / 6 S ab € 500

Schon die kleinsten Zimmer sind 55 Quadratmeter groß – in einem der bedeutendsten und modernsten Gesundheitsresorts Europas. Eingebettet in die bayerische Voralpennatur mit Außenschwimmbecken und 18-Loch-Golfplatz bieten es neben herrlichen Aussichten Behandlungs- und Bewegungsräume auf über 21.000 Quadratmetern. Physiotherapeuten und Ärzte beraten und therapieren, während die Sinne eine luxuriöse Auszeit genießen. Gesundheitliche Langzeitaufenthalte und Kuren im Lanserhof sind in der Regel zwischen sieben Tagen und drei Wochen angelegt. (Mehr Informationen über das Health-Konzept des Jahres unter „Auszeichnungen des Jahres".)

Waging am See
Bayern

Hotel Eichenhof
★★★★

Angerpoint 1 / 83329 Ortsteil Angerpoint
www.hotel-eichenhof.de / T.: +49 8681 4030
info@hotel-eichenhof.de
19 E € 80/100 / 24 D € 140/160 / 2 S € 160/190
3 App. € 180/190 /

Das schöne Haus mit üppigem Blumenschmuck an den Fenstern ist ein echter Hingucker in dem beliebten Luftkurort. Im Sommer lädt der Waginger See vom hauseigenen Badestrand zum Schwimmen und Tauchen ein. Auch Tret- und Ruderboote stehen den Gästen kostenfrei zur Verfügung. Hunderte Kilometer Wanderwege, Radwege für jeden Anspruch sowie ein Gang durch die Naturkneippanlage im Garten sorgen für vielfältige Bewegung an der frischen Luft.

Waiblingen
Baden-Württemberg

Boutique Hotel Bachofer
★★★

Am Marktplatz 6 / 71332
www.bachofer.info
T.: +49 7151 976430 / mail@bachofer.info
3 E ab € 110 / 6 D ab € 150 /

Inmitten der Altstadt befindet sich das modern-puristische Gourmet-Restaurant „Bachofer". Seine Räumlichkeiten stehen in spannendem Kontrast zum historischen Fachwerk. Seit Dezember 2012 beherbergt die ehemalige Apotheke aus dem Jahr 1647 auch ein schmuckes kleines Boutique Hotel mit individuell eingerichteten Design-Zimmern.

Waldachtal
Baden-Württemberg

Vital- und Wellnesshotel Albblick
★★★★

Tumlinger Weg 30 / 72178 Ortsteil Salzstetten
www.albblick.de / T.: +49 7486 9800 / info@albblick.de
10 E € 98/114 / 50 D € 76/91 / 7 App. ab € 76

Ruhig am Waldrand befindet sich das im Schwarzwaldstil erbaute „Vital- und Wellnesshotel". Die Zimmer und Appartements sind behaglich eingerichtet und bieten zeitgemäßen Komfort. Der große Sport- und Wellnessbereich mit Schönheits- und Gesundheitsangeboten garantiert Abwechslung und Entspannung: Hallenbad, Freibad, Tennishalle, separate Sporthalle, Saunalandschaft, Fitnessraum und vieles mehr. Zwei Konferenzräume, drei Bars.

Waldbronn
Baden-Württemberg

Schwitzer's Hotel am Park
★★★★

Etzenroter Str. 4 / 76337 Ortsteil Reichenbach
www.schwitzers.com / T.: +49 7243 354850
info@schwitzers.com
20 E € 140/200 / 20 D € 175/275 / 2 S € 320/395
Frühstück € 22 /

Direkt neben dem Kurpark genießen Gäste einen erholsamen Aufenthalt mit aufmerksamem Service und modernem Ambiente. Die Zimmer und Suiten sind hochwertig und mit liebevollen Details individuell ausgestattet. Cédric Schwitzer und sein Team versprechen im eleganten Restaurant kreative Kochkunst, von à la carte bis zum Entdeckermenü. Gut Sortierter Weinkeller. Für besondere Anlässe stehen geschmackvolle Räumlichkeiten bereit. Schwitzer's Brasserie und Lounge im Nebengebäude.

Veranstaltungs-/Tagungsraum

Waldeck (Stadt)
Hessen

Hotel Schloss Waldeck
★★★★

Schloss Waldeck 1 / ✉ 34513 Ortsteil Waldeck
www.hotel-schloss-waldeck.de / T.: +49 5623 5890
info@hotel-schloss-waldeck.de
35 D € 168/218 / als E € 128/188 / 7 S € 253/273

Hoch über dem Edersee mitten im Ferienland Waldeck liegt diese mittelalterliche Burg. Hinter ihren Mauern erwartet den Gast ein modern geführtes Hotel mit sehr geschmackvollen Zimmern. Im Restaurant „Alte Turmuhr" zaubert der Küchenchef wunderbare Gerichte und Menüs für den gehobenen kulinarischen Anspruch. Café und Restaurant „Altane" mit Sonnenterrasse. Kaminzimmer und Hotelbar. Säle und Salons für Familien- und Firmenfeiern.

Waldenburg (Württemberg)
Baden-Württemberg

Panoramahotel Waldenburg
★★★★

Hauptstr. 86 / ✉ 74638 Ortsteil Waldenburg
www.panoramahotel-waldenburg.de / T.: +49 7942 91000
info@panoramahotel-waldenburg.de
120 D € 115/150 / als E € 80/110 / 4 S € 145/290

Stilvolles Ambiente und die landschaftliche Lage mit einem weiten Ausblick ins Hohenloher Land kennzeichnen dieses gemütliche Hotel. Erholung garantieren die mit vielen Ideen und Liebe eingerichteten Zimmer und Suiten. Das Restaurant „Waldenburg" mit Wintergarten und zwei Terrassen bietet seinen Gästen eine internationale und klassische Küche. Gemütliche Bar.

Bad Waldsee
Baden-Württemberg

Fürstliches Golf-Resort Bad Waldsee
★★★★

Hopfenweiler 9 / ✉ 88339 Ortsteil Hopfenweiler
www.waldsee-golf.de / T.: +49 7524 40170
info@waldsee-golf.de
40 D € 149/184 / als E € 94/119

Das Hotel liegt inmitten eines 45-Loch-Golfresorts im Herzen Oberschwabens. Liebevoll gestaltete, moderne Zimmer stehen zur Verfügung. Vitalbereich zum Entspannen. Vielseitige Küche im Restaurant mit Kamin; Sonnenterrasse. Das T19, das kleine Restaurant, besticht durch elegantes Design.

Waldshut-Tiengen
Baden-Württemberg

Genuss- und Wellnesshotel Bercher
★★★★

Peter-Thumb-Str. 11 / ✉ 79761 Ortsteil Tiengen
www.bercher.de / T.: +49 7741 47470 / hotel@bercher.de
13 E € 88/128 / 24 D € 148/188 / 2 S € 204/256

Seit 1911 befindet sich das traditionsreiche, urgemütliche Haus in Familienbesitz. Die zentrale, ruhige Lage und komfortabel eingerichtete Gästezimmer machen den Aufenthalt angenehm. Mit regionalen und internationalen Gerichten sowie saisonalen Spezialitäten verwöhnt die Küche im Restaurant. Kaminzimmer, Café-Terrasse und Peter-Thumb-Stube.

Wallgau
Bayern

Hotel Zur Post
★★★

Dorfplatz 6 / ✉ 82499 / www.posthotel-wallgau.de
T.: +49 8825 9190 / info@posthotel-wallgau.de
3 E € 45/49 / 15 D € 90/98 / 4 App. € 108/114

Das traditionsreiche Haus befindet sich seit 1621 in Familienbesitz. Der aufmerksame, individuelle Service unterstreicht die freundliche Atmosphäre. Die Hotelzimmer sind geschmackvoll mit viel Liebe zum Detail eingerichtet. Im gemütlich-rustikalen Restaurant erwartet den Gast eine regionale, gutbürgerliche Küche. Weinstube und Gartenlokal.

Parkhotel Wallgau
★★★★

Barmseestr. 1 / ✉ 82499 / www.parkhotel-wallgau.de
T.: +49 8825 290 / info@parkhotel-wallgau.de
1 E € 150/170 HP / 29 D € 200/290 HP
15 S € 260/370 HP /

Die alpenländische Atmosphäre und der freundliche Service prägen den Charakter dieses im bayerischen Stil erbauten Familienhotels. Den Gast erwarten komfortable ausgestattete Zimmer. Die Küche verwöhnt im stilvollen Restaurant mit internationalen und regionalen Spezialitäten. Wellnessbereich „Bavaria Spa" mit Schwimmbad, Whirlpool und Saunalandschaft.

Walsrode
Niedersachsen

Landhaus Walsrode (g)
★★★

Oskar-Wolff-Str. 1 / ✉ 29664 / www.landhaus-walsrode.de
T.: +49 5161 98690 / landhauswa@aol.com
3 E zu € 75 / 9 D € 90/157 / 2 S zu € 157

Aus einem niedersächsischen Bauernhaus entstand dieses hochwertige Hotel mit Gästehaus „Bungalow" und dem Seminar- und Gesellschaftsgebäude „Schafstall". Die individuelle Einrichtung der Räume und die stilvolle Ausstattung unterstreichen das elegante Ambiente. Gemütliches Kaminzimmer und Hotelbar; reichhaltiges Frühstücksbüfett.

Wangels
Schleswig-Holstein

Weissenhaus Grand Village Resort & Spa am Meer
★★★★★

Parkallee 1 / ✉ 23758 Ortsteil Weißenhaus
www.weissenhaus.de / T.: +49 4382 9262-0
info@weissenhaus.de
32 D € 450/650 / 28 S € 660/2400
@

Mit seiner Größe von 75 Hektar und drei Kilometer hoteleigenem Naturstrand beherbergt das Weissenhaus Grand Village Resort & Spa am Meer großzügige und sehr geschmackvoll eingerichtete Zimmer und Suiten in 40 verschiedenen historischen Gebäuden. Neben dem Schloss mit dem Gourmet-Restaurant „Courtier", der Vinothek und der Gewölbebar „1896" befindet sich in der Schlosstherme auf 2.000 Quadratmetern der Spa-Bereich. Aber auch das Bootshaus direkt am Strand und die Sushibar im historischen Schlossgewölbe sind einen Besuch wert.

Tiere nicht willkommen

Wangerland
Niedersachsen

Zum Deichgrafen
★★

Förriener-Loog 13 / ✉ 26434 Ortsteil Minsen
www.gasthof-zum-deichgrafen.de
T.: +49 4426 99000
info@gasthof-zum-deichgrafen.de
4 E € 45/63 / 20 D € 74/119

An der Bäderstraße und am gut ausgebauten Radwegenetz liegt das seit vier Generationen als Familienbetrieb geführte Hotel. Die Zimmer wurden „ferienfreundlich" mit vielen Annehmlichkeiten eingerichtet. Ein friesisches Frühstücksbüfett und die Spezialitäten der regionalen Küche machen den Urlaubsspaß komplett.

Nakuk - Das friesische Landhotel
★★★★

Wiardergroden 22 / ✉ 26434 Ortsteil Horumersiel
www.nakuk.de / T.: +49 4426 90440 / info@nakuk.de
3 E € 92/92 / 10 D € 112/192 / 3 S € 163/234
App. € 140/190 /

Erholsame Tage garantiert das von der Familie Judick geführte friesische Landhotel, das von einem hauseigenen Obst-, Gemüse- und Kräutergarten umgeben ist. Im Haus befindet sich eine Galerie. Die harmonische Farbgestaltung verleiht den großzügigen Zimmern ihren besonderen Charme. Regionale Frischeküche; Kaminecke.

Wartmannsroth
Bayern

Neumühle Resort & Spa
★★★★

Neumühle 54 / ✉ 97797 / neumuehle-resort.de
T.: +49 9732 8030
info@neumuehle-resort.de
19 D € 250/350 HP / 6 S € 450/550 HP
5 App. € 350/450 HP
@

Die liebevoll restaurierte, historische Mühlenanlage mit Fachwerkfassade beherbergt heute ein exklusives Hotel mit stilvollen Gästezimmern. Antike Bauernmöbel und alte Stiche unterstreichen das heimelige Ambiente. In dem urgemütlichen Restaurant „Scheune" werden erlebenswerte fränkische und internationale Spezialitäten serviert. Großer Wellnessbereich mit Indoorpool und Day Spa.

Wasserburg am Bodensee
Bayern

Hotel Caraleon
★★★★

Halbinselstr. 70 / ✉ 88142 Ortsteil Wasserburg
www.caraleon.de / T.: +49 8382 9800 / info@caraleon.de
2 E € 68/98 / @

Dieses moderne Ferienhotel liegt direkt an der Wasserburger Bucht am Bodensee und verfügt über einen hauseigenen Privatstrand (fünf Kilometer von Lindau entfernt). Die geräumigen, lichtdurchfluteten Zimmer und Appartements sind liebevoll eingerichtet. Großer Wohlfühlbereich mit Innenbecken und Sauna. Neben internationalen und regionalen Gerichten hält das Restaurant als Spezialität Bodenseefische bereit. Wintergarten, Bootssteg und Seeterrasse mit malerischem Blick auf den See.

HP hinter den Zimmerpreis = Preis inkl. Halbpension.

Waren an der Müritz
Mecklenburg-Vorpommern

Hotel Kleines Meer
★★★★

Alter Markt 7 / ✉ 17192 Ortsteil Waren
www.kleinesmeer.com / T.: +49 3991 6480
info@kleinesmeer.com
2 E € 87/114 / 24 D € 109/220 / 2 S € 183/274

In direkter Nähe zur malerischen Altstadt, dem romantischen Alten Markt und der tiefblauen Müritz, ist das Hotel der ideale Standpunkt für Wanderungen, Radtouren, Bootsfahrten oder einfach zum Bummeln im Zentrum. Die Zimmer sind liebevoll im modernen Design eingerichtet, herrlich ist der Ausblick aus der Junior-Suite. Die Vielfalt der Müritz-Region inspiriert das Küchenteam immer wieder zu köstlichen internationalen, regionalen und saisonalen Gerichten.

Wegscheid
Bayern

Wellnesshotel Reischlhof
★★★★

Sperlbrunn 7 / ✉ 94110 Ortsteil Sperlbrunn
www.reischlhof.de / T.: +49 8592 93900 / info@reischlhof.de
39 D ab € 340 HP / 6 S ab € 416 HP

Mitten im grünen Bayerischen Wald, rund 30 Kilometer von Passau entfernt, erfreuen sich Urlauber in diesem exklusiven Wellnessreich. Große In- und Outdoorpools, 47 Quadratmeter große Alpin Lodges und Almsuiten mit freistehenden Badewannen sind perfekt für die große und kleine Auszeit. In vielen Bereichen des Hotels blickt man durch hohes Panoramaglas in die Umgebung. Alle Bereiche sind exklusiv für Hausgäste.

Weil am Rhein
Baden-Württemberg

Gasthaus Krone
★★★★

Hauptstr. 58 / ✉ 79576 Ortsteil Altweil / www.kroneweil.de
T.: +49 7621 71164 / krone@gastro-hechler.de
4 E € 98/115 / 13 D € 140/170 /

Im alten Teil der Stadt erwartet Familie Hechler ihre Gäste. Die Inspiration durch die Nähe zum Vitra Haus spiegelt sich in den Zimmern wider, die alle mit viel Liebe zum Detail eingerichtet wurden und heutiges Design mit jahrelanger Tradition verbinden. Kulinarisch überzeugt die Küche im Restaurant mit saisonalen Spezialitäten und Weinen aus der Region.

Weiler-Simmerberg
Bayern

Tannenhof Resort
★★★★

Lindenberger Str. 33 / ✉ 88171 Ortsteil Weiler
www.tannenhof.com / T.: +49 8387 1235
hotel@tannenhof.com
1 E € 155/240 VP / 99 D € 218/400 VP
9 S € 370/460 VP / 9 App. € 430/540 VP

Rund um den Tannenhof in dem malerischen Kurort sind Freizeit und Erholung keine Grenzen gesetzt: im Winter Skiparadies, im Sommer stehen Golf und Fitness auf dem Programm - nicht zu vergessen das Wellness- und Beauty-Angebot. Ansprechende Gästezimmer; Frische-Küche. Komplett ausgestattete Tagungsräume sind vorhanden.

Hotel-Garagen vorhanden

Weimar
Thüringen

Best Western Premier Grand Hotel Russischer Hof
★★★★

Goetheplatz 2 / ✉ 99423 Ortsteil Altstadt
www.russischerhof.bestwestern.de / T.: +49 3643 7740
reservierung@russischerhof.bestwestern.de
7 E € 95/160 / 112 D € 110/175 / 7 S € 175/240

Schon Persönlichkeiten wie Richard Wagner oder J.W. Goethe wussten individuellen Service und Gastlichkeit zu schätzen: So präsentiert sich in bester Lage der Stadt und mit einer zweihundertjährigen Geschichte das Grand Hotel. Eine elegante Atmosphäre umgibt die mit hochwertigem Interieur und zeitgemäßer Technik ausgestatteten Zimmer. Das Gourmet-Restaurant „Anastasia" im Haus bietet eine kreative Küche nach klassischer Zubereitung; Wiener Kaffeehaus mit eigener Konditorei.

Konsumhotel Dorotheenhof Weimar
★★★★

Dorotheenhof 1 / ✉ 99427 Ortsteil Schöndorf
www.konsumhotel.de / T.: +49 3643 4590
reservation@dorotheenhof.com
9 E € 99/208 / 43 D € 149/259 / 4 S € 209/259

Das einst rittmeisterliche Anwesen liegt idyllisch im eigenen Park und doch den Kulturstätten ganz nah. In dieser romantischen Parklandschaft wurde 1902 der „Dorotheenhof" angelegt. Gut ausgestattete Zimmer mit modernen Bädern, Feines aus Küche und Keller sowie eine unverwechselbare Gastfreundschaft laden in dieses Haus ein. Tagungsräume, das Tagungshaus „Parlament" im Park sowie die Wellnesslandschaft „SPA und Beauty" runden das Angebot ab. Kochschule „Küchenwerkstatt"

Hotel Elephant Weimar
★★★★★

Markt 19 / ✉ 99423 Ortsteil Altstadt
www.hotelelephantweimar.com / T.: +49 3643 8020
elephantweimar@luxurycollection.com
13 E € 115/195 / 69 D € 130/290 / 17 S € 215/700
Frühstück € 25 /

Die heutige Adresse des Hotels wurde bereits im Jahre 1542 erstmals urkundlich erwähnt. Viele Berühmtheiten logierten seither im Hotel „Elephant“ und haben so zum Ruhm dieser weltbekannten Hoteladresse beigetragen. Die stilvoll (Art-déco, Bauhaus) ausgestatteten Zimmer und Suiten lassen keine Wünsche offen. Das elegante Restaurant „Anna Amalia“ bietet Spezialitäten aus der italienischen Küche; thüringische Köstlichkeiten werden im traditionellen „Elephantenkeller“ serviert

Villa Hentzel (g)

★★★

Bauhaus Str. 12 / ✉ 99423
www.hotel-villa-hentzel.de
T.: +49 3643 86580 / info@hotel-villa-hentzel.de
2 E € 54/89 / 3 D € 75/115 / 8 S € 85/120

Die 1873 erbaute Villa wurde 1996 gefühlvoll zu einem Stadthotel umgebaut, das heute individuell eingerichtete, geschmackvolle Zimmer beherbergt. Das Frühstücksbüfett ist reichhaltig und die Tee-Bar steht tagsüber kostenfrei zu Verfügung.

Weinheim
Baden-Württemberg

Gasthof Fuchs’sche Mühle

★★★

Birkenauer Talstr. 10 / ✉ 69469
www.fuchssche-muehle.de
T.: +49 6201 10020
info@fuchssche-muehle.de
4 E € 72/115 / 18 D € 135/160

Aus der historischen Mühlenanlage im romantischen Birkenauer Tal entstand das familiär geführte Hotel. Die Zimmer sind geschmackvoll und mit viel Liebe zum Detail ausgestattet. Geboten wird: ein großer Garten, Festraum, Müller- und Bauernstube, Fuchsbau, Waldbiergarten sowie Sonnenterrasse. Wellness- und Fitnessbereich; Wander- und Joggingwege.

Weinsberg
Baden-Württemberg

Hotel Rappenhof

★★★

Rappenhofweg 1 / ✉ 74189
www.rappenhof.de
T.: +49 7134 5190 / rezeption@rappenhof.de
21 E € 106/116 / 18 D € 126/136 / 1 S ab € 136
1 App. ab € 136

Eingebettet in sanfte Hügel der „Schwäbischen Toskana“, inmitten von Weinbergen, liegt ruhig der „Rappenhof“ auf einer Anhöhe. Komfortabel eingerichtete Zimmer mit herrlichem Ausblick. In stilvollem, behaglichem Ambiente wird der Gast mit dem Bestem aus der Region und guten Weinen verwöhnt. „Haus der Baden-Württemberger Weine“. Bio-zertifiziert.

Weinstadt
Baden-Württemberg

Landgut Burg

★★★

Landgut Burg 1 / ✉ 71384 Ortsteil Beutelsbach
www.landgut-burg.de / T.: +49 7151 99330
info@landgut-burg.com
42 E € 89/89 / 18 D € 104/114

Das Flair eines ehemaligen Sommersitzes umgibt dieses traditionsreiche Hotel inmitten einer idyllischen Rebenlandschaft. Erholungsuchende sowie Tagungsgäste schätzen gleichermaßen das angenehme Ambiente und die ruhige Lage. Viele der freundlichen Gästezimmer bieten einen Blick ins schwäbische Land. Schwäbische und internationale Genüsse zaubert das Restaurant.

★★★★★ Luxus-Hotel,
internationales Luxus-Hotel
mit einem Höchstmaß an Komfort

Weiskirchen
Saarland

Parkhotel Weiskirchen

★★★★

Kurparkstr. 4 / ✉ 66709
www.parkhotel-weiskirchen.de
T.: +49 6876 9190 / info@parkhotel-weiskirchen.de
55 E € 85/155 / 68 D € 120/255 / 2 S € 228/400

Inmitten des Naturparks Saar-Hunsrück bietet das Parkhotel Weiskirchen optimale Voraussetzungen für einen angenehmen Aufenthalt. Die hellen Zimmer und Suiten vermitteln Wohlfühlatmosphäre. Entspannung findet der Gast im „Vitalis-Bäderzentrum“ und in der Beauty-Farm „Bel Etage“. Ideale Voraussetzungen bieten die kombinierbaren Tagungsräume. Gaumenfreuden servieren das elegante Restaurant „Vier Jahreszeiten“ und die „Brasserie“ mit Hotelbar.

Weißensberg
Bayern

Golfhotel Bodensee

★★★★

Lampertsweiler 51 / ✉ 88138 Ortsteil Lampertsweiler
www.golfhotel-bodensee.de / T.: +49 8389 89100
info@golfhotel-bodensee.de
29 D € 159/199 / als E € 99/139 / 5 S ab € 219

Golfern bietet die Lage des Hauses mitten auf einer 18-Loch-Golfanlage beste Voraussetzungen für einen aktiven Aufenthalt. Ruhe und herrliche Natur unweit von Lindau am

Bodensee genießen jedoch alle Gäste. Ob Turm-, Terrassen- oder Doppelzimmer oder Suite, das Interieur ist hell und geschmackvoll. Darüber hinaus bietet das Hotel eine gemütliche Bar und ein elegantes Restaurant mit alpenländisch-mediterraner Küche sowie erlesene Weine. Sonnenterrasse. Beautyanwendungen und Massagen.

Weissenhaus siehe Wangels
Schleswig-Holstein

Wenningstedt-Braderup
Schleswig-Holstein

Hotel Strandhörn
★★★★

Dünenstr. 20 / ✉ 25996 Ortsteil Wenningstedt
www.strandhoern.de / T.: +49 4651 94500
rezeption@strandhoern.de
1 E € 90/150 / 11 D € 140/250 / 12 S € 175/410
10 App. € 160/340 / @

Wenige Meter von den Dünen entfernt erwartet das exklusive, familiär geführte Hotel mit Gästehaus seine Besucher. Die gemütlichen und luxuriösen Zimmer und Suiten lassen keinen Wunsch offen. Im elegant eingerichteten Abend-Restaurant genießt der Gast die leichte, mediterran inspirierte Frischeküche und sehr gute Weine. „Wohlfühl-Bereich" mit Fitness- und Wellnessangeboten; Kaminzimmer, Garten und Hotelbar.

Werder an der Havel
Brandenburg

Precise Resort Schwielowsee
★★★★

AE VISA

Am Schwielowsee 117 / ✉ 14542 Ortsteil Petzow
www.resort-schwielowsee.com / T.: +49 3327 56960
schwielowsee@precisehotels.com
128 D € 129/229 / als E € 99/149 / 5 S € 289/359
20 App. € 189/339 / @

Am Schwielowsee und nur einen Katzensprung von Potsdam und der Metropole Berlin entfernt, fügt sich das Resort Schwielowsee perfekt in die Havellandschaft ein. Das Resort selbst ist mit dem erstklassigen Hotel Seaside Garden mit exklusiven Zimmern und Suiten, dem Restaurant Seapoint, Luxus-Appartements, acht romantischen Pfahlhäusern, dem Hafenrestaurant Ernest an der hoteleigenen Marina gelegen, der Havanna Bar, dem Tao-Life Wellnesscenter und einem der modernsten Event Center Deutschlands ausgestattet.

Wermelskirchen
Nordrhein-Westfalen

Hotel Zum Schwanen
★★★★

AE VISA

Schwanen 1 / ✉ 42929 / www.zumschwanen.com
T.: +49 2196 7110 / hotel@zumschwanen.com
18 E € 65/95 / 19 D € 100/143
@

Hinter der typisch bergischen Schieferfassade des traditionsreichen Hotels erwarten den Gast rustikale und elegante Zimmer mit modernen Bequemlichkeiten. Im gemütlichen Restaurant werden klassische und internationale Gerichte einer abwechslungsreichen Küche serviert. Beliebter Gästetreff ist die einladende Hotelbar mit Kamin; Frühstücksbüfett.

Wernigerode
Sachsen-Anhalt

Ringhotel Weißer Hirsch
★★★

AE VISA

Marktplatz 5 / ✉ 38855 / www.hotel-weisser-hirsch.de
T.: +49 3943 267110 / info@hotel-weisser-hirsch.de
3 E € 89/162 / 55 D € 119/202 / 6 S € 159/262
@

Inmitten der historischen Altstadt befindet sich das traditionsreiche, familiengeführte Ringhotel. Die erstklassigen Zimmer sind mit gehobenem Interieur versehen. Das klassisch-elegante Restaurant bietet neben internationalen Gerichten vor allem regionale Spezialitäten. Café-Terrasse und Festsaal; hübsche Bar mit Cocktailkarte und kleinen Snacks.

Travel Charme Gothisches Haus
★★★★

AE VISA

Marktplatz 2 / ✉ 38855
www.travelcharme.com/gothisches-haus
T.: +49 3943 6750
gothisches-haus@travelcharme.com
7 E € 99/179 / 99 D € 138/240 / 10 S € 188/488
@

Direkt im Zentrum der Altstadt, neben dem historischen Rathaus, liegt das Hotel. Hinter der prachtvollen historischen Fassade findet der Gast ein modernes Haus mit einmaligem Flair. Großzügig ausgestattete Zimmer bieten zahlreiche Annehmlichkeiten. Für das leibliche Wohl wird in den „Gaststuben" mit einem vielfältigen kulinarischen Angebot gesorgt. Großzügige Lobby mit Bar und offenem Kamin. 500 Quadratmeter großer Wellnessbereich, Saunalandschaft mit Ruhezonen und Eisbrunnen, Fitnessraum, „Sabbia-Med" mit beheiztem Ostseesand und Farblichtbad, Massage- und Beautyangebote.

Wershofen
Rheinland-Pfalz

Natur- & Wohlfühlhotel Kastenholz
★★★★

VISA

Hauptstr. 1 / ✉ 53520 / www.kastenholz-eifel.de
T.: +49 2694 381
info@kastenholz-eifel.de
50 D € 130/210 / als E € 83/128
O @

Eingebettet in die malerische Landschaft der Eifel, steht das Natur- und Wohlfühlhotel Kastenholz für Natürlichkeit, Herzlichkeit, Wohlfühlen und Entspannen, Gesundheit und Inspiration in familiengeführter Atmosphäre. Erholsame Stunden versprechen die großzügigen Hotelzimmer und der Wellnessbereich, Genuss die vielseitige Küche des überregional bekannten Restaurants. Und wer die Eifel entdecken möchte, dem bietet sich eine umfangreiches Angebot von Nürburgring, Rotweingebiet Ahr, die Städte Mayen, Cochem oder Bad Münstereifel bis hin zu zahlreichen Burgen und Schlössern.

Wertheim
Baden-Württemberg

Hotel Schwan
★★★

Mainplatz 8 / 97877 / www.hotel-schwan-wertheim.de
T.: +49 9342 92330 / info@hotel-schwan-wertheim.de
4 E € 85/95 / 18 D € 95/125 / 12 S € 169/299

Mitten im fränkischen Weinland, erbaut auf den ehemaligen Stadtmauern Wertheims, führt Familie Wießler in der vierten Generation dieses Hotel. Ob geschäftlich oder privat, jeder Gast findet in den ruhigen, wohnlichen Zimmern ein Zuhause auf Zeit. Badisch-fränkische und internationale Küche im Restaurant. Herrliche Radtouren möglich. Hotelbar.

Wesel
Nordrhein-Westfalen

Haus Duden
★★★

Konrad-Duden-Str. 99 / 46485 Ortsteil Lackhausen
www.hotel-haus-duden.de / T.: +49 281 96210
info@hotel-haus-duden.de
2 E ab € 110 / 60 D ab € 120 / 3 S ab € 135

Das historische, ländlich-ruhig gelegene Gebäude aus dem Jahre 1767 ist das Geburtshaus von Konrad Duden – jenem Verfasser des berühmten Rechtschreibbuches der deutschen Sprache. Heute beherbergt es ein kleines Hotel mit exklusiven Zimmern. Vielseitige Küche im „Parkrestaurant". Hotelbar, Wintergarten und Café-Terrasse.

Waldhotel Tannenhäuschen
★★★★

Am Tannenhäuschen 7 / 46487 Ortsteil Feldmark
www.tannenhaeuschen.de / T.: +49 281 96690
info@tannenhaeuschen.de
66 D € 142/174
als E € 116/147 / 8 S € 168/271 / 6 App. € 153/179

Das privat geführte Hotel liegt im Naturschutzgebiet „Hohe Mark" umgeben von altem Baumbestand. Es überzeugt seine Gäste durch familiäre Atmosphäre und liebevoll eingerichtete Zimmer. Modern ausgestattete Konferenzräume. Internationale und regionale Küche im „Parkrestaurant". Großzügiger Wellness-Bereich mit Bistro. Diskothek im Hause. Neubau mit Zimmern, Private Spa, Konferenzräumen, Restaurant und Saunapark. Skulpturenpark mittem im Wald.

Westerburg
Rheinland-Pfalz

Lindner Hotel & Sporting Club Wiesensee
★★★★

Am Wiesensee
56457 Ortsteil Stahlhofen am Wiesensee
www.lindner.de
T.: +49 2663 99100
info.wiesensee@lindner.de
4 E € 129/299 / 73 D € 169/339 / 26 S € 219/489

Eine gelungene Mischung aus Wellness-, Business- und Sporthotel erwartet die Gäste am Ufer des Wiesensee. Alle Zimmer sind elegant eingerichtet, verfügen über luxuriöse Bäder und zum Teil großzügige Balkone. Kommunikationstreff nach einer Partie Golf auf dem hauseigenen Grün ist die Hotelbar. Diniert wird im Restaurant mit Wintergarten vornehmlich leichte internationale und regionale Küche.

Westerland siehe Sylt
Schleswig-Holstein

Westerstede
Niedersachsen

Schokoladenhotel Voss
★★★★

Bahnhofstr. 17 / 26655
www.schokoladenhotel.de
T.: +49 4488 5190 / info@schokoladenhotel.de
8 E € 70/120 / 71 D € 110/180 / 2 S € 140/200

Schokolounge mit eigener Schokoladenmanufaktur und Schokoladenshop – in diesem Hotel dreht sich vieles um Schokolade. Natürlich gibt es hier auch schokoladige Wellness-Anwendungen.

Wetzlar
Hessen

Landhotel Naunheimer Mühle
★★★

Mühle 2 / 35584 Ortsteil Naunheim
www.naunheimer-muehle.de / T.: +49 6441 93530
info@naunheimer-muehle.de
17 E € 50/107 / 24 D € 98/150 / 1 S € 118/155
Frühstück € 11

In idyllischer Lage direkt an der Lahn, unweit der Stadt Wetzlar, wurde die historische Mühle behutsam zu einem modernen Hotel ausgebaut. Die individuell und liebevoll eingerichteten Gästezimmer bieten zeitgemäßen Wohnkomfort. Das Restaurant „Alte Lahnmühle" überzeugt mit internationaler und regionaler Küche. Biergarten; Lahnterrasse; Bankettsaal.

Wiesbaden
Hessen

Fontana Hotel (g)
★★★

Sonnenberger Str. 62 / ✉ 65193
www.fontana.de
T.: +49 611 181160 / info@fontana.de
13 E € 54/158 / 8 D € 58/173 / 3 S € 88/183
1 App. € 88/183 / Frühstück € 13 / @

Das parallel zum Kurpark gelegene Hotel zeichnet sich neben seiner großzügigen Ausstattung auch durch den persönlichen Service aus. Hinzu kommt der Kontrast der modernen Gebäudearchitektur inmitten liebevoll restaurierter Villen der Jahrhundertwende. Die Zimmer sind individuell und hochwertig gestaltet und verfügen über moderne Kommunikationstechnik.

Hotel Nassauer Hof
★★★★★

Kaiser-Friedrich-Platz 3-4 / ✉ 65183
www.nassauer-hof.de / T.: +49 611 1330
info@nassauer-hof.de
54 E ab € 185 / 81 D ab € 215 / 24 S ab € 270
Frühstück € 32
@

Das Hotel „Nassauer Hof" ist eines der letzten echten Grand Hotels in Europa. Seit mehr als 170 Jahren schätzen anspruchsvolle Gäste aus aller Welt dieses Haus wegen seiner einzigartigen Atmosphäre und traditionsreichen Hotellerie. Das luxuriöse Interieur der Gästezimmer strahlt wohltuende Harmonie aus. Die „Meistersäle" bieten sowohl für Tagungen als auch für festliche Empfänge den geeigneten Rahmen. In der „Ente" wird der Abend zu einem kulinarischen Erlebnis. Im sonnig-hellen Pavillon der „Orangerie" erwartet den Gast deutsche Küche. Beliebt sind die Hotelhalle mit gedämpfter Pianomusik und die elegante Hotelbar. Café-Terrasse.

Oranien Hotel & Residences
★★★★

Platter Str. 2 / ✉ 65193
www.hotel-oranien.de
T.: +49 611 18820 / info@hotel-oranien.de
35 E € 99/140 / 38 D € 99/160
4 S € 130/225 / 5 App. € 150/400 / Frühstück € 15
@

Von viel Grün umgeben, bietet dieses Privathotel neben geschmackvoll eingerichteten Zimmern mit vielen Bequemlichkeiten angenehme Gastlichkeit in individueller Atmosphäre. Morgens steht ein reichhaltiges Frühstücksbüfett bereit. Eine frische, saisonale Küche ergänzt das Angebot. Gemütliche Bar und wunderbare Terrasse im großzügigen Hotelgarten.

Wiesenttal
Bayern

Hotel Feiler
★★★

Oberer Markt 4 / ✉ 91346 Ortsteil Muggendorf
www.hotel-feiler.de / T.: +49 9196 92950
info@hotel-feiler.de
10 D € 88/95 / als E € 58/68 / 2 S zu € 155
3 App. zu € 125 /

Seit 1890 befindet sich das im Fachwerkstil erbaute Haus in Familienbesitz. Durch Behaglichkeit und zeitgemäßes Interieur zeichnen sich die Zimmer aus. Klaus Feiler ist ein begeisterter Sammler von Wildkräutern und Pilzen, die später die regionalen Spezialitäten im gemütlichen Restaurant verfeinern. Schöner Innenhof.

Bad Wiessee
Bayern

Boutique Hotel Relais-Chalet Wilhelmy
★★★★

Freihausstr. 15 / ✉ 83707
www.relais-chalet.com / T.: +49 8022 98680
info@relais-chalet.com
3 E € 110/140 / 20 D € 199/259
3 S € 239/580 / 2 App. € 160/389 / Frühstück € 23
● @

Ein Urlaubszuhause im modernen Landhausstil, welches zu innerer Gelassenheit und äußerer Stärke verführt. 28 Zimmer im Hotel, eine 100 Quadratmeter große Luxussuite mit exklusivem Veranstaltungsraum im Chalet, das Restaurant „Schlemmerei", die Bar „Weinertei" und die Lounge „Brennerei" wurden mit liebevoller Hand individuell und hochwertig renoviert. Vor einigen Jahren hinzugekommen sind fünf wunderschöne Naturdoppelzimmer, die zum Seele-baumelnlassen einladen, der freistehende Tagungspavillon „Freigeist" und ein ganzjährig beheizter Außenpool sowie eine Gartensauna. Ferner wurde der Wintergarten um einen Anbau erweitert und Gäste können hier nach Lust und Laune genießen und entspannen.

Landhaus Christl am See (g)
★★★★

Sonnenfeldweg 11 / ✉ 83707
www.landhauschristl.de
T.: +49 8022 1880890 / info@landhauschristl.de
4 E € 90/140 / 7 D € 165/220 / 2 S € 190/240
○ @

Inmitten grüner Wiesen und einem traumhaften Garten finden Gäste am Tegernsee dieses kleine, feine Wohlfühlhotel mit persönlicher Atmosphäre und bayerischer Gastlichkeit. Die Einrichtung des Hauses lässt keine Wünsche offen: geschmackvoll im Landhausstil eingerichtete Gästezimmer mit modernem Komfort und herrlichem Ausblick und kleine Wellness- und Beauty-Oase mit vielfältigem Angebot. Sommers wie winters ist das Hotel idealer Ausgangspunkt für Freizeitaktivitäten.

Hotel-Garagen vorhanden
Hotel-Parkplätze vorhanden

Hotel Alpenhof

★★★★

Anton-von-Rieppel-Str. 26-28 / ✉ 83707
www.alpenhof-tegernsee.de / T.: +49 8022 86010
booking@alpenhof-tegernsee.de
11 E € 70/115 / 22 D € 130/230 / 4 S € 170/250

Inmitten eines fast 4000 Quadratmeter großen parkartigen Gartens steht dieses in dritter Generation familiengeführte First-Class-Hotel – in seiner Lage, Ausstattung und Größenordnung eine der feinsten Adressen im Tegernseer Tal. Die frisch renovierten Gästezimmer und Suiten sind mit zahlreichen Annehmlichkeiten ausgestattet – im modern-alpinen Stil versteht sich. Balkon oder Terrasse, Schreibtisch und Club-Ecke gehören zum Standard. Wohnliche Eleganz prägt den neu designten Alpensalon, und das

Kostenloser später Check-out: Nachfragen lohnt sich immer!

Hotel Bellevue

★★★

Hirschbergstr. 22 / ✉ 83707
www.hotel-bellevue-badwiessee.de / T.: +49 8022 66490
info@hotel-bellevue-badwiessee.de
4 E € 40/63 / 21 D € 86/134

Das familiengeführte Hotel liegt ruhig und doch zentral in Bad Wiessee, nur 200 Meter von der Seepromenade entfernt. Den Gast erwarten komfortabel eingerichtete Zimmer, meist mit Balkon, die alle mit dem Lift erreichbar sind. Im Restaurant laden bayerische und internationale Schmankerl zu einer kulinarischen Reise ein.

Wildberg (Schwarzwald)
Baden-Württemberg

Hotel Talblick

★★★

Bahnhofsträßle 6 / ✉ 72218 Ortsteil Wildberg
www.talblick-wildberg.de / T.: +49 7054 5247
info@talblick-wildberg.de
5 E € 45/65 / 16 D € 75/110

Bad Wildungen
Hessen

Göbel's Hotel AquaVita

★★★★

Hauptstr. 4 / ✉ 34537 Ortsteil Reinhardshausen
www.goebels-aquavita.de / T.: +49 5621 7860
info@goebels-aquavita.de
4 E € 88/111 / 81 D € 144/172 / 2 S ab € 190
App. zu € 158

Von den modernen, stilvoll eingerichteten Zimmern gelangt der Gast direkt in die Quellen Therme und zu den Wellnessanwendungen im Kurzentrum, ohne das Hotel verlassen zu müssen - ideal für Gäste, die lästiges Umziehen vor den Anwendungen vermeiden wollen. Das Restaurant bietet regionale und leichte Neue Küche. Gut sortierte Weinkarte; Gartenlokal.

Göbel's Hotel Quellenhof

★★★★

Brunnenallee 54 / ✉ 34537
www.goebels-quellenhof.de
T.: +49 5621 8070 / info@goebels-quellenhof.de
3 E ab € 80 / 99 D ab € 120 / 10 S ab € 166

Zwei Dépendancen ergänzen das schöne, unter Denkmalschutz stehende Jugendstilhotel mit angenehmer Atmosphäre. Das Haus, das moderne Gästezimmer bietet, liegt mitten im Kurzentrum. Das Park-Restaurant überzeugt mit abwechslungsreicher Küche. Am Abend treffen die Gäste sich gern in den gepflegten Hotelbars; Wintergarten und Brunnenterrasse.

Wilgartswiesen
Rheinland-Pfalz

Hotel Am Hirschhorn

★★★★

Am Hirschhorn 12-14 / ✉ 76848
www.hotel-hirschhorn.de / T.: +49 6392 581
info@hotel-hirschhorn.de
1 E € 88/117 / 12 D € 130/170 / 1 S € 190/240
3 App. € 180/210

In ruhiger Lage verwöhnt das familiär geführte Hotel seine Gäste mit zahlreichen Annehmlichkeiten. Individuell und modern eingerichtete Zimmer. Der 600 Quadratmeter große Wellness-Bereich verwöhnt Körper und Seele. Cross-Over-Küche mit französischem, deutschem und internationalem Einfluss wird im stilvollen Restaurant und auf der Panorama-Terrasse serviert.

Wilhelmshaven
Niedersachsen

Atlantic Hotel Wilhelmshaven
★★★★
Jadeallee 50 / ✉ 26382
www.atlantic-hotels.de/hotel-wilhelmshaven
T.: +49 4421 773380 / wilhelmshaven@atlantic-hotels.de
120 D € 158/198 / als E € 134/154 / 25 S € 238/890

Nur wenige Schritte zum Strand, direkt zwischen dem Großen Hafen und dem Banter See ist dieses Hotel gelegen. Anspruchsvollen Geschäftsreisenden und Urlaubsgästen wird ein idealer Rahmen für ihren Aufenthalt geboten. Alle Hotelzimmer und Suiten sind großzügig und mit moderner technischer Ausstattung versehen. Kleiner, aber feiner Beauty- und Spa-Bereich. Traditionelle, erstklassige Küche im Restaurant „Harbour View". Zwei Hotelbars bieten Abwechslung.

Willich
Nordrhein-Westfalen

Landgut Ramshof
★★★★
Ramshof 1 / ✉ 47877 Ortsteil Neersen
www.ramshof.de
T.: +49 2156 95890 / stay@ramshof.de
4 E € 93/98 / 36 D € 125/140 / 1 S € 160/180

Das denkmalgeschützte Fachwerkhaus aus dem Jahre 1640 beherbergt heute das Landgut Ramshof. Idyllisch im Grünen und doch verkehrsgünstig gelegen, sind Mönchengladbach, Krefeld und Düsseldorf schnell erreichbar. Die Zimmer sind individuell eingerichtet, von klassisch bis modern und zum Teil mit antiken Möbeln. Vielseitige Gaumenfreuden serviert die Küchenmeisterey. Gemütliche Hotelbar, Kaminzimmer und Gartenlokal. Für Tagungen und Feierlichkeiten stehen passende Räumlichkeiten bereit.

Willingen (Upland)
Hessen

Romantik Hotel Stryckhaus
★★★★
Mühlenkopfstr. 12 / ✉ 34508 Ortsteil Willingen
www.goebel-hotels.com / T.: +49 5632 9860
reservierung@stryckhaus.de
11 E € 85/95 / 42 D € 170/230 / 3 S € 230/250

Abseits und ruhig am Ettelsberg liegt dieses Hotel. Es entstand aus einem vom Worpsweder Maler Heinrich Vogeler 1912 erbauten Landhaus, das 1935 in Familienbesitz überging. Bei den Zimmern mit Blick auf Wald und Garten hat der Gast die Wahl zwischen gemütlich-rustikal mit warmen Holztönen oder freundlich-hell im modernen Design. Café-Terrasse, Hotelbar sowie großzügige Badelandschaft und Beauty-Spa. Elegantes Restaurant mit vielseitigem Angebot aus der Frischeküche.

Bad Wimpfen
Baden-Württemberg

Hotel am Rosengarten
★★★★
Osterbergstr. 16 / ✉ 74206 / www.hotel-rosengarten.net
T.: +49 7063 9910 / rezeption@hotel-rosengarten.net
60 D € 126/162 / als E € 96/122

Verkehrsgünstig zwischen Mannheim und Heilbronn liegt am Rande der historischen Altstadt das Hotel mit der Professionalität eines Tagungshotels. Die Zimmer sind modern und großzügig geschnitten. Mit schwäbischer und internationaler Küche verwöhnt das Restaurant. Sauna- und Massage-Angebote.

Winden im Elztal
Baden-Württemberg

Elztalhotel
★★★★
Am Rüttlersberg 5 / ✉ 79297 Ortsteil Oberwinden
www.elztalhotel.de / T.: +49 7682 91140
urlaub@elztalhotel.de
63 D € 290/406 VP
12 S € 328/428 VP / 15 App. € 310/412 VP

Auf einer Anhöhe über dem Elztal liegt das familiäre Wohlfühl- und Ferienhotel. Die geschmackvollen Zimmer und Suiten im heimeligen Stil weiß der anspruchsvolle Gast zu schätzen. Abwechslungsreiches Freizeit-, und Sportangebot; Spa- und Wellnessbereich auf 1.800 Quadratmetern. Dem hohen Niveau des Hauses passt sich die Gastronomie mit einem vielseitigem Angebot an. Hotelhalle, „Kaiserbar"; Bademantelrestaurant, Grill- und Tanzabende.

Bad Windsheim
Bayern

Arvena Reichsstadt Hotel
★★★★
Pastoriusstr. 5 / ✉ 91438 / www.arvena-reichsstadt.de
T.: +49 9841 9070 / info@arvenareichsstadt.de
15 E € 76/95 / 89 D € 98/120 / 8 S € 110/150

Mitten im Altstadtkern liegt an ruhiger und zentraler Stelle das Ensemble aus dem neuerbauten „Arvena Reichsstadt" und der „Alten Deutschen Schule", einem Fachwerkhaus aus dem Jahr 1569. Die Zimmer verbreiten eine anheimelnde Atmosphäre. Im historischen Gebäude verwöhnt das Restaurant „Alte Schule" mit Kulinarischem. Modernes Tagungszentrum.

Wingerode
Thüringen

Hotel Keppler's Ecke
★★★
Hauptstraße 52 / ✉ 37327 / www.kepplers-ecke.de
T.: +49 3605 501666 / info@kepplersecke.de
16 D ab € 110 / als E ab € 70 /

1899 wurde das Haus als Gasthof mit Metzgerei eröffnet. Nach einer bewegten Geschichte repräsentiert es heute eine moderne Herberge in historischem Fachwerk – mit einer Herzblut-Gastronomie und tollen Gastgebern. Hier kann man sich gut und gerne auch mal zwei bis drei Tage niederlassen, die Gegend erkunden und im Biergarten verweilen. Zum Betrieb gehört auch ein Eiscafé.

Winterberg
Nordrhein-Westfalen

Hotel Weigels Bergfreiheit
★★★

Bergfreiheit 56 / ✉ 59955 Ortsteil Silbach
www.weigels-bergfreiheit.de / T.: +49 2983 97050
hello@weigels-bergfreiheit.de
3 E € 70/110 🍷 / 15 D € 90/150 🍷 / Frühstück € 13

Das Hotel verbindet hinter seiner malerischen Fachwerkfassade traditionelle Gemütlichkeit mit modernen Bequemlichkeiten. Typische Sauerländer Wohnlichkeit bieten die heimeligen Zimmer. Heimatspezialitäten genießt der Gast im Restaurant; hier steht der Chef selbst am Herd.

Pension Stiegelmeier
★★★

Astenweg 1 / ✉ 59955 Ortsteil Neuastenberg
www.stiegelmeier.de / T.: +49 2981 421
mail@stiegelmeier.de
3 E € 39/41 / 8 D € 68/90

Direkt am Waldrand gegenüber der Postwiese, einem der größten zusammenhängenden Skigebiete des Hochsauerlandes, liegt die familiengeführte Pension. Das Haus bietet gemütlich eingerichtete Zimmer mit vielen Extras. Halb- oder Vollpension. Lobby mit Kaminecke; Terrasse.

Romantik Berghotel Astenkrone
★★★★

Astenstr. 24 / ✉ 59955 Ortsteil Altastenberg
www.astenkrone.de / T.: +49 2981 8090
berghotel@astenkrone.de
2 E € 93/133 / 29 D € 110/272 / 7 S € 192/298
2 App. € 90/190 🍷

Im Luftkurort Altastenberg, gleich unterhalb des „Kahlen Astens", liegt dieses familiär geführte Hotel. Durch seine persönliche Atmosphäre und seine herzliche Gastlichkeit setzt das traditionsreiche Haus Maßstäbe für anspruchsvolle Gäste. Die Zimmer und Suiten überzeugen durch ihre exklusive Einrichtung. Mit leichter Kost verwöhnt die Küche im „Kronenrestaurant", in der rustikalen „Kronenstube" werden regionale Spezialitäten serviert und die Wein- und Genießerbar hält edle Tropfen und eine saisonale Karte für ihre Gäste bereit.

Wirsberg
Bayern

Herrmann's Romantik Posthotel
★★★★

Marktplatz 11 / ✉ 95339 / www.herrmanns-posthotel.de
T.: +49 9227 2080 / mail@herrmanns-posthotel.de
2 E € 99/119 / 29 D € 199/245 / 8 S € 298/398

Das Hotel ist ein idealer Ausgangspunkt zu den Wagner Festspielen in Bayreuth und für Ausflüge in die Umgebung. Die Zimmer und Suiten mit gehobenem Interieur in harmonischer Farbkomposition spiegeln den Charme des Hauses wider. Kein Zimmer gleicht dem anderen. Die Natursteinbadelandschaft bietet gute Voraussetzungen für einen erholsamen Aufenthalt. Engagiert führt Patron Alexander Herrmann das Hotel und die Gourmet-Küche; für das leibliche Wohl wird in der „Vinothek" und im „Herrmann's Restaurant" gesorgt.

Reiterhof Wirsberg - Bellevue Spa & Resort
★★★★

Sessenreuther Str. 50 / ✉ 95339 Ortsteil Sessenreuth
www.reiterhof-wirsberg.de / T.: +49 9227 2040
info@reiterhof-wirsberg.de
38 D € 164/192 / als E ab € 97 / 8 S € 178/194

Mitten im Frankenwald liegt dieses beliebte Ferienparadies. Das Hotel ist bekannt für seine Eleganz und die gemütlichen Gästezimmer. Eine großzügige, mediterrane Wellness- und Beautyoase verspricht Entspannung pur. Verwöhnte Gaumen schätzen die Küche des Hauses sehr: Spezialitäten sind Steakvariationen sowie saisonale Spargel- oder Wildgerichte. Panorama-Terrasse mit Blick ins Wirsberger Tal, gemütliche Hotelbar.

Wismar
Mecklenburg-Vorpommern

Wonnemar Resort-Hotel
★★★★

Bürgermeister-Haupt-Str. 36 / ✉ 23966
www.wonnemar-resorts.de / T.: +49 3841 37420
info@wonnemar-resorts.de
90 D ab € 174 / als E ab € 134 /

→

Der Kaiserstuhl ist ein landschaftliches Kleinod zum Wandern und Wein genießen

Sehr schönes, kinderfreundliches Hotel mit nettem Personal. Bademantelgang zur Erlebnistherme.

Wittenberg
Sachsen-Anhalt

Ringhotel Schwarzer Baer (g)

★★★

Schloßstr. 2 / ✉ 06886 Ortsteil Lutherstadt Wittenberg
www.schwarzer-baer-wittenberg.de
T.: +49 3491 4204344
info@schwarzer-baer-wittenberg.de
7 E € 72/119 / 25 D € 89/159 /

Im „Schwarzen Bären", direkt zwischen der Thesentür der Schlosskirche und dem Marktplatz mit Stadtkirche gelegen, verweilte bereits 1522 Martin Luther. Keine Frage, dass der bedeutende Reformator in den Plänen zum Umbau des Hotels eine große Rolle gespielt hat z. B. mit Luther-Bildern und -Sprüchen an den Wänden. Zum Frühstück werden regionale Spezialitäten angeboten, hoteleigenen Leihfahrrädern für Ausflüge in die Elbaue oder in das Gartenreich Dessau-Wörlitz stehen den Gästen zur Verfügung.

Wittenberge
Brandenburg

Elbe Resort Alte Ölmühle

★★★★

Bad Wilsnacker Str. 52 / ✉ 19322
www.oelmuehle-wittenberge.de / T.: +49 3877 567994600
info@oelmuehle-wittenberge.de
56 D € 109/140 / als E ab € 89
@

In einem Ziegelstein-Industriedenkmal, einer alten Ölmühle, gibt es reichlich Erlebenswertes für Tages- und Mehrtagestouristen. Eine Strandbar direkt am Wasser, ein Brauhaus, ein Loft-Spa mit Blick auf die Elbe und die Elbtalaue, eine coole Dachterrasse in 15 Metern Höhe, eine zusätzliche vegane Speisekarte und große moderne Zimmer, in denen die Historie aufblitzt. Entlang der Elbe wird mit Leihfahrrädern geradelt oder in Leihkanus gepaddelt. Darüber hinaus ist das Elbe Resort Alte Ölmühle eine exzellente Location für private Feiern.

Wittlich
Rheinland-Pfalz

Hotel Vulcano Lindenhof

★★★★

Am Mundwald 5 / ✉ 54516 / www.vulcanolindenhof.de
T.: +49 6571 6920 / hotel@lindenhof-wittlich.de
6 E € 84/104 / 35 D € 142/167 / 1 S € 157/167

Zwischen Vulkaneifel und Mosel, am Waldrand und über den Dächern von Wittlich, befindet sich dieses Lifestyle-Hotel. Gäste wohnen in individuell und modern gestalteten Zimmern. Pure Entspannung verspricht der Wellnessbereich „Little Spa". Im Restaurant „Vulcano" werden frische Gerichte vom Grill mit raffinierten Extras und saisonale Specials serviert.

HP hinter dem Zimmerpreis = Preis inklusive Halbpension

Wolfach
Baden-Württemberg

Naturparkhotel Adler St. Roman

★★★★

St. Roman 14 / ✉ 77709 Ortsteil Kinzigtal
www.naturparkhotel-adler.de / T.: +49 7836 93780
rezeption@naturparkhotel-adler.de
1 E € 98/157 / 34 D € 174/274 / 15 S € 232/302
5 App. € 232/328 / @

Die ruhige, idyllische Lage im Herzen des mittleren Schwarzwaldes zeichnet dieses persönlich geführte Hotel aus. Die Gästezimmer sind großzügig mit viel Holz und liebevollen Details ausgestattet. Regionale und internationale Küche wird im rustikalen Restaurant serviert.

Wolfsburg
Niedersachsen

The Ritz-Carlton, Wolfsburg

★★★★★

Parkstraße 1 / ✉ 38440
www.ritzcarlton.com/de/hotels/germany/wolfsburg
T.: +49 5361 607000
wolfsburg.reservation@ritzcarlton.com
147 D € 325/495 / als E € 325/495 / 23 S € 450/3000
@

Das The Ritz-Carlton, Wolfsburg – am Hafenbecken gelegen – bietet einen einzigartigen Ausblick auf die vier mächtigen Schornsteine des denkmalgeschützten Volkswagen Kraftwerkes. Der ringförmige Bau aus Glas und Naturstein im Westen der Autostadt beherbergt 147 luxuriöse Zimmer und 23 Suiten. Der außergewöhnliche The Ritz-Carlton Spa bietet Wellness und Entspannung und wartet mit dem schwimmenden Außenpool auf. Das mehrfach ausgezeichnete Gourmetrestaurant Aqua, das Restaurant Terra sowie die Newman's Bar vervollständigen das Angebot. Hochwertig ausgestattete Tagungs- und Clubräume.

Hotel An der Wasserburg

★★★★

An der Wasserburg 2 / ✉ 38446 Ortsteil Neuhaus
www.an-der-wasserburg.de / T.: +49 5363 9400
info@an-der-wasserburg.de
18 E € 85/195 / 33 D € 105/215 / 6 S € 140/245
Frühstück € 15 / @

Historisches Ambiente, liebevoll restauriert und modernisiert mit einem Schuss Kunst der Exklusive - gegenüber der romantischen Wasserburg lädt das Wellness- und Seminar-Hotel zum Entspannen und Genießen ein. Die Verbindung aus klassischen Elementen und modernem Interieur, Transparenz und Leichtigkeit schaffen eine einmalige Atmosphäre, besonders in den behaglich eingerichteten Zimmern. Historischer Gewölbekeller.

City Partner Parkhotel Wolfsburg

★★★★

Unter den Eichen 55 / 38446 Ortsteil Steimker Berg
www.parkhotel-wolfsburg.de / T.: +49 5361 5050
parkhotel@wolfsburg.de
8 E € 94/139 / 18 D € 114/159 / 4 S ab € 185

Nicht nur die persönliche Atmosphäre des renovierten Hotels in ruhiger, idyllischer und dennoch zentraler Lage ist Anziehungspunkt. Auch das einladende Ambiente und die stilvoll eingerichteten Zimmer und Appartements mit liebevollen Details überzeugen. Nach einem guten Abendessen im Restaurant klingt der Tag aus. Wunderschöne Terrasse; Wintergarten.

Bad Wörishofen

Bayern

Hotel & Spa Fontenay

★★★★★

Eichwaldstr. 8-12 / 86825
www.kurhotel-fontenay.de
T.: +49 8247 3060 / fontenay@t-online.de
40 E € 193/320 HP / 20 D € 398/410 HP
3 S € 530/598 HP / 5 App. € 425/505 HP

Ein Hauch von Noblesse, gediegener Luxus, Nostalgie und modernste Annehmlichkeiten – das erstklassige Kneipp-Kur-Hotel „Fontenay" (le petit château) hat viele Reize. In sehr ruhiger Lage direkt am Eichwald lädt das klassische Haus mit elegant eingerichteten Zimmern und einer modernen Kneipp-Spa- und Wellnessabteilung dazu ein, die Seele baumeln zu lassen. Ein Team von Physiotherapeuten und Heilpraktikern bietet kompetente Unterstützung. Die erlesene Küche sowie alle gängigen Diätformen versprechen einen genussvoll-gesunden Aufenthalt.

Parkhotel Residence

★★★★

Bahnhofstr. 8-10 / 86825 / www.parkhotel-residence.de
T.: +49 8247 3520 / info@parkhotel-residence.de
20 E € 112/153 HP / 41 D € 256/328 HP
13 S € 308/398 HP /

Nur wenige Gehminuten vom Zentrum entfernt, findet der Gast in einem großen, privaten Hotelpark das mit vielen Annehmlichkeiten ausgestattete, erstklassige Haus. Einen erholsamen Aufenthalt garantieren die geräumigen, elegant eingerichteten Zimmer. Die Küche der stilvollen Restaurants überrascht mit raffiniert zubereiteten Spezialitäten. Moderner 1.500 Quadratmeter großer Wellness- und Fitnessbereich.

Steigenberger Hotel Der Sonnenhof

★★★★★

Hermann-Aust-Str. 11 / 86825
www.spahotel-sonnenhof.de / T.: +49 8247 9590
info@spahotel-sonnenhof.de
26 E € 119/270 / 117 D € 220/360 / 13 S € 240/460

Das Wellness-Resort „Der Sonnenhof" liegt direkt am Bad Wörishofener Kurpark. Inmitten eines herrlichen, 20.000 qm großen Parks findet der Gast Ruhe und Entspannung. Die elegant ausgestatteten Zimmer und Suiten sowie der großzügige Wellness-Bereich tragen zum Wohlgefühl bei. Drei Restaurants sorgen mit ihrer Küche von bayerisch-rustikal bis euro-asiatisch für das leibliche Wohl. Café-Terrasse, Hotelbar.

Vitalhotel Sonneck

★★★★

Am Tannenbaum 1 / 86825 / www.vitalhotel-sonneck.de
T.: +49 8247 334900 / info@vitalhotel-sonneck.de
11 E € 73/78 / 39 D € 136/146 / 2 S € 179/199
1 App. ab € 179 /

In herrlicher Natur, frei von Lärm liegt das Vitalhotel. Der großzügige Wellnessbereich lädt mit seinem vielfältigen Angebot zum Relaxen ein. Gemütliche Gästezimmer mit modernem Interieur. Für einen kulinarisch unvergesslichen Aufenthalt sorgt die Küche mit ihren allgäuer-mediterranen Köstlichkeiten aus Produkten vorwiegend heimischer Erzeuger.

Worms

Rheinland-Pfalz

Dom-Hotel (g)

★★★★

Obermarkt 8-10 / 67547 / www.dom-hotel.de
T.: +49 6241 9070 / info@dom-hotel.de
30 E € 80/88 / 25 D € 99/125 / App. zu € 150

Das „Dom-Hotel" liegt ruhig in der Stadtmitte. Die gemütlichen Gästezimmer und Suiten mit zeitgemäßen Extras versprechen einen angenehmen Aufenthalt. Der Tag beginnt mit einem köstlichen Frühstücksbüfett.

Worpswede

Niedersachsen

Hotel Worpsweder Tor

★★★★

Findorffstr. 3 / 27726 / www.worpsweder-tor.de
T.: +49 4792 98930 / info@worpsweder-tor.de
5 E € 65/85 / 32 D € 100/125 / 3 S € 100/140
Frühstück € 13 /

Von einer Park-Waldanlage umgeben liegt das Hotel im Herzen des Künstlerdorfes Worpswede. Eine geschmackvolle Einrichtung zeichnet die Zimmer aus, von denen einige über eine Gartenterrasse verfügen. Marktfrische, mediterrane Speisen im Restaurant „à la carte"; im Gourmetrestaurant „La Bohème" werden ausgewählte Delikatessen gereicht. Optimales Ambiente für Veranstaltungen aller Art.

Wuppertal
Nordrhein-Westfalen

Postboutique Hotel Wuppertal
★★★★

Platz am Kolk 3 / ✉ 42103
www.postboutiquehotel-wuppertal.de
T.: +49 202 28180780
info@postboutiquehotel-wuppertal.de
73 D ab € 115 / als E ab € 96

Ein neues Wohnzimmer in Wuppertal, so der Slogan des 2021 eröffneten Designhotels. Mitten im Zentrum finden Reisende 73 Zimmer in vier Kategorien und einer Mindestgröße von 25 Quadratmetern. Die Quartiere sind in güldenes Design mit Amleihen an die 1920er Jahre getüncht. Morgens darf sich der Gast am Frühstücksbüfett mit offener Showküche gütlich tun. Wer mit der Bahn anreist, erreicht das Hotel in ein paar Minuten zu Fuß. Ein kostenloses ÖPNV-Ticket (Schwebebahn!) ist im Übernachtungspreis inklusive.

Würzburg
Bayern

Best Western Premier Hotel Rebstock
★★★★

Neubaustr. 7 / ✉ 97070 Ortsteil Altstadt
www.rebstock.com / T.: +49 931 30930
rebstock@rebstock.com
27 E € 126/167 / 99 D € 210/244 / 8 S € 280/398
1 App. € 280/398 / Frühstück € 18

„Ihre kleine Residenz" – so präsentiert sich mit liebevollen Details das luxuriöse Traditionshotel mit denkmalgeschützter Rokokofassade. Die Innenstadt und Sehenswürdigkeiten sind nur wenige Gehminuten entfernt. Mit individuell eingerichteten Gästezimmern bietet es die Fürsorge und Zuverlässigkeit eines Familienbetriebs. In Hof Engelgarten gleich nebenan finden sich neben modernen Zimmern auch ein großer Konferenzbereich. Die beiden Gebäude sind unterirdisch miteinander verbunden. Abends verwöhnen zwei Restaurants.

Restaurant im Hotel
HP Halbpension / VP Vollpension

Wurster Nordseeküste
Niedersachsen

Landgasthof „Zum grünen Walde"
★★★

Mühlenstr. 78 / ✉ 27639 Ortsteil Nordholz
www.zum-gruenen-wal.de / T.: +49 4741 1035
info@zum-gruenen-wal.de
1 E € 54/69 / 16 D € 74/89 / 1 App. € 84/129

In idyllischer Lage, direkt am Waldrand, befindet sich dieses kleine und gemütliche Haus. Die ruhige Umgebung verspricht ein erholtes Erwachen in den behaglich eingerichteten Zimmern. Im Restaurant genießt der Gast regionale Köstlichkeiten. Biergarten.

Schlosshotel Steinburg
★★★★

Reußenweg 2 / ✉ 97080 Ortsteil Grombühl
www.steinburg.com / T.: +49 931 97020
hotel@steinburg.com
16 E € 138/175 / 51 D € 204/314 / 2 S € 393/444

Hoch über den Dächern Würzburgs, auf dem bekannten „Würzburger Stein", verbindet die Steinburg historisches Ambiente mit dem zeitgemäß-eleganten Tagungs- und Veranstaltungszentrum „Refugium". Eine französisch-mediterrane Küche wird in „Steinburgs Restaurant" serviert. Den berühmten Frankenwein genießen Gäste auf einer der Sonnenterrassen mit atemberaubendem Blick ins Maintal oder im beeindruckenden Weinkeller „Steinreich".

Wüstenrot
Baden-Württemberg

Raitelberg Resort
★★★★

Schönblickstr. 39 / ✉ 71543 / raitelberg-resort.de
T.: +49 7945 9300 / info@raitelberg.de
16 E € 108/118 / 49 D € 148/208 / 1 S € 218/278

Ein Ort der Ruhe und Entspannung - das ist dieses mitten im Grünen gelegene Hotel mit herrlichem Fernblick über die Region. Neben einem attraktiven Wellnessbereich inklusive „Late Spa" verfügt das Haus über lichtdurchflutete Tagungsräume und moderne Gästezimmer. Internationale Küche.

X/Y/Z

Zell am Harmersbach
Baden-Württemberg

Hotel Klosterbräustuben
★★★

Blumenstr. 19 / ✉ 77736 Ortsteil Unterharmersbach
www.klosterbraeustuben.de / T.: +49 7835 7840
info@klosterbraeustuben.de
10 E € 62/67 / 35 D € 106/116

In ruhiger Lage steht das familiär geführte Hotel, das als Urlaubs-, Tagungs- und Wellnesseinrichtung genutzt werden kann. Moderne Zimmer, hell ausgestattet, strahlen eine gemütliche Atmosphäre aus. Verwöhnt wird der Gaumen mit badischer Küche im gepflegten Restaurant.

Zeltingen-Rachtig
Rheinland-Pfalz

Hotel Deutschherrenhof
★★★

Deutschherrenstr. 23 / ✉ 54492 Ortsteil Rachtig
www.deutschherrenhof.de / T.: +49 6532 9350
info@deutschherrenhof.de
8 E € 39/76 / 38 D € 78/140 / 9 S € 104/180

Am Moselufer, in historischen Gebäuden, verbinden sich Tradition und moderne Gastlichkeit in familiärer Atmosphäre. Nach einer Wanderung, Radtour oder Schifffahrt versprechen individuell eingerichtete Zimmer eine erholsame Nacht. Das Restaurantteam verwöhnt mit einem á la carte Menü im Rittersaal, in der urgemütlichen Backstube oder auf der Moselterrasse. Wellnessbereich.

Weinhotel St. Stephanus
★★★★

Uferallee 9 / ✉ 54492 Ortsteil Zeltingen
www.hotel-stephanus.de / T.: +49 6532 680
info@hotel-stephanus.de
3 E € 75/115 / 42 D € 110/240 / 1 S € 190/240

In einem repräsentativen Herrenhaus aus dem 18. Jahrhundert, das um einen modernen Anbau erweitert wurde, residiert dieses schöne, sehr komfortable Weinhotel. „Saxler's Restaurant" und historischer Braukeller (Tische auf Anfrage) mit saisonaler Küche von Chef Hermann Saxler. Terrasse mit Moselblick.

Ziesar
Brandenburg

Burg Hotel Ziesar
★★

Frauentor 5 / ✉ 14793 / www.burghotel-ziesar.de
T.: +49 33830 6660 / info@burghotel-ziesar.de
4 E € 79/99 / 10 D € 109/129 / @

Im Herzen der über 1.000-jährigen Bischofsstadt befindet sich dieses kleine und sympathische Hotel. Eine geschmackvolle Zimmereinrichtung mit moderner Ausstattung und der gute Service sorgen für einen erholsamen Aufenthalt. Exzellente Regionalküche im romantischen Restaurant mit Kaminzimmer; Burghof und Rittersaal.

Zingst
Mecklenburg-Vorpommern

Fisher's Inn (g)
★★★

Bahnhofsstr. 7 / ✉ 18374 / fishers-inn.de
T.: +49 38232 15634 / info@fishers-inn.de
12 App. € 79/169 / @

Zwölf schöne Appartements, geschmackvoll mit gehobener Ausstattung versehen, bietet das zentral gelegene „Fisher's Inn". Sowohl der herrliche Strand als auch die City sind bequem zu erreichen. Am Morgen wählt der Besucher aus einem reichhaltigen Frühstücksbüfett. Sonnige Terrasse.

Hotel Meerlust
★★★★

Seestr. 72 / ✉ 18374 / www.hotelmeerlust.de
T.: +49 38232 8850 / info@hotelmeerlust.de
54 D € 190/310 HP / als E € 120/185 HP / S € 260/380 HP

Direkt am kilometerlangen weißen Sandstrand mitten im Naturschutzgebiet „Vorpommersche Boddenlandschaft" liegt dieses Urlaubshotel. Stilvolle, heimelige Zimmer und großzügige Suiten mit allen Annehmlichkeiten sorgen für einen erholsamen Aufenthalt; großzügiger Wellness- und Spabereich. Die Küche überzeugt mit frischen, saisonalen Produkten und landestypischen Spezialitäten. Hotelbar und Kaminzimmer

Strandhotel Zingst
★★★★

Seestr. 60 / ✉ 18374 / www.strandhotel-zingst.de
T.: +49 38232 842100 / info@strandhotel-zingst.de
117 D € 130/290 / als E € 100/200 / 6 S € 250/430

Im Stil der Bäder-Architektur wurde dieses großzügige Strandhotel direkt an der Ostsee errichtet. Luxuriöses Ambiente, Service auf höchstem Niveau und ein 1.400 Quadratmeter großer Wellnessbereich, der seinesgleichen sucht, verleiht jedem Aufenthalt einen besonderen Charakter. In den Zimmern und Suiten vereinen sich edles Design und →

modernster Komfort zu einer Atmosphäre großen Wohlbefindens. Das elegante Restaurant verwöhnt mit frischer regionaler Küche. Oyster-Bar und Lobby.

Zusmarshausen
Bayern

Romantik Hotel Alte Posthalterei

★★★★

Augsburger Str. 2 / ✉ 86441 / www.posthalterei.com
T.: +49 8291 858220 / info@posthalterei.com
66 D € 102/190 / als E € 81/120 / S zu € 145

Eine alte Poststation aus dem 17. Jahrhundert beherbergt heute ein behaglich eingerichtetes Hotel mit zeitgemäß ausgestatteten Zimmern. Der romantische Innenhof mit historischem Mauerwerk erinnert an die bewegte Vergangenheit. Restaurant „Dahoim" mit nachhaltiger, regionaler Küche.

Zweiflingen
Baden-Württemberg

Wald & Schlosshotel Friedrichsruhe

★★★★★

Kärcherstr. 11 / ✉ 74639 Ortsteil Friedrichsruhe
www.schlosshotel-friedrichsruhe.de
T.: +49 7941 60870
hotel@schlosshotel-friedrichsruhe.de
3 E € 220/220 / 33 D € 340/520 / 29 S € 420/1800

Für Genießer und Ruhesuchende ist das Wald & Schlosshotel Friedrichsruhe ein Resort, in dem sie mit allen Sinnen genießen können: Körper und Geist kommen in der wunderschönen Natur der Region Hohenlohe, im exklusiven Wohnambiente der Zimmer und Suiten sowie im großzügigen SPA zur Ruhe. Sportlichen Ausgleich bieten ein 27-Loch-Golfplatz mit Golfakademie. Im hoteleigenen Gourmet-Restaurant, in der gemütlichen regionalen Jägerstube, im Spa Bistro und in der Waldschänke kommen Feinschmecker auf ihre Kosten.

Zweibrücken
Rheinland-Pfalz

Romantik Hotel Landschloss Fasanerie

★★★★

Fasanerie 1 / ✉ 66482 / www.landschloss-fasanerie.de
T.: +49 6332 9730 / reservieren@landschloss-fasanerie.de
37 D € 155/215 / als E € 115/165 / 13 S € 165/295

„Gäste verwöhnen wie Freunde des Hauses" – so lautet das Motto dieses exklusiven Hotels. Auf den Grundmauern eines königlichen Lustschlosses, inmitten des herzoglichen Park Fasanerie, umsorgt es seine Gäste mit aufmerksamem Service. Die Zimmer sind liebevoll-elegant eingerichtet und lassen kaum Wünsch offen. Restaurant „Esslibris" und „Landhaus" mit Südtiroler Gerichten.

Bad Zwesten
Hessen

Landhotel Kern

★★★★

Brunnenstr. 10 / ✉ 34596
www.landhotel-kern.de
T.: +49 5626 9970 / info@landhotel-kern.de
28 E € 56/79 / 18 D € 98/145 / 4 S € 179/179

Das familiär geführte Hotel pflegt einen gemütlichen Landhaus-Stil. Die Gäste können ihr persönliches Lieblingszimmer wählen, nach Themen wie zum Beispiel Tulpen-, Engels-, Seemannsgarn oder Afrikazimmer. Weitere Ausstattungsmerkmale sind ein Wellnessbereich, Tagungsräume und die Schwälmer Bauernstube, die mit regionaler Frischeküche überzeugt.

Zwickau
Sachsen

First Inn Hotel Zwickau

★★★★

Kornmarkt 9 / ✉ 08056
www.hotel-firstinn-zwickau.de
T.: +49 375 27920 / hotel@fi-zwickau.de
35 E € 134/149 / 80 D € 152/177
2 S € 350/350 / 6 App. € 58/68 / Frühstück € 15

Im Herzen der historischen Altstadt gelegen, empfiehlt sich das Hotel als Ausgangspunkt für zahlreiche Erkundungstouren in und um Zwickau. Die modernen Gästezimmer sind sehr vielseitig eingerichtet. Im Haus steht ein Konferenzzentrum mit sechs klimatisierten, komplett ausgestatteten Tagungsräumen zur Verfügung. Privat-Dining-Restaurant „Pavillon"; Restaurant & Bar No. 9 mit integrierter Hotelbar verwöhnt mit internationalen Spezialitäten, Snacks und Cocktails.

Bad Zwischenahn
Niedersachsen

HansenS Haus am Meer

★★★★

Auf dem Hohen Ufer 25
✉ 26160 Ortsteil Bad Zwischenahn I
www.hausammeer.de / T.: +49 4403 9400
hotel@hausammeer.de
8 E € 108/131 / 62 D € 192/243 / 1 S € 248/258

Das Hansens „Haus am Meer", das mit Charme die Tradition bewahrt und die Klassik der Moderne in sich aufgenommen hat, ist idealer Ausgangspunkt für Ausflüge in das Ammerland. In der ungezwungenen Atmosphäre eines Hotels der Extraklasse genießt der Gast die malerische Lage unmittelbar am Kurpark mit Blick auf das Zwischenahner Meer. Ausgezeichnete Küche im Restaurant. Panoramacafé mit Sonnenterrasse sowie die Hotelbar „Absacker" laden ein. Bankettbereich für 300 Personen.

Romantik Hotel Jagdhaus Eiden am See

★★★★

Eiden 9 / ✉ 26160 Ortsteil Aschhauserfeld
www.jagdhaus-eiden.de / T.: +49 4403 698000
info@jagdhaus-eiden.de
10 E € 90/247
64 D € 153/272 / 24 S € 227/365 / 13 App. € 126/156

In einer gepflegten Parklandschaft und mit Aussicht auf das Zwischenahner Meer liegt das hübsche, aus mehreren Gebäuden bestehende Romantik Hotel. Das Haus ist geschmackvoll gestaltet und die Zimmer und Suiten sind individuell, vom mediterranen Landhausstil bis hin zu moderner Klarheit, eingerichtet. Zu den Relaxzonen gehören der Privatbadestrand und der EidenSPA mit Außenwhirlpool und Panorama-Schwimmbad. Schlemmerinseln sind die „Jäger- und Fischerstube" oder die Seeterrasse.

NordWest-Hotel Am Badepark

★★★★

Am Badepark 5 / ✉ 26160 Ortsteil Bad Zwischenahn I
www.hotelambadepark.de / T.: +49 4403 6960
info@hotelambadepark.de
3 E € 86/124 / 42 D € 138/171 / 5 S € 192/219

Im Herzen des Kur- und Heilbades, direkt neben dem Badepark gelegen, bietet das Urlaubs- und Tagungshotel behaglich eingerichtete Zimmer mit modernem Komfort bis hin zu Junior-Suiten für gehobene Ansprüche. Neue deutsche Küche im Restaurant „Delikat". Gemütliche Hotelbar und große Restaurant-Terrasse.

Freibad / Hallenbad
Eigener Seezugang

Seehotel Fährhaus

★★★★

Auf dem Hohen Ufer 8
✉ 26160 Ortsteil Bad Zwischenahn I
www.seehotel-faehrhaus.de / T.: +49 4403 6000
info@seehotel-faehrhaus.de
12 E € 79/174 / 50 D € 159/209 / 2 S € 219/269

Familiäre Gastlichkeit hat in diesem Hotel seit Jahrzehnten Tradition. Die freundlichen, harmonisch gestalteten Zimmer und Suiten verfügen meist über Loggia oder Balkon. Im Restaurant „Graf Luckner" genießt der Gast gute internationale und regionale Küche und den schönen Blick aufs „Meer". Erlebnisbad „Vitarium" mit Grotte und Wasserfall. Seeterrasse, Sonnenterrasse mit Strandkörben.

Österreich

Abtenau
Salzburg

Hotel Post
★★★★ VISA

Markt 39 / ✉ 5441 Ortsteil Zentrum
www.hotel-post-abtenau.at / T.: +43 6243 22090
office@hotel-post-abtenau.at
6 E ab € 99 HP / 50 D ab € 165 HP / 2 App. ab € 155
@

Im Herzen des Lammertals liegt Abtenau, in dem dieses traditionsreiche Hotel mit herzlicher Atmosphäre zu finden ist. Oberstes Gebot ist hier seit jeher das Wohlbefinden des Gastes. Bestens ausgestattete Zimmer und Appartements in sanften Farbtönen. Hotelbar, Vinothek, Stüberl und das Panorama-Restaurant locken mit ausgesuchten Tropfen und köstlichen Schmankerln; abwechslungsreiches Freizeitprogramm.

Achenkirch
Tirol

Kulinarik & Genießerhotel Alpin
★★★★ AE VISA

Seestr. 35 / ✉ 6215 / www.kulinarikhotel-alpin.at
T.: +43 5246 6800 / hotel@kulinarikhotel-alpin.at
20 D € 89/115 HP / als E € 104/130 HP / 4 S € 114/140 HP
@

Umgeben von Bergen, wie dem wildromantischen Karwendel- und dem Rofangebirge, lädt der Achensee Sommer wie Winter zu erholsamen Tagen ein. Das in herrlicher Natur, idyllisch am Achensee gelegene, familiär geführte Hotel ist eine kleine Oase der Ruhe, der Erholung und des Genusses. Das spiegelt sich auch in den Suiten und Zimmern wider, die thematisch passend in verschiedenen kulinarischen Themen wie Safran, Erdbeere, Schnittlauch und vielem mehr eingerichtet sind. Die Gourmetküche sorgt für kulinarische Erlebnisse. Entspannung und Erholung finden die Gäste im gemütlichen Saunabereich „Alpinaria".

Das Kronthaler
★★★★ AE VISA

Am Waldweg 105 a / ✉ 6215
www.daskronthaler.com
T.: +43 5246 6389
welcome@daskronthaler.com
2 E € 150/175 VP / 87 D € 170/235 VP / 10 S € 215/405 VP
@

Königlich erhaben, direkt an der Skipiste gelegen, reicht der Blick weit über den Achensee und das malerische Tal. Eine wundervolle Brise Luxus harmoniert hier ideal mit dem gediegenen Flair des neuerbauten Alpin-Design-Life-Style-Hotels, welches exklusiv auf Paare, Familien mit Teenagern und Singles ausgerichtet ist. Vom exzellenten Restaurant über die großzügige Wellnessoase bis hin zu den edlen Gästezimmern und Suiten: Alle Bereiche vereinen sich harmonisch zu einem stimmigen Ganzen.

Posthotel Achenkirch
★★★★★ VISA

Achenkirch 382 / ✉ 6215 / www.posthotel.at
T.: +43 5246 6522 / info@posthotel.at
84 D € 278/472 HP / 59 S € 456/945 HP
@

In den Tiroler Bergen ist das Wohlfühlhotel mit seinem einzigartigen Ambiente und dem breitgefächerten Wellness- und Gastronomieangebot eine exklusive Oase für Erwachsene. Die Zimmer und Suiten im gediegenen Landhausstil bieten Charme, feinsinnigen Luxus und jeglichen Komfort. In vierter Generation geführt, blickt das Hideaway auf über 30 Jahre Wellnesserfahrung. So ist die „Landschaft der Bäder" mit Beautyanwendungen und Rund-um-Service für Körper, Geist und Seele eine Wellness-Welt für sich. Zusammen mit dem „Atrium Spa" und der mystischen Welt des „Versunkenen Tempels", ist die über 7.000 Quadratmeter große Spa-Landschaft das größte Wellness-Areal im Alpenraum. Ausgezeichnete Küche mit frischen Bio-Produkten. Reitanlage mit Lipizzanergestüt; hoteleigener Alpengolfplatz.

Afiesl
Oberösterreich

Genießerhotel Bergergut
★★★★★ VISA

Afiesl 7 / ✉ 4170 / www.romantik.at / T.: +43 7216 4451
bergergut@romantik.at
9 D € 115/180 HP / 27 S € 155/355 HP
@

Ausschließlich Paare genießen im österreichischen Mühlviertel eine exklusive Zweisamkeit mit höchsten Ansprüchen in dem ganz auf Romantik ausgerichteten Luxushotel. Frisch renoviert präsentiert das Bergergut eine elegante Symbios aus Design, Kulinarik und Wellness. Die Zimmer und Suiten sind Rückzugsoasen mit ausgewähltem Mobiliar, edlen Stoffen und Teppichen. Privatsphäre ist auch im „Privatissimum" garantiert. Im eigenen Privatbereich locken bei Wohnzimmeratmosphäre lokale Schmankerln mit internationalem Flair zum Genuss. 1.000 Quadratmeter Wellnessbereich und Private Spa. Eigener PS-starker Fuhrpark.

Aigen im Ennstal
Steiermark

Imlauer Hotel Schloss Pichlarn
★★★★★ AE VISA

Zur Linde 1 / ✉ 8943 / www.schlosspichlarn.at
T.: +43 3682 24440 / reservierung@schlosspichlarn.at
4 E € 145/235 / 44 D € 155/265 / 49 S € 190/405
Frühstück € 28 / @

Wo mächtige Gebirge und eine lange Kulturgeschichte aufeinander treffen, wo die Natur eine Landschaft wie aus dem

Bilderbuch gezaubert hat ist heute der erlesene Komfort eines Spitzenhotels zu finden. Eingebettet in herrliches Grün verbindet die prachtvolle Schlossanlage auf unvergleichliche Weise Tradition mit Moderne. Mit dem Augenmerk auf schöne Details sind alle Räume behaglich und stilvoll mit ausgesuchten Möbeln und erlesenen Materialien eingerichtet. Steirische Spezialitäten mit frischen Produkten aus der Region werden ebenso serviert wie internationale Köstlichkeiten: Restaurant Wintergarten mit Terrasse und rustikales Schlossstüberl. Grand Spa Tower; Ayurveda-Zentrum.

Alpbach
Tirol

Der Böglerhof – pure nature resort
★★★★

Alpbach 166 / ✉ 6236 Ortsteil Zentrum
www.boeglerhof.at / T.: +43 5336 5227 / info@boeglerhof.at
4 E € 125/155 HP
53 D € 280/340 HP / 13 S € 320/380 HP

Im Zentrum von Alpbach auf etwa 1.000 Metern Höhe verbindet das Hotel Tradition mit modernem Lebensstil. Gäste finden hier Genuss und Persönlichkeit auf hohem Niveau, kombiniert mit Ursprünglichkeit und herrlicher Landschaft. Die Zimmer und Suiten sind gemütlich und verwöhnen mit herrlicher Aussicht. Zum Erholen lädt der Bade- und Wellnessbereich mit einem attraktiven Angebot ein. In der lichtdurchfluteten Zirbenstube wird excellente Küche und ein guter Tropfen Wein serviert.

Altaussee
Steiermark

Romantik Hotel Seevilla
★★★★

Fischerndorf 60 / ✉ 8992 / www.seevilla.at
T.: +43 3622 71302 / hotel@seevilla.at
48 D € 214/376 HP / als E € 129/275 HP
11 S € 266/572 HP /

Direkt am Altausseer See liegt dieses Urlaubshotel voll Wärme und Behaglichkeit, das für viele eine Oase der Ruhe darstellt. Die herrliche Landschaft lädt zum Entspannen und Verweilen ein. Dem gehobenen Standard entsprechen die verschiedenen Zimmertypen. Die Küche überzeugt mit regionale und internationale Gerichten.

Altenmarkt im Pongau
Salzburg

Hotel Lebzelter
★★★★

Marktplatz 13 / ✉ 5541 / www.lebzelter.com
T.: +43 6452 6911 / office@lebzelter.com
3 E ab € 63 HP / 20 D ab € 96 HP
2 S ab € 100 HP / 1 App. ab € 95 / Frühstück € 15

Wohnlich und unaufdringlich, jedoch aufmerksam - so präsentiert sich dieses schmucke Hotel mit seiner Dependance. In dem zentral gelegenen Feriendomizil erwarten den Gast einladende Zimmer mit hoher Wohnqualität, eine gemütliche Zirbenstube für Feiern jeglicher Art sowie verlockende Wellness- und Fitnessangebote. Restaurant „Moser" mit integrierter Bar.

Anger
Steiermark

Posthotel Thaller
★★★★

Hauptplatz 3 / ✉ 8184 / www.posthotel-thaller.at
T.: +43 3175 22060 / info@posthotel-thaller.at
14 E € 54/65 / 20 D € 46/57 /

Das traditionsreiche, familiengeführte Posthotel am idyllischen Marktplatz von Anger gelegen, verfügt über gemütlich eingerichtete Zimmer sowie über einen Apfel & Energie Spa. Reisende oder auch Businessgäste werden im Wirtshaus Restaurant kulinarisch mit traditionell, steirischen Spezialitäten oder im ausgezeichneten Restaurant „Der Luis" verwöhnt. Für süße Gaumenfreuden sorgt das Team aus der hauseigenen Konditorei.

Bad Aussee
Steiermark

Die Wasnerin - G'sund & Natur Hotel
★★★★

Sommersbergseestr. 19 / ✉ 8990 Ortsteil Sarstein
www.diewasnerin.at / T.: +43 3622 52108
info@diewasnerin.at
5 E € 139/159 HP / 71 D € 258/318 HP
11 S € 298/358 HP /

Eine architektonische Liebeserklärung an Tradition und Fortschritt auf einem Plateau in wunderschöner Alleinlage erwartet den Gast im Herzen des Salzkammerguts. In hellen, lichtdurchfluteten und in edlem Design ausgestatteten Räumen kommt der Gast zu einer verdienten Auszeit. Der 2.200 Quadratmeter große Wellnessbereich mit Alpen-Sauna und Panorama-Rundblick ist ein Ort, um mit allen Gesundheits- und Naturaspekten neue Energie für den Alltag zu schöpfen.

Spa Hotel Erzherzog Johann
★★★★

Kurhausplatz 62 / ✉ 8990 / www.erzherzogjohann.at
T.: +43 3622 525070 / info@erzherzogjohann.at
62 D € 245/328 HP / als E € 150/181 HP

Herzlich und heimelig, traditionell und trendig präsentiert sich das Hotel im Herzen von Bad Aussee mit neugestalteten Zirbenzimmern mit sonnigen Loggien, einer neuen Badelandschaft über den Dächern der Stadt, dem Johann SPA mit Sauna- und Relaxlandschaft, offenem Kamin und Wohlfühlbehandlungen. In den gemütlichen Johann Stuben oder auf der idyllischen Gartenterrasse mit Rosengarten speisen Gäste die ausgezeichnete Johann Küche, leichte, ideenreich zubereitete regionale Gerichte.

Bezau
Voralberg

Hotel Post Bezau
★★★★

Brugg 35 / ✉ 6870 / www.hotelpostbezau.com
T.: +43 5514 22070
office@hotelpostbezau.com
7 E € 142/210 HP / 40 D € 284/474 HP
11 S € 360/670 HP /

Im Hotel Post, im Bregenzer Wald, verbinden sich Klarheit, Stil und Wärme auf angenehme Weise, geprägt von puristischer Architektur, schnörkellosem Design und entspanntem Luxus. Freuen können sich Gäste auf eine prämierte Gourmetküche, auf das vielfach ausgezeichnete „Susanne Kaufmann Spa" und auf ein herrliches Badehaus.

Bregenz
Voralberg

Schwärzler
★★★★

Landstr. 9 / ✉ 6900 Ortsteil Weidach
www.hotelschwaerzler.com / T.: +43 5574 4990
schwaerzler@s-hotels.com
10 E € 98/210 / 59 D € 136/204 / 7 S € 186/280

Das persönlich geführte Stadthotel liegt ruhig und doch zentral am Fuße des Naherholungsgebietes Gebhardsberg. Die eleganten und großzügigen Zimmer und Suiten strahlen eine familiäre Atmosphäre aus. Modern ausgestattete Tagungsräume; großzügiger Wellnessbereich mit Dampfbad, Solarium und Massage. Kreative internationale Spezialitäten sowie bodenständige Hausmannskost genießt der Gast im Restaurant.

Dellach
Kärnten

der daberer. das biohotel
★★★★

St. Daniel 32 / ✉ 9635
www.biohotel-daberer.at
T.: +43 4718 590 / info@biohotel-daberer.at
6 E € 95/139 HP / 24 D € 237/301 HP / 2 S € 338/359 HP
10 App. € 286/338 HP

Eine Welt voller Qualität, Lebensfreude und besonderer Urlaubserlebnisse. Eine Zeit, in der Handy, Laptop & Co im Schrank versperrt bleiben um endlich in Ruhe, mit Muße das Naturresort zu durchstreifen. Gewohnt wird in Zimmern, in unterschiedlicher Größe und Ausstattung, überall Holzböden, Vollholzmöbel, natürliche Stoffe in kräftigen Farben – und im Wohnzimmer, ein Ort voll Atmosphäre, Behaglichkeit und einem klasse Service. Ganz im Zeichen von „Bio" steht auch der „NatureSpa" mit einem angrenzenden 24.000 Quadratmeter großen Naturresort, einem Naturteich und Barfußpfad.

Dienten am Hochkönig
Salzburg

Übergossene Alm Resort
★★★★

Sonnberg 23 / ✉ 5652 / www.uebergossenealm.at
T.: +43 6461 2300 / welcome@uebergossenealm.at
82 D ab € 250 HP
als E ab € 195 HP / 4 S ab € 414 HP / 10 App. ab € 300 HP

Am Fuße des Bergmassivs Hochkönig auf 1.240 Metern liegt dieses exklusive Hotel. Die individuell gestalteten Zimmer präsentieren sich gepflegt und gemütlich. Exquisite regionale und internationale Küche verwöhnt den Gast; täglich wechselndes Frühstücksbüfett. Im „Hochkönig Spa" auf 1.800 Quadratmetern findet der Besucher entspannenden Ausgleich zum Alltag. Großzügige Beautyangebote; Schwimmbiotop.

Dornbirn
Voralberg

Hotel Krone
★★★★

Hatlerst. 2 / ✉ 6850 Ortsteil Hatlerdorf / www.kronehotel.at
T.: +43 5572 22720 / info@kronehotel.at
42 E € 77/125 / 72 D € 135/200 / 1 S € 186/246
1 App. € 210/302

Das moderne, familiär geführte Hotel bietet sowohl für Urlauber als auch für Geschäftsreisende eine passende „Heimat in der Ferne". Alle Gästezimmer sind elegant und mit jeglichem Komfort eingerichtet. Sie verfügen über ein großzügiges Bad und sind, trotz der zentralen Lage des Hauses, ruhig. Im Restaurant widmet man sich vor allem der typisch österreichischen Küche und nutzt dafür frische, saisonale Zutaten. Der moderne Erholungsbereich des Hauses umfasst Sauna, Dampfbad und Solarium.

Rickatschwende F. X. Mayr Health Retreat
★★★★

Rickatschwende 1 / ✉ 6850 / www.rickatschwende.com
T.: +43 5572 25350 / office@rickatschwende.com
45 E € 143/178 / 45 D € 224/268 / 4 S € 273/360
1 App. € 250/422

Das im Drei-Länder-Eck am Bodensee gelegene Medical Wellness Gesundheitszentrum ist spezialisiert auf Regenerationskuren nach Dr. F. X. Mayr und auf Wellnessaufenthalte mit dem Schwerpunkt Gesundheit. Die Zimmer und Suiten sind puristisch-modern und doch mit zeitgemäßem Komfort eingerichtet. Von hier hat jeder Gast einen herrlichen Ausblick. Eine leichte mediterrane Küche garantiert das kulinarische Verwöhnprogramm.

Eben am Achensee
Tirol

Hotel Post am See
★★★★

Seepromenade 14 / ✉ 6213 Ortsteil Pertisau
www.postamsee.at / T.: +43 5243 5207
hotel@postamsee.at
5 E € 125/180 HP / 60 D € 220/350 HP
20 S € 340/440 HP / 2 App. € 290/330 / Frühstück € 25

In sonniger Lage direkt am See erwartet das renovierte, familiär geführte Komfort-Hotel die Gäste. Herrlich ist die Aussicht, die sich aus den behaglichen Gästezimmern, Suiten und Appartements bietet. Mit österreichischen Köstlichkei-

ten verwöhnt die Küche des Restaurants. Der Panorama-Wellnessbereich überzeugt mit Blick auf den See. Komplett ausgestattete Konferenzzimmer.

Travel Charme Fürstenhaus Am Achensee

★★★★

Pertisau Nr. 63 / 6213 / www.travelcharme.com
T.: +43 5243 5442-0
fuerstenhaus@travelcharme.com
111 D € 178/600 / als E € 125/245 / 9 S € 318/920

In einmaliger Lage, direkt am Ufer des Achensees, befindet sich dieses exklusive Hotel. Die über 500-jährige Geschichte des Hauses verbindet sich mit modernsten Bequemlichkeiten zu einem stilvoll-eleganten First-Class-Hotel, eingebettet in eine wunderschöne Gartenlandschaft mit Pavillon. Den Gast erwarten ein liebevolles Ambiente und harmonisch wirkende Zimmer und Suiten mit Stil. 3000 qm großer Wellnessbereich. Restaurant „Laurentius“ mit regionaler Küche; Hotelbar.

Wellnessresort Vier Jahreszeiten

★★★★

Eggweg 2-3 / 6212 Ortsteil Egg
www.4jahreszeiten.at
T.: +43 5243 5375 / hotel@4jahreszeiten.at
5 E € 150/165 HP / 73 D € 216/270 HP
14 S € 228/336 HP

Unweit der Rofanseilbahn und dem Buchauer-Badestrand liegt das familiär geführte Hotel mit gemütlicher Atmosphäre. Schöner Wellnessbereich mit Panoramahallenbad. Umfangreich ist das Beauty- und Wellnessangebot mit einer breiten Palette an Anwendungen. Ein besonderes Augenmerk wird auf die Qualität der Küche gelegt - erlesene Zutaten, jahreszeitgemäß zubereitet. Fantasievolle Kreationen bietet die innovative Küche des Gourmet-Restaurants „Michl Stub'n“.

Ehrenhausen an der Weinstraße

Steiermark

LOISIUM Wine & Spa Resort Südsteiermark

★★★★

Am Schlossberg 1 a / 8461 / www.loisium.com
T.: +43 3453 28800 / buchen-steiermark@loisium.at
85 D € 168/210 / als E ab € 128 / 20 S € 218/274

Inmitten der romantischen Südsteiermark, wegen ihrer sanften Hügellandschaft und der traditionellen Weingütern auch „steirische Toskana“ genannt, befindet sich das LOISIUM Wine & Spa Resort. Ein Ort der Wein, Genuss, Spa sowie zeitgenössische Architketur spannend und anregend vereint. Weinsinnlichkeit pur erleben Gäste in der „Weinbar“, in den zwei Restaurants mit prachtvoller Weinterrasse oder im „Wine Spa“ auf über 1400 qm. Großzügige Tagungsmöglichkeiten.

Zimmer klimatisiert / Lift

Ehrwald

Tirol

Hotel Sonnenspitze

★★★★

Kirchplatz 14 / 6632 Ortsteil Zentrum
www.sonnenspitze.com / T.: +43 5673 22080
info@sonnenspitze.com
8 E € 117/170 HP / 30 D € 99/145 HP
7 App. € 118/200 HP /

An einem der schönsten Dorfplätze Tirols befindet sich dieses Hotel in einem wunderschönen Jugendstilgebäude. Eine persönliche Betreuung und zahlreiche Extras machen den Aufenthalt unvergesslich. Die Zimmer sind ländlich-elegant eingerichtet und verfügen über eine komfortable Wohnecke und einen Balkon. Österreichische und internationale Köstlichkeiten verwöhnen die Gäste im gepflegten Restaurant.

Romantik Hotel Spielmann

★★★★

Wettersteinstr. 24 / 6632 / www.hotel-spielmann.com
T.: +43 5673 2225 / info@hotel-spielmann.com
4 E ab € 125 HP / 37 D ab € 105 HP / 6 S ab € 150 HP

Idyllisch ruhig und dennoch nahe dem Ortskern liegt dieses traditionsreiche, mit viel Liebe eingerichtete Hotel. Hier findet der anspruchsvolle Reisende familiäre Geborgenheit und gediegene Gastlichkeit. Das Zimmerangebot reicht vom komfortablen Tiroler Zimmer bis hin zur luxuriösen Suite. Entspannung und Ruhe bietet die Wellnesslandschaft und der große Garten. Kulinarisch verwöhnt die Küche mit internationalen Gerichten und regionaler Hausmannskost im Panorama-Restaurant; Sonnenterrasse.

Wellness-Sporthotel Alpenhof

★★★★

Alpenhofstr. 13 / 6632 / www.alpenhof-ehrwald.at
T.: +43 5673 2345 / hotel@alpenhof-ehrwald.com
5 E € 124/210 VP / 24 D € 210/426 VP / 7 S € 270/428 VP
5 App. € 240/440 VP /

Eine ruhige Lage und ein freier Panoramablick zeichnen das familiär geführte, elegant-rustikale Hotel aus. Hier herrscht echte Tiroler Gastlichkeit. Die großzügigen Zimmer und Appartements sind mit allem Komfort ausgestattet, zum Teil mit Luxusbad und Kachelofen. Für das kulinarische Wohlbefinden ist reichlich und variantenreich gesorgt. Besonders beeindruckend ist der Wellnessbereich mit herrlichem Panorama.

Elixhausen

Salzburg

Romantik Spa Hotel Elixhauser Wirt

★★★★

Dorfstr. 14 / 5161 / www.elixhauserwirt.com
T.: +43 662 4802120 / romantikspahotel@elixhauserwirt.com
37 D € 198/334 / als E € 122/256 / 36 S € 274/524

Vor den Toren der Mozartstadt Salzburg liegt dieser prächtige Landgasthof, der sich bereits seit 1334 im Besitz der Familie Gmachl befindet. Heute bietet das Romantik Hotel seinen Gästen gemütlich eingerichtete Zimmer mit modernem Kom-

→

fort und einen einzigartigen, über 1.500 Quadratmeter großen Wellnessbereich mit Blick auf die Salzburger Bergwelt. Regionale Spezialitäten werden von der gehobenen Küche in den ansprechenden Restauranträumen besonders empfohlen. Eine eigene Hausmetzgerei ist vorhanden; Hotelbar.

Ellmau
Tirol

Hotel Der Bär
★★★★

Kirchbichl 9 / ✉ 6352 Ortsteil Tirol / www.hotelbaer.com
T.: +43 5358 2395 / info@hotelbaer.com
3 E € 131/220 HP / 18 D € 252/410 HP
28 S € 292/1130 HP / 1 App. € 402/1500 HP

In idealer Lage mit großartigem Panoramablick auf das Bergmassiv des „Wilden Kaiser" ist „Der Bär" ein wunderschönes Urlaubsdomizil. Die Gäste erwartet in dem traditionell und familiär geführten Haus ein hervorragender Service in typisch Tiroler Gastfreundschaft, Zimmer und Suiten in dezent alpinem Chic und eine exzellente Küche. Luxuriöser Komfort in den Räumlichkeiten schafft eine gemütliche und entspannte Atmosphäre zum Wohlfühlen. Der Wellness-Bereich ist eine Oase der Ruhe.

Hotel Kaiserhof
★★★★★

Harmstätt 8 / ✉ 6352 Ortsteil Harmstätt
www.kaiserhof-ellmau.at / T.: +43 5358 2022
info@kaiserhof-ellmau.at
1 E € 235/459 HP
9 D € 450/922 HP / 42 S € 556/1233 HP

Das idyllische Luxus-Hotel mit größtem Komfort liegt wunderschön über Ellmau, umgeben von Wald und Wiesen mit atemberaubendem Blick auf den Wilden Kaiser. Großzügig und mit viel Liebe zum Detail präsentieren sich die Zimmer, Suiten und Appartements. Zum Entspannen nach einem anstrengenden Tag lädt ein umfangreiches Wellness-Angebot und Fitnessprogramm ein. Für die Mahlzeiten bieten sich das elegante Panorama-Restaurant, die rustikale Zirbenstube, das gemütliche Kaminstüberl oder die Schloßstube an. Bei entsprechender Witterung werden die Mahlzeiten auch auf der herrlichen Panoramaterrasse serviert. Biologischer Schwimmteich mit Blick zum Wilden Kaiser. Golfplatz.

Sporthotel Ellmau
★★★★

Dorf 50 / ✉ 6352 / www.sporthotel-ellmau.com
T.: +43 5358 3755
info@sporthotel-ellmau.com
1 E € 62/108 HP / 133 D € 149/255 HP
13 S € 221/324 HP

Vor der Bergkulisse des „Wilden Kaisers" in verkehrsgünstiger Panoramalage liegt die Sporthotel-Anlage Ellmau. Wahlweise stehen Gästezimmer in verschiedenen Kategorien auch mit Balkon zur Verfügung. Der SPA mit Innen- und Außenpool ist auch Wellness-Oase für entspannende Kosmetik- und Körperbehandlungen. Die Küche verzaubert mit mediterranen Köstlichkeiten, Tiroler Schmankerln und guten Weinen. Ganzjährig sind vielfältige Outdoor-Aktivitäten möglich, wie Wandern, Golfen oder Skifahren.

Eugendorf
Salzburg

Landgasthof Holznerwirt
★★★★

Dorf 4 / ✉ 5301 / www.holznerwirt.at
T.: +43 6225 8205 / hotel@holznerwirt.at
11 E € 74/88 / 34 D € 100/128 / 15 App. € 136/158

Der Landgasthof ist ein Komfort-Hotel mit Herz und Seele eines traditionell gewachsenen Familienunternehmens mit 600-jähriger Geschichte. Eingebettet in eine Parkanlage liegt es unweit der City. Wie zu Hause fühlt sich der Gast in den gemütlichen Zimmern und Appartements, die teils mit Himmelbett ausgestattet sind. Liebevoll zubereitete regionale und neuzeitliche Schmankerln aus der Frischeküche werden in der Gaststube serviert. Historischer Weinkeller.

Feldkirch
Voralberg

Hotel Gutwinski
★★★★

Rosengasse 4-6 / ✉ 6800
www.gutwinski-hotel.at
T.: +43 5522 72175 / hotel@gutwinski.cc
5 E ab € 118 / 21 D ab € 188 / 1 S ab € 438 /

Seit mehr als 100 Jahren befindet sich das Hotel bereits in Familienbesitz. Ruhig und doch zentral liegt es in der historischen Altstadt. Die Zimmer sind im Biedermeierstil eingerichtet und individuell gestaltet. Hier fühlt sich der Gast in den klassischen Räumen wohl. Ein Salon bietet den passenden Rahmen für festliche Veranstaltungen, während im Restaurant nationale und internationale Köstlichkeiten auf höchstem Niveau gereicht werden.

Filzmoos
Salzburg

Feriengut & Hotel ...mein Neubergerhof
★★★★

Neuberg 84 / ✉ 5532 Ortsteil Neuberg
www.hotel-neubergerhof.at / T.: +43 6453 8381
urlaub@hotel-neubergerhof.at
3 E € 68/154 HP / 34 D € 126/298 HP / 17 S € 188/364 HP

Erholsame Tage in einer wunderschönen Bergwelt verspricht das kinderfreundliche und familiär geführte Spitzenhotel, das eine große Auswahl an Sport- und Freizeitmöglichkeiten bietet. Ausritte und Wanderungen sind nur einige Angebote, die Groß und Klein begeistern. Modernes Mobiliar schmückt die gemütlichen und sehr ansprechenden Gästezimmer und Appartements. Saisonale Schmankerln, aus Produkten aus eigener Landwirtschaft zubereitet, verwöhnen den Gaumen. Hausbar.

Filzmooserhof
★★★★

Neuberg 85 / ✉ 5532 / www.filzmooserhof.at
T.: +43 6453 8232 / hotel@filzmooserhof.at
2 E € 98/157 HP / 17 D € 158/320 HP / 18 S € 210/540 HP
App. zu € 310

Erlebnisreicher Urlaub im Bergdorf Filzmoos für alle Familienmitglieder. Wohnen im Filzmoserhof heißt: Persönliche Atmosphäre, Genießerküche und ein abwechslungsreiches Familienprogramm. Kinderclub mit Animation und großem Spielzimmer: Ideal im Winter die Lage direkt an den Pisten, der Skischule und den Liften.

Finkenberg
Tirol

STOCK resort
★★★★★

Dorf 142 / ✉ 6292 / www.stock.at
T.: +43 5285 6775 / urlaub@stock.at

Entspannte Tiroler Lebensart und herzlich-familiäre Gastlichkeit treffen in dem Stock Resort auf gehobenen Genuss mit Mount-Stock-Weinen, edler alpiner Wohnwelt und großzügigem Spa-Erlebnis. Die Gastgeberfamilie empfiehlt: Original Stock Diamond-Signatur-Treatments und Wellnessanwendungen im 5.000 Quadratmeter großen Spa während Kids und Teens im Fun-Park mit 70 Meter langer Reifenrutsche jeden Tag Neues entdecken. Ein engagiertes Küchenteam überzeugt mit regionalen und biologischen Köstlichkeiten im Restaurant.

Finkenstein am Faaker See
Kärnten

Naturel Hoteldorf Schönleitn
★★★★

Dorfstr. 26 / ✉ 9582 / www.naturelhotels.com
T.: +43 4254 2384 / info@naturelhotels.com
94 App. € 74/228

Im sonnigen Kärnten auf einem Hochplateau über dem Faaker See, fühlen sich vor allem Familien in den liebevoll restaurierten echten Bauernhäusern wohl. Auf den Komfort und den Service eines Hotels müssen Gäste jedoch nicht verzichten. Gemütlich sind die Appartements ausgestattet und bieten ausreichend Platz zum Entspannen. Erlebnisreiches Programm für Aktive und Naturliebhaber sommers wie winters. Wellnessbereich Naturel Spa. Bio-zertifizierte internationale, regional sowie Wellnessküche.

Flachau
Salzburg

Schlosshotel Lacknerhof
★★★★

Unterberggasse 172 / ✉ 5542 / www.lacknerhof.at
T.: +43 6457 23790 / pitschi@lacknerhof.at
4 E € 138/190 HP
68 D € 138/220 HP / 26 S € 169/289 HP

Wie ein Schloss liegt das Hotel inmitten der beliebten Ferienregion. Die hellen, freundlichen Zimmer und die Suiten geben den Gästen das Gefühl, zwar nicht daheim aber doch zu Hause zu sein. Das kulinarische All-Inclusive-Angebot lässt keine Wünsche offen, ein À-la-carte-Restaurant ergänzt das Angebot. Im großzügig erweiterten Wellness- und Beautybereich des Hauses dreht sich alles um Schönheit und Wohlbefinden. Abendliche Unterhaltung garantieren die Hotelbar und im Winter die Yeti-Bar. Überdachte Panorama-Terrasse.

Tirolerhof
★★★★

Hofgasse 214 / ✉ 5542 / www.hotel-tirolerhof.com
T.: +43 6457 2779 / info@hotel-tirolerhof.com
5 E € 65/131 HP / 34 D € 130/220 HP / 11 S € 150/250 HP
5 App. € 154/278 HP / @

„Das Haus mit Herz" befindet sich in unmittelbarer Nähe zu den Bergbahnen und stellt einen idealen Ausgangspunkt für den Einstieg ins Skivergnügen dar. Herzstück des Hotels ist die unterirdische Erlebniswelt, welche die Häuser „Tirolerhof", „Loipenhof" und Bioholzhotel „Bründlhof" miteinander verbindet. Reizende Wohlfühlzimmer. Die heimische und internationale Küche sorgt für das leibliche Wohl.

Fohnsdorf
Steiermark

Schloss Gabelhofen
★★★★

Schlossgasse 54 / ✉ 8753 Ortsteil Gabelhofen
www.gabelhofen.at / T.: +43 3573 55550
gabelhofen@projekt-spielberg.com
35 D € 164/204 / als E ab € 92 / 4 S € 296/336

Das einmalige, sehr komfortable Schlosshotel ruht in der Obersteiermark inmitten des Aichfeldes. Traditionelle Bausubstanz und modernes Interieur wurden harmonisch in Einklang gebracht und verleihen dem Haus seinen besonderen Charme. Eine angenehme Nachtruhe ist dem Gast in den individuell gestalteten, mit stilvollem Mobiliar ausgestatteten Zimmern sicher. Internationale Gourmetküche. Hotelbar; Weinkeller, Art Galerie.

Franking
Oberösterreich

Hotel Seewirt
★★★★

Holzöster am See 21 / ✉ 5131 / www.der-seewirt.at
T.: +43 6277 8666 / seewirt@netway.at
22 D € 94/114 / als E € 65/85 / 1 S € 120/150
2 App. € 115/185 /

Die Gastgeber legen besonderen Wert auf persönlichen Service und Gastnähe. Die ruhige Lage in Seenähe mit dem gepflegten Garten ist ideal für Entspannungsuchende. Auf der Terrasse und im gemütlichen Gourmet-Restaurants werden sie mit Spezialitäten aus Küche und Keller versorgt. Hallenbad und Sauna stehen für den vitalen Ausgleich zur Verfügung. Die Umgebung eignet sich für ein breitgefächertes Urlaubs- und Ausflugsprogramm.

Fügen
Tirol

alpinahotel
★★★★

Pankrazbergstr. 32 / ✉ 6263 / www.alpina-zillertal.at
T.: +43 5288 62030
info@alpina-zillertal.at
8 D € 178/318 HP / als E € 99/229 HP
29 S € 220/418 HP / 2 App. € 200/380 HP

Traditionsbewusstsein und Lifestyle - am Eingang des herrlichen Zillertals vereint das Hotel beides auf harmonische Weise. Jeder Gast wird in dem mit hochwertigem Interieur ausgestatteten Haus liebevoll umsorgt. Gemütliche Rückzugsorte mit Stil und modernem Interieur sind die Zimmer und Suiten. Raffinierter, kulinarischer Genuss wird im Restaurant serviert. Großzügiges alpinafeelwell Nature Spa und Beauty mit Rooftop-Pool. Kaminlounge; Hotelbar.

Gartenhotel Crystal

★★★★

Hochfügener Str. 63 / ✉ 6263
www.gartenhotel-crystal.at
T.: +43 5288 62425 / info@gartenhotel-crystal.at
62 D ab € 290 HP / 25 S ab € 400 HP

Dieses familiär geführte Hotel der Spitzenklasse in Ortsrandlage besitzt ein eigenes Jagdgebiet. Die Gäste - nicht nur Jäger! - wohnen in großzügigen Zimmern, die im modernen Tiroler Stil mit internationalem Flair eingerichtet sind. In den rustikal bis eleganten Restaurants werden regionale Spezialitäten und internationale Gerichten serviert. 1000 qm umfassende Erlebniswelt für Fitness und Wellness.

Gaschurn
Voralberg

Sporthotel Silvretta Montafon

★★★★

Dorfstr. 11 b / ✉ 6793
www.sporthotel-silvretta-montafon.at / T.: +43 5558 8888
sporthotel@silvretta-montafon.at
1 E ab € 110 HP / 48 D ab € 150 HP / 37 S ab € 250 HP
19 App. ab € 190

Persönliches Engagement, eine familiäre Note und Natur pur, damit erwartet das zentral gelegene Sport- und Wellnesshotel seine Gäste. Die Zimmer und Suiten laden mit viel Holz und alpenländischem Charme zu einer erholsamen Nacht ein. Im 1.800 Quadratmeter großen „Gold Spa" genießen Gäste die wohltuenden Massage- und Beautyanwendung oder sie erkunden den Fitness- und Entspannungsbereich. In den Stuben des Restaurants verwöhnen regionale und saisonale Produkte aus dem Vorarlberger Ländle.

Bad Gastein
Salzburg

Haus Hirt

★★★★

An der Kaiserpromenade 14 / ✉ 5640
www.haus-hirt.com
T.: +43 6434 27970
info@haus-hirt.com
23 D ab € 136 HP / als E ab € 99 HP / 9 S ab € 216 HP

Am Ortsrand von Bad Gastein, direkt an der Kaiserpromenade findet der Urlauber dieses internationale Komfort-Hotel. Modernes Design und klassische Gastlichkeit kennzeichnen die Zimmer und Suiten. Das Alpine Aveda Spa erweist sich als wahrer Jungbrunnen und die erfahrenen und engagierten Therapeuten tragen zur völligen Entspannung bei. Im Panorama-Restaurant werden internationale, leichte Speisen serviert.

Geinberg
Oberösterreich

Vitalhotel Therme Geinberg

★★★★

Thermenplatz 1 / ✉ 4943 / www.therme-geinberg.at
T.: +43 7723 85010 / vitalhotel@therme-geinberg.at
41 E € 100/121 / 102 D € 190/216 / 48 S € 200/242

Als eines der umfangreichsten und modernsten Gesundheits- und Wellness-Resorts Österreichs ist dieses Hotel in die Gesamtanlage der Therme Geinberg integriert, mit direktem Zugang für den Hotelgast (inklusive). Lichtdurchflutet, originell und farbenkräftig-moderne Architektur. Das Wellness- und Sportprogramm lässt keine Wünsche offen. Restaurants mit gesundheitsbewusster internationaler und regionaler Küche.

Gmunden
Oberösterreich

Landhotel Grünberg am See

★★★

Traunsteinstr. 109 / ✉ 4810 / www.gruenberg.at
T.: +43 7612 77700 / hotel@gruenberg.at
30 D € 110/196 / als E € 68/98

Der Blick schweift über den See hin zum Schloss Orth. Dabei lässt man die Beine am hauseigenen Badeplatz im See baumeln. Erholung pur. Das Hotel verfügt über angenehm eingerichtete Zimmer, Suiten und Appartements. Auf der Speisekarte des Restaurants stehen regionale Spezialitäten. Herrliche Panoramaterrasse, gemütliche Weinstube und Tagesbar.

Going am Wilden Kaiser
Tirol

Bio- und Wellnessresort Stanglwirt

★★★★★

Kaiserweg 1 / ✉ 6353 Ortsteil Prama
www.stanglwirt.com
T.: +43 5358 2000
daheim@stanglwirt.com
4 E ab € 141 / 96 D ab € 141 / 71 S ab € 230

„Daheim beim Stanglwirt" - dies ist das Motto des berühmten Hotels. Der Stanglwirt in seiner malerischen Pracht ist ein Platz für alle, die das Besondere lieben. Hier am Fuße des „Wilden Kaisers" findet der Gast Erholung, Sport und Wellness - zu jeder Jahreszeit. In der 1200 qm großen Felsen-Sauna locken Fichten-Bio-, Naturstein-, Wilde Kaiser-Sauna sowie Salzgrotte, Bergkristall-Dampfgrotte und eine Whirlpool-Landschaft mit Blick auf das große Meerwasser-Aquarium mit den beiden Schwarzspitzen-Riffhaien. 14 Tennisplätze mit PBI-Tennisschule, Lipizzanergestüt mit Reitschule, Golf Driving Range und Kinderbauernhof mit Kindergarten. Vier Restaurants und hauseigene Alm-Käserei.

AE American Express / Diners Club
MasterCard / VISA Visa / EC-Karte

Bad Goisern am Hallstättersee
Oberösterreich

Hallstatt Hideaway Mountain Lesehotel
★★★★

Wurmstein 26 / ✉ 4822 / www.lesehotel.at
T.: +43 699 10483020 / buchbar@lesehotel.at
20 D € 226/395 / @

Lage: Mitten im Grünen am Waldrand, ein paar Kilometer vom Hallstädter See entfernt, abseits des Trubels. 12.000 Büchern von 20 Verlagen auf 20 Zimmern. Ab 24 Quadratmeter Größe mit Minikühlschrank, Frühstück jederzeit (bei Tageslicht), Verpflegung vegan und vegetarisch oder eben nicht. Für Lesebegeisterte gibt es ergonomische Lesebetten, Lesenester und Liegestühle.

Golling an der Salzach
Salzburg

Döllerers Genießerhotel
★★★★

Am Marktplatz 56 / ✉ 5440 / www.doellerer.at
T.: +43 6244 42200 / office@doellerer.at
23 D € 180/320 / als E € 115/250 / 2 S € 360/400
@

Nostalgisch ist nur die romantische Fassade des historischen Genießerhotels, dahinter verbirgt sich ein familiär geführtes Haus mit stilvollen Zimmern und Suiten, in denen Design und Behaglichkeit harmonisch miteinander verbunden sind. Kleiner Wellnessbereich mit Blick auf die Felsenalm. Mit edlen Produkten und hochwertigen Spezialitäten der Region macht Andreas Döllerer im ausgezeichneten Restaurant seine heimatverbundenen Gerichte zu modernen Klassikern. Alpin-Bar. Garten-Terrasse.

Grafenegg
Niederösterreich

MÖRWALD
Romantik Hotel Schloss Grafenegg
★★★★

Grafenegg 12 / ✉ 3485
www.moerwald.at
T.: +43 2735 26160 / grafenegg@moerwald.at
9 D € 140/220 /

Schloss Grafenegg mit seinem wunderbaren Park ist eine Top-Destination für Kulturreisende. Ländliches Ambiente und Kultur vereinen sich hier zu einer Liaison. Aber Grafenegg ist auch ein Treffpunkt für die Symphonie der Sinne. Der Schlosspark lädt zum Picknicken ein. Picknickkörbe können bei Mörwald reserviert und im Restaurant „Schloss Grafenegg" abgeholt werden. Die neurenovierten Zimmer bieten jeglichen Komfort für einen erholsamen Aufenthalt in historischem Ambiente.

Grafenwörth
Niederösterreich

MÖRWALD
Relais & Châteaux Hotel am Wagram
★★★★

Kleine Zeile 13-17 / ✉ 3483 Ortsteil Feuersbrunn
www.moerwald.at / T.: +43 2738 2298-33
toni@moerwald.at
12 D € 300/400 / als E € 225/300 / 6 S € 500/800
1 App. € 850/1200 / @

Anspruchsvolle, luxuriöse Zimmer und Suiten erwarten Gäste in dem neuen Hotel am Wagram. Hochwertiges Interieur in den großzügigen Räumen, die zum Teil über einen Balkon verfügen, der Wagram Spa mit Sauna und Ruhebereich gehören ebenso zum Angebot wie ein köstliches Frühstück. Eine ausgezeichnete Küche wird in der nebenan gelegenen Gourmetwelt von Toni Mörwald serviert – dem „Schlemmer Atlas Gastronom des Jahres Österreich/Südtirol 2022".

Qi Gong: Kombination von Bewegung, kontrollierter Atmung und Meditation, um Stoffwechselvorgänge zu aktivieren

Grän
Tirol

...liebes Rot-Flüh
★★★★★

Seestr. 26 / ✉ 6673 Ortsteil Haldensee
www.rotflueh.com / T.: +43 5675 64310
traumhotel@rotflueh.com
62 D € 299/339 VP / als E ab € 215 VP / 39 S € 359/839 VP
@

Hinter einer rosaroten alpenländischen Fassade finden die Gäste ein luxuriöses Haus, in dem bereits die dritte Generation der Familie Huber die Zügel in der Hand hält. Jede Suite widmet sich einem eigenen Thema - von „Gustav Klimt" über „Geier Wally" bis zum Landhausstil. Kulinarisch reicht die Auswahl vom Gourmet-Menü im „La Cascata" bis zu regionalen Spezialitäten im unterirdischen Erlebnisrestaurant „Via Mala". Das Highlight des Hauses ist jedoch „Cinderellas Schloss", ein Spa-Traumpalast der Superlative auf 2.000 Quadratmetern, in dem man sich tatsächlich in ein Märchen versetzt fühlt. Neuer „Shiva Spa".

Bootfahren, Segeln, Wandern: Der Achensee in Tirol ist ein Urlaubsgebiet par excellence

Graz
Steiermark

Grand Hôtel Wiesler
★★★★

Grieskai 4-8 / ✉ 8020 / www.hotelwiesler.com
T.: +43 316 70660 / info@hotelwiesler.com
16 E € 79/129 / 63 D € 99/149 / 17 S € 119/199

Das Jugendstil-Juwel liegt im Herzen der Altstadt, nur wenige Gehminuten von Kunsthaus oder Schlossberg entfernt. Hier findet der anspruchsvolle Gast eine elegante Atmosphäre, perfekten Service und ein besonderes Ambiente. Vollklimatisierte Zimmer mit viel Flair und Wohngefühl, der „Speisesaal" mit internationaler Küche und ein herrliches Frühstücksbüfett im Salon Frühling garantieren einen erholsamen Aufenthalt. Im Depot sorgt ein echter Barbier für gut rasierte Männer. Work-out-Geräte.

Hotel Daniel Graz (g)
★★★★

Europaplatz 1 / ✉ 8020 / www.hoteldaniel.com
T.: +43 316 7110800 / hellograz@hoteldaniel.com
116 D € 59/99 / als E € 59/99 /

Dieses Design-Hotel liegt zentral und doch verkehrsgünstig. Die smart designten Zimmer sind mit modernen Annehmlichkeiten ausgestattet. Im großzügigen Loft ist Wohnzimmer-Feeling angesagt: Daniels Frühstück genießen, Chillen in der Kaminlounge oder Espresso-Bar mit Check-in. Für eine Graz-Tour gibt es den hoteleigenen Vespa-und Bikeboard Park.

Haus
Steiermark

Natur- und Wellnesshotel Höflehner
★★★★

Gumpenberg 2 / ✉ 8967 / www.hoeflehner.com
T.: +43 3686 2548 / info@hoeflehner.com
104 D ab € 200 /

Sympathischer Familienbetrieb, der in exponierter Naturlage auf 1.100 Metern Wellness und Massivholz-Zimmer mit toller Aussicht bietet.

Hippach
Tirol

Romantik Hotel Alpenblick
★★★★

Johann Sponringstr. 91 / ✉ 6283 Ortsteil Schwendau
www.hotel-alpenblick.at / T.: +43 5282 3627
info@hotel-alpenblick.at
2 E ab € 83 HP / 28 D ab € 144 / 1 S ab € 240

Umgeben von saftig grünen Wiesen und mit herrlichem Panoramablick auf die Berge erwartet Familie Eder im Zillertal ihre Gäste. Geschmackvolles Interieur mit mediterranem Charme, regionale Spezialitäten im Restaurant und die Wellnessoase im altrömischen Stil mit Beauty- und Massageangeboten machen das Hotel zu einem Zuhause auf Zeit. Garten mit südländischem Flair. Kleine oder große Feste finden hier den passenden Rahmen.

Hirschegg siehe Mittelberg
Vorarlberg

Hittisau
Voralberg

Gasthof Krone
★★★★

Am Platz 185 / ✉ 6952 / www.krone-hittisau.at
T.: +43 5513 6201 / gasthof@krone-hittisau.at
3 E € 115/190 HP / 23 D € 210/380 HP

Traditioneller, familiengeführter Gasthof am Dorfplatz von Hittisau. Nach Ausflügen in den Bregenzerwald versprechen die hellen, komfortablen Zimmer eine erholsame Nacht. Zum Entspannen stehen eine kleine Sauna, ein Kaminzimmer und ein schattiger Gastgarten zur Verfügung. Köstlichkeiten der Region werden im Restaurant serviert.

Romantik Hotel Das Schiff
★★★★

Heideggen 311 / ✉ 6952 / www.schiff-hittisau.com
T.: +43 5513 6220-0 / info@schiff-hittisau.com
14 D € 240/330 HP / als E € 150/270 HP
19 S € 280/430 HP /

In Vorarlberg, im Bregenzerwald, weiß Familie Metzler in ihrem „Schiff" mit österreichischer Gastlichkeit und herzlichem Service zu überzeugen. Das Ambiente ist stimmig: Zeitgemäßes, helles Interieur in den Zimmern und im Restaurant verbindet sich harmonisch mit dem traditionsreichen Haupthaus und dem modernen Anbau. Erlebenswert ist das kulinarische Angebot. Ob Gourmet-Restaurant, gehobene Dorfwirtschaft mit Feinkostladen oder Käsekeller – die Produkte der Region spielen hier die Hauptrolle. Entspannung verspricht der Wellnessbereich oder einfach nur der Garten mit herrlichem Blick auf die Berge.

Hof bei Salzburg
Salzburg

Schloss Fuschl, a Luxury Collection Resort & Spa
★★★★★

Schlossstr. 19 / ✉ 5322 / www.schlossfuschlsalzburg.com
T.: +43 6229 22530 / info@schlossfuschl.com
66 D ab € 295 / als E ab € 245 / 38 S ab € 445
6 App. ab € 1645 /

Wie eine Kulisse aus einem k.u.k.-Film? Nein, dieses Haus war tatsächlich Kulisse, und das in den legendären „Sissi"-Filmen. Diese Erinnerung wird wach gehalten indem die Suite, in der Romy Schneider während der Dreharbeiten residierte, noch heute „Sissi-Suite" genannt wird. Auch alle anderen Gästezimmer und Suiten dieses internationalen Luxus-Hotels, 1450 als Jagdschloss erbaut, sind mit erlesenem Komfort und Antiquitäten ausgestattet. Genießerherzen schlagen im Gourmet-Restaurant mit Seeterrasse höher. Großer Spa-Bereich.

Bad Hofgastein
Salzburg

das.goldberg
★★★★

Haltestellenweg 23 / ✉ 5630 / www.dasgoldberg.at
T.: +43 6432 6444 / info@dasgoldberg.at
61 D ab € 280 VP / als E ab € 185 VP / 4 S ab € 400 VP

Oberhalb von Bad Hofgastein lässt es sich bei herrlichem Ausblick und zuvorkommendem Service vorzüglich entspannen und genießen. Modernes Design mit hellem Holz und klaren Formen und Linien schafft Wohlfühlatmosphäre. Ein hauseigener Natur-Heilstollen, eine Sauna- und Badewelt, mit Außenpool und Natur-Badeteich, Yoga-Retreats sowie Beauty- und Pflegeanwendungen werden im Wellnessbereich angeboten. Frisch und regional ist die Kulinarik, ein Erlebnis für Gaumen und Augen, in den unterschiedlichen Restaurant-Räumen oder auf der Terrasse. Hotelbar.

Johannesbad Hotel St. Georg
★★★★

Dr.-Zimmermann-Str. 7 / ✉ 5630 / www.stgeorg.com
T.: +43 6432 61000 / info.stgeorg@johannesbad.com
10 E € 80/140 / 30 D € 66/131 / 11 S € 84/148

Eine heimelige Atmosphäre zeichnet dieses familiär geführte Hotel mit großem Komfort in der Ortsmitte von Bad Hofgastein aus. Rustikales Ambiente mischt sich hier im Haus mit Modernität. Die Gästezimmer und Appartements sind gemütlich und großzügig ausgestattet. Kompetente medizinische und therapeutische Betreuung. Persönliche Diät oder traditionelle österreichische Küche wird in den verschiedenen Bauernstuben serviert.

Klammer's Kärnten
★★★★

Dr.-Zimmermann-Str. 9 / ✉ 5630 Ortsteil Zentrum
www.hotel-kaernten.com / T.: +43 6432 67110
info@hotel-kaernten.com
25 E € 95/158 HP / 61 D € 90/155 HP / 7 S € 121/172 HP
6 App. € 112/162 HP /

Entspannen und seine Seele baumeln lassen wird in diesem renommierten Komfort-Hotel, das sich in ruhiger Lage befindet, groß geschrieben. In der großzügigen Wellnessanlage verbinden sich Schönheits- und Heilbehandlungen mit Bewegung und Sport zu einem ganzheitlichen Wellnessprogramm. Auch die Sportmöglichkeiten sind attraktiv. Zahlreiche Annehmlichkeiten in den eleganten Gästezimmern. Für das leibliche Wohl sorgt die hervorragende Küche mit wöchentlich kulinarischen Highlights.

Restaurant im Hotel / Raucherlounge

Verwöhnhotel Bismarck
★★★★

Alpenstr. 6 / ✉ 5630 / www.hotel-bismarck.com
T.: +43 6432 6681 / info@hotel-bismarck.com
18 E € 161/225 HP / 45 D € 332/408 HP
8 S € 378/522 HP / 2 App. € 308/404 HP

Alpine Eleganz und österreichische Gemütlichkeit erwarten den Gast in dem von der Familie persönlich geführten Hotel. Die im Landhausstil eingerichteten Zimmer und Suiten, alle mit herrlichem Panoramablick, erstrahlen in neuem Glanz. Kulinarische Hochgenüsse werden in den geschmackvoll eingerichteten Restaurants serviert. Entspannng bietet auf 1600 qm das Wellnessparadies mit einer Thermalbadelandschaft oder die medizinische Kurabteilung. Umfangreiches Freizeitangebot. Hotelbar mit Panoramablick.

Innerbraz
Voralberg

Hotel Traube Braz
★★★★

Klostertalerstr. 12 / ✉ 6751 Ortsteil Ausserbraz
www.traubebraz.at / T.: +43 5552 28103
office@traubebraz.at
1 E € 102/116 / 46 D € 204/324 / 10 S € 262/324

Seit Generationen wird dieses Hotel, das am Eingang ins Klostertal und am Rande der Alpenstadt Bludenz liegt, familiär geführt. Durch einen Neubau großzügig erweitert, wird hier alte Tradition und modernste Ausstattung harmonisch kombiniert. Wie zu Hause fühlt sich der Gast in den charmanten und vielseitig ausgestatteten Landhauszimmern und Maisonetten. Internationale Köstlichkeiten in historischen Stuben. Der neue Wellnessbereich „Alpen.Spa" lädt zur Entspannung ein.

Innsbruck
Tirol

Altstadthotel Weisses Kreuz (g)
★★★★

Herzog-Friedrich-Str. 31 / ✉ 6020 / www.weisseskreuz.at
T.: +43 512 594790 / hotel@weisseskreuz.at
48 D € 105/128 / als E € 70/108 /

Im Herzen der Altstadt empfängt der persönlich geführte, traditionsreiche Tiroler Gasthof, erbaut um 1465, seine Gäste. Historie und moderner Komfort gehen hier Hand in Hand. Stilvolles Interieur prägt die hellen und gemütlichen Gästezimmer, die zum Wohlfühlen einladen. In der Mozart-Stube beginnt der Morgen mit einem großzügigen Frühstücksbüfett.

Schwarzer Adler
★★★★

Kaiserjägerstr. 2 / ✉ 6020 / schwarzeradler-innsbruck.com
T.: +43 512 587109 / info@deradler.com
37 D ab € 139 / als E ab € 99 / 3 S ab € 304

In der Stadtmitte von Innsbruck liegt dieses Romantik Hotel mit großem Komfort in einem Gebäude des 16. Jahrhunderts. Großzügig und elegant eingerichtete Gästezimmer stehen für die Reisenden bereit. Etwas ganz Besonderes sind die Suiten, zum Beispiel mit einem glitzernden Kristallbad im Swarovski-Design oder mit offenem Kamin und originellen Antikmöbeln. Mit einer Auswahl internationaler und regionaler Spezialitäten aus der guten Küche werden die Gäste im Restaurant verwöhnt.

Ischgl
Tirol

Hotel Arnika
★★★★

Eggerweg 5 / ✉ 6561
www.hotelarnika.at
T.: +43 5444 5244 / info@hotelarnika.at
4 E € 109/190 HP / 20 D € 198/378 HP / 3 S € 267/540 HP

Das familiär geführte Hotel liegt im Herzen von Ischgl, nur drei Gehminuten von der Fimbabahn entfernt, die ins Skigebiet Ischgl/Samnaun fährt. Erholsame Momente versprechen der Garten des Hotels mit herrlicher Aussicht auf die Verwall- und Madlaingruppe. Während der Sommersaison ist in allen Zimmerpreisen die Silvretta All Inclusive Card inbegriffen. Kulinarische Delikatessen aus der Region offeriert das Restaurant.

Evtl. Kosten für Kurtaxen fallen in der Regel zusätzlich an.

Hotel Persura (g)
★★★

Persuraweg 17 / ✉ 6561 / www.persura.at
T.: +43 5444 5339 / hotel@persura.at
2 E € 90/170 / 24 D € 70/108

Eine familiäre Atmosphäre empfängt die Gäste in diesem zentral, jedoch ruhig gelegenen Hotel mit Blick auf die heimische Bergwelt. Die Zimmer sind großzügig im Tiroler Stil mit gehobener Austattung versehen. Abends ein schönes Drei-Gang-Menü im Restaurant genießen. Der Vitalbereich lädt zum Entspannen ein.

Hotel Tirol
★★★★

Dorfstr. 77 / ✉ 6561 / www.tirol-ischgl.at
T.: +43 5444 5216 / hotel@tirol-ischgl.at
6 E € 162/216 HP / 35 D € 266/402 HP
12 S € 322/428 HP

Direkt an der Silvretta-Seilbahn gelegen, ist dieses First-Class-Hotel ein idealer Ausgangspunkt im Winter wie auch im Sommer. Die Zimmer sind mit viel Komfort im Tiroler Stil eingerichtet, Rustikalität und Moderne treffen aufeinander. Im Restaurant lässt es sich international schlemmen. Das Hotel versteht sich als „Bike und Hike Hotel". Großes Alpin-Spa mit Panoramaaussicht und Fitnesscenter.

Hotel Trofana Royal
★★★★★

Dorfstr. 95 / ✉ 6561 / www.trofana.at
T.: +43 5444 600
office@trofana.at
14 E ab € 165 HP
53 D ab € 280 HP / 12 S ab € 300 HP / 3 App. ab € 340 HP

Das internationale Luxushotel, direkt im Dorf gelegen, ist in der Gestaltung geprägt von Tiroler Handwerkskunst und welterfahrener Eleganz. Mit erlesenem Komfort ausgestattete Zimmer und luxuriöse Suiten werden allen Ansprüchen der Gäste gerecht. Das Wellnessangebot auf 2.500 Quadratmetern ist einzigartig im gesamten Alpenraum. Im Sommer und Herbst kommt och die 2.000 Quadratmeter große Park- und Terrassenlandschaft dazu. In den verschiedenen stilvollen Stuben und Sälen werden die Gäste mit hervorragenden internationalen und regionalen Spezialitäten und edlen Weinen verwöhnt. 200 Kilometer Skipisten im grenzüberschreitenden Skigebiet Silvretta direkt vor der Haustür.

Hotel Yscla
★★★★

Dorfstr. 73 / ✉ 6561 / www.yscla.at / T.: +43 5444 5275
info@yscla.at
8 E € 110/305 HP / 20 D € 105/315 HP / 6 S € 140/365 HP

Direkt in der Fußgängerzone gelegenes Haus, nur 100 Meter sind es bis zur Silvrettaseilbahn. Der alte rätoromanische Name von Ischgl war namensgebend für das familiär geführte Urlaubs- und Sporthotel. Die hoch gesteckten Qualitätsansprüche und die Liebe zum Detail lässt sich vor allem in den individuellen Gästezimmern erkennen. Im Spitzenrestaurant „Stüva" dürfen die Gäste allerfeinste Genüsse erwarten. Von kosmischen und terrestrischen Strahlungen und Elektrosmog ist das Gebäude entstört.

Schlosshotel Ischgl

★★★★★

Dorfstr. 85 / ✉ 6561 / www.schlosshotel-ischgl.com
T.: +43 5444 5633 / office@schlosshotel-ischgl.com
1 E € 290/440 HP / 54 D € 420/800 HP
16 S € 560/980 HP / 6 App. € 940/1780 HP

An den Skipisten von Ischgl liegt das luxuriöse Wellness- und Urlaubshotel mit seiner exzellenten Gastronomie. Traumhafte, ab 30 Quadratmeter große Zimmer und Suiten, garniert mit liebevollen Einrichtungs-Details, laden zum Wohlfühlen ein. Wie auch das hochmoderne Schloss Spa: Hier gibt es neben Pool, Saunen und Dampfbädern exklusive Body-Treatments und Kosmetikanwendungen. Drei Restaurants verköstigen hungrige Genießer, besonders Feinschmecker kommen in der „Schlossherrn-Stube" auf ihre Kosten.

Sporthotel Silvretta

★★★★★

Dorfstr. 74 / ✉ 6561 / www.sporthotel-silvretta.at
T.: +43 5444 5223 / info@sporthotel-silvretta.at
30 D ab € 290 HP / als E ab € 160 HP

Seit seiner Entstehung im Jahr 1930 wird das Sporthotel in der Skimetropole von Familie Zangerl geführt. Dabei steht nicht nur der kulinarische Genuss, zubereitet aus regionalen und selbst erzeugten Produkten, in den drei Restaurants Sti-ar, Wiartshaus und Bärafolla an erster Stelle. Die Zimmer im Haupthaus und die Appartements im Nebengebäude lassen keine Wünsche offen, ebenso der 1000 qm große Wellnessbereich. Bauernhofladen. Legendäre Kuhstall-Disco.

Bad Ischl
Oberösterreich

Goldenes Schiff

★★★★

Adalbert-Stifter-Kai 3 / ✉ 4820 / www.goldenes-schiff.at
T.: +43 6132 24241 / hotel@goldenes-schiff.at
5 E € 82/160 / 48 D € 129/279 / 4 S € 168/300

Zentral und ruhig am Ufer der Traun liegt das privat geführte Hotel der Spitzenklasse. Die Gästezimmer, Suiten und Appartements sind mit angenehmem Ambiente modern ausgestattet. Das ausgezeichnete Restaurant „Goldenes Schiff" serviert Steaks und regionale Küche auch auf der Traunterrasse; umfangreiches Weinsortiment. Wellnessbereich mit Mamordampfbad, Sauna und Massageangebot. Gemütliche Hotelbar.

Jerzens
Tirol

Jerzner Hof

★★★★

Oberfeld 170 / ✉ 6474 / www.jerznerhof.at
T.: +43 5414 85100 / info@jerznerhof.at
5 E € 137/165 HP / 31 D € 258/290 HP
8 S € 268/308 HP / 4 App. € 268/308 HP

Sonnig und ruhig, auf einem wunderschönen Hochplateau mit einzigartigem Panoramablick auf die umliegende Bergwelt, liegt dieses einladende Hotel. Eindrucksvolles Tiroler Flair gepaart mit stilvoller Eleganz prägt das Haus. Harmonisch wirkende, liebevoll eingerichtete Gästezimmer mit zahlreichen Annehmlichkeiten; großzügige Wellness-Oase und hoteleigener Naturbadeteich. Im Restaurant werden raffinierte, internationale Gaumenfreuden serviert.

Jochberg
Tirol

Kempinski Hotel Das Tirol

★★★★★

Kitzbüheler Str. 48 / ✉ 6373
www.kempinski.com/de/jochberg/hotel-das-tirol/
T.: +43 5355 50100 / info.tirol@kempinski.com

Stylisch, modern, gemütlich – im höchsten Maß individuell. Ein Hotel mit Ecken und Kanten. Das Kempinski Hotel Das Tirol ist ein Refugium für alle Gestressten, die in der traumhaften Bergwelt der Kitzbüheler Alpen entspannen wollen. Ein Platz zum Genießen. Ein luxuriöses, schickes, gleichzeitig elegantes und gemütliches Alpenresort mit grandioser Aussicht und unübertroffenem Service. Die Lage, direkt neben der Skipiste, kann für Skifahrer bequemer nicht sein. Zu den Highlights gehören der 3.600 Quadratmeter große Spa mit ausgesuchten Produkten und dem Natürlichen aus der Region. Und kulinarisch werden in den Restaurants „Steinberg" und „Sra Bua" Genüsse aus zwei Erdteilen offeriert.

Kappl
Tirol

Zhero Hotel Ischgl

★★★★★

Wiese 687 / ✉ 6555 / www.zherohotelgroup.com
T.: +43 5445 61200 / info@zherohotelgroup.com
4 E ab € 129 / 63 D ab € 190 / 12 S ab € 750
Frühstück € 28 /

Am Ortsrand von Kappl, 4 Kilometer von der Lifestyle- und Sportmetropole Ischgl entfernt, bekommt alpiner Urlaub eine ganz neue Note. Dafür sorgt die aufregende Symbiose aus Zeitgeist, edlen Materialien und traditionellem Handwerk bei Architektur und Innendesign. Die geräumigen Zimmer und Suiten sind geschmackvoll mit viel Holz, Glas und Stein ausgestattet und verfügen über jeglichen Komfort. Im ausgezeichneten Restaurant werden aus erstklassigen, regionalen Zutaten kulinarische Highlights serviert. Körper und Geist werden im 750 Quadratmeter großen Wellnessbereich in Einklang gebracht. Glamouröse Minotti-Lounge und Bar.

Kirchberg in Tirol
Tirol

Rosengarten

★★★★★

Aschauer Str. 46 / ✉ 6365
www.rosengarten-taxacher.com / T.: +43 5357 4201
welcome@rosengarten-taxacher.com
18 D € 278/510 / als E € 190/390 / 8 S € 378/680

Nur sechs Kilometer vom legendären Kitzbühel entfernt, finden anspruchsvolle Reisende und internationale Feinschmecker viele Gründe zum Bleiben. Entspannung und Erholung

→

garantieren modern designte Gästezimmer und Suiten sowie der außergewöhnliche Spa- und Wellnessbereich. Für Kulinarik auf höchstem Niveau sorgt die ausgezeichnete, kreative französisch-mediterrane Küche mit regionalen Einflüssen im Restaurant und die gut sortierte Weinkarte. Piano-Bar-Lounge; Terrasse.

Kitzbühel
Tirol

A-ROSA Kitzbühel
★★★★★

Ried Kaps 7 / ✉ 6370 / www.a-rosa.at
T.: +43 5356 656600 / empfang.kiz@a-rosa.at
112 D ab € 208 / als E ab € 158 / 38 S ab € 280

Erbaut im Stil eines Tiroler Schlosses auf der Sonnenseite, oberhalb der legendären Sportstadt, steht das A-ROSA Kitzbühel. Ein Ort für Erholung und Entspannung auf höchstem Niveau. Exklusives Ambiente und modernes Design in den Zimmern und Suiten verführt zum Bleiben. Zwei verschieden konzipierte Restaurants, das Frontcooking Vitalrestaurant „Streif“ und das Steakhouse am Golfplatz laden zu einer kulinarischen Entdeckungsreise ein. Erholung bietet das 3.000 Quadratmeter große Spa mit großzügiger Poollandschaft und einem vielfältigen Angebot an Behandlungen. Neun-Loch-Golfplatz. Veranstaltungsräume für Events jeder Art.

Grand Tirolia Kitzbühel
★★★★★

Eichenheim 10 / ✉ 6370 / www.hommage-hotels.com
T.: +43 5356 66615 / info.grandtirolia@hommage-hotels.com
60 D € 235/940 / als E € 195/900 / 22 S € 475/6000

Der Aufenthalt in diesem Luxushotel ist ein Genuss. Inmitten der romantischen Tiroler Bergwelt mit hoteleigenem Golfplatz und dem Ambiente exklusiver Zimmer und Suiten ist es ein ruhiges Refugium für alle, die auf höchstem Niveau Unvergessliches erleben wollen. Durch die gelungene Kombination aus Tradition und Moderne wirkt das Hotel überschaubar und gleichwohl mit familiären Charakter. Eine Vielzahl von Wohlfühl- und Wellnessmöglichkeiten bietet das Grand Alps SPA. Genuss Momente erleben Gäste im Golf-Bistro, im Hotelrestaurant in der Lobby Bar & Lounge oder in der Herbarium Bar. Stadtzentrum und Skipisten sind mit dem Shuttleservice schnell erreichbar.

Schloss Lebenberg
★★★★★

Lebenbergstr. 17 / ✉ 6370
www.austria-trend.at
T.: +43 5356 6901 / schloss.lebenberg@austria-trend.at
15 E € 162/255 HP / 130 D € 216/380 HP
5 S € 266/1250 HP / 11 App. € 250/380 HP

Hoch über der Dächern der Stadt, mit Panoramaaussicht über die Kitzbüheler Alpen, erstrahlt das Hotel in vollem Glanz. Dort wo einst der Adel residierte, erwarten den Gast heute stilvolle Zimmer und Suiten in den verschiedensten Stilrichtungen. Auf dem Dach des Hauses lädt die Wellness Oase mit 360° Blick und einem umfassenden Wohlfühlprogramm zum Entspannen ein. Mit nationalen und internationalen Köstlichkeiten verzaubert das Restaurant „Residenz“.

Tennerhof Gourmet & Spa de Charme Hotel
★★★★★

Griesenauweg 26 / ✉ 6370 / www.tennerhof.com
T.: +43 5356 631-81 / office@tennerhof.com
4 E € 179/399 / 17 D € 289/899 / 21 S € 399/2699
9 App. € 199/1499

In leichter Hanglage, inmitten eines großen ruhigen Gartens mit Blumen und alten Obstbäumen, direkt an der Skiabfahrt vom Kitzbüheler Horn, mit Aussicht auf die weltbekannte Streif, bietet sich den Gästen ein herrlicher Panoramablick. Individuell und zeitlos, mit Antiquitäten aus dem Familienbesitz, sind die Zimmer und Suiten des Hauses eingerichtet. Das Gourmet-Restaurant „Tennerhof“ zählt seit Jahrzehnten zu den besten des Landes. Küchenchef Stefan Lenz verbindet hier regionale Spezialitäten mit internationaler Kochkunst. Erholung verspricht der „Spa de Charme“. Im Sommer laden zahlreiche Wanderwege und ein Top-Golfangebot mir vier Plätzen in Kitzbühel und weiteren 30 in der Umgebung ein.

Klagenfurt am Wörthersee
Kärnten

Seepark Wörthersee Resort
★★★★

Universitätsstr. 104 / ✉ 9020 / www.seeparkhotel.at
T.: +43 463 204499-0 / info@seeparkhotel.at
42 E € 95/175 🍸 / 92 D € 112/192 🍸 / 8 S € 185/550 🍸

Inmitten einer wunderschönen Lagune, am Ufer des Wörthersees, vereint das Hotel Geschäfts- und Urlaubsleben auf faszinierende Weise. Neben einer beeindruckenden Panoramasicht und einem angenehmen Ambiente bietet es seinen Gästen einen zuvorkommenden Service. Die abwechslungsreiche Umgebung und die gleichzeitige Nähe zur Innenstadt machen das Hotel zu einem idealen Ausgangspunkt für individuelle Exkursionen.

Bad Kleinkirchheim
Kärnten

DAS RONACHER Therme & Spa Resort
★★★★★

Thermenstr. 3 / ✉ 9546 Ortsteil Bach
www.ronacher.com
T.: +43 4240 282 / hotel@ronacher.com
12 E € 184/243 HP / 44 D € 164/211 HP
24 S € 205/283 HP / 11 App. € 253/323 HP

Vollkommene Entspannung, um neue Energien freizusetzen - das bietet dieses First-Class-Hotel seinen Gästen. Die großzügigen und luxuriösen Zimmer, Suiten und Appartements richten sich gen Süden. Und einige davon warten mit Überraschungen auf: Im Honigzimmer ist das Erlenholz der Möbel mit natürlichem Bienenwachs behandelt und hinterlässt einen zarten Honigduft. Ein Glasdach über dem Balkon gibt im Sternguckerzimmer den Blick zum Himmel frei, Fernrohr und Sternenkarte liegen bereit. Im Golferzimmer ermöglicht ein Putting Green Golf in den eigenen vier Wänden zu spielen. In den stilvollen, eleganten Restaurants des Hotels bleiben keinerlei kulinarische Wünsche offen. Großzügiger Wellnessbereich.

Felsenhof

★★★★

Mozartweg 6 / ✉ 9546 Ortsteil Zirkitzen
www.hotelfelsenhof.at / T.: +43 4240 68920
office@hotelfelsenhof.at
50 D € 85/140 HP / als E € 90/130 HP

Dieses gemütliche Refugium, bekannt für seine besondere Herzlichkeit, empfängt seine Gäste in ruhiger Lage mit Blick auf das Kirchheimer Tal. Heimelige und in hellen, warmen Tönen eingerichtete Zimmer, die gehobenen Ansprüchen gerecht werden. Eine leichte, kreative Küche erwartet den Gast im lichtdurchfluteten Restaurant. Wellnessbereich.

Ortners Eschenhof

★★★★

Wasserfallweg 12 / ✉ 9546 Ortsteil Bach
www.eschenhof.at / T.: +43 4240 8262 / hotel@eschenhof.at
3 E € 99/155 HP / 30 D € 99/165 HP / 9 S € 109/185 HP

Genau auf die Bedürfnisse von Familien ist dieses ansprechende Hotel, das sich mitten im sonnigen Herzen Kärntens befindet, zugeschnitten. Harmonische, gemütliche Zimmer und Suiten, die mit vielen Annehmlichkeiten ausgestattet sind. Im ausgezeichneten Abend-Restaurant serviert die feine Küche internationale und heimische Speisen. Erholsame Stunden garantiert die neue Verwöhnoase. Kaminhalle; Bar. Liegewiese.

Krems an der Donau
Niederösterreich

Steigenberger Hotel and Spa

★★★★

Am Goldberg 2 / ✉ 3500 / www.krems.steigenberger.at
T.: +43 2732 71010 / krems@steigenberger.at
12 E € 111/146 / 100 D € 180/240 / 29 S € 260/300

Inmitten der Wachau und hoch über der Donau lädt das Steigenberger Hotel zu einem erholsamen Aufenthalt oder einer entspannten Tagung. Eleganter Landhausstil zeichnet die großzügigen Zimmer aus, vom Balkon oder der Terrasse fällt der Blick auf die Weinberge. Das „Weinbergrestaurant" ist ein der Tradition und der Region verpflichteter Ort kulinarischer Kreativität und Raffinesse, im „Cuvée Club" werden seltene Weine und Kaffeespezialitäten am Kamin serviert.

Längenfeld
Tirol

Aqua Dome - Tirol Therme Längenfeld

★★★★

Oberlängenfeld 140 / ✉ 6444 / www.aqua-dome.at
T.: +43 5253 6400 / office@aqua-dome.at
168 D € 298/500 HP
als E ab € 298 HP / 32 S € 350/950 HP

Inmitten der Ötztaler Bergwelt bietet das Thermenresort der Alpen perfekte Erholung auf über 50.000 qm. Für Hotelgäste ist der exklusive SPA-Bereich „Spa 3000" mit zusätzlichen 2000 qm Fläche zum Regenerieren und Wohlfühlen. Die großzügigen Zimmer und Suiten spiegeln Gemütlichkeit und Regionalität wider – eine gelungene Verbindung von traditionellem alpinen Charme und zeitgenössischer Architektur. Vitalsnacks oder Haute Cuisine serviert die Küche. Lounge, Bar und Vinothek mit offenen Kaminen.

Langenlois
Niederösterreich

LOISIUM Wine & Spa Resort Langenlois

★★★★

Loisium Allee 2 / ✉ 3550 / www.loisium.com
T.: +43 2734 771000200 / hotel-langenlois@loisium.at
82 D € 160/238 / als E ab € 120

Im führenden Weinresort in Österreichs romantischer Weißweinregion, dem Kamptal, hat Architekt Steven Holl scheinbare Gegensätze zusammengeführt und ein prägnantes Ambiente rund um Architektur und Wein geschaffen. Das Ensemble bietet ein stilsicheres Refugium voller Eleganz mit durchdachten und vinophilen Details. Kulinarisches aus Produkten der Region mit einem Hauch internationaler Cuisine im Restaurant „Vineyard", dazu köstliche Weine. 900 Jahre altes Weinkeller-Labyrinth. Weinbibliothek, „Holl Bar". Aveda Wine Spa.

Lans
Tirol

Lanserhof Lans

★★★★★

Kochholzweg 153 / ✉ 6072 / www.lanserhof.at
T.: +43 512 386660 / info@lanserhof.at
45 D € 395/610 / als E ab € 345 / S € 675/1900
App. € 455/1020 /

Körperliche und geistige Regeneration stehen in dem Medical Resort unweit von Innsbruck auf dem Plan. Das Prinzip: Rundumversorgung, ärztliche und therapeutische Expertise und natürlich die luxuriösen Annehmlichkeiten eines Resorts, gelegen inmitten der einzigartigen Tiroler Berglandschaft. Puristisches Design in edlem Ambiente fokussiert auf das Wesentliche. Herzstück ist der professionelle, großzügig gestaltete, medizinische Bereich mit dem LANS Med Concept. Dementsprechend gibt es ein- oder zweiwöchige Kurprogramme mit Untersuchungen, Analysen, Massagen, Bewegungs-Trainings und Ernährungsprogrammen. Sieben Tage Mindestaufenhalt. (Mehr Informationen über das Health-Konzept des Jahres unter „Auszeichnungen des Jahres".)

Lech am Arlberg
Voralberg

Almhof Schneider

★★★★★

Tannberg 59 / ✉ 6764 Ortsteil Lech / www.almhof.at
T.: +43 5583 3500 / info@almhof.at
13 D € 975/1950 HP / 34 S € 1350/3100 HP

Die Liebe zum Detail begegnet dem Gast in jedem Winkel dieses familiär geführten Luxushotels, das ständig an die Ansprüchen des modernen Komfort angepasst wird. Am Fuß des Lecher Hausberges Schlegelkopf gelegen, ist der Almhof seit jeher ein Zuhause für Gäste. Warme Materialien und Farben, heimische Hölzer und Steine und die einfache, sachliche Formensprache der alpinen Architektur bestimmen das ex- →

klusive Ambiente in den Zimmern und Suiten. Ausgezeichnet ist die Küche des Restaurants, hier werden regionale Produkte als leichte, alpine Kreationen serviert. In der schlichten Eleganz des neu gestalteten und erweiterten Spabereichs lässt es sich in Innenpool, Sauna und bei wohltuenden Massagen nochmal so gut entspannen.

Burg Hotel

★★★★

Oberlech 266 / 6764 Ortsteil Oberlech
www.burghotel-lech.com / T.: +43 5583 2291
info@burghotel-lech.com
11 E € 163/503 HP / 39 D € 279/908 HP
14 S € 400/1536 HP / 4 App. € 456/1736 HP

Zu dem vielseitigen Angebot dieses sportlich familiären Ferienhotels, das eines der Golf-Gründerhotels ist, gehören nicht nur die herrliche Lage am Sonnenplateau Oberlech und der atemberaubende Rundblick in die Bergwelt des Arlbergs. Hinzu kommen großzügige Zimmer mit höchster Wohnqualität und ein facettenreicher Wellnessbereich. Besondere Aufmerksamkeit gilt dem hohen Niveau der Küche, die feinste, raffinierte Genüsse hervorbringt. Hotelbar.

Burg Vital Resort

★★★★★

Oberlech 568 / 6764 Ortsteil Oberlech
www.burgvitalresort.com / T.: +43 5583 3140
office@burgvitalresort.com
2 E € 283/500 / 15 D € 423/958 / 30 S € 475/6450
12 App. € 677/1846

Das ruhig gelegene Luxushotel besteht aus fünf Chalets in Oberlech, der Sonnenterrasse des Arlbergs (der Ort ist im Winter autofrei). Helles Holz und viel Licht sorgen für ein freundliches und warmes Ambiente, auch in den mit Balkon ausgestatteten Zimmern. Der Schwerpunkt des Hauses liegt auf Wellness, Beauty, Ruhe und Gesundheit, was die große Vital-Spa-Oase mit einem breit gefächerten Angebot eindrucksvoll unter Beweis stellt. Mehrere Restaurants bieten eine abwechslungsreiche Küche.

Die Hinterwies

★★★★

Tannberg 186 / 6764 / www.hinterwies.at
T.: +43 5583 2531 / office@hinterwies.at
3 E € 132/283 / 18 D € 204/420 / 2 S € 306/644
3 App. € 348/710

Das Lecher Hotel befindet sich am schönsten Fleckerl des Skiparadieses, genau nach Süden, sonnig und ruhig. Es ist nur wenige Gehminuten vom Ortszentrum entfernt. Das familiär geführte Haus überzeugt mit seinem stilvollen und detailverliebten Ambiente und Gästezimmern die über sämtliche Annehmlichkeiten eines First-Class-Hotels verfügen. Restaurant; Wintergarten; Sonnenterrasse; Spa & Relaxraum.

Gasthof Post

★★★★★

Dorf 11 / 6764
www.postlech.com
T.: +43 5583 22060 / info@postlech.com
1 E € 190/690 / 36 D € 330/1760 / 10 S € 610/3240

Dieses schöne Hotel, in einer ehemaligen k. u. k.-Poststation im Zentrum des Ortes zu finden, gilt als Kleinod österreichischer Gastlichkeit. Ein kleines Luxushotel, aber im Herzen ein Gasthof. Elegant und individuell präsentieren sich die Gästezimmer und Suiten mit viel Liebe zur Perfektion. Die vielfach ausgezeichnete Küche serviert internationale und traditionelle Gaumenfreuden aus frischen, regionalen Produkten; hauseigene Konditorei; Zigarrenlounge. Botanischer Garten.

Hotel Zürserhof

★★★★★

Zürs 75 / 6763 / www.zuerserhof.at
T.: +43 5583 25130 / hotel@zuerserhof.at
23 E € 400/800 HP
37 D € 700/1200 HP / 39 S € 900/5000 HP

Der Zürserhof bietet alles, was man sich von einem exklusiven Urlaubsdomizil wünscht. Er ist eine einzigartige Ferienwelt schlechthin, direkt an der Skipiste gelegen und nur wenige Gehminuten vom exklusiven Skiort Zürs entfernt. Elegante, gemütlich eingerichtete Zimmer und Suiten mit Panoramablick auf die einmalige Bergwelt des Arlbergs sorgen für einen angenehmen Aufenthalt. Zahlreiche Sport-, Gesundheits- und Wellness-Angebote stehen den Gästen zur Verfügung; einmalig schöne Sonnenterrasse. Ein gastliches Haus mit Charme und großzügigem Komfort in bester österreichischer Familientradition, in dem sich Wintersportler ebenso wie Erholungsuchende wohlfühlen. Kinderclub mit professioneller Betreuung.

Hotel Aurelio Lech

★★★★★

Tannberg 130 / ✉ 6764
www.aureliolech.com
T.: +43 5583 2214 / office@aureliolech.com
14 D ab € 850 HP / als E ab € 850 HP / 5 S ab € 1500 HP

Umgeben von den Alpen und der kristallklaren Luft verspricht ein Aufenthalt in diesem Luxushotel am Arlberg, eine Zeit der Ruhe, Erholung und des Genusses zu werden. Vereint werden hier jeder erdenkliche Luxus und Komfort mit dem Ambiente und der Eleganz einer Privatresidenz. Die individuell eingerichteten Zimmer mit atemberaubendem Blick auf die umliegende Bergwelt überzeugen zusätzlich durch die hohe Qualität ihrer Ausstattung. Im Spabereich wird der Gast mit exklusiven Behandlungen verwöhnt. Die Gourmetküche bietet traditionelle und moderne regionale Köstlichkeiten sowie internationale Gerichte. Exquisites Weinangebot. Ein Eldorado für Skifans befindet sich direkt vor dem Haus.

Romantik Hotel „Die Krone von Lech“

★★★★★

Dorf 13 / ✉ 6764 / www.kronelech.at / T.: +43 5583 2551
email@kronelech.at
14 E € 270/490 HP / 29 D € 440/1020 HP
14 S € 720/1400 HP

Seit fünf Generationen führt Familie Pfefferkorn die „Die Krone von Lech“ mit dem Augenmerk auf Tradition und Offenheit für Innovation. Durch die gelungene Kombination von alpinem Stil mit modernem Design entsteht ein unverwechselbarer Charakter. Alle Zimmer und Suiten sind neu eingerichtet, in Farbe, Form und Stil individuell, aber im Anspruch an höchsten Komfort gleich. Der Logenplatz am Arlberg garantiert im Winter Ski-Vergnügen und im Sommer Ruhe im malerischen Bergdorf. In den Krone-Stuben und im Panorama-Restaurant verwöhnt die ausgezeichnete Küche mit raffiniert zubereiteten Gerichten. Großer Wellnessbereich. Hotelbar. Kaminzimmer.

Severin*s - The Alpine Retreat

★★★★★

Stubenbach 273 / ✉ 6764 Ortsteil Stubenbach
www.severins-lech.at / T.: +43 5583 339070
info@severins-lech.at
9 S € 690/2490 HP / 1 App. € 3990/11990 HP

Luxus der Extraklasse erwartet Gäste in dem neuen Severin*s in Lech am Arlberg. Die Suiten sind großzügig mit ausgewählten Materialien im modernen alpinen Stil ausgestattet und verfügen alle über Terrasse oder Balkon mit Alpenblick. Highlight ist die Residence über zwei Etagen. Auf 423 qm genießen bis zu acht Personen absolute Privatsphäre in vier Schlafzimmern, einem Wohnzimmer mit Balkon und Kamin, einer Lounge mit Flügel, einem Esszimmer mit Küche und einem eigenen Kino. Ein Außen-Whirlpool befindet sich auf der eigenen Sonnenterrasse. À-la-carte-Restaurant, Weinkeller, Bar & Lounge sowie ein Wellness- und Spabereich gehören ebenso zum Angebot.

Sauna / Freibad / Hallenbad

Tannbergerhof (g)

★★★★

Dorf 111 / ✉ 6764 / www.tannbergerhof.com
T.: +43 5583 2202 / info@tannbergerhof.com
13 E € 105/240 / 20 D € 140/660 / 5 S € 280/1380

Mitten im Zentrum von Lech am Arlberg ist das traditionelle Komfort-Hotel mit familiärer Atmosphäre zu finden. Die geräumigen neu gestalteten Gästezimmer und eleganten Suiten bieten für jeden Geschmack das richtige Interieur. In diesem Haus stehen Gastronomie und Unterhaltung im Mittelpunkt. Das rustikale Martinsstüberl bietet regionale Schmankerln. Die bekannte Tannenberger Diskothek und ein Wellnessbereich runden das Angebot ab.

Thurnher‘s Alpenhof

★★★★★

Haus Nr. 295 / ✉ 6763 Ortsteil Zürs
www.thurnhers.com
T.: +43 5583 2191 / mail@thurnhers-alpenhof.com
5 E € 500/750 HP / 9 D € 660/1010 HP
24 S € 790/2450 HP / 5 App. € 1000/3900
Frühstück € 45 / @

Ein Ort zum Verwöhnen und Genießen: extravagant, luxuriös und liebenswürdig, das ist das reine Wintersporthotel „Thurnher‘s Alpenhof“. Hier findet der Gast von Dezember bis April eine einzigartige Kombination aus familiärer Tradition, ländlichem Luxus und internationalem Flair. Eine individuelle, klassische Einrichtung der Zimmer und Suiten, gepaart mit modernem Komfort, schafft eine behagliche Atmosphäre. Aus den großzügigen Panoramafenstern bietet sich ein atemberaubender Blick auf die umliegende Bergwelt. Leichte internationale und regionale Spezialitäten verwöhnen den Gaumen im Gourmet-Restaurant. Zum Ausklang des Tages lädt die elegante Pianobar ein. Panorama-Dachterrasse.

Leogang
Salzburg

Der Krallerhof

★★★★

Rain 6 / ✉ 5771 Ortsteil Rain
www.krallerhof.com
T.: +43 6583 82460 / office@krallerhof.com
12 E ab € 222 VP / 82 D ab € 194 VP / 30 S ab € 253 VP

Das familiär geführte Ferienhotel „Krallerhof“, in dem die Bedürfnisse des Gastes im Mittelpunkt stehen, liegt auf einem Sonnenplateau in wunderschöner Grünlage und eignet sich hervorragend für Wanderungen im Sommer sowie Skiausflüge im Winter. Im gehobenen Landhausstil präsentieren sich die unterschiedlichen, mit hohem Wohnkomfort versehenen Gästezimmer. In gemütlichen Stuben genießt der Feinschmecker die hervorragende Küche. Erholung pur verspricht der große Wellnessbereich.

Holzhotel Forsthofalm

★★★★

Hütten 37 / ✉ 5771 / www.forsthofalm.com
T.: +43 6583 8545 / info@forsthofalm.com
46 D € 238/330 HP / 10 S € 430/650 HP

Auf 1.050 Metern Höhe, umgeben von Wiesen, Wäldern und Bergen, ist die Forsthofalm mehr als nur ein Holzhotel gebaut aus natürlichen Materialien – sie ist ein Ort mit einem harmonischen Mix aus moderner Architektur, Kulinarik, Wellness und Natur. Duftendes, wärmendes Holz sorgt für Wohlgefühl und ein gesundes Raumklima. Alle großzügigen Zimmer und Suiten sind mit Balkonen ausgestattet. Herz des Restaurants „Kukka" ist die Showküche mit Holzkohlegrill und Brotbackofen. Sky-Spa und Rooftop-Pool mit 360-Grad-Blick. Badeteich im Garten. Hotelbar.

Hotel Puradies

★★★★

Rain 9 / ✉ 5771 / www.puradies.com / info@puradies.com
30 D ab € 160 HP / als E ab € 165 HP / 60 S ab € 190 HP

Von der Natur der Salzburger Alpen inspiriertes Chalet-Dorf in exponierter Alleinlage, mit Blick auf die majestätische Bergwelt. Erholung versprechen helle, moderne Zimmer und Suiten im historischen Hotelgebäude, Hüttenfeeling exklusive Chalets im modernen Landhaus-Design. Für pure Entspannung sorgt die Spa-Oase „Innere Mitte": Saunen im Badhaus mit Naturteich, Massagen und Anwendungen im Heaven Spa, Private Spa, Yoga und Fitness. Feinschmecker-Kreationen aus eigenen Bio-Produkten werden im Restaurant serviert, gemütlich geht es in der Embachalm zu. Extravagante Bar und Lounge „Freiraum". Im Sommer locken unzählige Wander- oder Bike-Strecken, im Winter der Skicircus Saalbach-Hinterglemm-Leogang.

Lermoos
Tirol

Alpenrose Familux Resort

★★★★

Danielstr. 3 / ✉ 6631 / www.hotelalpenrose.at
T.: +43 5673 2424 / info@hotelalpenrose.at
7 D € 194/284 VP / 100 S € 272/572 VP
21 App. € 224/430 VP /

Dieses Hotel in ruhiger Ortsrandlage zeichnet sich vor allem durch seine Kinderfreundlichkeit und Kindertauglichkeit aus. Die Zimmer, Suiten und Appartements sind großzügig, komfortabel und im Tiroler Stil eingerichtet. Von Babyphone bis Wickelauflage wurde hier an alles gedacht. Die Küche des Restaurants verwöhnt die Großen mit Feinschmeckermenüs und bekocht die Kleinen kindgerecht. Zahlreiche Freizeitangebote und ein großzügiges Beauty- und Wellnesscenter.

Lesachtal
Kärnten

Almwellness-Resort Tuffbad

★★★★

Tuffbad 3 / ✉ 9654 Ortsteil Tuffbad
www.almwellness.com / T.: +43 4716 622
info@almwellness.com
2 E ab € 138 HP / 38 D ab € 268 HP / 18 S ab € 249 HP

Einladend präsentiert sich das familiär geführte Haus auf einem Almboden über dem Lesachtal in Kärnten. Die herrliche Umgebung ist eine direkte Aufforderung zur sportlichen Betätigung. Für alle Zimmer, Suiten und Appartements des Almwellness-Hotel Tuffbad gilt eine Nichtraucherregelung. Die Einrichtung entspricht einem hellen, freundlichen alpenländischen Stil und verfügt über allen Komfort. Auch kulinarisch werden die Gäste mit österreichischen und regionalen Spezialitäten umfassend verwöhnt.

Leutschach an der Weinstraße
Steiermark

Weinhotel Gut Pössnitzberg

★★★★

Pössnitz 168 / ✉ 8463 / www.poessnitzberg.at
T.: +43 3454 205 / gut@poessnitzberg.at
29 D € 158/178 / als E € 99/298 / 11 S € 228/298

Gelegen im Süden des Naturparks Südsteirisches Weinland bietet das Hotel seinen Gästen eine exklusive Mischung aus Genuss, Entspannung und Ruhe. Mit ihrem unnachahmlichen Flair ziehen die Zimmer selbst anspruchsvolle Gäste in ihren Bann. Im Restaurant „Kreuzwirt" können sie sich auch kulinarischen Genüssen hingeben und Weingewächse der umliegenden Weinberge verkosten. Sekt- und Weinverkostungen im Sektkeller laden ein, gemütliche Stunden entspannt mit Wissen zu füllen.

Lienz
Tirol

Grandhotel Lienz

★★★★★

Fanny-Wibmer-Peditstr. 2 / ✉ 9900
www.grandhotel-lienz.com / T.: +43 4852 64070
info@grandhotel-lienz.com
72 D € 260/330 HP / als E € 160/200 / 4 S € 450/510 HP

Urlauben in einem Grandhotel bedeutet, das Leben auf exklusive Weise wahrnehmen zu dürfen. In Osttirol, umrahmt vom Großglockner und den Dolomiten, strahlt eine in dieser Region einzigartige Hotelperle: Den Gast erwartet eine zweistöckige Lobby im mondänen Stil des „Fin du siècles" mit Zimmern und Suiten, die mit ihren stilvollen Details und der exclusiven Auswahl des Interieurs höchstem Anspruch gerecht werden. Wellness, Spa und Beauty auf 1400 qm oder der Kaminsalon im „Belle-Epoque-Ambiente" ist ebenso selbstverständlich wie höchster kulinarischer Genuss in den Restaurants. Terrassen.

Lobmingtal
Steiermark

Hotel G'Schlössl Murtal

★★★★

Murhof 1 / ✉ 8734 / www.gschloessl-murtal.at
T.: +43 3512 469040
gschloessl.murtal@projekt-spielberg.at
2 E ab € 60 / 4 D ab € 75 / 19 S € 105/145

Im Herzen von Großlobming in der Steiermark bietet das Hotel allen Gästen die Möglichkeit, sich in einem einzigartigen Ambiente rundum verwöhnen zu lassen. Gepaart mit herzlichem Service, der keine Wünsche offen lässt, ist hier ein Aufenthalt weitab vom stressigen Alltag garantiert. Neben Zimmern und Suiten im gehobenen Landhausstil geniessen Gäste die wohltuenden Angebote im großzügigen Wellness und Spa sowie die regionale und internationale Küche im Restaurant oder in den steirischen Stuben. Idyllischer und weitläufiger Schlosspark mit fast 18.000 qm Fläche. Wunderschöner Spielplatz für die kleinen Gäste.

Lochau
Voralberg

MentalSpa Resort Fritsch am Berg
★★★★

Buchenberg 10 / ✉ 6911
www.fritschamberg.at
T.: +43 5574 43029 / info@fritschamberg.at
34 D ab € 228 / als E ab € 125 / 8 S ab € 430 /

Inmitten herrlicher Natur, die Berge im Rücken und den Bodensee im Blick, präsentiert sich dieser liebevoll geführte, traditionsreiche Familienbetrieb in neuem Gewand. Entstanden ist ein lichtdurchflutetes, mit viel Holz ausgestattetes Mental-Spa-Hotel. Großzügig aber doch gemütlich sind die Zimmer, köstlich die frische, regionale Küche im Restaurant mit dem Panoramablick über den See, wohltuend das Angebot im Wellnessbereich und im Mental-Zentrum.

Maria Alm am Steinernen Meer
Salzburg

Boutique Hotel Wachtelhof
★★★★

AE VISA

Ursulastr. 7 / ✉ 5761 Ortsteil Hinterthal
www.hotelwachtelhof.at / T.: +43 6584 238880
hotel@wachtelhof.net
29 D ab € 340
@

Ein großzügiges und individuelles alpines Flair zeichnet dieses feine Boutique Hotel aus. Viel Echtholz, hochwertige Stoffe und große Betten machen es zu einem kuscheligen Rückzugsort nach einem erlebnisreichen Tag auf der Piste. Für den sportlich-entspannten Thrill im Haus sorgen eine Outdoor-Gegenstromanlage mit Massagedüsen und Massagesitzen sowie einer Private Jacuzzi direkt am Wildbach. In einem urigen Spa-Chalet aus dem 17. Jahrhundert gibt es eine Finnische Sauna, eine Kräutersauna und eine Infrarotkabine. Alles mit Blick in die Natur versteht sich.

Maria Taferl
Niederösterreich

Hotel Schachner
★★★★

VISA

Maria Taferl 24 + 27 / ✉ 3672
www.hotel-schachner.at
T.: +43 7413 6355 / office@hotel-schachner.at
13 E € 97/114 / 63 D € 80/129 / 6 S € 96/115
App. € 143/179
@

Nahe Wien, am Beginn der Wachau, liegt dieses schöne Hotel. Nicht weit von der Basilika Maria Taferl, der berühmten Wallfahrtskirche und nur wenige Kilometer von Schlössern und den weltbekannten Barockstiften Melk und Göttweig entfernt. Das familiengeführte Haus ist daher eine ideale Adresse zur Erkundung der Region. Stilvoll eingerichtet sind die Zimmer und Suiten, als eines der beliebtesten Restaurants in Niederösterreich, verwöhnt es mit einer frischen, regionalen Küche.

Mayrhofen
Tirol

ElisabethHotel
★★★★

AE VISA

Einfahrt Mitte 432 / ✉ 6290 / www.elisabethhotel.com
T.: +43 5285 6767 / info@elisabethhotel.com
70 D ab € 256 HP / als E ab € 179 HP
@

Als Rückzugsort und Refugium der Ruhe und Entschleunigung ist das Wellnesshotel im Zillertal den gehobenen Ansprüchen von Erwachsenen vorbehalten. Der aufmerksame und doch diskrete Service und die Ausstattung mit viel Holz und weichen, edlen Materialien schaffen ein alpines Ambiente zum Wohlfühlen. Entspannung ist im 1400 qm großen Spabereich mit Indoor-Pool, Saunabereich, Ruheoasen, Massagen oder Beautyangeboten garantiert. Nachhaltiges Gesundheitskonzept Elisense. Gemütliche Restaurant-Stuben, Vinothek, Hotelbar, und Kaminzimmer.

Mieming
Tirol

Alpenresort Schwarz
★★★★★

VISA

Obermieming 141 / ✉ 6414 Ortsteil Obermieming
www.schwarz.at / T.: +43 5264 52120
hotel@schwarz.at
6 E € 208/276 VP / 76 D € 370/630 VP
30 S € 596/914 VP / 34 App. € 493/884 VP
O @

Das ganze Jahr über bietet das traditionsreiche Alpenresort Golf- und Wellnessurlaub der Extraklasse. Am Mieminger Sonnenplateau gelegen und umgeben von einem herrlichen Bergpanorama, ist der ausgezeichnete Familienbetrieb ein Paradies für Körper, Geist und Seele. Der 5500 qm große Spabereich mit neuem Saunadorf und einer Wasserwelt mit neun Pools lädt zum Entspannen ein, ebenso die großzügigen Zimmer, Suiten und Appartements im Tiroler Stil. Kulinarisch verwöhnen regionale Produkte und internationale Köstlichkeiten, dazu edle Tropfen aus dem gut sortierten Weinkeller. Herzstück des Hauses ist der Hotelgarten. Ein 27-Loch Golfpark mit dem Restaurant „Greenvieh" befindet sich direkt gegenüber dem Hotel.

Mittelberg
Voralberg

Biohotel Oswalda-Hus
★★★★

Leo-Müller-Str. 11 / ✉ 6991
www.oswalda-hus.at
T.: +43 5517 5929 / info@oswalda-hus.at
1 E € 93/209 / 10 D € 146/268 / 2 S € 174/348

Für Erholungsuchende, die das Besondere lieben, empfiehlt sich dieses schmucke Hotel, eingebettet in die romantische Bergwelt der Vorarlberger Alpen. Hier erwartet den Besucher nicht nur eine herzliche Betreuung, sondern auch das einzigartige Klang-Energie-Zentrum, in dem Klangmassagen verschiedener Arten verabreicht werden. Großzügige Wohlfühlzimmer und eine Wellnessoase runden das Angebot ab. Neuer Natur-Lebens-Park.

Der Kleinwalsertaler Rosenhof

★★★★

An der Halde 15 / ✉ 6993 / www.rosenhof.com
T.: +43 5517 5194 / info@rosenhof.com
5 E € 99/114 VP / 10 D € 208/238 VP / 29 S € 216/238 VP

Ein Ferienzuhause für mehrere Generationen: In sechs Landhäusern, verbunden durch gepflegte Wege inmitten einer parkähnlichen Anlage, findet der Gast großzügige Zimmer und Suiten, die kaum Wünsche offen lassen. Eine vielseitige Küche sorgt für das leibliche Wohl. Einladender Wellnessbereich; naturnahe Kinderbetreuung; Gipfelpass.

Hallers Genuss & Spa Hotel

★★★★

Von Klenze Weg 5 / ✉ 6993 / www.hallers.at
T.: +43 5517 5551 / info@hallers.at
10 D € 240/580 HP / 40 S € 260/600 HP

Ein Refugium für Körper, Geist und Seele ist das oberhalb von Mittelberg gelegene Hotel, ein Haus mit Tradition, familiärem Flair und modernem Komfort. Der charmante Charakter, das stilvolle Ambiente und Interieur, der Sinn für Geschmack und die Liebe zum Detail ist hier überall spürbar. Vielseitig ist das Angebot der mehrfach ausgezeichneten. Gemütliche Weinbar & Lounge, Café-Terrasse mit herrlicher Aussicht. 1300 qm große Alpin Spa mit Bade-, Sauna- und Ruhehaus.

Hotel Alte Krone

★★★

Walserstr. 87 / ✉ 6993 / www.alte-krone.at
T.: +43 5517 57280 / info@alte-krone.at
6 E ab € 68 HP / 25 D € 128/186 HP / 3 S € 235/275 HP
16 App. € 74/194

Im Kleinwalsertal, vor grandioser Naturkulisse, bietet das Traditionshotel seinen Gästen seit über 200 Jahren ein liebenswertes Urlaubsdomizil. Alle Räume sind mit freundlichen Farben und Stoffen eingerichtet und vermitteln Landhaus-Atmosphäre. Kulinarische Lichtblicke verspricht das Restaurant. Neuer Wellnessbereich mit Pool und Fitnessraum.

Hotel Gemma

★★★★

Schwarzwassertalstr. 21 / ✉ 6992 Ortsteil Hirschegg
www.gemma.at / T.: +43 5517 53600 / info@gemma.at
3 E € 100/161 HP / 4 D € 168/276 HP / 1 S € 236/356 HP
19 App. € 201/316 HP

Umgeben von der malerischer Natur mitten im Kleinwalsertal erleben Gäste in dem Erwachsenenhotel puren Genuss und nachhaltige Erholung. Im Sommer starten Aktivurlauber vom Haus aus direkt zum Wandern oder Biken, im Winter zum Skisport. Und anschließend verwöhnen vielfältige Entspannungs- und Wellnessangebote. Ausschließlich regionale, saisonale und frische Produkte werden beim „Genusswirt" zu kulinarischen Köstlichkeiten verarbeitet.

Die Piktogramme neben den Zimmerpreisen weisen auf die Einrichtung der Zimmer hin.

Travel Charme Ifen Hotel

★★★★★

Oberseitestr. 6 / ✉ 6992
www.travelcharme.com/ifenhotel
T.: +43 5517 608-0 / ifen@travelcharme.com
92 D € 218/522 / als E € 153/366 / 33 S € 338/822

Auf einem Logenplatz im Kleinwalsertal, erleben Gäste alpine Architektur und modernes Design, Tradition und eine herzliche Gastfreundschaft vor der faszinierenden Kulisse der Alpen in diesem Travel Charme Hotel. Für das exklusive Interieur zeichnet sich der italienische Designer Lorenzo Bellini verantwortlich. Großzügig, luftig sind die Zimmer und Suiten, die alle über einen Balkon oder eine Terrasse verfügen. Ob im Restaurant Theo's mit herrlichem Panoramablick oder im Gourmet-Restaurant Kilian Stube, die Küche weiß mit Walser Spezialitäten den kulinarischen Gipfel zu erklimmen. Hotspot am Abend ist die Alpenlounge & Bar 1.111 mit Kamin. 2.300 Quadratmeter Spa-Bereich. Sommers wie winters ideale Sport- und Freizeitmöglichkeiten.

Mittersill
Salzburg

Hotel Schloss Mittersill

★★★★

Thalbach 1 / ✉ 5730 / www.schloss-mittersill.com
T.: +43 6562 20200 / office@schloss-mittersill.at
43 D ab € 298 HP / als E ab € 150 HP / 10 S ab € 390 HP

Die Kulisse ist perfekt. Die beeindruckende Umgebung inmitten der Hohen Tauern im Salzburger Land ist faszinierend. Alles was das gute Leben in Mittersill anzubieten hat, konzentriert sich in dem Schlosshotel auf verführerische Weise. In den Suiten und Gemächern trifft man auf eine gelunge Kombination aus Tradition und Moderne. Geschichtsträchtiges trifft auf moderne Annehmlichkeiten. Zu den Besonderheiten hinter den 900–jährigen Mauern gehören der kleine, feine SPA mit beheiztem Panorama-Außenpool, hervorragende Kulinarik im Gourmetrestaurant sowie Schloss-Romantik für besondere Feste im idyllischem Innenhof oder im traumhaften Schlossgarten mit eigener Kapelle. Das vielfältige Angebot an Golfplätzen rund um das Schloss wird Golferherzen höher schlagen lassen.

Mondsee
Oberösterreich

Schlosshotel Mondsee

★★★★

Schlosshof 1a / ✉ 5310 / www.schlossmondsee.at
T.: +43 6232 5001 / info@schlossmondsee.at
46 D € 189/219 / als E € 139/159 / 22 S € 219/245

Im Zentrum des Ortes befindet sich das ehemalige Kloster und jetzige Schloss Mondsee, das auf eine weit über tausendjährige Geschichte zurückblicken kann. Heute findet der Gast hier ein elegantes Hotel mit großzügigen, hell und freundlich eingerichteten Appartements. Im Restaurant „Schlossgewölbe" werden Spezialitäten der nationalen und internationalen Küche serviert. Komplett ausgestattete Konferenzräume stehen zur Verfügung. Zur Entspannung dient der großzügige Wellnessbereich.

Mühlbach am Hochkönig
Salzburg

Bergheimat
★★★★

Mandlwandstr. 159 / ✉ 5505 Ortsteil Mitterberg
www.bergheimat.com / T.: +43 6467 7226
hotel@bergheimat.com
28 D € 190/300 HP / als E € 80/130 HP / 8 S € 240/380 HP

Dieser Familienbetrieb im Salzburger Land bietet Sommer- wie Winterurlaubern den idealen Startpunkt für Wanderung und Skitouren auf 1200 m Höhe. Die Suiten und gemütlichen Zimmer vermitteln Geborgenheit und Wohlbefinden, die durch die familiäre Betreuung unterstützt werden. Wellness und ausgezeichnete Speisen und „Genusswirt"-Menüs begeistern auf der Terrasse mit Panoramablick.

Nesselwängle
Tirol

Romantik Resort & Spa Der Laterndl Hof
★★★★

Seestr. 16 / ✉ 6672 Ortsteil Haller am Haldensee
www.laterndlhof.com / T.: +43 5675 8267
info@laterndlhof.com
28 D ab € 266 VP / 36 S € 316/396 VP

Inmitten einer 3.500 Quadratmeter großen Gartenanlage steht das familiär geführte Genießerhotel. Seine Zimmer und Suiten, in Fichte und Zirbe ausgestattet, bieten einen traumhaften Blick auf die Berge und den Haldensee. Entspannung pur findet der Gast im Wellness- und Spabereich mit ganzjährig beheiztem Außenpool. Für außergewöhnliche kulinarische Momente sorgt die Küche des Laternd'l Hofs.

Neustift im Stubaital
Tirol

Spa-Hotel Jagdhof
★★★★★

Scheibe 44 / ✉ 6167 / www.hotel-jagdhof.at
T.: +43 5226 2666 / mail@hotel-jagdhof.at
12 E ab € 185 HP
35 D ab € 201 HP / 16 S ab € 253 HP / 7 App. ab € 191 HP

Eingebettet in die faszinierende Bergwelt begrüßt das erstklassige Urlaubshotel mit großem Komfort seine Gäste. Gehobene Ausstattung und rustikal-elegantes Ambiente zeichnen dieses Haus aus. Großzügige Zimmer, die mit viel Liebe zum Detail eingerichtet sind, laden zum Wohlfühlen ein. Im gemütlichen Restaurant werden heimische Spezialitäten von Wild und Lamm aus eigenem Revier und eigener Zucht serviert. Der Wellness- und Spabereich erstreckt sich auf 2.000 Quadratmetern. Zum Ausspannen lädt das Kaminzimmer ein.

@ Zimmer mit Internet / Zimmer klimatisiert
Zimmer rollstuhlgerecht

Sporthotel Neustift
★★★★

Moos 7 / ✉ 6167 Ortsteil Moos
www.sporthotel-neustift.at / T.: +43 5226 2510
info@sporthotel-neustift.at
5 E € 121/180 VP / 35 D € 220/322 VP / 31 S € 240/484 VP

Seit seiner Erbauung 1974 befindet sich das Hotel in privatem Besitz und wird von der Familie Pfurtscheller mit viel herzlichem und persönlichem Einsatz geführt, ein echtes Tiroler Juwel und Geheimtipp für Verwöhnte. Am Ortsrand in sonniger und ruhiger Lage erwarten den Gast gemütlich und hochwertig eingerichtete Zimmer und Suiten. Im schönen Restaurant kommen leichte sowie klassische Gerichte auf den Tisch; hervorragender Weinkeller. Großzügiger Wellnessbereich; Kinderbetreuung.

Stubaierhof Neustift - Das Bergsporthotel
★★★★

Stubaitalstr. 64 / ✉ 6167 Ortsteil Neustift
www.der-stubaierhof.com / T.: +43 5226 2450
info@der-stubaierhof.com
5 E € 122/216 HP / 30 D € 97/225 HP / 12 S € 113/247 HP
10 App. € 98/210 HP / @

Nicht nur Aktivurlauber finden in dem Wanderhotel den idealen Ausgangspunkt für erlebnisreiche Tage in der Bergwelt des Stubaitals. Auch für Ruhe- und Entspannungsuchende hält die großzügige Wohlfühlwelt des Hotels attraktive Angebote bereit. Ein besonderes Ambiente strahlen die mit Liebe zum Detail und mit heimischen Hölzern ausgestatteten Zimmer aus. Regionale und internationale Köstlichkeiten im Restaurant runden genussvolle Tage ab. Eigene Haflinger Pferde. Gratis-Reiten für Kinder; geführte Wanderungen.

Nußdorf am Attersee
Oberösterreich

Boutique Hotel Aichinger
★★★★

Am Anger 1 / ✉ 4865 / www.hotel-aichinger.at
T.: +43 7666 8007 / office@hotel-aichinger.at
25 D € 130/170 / als E € 77/125 /

Ein Aufenthalt in diesem kleinen charmanten Landhotel mit individuell gestalteten Zimmern lohnt sich immer wieder. Abwechslungsreich und erlesen ist die Küche des geschmackvoll eingerichteten ausgezeichneten Restaurants. Neben einem stylischen Wellnessbereich erwartet den Gast ein großer mediterraner Poolgarten und ein großer Privatstrand mit Kabinen und Liegen.

Oberndorf in Tirol
Tirol

Penzinghof
★★★★

Penzingweg 14 / ✉ 6372
www.penzinghof.at
T.: +43 5352 62905 / info@penzinghof.at
4 E € 74/128 HP / 16 D € 148/278 HP / 20 S € 162/334 HP
6 App. € 45/167 / @

Hier werden Erinnerungen zum Wilden Kaiser hinaus geträumt, denn der Familienbetrieb lässt seine Gäste mit allen Sinnen genießen. Er pflegt eine moderne Tradition, die den Einklang zwischen Natur, Wellness und Genuss schafft. Die Küche ist weltoffen und dennoch regional. Geschätzt wird eine enge Verbindung zu Lieferanten und der schonenden Zubereitung von eigenen Produkten aus der Bio-Landwirtschaft. Gute Weinkarte österreichischer Weine. Himmlische Gelassenheit genießen die Gäste im „Lavendel Spa".

Obsteig
Tirol

Familien-Landhotel Stern
★★★★

Unterstrass 253 / ✉ 6416
www.hotelstern.at
T.: +43 5264 8101 / info@hotelstern.at
43 D € 200/300 / als E € 120/180
3 S € 270/400 / 7 App. € 300/450

Das erste klimaneutrale Hotel Österreichs setzt auf die kleinen Gäste – mit Sternsch(n)uppen, Erlebnis-Spielstadl und nachhaltigem Indoorpool. Die großzügigen Gästezimmer und Appartements sind hell, freundlich und modern. In den Restaurants genießen die Urlauber eine regionale, gutbürgerliche Küche aus heimischen Produkten. Während die einen die Sonnenstunden auf der schönen Terrasse genießen, nutzen andere die vielen Möglichkeiten zur sportlichen Aktivität.

Pöllauberg
Steiermark

RETTER Bio-Natur-Resort
★★★★

Pöllauberg 88 / ✉ 8225 / www.retter.at
T.: +43 3335 2690
hotel@retter.at
116 D ab € 240

Achtsam mit den Schätzen der heimischen Natur umzugehen, ist der oberste Leitgedanke im Wirken der Familie Retter und ihrem Team. Der Ursprung des in der Steiermark herrlich gelegenen Viersterne-Natur-Resorts liegt fast 150 zurück. Einst betrieb man hier Landwirtschaft mit Obstanbau. Heute beschäftigen die Retters 100 Mitarbeiterinnen und Mitarbeiter aus der Region, die mit firmeneigenen E-Autos in Fahrgemeinschaften zur Arbeit fahren. In dem energieeffizienten Gebäude wurden viele heimische Materialien wie Vollholz und Wolle verbaut, der Betrieb und die Restaurantküche sind seit Jahrzehnten biozertifiziert. Mit viel Sympathie und Wertschätzung werden Belegschaft und Gäste erfolgreich zu nachhaltigem Tun angeleitet.

Pill
Tirol

Biohotel Grafenast
★★★

Pillbergstr. 205
✉ 6136 Ortsteil Hochpillberg bei Schwaz/Tirol
www.grafenast.at / T.: +43 5242 63209 / sehnsucht@grafenast.at
7 E € 90/140 VP / 14 D € 178/260 VP / 3 S € 220/300 VP

Grafenast ist ein Platz auf 1330 Metern Höhe. Der Ausblick über das Inntal öffnet Horizonte. Der Kern des Hauses, die Rodelhüttenstube stammt von 1907. Alle Zimmer nach Kriterien der Nachhaltigkeit und Ökologie gebaut. Durchdachte Schlafsysteme, Dinkelpolster und Lärchenholzböden. Zu 100 Prozent biologische Speisen und Getränke.

Puchberg am Schneeberg
Niederösterreich

Schneeberghof
★★★★

Wiener-Neustädter-Str. 24 / ✉ 2734
www.schneeberghof.at / T.: +43 2636 3500
info@schneeberghof.at
12 E € 150/175 HP / 55 D € 280/320 HP
4 S € 340/420 HP /

Am Fuße des Schneebergs erwartet dieses stilvolle Hotel der Extraklasse seine Gäste. Viele liebevolle Details prägen hier die ganz besondere Atmosphäre. Die geschmackvollen Gästezimmer zeichnen sich durch zeitgemäßen Komfort aus. Internationale Gaumenfreuden finden sich auf der Speisenkarte des Restaurants. Neuer Wellnessbereich nach Feng Shui.

Radenthein
Kärnten

Romantik Hotel Seefischer am See
★★★★

Fischerweg 1 / ✉ 9873 / www.seefischer.at
T.: +43 4246 77120 / hotel@seefischer.at
18 D ab € 192 / als E ab € 109 / 16 S ab € 278

Nicht nur die Lage direkt am Millstätter See inmitten einer Bucht, die ausgezeichnete Gourmetküche sowie der Spabereich und die Seesauna mit Panaromablick sprechen für einen Aufenthalt beim „Seefischer" in Kärnten. Zimmer und Suiten im zeitlos eleganten Landhausstil, entweder mit Berg- oder herrlichem Seeblick, und der zuvorkommende, persönliche Service der Gastgeberfamilie gehören ebenso dazu. Eigener Hafen, Sonnenuntergangs-Motorbootfahrt. Golfplätze und der Nationalpark Nockberge befinden sich in unmittelbarer Nähe.

Bad Radkersburg
Steiermark

Romantik Hotel im Park
★★★★

Kurhausstr. 5 / ✉ 8490 / www.hotel-im-park.at
T.: +43 3476 25710 / res@kip.or.at
35 E € 123/136 HP / 39 D € 245/272 HP
21 S € 306/354 HP /

In dem familiengeführten Wellnesshotel am Ortsrand von Bad Radkersburg stehen Verwöhnen und Genießen im Mittelpunkt. Die Zimmer und Suiten, von geräumig und behaglich bis modern eingerichtet, sorgen für eine erholsame Nacht. In drei Restaurants reicht das kulinarische Angebot von regionalen Schmankerln und mediterranen Speisen bis zur gehobenen internationalen Küche. Exklusiven Spa-Genuss versprechen das „Sinnreich" mit Beauty- und Massageangeboten, die private Thermen- und Saunalandschaft und die weitläufige Gartenlandschaft mit lauschigen Rückzugsorten.

Radstadt

Salzburg

Gut Weissenhof

★★★★

Weissenhof 6 / ✉ 5550 / www.weissenhof.at
T.: +43 6452 7001 / info@weissenhof.at
6 E € 145/162 HP / 24 D € 224/306 HP
39 S € 294/344 HP / 9 App. € 318/424 HP

In einer idyllischen Landschaft erwartet das gehobene Komfort-Hotel, in dem die angenehme Atmosphäre eines Familienbetriebes zu spüren ist, herzlichst seine Gäste. Erlebnisreiche Tage garantieren die vielseitigen Sport- und Freizeitmöglichkeiten, die der Gutshof bietet: Neben einer großen Reitanlage kommen Golf- und Tennisfreunde auf ihre Kosten. Zum Wohlfühlen laden die eleganten Zimmer mit jeglichem Komfort ein. Internationale Spitzenküche im stilvollen Ambiente. Hausbar; Café.

Reichenau

Kärnten

Hotel Hochschober

★★★★

Turracher Höhe 5 / ✉ 9565 / www.hochschober.com
T.: +43 4275 8213 / urlaub@hochschober.com
8 E € 158/238 HP
86 D € 276/466 HP / 16 App. € 316/466 HP

Die Turracher Höhe liegt in den Nockbergen auf 1763 Metern Seehöhe zwischen Kärnten und der Steiermark. 1929 wurde das Hotel gegründet, das heute die Realisierung zahlreicher Urlaubsträume ermöglicht. Die hochwertig ausgestatteten Zimmer unterscheiden sich nur in Größe und Stil, haben aber alle ein Ambiente, in dem sich die Gäste sofort wie zu Hause fühlen. Kulinarisch wird hier viel Wert auf die Verwendung regionaler Produkte gelegt. Das Sport- und Wellnessangebot ist vielfältig.

Retz

Niederösterreich

Althof Retz

★★★★

Althofgasse 14 / ✉ 2070 / www.althof.at
T.: +43 2942 3711 / willkommen@althof.at
3 E € 99/119 HP / 94 D € 198/310 HP / 1 S € 290/390 HP

Einst als Burg Gründungspunkt der Stadt, verschmelzen heute in dem von Weinbergen umgebenen Hotel Tradition und Moderne auf feinsinnige Art. Mit Liebe zum Detail und in warmen Farbtönen geschmackvoll aufeinander abgestimmt erleben Gäste Behaglichkeit im zeitgemäßen Landhausstil. Für kulinarischen Genuss sorgen saisonale Produkte ebenso wie traditionelle, innovativ interpretierte Gerichte. Zum Entspannen laden die Innenhöfe und die Hotelterrasse ein. Vinarium mit Vinothek und Heurigem.

Reuthe

Voralberg

Gesundhotel Bad Reuthe

★★★★

Bad 70 / ✉ 6870 / www.badreuthe.at / T.: +43 5514 22650
office@badreuthe.at
50 E € 146/184 VP / 75 D € 132/200 VP / 2 S € 192/214 VP

Mitten im Bregenzerwald ruht das seit vier Generationen von der Familie Frick geführte Gesundhotel. Neben einer umfangreichen Anwendungspalette steht dem Erholungsuchenden eine attraktive Bäder- und Saunenlandschaft zur Verfügung. Komfort und Natürlichkeit prägen die ansprechenden Zimmer. Ausgezeichnete regionale und leichte Neue Küche; gemütliche Wintergarten-Bar. Im Sommer lädt die Terrasse ein.

Saalbach-Hinterglemm

Salzburg

Designhotel Wiesergut

★★★★

Wiesern 48 / ✉ 5754 / www.wiesergut.com
T.: +43 6541 6308 / info@wiesergut.com
24 S € 350/1150

Dieses kleine, privatgeführte Hotelresort befindet sich im größten Skigebiet Österreichs, direkt an der Piste. Neben lichtdurchfluteten, zeitlos puristisch eingerichteten Suiten erwartet den Gast ein Restaurant mit gemütlichen Stuben, eine Bar sowie einen Innenhof mit Kräuter- und Gemüsegarten. Ein Ort der Entspannung und des Rückzugs ist der Spabereich mit wohltuenden Wellnessanwendungen oder dem Edelstahlpool.

Interstar

★★★★

Löhnersbachweg 99 / ✉ 5753 Ortsteil Jausern
www.hotel-interstar.com / T.: +43 6541 7815
info@hotel-interstar.com
2 E € 50/150 HP / 17 D € 100/300 HP
1 S € 160/350 HP / 18 App. € 100/300 HP

Ruhig am Ortsrand gelegen, ist das in der herrlichen Natur des Salzburger Landes eingebettete Hotel sommers wie winters gleichermaßen attraktiv. Gäste genießen den Aufenthalt in eleganten Zimmern und Appartements. Für Erholung sorgen eine Wellness-Oase und ein Fitnesscenter. Das Restaurant, ein Geheim-Tipp der Region, verwöhnt nach allen Regeln der Gastronomie-Kunst: von regionalen über internationalen Spezialitäten bis köstlichen allergikergerechten Gerichten.

Appartement (frz.) / Apartment (engl.): Modern ausgestattete Kleinwohnung mit Küche, Wohnbereich und Schlafzimmer

Salzburg
Salzburg

Altstadthotel Wolf (g)
★★★★

Kaigasse 7 / ✉ 5020 Ortsteil Kaiviertel
www.hotelwolf.com / T.: +43 662 8434530
office@hotelwolf.com
5 E € 88/138 / 10 D € 128/238 / 1 S € 188/248 / @

Dieses zentral gelegene Hotel mit sehr großem Komfort kann auf eine lange Geschichte zurückblicken, wurde es doch im Jahre 1429 erbaut. Stilvoll erneuert und mit modernem Luxus ausgestattet, garantiert es seinen Besuchern einen unvergleichlichen Aufenthalt nahe bekannter Sehenswürdigkeiten. Charmant präsentieren sich die individuellen, mit viel Liebe zum Detail eingerichteten Zimmer. In einem reizvollen Gewölbe wählt der Gast aus einem Frühstücksbüfett.

Astoria (g)
★★★

Maxglaner Hauptstr. 7 / ✉ 5020
www.salzburgastoria.com / T.: +43 662 834277
info@salzburgastoria.com
4 E € 80/110 / 21 D € 98/175 / 3 S € 155/240
@

Nur 15 Gehminuten vom Altstadtkern entfernt, erwartet das persönlich geführte Stadthotel seine Gäste. Die hellen und gemütlichen Zimmer, die teils über einen Wintergartenbalkon verfügen, strahlen eine angenehme Atmosphäre aus. Reichhaltiges Frühstücksbüfett in ruhiger Atmosphäre.

Cityhotel Trumer Stube (g)
★★★

Bergstr. 6 / ✉ 5020 Ortsteil Altstadt / www.trumer-stube.at
T.: +43 662 874776 / info@trumer-stube.at
18 D € 90/250 / als E € 75/120 / 2 S € 140/290
Frühstück € 12 / @

Im Herzen der zum Weltkulturerbe zählenden Altstadt lädt dieses Hotel seine Gäste zur Stadtbesichtigung per pedes ein. Das traditionsreiche Haus bietet geschmackvoll eingerichtete Nichtraucher-Gästezimmer. An der Rezeption erhält man zahlreiche hilfreiche Tipps, die den Aufenthalt unvergesslich werden lassen.

Das Grüne Hotel Zur Post (g)
★★★

Maxglaner Hauptstr. 45 / ✉ 5020 Ortsteil Maxglan
www.hotelzurpost.info / T.: +43 662 8323390
info@hotelzurpost.info
2 E € 70/125 / 22 D € 78/228 / 6 S € 150/320
4 App. € 136/380 / Frühstück € 18 / @

In dem charmanten, familiengeführten Stadthotel, die Altstadt ist in fünf Minuten erreichbar, verbringen Gäste einen erholsamen Aufenthalt. Reichhaltiges Bio-Frühstücksbüfett mit Köstlichkeiten der Region und selbstgemachten Spezialitäten. Nachhaltige und umweltbewusste Hotelführung.

AE American Express / Diners Club

Hotel Amadeus (g)
★★★

Linzer Gasse 43-45 / ✉ 5020 Ortsteil Altstadt
www.hotelamadeus.at / T.: +43 662 871401
salzburg@hotelamadeus.at
1 E € 100/180 / 17 D € 150/450 / 3 App. € 320/580
Frühstück € 28 / @

Stilvolles Interieur sowie persönlicher Service zeichnen dieses Traditionshaus, das direkt in der Fußgängerzone liegt, aus. Das über 500 Jahre alte Haus befindet sich seit drei Generationen in Familienbesitz und verfügt über individuelle, charmante Zimmer, die mit viel Liebe zum Detail eingerichtet sind. Frühstücksbüfett, gratis Nachmittagskaffee.

Hotel Sacher Salzburg
★★★★★

Schwarzstr. 5-7 / ✉ 5020 Ortsteil Altstadt
www.sacher.com / T.: +43 662 889770
salzburg@sacher.com
72 D € 375/600 / 38 S € 670/9556 / Frühstück € 38
@

Dieses First-Class-Hotel, im Gründerstil um die Jahrhundertwende erbaut, liegt zentral am Ufer der Salzach und bietet einen eindrucksvollen Blick auf die Altstadt. Schon Max Reinhardt und Hugo von Hofmannsthal wussten die Atmosphäre des Hauses zu schätzen und auch heute verbindet das Hotel zeitgemäßen Komfort mit Tradition. Alle Zimmer und Suiten sind individuell dekoriert und mit Antiquitäten und wertvollen Gemälden ausgestattet. Dabei wird auf modernste Technik viel Wert gelegt. Das Gourmet-Restaurant „Zirbelzimmer" und der Rote Salon verkörpern den Alt-Salzburger Stil im wahrsten Sinne des Wortes und servieren eine exzellente Küche.

Hotel Schloss Mönchstein
★★★★★

Mönchsberg Park 26 / ✉ 5020 / www.monchstein.at
T.: +43 662 8485550 / salzburg@monchstein.at
11 D € 345/580 / 13 S € 595/1325 / App. € 595/1500
@

Das 1350 erstmals erwähnte und 1948 in ein Schlosshotel umgewandelte Anwesen ist nicht nur als kulturelle Sehenswürdigkeit, sondern auch als romantisches Hotel von internationalem Rang von Bedeutung. Eingebettet in einen großen Naturpark ruht das Schloss direkt auf dem Mönchsberg. Die Altstadt von Salzburg ist in wenigen Minuten fußläufig erreichbar. Wertvolle Antiquitäten und durchdachtes Innendesign prägen das Hotel. Individuell präsentieren sich die mit jeglichem Komfort exklusiv und liebevoll ausgestatteten Zimmer und Suiten. Verfeinerte österreichische Gerichte und internationale Köstlichkeiten im ausgezeichneten Restaurant; Panoramaterrasse, Wellness-Oase.

Hotel Wolf-Dietrich (g)
★★★★

Wolf-Dietrich-Str. 7 / ✉ 5020 / www.wolf-dietrich.at
T.: +43 662 871275 / office@wolf-dietrich.at
4 E € 80/136 / 30 D € 120/260 / 6 S € 165/340
@

Das charmante Privathotel mit persönlichem Flair befindet sich, ruhig gelegen, in der Fußgängerzone des Zentrums. Von hier sind alle Sehenswürdigkeiten der Stadt bequem zu Fuß erreichbar. Jedes der liebevoll eingerichteten Zimmer hat seinen eigenen Charakter und lässt es an Komfort kaum fehlen. Der moderne Hotel-Spa in warmen Farben und aus edlen Materialien mit eigenem „Raum der Stille" lädt zum Relaxen ein.

Romantik Hotel „Die Gersberg Alm"

★★★★

Gersberg 37 / ✉ 5020 Ortsteil Auf dem Gaisberg
www.gersbergalm.at / T.: +43 662 641257
office@gersbergalm.at
40 D € 146/330 / als E € 106/160 / 3 S € 237/315

Schon im 16. Jahrhundert erwähnt, diente die idyllisch am Gaisberg gelegene Alm bereits zu Mozarts Zeiten als beliebtes Ausflugsziel. Heute bietet der liebevoll und detailgetreu restaurierte Gasthof von 1832 ein gepflegtes Ambiente, familiäre Atmosphäre und mit neuzeitlichem Komfort charmant ausgestattete Zimmer. Eine bodenständige Küche auf hohem Niveau sorgt in den verschiedenen, urgemütlichen Stuben für das leibliche Wohl der Gäste. Abends lädt die gemütliche Hotelbar ein.

St. Anton am Arlberg
Tirol

Hotel Tannenhof

★★★★★

Nassereinerstr. 98 / ✉ 6580 Ortsteil Nasserein
www.hoteltannenhof.net / T.: +43 5446 30311
info@hoteltannenhof.net
7 S € 605/6500 VP /

Das Hotel Tannenhof ist das kleinste und feinste Fünf-Sterne-Superior-Hotel Europas. Mit einer absolut verkehrsberuhigten Lage auf 1.350 Metern Seehöhe, gelegen direkt an den Wanderwegen und umgeben von Wiesen und Feldern, bietet der Tannenhof alles Wünschenswerte zur perfekten Erholung. Maximal 16 Gästen stehen 24 Mitarbeiter rund um die Uhr zur Erfüllung Ihrer Wünsche zu Diensten. In sieben großzügig gestalteten Suiten, die zwischen 75 und 204 Quadratmetern groß sind, finden anspruchsvolle Gäste alle Voraussetzungen für einen äußerst angenehmen Aufenthalt. Mit einer innovativen alpenländischen Kulinarik begeistert die Küchencrew im Gourmet-Restaurant die Gäste.

Hotel Arlmont

★★★★

Am Alten Hof 1 / ✉ 6580 Ortsteil Nasserein
www.arlmont.at / T.: +43 5446 42525 / welcome@arlmont.at
2 E ab € 120 HP / 29 D ab € 220 HP / 8 S ab € 250 HP

An der Talstation Nasserein, 1300 Metern über dem Meer, erleben Urlauber Ursprünglichkeit und Gastfreundschaft in einzigartigem Ambiente. Geradliniges Design verbunden mit hochwertigen Materialien und alpine Tradition schaffen in diesem Hotel eine Atmosphäre zum Wohlfühlen. Lichtdurchflutete, individuelle und geräumige Gästezimmer. Sommers wie winters attraktive Freizeitmöglichkeiten. Wellbeing-Area. Junge, moderne Küche mit regionalen Schwerpunkten.

St. Gallenkirch
Voralberg

Sporthotel Grandau

★★★★

Montafoner Str. / ✉ 6791 / www.grandau.at
T.: +43 5557 6384 / info@grandau.at
1 E zu € 120 HP

Eingebettet in die wunderschöne Bergwelt begrüßt das familiäre Hotel herzlich seine Gäste. Das Haus bietet einen vielseitigen Wellnessbereich, eine ausgezeichnete Küche und eine gemütliche Bar. In warmen Farbtönen gehaltene, romantische Gästezimmer garantieren erholsame Nächte. Kostenlose Kinderbetreuung im Sommer; freies Golfen im Golfclub Hochmontafon. Fackelwanderungen sorgen für Abwechslung.

St. Johann im Pongau
Salzburg

Alpines Lifestyle Hotel Tannenhof

★★★★

Alpendorf 3 / ✉ 5600
www.tannenhof-alpendorf.com
T.: +43 6412 52310 / info@tannenhof-alpendorf.com
39 D € 213/291 HP / als E € 128/157 HP
6 S € 300/373 HP

Idealer Ausgangspunkt für Entdeckungstouren durch das Salzburger Land. Alpenländische Eleganz trifft in diesem Hotel auf zeitgemäße Gemütlichkeit. Großzügige, lichtdurchflutete Gästezimmer im Landhausstil stehen für entspannende Tage zur Verfügung. Die kulinarischen Höhenflüge reichen vom Frühstücksbüfett, das keine Wünsche offen lässt, bis zum abwechslungsreichen Menüangebot am Abend. 1.100 Quadratmeter großer Wellnessbereich.

St. Veit im Pongau
Salzburg

Hotel Sonnhof by Vitus Winkler

★★★★

Kirchweg 2 / ✉ 5621
www.sonnhof-vituswinkler.at
T.: +43 6415 4323 / sonnhof@vituswinkler.at
4 E € 119/164 / 21 D € 93/175 / 1 S € 139/185

Sportliche Feinschmecker werden einen Aufenthalt in dem kleinen, feinen Verwöhnhotel im Salzburger Land genießen. Nach einer erholsamen Nacht in den großzügigen, mit schönen Landhausmöbeln und eleganten Stoffen ausgestatteten Zimmern locken im Winter Europas größtes Skigebiet und im Sommer zahlreiche Freizeitaktivitäten. Sonnige Sauna- und Wellnesslandschaft. Zu den besten des Landes zählen die frischen, regionalen Speisen aus dem Küchenreich von Vitus Winkler - dem „Essenmacher". Hotelbar mit Kamin.

St. Wolfgang im Salzkammergut
Oberösterreich

Hotel Seevilla Wolfgangsee (g)
★★★★

AE VISA

Markt 17 / ✉ 5360 / www.seevilla.co.at

T.: +43 6138 20055 / welcome@seevilla.co.at

30 D € 148/242 / als E € 104/161 / 1 S € 236/286

2 App. € 112/136

Klein und Fein ist die Devise dieses idyllisch am Wolfgangsee gelegenen, familiengeführten Hotels. Klassisch oder modern, mit Bergaussicht oder herrlichem Blick auf den See - die individuellen, liebevoll und auf modernstem Stand eingerichteten Zimmer lassen keine Wünsche offen. Das Hotelrestaurant überzeugt mit österreichischer Küche aus regionalen Zutaten. Entspannen können Gäste auf der Liegewiese am See oder im neuen Saunabereich.

Landhaus zu Appesbach
★★★★

AE VISA

Au 18 / ✉ 5360 / www.appesbach.com

T.: +43 6138 2209 / office@appesbach.com

3 E € 130/170 / 12 D € 150/320 / 5 S € 240/510

Ein ehemals privater Landsitz als Herrenhaus erbaut, beherbergt heute dieses familiär geführte Hotel. Das kleine Paradies direkt am See und von einer großen Grünanlage umgeben lädt mit liebevoll eingerichteten Zimmern und Suiten, denen es an modernen Annehmlichkeiten nicht fehlt zu einem erholsamen Aufenthalt ein. In der kleinen Bar und im Restaurant werden sorgfältig ausgewählte regionale und internationale Speisen und Getränke serviert.

Romantik Hotel Im Weissen Rössl am Wolfgangsee
★★★★

AE VISA

Markt 74 / ✉ 5360

www.weissesroessl.at

T.: +43 6138 23060 / welcome@weissesroessl.at

8 E € 170/255 / 60 D € 240/580

23 S € 420/850 / 12 App. € 105/480 / Frühstück € 35

Ein österreichisches Traditionshaus verbunden mit modernem Lifestyle. In ruhiger Lage am Wolfgangsee bietet das Hotel elegante und großzügig eingerichtete Zimmer in verschiedenen Stilrichtungen. 1500 qm Spa im See mit großzügiger Sonnenterrasse, „Rösslpool" erster schwimmender Whirlpool im See, Beautybereich. Kulinarisch verwöhnen das Romantik-Restaurant mit österreichischer Küche sowie das Seerestaurant mit regionalen Spezialitäten. 250 Jahre alter Felsenkeller für die Weinlagerung.

Sautens
Tirol

Ritzlerhof
★★★★

VISA

Ritzlerhof 1 / ✉ 6432 / www.ritzlerhof.at

T.: +43 5252 62680 / info@ritzlerhof.at

33 D ab € 168 HP / als E ab € 124 HP / 13 S ab € 270

Das erste Selfness-Hotel in Tirol bietet einen traumhaften Panoramablick auf das vordere Ötztal. Wie ein roter Faden zieht sich der Selfness-Gedanke durch das First-Class-Domizil, das Gäste ab zwölf Jahren herzlich begrüßt. Immer spielt die Natur eine zentrale Rolle, ob bei der Gestaltung mit feinen Stoffen und Hölzern in den Zimmern und öffentlichen Räumen oder im Wellnessbereich. Naturbegeisterte Gäste können in Ruhe und Abgeschiedenheit ihre Kraftreserven auffüllen.

Bad Schönau
Niederösterreich

Gesundheitsresort Königsberg
★★★★

AE VISA

Am Kurpark 1 / ✉ 2853

www.koenigsberg-bad-schoenau.at / T.: +43 2646 82510

info@koenigsberg-bad-schoenau.at

131 E € 94/106 HP

69 D € 162/186 HP / 21 App. € 199/240 HP

Das Gesundheitsresort sowie Kur- und Parkhotel liegt im schönsten Blumendorf Europas. Hier genießen Gäste das milde Reizklima, gesunden in den Heilquellen und tun einfach etwas für ihr Wohlbefinden. Speziell bei Gefäß-, Herz- und Kreislauferkrankungen wird hier geholfen. Die Zimmer sind elegant eingerichtet. Das gute Restaurant nimmt Rücksicht auf Diätvorgaben, ohne auf Gaumenfreuden zu verzichten.

Schruns
Voralberg

Löwen Hotel Montafon
★★★★

AE VISA

Silvrettastr. 8 / ✉ 6780 Ortsteil Zentrum

www.loewen-hotel.com / T.: +43 5556 7141

info@loewen-hotel.com

2 E € 157/275 HP / 69 D € 314/590 HP

2 S € 639/1300 HP / 8 App. € 385/630 HP

Herzlich, authentisch, individuell: Das Hotel ist eine wahre Oase für Körper, Seele und Gaumen. Die majestätische Bergwelt des Montafon ist an nahezu jeder Stelle des Hotels zu bestaunen. Doch nicht nur das Panorama, auch die alpenländische Gastlichkeit, der 3.000 Quadratmeter große Spa und die hausgemachten Schmankerl des Küchenteams lassen keine Wünsche offen.

Schützen am Gebirge
Burgenland

Relais & Châteaux Hotel Taubenkobel
★★★★

Hauptstr. 33 / ✉ 7081

www.taubenkobel.at

T.: +43 2684 2297 / restaurant@taubenkobel.at

9 D ab € 225 / 2 S ab € 300

Der erste Eindruck täuscht gewaltig: Die feine Adresse hinter den schmalen Wohnhausfassaden an der Hauptstraße im Dorf wirkt ein bisschen unscheinbar. Doch hinter den drei Häuserfronten des Taubenkobels liegt ein idyllisches Paradies mit einem wild bewachsenen Garten, einem Schwimmteich, Terrassen und Innenhöfe mit hübsch eingedeckten

Tischen und schattigen Plätzen. Genießer erwartet rund um das Team der Familie Eselböck eine der besten, innovativsten Küchen des Landes sowie im Hotel Taubenkobel Kuschelkomfort eines Relais & Château Hotels.

Schwendau
Tirol

Sieghard
★★★★

Johann-Sponring-Str. 83 / ✉ 6283
www.sieghard.at
T.: +43 5282 3309 / info@sieghard.at
15 D € 140/220 HP / als E € 80/150 HP / 3 S € 150/240 HP

Warmherzig ist die Begrüßung für die Gäste in diesem familiär geführten Komforthotel, das in frischem Glanz erstrahlt. Die Zimmer und Suiten präsentieren sich behaglich und sind im klassischen Tiroler Landhausstil eingerichtet. Hinter dem Herd steht in diesem Haus der Chef persönlich und bekocht seine Gäste mit Gourmetmenüs.

In der Zeichenerklärung im Vorspann dieses Buches sind sämtliche Piktogramme nach ihrer Zusammengehörigkeit erfasst und erklärt.

Seefeld in Tirol
Tirol

Astoria Resort Seefeld
★★★★★

Geigenbühel 185 / ✉ 6100 / www.astoria-seefeld.com
T.: +43 5212 22720 / hotel@astoria-seefeld.com
7 E € 219/768 HP
34 D € 175/384 HP / 48 S € 253/725 HP

Wer hat nicht schon von einem Wohlfühlurlaub der Extraklasse mit zahlreichen Annehmlichkeiten geträumt? In diesem internationalen Luxushotel ist es möglich. Eingebettet in einen 20.000 Quadratmeter großen Park ruht das Relax & Spa Hotel, in dem persönlicher Service groß geschrieben wird. Stilvolles Interieur und unaufdringlicher Luxus vereinen sich zu einem einzigartigen Ambiente. Mit gehobenem Komfort sind die im Landhausstil gestalteten Zimmer und Suiten versehen, wobei jedes für sich eine individuelle Note besitzt. Im noblen Restaurant verwöhnt die exquisite Küche mit regionalen und internationalen Delikatessen den Gaumen. Entspannung verspricht die großzügige Wellness- und Beautylandschaft.

Krumers Post Hotel & Spa
★★★★

Dorfplatz 25 / ✉ 6100
www.krumers.com
T.: +43 5212 2201 / post@krumers.com
50 D € 186/276 HP / als E € 116/185 HP
20 S € 242/328 HP

In erstklassiger Lage inmitten der Fußgängerzone finden Gäste dieses familiär geführte Komforthotel. Die Zimmer und Suiten sind hell, freundlich und mit modernen Annehmlichkeiten eingerichtet. Viel Liebe zum Detail sorgt dafür, dass man sich hier wie zu Hause fühlt. Kulinarische Hochgenüsse und passende edle Weine sorgen für das leibliche Wohl der Gäste. 2500 qm große Wellness-, Spa- und Beauty-Welt.

Natur & Spa Hotel Lärchenhof
★★★★

Geigenbühel 203 / ✉ 6100
www.hotel-laerchenhof-seefeld.com / T.: +43 5212 2383
info@marcati.at
2 E € 82/130 HP / 41 D ab € 124 HP / 15 S ab € 290 HP

Auf einem sonnigen Plateau über dem Ort Seefeld finden Urlauber das exklusive, traditionsreiche Hotel. Die Gästezimmer präsentieren sich mit gediegenem Komfort und vielen Annehmlichkeiten. In diesem eleganten Ambiente fällt es leicht, den grauen Alltag hinter sich zu lassen. Kulinarische Gaumenfreuden verspricht das stilvolle Restaurant, in dem neben eigenen Kreationen auch regionale Küche serviert wird. Im edel gestalteten Hallenbad lassen sich Körper und Geist regenerieren.

Serfaus
Tirol

Wellnessresidenz Schalber
★★★★★

Dorfbahnstr. 15 / ✉ 6534 / www.schalber.com
T.: +43 5476 6770 / info@schalber.com
2 E ab € 160 HP / 38 D ab € 270 HP / 67 S ab € 340 HP

In diesem internationalen Luxushotel, das sich am Ortseingang umgeben von der idyllischen Bergwelt befindet, bleiben keine Wünsche offen. Der Gast erlebt in diesem Refugium die Harmonie zwischen stilvollem Ambiente und herzlicher Atmosphäre mit dem Plus an Service und Luxus. Heimeliges Holz und stimmungsvolle Farben prägen die liebevoll ausgestatteten Gästezimmer und Suiten mit höchster Wohnqualität. Im eleganten Restaurant wird der Gaumen mit kreativen Delikatessen aus der Frischeküche verwöhnt. Für Erholungsuchende bietet sich ein attraktives Wellness- und Beauty-Paradies. Ein vielseitiges Freizeitangebot sorgt für Abwechslung. Ansprechende Hotelbar.

Sölden
Tirol

Art und Relax Hotel Bergwelt
★★★★

Kressbrunnenweg 9 / ✉ 6456 / www.hotelbergwelt.com
T.: +43 5256 6274
office@hotelbergwelt.com
10 E € 104/265 HP / 30 D € 104/250 HP
40 S € 119/491 HP

Für das Hotel auf einem Sonnenplateau oberhalb von Obergurgl ist die Harmonie von Tradition und Design überaus wichtig. Die Zimmer und Suiten sind stilvoll elegant und individuell eingerichtet. Alle verfügen dabei über angenehme Extras wie Internetanschluss und Safe. Variantenreich und hochkarätig präsentieren sich die kulinarischen Genüsse in den Restaurants. Ein echtes Erlebnis ist der höchstgelegene Outdoor-Pool der Alpen, ein Solebecken mit gesundem, warmen Salzwasser.

Anfänger und Freerider finden geeignete Abfahrten im Skigebiet Sölden (bis 3.300 Meter)

Hotel Das Central

★★★★★

Auweg 3 / ✉ 6450 Ortsteil Ötztal
www.central-soelden.com / T.: +43 5254 22600
info@central-soelden.at

Das First-Class-Hotel liegt im Zentrum von Sölden, der Metropole des Ötztals. Die luxuriösen Gästezimmer und exklusiven Suiten stehen in verschiedenen Stilen zur Verfügung: von elegantem Landhausstil bis hin zu rustikalem Tiroler Ambiente. Die eindrucksvolle Spa-Anlage erstreckt sich über drei Etagen und lässt kaum Wünsche offen: Dampfbäder in römischer und osmanischer Art, ein Erlebnisbad gestaltet nach dem Vorbild der venezianischen Wasserwelt. Von traditionellen Tiroler Gerichten bis hin zu Fischspezialitäten reicht die Auswahl in den Restaurants „Feinspitz", „Ötztaler Stube" und „Marend Stube".

Hotel Edelweiss & Gurgl

★★★★

Ramolweg 5 / ✉ 6456 Ortsteil Obergurgl
www.edelweiss-gurgl.com / T.: +43 5256 6223
info@edelweiss-gurgl.com
8 E ab € 155 HP / 112 D ab € 155 HP / 15 S ab € 198 HP

Dieses exklusive Hotel, in dem Besucher Gastfreundschaft aus Tradition erwartet, öffnete 1889 seine Pforten. Ein Sportgeschäft ist dem Hotel angeschlossen, so gelangen Skifans direkt zur Piste und zum Lift. Das Haus bietet seinen Gästen in warmen Farben gehaltene und mit gemütlichem Interieur ausgestattete Zimmer und Suiten sowie eine vielseitige Küche. Wintergarten; Wellnessbereich „Gletscher Spa".

Hotel Enzian

★★★★

Hochsöldenstr. 7 / ✉ 6450 Ortsteil Hochsölden
www.hotel-soelden-enzian.com / T.: +43 5254 2252
info@hotel-enzian.at
2 E € 138/200 HP / 58 D € 224/400 HP
6 S € 366/1028 HP / 4 App. € 276/400 HP

Umgeben von der gewaltigen Bergwelt, inmitten des Skigebiets auf über 2.000 Metern, ruht dieses familiär geführte Hotel. Wie zu Hause fühlt sich der Gast in den Juniorsuiten und Suiten, die es an Annehmlichkeiten nicht fehlen lassen. Das Restaurant bietet neben internationalen Genüssen von der Terrasse einen herrlichen Blick auf die Landschaft.

Top Hotel Hochgurgl

★★★★★

Hochgurgler Str. 8 / ✉ 6456
www.tophochgurgl.com
T.: +43 5256 6265 / tophotel@hochgurgl.com
3 E ab € 163 HP / 30 D ab € 326 HP / 33 S ab € 594 HP

Direkt im Skigebiet Hochgurgl-Obergurgl erwartet das familiär geführte, traditionelle First-Class-Hotel seine Gäste auf einer Höhe von 2.150 Metern. Herrlich ist die Aussicht auf den Gletscher und das Tal, die sich den Besuchern bietet. Die großzügigen Gästezimmer und Suiten haben alle ihren ganz eigenen Charme - rustikal, modernes Ambiente, Kachelofen oder offener Kamin für die kühlen Nächte in der verschneiten Bergwelt. In den geschmackvoll eingerichteten Restaurants reicht das Angebot von bodenständiger Kost über internationale Spezialitäten bis hin zu eigenen Kreationen. Die Möglichkeiten des Hauses ergänzen der 1.500 Quadratmeter große Wellnessbereich, eine Sonnenterrasse sowie eine eigene Skischule.

Spielberg
Steiermark

Landhotel Schönberghof

★★★★

Höhenstr. 1 / ✉ 8724 / www.landhotel-schoenberghof.at
T.: +43 3577 22630
schoenberghof@projekt-spielberg.at
32 D € 130/150 / als E € 75/90 /

Übernachten wie die Rennfahrer, direkt am Red Bull Ring. Das Landhotel hat, was andere nicht haben: Einen spektakulären Blick auf den Red Bull Ring, dank seiner einzigartigen Lage auf einer Anhöhe direkt über der Rennstrecke. Dadurch wird das top-moderne Hotel zum exklusiven Hotspot für echte Motorsport-Fans. Aber auch Feinschmecker kommen voll auf ihre Rechnung: In der einzigartigen Atmosphäre des Restaurants werden delikate, steirische Köstlichkeiten serviert auch von hier mit einem unvergesslichen Ausblick auf den „Ring". Großzügige Sonnenterrasse. Wunderschöner Kinderspielplatz.

Stadl-Predlitz
Steiermark

Romantik Seehotel Jägerwirt

★★★★

Jägerwirtsiedlung 63 / ✉ 8864
www.seehotel-jaegerwirt.at
T.: +43 4275 82570
jaegerwirt@romantikhotels.com
60 D ab € 218 / als E ab € 119 / S ab € 268

Direkt auf der Sonnenseite des Turracher Sees, mitten im Skigebiet und nahe dem Nationalpark Nockberge, liegt das Romantik Hotel für Familien. Es blickt auf eine mehr als 110jährige Tradition zurück und verbindet romantische Zirben-Elemente mit modernem Ambiente. Entspannung finden die Gäste im Whirlpool, beheiztem Außenpool, Zirben- & Bali SPA oder in einem der Zirben-Entspannungsräumen. Das Hotel wurde mit dem österreichischem Umweltzeichen ausgezeichnet.

Stainz
Steiermark

Hotel Stainzerhof
★★★★

Grazer Str. 2 / ✉ 8510
www.stainzerhof.at
T.: +43 3463 22122 / welcome@stainzerhof.at
43 D € 122/162 / 2 App. € 152/182

Etwa 20 Minuten von Graz entfernt liegt der beschauliche Ort Stainz und mittendrin der Stainzerhof. Ein First-Class-Hotel, das erholsame und vor allem genüssliche Auszeiten verspricht, hier in den sanften Hügeln der Weststeiermark. Es bietet Urlaubern und Tagungsgästen ein erstklassiges Gourmetlokal, eine rustikale Wirtshausküche, natürlich moderne Zimmer, Seminarräume sowie Sauna- und Fitnesseinrichtungen.

Stans
Tirol

Schwarzbrunn
★★★★

Vogelsang 208 / ✉ 6135
www.schwarzbrunn.at
T.: +43 5242 6909 / info@schwarzbrunn.at
6 E ab € 130 VP / 96 D ab € 144 VP / 19 S ab € 194 VP

Auf der Sonnenseite des Inntals, in der Karwendelregion, ist das Schwarzbrunn zu jeder Jahreszeit ein Quell der Erholung. Die gemütlichen Zimmer und Suiten sind mit Holzmöbeln aus der eigenen Tischlerei im Tiroler Landhausstil eingerichtet, ein Wohntraum für die ganze Familie. Körperliches Wohlbefinden ist garantiert, mit kreativen Gerichten aus der regionalen und internationalen Küche sowie mit dem über 3.000 Quadratmeter großen, modern-eleganten Spa und dem Fitness- und Health-Club. Hotelbar.

Stegersbach
Burgenland

Falkensteiner Balance Resort Stegersbach
★★★★★

Panoramaweg 1 / ✉ 7551
stegersbach.falkensteiner.com
T.: +43 3326 55155
reservations.balanceresort@falkensteiner.com
128 D ab € 285 HP / als E ab € 225 HP / 13 S ab € 415 HP

Auf einem sonnigen Hügel, umgeben von einem großzügigen Garten und mit direktem Zugang zur Therme Stegersbach befindet sich das Falkensteiner Resort. Mit seiner lichtdurchfluteten Architektur, holt das Resort die Natur buchstäblich ins Haus. Mittelpunkt des Hauses ist das sechsstöckige Atrium mit Blick auf den Garten. Von hier fällt der Blick auf den Infinity-Außenpool des 2600 qm Balance Spa. Ausschließlich Hotelgäste kommen in den Genuss des Spabereiches. Für die kulinarischen Highlights sorgt das Restaurant Imago. Mit einer Auswahl an Cocktails oder einem guten Glas Wein begeistern die Atrium-Bar und die Vinothek. Keine Wünsche offen lässt der moderne Konferenz- und Veranstaltungsbereich.

Steyr
Oberösterreich

Hotel Minichmayr
★★★★

Haratzmüllerstr. 1-3 / ✉ 4400 Ortsteil Stadtzentrum
www.hotel-minichmayr.at / T.: +43 7252 53410
office@hotel-minichmayr.at
20 E € 79/99 / 15 D € 122/142 / 5 S € 145/175
Frühstück € 15 / @

Am wohl schönsten Platz der historischen Altstadt, am Zusammenfluss von Enns und Steyr, liegt dieses Hotel. Das 1526 erbaute Gebäude beherbergte bereits 1630 die ersten Gäste. Aus den elegant eingerichteten Zimmern lässt sich der Ausblick auf die Altstadtkulisse genießen. Das Panoramarestaurant und die Flößerstube laden zu erstklassigen Gaumenfreuden ein. Entspannende Momente in der Panorama-Wellness-Oase. Veranstaltungen im modernen Businesscenter.

Strassen
Tirol

Strasserwirt - Herrenansitz zu Tirol
★★★★

Dorfstr. 28 / ✉ 9918 / www.strasserwirt.com
T.: +43 4846 6354 / hotel@strasserwirt.com
20 D € 130/236 HP / 8 S € 170/266 HP

Das Wohlbefinden der Gäste steht in diesem urigen und sehr komfortablen Landhotel, das zwischen den Südtiroler und den Lienzer Dolomiten liegt, an erster Stelle. Das Traditionshaus wird liebevoll geführt. Die stilvollen, großzügigen Gästezimmer mit individueller Note garantieren einen angenehmen Aufenthalt. Gesundheitsangebote und moderner Spa-Bereich. Im historischen Ambiente sorgt die mehrfach ausgezeichnete Küche für das leibliche Wohl. Kaminhalle, Lyrischer Garten, Sonnenterrasse.

Stumm
Tirol

Hotel Tipotsch
★★★

Dorfstr. 30 / ✉ 6275 Ortsteil Dorf / www.hotel-tipotsch.at
T.: +43 5283 2269 / info@hotel-tipotsch.at
40 D ab € 92 / als E ab € 57 / @

Der im alpenländischen Stil glänzende Traditionsbetrieb im Zillertal verfügt über schöne Naturholzzimmer und sechs geräumige Suiten mit Bergblick. Darüber hinaus gibt es ein Restaurant sowie Café und Bistro.

Tannheim
Tirol

Hotel Jungbrunn – Der Gutzeitort
★★★★

Oberhöfen 25 / ✉ 6675 / www.jungbrunn.at
T.: +43 5675 6248
hotel@jungbrunn.at
2 E € 183/243 VP / 51 D € 402/630 VP
29 S € 572/892 VP / 10 App. € 564/652 VP

Inmitten der Natur liegt das Hotel der gehobenen Mittelklasse. In den Gästezimmern, Suiten und Appartements mit Aussicht vereinen sich naturbelassenes Holz, interessante Designermöbel und Accessoires aus der Bergwelt. Zahlreich sind die kulinarischen Gaumenfreuden, die in den Restaurants serviert werden: vom Kaiserschmarrn bis hin zur Gourmetküche. Für den passenden Wein sorgt ein reichhaltiger, exklusiver Weinkeller. 7.000 Quadratmeter großes Spa, Aktiv- und Entspannungsprogramme; Sole-Freibad.

Bad Tatzmannsdorf
Burgenland

Reiters Reserve Supreme
★★★★★

Am Golfplatz 1 / ✉ 7431
www.reiters-reserve.at/supreme/
T.: +43 3353 8841607 / info@reiters-reserve.at
163 D ab € 282 HP / als E ab € 134 HP / 14 S ab € 458 HP

Inmitten einer wunderschönen Landschaft im südlichen Burgenland liegt dieses internationale Luxus-Hotel. Besonderes Kennzeichen des Hotels ist seine Lage unmittelbar am Golfplatz und die 8.000 Quadratmeter große hoteleigene Thermalbadelandschaft „Yin Yang“. Hier lassen sich Golf- und Wellnessträume problemlos realisieren. Aus den meisten Räumen genießen Gäste einen wunderbaren Ausblick auf die Golfplätze. Die Restaurants bieten regionale und internationale Gaumenfreuden auf höchstem Niveau und eine schier unglaubliche Auswahl der besten Weine der Welt.

Techelsberg am Wörther See
Kärnten

Hotel Schloss Seefels
★★★★★

Töschling 1 / ✉ 9212 Ortsteil Töschling
www.seefels.at
T.: +43 4272 2377 / office@seefels.at
14 E € 159/395 HP
27 D € 318/566 HP / 30 S € 358/1218 HP

Seit Jahrzehnten gilt dieses luxuriöse, zur Relais & Châteaux-Vereinigung gehörende Hotel zur absoluten Spitzenhotellerie. Es ist „die“ internationale Adresse am Wörthersee. Wohlfühlen steht hier an erster Stelle und wird sowohl in den nobeleleganten Zimmern, als auch im großzügigen „Felsen Spa“ möglich; vielseitige Beautyangebote. Die „Orangerie“ serviert ein genussvolles Frühstück, die ausgezeichnete „La Terrasse“ ist für ihre exquisiten Genüsse bekannt und das „Porto Bello“ bietet erstklassige italienische und mediterrane Spezialitäten. Herrliche, teilweise überdachte Sonnenterrassen, umgeben von einer weitläufigen Parkanlage.

Buffet (frz. Theke, Anrichte), Büfett (dt.): Eine besondere Form des Speiseangebotes, bei welcher Speisen auf einer langen Tafel oder mehreren Einzelstationen angeboten werden. Ein Büfett besteht aus Vorspeisen, Hauptspeisen und Desserts. Es verspricht freie Auswahl und Zusammenstellung und ist damit eine zwanglose Alternative zum Tischservice – attraktiv für Gruppen und Familien mit kleinen Kindern.

Telfs
Tirol

Interalpen-Hotel Tyrol
★★★★★

Dr.-Hans-Liebherr-Alpenstr. 1 / ✉ 6410 Ortsteil Buchen
www.interalpen.com
T.: +43 50 80930
reservation@interalpen.com
11 E € 299/499 HP
257 D € 299/609 HP / 14 S € 959/6200 HP

Unfassbar schön auf dem Seefelder Hochplateau, auf über 1.300 Metern in der unberührten Natur der Tiroler Bergwelt gelegen, begeistert das Luxushotel seine Gäste mit exquisiter österreichischer Gastfreundschaft. Wohltuende Großzügigkeit und alpenländische Gemütlichkeit sind hier zuhause. Der exklusive, großzügig gestaltete Spa-Bereich mit „Tiroler Saunadorf“, Textil-Saunawelt und Panorama-Pool umfasst über 5.300 Quadratmeter. Die ausgezeichnete Küche verwöhnt mit regional-saisonalen Gaumenfreuden und einem täglichen Sechsgang-Wahlmenü. (Mehr Informationen über den Hotelier des Jahres in Österreich, Karl Brüggemann, unter „Auszeichnungen des Jahres“.)

Thiersee
Tirol

Juffing Hotel & Spa
★★★★

Hinterthiersee 79 / ✉ 6335 Ortsteil Hinterthiersee
www.juffing.at
T.: +43 5376 55850 / info@juffing.at
8 E € 119/188 VP / 24 D € 129/162 VP / 21 S € 142/235 VP

Das moderne Wellnesshotel am nahegelegenen Thiersee ist umgeben von einer traumhaften Naturlandschaft. Das Hotel verzaubert mit sonnendurchfluteten Zimmern und Suiten, verglastem Wellness- und Fitnessbereich und einem neuen Panorama-Außenpool, der ganzjährig ein intensives Leben draußen ermöglicht. Eine Top-Küche bietet kulinarischen Genuss in einem außergewöhnlichen Ambiente.

Traunkirchen
Oberösterreich

Seehotel Das Traunsee
★★★★

Klosterplatz 4 / ✉ 4801
www.dastraunsee.at
T.: +43 7617 2216 / traunsee@traunseehotels.at
4 D ab € 179 / 35 S ab € 209 /

Bei traumhaftem Seeblick und kulinarischen Hochgenüssen kommt Urlaubsflair auf. Das Haus selbst ist eine Oase der Ruhe und Entspannung – gepaart mit individueller Betreuung. Alle, denen diese Ruhe zuviel ist, können aus dem umfangreichen Ferienangebot des Hotels wählen. Geführte Erlebniswanderungen, Radtouren, Wasserskifahren und vieles mehr. Neben dem See-Erlebnis-Wellnessbereich steht den Gästen ein Tauchzentrum zur Verfügung.

Tux
Tirol

Gletscher & Spa Neuhintertux
★★★★

Hintertux 783 / ✉ 6293 Ortsteil Hintertux
www.neu-hintertux.com / T.: +43 5287 8580
hotel@neu-hintertux.com
8 E € 89/222 HP / 30 D € 158/330 HP / 10 S € 230/378 HP
10 App. € 222/358 HP

Nicht nur die traumhafte Lage des Komforthotels, direkt am Fuße des Gletschers, gilt als Anziehungspunkt für Gäste, die das Besondere lieben. Auch die aufrichtige Gastfreundschaft sowie die familiäre Atmosphäre in diesem persönlich geführten Haus überzeugen. Erholsamen Schlaf garantieren die unterschiedlichen, mit stilvollem Interieur versehenen Zimmer, die den gehobenen Ansprüchen gerecht werden. Kulinarische Leckerbissen aus der Spitzenküche werden im eleganten Ambiente serviert. Bar.

Hotel Alpenhof
★★★★

Hintertux 750 / ✉ 6293 Ortsteil Hintertux
www.alpenhof.at / T.: +43 5287 8550 / info@alpenhof.at
8 E € 151/257 VP / 41 D € 149/263 VP / 13 S € 188/329 VP

Der neue Alpenhof, am Fuße des Hintertuxer Gletschers gelegen, zeigt sich dezent luxuriös, traditionell und dennoch modern. Großzügigkeit, freundlich-warme Farben, edle Interieurs, Natürlichkeit und viel Liebe zum Detail zeichnen den Alpenhof aus und machen ihn zum Wohlfühlressort. Das Entspannungsreich „Vitalis" nützt die vier Elemente des Wohlbefindens – Feuer, Erde, Luft und Wasser. Die Küche im Alpenhof ist vielfältig und verwöhnt auf höchsten kulinarischem Niveau.

Uderns
Tirol

Sportresidenz Zillertal
★★★★

Golfstr. 1 / ✉ 6271 / www.sportresidenz.at
T.: +43 5288 63000 / info@sportresidenz.at
18 D ab € 230 HP / als E ab € 160 HP / 4 S ab € 230 HP

In diesem kleinen, feinen Boutiquehotel im Zillertal treffen luxuriöse Entspannung und exquisiter Genuss aufeinander. Direkt am Golfplatz gelegen, bieten die Zimmer und Suiten großzügigen Wohnkomfort im alpinen Design. Der Wellnessbereich Cloud7 mit professionellen Anwendungen, Sauna und Infinity-Außenpool bietet einen herrlichen Blick über das Tal auf die Berge. In der Genusswerkstatt ergänzen edle Tropfen die regionalen Kreationen des Küchenchefs. Hotelbar und Sonnenlounge.

Untertauern
Salzburg

Hotel Kesselspitze
★★★★

Alpenstr. 1 / ✉ 5562
www.hotel-kesselspitze.at / T.: +43 6456 7400
hotel-kesselspitze@luerzer.at
3 E € 148/189 HP / 51 D € 234/388 HP / 1 S € 372/704 HP
11 App. € 322/594 HP

Dieses Domizil ist ein elegantes und exklusives Hotel in ruhiger, freier Lage, das Tradition und Komfort vereint. Die attraktiven Zimmer sind exklusiv und großzügig eingerichtet. Besondere Highlights sind das klare Felswasser der hauseigenen „Tauerntherme" sowie der Hot-Whirlpool unter freiem Himmel. Das stilvoll gemütliche Jagdstuben-Restaurant verwöhnt mit regionaler, österreichischer und mediterraner Küche.

★★★ Sehr gutes Hotel,
Mittelklassehotel mit komfortabler Ausstattung

Velden am Wörther See
Kärnten

Casinohotel Velden (g)
★★★★

Am Corso 10 / ✉ 9220 / www.casinohotel.at
T.: +43 4274 51233
rezeption@casinohotel.at
30 E € 102/210 / 30 D € 207/281 / 11 S € 196/435

Das Hotel liegt im Zentrum neben der Uferpromenade, direkt gegenüber dem Casino. Geräumige Zimmer und Suiten laden zum Verweilen ein. Alle haben einen kostenfreien Internetzugang, Satelliten-TV und Klimaanlage, teilweise auch einen Balkon mit Blick über den Wörthersee. Der Wellnessbereich umfasst eine Finnische Sauna, eine Infrarotkabine, ein Dampfbad und eine Tropendusche. Kulinarische Höhepunkte erlebt der Gast im Gourmet Restaurant Caramé.

Falkensteiner Schlosshotel Velden
★★★★★

Schlosspark 1 / ✉ 9220
www.falkensteiner.com/velden
T.: +43 4274 520000 / schlossvelden@falkensteiner.com
86 D ab € 220 / 18 S ab € 620

1603 wurde das Schloss mit den vier markanten polygonalen Ecktürmen am Wörthersee fertiggestellt. 1762 vernichtete ein Brand große Teile des dreigeschossigen Renaissancebaues. Das Haupthaus wurde nach alten Plänen umgebaut und fungierte bis in die 1990 Jahre als Grandhotel, das große Popularität in der Filmszene und beim Jetset erlangte. Heute ist das Luxushotel wieder Domizil für eine anspruchsvolle Klientel, die das Außergewöhnliche schätzt und das Flair des Hauses in eleganten Zimmern, exklusiven Suiten sowie im 3.500 Quadratmeter großen Auriga Spa genießt. Kulinarische Highlights werden im Gourmet-Restaurant „Schlossstern" oder im Panorama-Restaurant „Seespitz" serviert.

Villach
Kärnten

Hotel Karnerhof
★★★★

Karnerhofweg 10
✉ 9580 Ortsteil Drobollach am Faaker See
www.karnerhof.com / T.: +43 4254 2188
hotel@karnerhof.com
4 E € 180/300 HP / 68 D € 258/503 HP
12 S € 338/583 HP / 8 App. € 498/863 HP

Direkt am Faaker See, mit Panoramablick auf Mittagskogel und Karawanken, verbindet der Karnerhof wohltuend familiäre Atmosphäre mit gemütlichen Zimmern, sportiver Infrastruktur, modernem Spa und einer feinen regionalen Küche. Als Wellness- und Genießerhotel vermag das Haus ruhesuchende Gäste und sportliche Aktivurlauber gleichermaßen zu begeistern. 100.000 qm Wiesen- und Gartenfläche am Seeufer und rund um die Pool-Landschaft. Zehn Golfplätze liegen in der näheren Umgebung.

Warmbaderhof
★★★★★

Kadischen Allee 22-24 / ✉ 9504 Ortsteil Warmbad
www.warmbad.at / T.: +43 4242 30010
warmbaderhof@warmbad.at
21 E € 138/188 HP
62 D € 256/372 HP / 15 S € 348/574 HP

Traditionsreich ist das Warmbad Villach, das bereits im 19. Jahrhundert seine Blütezeit erlebte. Heute können Gäste hier hervorragend entspannen. In ruhiger Ortsrandlage wohnen sie in dem internationalen First-Class-Hotel, in dem persönliche Betreuung groß geschrieben wird. Die großzügigen, freundlichen Zimmer und Suiten überzeugen durch eine elegant-geschmackvolle Einrichtung und den Blick ins Grüne. Kulinarische Glanzlichter setzen das Gourmet-Restaurant und die berühmte Konditorei, die auch Diät- und Schonkost zu einem Genuss werden lassen. 1.800 Quadratmeter große Thermenlandschaft, verschiedenste Sportangebote.

Wagrain
Salzburg

Naturhotel Edelweiss
★★★★

Weberlandl 65 / ✉ 5602 Ortsteil Weberland
www.mein-edelweiss.at / T.: +43 6413 8447
hotel@mein-edelweiss.at
2 E ab € 86 HP / 29 D ab € 138 HP / 9 S ab € 192 HP

Dieses großzügige Feriendomizil erfreut sich nicht nur durch seine einzigartige Lage inmitten unberührter Landschaft großer Beliebtheit. Das Haus ist ganz auf die Bedürfnisse des Gastes zugeschnitten: Harmonische Zimmer mit hoher Wohnqualität, eine exzellente internationale Küche und ein umfangreiches Freizeitangebot. Die Panoramaterrasse und der Wellnessbereich ergänzen das vielseitige Angebot des Hotels; Bar.

Sporthotel Wagrain
★★★★

Hofmark 9 / ✉ 5602 Ortsteil Hofmarkt / www.sporthotel.at
T.: +43 6413 7333 / info@sporthotel.at
3 E € 145/223 HP / 129 D € 250/396 HP
8 S € 360/584 HP

Ob Aktiv sein oder einfach nur Erholen - dies alles ist im einzigartigen Sporthotel, direkt gegenüber der Grafenberg-Gondelbahn gelegen, möglich. Nicht nur die herzliche, unbeschwerte Atmosphäre sorgt für angenehme Tage, sondern auch die idyllischen Zimmer mit höchster Wohnqualität. Eine vielseitige Küche, eine Wellness-Oase und ein abwechslungsreiches Freizeit- und Sportprogramm runden das Angebot ab.

Bad Waltersdorf
Steiermark

Der Steirerhof
★★★★★

Wagerberg 125 / ✉ 8271 Ortsteil Wagerberg
www.dersteirerhof.at / T.: +43 3333 32110
reservierung@dersteirerhof.at
33 E € 224/279 VP
106 D € 376/580 VP / 21 S € 516/626 VP

Allein oder zu zweit, für einen Wohlfühlaufenthalt ist das Verwöhnhotel in der steirischen Thermenlandschaft genau richtig. Allein die Lage des Hauses auf der Anhöhe von Bad Waltersdorf, inmitten von sechs Hektar Naturgarten mit Garten-Spa, umgeben von Apfelbäumen und Weingärten, lässt die Großzügigkeit der Anlag erkennen. Diese setzt sich in den gemütlichen, mit harmonisch Farben gestalteten Zimmern und Suiten fort. Highlights sind die 2.500 Quadratmeter große Therme mit sechs Pools, Saunalandschaft und Ladies Spa sowie der über 1.200 Quadratmeter große Vital- & Spa-Bereich unter ärztlicher Leitung. Ausgezeichnete Küche im steirisch-mediterranen Stil.

Weißensee
Kärnten

Strandhotel am Weissensee
★★★★

Neusach 18 / ✉ 9762
www.strandhotel-weissensee.at
T.: +43 4713 2219 / rezeption@weissenseerhof.at
D ab € 80 / S ab € 100

Am malerischen Ufer des Weißensee liegt das rein vegetarische Hotel. Es gibt ein Gourmet-Restaurant, ein 1.000 Quadratmeter großes Spa am See, Dachterrasse, Sauna und Fitnessraum. Die Zimmer bieten WLAN, teilweise Bergblick und auch sonst alles, was man braucht. Der perfekte Ort für eine erholsame Auszeit.

Wels
Oberösterreich

Hotel Ploberger (g)
★★★★

Kaiser-Josef-Platz 21 / ✉ 4600
www.hotel-ploberger.at
T.: +43 7242 62941 / reservierung@hotel-ploberger.at
31 E ab € 79 / 61 D ab € 107

Zentral und doch ruhig gelegen, sind Messe und Fußgängerzonen in wenigen Gehminuten erreichbar. Gäste haben im Ploberger die Wahl zwischen den großen Bel Etage Zimmern mit Marmor-/Granitbad und den Modern Classic Zimmern im modern-klassischen Design. LoungeBar mit offenem Kamin. Zugang zur öffentlichen Tiefgarage.

Wien
Wien

Ambassador
★★★★★

Kärntner Str. 22 / ✉ 1010 Ortsteil Innere Stadt
www.ambassador.at / T.: +43 1 961610
office@ambassador.at
85 D € 356/773 / als E € 280/619
4 App. € 706/994

Ob Geschäftsreise, Kultururlaub oder Shoppingtrip, das traditionsreiche Hotel, zwischen Stephansdom und Oper gelegen, ist der perfekte Ausgangspunkt für Wien-Besucher. Geräumige und luxuriös gestaltete Zimmer bieten zeitlose Eleganz und Komfort auf höchstem Niveau. Im ersten Stock verwöhnt das Restaurant mit saisonalen Gerichten und Spezialitäten aus der Wiener Küche. Räume mit Flair und moderner Technik stehen für Seminare und Bankette zur Verfügung.

arte Hotel Wien (g)
★★★

Wurzbachgasse 17 / ✉ 1150
www.artewien.at
T.: +43 1 7898899
willkommen@artewien.at
113 D ab € 57 / als E ab € 57 / Frühstück € 14

Das Atlantis Hotel Vienna befindet sich im 15. Bezirk von Wien und ist mit seiner zentrumsnahen Lage und Nähe zur Wiener Stadthalle die ideale Adresse für Geschäftsreisende, Kongressteilnehmer, Städtetouristen und Kleingruppen. Die Zimmer sind modern eingerichtet und verfügen zusätzlich über Flatscreen und Parkettboden.

Die Josefine
★★★★

Esterhazygasse 33 / ✉ 1060 / hoteljosefine.at
T.: +43 1 58870 / bonjour@hoteljosefine.at
49 D ab € 150 / als E ab € 110 / S ab € 470 /

Das schmal geschnittene Haus im pulsierenden Mariahilf-Bezirk spiegelt den Charme und Stil der 1920er und 30er Jahre wider. Betten, Sessel, Lampen, Vorhänge, surrealistische Malerei und Art-Déco-Dekor machen das deutlich. Niemand muss jedoch auf Komfort verzichten. Es geht hier schlicht um Lebensart: Schlüssel statt Hotelkarte, persönliche Gespräche mit Personal aus Fleisch und Blut, Super-Frühstück mit Extras. Außerdem wäre da noch die American Bar „Barfly's Club". Nicht schlecht!

Grand Ferdinand
★★★★★

Schubertring 10-12 / ✉ 1010 / www.grandferdinand.com
T.: +43 1 91880 / welcome@grandferdinand.com
183 D ab € 200 / 5 S ab € 400 / Frühstück € 29

An der prachtvollen Ringstraße hat Florian Weitzer mit dem Grand Ferdinand ein Gesamtkunstwerk geschaffen, in dem sich das Schöne und der Genuss vergangener Tage mit den Annehmlichkeiten von heute vereint. Die Zimmer und Suiten sind puristisch-elegant mit Details wie Duschwände aus Glasbausteinen, nostalgisch geschwungenen Betthäuptern oder mit Leder umrandeten Spiegeln, die eine Reminiszenz an die 1950er Jahre sind. Exklusivität bietet die Grand Etage in der von früh bis spät kulinarische Genüsse serviert werden, inklusive offenem Kamin, Aussicht auf den Stephansdom und einem Pool. Über zwei Etagen des offenen Erdgeschoßes erstrecken sich das Grand Ferdinand Restaurant mit traditionell österreichischer Küche und das Gulasch & Champagner für den kleinen Hunger.

Grand Hotel Wien
★★★★★

Kärntner Ring 9 / ✉ 1010 Ortsteil Innere Stadt
www.grandhotelwien.com / T.: +43 1 515800
info@grandhotelwien.com
74 E ab € 319 / 101 D ab € 319 / 30 S ab € 1075
Frühstück € 36 /

Unweit der Wiener Staatsoper befindet sich dieses Luxus-Hotel, eine lebende Legende der k. u. k.-Monarchie und gleichzeitig eine luxuriöse Unterkunft für höchste Ansprüche. Die Welt der Belle Epoque verbindet sich hier mit Technik und Komfort des 21. Jahrhunderts, genauso wie internationales Flair und Wiener Charme zusammentreffen. Das Prunkstück des Hauses ist zweifellos der prachtvolle Ballsaal „Quadrille". Elegant und geschmackvoll eingerichtete Zimmer und Suiten lassen keinerlei Wünsche offen. Im Gourmetrestaurant „Le Ciel", über den Dächern von Wien, können die Gäste in außergewöhnlichen Kombinationen zwischen der traditionellen französischen und der Wiener Küche schwelgen.

HENRI Hotel Wien
★★★★

Lindengasse 12 / ✉ 1070
www.henri-hotels.com
T.: +43 1 5234646 / hello@henri-wien.com
42 D ab € 102 /

24 bis 32 Quadratmeter große Grundrisse, ein paar italienische Stilmöbel, Loungesessel, Kühlschrank und WLAN. Das Ganze mittendrin im Geschehen, nicht weit entfernt vom Maria-Theresien-Platz und dem Museumsviertel. Das Boutique Hotel ist eine stilvolle Bleibe für die ausgedehnte Citytour. Morgens schmeckt ein traditionelles Wiener Frühstück.

Henriette Stadthotel

★★★★

Praterstr. 44-46 / 1020 Ortsteil Leopoldstadt
www.hotelhenriette.at / T.: +43 1 2148404
hello@hotelhenriette.at
73 D ab € 108 / 6 S ab € 220 /

Zwischen Donau und Prater liegt dieses sympathische, nachhhaltig wirtschaftende Stadthotel, das eine umfassende Gemeinwohlbilanz vorweisen kann. Die Zimmer sind auf sieben Stockwerke verteilt und 25 bis 50 Quadratmeter groß. Die meisten verfügen über einen Balkon. Eine Luft-Luft-Wärmepunpe auf dem Dach
heizt, kühlt und sorgt für warmes Wasser. Zum Stephansdom geht man 15 Minuten und eine U-Bahn-Station liegt direkt vor der Tür.

Hollmann Beletage (g)

★★★★

Köllnerhofgasse 6 / 1010 Ortsteil Innere Stadt
www.hollmann-beletage.at
T.: +43 1 9611960
hotel@hollmann-beletage.at
25 D € 159/319 /

Im Herzen von Wien umgibt die Hollmann Beletage seine Gäste mit edlem Interieur der Gegenwart. Zu einem kleinen Zuhause auf Zeit werden die hellen und großzügigen Zimmer, die mit klaren Formen und Linien designt sind. Ein Wohnerlebnis der besonderen Art bietet die Spa-Suite, mit unter anderem zeitgemäß interpretiertem Hamam und offenem Kamin. Allen Gästen dieses kleinen Refugiums steht eine kleine Saunaoase, das Spielzimmer mit Tee und Kuchen am Nachmittag und das hauseigene Kino zur Verfügung.

Hotel Altstadt Vienna (g)

★★★★

Kirchengasse 41 / 1070 Ortsteil Neubau
www.altstadt.at / T.: +43 1 5263399
melanie.fraiss@altstadt.at
1 E € 139/269 / 34 D € 169/289 / 16 S € 229/524

Kunst - verbunden mit Charme und Einzigartigkeit - so lautet das Erfolgsrezept des Romantik Hotels, einem 1902 erbauten Patrizierhaus im Künstlerviertel von Wien gelegen. Die Zimmer und Suiten zeigen eine Mischung aus alt-wienerischer und moderner Einrichtung. Ob sich der Gast von einem der Designzimmer verführen lässt, in einer klassischen Suite den Ausblick über die Dächer Wiens genießt oder im roten Salon bei offenem Kamin entspannt - das Haus ist ein Ort zum Wohlfühlen.

Der Schlummer Atlas wird laufend überarbeitet und erscheint jährlich neu. Für Anregungen und Hinweise sind wir immer dankbar: **redaktion@schlummer-atlas.de**

Hotel Am Konzerthaus - MGallery Collection

★★★★

Am Heumarkt 35-37 / 1030 Ortsteil Landstraße
www.accorhotels.com / T.: +43 1 716160
H1276@accor.com
35 E € 135/339 / 170 D € 165/369 / 4 S € 245/449

Gelegen im Herzen Wiens und umgeben von Wiens imposantesten Kunst- und Musikhäusern befindet sich das elegante Hotel am Konzerthaus Vienna. Das Wiener Konzerthaus, die Staatsoper, der Stephansdom, Musikverein und Schloss Belvedere – alle sind fußläufig erreichbar. Das Design der öffentlichen Bereiche und der neu renovierten Zimmer wurde von eben diesen Kulturstätten inspiriert. Kulinarisches Aushängeschild des Hauses ist das Gourmet-Restaurant „Apron“ im Erdgeschoss. Die attraktive Bar lockt mit Cocktails und kleinen Snacks. Darüber hinaus stehen fünf moderne, variable Seminar- und Banketträume zur Verfügung.

Hotel Imperial

★★★★★

Kärntner Ring 16 / 1015 / www.imperialvienna.com
T.: +43 1 501100 / hotel.imperial@luxurycollection.com
79 D € 369/900 / 59 S € 519/5000

Alle offiziellen Staatsbesuche in Österreich residieren in diesem Luxus-Hotel direkt neben dem weltberühmten Musikverein. 1873 wurde die vormalige Privatresidenz anlässlich der Weltausstellung zum Hotel und seitdem steht der Name „Hotel Imperial“ für höchste Diskretion und anspruchsvollen Service. Hier vereinen sich Internationalität und wienerisches Flair auf unnachahmliche Weise. Mit erlesenem Komfort und kostbaren Antiquitäten ausgestattet, präsentieren sich die Gästezimmer und Suiten, die zudem über großzügig angelegte Bäder verfügen. Das Restaurant „OPUS“ bietet den Gästen eine herausragende Gourmetküche

Hotel Rathaus Wein&Design (g)

★★★★

Lange Gasse 13 / 1080 Ortsteil Josefstadt
www.hotel-rathaus-wien.at / T.: +43 1 4001122
office@hotel-rathaus-wien.at
39 D € 160/210 / als E € 120/150 / 1 S € 350/400
Frühstück € 20 /

Hier stimmt wirklich alles überein, denn der Beiname „Wein & Design“ wird zum Programm. In der Nähe des Rathauses liegt das Hotel im Zentrum der Stadt. Jedes der stilvoll eingerichteten Zimmer ist einem österreichischen Spitzenwinzer gewidmet, der als Namensträger fungiert und die Bar mit einer Auswahl seiner vorzüglichen Weine bestückt. Das breit gefächerte Weinsortiment an der Weinbar und die große Terrasse mit Blick über Wien runden das exklusive Angebot des Hotels harmonisch ab.

Hotel Sacher Wien

★★★★★

Philharmonikerstr. 4 / ✉ 1010 Ortsteil Innere Stadt
www.sacher.com / T.: +43 1 514560 / wien@sacher.com
86 D € 630/865 / 63 S € 1250/7150 / Frühstück € 39

Dieses 1876 erbaute, privat geführte First-Class-Hotel gegenüber der Staatsoper gelegen, ist heute eine Wiener Institution. Das Gebäude im Stil der italienischen Renaissance bietet individuell mit Antiquitäten und echter Kunst sowie mit moderner Technologie ausgestattete Gästezimmer und Suiten, in denen kein Wunsch unerfüllt bleibt. Ein neues, modernes Relax&Spa Refugium verwöhnt im stimmungsvollen Ambiente. Das elegante Restaurant „Anna Sacher", nach der Grande Dame der Sacher-Dynastie benannt, spiegelt den Glanz und Charme der Jahrhundertwende wider. Das Gourmet-Restaurant „Rote Bar" serviert internationale und Wiener Küche. Original Sacher-Torte genießen Gäste im berühmten Café Sacher.

InterContinental Wien

★★★★★

Johannesgasse 28 / ✉ 1030
www.vienna.intercontinental.com
T.: +43 1 711220
vienna@ihg.com
410 D ab € 199 / als E ab € 199 / 49 S ab € 399

Ab der 5. Etage hat der Gast von diesem internationalen Luxushotel an der Ringstraße einen herrlichen Ausblick auf die wunderschöne Stadt Wien. Elegant und luxuriös präsentieren sich die Gästezimmer und Suiten, die ein schönes Zuhause in der Ferne bieten. Im Restaurant „Mediterraneo" kann sich der Gast kulinarisch verwöhnen lassen, bevor er dann bei Live-Musik und raffinierten Cocktails in der „Intermezzo Bar" den Tag angenehm ausklingen lässt. Mehrere moderne, voll ausgestattete Konferenzräume machen hier das Arbeiten zu einem Vergnügen. Das hauseigene Wellnesscenter ermöglicht dem Gast Erholung und Entspannung in exklusivem und erlesenem Ambiente.

Palais Coburg Residenz

★★★★★

Coburgbastei 4 / ✉ 1010 Ortsteil Innere Stadt
www.palais-coburg.com
T.: +43 1 518180
reservierung@palais-coburg.com
34 S € 695/2695 /

Dieses moderne Grandhotel im Herzen Wiens bietet seinen Gästen Genusskultur und luxuriösen Komfort in einem außerordentlichen Ambiente. Es begeistert mit individuell gestalteten Luxus-Suiten - von der City-Suite bis zum modernen Loft mit Blick auf den Stephansdom -, einem exklusiven Spa-Bereich und prunkvollen Veranstaltungsräumen. Das ausgezeichnete Silvio Nickol Gourmet Restaurant sowie das Restaurant Clementine im Glashaus mit dem herrlichen Garten entführen Genießer auf eine kulinarische Entdeckungsreise für die Sinne. Der mehrfach prämierte Weinkeller zählt mit mehr als 60.000 Flaschen zu den größten Europas.

Palais Hansen Kempinski Vienna

★★★★★

Schottenring 24 / ✉ 1010 Ortsteil Innere Stadt
www.kempinski.com/wien / T.: +43 1 2361000
info.vienna@kempinski.com
98 D ab € 340 / 54 S ab € 500 / Frühstück € 42

Als Palais Hotel kombiniert das Haus modernes Lebensgefühl und gelebte Geschichte. Mit dem fast 100 m langen denkmalgschützten Neo-Renaissance-Gebäude und seinen Innovationen wie iPad-Check-In schafft es eine Symbiose aus traditionellem Wien und Zeitgeist. In den Zimmer und Suiten bestimmen dezente Farben, edle Stoffe und ein klassisches Design die Atmosphäre. Mit bodenständigen, traditionellen Spezialitäten im Restaurant „Die Küche" und mit ausgezeichneten raffiniert-kulinarischen Köstlichkeiten im „Edvard" setzt das Küchenteam Akzente. Zwei Bars, eine Cigar Lounge, sechs Veranstaltungsräume, ein Ballsaal, ein Blumen- und ein Delikatessenladen sowie ein Fitness- und Spa-Bereich.

Park Hyatt Vienna

★★★★★

Am Hof 2 / ✉ 1010 Ortsteil Innere Stadt
www.parkhyattvienna.at / T.: +43 1 227401234
vienna.park@hyatt.com
102 D € 425/950
als E € 425/920 / 41 S € 1000/5000 / Frühstück € 37

In Mitten des exklusivsten Einkaufsviertel Wiens, im „Goldenen Quartier", nur wenige Schritt entfernt von den großen Modehäusern der Welt, bietet das Park Hyatt den idealen Ausgangspunkt zu den bedeutenden Sehenswürdigkeiten, historischen Bauten und Museen der Stadt. Die luxuriösen Gästezimmer und Suiten sind großzügig geschnitten und vereinen zeitlosen Stil mit lokalen Wiener Akzenten auf einzige Art und Weise. Im Restaurant „The Bank" mit Showküche werden europäische Spezialitäten aus österreichischen Produkten offeriert, in der Bar „Pearl" Cocktails aus aller Welt und im Living Room Whisky und Zigarren. Repräsentative Veranstaltungsfläche. Wellness- und Beauty-Angebote im Arany Spa.

Ruby Lissi Hotel & Bar

★★★★

Fleischmarkt 19 / ✉ 1010
www.ruby-hotels.com
T.: +43 1 20555780 / lissi@ruby-hotels.com
107 D ab € 110 /

Für das Design im Ruby Lissi standen Kaiserin Elisabeth und ihre Reisefreudigkeit Pate. Kristallüster, Chesterfield-Sofas und einfaches Holzgestühl prägen die Bar (24 Stunden geöffnet), in der auch diverse Events wie etwa Autorenlesungen stattfinden. Der Schwedenplatz liegt um die Ecke, von hier hat der Städtereisende perfekte ÖPNV-Verbindungen in alle Richtungen. Sofern er sich nicht gleich zu Fuß aufmacht, schließlich liegen alle wichtigen Sights in der Nähe.

Ruby Marie Hotel & Bar

★★★★

Mariahilferstr. 120 / ✉ 1070
www.ruby-hotels.com
T.: +43 1 205639700 / marie@ruby-hotels.com
186 D ab € 85 /

➡

Ganz nah am Westbahnhof (30 Minuten zum Flughafen) liegt das Ruby Marie inmitten des Wiener Einkaufsgeschehens. Jahrzehntelang wurde das Gebäude als Kaufhaus genutzt, das seinerzeit als erstes Warenhaus Österreichs Geschichte machte. Heute finden sich in den oberen Stockwerken hochwertige Zimmer, 24h-Bar und Dachterrasse für den Großstadt-Shoppingbesuch am Wochenende. Allerhand Vintage-Mobiliar und eine Movie-Lounge sind mit von der Partie.

Ruby Sofie Hotel & Bar

★★★★

Marxergasse 17 / 1030 / www.ruby-hotels.com
T.: +43 1 205771200 / sofie@ruby-hotels.com
77 D ab € 95 / @

Einst fanden sich hier Menschen zum Badevergnügen ein, später folgten Theater und Musik. Heute lädt das Hotel Ruby Sofie hinter der restaurierten Fassade der Sofiensäle zur Übernachtung ein. Zum Bahnhof Wien-Mitte sind es 600 Meter, das Hundertwasser-Dorf und das Fälschermuseum liegen nur einen Steinwurf entfernt. Die mit alten Instrumenten und Schallplattenhüllen dekorierte Bar des Hauses lebt 24 Stunden am Tag.

SO/Vienna Hotel

★★★★★

Praterstr. 1 / 1020
www.accorhotels.com
T.: +43 1 906160 / h6599@sofitel.com
156 D € 250/420 VP / 26 S € 625/3200 VP

Das Luxushotel, das nach den Plänen des weltbekannten französischen Architekten Jean Nouvel errichtet wurde, ist eine bedeutende moderne Ergänzung des Wiener Stadtlebens. Wie die eleganten Hotelfassaden sind auch die Zimmer und Suiten einfarbig gehalten und in reinem Weiß, kühlem Grau oder samtigem Schwarz gestaltet. Der Wellness-Bereich verwöhnt seine Gäste mit Einrichtungen wie Whirlpool, Dampfbad und Jacuzzi. Im eigenen Restaurant werden internationale Gerichte serviert. Das Servicepersonal ist mehrsprachig und sehr freundlich.

The Leo Grand

★★★★★

Bauernmarkt 1 / 1010 Ortsteil Innere Stadt
www.theleogrand.com
T.: +43 1 90606
reception@theleogrand.com
68 D ab € 312 / 8 S ab € 623 / @

Deluxe, Royal, Leopold und Majesty. Diese Titel werden im Luxushotel „The Leo Grand", gelegen direkt neben dem Stephansdom, vergeben. Im Klartext: Die Spanne beginnt bei 22 Quadratmetern, hohen Decken, Kerzenkamin und Mobiliar in K.u.k.-Optik (Deluxe-Zimmer) und gipfelt in 68 Quadratmetern auf zwei Etagen (Leopold Suite) mit Beauty-Minibar und einem Vorrat an bio-veganen Weinen. Allgegenwärtiger Gastgeber ist der „Geist" Kaiser Leopolds I. Restaurant und Bar auch für Tagesbesucher.

★★ Gutes Hotel, zeitgemäße oder komfortable Standard-Ausstattung

The Ritz-Carlton Vienna

★★★★★

Schubertring 5-7 / 1010 Ortsteil Innere Stadt
www.ritzcarlton.com/vienna / T.: +43 1 31188
vienna@ritzcarlton.com
159 D € 325/700 / als E ab € 550
43 S € 520/9500 /

Ein denkmalgeschützter Häuserblock, bestehend aus vier historischen Bauten (19. Jh.), beherbergt in zentraler Lage das The Ritz-Carlton. Luxuriös, großzügig und stilsicher eingerichtet sind die Gästezimmer und Suiten. Für kulinarischen Genuss sorgen das Restaurant „Dstrikt" und die „D-bar". Die Roof-Top-Bar „Atmosphere" verspricht einen sensationellen Blick über Wien. Lobby-Lounge „Melounge". Exklusive Atmosphäre und privater Service bietet die Club-Lounge auf der 7. Etage des Hotels. Der Veranstaltungsbereich eignet sich sowohl für Tagungen und Seminare als auch für elegante, private Veranstaltungen. Absolutes Wohlbefinden erleben Gäste im ersten Guerlain Spa Österreichs, der auch als Day Spa zur Verfügung steht.

Zell am See

Salzburg

Hotel Salzburgerhof

★★★★★

Auerspergstr. 11 / 5700 Ortsteil Zentrum
www.salzburgerhof.at / T.: +43 6542 7650
5sterne@salzburgerhof.at
33 D € 320/410 VP / 35 S € 340/706 VP
@

Im Zentrum von Zell, paradiesisch schön, im Hotelpark mit Badebiotop und Gartenpool liegt dieses mehrfach ausgezeichnete Hotel der Luxusklasse. Stilvolle, großzügige Gartensuiten und Gästezimmer bieten Wohnkultur auf höchstem Niveau. Das exklusive Wellness-Schlössl ist eine prämierte 3.500 Quadratmeter große Ruhe- und Wellness-Landschaft mit märchenhaftem Ambiente. Frische Kräuter und köstliche Zutaten bilden die Grundlage für die kulinarischen Genüsse, die das preisgekrönte Küchenteam im eleganten Restaurant „Salzburger Stuben" serviert. Eine Indoor-Golfanlage ergänzt das Angebot.

Romantik Hotel Zell am See

★★★★

Sebastian-Hörl-Str. 11 / 5700 / www.romantik-hotel.at
T.: +43 6542 72520 / info@romantik-hotel.at
38 D ab € 160 HP / als E ab € 80 HP / 3 S ab € 196 HP
@

Nur 50 Meter vom See in absolut ruhiger Lage und doch im Zentrum von Zell am See befindet sich dieses einladende Romantik Hotel. Hinter der schmucken Fassade verbergen sich gemütliche Zimmer mit modernem Komfort. Abwechslungsreiche Küche im Restaurant. Wellnessbereich auf zwei Ebenen, mit Sauna-, Pool- und Relaxbereich sowie wohltuenden Massageangeboten.

Seehotel Bellevue

★★★★

Seeuferstr. 41 / ✉ 5700 Ortsteil Thumersbach
www.seehotel-bellevue.at / T.: +43 6542 21828
info@seehotel-bellevue.at
28 D € 120/195 / 6 S € 165/250 / 3 App. € 200/350
Frühstück € 25 / @

Bellevue – der Name ist Programm. Am Ufer des Zeller Sees gelegen, eröffnen sich sagenhafte Aussichten über den See und die Stadt Zell am See. Bereits vor 150 Jahren gaben die Gründer dem Seehotel diesen Namen. Seit 2017 wird dem Traditionshaus durch seine engagierten Gastgeber wieder neues Leben eingehaucht. Sinnliche Genießer und Erholungsuchende kommen hier voll auf ihre Kosten. Neuer Beach Club direkt am See

Schloss Prielau

★★★★

Hofmannsthalstr. 12 / ✉ 5700 Ortsteil Prielau
www.schloss-prielau.at / T.: +43 6542 729110
info@schloss-prielau.at
1 E € 165/185 / 7 D € 210/290
2 S € 560/800 / 1 App. € 220/280 / Frühstück € 18
@

Romantisch gelegen in einem schönen Park präsentiert sich das stilvolle Schlosshotel. Gelebte Tradition, gepaart mit modernster Technik und gemütlichen Zimmern, sorgen für einen entspannten Aufenthalt. Am See steht ein Privatstrand zur Verfügung. Feierlichkeiten und Feste bis 200 Personen finden hier einen perfekten Rahmen. Die ausgezeichnete Küche im À-la-carte-Restaurant „Mayer's" und im Schloss rundet die Genusswelt des Hauses ab. Schlosskapelle.

Zell am Ziller
Tirol

Wellness-Genießer-Hotel Theresa

★★★★

Bahnhofstr. 15 / ✉ 6280
www.theresa.at
T.: +43 5282 22860
info@theresa.at
5 E ab € 195 HP / 40 D ab € 320 HP / 16 S ab € 410 HP
@

Erlebnisreiche und entspannende Tage im Zillertal verspricht das luxuriöse Spa- und Wellnesshotel mit familiärer Atmosphäre. In den eleganten, individuell gehaltenen Zimmern und Suiten ist Wohlfühlen angesagt. Feinschmeckermenüs sorgen für das leibliche Wohl. Körper und Seele werden in dem 3.000 Quadratmeter großen Wellness- und Beautybereich rundum mit zahlreichen Angeboten verwöhnt; Sport- und Fitnessprogramme. Bar.

Zeltweg
Steiermark

Hotel Steirerschlössl

★★★★★

Hauptstr. 100 / ✉ 8740
www.hotel-steirerschloessl.at
T.: +43 3577 226010
steirerschloessl@projekt-spielberg.at
26 S € 160/290 / @

Das prächtige Jugendstilhotel ist ein Juwel, das zum Wohlfühlen und Genießen einlädt. Exklusivität auf höchstem Niveau. Von dem beeindruckenden Wohnerlebnis in den Suiten, die mit edlen Hölzern und hochwertigen Marmorbädern ausgestattet sind, über das anspruchsvolle Restaurant, das steirische Küche mit internationalen Akzenten kredenzt, bis zum Weinkeller, der seinesgleichen sucht. Seit Mai 2013 bereichert ein einzigartiges Gästehaus mit luxuriösen Suiten das Angebot des Steirerschlössl.

Zürs siehe Lech am Arlberg
Vorarlberg

Lounge: 1. Exklusiver Wartebereich für Reisende im Flughafen oder in einem Bahnhof. 2. Komfortabler Sitz- und Aufenthaltsbereich mit (Bar-)Gastronomie in einem Hotel.

Südtirol

Abtei
Trentino-Südtirol

Rosa Alpina
★★★★★

Micura de Rü 20 / 39030 / www.rosalpina.it
T.: +39 0471 849500 / info@rosalpina.it
3 E € 295/455 / 21 D € 365/670 / 16 S € 580/1400
1 App. € 350/1200

Die geschmackvollen Farben spiegeln den zeitlosen Stil des Hauses wieder: das Grün der Bergwiesen, das Weiß der verzauberten Winterlandschaft, das Rot der Dolomitenfelsen bei Sonnenuntergang. Das Haus in Südtirol verbindet höchsten Wohnkomfort mit individuellem Service und Gastlichkeit auf allen Ebenen. Mit den Behandlungen, die das Beauty Spa anbietet, können Körper und Geist neue Energie tanken. Feinschmecker werden von den Kompositionen von Spitzenkoch Norbert Niederkofler begeistert sein.

Ahrntal
Trentino-Südtirol

Amonti & Lunaris Wellnessresort
★★★★

Klausbergstr. 55 / 39030 Ortsteil STEINHAUS
www.wellnessresort.it / T.: +39 0474 651010
info@wellnessresort.it
4 E € 200/450 HP
22 D € 190/450 HP / 42 S € 210/450 HP

Mitten im Ahrntal, umgeben von majestätischen Dreitausendern könnte die Lage dieses neuen exklusiven Wellnessresort, direkt an der Bergbahn auf den Klausberg, besser nicht sein. Zeichen setzt der neu über 3.000 Quadratmeter große traumhafte Spabereich, unter anderem mit Sky-Lounge mit Sky-Pool, Panorama-Sauna oder Wasserbetten-Ruheinsel. So individuell wie die Gäste sind die Zimmer und Suiten. Hier spiegelt sich die landschaftliche Vielfalt in der Einrichtung mit Holz und Naturfarben wider.

Hotel Bergland
★★★

Klausbergstr. 139 / 39030 / www.hotelbergland.com
T.: +39 0474 652222 / info@hotelbergland.com
2 E € 65/75 HP / 22 D € 110/130 HP / 1 App. € 240/280 HP

Hier kommen Sportsfreunde auf ihre Kosten: Das gepflegte, familiär geführte Hotel liegt zentral zu allen Skianlagen und ist Ausgangspunkt für Wanderungen. Rustikales Interieur und behagliche Atmosphäre charakterisieren das Haus. Freundliche, komfortable Zimmer zum Wohlfühlen. Wellnessbereich „Bergquell". Gute regionale und mediterrane Küche.

VP hinter dem Zimmerpreis = Preis inklusive Vollpension

Algund
Trentino-Südtirol

FAYN garden retreat hotel
★★★★

Breitofenweg 9 / 39022 Ortsteil Mühlbach / www.fayn.it
T.: +39 0473 220355 / info@fayn.it
2 E € 150/180 HP / 24 D € 290/360 HP / 6 S € 380/520 HP

Im angenehmen Klima Südtirols, gepaart mit der herzlichen Gastfreundschaft in dem 2016 eröffneten Fayn Hotel, wird jeder Urlaub zu einem schönen Erlebnis. Zum Hotelangebot gehören hochwertig eingerichtete Designer- und Deluxezimmer mit jeglichem Komfort und Luxus, „Fayn dining" für genussvolle Stunden, die Event-Vinothek „Fayn wine" und der „Fayn emotion spa" mit Massage- und Beautycenter zum Wohlfühlen und um neue Kraft zu tanken.

Hotel Wiesenhof
★★★★

Josef-Weingartner-Str. 16 / 39022 Ortsteil Mühlbach
www.wiesenhof.com / T.: +39 0473 446677
info@wiesenhof.com
1 E € 126/158 HP / 35 D € 224/368 HP / 7 S € 288/388 HP

Liebevolle Details wie Blumenschmuck, Tücher und Kerzenschein prägen das Ambiente in diesem familiär geführten Hotel nicht weit von Meran. Die hellen und geräumigen Gästezimmer sind mit zeitgemäßem Komfort und Panoramabalkonen ausgestattet. Edle Materialien wie Naturholz, Marmor und Glas bestimmen das Bild. Neben köstlichen Gerichten umfasst das kulinarische Verwöhnprogramm des Restaurants auch erlesene heimische Weine. Solarbeheiztes Naturstein-Freibad.

Bozen
Trentino-Südtirol

Parkhotel Laurin
★★★★

Laurinstr. 4 / 39100 Ortsteil Stadtzentrum
www.laurin.it / T.: +39 0471 311000 / info@laurin.it
8 E € 134/158 / 85 D € 194/406 / 7 S € 423/498

Inmitten eines 4.000 Quadratmeter großen Privatparks schafft dieses Hotel den Spagat zwischen Tradition und Moderne. Traditionsreich ist das Haus ohne Frage, das Innere überrascht jedoch mit zeitgemäßem Komfort und Design. In den großzügigen Gästezimmern finden sich Originalwerke bedeutender Künstler des 20. Jahrhunderts. neben einer Mischung aus antiken und modernen Möbelstücken. Stilvolles Restaurant mit regionaler und mediterraner Küche.

Brixen
Trentino-Südtirol

Hotel Goldener Adler
★★★★

Adlerbrückengasse 9 / ✉ 39042
www.goldener-adler.com
T.: +39 0472 200621
info@goldener-adler.com
3 E € 110/131 / 22 D € 158/270 / 4 S € 235/287

Im Herzen der Altstadt gelegen vereint dieses familiär geführte Hotel eine historische Umgebung mit zeitgemäßen Annehmlichkeiten und Gemütlichkeit. Die neu gestalteten Zimmer präsentieren sich zum Teil in legerem, zeitgemäßem Design, mit Eichenfußböden und hochwertigem Interieur. Stilmöbel, warme Farben und edle Stoffe charakterisieren die übrigen Zimmer. Die Montaigne Suite ist mit antiken Möbeln eingerichtet. Einige Gehminuten entfernt befindet sich das zum Haus gehörende Restaurant Künstlerstübele „Finsterwirt".

☐ Terrasse / Liegewiese
Raucherlounge

Hotel Krone
★★★★

Stadelgasse 4 / ✉ 39042 Ortsteil Altstadt
www.krone.bz / info@krone.bz
T.: +39 0472 835154
6 E € 90/119 / 40 D € 130/220
3 S € 180/240 / 8 App. € 190/240 / Frühstück € 10

Dieses Spitzenhotel liegt mitten in der Altstadt. Ein Traditionshaus mit junger Leitung. Jedes Zimmer ist individuell und erstklassig ausgestattet. Im Wellnessparadies „Regenbogenwelt" entfaltet sich ein herrliches Panorama über Brixen. Im Foyer um den Zigglebrunnen mit frischem Quellwasser entstand eine italienische Piazza mit Bar und Restaurant. Ein Ort, um sich zu treffen, gut zu essen und zu trinken.

Bruneck
Trentino-Südtirol

Hotel Petrus
★★★★

Reintalstr. 11 / ✉ 39031 Ortsteil Reischach
www.hotelpetrus.com
T.: +39 0474 548263
info@hotelpetrus.com
4 E ab € 150 HP / 31 D ab € 134 HP / 17 S ab € 152 HP
3 App. ab € 134 HP / @

Am Kronplatz, in Dolomitennähe, erwartet dieses familiär geführte Wellnesshotel seine Gäste. Hier wird persönlicher Kontakt noch groß geschrieben. Die großzügigen Zimmer, Suiten und Appartements präsentieren sich im geschmackvollen Tiroler Stil mit viel Komfort. Im gemütlich-eleganten Restaurant werden kulinarische Köstlichkeiten und Weine serviert. Der Dohòame SPA mit Event-Sauna und Indoor-und Outdoor Pool sowie zahlreiche Freizeitmöglichkeiten ergänzen das Angebot des Hauses.

Corvara
Trentino-Südtirol

Hotel Cappella
★★★★

Str. Pecei 17 / ✉ 39033 Ortsteil Colfosco
www.hotelcappella.com / T.: +39 0471 836183
info@hotelcappella.com
11 E € 180/450 HP
26 D € 338/930 HP / 10 S € 450/1127 HP

Vor der beeindruckenden Kulisse der Sellagruppe steht das familiär geführte First-Class-Hotel. Nichts ist in dem Haus dem Zufall überlassen, jedes Detail der Einrichtung hat seine eigene Geschichte. Designer und Künstler schufen hier nicht Zimmer und Suiten, sondern Wohnträume voller kreativer Leidenschaft mit zeitgemäßem Komfort und unterschiedlichsten Themen. Das Restaurant „Rollerstube" bietet Genuss für Augen und Gaumen.

Hotel Posta Zirm
★★★★

Strada Col Alt 95 / ✉ 39033 / www.postazirm.com
T.: +39 0471 836175 / info@postazirm.com
16 E € 161/242 HP / 34 D € 302/464 HP
27 S € 332/464 HP / @

Ein familiäres Ambiente, die Wahrung des örtlichen Brauchtums und der Schutz der umliegenden Natur - das zeichnet dieses familiär geführte, traditionsreiche Komfort-Hotel aus. In zentraler Lage bietet es einen idealen Ausgangspunkt für Skifahrer und Wanderer. Heller alpenländischer Stil prägt die großzügigen, geschmackvollen Gästezimmer und Suiten. Der Wellnessbereich in schlichter Feng-Shui-Architektur bietet Erholung für Körper und Geist. Ausgezeichnete Küche im Restaurant.

Deutschnofen
Trentino-Südtirol

Ganischgerhof Mountain Resort & Spa
★★★★

Schwarzenbach 22 / ✉ 39050 Ortsteil Schwarzenbach
www.ganischgerhof.de
T.: +39 0471 616504
office@ganischgerhof.com
27 D € 146/242 / als E € 103/151 / 15 S € 212/300

Bei diesem Konzept in dem Mountain Resort & Spa stehen Individualität, Genuss und Freiheit im Vordergrund. Der Gast selber entscheidet, wie er wann und wo seinen Aufenthalt auf 1.300 Metern Höhe und mit einem herrlichen Blick auf die Bergkette Rosengarten genießen möchte. Geräumige Zimmer und Suiten mit hellem Holz und liebevollen Details. Klassisch-regionale Spezialitäten und mediterrane Küche. Großzügiger, exklusives Spa. Golf-Partnerhotel.

Vitalpina Hotel Pfösl
★★★★

Schwarzenbach 2 / ✉ 39050 / www.pfoesl.it
T.: +39 0471 616537
info@pfoesl.it
30 D € 190/300 HP / 10 S € 240/400 HP

Eingebettet in die einmalige Bergwelt der Dolomiten bietet das Hotel seinen Urlaubsgästen ein ganz besonderes Ambiente. Naturverbundenheit, Tradition und modernes Design sind hier zu einem harmonischen Ganzen gewachsen. Die Zimmer und Suiten sind mit naturbelassenen Materialien ausgestattet und versprechen gemütliches Wohnen. Genießer erwartet innovative und regionale Kochkunst. Wellnessoase und Nature Spa.

Hotel Sonnalp

★★★★

Obereggen 28 / ✉ 39050 Ortsteil Obereggen
www.sonnalp.com
T.: +39 0471 615842 / info@sonnalp.com
2 E € 136/195 HP / 28 D € 109/166 HP / 6 S € 136/226 HP

Eine individuelle Note und eine persönliche Betreuung der Gäste zeichnen dieses familiär geführte Komfort-Hotel aus. Der üppige Blumenschmuck der Balkone und das grandiose Bergpanorama setzen schon bei der Ankunft Zeichen. Die nach Süden ausgerichteten, geschmackvollen Gästezimmer und Suiten präsentieren sich großzügig, komfortabel und im freundlichen Landhausstil eingerichtet. Gourmetstube mit gehobener Küche und gutem Weinangebot, schöner Wellnessbereich.

Dorf Tirol

Trentino-Südtirol

Hotel Golserhof

★★★★

Aichweg 32 / ✉ 39019 / www.golserhof.it
T.: +39 0473 923294 / info@golserhof.it
2 E € 173/200 HP / 20 D € 286/460 HP
8 S € 380/650 HP / 2 App. € 139/175 / Frühstück € 15

Unvergesslich bleibt der zauberhafte Blick auf die Obst- und Weingärten Merans, der sich von der großen Sonnenterrasse des kleinen, familiär geführten Hotels bietet. In den geschmackvollen Gästezimmern vereinen sich moderne und nostalgisch-rustikale Komponenten zu einem harmonischen Gesamtbild. Südtiroler und mediterrane Spezialitäten prägen die Speise- und Weinkarte. Wellness und Beauty im „Reich der Sinne"; Vitaltrainer sowie der Hausherr begleiten die wöchentlich vier geführten Wanderungen, Nordic Walking und Aquafitness.

Panoramic Lodge Der Küglerhof

★★★★

Haslachstr. 82 / ✉ 39019 Ortsteil Hochmuth
www.kueglerhof.it / T.: +39 0473 923399 / info@kueglerhof.it
2 E € 188/257 HP / 15 D € 148/211 HP / 6 S € 174/221 HP
12 App. € 188/272 HP

Das mit zahlreichen Bequemlichkeiten ausgestattete Spitzenhotel zählt zu den ruhigsten Hotels des Ortes und verspricht Erholungsurlaub pur. Ein einzigartiger Blick auf das Etschtal und die umliegenden Berge ist von hier möglich. Alle Zimmer sind individuell und mit Liebe zum Detail eingerichtet. Die Küche ist vielseitig und serviert nur ausgesuchte, frische Produkte von umliegenden Bauernhöfen. Großer Wellnessbereich mit Bioteich, Freibad, Ruhegarten und Terrasse zum Wohlfühlen. Hotelbar.

Hotel Castel

★★★★★

Keschtngasse 18 / ✉ 39019 / www.hotel-castel.com
T.: +39 0473 923693 / info@hotel-castel.com
25 D € 364/592 HP
als E € 218/276 HP / 20 S € 468/868 HP

Das inhabergeführte Luxushotel ist eine mediterrane Urlaubsresidenz für anspruchsvolle Gäste jeden Alters – zum Erholen, Genießen, Erleben. Ein Großteil des Hotels wurde baulich umgestaltet und im Juni 2021 neu eröffnet. Das Hotel Castel gilt als die nördlichste Verführung Italiens in bestechender Südhanglage inmitten von Weinbergen. Im kleinen feinen Ambiente der Zimmer und Suiten wird höchste persönliche Servicequalität geboten. Ruhe und Privatsphäre bei legerem Luxus sind die Werte der Gastlichkeit. In zwei ausgezeichneten Restaurants wird mit Können und Kreativität ein Genussbogen von authentischer Regionalküche bis zur klassischen Hochküche geschlagen. Erlesene Weine vollenden das Genusserlebnis. Mit dem „Meranesse fine Spa" wurde ein exklusiver Rückzugsort vom Alltag geschaffen. Zwei große beheizte Pools sorgen für Erfrischung und bieten herrliche Aussichten in die alpine Natur.

Spa & Relax Hotel Erika

★★★★

Hauptstr. 39 / ✉ 39019 / www.erika.it
T.: +39 0473 926111 / info@erika.it
6 E € 175/249 HP / 38 D € 336/495 HP
31 S € 500/650 HP /

Das familiär geführte Hotel der gehobenen Klasse bietet seinen Gästen ein Rundum-Wohlfühlprogramm. Die Zimmer und Suiten, zum Teil frisch renoviert, sind individuell, stilvoll und mit viel Komfort eingerichtet. Jedes überrascht mit einem kleinen zusätzlichen Highlight wie einer Kühlbox, einem Himmelbett oder einem Whirlpool. Im geschmackvollen Restaurant bleiben keine kulinarischen Wünsche offen. Thematisch zieht sich die „Olive" durchs ganze Haus, angefangen vom neuen mediterranen Eingangsbereich mit Olivenbäumen bis zum Olivenöl aus dem eigenen Hain. Großzügiger Wellnessbereich mit Olivenöl-Beautyangeboten.

Enneberg
Trentino-Südtirol

Excelsior Dolomites Life Resort
★★★★

Valiares 44 / ✉ 39030 Ortsteil Valiares
www.myexcelsior.com / T.: +39 0474 501036
info@myexcelsior.com
6 E € 134/242 HP / 36 D € 230/484 HP / 5 S € 320/620 HP

Naturholz sorgt für Wohlfühlatmosphäre, wohin man auch immer in dem familiär geführten, kinderfreundlichen Hotel blickt. Als großzügig erweisen sich die im modernen Landhausstil eingerichteten, hellen Zimmer und Suiten mit herrlicher Aussicht auf die Dolomiten. Die Küche des geschmackvollen Restaurants präsentiert sich bodenständig, aber kreativ. Ein umfangreiches Wellness- und Sportangebot dient der Ertüchtigung von Körper, Geist und Seele; Beauty- und Spa Center auf vier Etagen.

Eppan an der Weinstraße
Trentino-Südtirol

Ansitz Tschindlhof
★★★

Bergweg 36 / ✉ 39057 Ortsteil St. Michael
www.tschindlhof.com / T.: +39 0471 662225
info@tschindlhof.com
4 E € 111/116 / 11 D € 184/226 / 4 S € 116/226

Sein ganz besonderes Flair hat sich dieser historische Hof inmitten von Obst- und Weingärten erhalten. Die komfortablen Zimmer und Suiten in dem familiär geführten Hotel im typischen Überetscher Stil präsentieren sich mit sehr unterschiedlichen Einrichtungen, aber immer mit viel Charme. Der weitläufige Garten mit altem Baumbestand und das große Freischwimmbad laden zum Verweilen ein. Regionale und nationale Küche im Restaurant.

Der Steinegger
★★★

Matschatscherweg 9 / ✉ 39057 Ortsteil Berg
www.steinegger.it / T.: +39 0471 662248
info@steinegger.it
5 E € 75/85 HP / 20 D € 130/184 HP
2 S € 150/190 HP / 4 App. € 85/170 / Frühstück € 15

Ruhig gelegen, zwischen Wald und Weinbergen, bietet der „Steinegger" ein herrliches Panorama. Vernatsch, Weißburgunder sowie verschiedene Säfte stammen aus eigenem Anbau dieses traditionsreichen, familiär geführten Hotels. Die Zimmer sind gemütlich und großzügig gestaltet. Bodenständige und vielseitige Küche im Restaurant; Hotelbar.

Gartenhotel Moser am See
★★★★

Montiggler See 104 / ✉ 39057 Ortsteil Montiggl
www.gartenhotelmoser.com / T.: +39 0471 662095
info@gartenhotelmoser.com
3 E € 126/150 HP
13 D € 212/300 HP / 19 S € 256/360 HP

Weinberge und Obstgärten umgeben dieses familiär geführte, kinderfreundliche Hotel. Hier finden Gäste Erholung vom stressigen Alltag in einer Atmosphäre zwischen rustikaler Gemütlichkeit und zeitgemäßen Annehmlichkeiten. So präsentieren sich auch die geschmackvollen Zimmer und Suiten, die alle über einen Balkon verfügen. Auf der Speisekarte des Restaurants stehen Südtiroler und mediterrane Gaumenfreuden. Beauty & Wellness mit großzügigen Poolanlagen, Whirlpool und der Saunawelt „Arbor Vitae". Ein ausgebildeter Wellnesstrainer sorgt für die Fitness auch im Urlaub.

Girlanerhof
★★★★

Marklhofweg 7 / ✉ 39057 Ortsteil Girlan
www.girlanerhof.it / T.: +39 0471 662442 / info@girlanerhof.it
4 E ab € 132 HP / 22 D € 102/144 HP / 11 S € 137/167 HP

Ruhig und sonnig, inmitten von Wein- und Obstgärten liegt der familiär geführte Girlanerhof. Die Gästezimmer und Suiten sind mit viel Liebe individuell eingerichtet, und vom Balkon hat man einen wunderschönen Blick auf das Etschtal. Seit Frühjahr 2018 steht den Hotelgästen zusätzlich zum Hallenbad auch ein Bio-Außenpool mit großer Liegewiese zur Verfügung. Der freundliche Service serviert hervorragende, mediterrane sowie einheimische Köstlichkeiten zu erlesenen Weinen. Hotelbar und Café-Terrasse.

Hotel Weingut Stroblhof
★★★★

Pigenoerstr. 25 / ✉ 39057 Ortsteil St. Michael
www.stroblhof.it / T.: +39 0471 662250
hotel@stroblhof.it
1 E € 113/152 HP / 30 D € 242/328 HP / 6 S € 282/340 HP

Ein Weinhof aus dem 16. Jahrhundert wurde mit viel Liebe renoviert und beherbergt nun dieses familiär geführte Hotel. Inmitten eigener Weinberge verbindet sich eine traditionsreiche Vergangenheit mit zeitgemäßem Komfort. Die Zimmer und Suiten präsentieren sich großzügig und sind geschmackvoll eingerichtet. Auf der Speisekarte des Restaurants stehen gehobene, aber bodenständige Köstlichkeiten; Bio-Badeteich.

Qi Gong: Kombination von Bewegung, kontrollierter Atmung und Meditation. Dadurch werden Stoffwechselvorgänge aktiviert und Energieblockaden gelöst.

Weinegg Wellviva Resort

★★★★★

Lammweg 22 / ✉ 39050 Ortsteil Girlan
www.weinegg.com / T.: +39 0471 662511
info@weinegg.com
39 D ab € 350 / 3 S ab € 450

Inmitten der Südtiroler Weinberge liegt dieses Erholungshotel. Im angenehmen Ambiente wird Gastfreundschaft großgeschrieben. Der Gast lässt sich im gemütlichen und in warmen Farben gehaltenen Speisesaal von der exquisiten Küche verwöhnen, die frische, heimische Spezialitäten serviert. Die großzügig und mit viel Liebe eingerichteten Zimmer und Suiten machen den Aufenthalt unvergesslich. Zum Wohlfühlen und Entspannen lädt der Wellnessbereich mit Saunen und Schwimmbädern ein.

Freienfeld
Trentino-Südtirol

Romantik Hotel Stafler

★★★★

Brennerstr. 10 / ✉ 39040 Ortsteil Mauls / www.stafler.com
T.: +39 0472 771136 / info@stafler.com
7 E ab € 169 HP / 25 D ab € 271 HP / 6 S ab € 357 HP

Gelebte Gastlichkeit und Liebe zum Detail prägen das Romantik Hotel Stafler. Dicke Mauern, heimelige Stuben und verspielte Erker vermitteln den Charme vergangener Zeiten und schaffen eine angenehme Atmosphäre. Das Hotel verfügt darüber hinaus über beeindruckende, parkähnliche Außenanlagen mit Seerosenteich und großen alten Bäumen. Chefkoch Peter Girtler verwöhnt im ausgezeichneten Restaurant mit einer Südtiroler Kochkunst der absoluten Spitzenlkasse. Die Wellnessoase „Romantica“ verwöhnt alle Sinne. Romantik Café, Romantik Bar, Raucherlounge und Empfangshalle.

Gargazon
Trentino-Südtirol

Theiner's Garten - Das Biorefugium

★★★★

Andreas-Hofer-Str. 1 / ✉ 39010 / www.theinersgarten.it
T.: +39 0473 490880 / info@theinersgarten.it
2 E € 141/168 HP / 47 D € 266/374 HP / 8 S € 330/398 HP

Inmitten eines Obstanbaugebietes nahe Meran hat Familie Theiner ein nach biologischen Ansätzen gebautes Hotel eröffnet. Die naturnahe Konzeption spiegelt sich nicht nur im Bau wider, sondern erstreckt sich über alle Bereiche des Hotels. Alle Zimmer sind mit heimischen Vollholzmöbeln und natürlichen Materialien ausgestattet und nach Süden ausgerichtet. Der biologische Grundgedanke wird auch in der alpenländisch-mediterranen Küche weitergeführt. Wellness- und Beautybereich.

Hafling
Trentino-Südtirol

San Luis Hotel

★★★★★

Vöranerstr. 5 / ✉ 39010 / www.sanluis-hotel.com
T.: +39 0473 279570 / info@sanluis-hotel.com
42 App. € 500/2000 HP /

Nur wenige Kilometer oberhalb von Meran erleben Ruhesuchende eine wunderbare Symbiose aus Natur, Privatsphäre und Hotelambiente. Auf der Lichtung eines Privatwaldes befindet sich das neu eröffnete Resort San Luis mit gemütlichen Chalets und Baumhäusern. Die Bauweise mit natürlichen Materialien wie Holz, Lehm und Glas sorgt für Behaglichkeit und Wohlbefinden. Herz des Resorts ist ein 5.800 Quadratmeter großer Schwimmteich, um den sich das Resort gruppiert. Entspannung wird im Spabereich im Clubhouse garantiert: Sauna, Innenpool und Massageangebote. Restaurant mit ausgezeichneter regionaler Küche.

Innichen
Trentino-Südtirol

Boutique & Gourmet Hotel Orso Grigio (g)

★★★★

Rainer Str. 2 / ✉ 39038 Ortsteil Zentrum / www.orsohotel.it
T.: +39 0474 913115 / info@orsohotel.it
2 E € 120/250 HP / 28 D € 140/300 HP

Seit über 250 Jahren befindet sich das zentral gelegene Traditionshaus „Grauer Bär“ im Besitz der Familie. Es ist eines der ältesten Gasthöfe Südtirols. Historische Eleganz und ein authentisches Ambiente zeichnen das Hotel aus. Mit Liebe zum Detail und modernem Design sowie einer individuellen Note sind die Zimmer eingerichtet. Entspannung in der Sauna oder auf der Dachterrasse mit Blick auf Innichen. Regionale und mediterrane Küche lassen den Abend ausklingen; 160 verschiedene Weine.

Naturhotel Leitlhof

★★★★

Pustertalerstr. 29 / ✉ 39038
www.leitlhof.com
T.: +39 0474 913440 / info@leitlhof.com
3 E ab € 89 HP / 32 D ab € 178 HP / 5 S ab € 273 HP

Das familiär geführte und idyllische Ferienhotel mit seiner einzigartigen Panoramalage empfängt die Gäste in gemütlichem Ambiente. Mit viel Liebe sind die großzügigen und edlen Gästezimmer eingerichtet. Im Speisesaal werden traditionelle Küche und erlesene Weine in gepflegter Atmosphäre serviert. Auch das Relaxen wird hier groß geschrieben: Neben einer Saunalandschaft gibt es ein Erlebnisbad mit Whirlpool. Das durch und durch nachhaltig geführte, energieautarke Hotel betreibt ein eigenes Holzkraftwerk und bewirtschaftet einen Bauernhof mit Rinderzucht.

Kaltern an der Weinstraße
Trentino-Südtirol

Haus am Hang
★★★★

St. Josef am See 57 / ✉ 39052 Ortsteil St. Josef am See
www.hausamhang.it / T.: +39 0471 960086
info@hausamhang.it
32 D € 134/152 HP / als E € 120/150 HP
1 S € 190/290 HP / ● @

Romantisch, in reizvoller Landschaft mit mediterranem Klima, liegt das Hotel eingebettet zwischen Rebenhängen oberhalb des Kalterer Sees. Zimmer in schöner Aussichtslage und stilvoll eingerichtet reflektieren Wohlbehagen. Perfekt inszeniert ist die regionle, kreative Küche mit Ausflügen ins Mediterrane. Relaxanlage mit Schwimmbad und Sauna.

Seeleiten Lake Spa Hotel
★★★★★

St. Josef am See, 30 / ✉ 39052 / www.seeleiten.it
T.: +39 0471 960200 / info@seeleiten.it
4 E € 159/220 HP
34 D € 180/235 HP / 18 S € 200/600 HP / 5 App. € 64/120
○ ● @

Ob Erlebnis- oder Entspannungsurlaub - das komfortable Wellnesshotel lässt kaum Wünsche offen. In unmittelbarer Umgebung des Kalterer Sees und mitten in den Bergen kommen sportlich Aktive und Wellness-Urlauber nicht zu kurz: Eine riesige Sauna- und Badelandschaft sorgt für Abwechslung und Erholung. Die Zimmer sind luxuriös und mit gehobener Ausstattung versehen. Exquisite Köstlichkeiten aus Nah und Fern stehen auf dem Speiseplan, großes Weinangebot.

Kastelbell-Tschars
Trentino-Südtirol

Hotel Sand
★★★★

Mühlweg 2 / ✉ 39020 Ortsteil Tschars
www.hotel-sand.com / T.: +39 0473 624130
info@hotel-sand.com
2 E € 118/134 HP / 24 D € 107/144 HP
17 S € 110/171 HP
○ @

Das familiär geführte Hotel liegt in reizvoller Umgebung im unteren Vinschgau, nur 3 km von Naturns entfernt, und am Fuße der Burg Juval von Reinhold Messner. Das Hotel mit seiner großen Parkanlage ist ein perfektes Domizil für Aktive und Genießer. Nach geselligen Wanderungen und Gipfeltouren laden kulinarische Köstlichkeiten aus der Gourmetküche ein. Viel Platz zum Entspannen bieten die neue Wellnessanlage, das Frei- und Hallenbad und der Bio-Badeteich.

Kastelruth
Trentino-Südtirol

Alpina Dolomites
★★★★★

Compatsch 62/3 / ✉ 39040 Ortsteil Compatsch
www.alpinadolomites.it / T.: +39 0471 796004
info@alpinadolomites.it
● @

Das Wohlfühl-Domizil liegt in einmalig schöner Panoramalage auf der Seiser Alm, dem größten Hochplateau Europas. Die Lodge wurde nach ökologischen Kriterien errichtete mit Respekt vor Umwelt und Energie. Mit natürlichen Materialien wie Holz und Stein wurden auch die luxirösen Zimmer und Suiten gestaltet. Alle mit Balkon oder Terrasse und mit grandioser Aussicht auf die atemberaubende Bergkulisse der Dolomiten. Neben vielseitigen Sport- und Freizeitangeboten hat das Haus einen großzügigen Spa- und Beautybereich und ein Medical Center mit einem hochqualifizierten Ärzte- und Therapeutenteam. Das Küchen- und Weinangebot ist von höchstem Niveau.

Aparthotel Viktoria (g)
★★★

Plojerweg 15 / ✉ 39040 Ortsteil St. Anna in Kastelruth
www.hotel-viktoria.it / T.: +39 0471 706437
info@hotel-viktoria.it
15 App. € 60/250 / Frühstück € 12
○ ● @

In herrlicher ruhiger Lage sorgt Familie Pfanzelter persönlich für das Wohl der Gäste. Helle, geräumige Zimmer, alle mit Balkon und fantastischer Aussicht, bilden die Grundlage für einen erholsamen Aufenthalt. Aktive Urlauber finden in der Region viele Möglichkeiten der Freizeitbeschäftigung. Klassische, regionale Küche wird am Abend serviert.

Artnatur Dolomites Hotel & Spa
★★★★

Oswald-von-Wolkenstein-Platz 5 / ✉ 39040
www.artnatur-dolomites.com / T.: +39 0471 707222
info@artnatur-dolomites.com
D ab € 130 / als E ab € 123 / S ab € 130
@

Im Bergdorf Seis am Schlern (einer Fraktion der Gemeinde Kastelruth) liegt das Urlaubsresort zu Füßen des Dolomiten-Zackenkamms. Die 25 bis 55 Quadratmeter großen Doppelzimmer und Suiten sind mit duftendem Südtiroler Bergholz ausgestattet. Wandern, Wellness und Urlaub sind hier angesagt. Lobby mit offenem Kamin und begehbare Weingalerie.

Hotel Chalet Tianes - Alpine Relax
★★★★

St. Michael 3/2 / ✉ 39040 Ortsteil St.Michael
www.hotel-tianes.com / T.: +39 0471 708082
info@hotel-tianes.com
3 E € 90/190 / 20 D € 180/350 / 7 S € 200/500
○ ● @

Das familiengeführte Chalet Tianes liegt etwas abseits der kleinen Stadt Kastelruth mitten im Grünen und mit herrlichem Ausblick auf den Schlern. Alpines Ambiente und individueller Service machen den Flair des Hauses aus. Zimmer und Suiten liebevoll mit individuellen Details eingerichtet sowie ein Wellnessbereich mit einer Palette an kosmetischen Behandlungen und Massagen tragen zum Wohlgefühl bei. Kulinarisch verwöhnt die Küche regional und mit einer beträchtlichen Weinauswahl.

★ Farbige „Schlummer Atlas" Sterne: Hotels sind in ihrer jeweiligen Kategorie hervorhebenswert

Hotel Enzian-Genziana

★★★

Wolkensteinplatz 2 / ✉ 39040
www.enzianhotel.com
T.: +39 0471 705050 / info@enzianhotel.com
5 E € 96/129 HP / 28 D € 164/296 HP

Im beliebten Erholungsort Seis befindet sich das „Wohlfühlhotel" mit seinen hübschen Freskomalereien und elegant-heimeligem Ambiente. Die mit edlen Materialien ausgestatteten Gästezimmer sorgen für einen erholsamen Aufenthalt; großzügige Wellness- und Beautylandschaft. Im Restaurant genießt der Gast erlesene Köstlichkeiten aus Küche und Keller.

Hotel Saltria

★★★★

Saltria 36 / ✉ 39040 Ortsteil Saltria / www.saltria.com
T.: +39 0471 727966 / hotel@saltria.com
4 E € 80/130 HP / 33 D € 140/280 HP / 12 S € 180/300 HP

Die Heimat dieses Hotels ist die wundervolle Landschaft der Dolomiten. Dank gemütlicher Atmosphäre, südtiroler Gastlichkeit und typisch alpinem Baustil empfielt sich das Haus als wahre Oase der Erholung. Die geräumigen Schlafzimmer, mit Panoramablick, sind geschmackvoll mit viel Holz und liebevollen Details eingerichtet. Für körperliches und seelisches Wohlbefinden sorgt der Wellnessbereich, für den Gaumen die herzhafte, regionale Küche des Restaurants.

Klausen

Trentino-Südtirol

Ansitz Fonteklaus

★★★

Griesbruck / ✉ 39043 Ortsteil Griesbruck
www.fonteklaus.it / T.: +39 0471 655654
info@fonteklaus.it
2 E € 65/79 / 8 D € 98/114 / 2 S € 136/148

Einst sagenumwobener Ansitz, dann Jagdschloss, jetzt familiär geführtes Mittelklassehotel. Von hier oben schweift der Blick über 77 Kirchtürme und eine atemberaubende Kulisse. Die hellen Gästezimmer und Suiten sind rustikal-komfortabel und das gemütliche Restaurant verwöhnt mit guter Südtiroler Landküche. Ein Naturbadeteich bietet Erfrischung.

Lana

Trentino-Südtirol

Hotel Der Waldhof

★★★★

Mayenburgstr. 32 / ✉ 39011 Ortsteil LANA
www.derwaldhof.com / T.: +39 0473 568142
info@derwaldhof.com
35 D € 268/348 HP / 8 S € 288/318 HP

Das Besondere dieses Spitzenhotels ist die traumhafte Lage im hauseigenen, 30 Hektar großen Naturpark. Gepflegter Service sowie ein vielfältiges Sport-, Entspannungs- und Beautyangebot runden den Urlaub ab. In den modern eingerichteten, großzügigen Zimmern, die mit stilvollem Interieur ausgestattet sind, fühlt sich der Gast wohl. Leicht und bekömmlich ist die ausgezeichnete Küche, die im angenehmen Ambiente serviert wird. Der exklusive Wellnessbereich lädt zum Verweilen ein.

Hotel Schwarzschmied

★★★★

Schmiedgasse 6 / ✉ 39011
www.schwarzschmied.com
T.: +39 0473 562800 / info@schwarzschmied.com
22 D € 110/178 / 15 S € 148/275

Familie Dissertori heißt in der unberührten Natur der Südtiroler Berge ihre Gäste in dem schönen Wellnesshotel willkommen. Natürliche Holzbauweise, moderner Standard und sanftes Licht fügt sich in den großzügigen Zimmern und Suiten zu einem harmonischen Ganzen. Eine Oase der Entspannung und des Wohlbefindens ist der Wellness- und Beauty-Bereich. Kreative, leichte Gaumenfreuden aus frischen Zutaten der Region und dazu ein guter Tropfen Wein werden im Restaurant serviert. Bar-Lounge.

Vigilius Mountain Resort

★★★★

Vigiljoch-Pawigl 43 / ✉ 39011 Ortsteil Pawigl
www.vigilius.it / T.: +39 0473 556600
info@vigilius.it
35 D € 280/470 / als E € 210/520 / 6 S € 415/630

Auf 1.500 Meter Höhe oberhalb von Lana bei Meran und inmitten des Wandergebiets Vigiljoch liegt das luxuriöse und persönlich geführte Designhotel. Nur mit der Seilbahn ist der ökologische Holz- und Glasbau zu erreichen. Entspannung und Ruhe ist hier das A und O; ein großzügiger Spa-Bereich ermöglicht es. Wärme und Komfort zeichnen die puristischen Zimmer aus. In den Restaurants werden die Gäste mit einer einzigartigen Küche verwöhnt: Traditionelle Speisen werden hier durch neue Ideen ergänzt.

Latsch

Trentino-Südtirol

Hotel Paradies

★★★★★

Quellenweg 12 / ✉ 39021
www.hotelparadies.com
T.: +39 0473 622225 / info@hotelparadies.com
25 D € 180/245 VP
als E € 170/220 VP / 35 S € 205/280 VP

Ein Paradies in herrlicher Lage inmitten von Obstgärten und der Vinschgauer Bergwelt - der Name des familiengeführten Hotels hält, was er verspricht. Es bietet gemütliche, mit viel Holz liebevoll gestaltete Zimmer und Suiten auf höchstem Niveau sowie eine großzügige Wellnessanlage. Sehr vielseitig und kreativ zeigt sich die Küche. Kaminzimmer und Hotelbar. Geführte Wanderungen und Bike-Touren; kostenfreier Mountainbikeverleih. 5.000 Quadratmeter großer Paradiesgarten.

WLAN im Hotel / @ Zimmer mit Internet

Marling
Trentino-Südtirol

Giardino Marling
★★★★★

St. Felixweg 18 / ✉ 39020 / www.giardino-marling.com
T.: +39 0473 447177 / info@giardino-marling.com
34 D € 300/450 HP
als E € 160/260 HP / 14 S € 340/550 HP

Nur wenige Kilometer von Meran entfernt, in reizvoller Hanglage mit fantastischem Ausblick auf die umliegenden Berge und Wälder, ist das mediterrane Spa-Hotel Giardino eine Oase der Ruhe und Entspannung. Die Zimmer und Suiten, mit hochwertigster Ausstattung, wohnlich, geräumig und mit luxuriösen Bädern, bieten unverstellten Blick auf die Landschaft. Wellness pur ist auf 1.700 Quadratmetern im lichtdurchfluteten SKY SPA im dritten Stock des Hauses garantiert. Highlight ist hier der beheizte Pool auf der Dachterrasse. Hauptdarsteller der Spitzenküche sind die Gourmetmenüs, die auch auf der Terrasse serviert werden.

La Maiena Meran Resort
★★★★★

Nörderstr. 15 / ✉ 39020 / www.lamaiena.it
T.: +39 0473 447000 / info@lamaiena.it
1 E € 170/200 HP
22 D € 260/390 HP / 49 S € 310/510 HP

Unweit von Meran und rund 30 Kilometer nördlich von Bozen entfernt: Eine traumhafte Aussicht auf Meran zeichnet dieses familiär geführte Luxushotel aus. Die Gästezimmer, Suiten und Appartements präsentieren sich großzügig, hell und freundlich. Alle verfügen über einen Balkon oder eine Terrasse. Urlaubsgäste dürfen sich über zwei Swimming-Pools, Sportangebote, Kinderprogramme und einen wunderschönen, großen Wellnessbereich freuen. Tipp: Wer kulinarische Abwechslung sucht, dem sei das Restaurant „Stadele" in Lana (6 Kilometer) ans Herz gelegt!

Romantik Hotel Oberwirt
★★★★

St.-Felix-Weg 2 / ✉ 39020 / www.oberwirt.com
T.: +39 0473 222020 / info@oberwirt.com
6 E ab € 88 / 29 D ab € 206 / 14 S ab € 280
1 App. ab € 380 /

Ein Landgasthof aus dem 15. Jahrhundert ist die Heimat des Hotels der Extraklasse, in dem sich geschichtsträchtiges Ambiente und zeitgemäßer Komfort harmonisch vereinen. Die großzügigen Zimmer und Suiten sind geprägt von einer geschmackvollen Ausstattung in Nuss- und Zirbelholz oder mit Stilmöbeln. Einen exzellenten Ruf hat die Küche des Restaurants, die marktfrische Produkte zu Gaumenfreuden verwandelt. Abwechslung bieten ein romantischer Gastgarten und ein 700 Quadratmeter großer Wellnessbereich.

Meran
Trentino-Südtirol

siehe auch I-39020 Marling

Castel Fragsburg
★★★★★

Fragsburger Str. 3 / ✉ 39012 Ortsteil Labers
www.fragsburg.com / T.: +39 0473 244071
info@fragsburg.com
20 S € 352/630

Hoch über Meran thront seit 1624 dieses kleine Luxus-Hotel und verzaubert Gäste sobald sie durch das efeubewachsene Eingangsportal kommen. Eingebettet in einen verwunschenen Garten und umgeben von den majestätischen Südtiroler Bergen, fühlt man sich hier wie im Märchen. Die Fragsburg ist eine mit Hingabe gestaltete Gesamtkomposition aus antiken Möbeln, erlesenen Designerstücken und einem Hauch Art déco. Jede der Suiten ist ein sorgfältig gestaltetes Unikat mit Balkon oder Dachterrasse und einem herrlichen Ausblick. Die prämierte Gourmetküche, das Spa Castellum Natura und das Sanctuarium, ein Adlerhorst für Yoga und Meditation, vervollständigen das Angebot.

Castel Rundegg
★★★★

Schennastr. 2 / ✉ 39012 Ortsteil Obermais
www.rundegg.com / T.: +39 0473 270705
info@rundegg.com
5 E € 150/195 / 21 D € 180/320 / 2 S € 380/450
1 App. ab € 320

Das romantische Schloss aus dem 12. Jh. hat auch nach einer liebevollen Renovierung nichts von seinem historischen Charme verloren. Stilvolles Interieur sowie die Liebe zum Detail prägen das gehobene Hotel, das sich an einer der schönsten Ecken Merans befindet. Hohe Wohnkultur bieten die unvergleichlichen Zimmer und Suiten, die mit ihrem nostalgischen Flair einen fürstlichen Urlaub versprechen. Mediterrane Gaumenfreuden vom Feinsten im einmaligen Ambiente. Große Wellnessfarm.

Hotel Adria
★★★★

Herrmann-von-Gilmstr. 2 / ✉ 39012 Ortsteil Obermais
www.hotel-adria.com
T.: +39 0473 236610
info@hotel-adria.com
7 E € 112/136 / 33 D € 170/258 / 5 S € 242/288

Im Villenviertel Obermais befindet sich das familiär geführte Hotel in einem Jugendstilgebäude. Das Flair der „Belle Époque" ergänzt sich hier harmonisch mit zeitgemäßem Komfort. Geschmackvolle Eleganz prägt die großzügigen Gästezimmer. Mediterrane und regionale Kochkunst zelebriert die Küche des schönen Restaurants. Der umfangreiche Wellness- und Beauty-Bereich bietet ein Rundum-Verwöhnprogramm.

Steile Bergspitzen plus idyllische Weindörfer gleich Südtirol (St. Magdalena)

Hotel Ansitz Plantitscherhof

★★★★

Dantestr. 56 / ✉ 39012 / www.plantitscherhof.com
T.: +39 0473 230577 / info@plantitscherhof.com
5 D ab € 204 HP / 45 S ab € 224 HP

„Etwa Besonderes muss es sein" - so lautet die Philosophie dieses charmanten Hotels. „Besonders" umfasst vor allem das Einzigartige, Persönliche und das Quäntchen Liebe und Leidenschaft, das für den Gast sofort erkennbar und spürbar ist. Verwöhnt wird der Gast rund um die Uhr mit kulinarischen Highlights aus der Küche und vielseitigen Wellness- und Beautyerlebnissen im Spa Du Silence. Aktiv-vitaler Spaß versprechen Freizeitangebote wie geführte Wanderungen und Golf à la carte.

Hotel Bavaria

★★★★

Kirchsteig 15 / ✉ 39012 Ortsteil Obermais
www.bavaria.it / T.: +39 0473 236375 / info@bavaria.it
16 E € 120/168 HP / 33 D € 260/338 HP

In Merans berühmtem Villenviertel Obermais liegt das mit modernsten Annehmlichkeiten versehene Traditionshaus im Jugendstil. Ein weitläufiger Park mit Palmen lädt zum Verweilen ein. Tradition mit Moderne vereint und mit Stilmöbeln eingerichtete Räumlichkeiten zeichnen das Hotel aus. Die Zimmer sind elegant und stilvoll und versprechen unvergessliche Tage. Der einladende Speisesaal serviert exzellente Küche; leichte und mediterrane Genüsse sind typisch. Wellnessbereich; Terrasse.

Hotel Sonnenburg

★★★★

Ifingerstr. 14 / ✉ 39012 Ortsteil Obermais
www.sonnenburg.it / T.: +39 0473 230050
info@sonnenburg.it
2 E € 100/138 HP / 23 D € 200/220 HP
10 S € 230/280 HP / 1 App. € 1050/1050

Inmitten des Villenviertels von Obermais liegt das familienfreundliche Hotel der gehobenen Klasse, das Ausgangspunkt für Wanderungen ist. Das angenehme Ambiente und die komfortabel eingerichteten Gästezimmer sorgen für einen erholsamen Aufenthalt. Schonkost und vegetarische Speisen haben eine besondere Note, aber auch auf regionale Köstlichkeiten kann sich der Gast freuen. Ein hübscher Wellnessbereich lädt zum Entspannen ein. Gemütliche Hausbar und Panoramaterrasse.

Hotel Therme Meran

★★★★

Thermenplatz 1 / ✉ 39012 / www.hoteltermemerano.it
T.: +39 0473 259259 / info@hotelthermemeran.it
115 D € 185/314 HP / als E € 213/299 HP
24 S € 231/362 HP /

2006 wurde das Hotel in exponierter Lage mitten im Stadtzentrum, direkt am Thermenpark und Fluss Passer eröffnet. Die Innenausstattung des exklusiven, internationalen Hotels wurde vom Mailänder Stararchitekten Matteo Thun entworfen. Durch den direkten Bademantelgang zur 7650 qm großen Thermenlandschaft ist das Haus ein ideales Domizil für Gesundheits- und Wohlfühlurlaub. Vielseitige Küche im Restaurant „Zedern Lounge" mit offenem Kamin, Terrasse, Palmenhaus, Bistro „La Piazza".

Meranerhof

★★★★

A.-Manzonistr. 1 / ✉ 39012 / www.meranerhof.com
T.: +39 0473 230230 / info@meranerhof.com
16 E € 159/205 HP / 41 D € 300/384 HP
8 S € 370/436 HP /

Das elegante Hotel im Jugendstil befindet sich nah an der berühmten Kurpromenade, direkt gegenüber der neuen Therme Meran, und lässt kaum Wünsche offen. Beauty-Farm, ein wunderschönes Dampfbad und ein Hallenbad mit Öffnung zum Garten. Die mit Liebe zum Detail gestalteten Räumlichkeiten strahlen eine gemütliche Atmosphäre aus. Komfort und Eleganz zeichnen die Gästezimmer aus. Niveauvolle Küche, die internationale und regionale Köstlichkeiten zaubert.

Miramonti Boutique Hotel

★★★★

Sankt-Kathrein-Str. 14 / ✉ 39010 Ortsteil St. Kathrein
www.hotel-miramonti.com / T.: +39 0473 279335
info@hotel-miramonti.com
15 D € 145/280 / als E € 120/240 / 28 S € 165/402

In absoluter Ruhe über den Dächern von Meran gelegenes, internationales Komforthotel. Die neuen Gästezimmer und Suiten sind großzügig ausgestattet und sorgen für einen erholsamen Aufenthalt. Südtiroler und mediterrane Spezialitäten genießen die Gäste im Panorama-Restaurant „Miramonti"- einzigartiger Blick auf Meran und die Meraner Bergwelt. Hotelbar, Lounge und Sonnenterrasse laden ein; Frühstücksbüfett.

Palace Merano

★★★★★

Cavourstr. 2 / ✉ 39012 / www.palace.it
T.: +39 0473 271000 / info@palace.it
28 E € 190/220 / 55 D € 310/530 / 22 S € 500/750

Hundert Jahre Erfahrung und Können zeichnen diesen Palast aus, in dem Gastlichkeit, Service, Komfort und Zuvorkommenheit im Mittelpunkt stehen. Der „Palace Merano - Espace Henri Chenot" schafft es, eine geschichtsträchtige Vergangenheit mit der Anforderung an modernen Komfort harmonisch zu verbinden: Ein Hotel mit Tradition und ein futuristisches Kurzentrum mit einem vielseitigen Wellness- und Beauty-Angebot. Die großzügigen Zimmer und Suiten sind individuell mit viel Detailverliebtheit eingerichtet und erlauben ein fürstliches Wohn- und Schlaferlebnis. Elegante und feine Küche in zwei Restaurants; Jockey Club Bar.

Park Hotel Mignon

★★★★★

Grabmayrstr. 5 / ✉ 39012 / www.hotelmignon.com
T.: +39 0473 230353 / info@hotelmignon.com
2 E € 205/250 HP / 34 D € 314/432 HP
14 S € 380/770 HP /

Mitten in Meran, eingebettet in einen wunderschönen Park, erwartet dieses exklusive Urlaubshotel seine Gäste. Elegante, hochwertig ausgestattete Zimmer und Suiten mit vielen Extras. Im Restaurant werden internationale Speisen aus der Frischeküche serviert. Ein neues Spa-Center auf über 1200 qm garantiert erholsame Momente; Terrasse.

Sittnerhof

★★★★

Giuseppe-Verdi-Str. 58 / ✉ 39012 / www.sittnerhof.it
T.: +39 0473 446331 / info@sittnerhof.it
4 E € 119/136 / 19 D € 228/262 / 17 S € 244/280
Frühstück € 12 /

Wein vom eigenen Weinanbau und frische Produkte vom Bauernhof garantieren ein einzigartiges Abendessen im charmanten und sehr komfortablen Traditionshaus, das nicht weit vom Zentrum liegt. Gastlichkeit im angenehmen Ambiente genießt der Urlauber. Die unterschiedlichen Zimmer und Suiten sind mit gehobenem Interieur versehen und versprechen ein exklusives Wohnerlebnis. Auch Wellness kommt nicht zu kurz: Massagen, Sauna und zwei Schwimmbäder; Gymnastikangebote. Gemütliche Hotelbar.

Nals
Trentino-Südtirol

Hotel Wilma

★★★

Petermannweg 7 / ✉ 39010 / www.hotelwilma.com
T.: +39 0471 678730 / info@hotelwilma.com
8 E € 67/77 / 22 D € 132/190

Umgeben von Weinbergen und Wiesen, ruhig und sonnig im Meranerland, bietet dieses Wellnesshotel viel Raum zum Erholen und Entspannen. Alle Zimmer verwöhnen mit einem herrlichen Blick auf die umliegenden Berge. Im Restaurant werden köstliche Südtiroler Gerichte aus frischen Zutaten der Region serviert. Schöner Wellness- und Beauty-Bereich.

Naturns
Trentino-Südtirol

Luxury DolceVita Resort Preidlhof

★★★★★

St.-Zeno-Str. 13 / ✉ 39025 / www.preidlhof.com
T.: +39 0473 666251 / info@preidlhof.it
3 E ab € 188 VP / 5 D ab € 178 VP / 63 S ab € 169 VP

Mediterranes Klima mit 315 Sonnentagen, ein ganzheitliches Gesundheitsprogramm und luxuriöses Wohnen zählen zu den Highlights der Hotelanlage. Die Einrichtungen der großzügigen Zimmer ist elegant-komfortabel, so dass einem schönen Urlaub nichts im Wege steht. Dolce Vita-Atmosphäre kommt im 3.000 Quadratmeter großen Spa-Tower mit mediterraner Wasserwelt, Saunaoase und Parkanlage auf. Die Küche des Restaurants entführt in die kulinarischen Welten Tirol und Mittelmeer.

Schulerhof

★★★★

Gröbenweg Nr. 6 / ✉ 39025 Ortsteil Plaus
www.schulerhof.it / T.: +39 0473 660096 / info@schulerhof.it
2 E € 107/124 HP / 10 D € 170/204 HP
20 S € 202/236 HP /

Wandern, Biken, Genuss und Wellness zwischen Meran und dem Vinschgau. Mit seiner gemütlichen Atmosphäre mit verwinkelten Nischen, Türmchen, Balustraden, Gewölben und einer eigenen Hauskapelle bietet das Hotel einen komfortablen Aufenthalt in Südtirol. Kuschelige Zimmer und Suiten sind ausgestattet mit allen wünschenswerten Annehmlichkeiten. Für die Zeit der Entspannung findet der Gast im XSUND & VITALSCHLÖSSL, dem neuen Wellness- & Beautybereich, alles was das Herz begehrt.

Natz-Schabs
Trentino-Südtirol

Das Mühlwald - Quality Time Family Resort

★★★★

Schlossergasse 40 / ✉ 39040 Ortsteil Natz
www.dasmuehlwald.com / T.: +39 0472 415204
info@dasmuehlwald.com
30 D € 100/200 VP / 20 S € 194/260 VP

Ausgangspunkt für Wanderungen stellt das mit einem traumhaften Ausblick versehene Hotel der Mittelklasse dar. Der moderne helle Tiroler Landhausstil ist charakteristisch für die Kaminhalle, das Restaurant und die komfortablen Gästezimmer. Freundlichkeit und Service werden hier groß geschrieben. Erstklassige regionale Küche. Wellnessbereich.

Olang
Trentino-Südtirol

Alpin Panorama Hotel Hubertus

★★★★

Furkelstr. 5 / ✉ 39030 Ortsteil Geiselsberg
www.hotel-hubertus.com / T.: +39 0474 592104
info@hotel-hubertus.com
3 E € 204/269 HP / 43 D € 209/274 HP / 6 S € 234/299 HP

Zu jeder Jahreszeit stellt dieses bezaubernde Hotel, gelegen an den Hängen des Kronplatzes, ein empfehlenswertes Reiseziel dar. Die stilvoll eingerichteten Zimmer und Suiten strahlen eine harmonische Atmosphäre und Gemütlichkeit aus. In freundlichem Ambiente werden regionale Küche und eigene Kreationen serviert. Weitläufige Feng-Shui-Parkanlage; 5.000 Quadratmeter Wellnessbereich mit beheiztem 25-Meter-Sky-Pool und regenerierendes Vitalzentrum.

Tennisplatz / Fitnessraum

Hotel Christoph

★★★★

Gassl 25 / 39030 Ortsteil Gassl
www.hotelchristoph.it
T.: +39 0474 592026 / info@hotelchristoph.it
1 E € 71/175 HP / 38 D € 130/320 HP
18 S € 160/350 / 5 App. € 120/555 / Frühstück € 15

Ganz harmonisch schmiegt sich das wunderschöne Hotel in das malerische Pustertal ein. Jeder, der seinen Urlaub mit Wellness und aktivem Erleben verbinden möchte, findet in diesem zauberhaften Domizil gehobenen Komfort in alpenländischen Design, einen luxuriösen Wellnessbereich, eine vielfältige Küche und eine unerschöpfliche Vielfalt an Freizeitmöglichkeiten. Ideal für Wintersportler ist die Nähe zur Talstation, die zu Fuß nur eine Minute entfernt ist.

Partschins
Trentino-Südtirol

Hotel Hanswirt

★★★★

Geroldplatz 3 / 39020 Ortsteil Rabland
www.hanswirt.com
T.: +39 0473 967148
info@hanswirt.com
12 D € 230/300 / 10 S € 260/320

Trutzige Außenmauern und rot-weiße Fensterläden zeichnen die ehemalige Rast- und Einkehrstation für Fuhrleute noch heute aus. Jetzt ist es aber ein familiär geführtes, romantisches First-Class-Hotel, das die Gäste erwartet. Hochwertige Materialien, fröhliche Farben und Sinn für Details prägen die Zimmer und Suiten. Verschiedene Stuben laden zum kulinarischen Verwöhnprogramm. Großzügiger Wellnessbereich.

Hotel Niedermair

★★★

Vertigenstr. 8 / 39020 Ortsteil Vertigen
www.hotel-niedermair.com
T.: +39 0473 967171
info@hotel-niedermair.com
2 E € 85/100 HP / 22 D € 80/120 HP / 6 App. € 80/135 HP

Inmitten von Wiesen und Obstgärten, am Fuße der mächtigen Texelgruppe, befindet sich dieses einladende Wander- und Familienhotel mit herrlichem Panoramablick. Wohnlich eingerichtete Zimmer und Suiten stehen den Gästen zur Verfügung. Schmackhafte Südtiroler Produkte und Speisen werden im Restaurant serviert. Hotelbar und Café-Terrasse.

Prad am Stilfserjoch
Trentino-Südtirol

Aktiv- & Wellnesshotel Zentral

★★★★

Haupstr. 100 / 39026 / www.zentral.it
T.: +39 0473 616008
info@zentral.it
5 E € 83/113 HP / 20 D € 138/210 HP / 30 S € 154/226 HP

Mitten im Nationalpark Stilfser Joch freut sich Familie Karner auf ihre Gäste, für die sie gemütliche Zimmer, harmonisch mit hellen Farben und edlen Materialien eingerichtet, bereit hält. Ob Einzelreisender oder Familie, ob Aktivurlauber oder Erholungsuchende, im Sommer wie im Winter bietet das Hotel im Vinschgau viele Möglichkeiten: radfahren, wandern, ein Stadtbummel im nahe gelegenen Meran, ausspannen im Wellnessbereich „Aquaris" oder schlemmen im Hotelrestaurant.

Ratschings
Trentino-Südtirol

Schneeberg Hotel Family Resort & Spa

★★★★

Maiern 22 / 39040
www.schneeberg.it
T.: +39 0472 656232 / info@schneeberg.it
8 E ab € 98 VP
120 D ab € 78 VP / 24 S ab € 103 VP / 30 App. ab € 178 VP

Das Hotel Schneeberg in Südtirol bietet seinen Gästen ein vielfältiges Urlaubsangebot mit Wellness, Spa, Sport, zahlreichen Freizeitaktivitäten und einem Familienprogramm, das Kinderherzen höher schlagen lässt. Das weitläufige Resort im sonnenverwöhnten Ridnauntal erfüllt somit ganz persönliche Urlaubswünsche. Gewohnt wird in modernen Wohnräumen, wahlweise in einem urig-gemütlichen Zimmer oder einer geräumigen Suite mit getrenntem Wohn- und Schlafbereich. Das gute Essen prägt die Südtiroler Küche.

Riffian
Trentino-Südtirol

Hotel Kreuz

★★★

Jaufenstr. 25 / 39010
www.hotel-kreuz.com
T.: +39 0473 241125 / info@hotel-kreuz.com
21 D ab € 152 HP / als E ab € 76 HP

Gastfreundschaft ist ein wichtiges Kennzeichen des Traditionsbetriebs. Teils helle, moderne, teils rustikal-gemütlich gehaltene Zimmer laden zum Wohlfühlen ein. Die Küche serviert regionale und mediterrane Gaumenfreuden; Grillabende. Gemütliche Stube von anno 1840.

Suite: Großzügig angelegter Unterkunftstyp in einem Hotel, der aus mehreren miteinander verbundenen Räumen besteht, die zusammen als Einheit abschließbar sind. Häufig wird der Erlebnisfaktor durch zusätzliche Dienstleistungen wie Spa-Angebote erhöht.

Ritten
Trentino-Südtirol

Parkhotel Holzner
★★★★

Dorf 18 / ✉ 39054 Ortsteil Oberbozen
www.parkhotel-holzner.com / T.: +39 0471 345231
info@parkhotel-holzner.com
3 E € 155/284 HP / 19 D € 134/315 HP
31 S € 137/398 HP / 1 App. € 227/499

In traumhafter Panoramalage befindet sich das Familyhotel im Jugendstil. Tradition und zeitgemäßes Ambiente sind hier harmonisch vereint. Das persönlich geführte Haus verfügt über gemütliche Zimmer, die mit Originalmöbeln aus der früheren Zeit ausgestattet sind. Die italienische und Südtiroler Küche verwöhnt mit leichten und schmackhaften Gerichten. Stilvolle Bar und Sonnenterrasse; Bade- und Beautyanlage.

Ansitz Kematen Hotel
★★★

Kematerstr. 29 / ✉ 39054 Ortsteil Klobenstein
www.kematen.it/de/ / T.: +39 0471 356356 / info@kematen.it
2 E € 96/110 HP / 17 D € 192/400 HP / 4 S € 270/500 HP

Ein herrliches Panorama auf die Dolomiten bietet der charmante, stilvolle Gutshof. In Räumen wie der gotischen Stube herrscht eine Atmosphäre vergangener Zeiten. Individuelle, mit historischen Möbeln ausgestattete Zimmer, zum Teil mit Minibar und Safe. Zum Baden lädt ein Moorteich mit kleinem Schwimmbecken ein; Kneippbecken beim Moorteich, Saunen und Ruheraum. Ausgezeichnete Küche mit lokalen und internationalen Speisen. Für das E-Auto gibt es eine Elektrotankstelle.

St. Christina in Gröden
Trentino-Südtirol

Alpenhotel Plaza
★★★★

Cislesstr. 5 / ✉ 39047 / www.alpenhotelplaza.com
T.: +39 0471 793463 / info@alpenhotelplaza.it
D € 85/240 HP / als E € 85/240 HP

Das familiär geführte Hotel der gehobenen Mittelklasse erwartet seine Gäste im sonnigen Ortskern, jedoch abseits vom Durchgangsverkehr. Alpenländischer Stil prägt die großzügigen, mit viel Komfort ausgestatteten Zimmer, von deren Balkon sich ein herrlicher Blick auf die umliegenden Berge bietet. Das Beste aus der „cucina italiana“, der Südtiroler und Ladiner Küche dominiert die Speisekarte des Restaurants im regionaltypischen Stil. Kompakter Wellnessbereich.

St. Kassian siehe Abtei
Trentino-Südtirol

St. Martin in Passeier
Trentino-Südtirol

Golf & Spa Resort Andreus
★★★★★

Kellerlahne 3 a / ✉ 39010 / www.andreus-resorts.it
T.: +39 0473 491330 / info@andreus-resorts.it
83 S € 350/1800 HP

Neue Kraft kann man in der wunderschönen Umgebung und dem traumhaften Spa des Luxushotels tanken. Mit Blick auf die Bergwelt wird hier Wohlbefinden neu erlebt. Hallenbad und Außenpool sind miteinander verbunden und das ganze Jahr über beheizt, so kann man auch bei kälteren Temperaturen schwimmend die Alpenluft genießen. Die einmalige Schönheit Südtirols lässt sich beim Wandern, Joggen, Biken und Golfen entdecken. Auf den Tennisplätzen mit Panorama-Blick ist Einsatz gefragt. Die großzügigen Gästezimmer erwecken eine Atmosphäre, die einem privaten Wohnraum viel näher steht als einem standardisierten Hotelzimmer. Genießer dürfen sich auf regionale Spezialitäten aus biologischem Anbau freuen.

Quellenhof Luxury Resort Passeier
★★★★★

Pseirerstr. 47 / ✉ 39010 Ortsteil Quellenhof
www.quellenhof.it / T.: +39 0473 645474 / info@quellenhof.it
15 E € 205/310 HP / 75 D € 410/610 HP
60 S € 510/5000 HP / 5 App. € 350/1600 HP

Nördlich von Meran, eingebettet zwischen Wiesen und Wäldern, hat sich das Sport und Wellness Resort Quellenhof als ein Urlaubsparadies der besonderen Art etabliert. Wohlfühlen, Entspannen und Genießen wird hier groß geschrieben: Hochwertige Zimmer, Suiten und exklusive Chalets für die nötige Privatsphäre, 10.000 Quadratmeter Wellness mit Wasserwelt, Saunaoase, getrennten Bereichen für Erwachsene und Familien mit Kindern, Acqua Family Parc und Medical Center. Eigener 4-Loch-Golfplatz, Tennisplätze und Reithalle. In unmittelbarer Nähe des Resorts hat kürzlich die See Lodge eröffnet, ein Adults-Only-Location, eingebettet in einen 4.500 Quadratmeter großen Badesee.

St. Ulrich in Gröden
Trentino-Südtirol

ADLER BALANCE Spa & Health Residenz
★★★★★

Str. Rezia 7 / ✉ 39046 / www.adler-balance.com
T.: +39 0471 775002 / info@adler-balance.com
1 E € 173/310 HP / 30 D € 173/310 HP

Wie eine Oase der Ruhe liegt das Adler Balance auf einer sanften, sonnenverwöhnten Anhöhe im Herzen von St. Ulrich. Mit seiner klaren und lichtdurchflutete Bio-Architektur schafft es ein natürliches Lifestyle-Ambiente für Erholung auf höchstem Niveau. Die Zimmer und Suiten überzeugen durch natürliche, behagliche Einrichtung mit viel Holz und hochwertigen Naturtextilien, moderner Kommunikationseinrichtung →

und privater Terrasse mit herrlicher Aussicht. Für ganzheitliches Wohlbefinden sorgen das Gesundheitszentrum und die einzigartige Spa-, Wasser- und Fitnesswelt im Stammhaus Adler Dolomiti Spa & Sport Resort. Raffinierte Vitalküche wird im Balance Restaurant serviert.

Alpenheim Charming Hotel & Spa

★★★★

Grohmannstr. 54 / 39046 / www.alpenheim.it
T.: +39 0471 796515 / info@alpenheim.it
4 E € 105/280 HP / 12 D € 210/560 HP / 4 S € 220/620 HP
1 App. € 230/650 HP /

Ein vielfältiges Freizeit- und Erholungsangebot erwartet den Gast im herzlichen, familiär geführten Hotel mit gehobenem Komfort, das umgeben ist von einer traumhaften Bergwelt. Gepflegtes Interieur, freundliches Ambiente sowie besonderes Flair des Hauses überzeugen. Viel Platz bieten die großzügigen und gemütlichen Zimmer. Entspannung für Körper und Seele im neuen Wellnessbereich „Soreghina" mit Panorama-Hallen- und Freischwimmbad. Italienische Spezialitäten und Südtiroler Schmankerln verwöhnen den Gaumen abends im Restaurant.

Cavallino Bianco Family Spa Grand Hotel

★★★★

Rezia Str. 22 / 39046 / www.cavallino-bianco.com
T.: +39 0471 783333 / info@cavallino-bianco.com
105 S € 345/843 VP /

Das zentral gelegene Family und Spa Grand Hotel - ein einzigartiges Feriendomizil nur für Familien mit Kindern bzw. Babys - verbindet altbewährte Gastlichkeit mit modernem Lebensstil. Die großzügige Wellness- und Beautyoase, das Kinderspielparadies auf über 1.200 Quadratmetern und die eleganten Zimmer und Suiten mit höchster Qualität sind nur einige Vorzüge. Exquisite Küche wird im Restaurant serviert.

Chalet Hotel Hartmann

★★★

Reziastr. 308 / 39046 / www.hotel-hartmann.com
T.: +39 0471 774444 / info@hartmann-hotels.com
6 D € 146/238 HP / 4 S € 220/240 HP / App. € 311/441 HP

In schöner Hanglage mit herrlichem Panoramablick begrüßt das kleine aber feine Hotel herzlichst seine Gäste. Mit viel Liebe und Sorgfalt gestaltete, individuelle Zimmer. Im Saunabereich kann der Gast seine Seele baumeln lassen. Eine große Auswahl an Köstlichkeiten bietet das Frühstücksbüfett.

Hotel Gardena Grödnerhof

★★★★★

Vidalong Str. 3 / 39046 / www.gardena.it
T.: +39 0471 796315 / info@gardena.it
48 D € 314/818 HP / 6 S € 394/998 HP

Ein abwechslungsreiches Angebot in den Bereichen Wellness, Genuss und Freizeit zeichnet das familiär geführte Relais & Chateaux Hotel aus. Der Grödnerhof verfügt über frisch renovierte Zimmer und Suiten in geschmackvoller, schlichter Tiroler Eleganz. Die großzügige Spa Anlage ist eine Welt der Entspannung und Erholung mit Hallenbad, Sauna-Vitalwelt, Fitness Center und Beautyfarm. Betreutes Fitness- und Sportprogramm. Ein Highlight des Hauses sind die exklusiven Gourmet-Angebote und das beliebte Gourmet-Restaurant „Anna-Stuben". Groß ist die Vielfalt der Freizeitaktivitäten.

Sarntal

Trentino-Südtirol

Hotel Bad Schörgau

★★★

Bad Schörgau / 39058 Ortsteil Bad Schörgau
www.bad-schoergau.com
T.: +39 0471 623048
info@bad-schoergau.com
1 E € 76/86 / 13 D € 146/200 / 8 S € 200/238

Mit einer eigenen Quelle überrascht das familiär geführte, verträumt gelegene Hotel seine Gäste. In der Architektur und in der Einrichtung treffen Tradition und schlichter Zeitgeist zusammen; so ergänzen sich Glas, Leder und Holz zu einem harmonischen Gesamtbild. Die Küche verwöhnt mit Kreativität, Sorgfalt und ausgewählten Naturprodukten.

Schenna

Trentino-Südtirol

Hotel Hohenwart

★★★★

Verdinserstr. 5 / 39017
www.hohenwart.com
T.: +39 0473 944400 / info@hohenwart.com
7 E € 119/231 HP / 77 D € 154/262 HP
10 S € 193/311 HP / 7 App. € 87/227 / Frühstück € 32

Inmitten einer großflächigen Parklandschaft erwartet dieses exzellente, elegante Hotel seine Gäste. Zeitgemäßer Komfort, viel Holz und warme Farben zeichnen die geschmackvollen Zimmer und Ferienwohnungen aus. Unvergesslich ist der herrliche Blick auf die umliegende Bergwelt. Im Restaurant werden die Gäste mit regionalen Spezialitäten und mediterranen Köstlichkeiten verwöhnt. Dazu darf der passende Wein natürlich nicht fehlen. Großzügig präsentiert sich der schöne Wellnessbereich.

Taser Alm

★★★

Schennaberg 25 / 39017 / www.taseralm.com
T.: +39 0473 945615 / info@taseralm.com
4 E € 58/81 HP / 7 D € 138/195 HP / 12 App. € 130/320 HP

Die Familienalm liegt auf 1.450 Meter Meereshöhe oberhalb von Schenna. Die Gäste erreichen das Almhotel bequem mit der Seilbahn (für Hausgäste kostenfrei) oder über eine schmale Bergstraße. Der Wohnkomfort ist hell und freundlich mit naturbelassenen Materialien. AlmSpa; Restaurant; beliebter Hochseilgarten.

American Express / Diners Club
MasterCard / Visa / EC-Karte

Vitalhotel Verdinserhof

★★★★

Verdins 7 / ✉ 39017 Ortsteil Verdins / www.verdinserhof.it
T.: +39 0473 949423 / info@verdinserhof.it
5 E € 110/133 HP / 45 D € 180/290 HP
4 S € 220/300 HP / 1 App. € 220/280 HP

Ein behaglicher Wohnkomfort und liebevoll dekorierte Zimmer empfangen den Gast in dem familiär geführten Spitzenhotel, welches das erste Vitalhotel in Italien darstellt. Gemütliches, feines Ambiente im Gastronomiebereich, in dem ausgezeichnete Südtiroler und mediterrane Küche serviert wird; Büfett auf der Panoramaterrasse. Gartenfeste, Tanz- und Grillabende in der Gartenanlage. Golf-Driving-Range; Große Wellness- und Beauty-Residenz mit Panoramafenster.

Schlanders

Trentino-Südtirol

Hotel Vier Jahreszeiten

★★★★

Andreas-Hofer-Str. 8 / ✉ 39028 Ortsteil Vinschgau
www.vierjahreszeiten.it / T.: +39 0473 621400
info@vierjahreszeiten.it
36 D € 120/150 HP / 13 S € 150/190 HP

Eine außergewöhnliche Außenlandschaft mit Palmen und über 400 Quadratmeter Wasserfläche, Felsgrotten, Wasserfällen, einer karibisch anmutenden Poollandschaft, Terrassen und Liegewiesen zeichnen dieses familiär geführte Hotel aus. Geschmackvoll und mit Stil präsentieren sich die großzügigen Gästezimmer, Familien- und Luxussuiten. In den Restaurants werden zu den kulinarischen Höhenflügen ausgezeichnete Weine aus der hauseigenen Vinothek serviert. Große Wellnessanlage.

Schnals

Trentino-Südtirol

Hotel Goldene Rose Karthaus

★★★★

Karthaus 29 / ✉ 39020 Ortsteil Karthaus
www.goldenerose.it / T.: +39 0473 679130
info@goldenerose.it
3 E ab € 97 HP / 20 D ab € 82 HP / 1 S ab € 133 HP
8 App. ab € 97 HP /

Die Familie Grüner kümmert sich liebevoll und engagiert um Gäste und Haus. Traditionell und bewährt die Möbel aus duftendem Zirbelholz oder elegant in Lärche. Kein Zimmer gleicht dem anderen - nur, dass alle mit dem gleichen Feinsinn eingerichtet sind. Dieser Feinsinn zieht sich auch wie ein roter Faden durch die Küche und die Gasträume.

Hotel Oberraindlhof

★★★

Raindl 49 / ✉ 39020 / www.oberraindlhof.com
T.: +39 0473 679131 / info@oberraindlhof.com
20 D ab € 164 HP / als E ab € 82 HP /

Kleines, familiengeführtes Hotel im Schnalstal. Genießer und Naturliebhaber erwartet ein über 300 Jahre altes Bauernhaus mit rustikalem Charme und modernem Wohnkomfort. Die Zimmer sind heimelig mit viel Holz und natürlichen Materialien ausgestattet. Urig ist die Atmosphäre in den Stuben, hier werden ausgezeichnete traditionelle Tiroler Gerichte serviert. Saunabereich.

Hotel-Garagen vorhanden
P Hotel-Parkplätze vorhanden

Sexten

Trentino-Südtirol

Bad Moos Dolomites Spa Resort

★★★★

Fischleintalstr. 27 / ✉ 39030 Ortsteil Moos
www.badmoos.it / T.: +39 0474 713100
info@badmoos.it
12 E € 108/217 HP / 31 D € 200/436 HP
29 S € 244/538 HP / 25 App. € 180/402 HP

Erstklassiges Ambiente und Komfort, ein professioneller Service erwarten den Gast im Sport & Kurhotel Bad Moos. Die großzügigen Alpinzimmer und Suiten mit teilweise offenem Kamin laden zum Träumen ein. Im 2000 qm großen Wellness- und Gesundheitszentrum Spa „Bad Moos" kommen Wellness-Spezialisten voll auf ihre Kosten. Die Küche präsentiert italienische und internationale Gerichte, Tiroler Schmankerl und kalorienarme Menüs.

Berghotel

★★★★

Helmweg 10 / ✉ 39030 Ortsteil Moos
www.berghotel.com / T.: +39 0474 710386
info@berghotel.com
2 E ab € 125 HP
20 D ab € 115 HP / 15 S ab € 140 HP / 7 App. ab € 198 HP

Luis Trenker soll gesagt haben, dass das Hotel „am schönsten Fleck im schönsten Tal der Welt" liegt. Und das ist gar nicht so abwegig. Auf jeden Fall finden Gäste hier Ruhe und Erholung. Holz, Stein und große Glasfronten bestimmen den Stil des Hauses und damit auch der Zimmer, Suiten, Appartements und Ferienwohnungen, in denen sich Komfort und Gemütlichkeit vereinen. Im Restaurant werden kulinarische Verführungen aus frischen Produkten der Region serviert. Gemütliche Hotelbar.

Sterzing

Trentino-Südtirol

Hotel Lahnerhof

★★★

Thuins 49 / ✉ 39049 Ortsteil Thuins / www.lahnerhof.it
T.: +39 0472 764777 / info@lahnerhof.it
4 E € 55/70 HP / 32 D € 90/116 HP

Auf dem sonnigen Südhang am Eingang ins Ratschingstal liegt dieses familiär geführte Hotel, das sich um das Wohlbefinden der Gäste kümmert. Gemütlich eingerichtete Zimmer sorgen für einen angenehmen Aufenthalt; Familienzimmer. Köstlichkeiten der vielseitigen Küche im Restaurant. Spielplatz und -zimmer für die kleinen Gäste.

Toblach
Trentino-Südtirol

Romantik Hotel Santer
★★★★
Alemagnastr. 4 / ✉ 39034 / www.hotel-santer.com
T.: +39 0474 972142 / info@hotel-santer.com
2 E € 120/174 HP / 41 D € 236/376 HP
9 S € 286/448 HP / 2 App. € 55/75 / Frühstück € 18

Erholung für Körper, Geist und Seele - das verspricht ein Aufenthalt in diesem Hotel. Heller, rustikaler Landhausstil zeichnet die Gästezimmer und Suiten aus, die die Liebe zum Detail nicht verhehlen können. Kulinarische Kreativität beweist die Küche der eleganten bis rustikalen Restaurants. An der Hotelbar klingt der Tag angenehm aus. Verschiedene Wellnessangebote lassen den Alltag vergessen und die persönliche Betreuung der Gäste macht den Abschied von diesem gastlichen Ort schwer.

Tramin an der Weinstraße
Trentino-Südtirol

Ansitz Romani
★★★
Andreas-Hofer-Str. 23 / ✉ 39040 / www.ansitzromani.com
T.: +39 0471 860010 / info@ansitzromani.com
3 D € 130/140 / 7 App. € 79/114 /

Die Gästezimmer und Apartments „Ansitz Romani" liegen in herrlicher sonnenverwöhnter Panoramalage und sehr ruhig. Traumhaft die Aussicht Im idyllischen Garten auf die umliegenden Weinberge und das Etschtal. Antikes Mobiliar und moderner Komfort schaffen ein behagliches und zugleich magisches Wohnerlebnis. Taberna Romani – schöne Momente genießen mit feinen Speisen und gutem Wein.

Villanders
Trentino-Südtirol

Ansitz zum Steinbock
★★★
F.v.-Defreggergasse 14 / ✉ 39040 Ortsteil St. Stefan
www.zumsteinbock.com / T.: +39 0472 843111
info@zumsteinbock.com
1 D € 240/400 / 11 S € 360/440

Inmitten des ursprünglichen Villanders, umgeben von der reizvollen Landschaft des Eisacktals, empfängt die Familie Rabensteiner sommers wie winters Reisende. Obwohl schon jahrhundertealt überrascht das Haus mit traditioneller und doch moderner Eleganz in den Gästezimmern. Raffinierte bodenständige und mediterrane Genüsse im Restaurant.

Granpanorama Hotel StephansHof
★★★★
St. Stefan 12 / ✉ 39040
www.stephanshof.com
T.: +39 0472 843150 / info@stephanshof.com
2 E € 98/118 / 44 D € 180/220 / 8 S € 220/280
2 App. € 200/240

Auf der Sonnenseite des Eisacktales, mit traumhaftem Panoramablick, auch aus allen Zimmern, heißt das Wellness- und Wanderhotel seine Gäste willkommen. Aufgrund der zentralen Lage ist das Haus der ideale Ausgangspunkt für Wanderungen und Ausflüge in Südtirol. Großzügig mit natürlichen Materialien ausgestattete Zimmer und Suiten versprechen Ruhe, die Bade- und Wellnesslandschaft mit ihrem vielfältigen Angebot Erholung. Südtiroler Spezialitäten und internationale Küche im Restaurant.

Völs am Schlern
Trentino-Südtirol

Romantik Hotel Turm
★★★★★
Kirchplatz 9 / ✉ 39050 / www.hotelturm.it
T.: +39 0471 725014 / info@hotelturm.it
2 E € 188/253 HP / 25 D € 364/506 HP
15 S € 400/558 HP

Die dicken Mauern und Gewölbe des Turms aus dem 13. Jahrhundert prägen das äußere Bild dieses stilvollen, familiär geführten Hotels. Ursprünglich im Besitz des Freiherrn von Colonna, dann Gerichtsturm und später Dorfgasthaus, wurde das Haus zu einem internationalen Hotel ausgebaut. Saisonale Spezialitäten serviert die Gourmetküche im Restaurant. Wellnessbereich; Kunstsammlung von Picasso, Klimt und Kokoschka. Hauseigener 18-Loch-Golfplatz. Neu hinzugekommen ist der nah gelegene „Gatschhof", eine luxuriöse Eventlocation mit vier Suiten à 200 Quadratmetern, arabischen Pferden sowie Kunstwerken und einer Foto-Dauerausstellung.

Welsberg-Taisten
Trentino-Südtirol

Hotel Alpen Tesitin
★★★★★
Unterrainstr. 22 / ✉ 39035 / www.alpentesitin.it
T.: +39 0474 950020 / info@alpentesitin.it

In fantastischer Lage, mit herrlichem Ausblick auf das Pustertal, fühlen sich hier alle Gäste auf Anhieb wohl. Neben dem eleganten Wohnkomfort und der Vielfältigkeit der Küche mit ihren

Südtiroler Köstlichkeiten ist der großzügige Wellnessbereich empfehlenswert. Hier laden nach erlebnisreichen Aktivitäten in der Natur ein Hallenbad und eine Sauna mit Panoramafenstern oder der beheizte Außenpool zur Entspannung ein. Stets freundliche Gastgeber mit einem kompetenten Team. Spektakulärer Blick vom Infinity-Pool und Cabriolet-Vermietung.

Welschnofen

Trentino-Südtirol

Engel Spa & Resort

★★★★

Gummerer Str. 3 / ✉ 39056 / www.hotel-engel.com

T.: +39 0471 613131 / resort@hotel-engel.com

60 D € 199/352 VP / 4 S € 315/484 VP

Das familiär geführte Resort lässt keine Wünsche offen. Es bietet ein großzügiges Wellness- und Beautyprogramm mit Massagen und Verwöhnpaketen, Saunen und Badelandschaft; Sportangebote. Verschiedene Zimmertypen von einfach-elegant bis luxuriös garantieren einen erholsamen Urlaub. Vielseitige Wochenarrangements. Bar ganzjährig geöffnet.

Rechenmachers Rosengarten

★★★★

Rosengartenstr. 43 / ✉ 39056 / www.hotelrosengarten.it

T.: +39 0471 613262 / info@hotelrosengarten.it

6 E € 89/120 HP / 29 D € 99/130 HP / 1 S € 129/160 VP

2 App. € 179/300 VP /

Eine familiäre Atmosphäre begrüßt den Gast im Hotel „Rosengarten", inmitten von unberührter Natur mit Blick auf den sagenumwobenen Rosengarten. Vogelgezwitscher ersetzt den Wecker in den hochwertigen Zimmern im Südtiroler Landhausstil. Ein Verwöhnprogramm für Körper und Seele bieten sowohl die Restaurants als auch der Wellnessbereich.

Wolkenstein in Gröden

Trentino-Südtirol

Alpenroyal Grand Hotel

★★★★★

Meisulesstr. 43 / ✉ 39048 / www.alpenroyal.com

T.: +39 0471 795555 / info@alpenroyal.com

37 D € 246/922 HP

als E € 193/954 HP / 6 S € 386/1908 HP

Vor der beeindruckenden Kulisse der Dolomiten und unweit der Skiweltcupabfahrt „Sasslong" begrüßt das familiär geführte internationale First-Class-Hotel seine Gäste. Die eleganten Zimmer und Suiten sind in verschiedenen Stilen eingerichtet. Einen Hochgenuss stellen die kulinarischen Verführungen im stilvoll-rustikalen Gourmet-Restaurant dar. Für das etwas andere Verwöhnprogramm sorgen das Beauty Spa „Eghes", der große Garten sowie das Hallenschwimmbad „Unter dem Sternenhimmel".

Boutique Hotel Nives

★★★★

St. Nives 4 / ✉ 39048 / www.hotel-nives.com

T.: +39 0471 773329 / info@hotel-nives.com

1 E € 105/390 HP / 10 D € 155/740 HP / 2 S € 220/780 HP

Ein Kleinod der Ruhe und der Erholung kombiniert mit stilvollem Ambiente und familiärer Gastlichkeit erwartet Gäste in den wundervollen Dolomiten. Natürliche Materialien wie Holz, Stein und Glas, viele liebevolle Details und warmes Licht schaffen eine behagliche Atmosphäre in den großzügigen Räumlichkeiten.

Hotel Bel Vert (g)

★★★

Dantercepies 55 / ✉ 39048 / www.belvert.it

T.: +39 0471 795514 / info@belvert.it

24 D € 79/170 / als E € 45/85 /

In ruhiger und sonniger Lage mit herrlichem Ausblick auf die umliegenden Dolomiten und ins Tal hat das familiengeführte Haus seine Pforten für Aktivurlauber und Familien weit geöffnet. Geschmackvoll eingerichtete Zimmer mit einheimischen Hölzern ausgestattet. Kleiner Wellnessbereich, Frühstücksbüfett, Hausbar.

Hotel Chalet Gérard - The mountain lodge

★★★★

Plan de Gralba 37 / ✉ 39048 Ortsteil Vor dem Grönerjoch

www.chalet-gerard.com

T.: +39 0471 795274

info@chalet-gerard.com

1 E € 132/233 HP / 9 D € 228/448 HP / 2 S € 264/466 HP

Die Panoramalage des Hotels im Grödnertal ist traumhaft und ideal zum Relaxen oder Sporttreiben im Sommer und durch die direkte Verbindung zu den Skipisten im Winter. Frisch renoviert erstrahlen die Zimmer und Suiten im modernen Chalet-Stil. Zum Teil verwöhnen sie mit einem herrlichen Ausblick. Regionale Spezialitäten im Restaurant, ein Kaffee, eine Lounge mit Kamin, eine kleine Wohlfühloase und eine herrliche Sonnenterrasse vervollständigen das Angebot.

Hotel Fanes

★★★★

Daunei 17 / ✉ 39048 Ortsteil Daunei

www.fanes.net

T.: +39 0471 795535 / info@fanes.net

1 E € 100/150 HP / 14 D € 100/180 HP / 6 S € 150/250 HP

Das harmonisch in die Grödner Dolomiten-Welt eingebettete Berghotel besitzt liebevoll bis ins Detail gestaltete Räumlichkeiten – und das vom Speisesaal bis zur Suite. Genau das Richtige für romantische Aufenthalte zu zweit. Abwechslungsreiche internationale und Tiroler Gerichte bietet das Restaurant. Kleiner Wellnessbereich.

Hotel-Tipps
Schweiz

©JFL Photography - Fotolia.com

Andermatt
Uri

The Chedi Andermatt
★★★★★

Gotthardstr. 4 / ✉ 6490 / www.thechediandermatt.com/de/
T.: +41 8 887488 / info@chediandermatt.com
43 D ab SFr. 550 / als E ab SFr. 450 / 80 S ab SFr. 1000

Umgeben von der natürlichen Schönheit der Schweizer Alpen fügt sich das The Chedi Andermatt elegant in den charmanten Ort im Urserntal ein. In den geräumigen Gästezimmern und Suiten trifft alpiner Chic auf asiatische Einflüsse, verbunden mit einem hinreißend Ausblick. Traditionelle Materialien wie warme Hölzer und Naturstein schaffen eine private und visuell beeindruckende Atmosphäre. Erstklassige Restaurants und gemütliche Lounges, ein Ski-in Aufenthaltsraum mit Sportboutique sowie ein ausgedehntes Spa- und Wellnesscenter mit Blick auf die alpine Kulisse bieten viel Raum für Genuss und Entspannung. Tagungen und Events finden hier den entsprechenden Rahmen.

Arosa
Graubünden

Tschuggen Grand Hotel
★★★★★

Tschuggentorweg 1 / ✉ 7050 / tschuggen.ch
T.: +41 81 3789999 / info@tschuggen.ch
37 E SFr. 240/695 / 57 D SFr. 420/1260
34 S SFr. 565/3890 /

Die fantastische Lage inmitten der Graubündner Bergwelt, Luxus, Eleganz, gediegenes Ambiente, perfekte Gastfreundschaft und traumhafte Innenarchitektur sind nur einige Vorzüge mit denen dieses Hotel in exklusiver Lage überzeugt. Der Designer Carlo Rampazzi schuf ein außergewöhnliches Ambiente voller Luxus, voller Leichtigkeit. Die erlesene Kombination von Farben und Mustern, Licht und Schatten, Ledern und Stoffen durchzieht das Hotel wie ein roter Faden. In den Zimmern und Suiten offenbart sich stille Eleganz mit liebevollen Details, dazu ein fantastischer Panoramablick. Einzigartige Wellness-Oase des Architekten Mario Botta.

Waldhotel Arosa
★★★★

Prätschlistr. 38 / ✉ 7050 / www.waldhotel.ch
T.: +41 81 3785555 / info@waldhotel.ch
17 E SFr. 235/325 HP
66 D SFr. 380/680 HP / 37 S SFr. 530/1060 HP

Direkt am schneesicheren Skigebiet Arosa-Lenzerheide gelegen, erwartet den Gast ein erstklassiges Hotel - ruhig, sonnig und privilegiert. Es ist eine grenzenlose Vielfalt, die Arosa mit seinen Bergen und seinen Seen zu bieten hat. Die Zimmer und Suiten sind im alpinen Look gestaltet , erlesen und ausgezeichnet die Gastronomie, ein weitreichendes Beauty- und Wellnessangebot sowie großzügige Seminar- und Veranstaltungsräumlichkeiten warten darauf entdeckt zu werden.

Ascona
Tessin

Eden Roc Marina
★★★★★

Via Albarelle 6 / ✉ 6612 / www.edenroc.ch
T.: +41 91 7857171 / info@edenroc.ch
16 D SFr. 320/670 / als E SFr. 230/610

Nur zwei Minuten vom alten Ortskern entfernt befindet sich das internationale Komfort-Hotel, unmittelbar am Ufer des Lago Maggiore. In der mediterranen Gartenanlage mit eigenem Bootssteg fühlen sich Gäste wohl. Die stilvollen Zimmer befinden sich ausschließlich im Erdgeschoss und verfügen über eine gehobene Ausstattung. Vielfältige Kreationen bietet das Restaurant mit Seeterrasse. Segel- und Motorbootschule.

Giardino Ascona
★★★★★

Via del Segnale 10 / ✉ 6612
www.giardino.ch / welcome@giardino.ch
T.: +41 91 7858888
54 D SFr. 535/920
18 S SFr. 825/1100 / 2 App. SFr. 420/585

Das medierrane Refugium befindet sich inmitten einer Parkanlage und in unmittelbarer Nähe vom Lago Maggiore. Pools, Bars, Day Beds, Lounges und Liegen passen zur Szenerie und laden zum Chillen zwischen Lavendel, Zitrus- und Olivenbäumen ein. Die Zimmer und Suiten sind in warmen, mediterranen Tönen gehalten. Kulinarisches Highlight ist das exklusive Restaurant „Ecco“.

Basel
Basel-Stadt

Grand Hotel Les Trois Rois
★★★★★

Blumenrain 8 / ✉ 4001 / www.lestroisrois.com
T.: +41 61 2605050 / info@lestroisrois.com
40 E SFr. 500/720 / 43 D SFr. 675/855
18 S SFr. 1065/5500 / @

Das legendäre Grand Hotel ist eines der ältesten Stadthotels Europas und liegt mitten in der Altstadt von Basel direkt am Rhein. Die Gästezimmer im klassischen Stil laden mit einem raffinierten Mix aus edlen Materialien, antiken Möbeln und einer Hightech-Infrastruktur zum Verweilen ein. Das abwechslungsreiche Angebot aus Küche und Weinkeller erfüllt alle Wünsche und verbindet marktfrische Qualität mit kunstvoller Kreativität. Französische Haut Cuisine mit mediteranen und asiatischen Einflüssen im Cheval Blanc by Peter Knogl, italienischen Spezialitäten im Chez Donati und französische, schweizereische Küche in der Brasserie.

Bern
Bern

Bellevue Palace
★★★★★

Kochergasse 3-5 / ✉ 3011 / www.bellevue-palace.ch
T.: +41 31 3204545 / info@bellevue-palace.ch
25 E SFr. 379/575 / 79 D SFr. 474/706
24 S SFr. 784/3600 / Frühstück SFr. 40
@

Direkt neben dem Bundeshaus gelegen, verbindet sich in diesem Hotel Tradition mit modernstem Komfort - echte Grandhotel-Atmosphäre. Jeder Raum hat seinen eigenen Charakter und Charme, allen gemeinsam ist der Stil, der das Hotel seit mehr als 100 Jahren auszeichnet. Die Zimmer und Suiten werden bestimmt von farblicher Harmonie und edlen Materialien. Verschiedene Säle stehen für Veranstaltungen und Empfänge, vom Staatsbankett bis zum Familienfest, zur Verfügung. Das elegante Restaurant Vue, mit wunderbarer Südterrasse, bietet internationale Gerichte in unvergleichlicher Atmosphäre an.

Crans-Montana
Wallis

Hostellerie Du Pas de L'Ours
★★★★★

41 rue du Pas de l Ours / ✉ 3963 / www.pasdelours.ch
T.: +41 27 4859333 / contact@pasdelours.ch
15 D ab SFr. 370 / @

Hinter der traditionellen Holz-Schindel-Fassade des Chalets erwartet den Gast ein einzigartige Atmosphäre mit Wänden aus Naturstein, Holzböden - die Geschichten erzählen - historische Holzdecken und offene Kamine. Sehr gemütlich und modern das Ambiente in den Zimmern und Suiten. Der Wellnessbereich mit Pools und Liegewiese gibt einen traumhaften Blick auf die Bergwelt von Crans Montana frei. Eine Institution bei Liebhabern der Haute Cuisine ist das Nobelrestaurant und das Bistrot des Ours, beide unter der Leitung von Küchenchef Franck Reynaud.

Davos
Graubünden

Steigenberger Grandhotel Belvédère
★★★★★

Promenade 89 / ✉ 7270 Ortsteil Davos Platz
www.steigenberger.com / T.: +41 81 4156000
davos@steigenberger.ch
20 E SFr. 254/1054 HP / 76 D SFr. 419/1219 HP
30 S SFr. 514/2200 HP / @

Herrliche Urlaubsaussichten in 1560 m Höhe! Das traditionsreiche Grandhotel bietet unaufdringliche Eleganz, aufmerksamen Service und vollendete Gastlichkeit. Die eleganten Zimmer und Suiten im „Alpine Classic Stil“ haben für jeden Geschmack das passende Ambiente und bieten zudem eine fantastische Aussicht auf die umliegende Bergwelt. Mit der Wellness-Oase steht ein luxuriöser Erholungsbereich zur Verfügung. Vom Bistro bis zum italienischen À-la-carte-Restaurant erwartet den Gast ein vielfältiges gastronomisches Angebot. Elegante Carigiet-Bar.

Flims
Graubünden

Waldhaus Flims Wellness Resort
★★★★★

Via dil Parc 3 / ✉ 7018 / www.waldhaus-flims.ch
T.: +41 81 9284848 / info@waldhaus-flims.ch
4 E SFr. 210/610 / 131 D SFr. 260/850 / 7 S SFr. 650/4500
@

Inmitten der grandiosen Bergwelt von Flims-Laax erhebt sich das prächtige Waldhaus Flims Mountain Resort & Spa. Drei Gästehäuser, sowie der Belle Epoque Pavillon sind durch gedeckte und unterirdische Wandelgänge miteinander verbunden. Der märchenhafte Park, die vier saisonalen Restaurants, die 3.000 Quadratmeter große Wellnessoase „delight spa & beauty“, der Kid's Club und Ski-in machen den Ort zu einem Paradies für Erwachsene und Kinder.

Fürstenau
Graubünden

Hotel Schloss Schauenstein
★★★★

Schlossgasse 1 / ✉ 7414 / www.schauenstein.ch
T.: +41 81 6321080 / kontakt@schauenstein.ch
3 D SFr. 370/500
als E SFr. 370/500 / 3 S SFr. 580/680
Frühstück SFr. 42 / @

Ein mediterran anmutendes, kleines Hotel von außen, innen mit Nonchalance lässiges Wohlbehagen. Modernität hat in die Gästezimmer Einzug gehalten. Kometenhaft ist das Schloss Restaurant auf die kulinarische Erde eingeschlagen. Die visuellen Kreationen von Andreas Caminada wirken sphärisch, wie aus einer anderen, zukünftigen Welt. Interessant und stilvoll das Hotel, das Restaurant und die gesamte Anlage.

Genève
Genf

Mandarin Oriental Hotel du Rhône
★★★★★

1, Quai Turettini / ✉ 1201 / www.mandarinoriental.com
T.: +41 22 9090000 / mogva-reservation@mohg.com
162 D ab SFr. 790 / als E ab SFr. 570 / 27 S ab SFr. 4900

Das Luxushotel liegt am Ende des Genfer Sees, gegenüber der Altstadt, mitten im Geschäfts- und Einkaufsviertel der Stadt. Dezenter Luxus prägt das Bild dieses international bekannten und beliebten Hotels. Es verfügt über luxuriöse Gästezimmer und Suiten mit geräumigen Bädern. Salons für Besprechungen und sowie Tagungsräume, mit moderner Technik ausgestattet, und ein Business Center bieten einen Treffpunkt für Geschäftsreisende und Gesellschaften, die im gepflegten Ambiente ihrer Tätigkeit oder privater Vergnügung nachgehen möchten.

Grindelwald
Bern

Kirchbühl
★★★★

Kirchbühlstr. 23 / ✉ 3818 / www.kirchbuehl.ch
T.: +41 33 8544080 / hotel@kirchbuehl.ch
5 E SFr. 150/200 / 37 D SFr. 230/400 / 4 S SFr. 350/470
25 App. SFr. 180/810 /

Erstklasshotel auf einer sonnigen, ruhigen Anhöhe, oberhalb der Kirche gelegen. Wunderbare Aussicht auf die umliegenden Berge und Gletscher (UNESCO Weltnaturerbe) Durch Besitzerfamilie in 4. Generation persönlich geführt. Kleiner Wellnessbereich. Gourmet-Restaurant „La Marmite" und Hilty-Stübli mit Schweizer Küche. Nahe der Firstbahn und der Skischule. Skibus und Hotelbus zum Bahnhof. Ferienapartements in Chalets.

Interlaken
Bern

Victoria-Jungfrau Grand Hotel & Spa
★★★★★

Höheweg 41 / ✉ 3800 / www.victoria-jungfrau.ch
T.: +41 33 8282828 / interlaken@victoria-jungfrau.ch
10 E ab SFr. 438 / 97 D ab SFr. 482 / 95 S ab SFr. 907

Inmitten der Schweiz, eingebettet zwischen zwei Seen und zu Füßen des Jungfrau-Massivs, liegt Interlaken und das Victoria-Jungfrau Grand Hotel & Spa. Das historische Hotel im Stil der Jahrhundertwende bietet auserlesene Eleganz und Ambiance. Die unterschiedlich eingerichteten Gästezimmer und Suiten haben lichtdurchflutete Wohnräume, die durch individuelle Gestaltung und Liebe zum Detail begeistern. Der Wellness-Bereich bietet Ambiente zum Entspannen mit säulenumgebenem Pool. Spezielle Arrangements für Sport werden angeboten. Drei Restaurants verwöhnen den Gast mit Spezialitäten auf hohem Niveau.

Iseltwald
Bern

Châlet du Lac
★★★

Seestr. / ✉ 3807 / www.dulac-iseltwald.ch
T.: +41 33 8458458 / abegglen@dulac-iseltwald.ch
4 E SFr. 65/125 / 17 D SFr. 85/105 /

Mit einem traumhaften Ausblick auf den Brienzer See und die Alpen begrüßt das familiär geführte Mittelklassehotel die Gäste. Die Zimmer sind wohnlich eingerichtet, einige in Anlehnung an den Landhausstil, einige eher modern. Im Restaurant werden frische Fischgerichte serviert, ein besonderes Highlight ist das Fischfondue.

Lausanne
Vaud

Beau-Rivage Palace
★★★★★

17-19, Place du Port / ✉ 1006 / www.brp.ch
T.: +41 21 6133333 / info@brp.ch
12 E SFr. 400/870
122 D SFr. 540/870 / 34 S SFr. 1200/10020

Das imposante Luxusotel besticht nicht nur durch seine über 150-jährige und traditionsreiche Geschichte, sondern hat es verstanden, mit der Zeit zu gehen und übertrifft heute höchste Ansprüche. Direkt am Ufer des Genfer Sees gelegen, umgibt das elegante Luxushaus ein vier Hektar großer Privatpark. Wertvolles Interieur und erlesene Materialien prägen den Charakter der exklusiven Zimmer und Suiten, die einen unvergleichlichen Aufenthalt garantieren. Großzügiger Wellnessbereich auf 1.500 Quadratmetern. Ausgezeichnete französische Küche auf höchstem Niveau wird im Restaurant „Anne-Sophie Pic" serviert; gehobene Brasserie „Café Beau Rivage"; japanisches Sushi-Restaurant „Miyako Lausanne".

Royal Savoy Hotel & Spa
★★★★★

Avenue d'Ouchy 40 / ✉ 1006 / royalsavoylausanne.com
T.: +41 21 6148888 / info@royalsavoylausanne.com
179 D ab SFr. 330 / als E ab SFr. 281
17 S ab SFr. 800 /

Einst aristokratisches Exil, ist das Royal Savoy mit seiner einmaligen Silhouette und dem faszinierenden Erbe ein wichtiger Bestandteil der Skyline und der Geschichte Lausannes. Heute verteilen sich modern-chic eingerichtete Zimmer und Suiten auf das Gründerzeitgebäude und den „Garden Wing". Exklusiv ist das Katara Penthouse mit einzigartigem Rundumblick. Spa-Bereich mit Innen- und Außenpool.

Luzern
Luzern

Hotel Schweizerhof
★★★★★

Schweizerhofquai 3 / 6002
www.schweizerhof-luzern.ch / T.: +41 41 4100410
info@schweizerhof-luzern.ch
80 D SFr. 370/600 / als E SFr. 320/550
21 S SFr. 600/890 /

In prominentester Lage der Leuchtenstadt ist dieses Luxushotel der zentrale Ausgangspunkt für Festivals, exklusives Shopping und das Besuchen der Sehenswürdigkeiten der Stadt. Seit April 2014 begrüßt das Haus seine Gäste mit neu renovierten Zimmern und Suiten, in denen die Schweizerhof-Geschichte lebendig wird. Kulinarische Höhepunkte zaubert das Küchenteam des ausgezeichneten Restaurants „Pavillon" sowie des À-la-carte-Restaurants „Galerie". Bei schönem Wetter ist die Sonnenterrasse unter Palmen und Olivenbäumen mit Blick auf den Vierwaldstättersee ein schöner Platz zum Relaxen.

Neuchâtel
Neuenburg

Beau-Rivage
★★★★★

1, Esplanade du Mont-Blanc / 2000
www.beau-rivage-hotel.ch / T.: +41 32 7231515
info@beau-rivage-hotel.ch
63 D ab SFr. 410 / als E ab SFr. 340
3 S ab SFr. 640 /

In privilegierter Seelage befindet sich dieses internationale Grand-Hotel, eine Insel der Ruhe und Raffinesse, eine Oase der Entspannung in einem herrlich restaurierten, historischen Bauwerk. Heute bietet das Haus luxuriöse Zimmer und Suiten mit schönen Marmorbädern und persönlicher Note. Das Beste aus Küche und Keller genießt der Gourmet im eleganten Restaurant. Von regionalen Spezialitäten bis zu internationalen Köstlichkeiten reicht das Angebot. Großzügige Räumlichkeiten für Tagungen und Konferenzen. Die Café-Terrasse bietet einen herrlichen Blick auf den See. Abends lädt die Cocktailbar zum geselligen Beisammensein ein.

Bad Ragaz
Sankt Gallen

Grand Resort Bad Ragaz
★★★★★

Bernhard-Simonstr. 20 / 7310 / www.resortragaz.ch
T.: +41 81 3033030 / reservation@resortragaz.ch
115 D SFr. 500/1740 / 119 S SFr. 750/2900

In ruhiger Lage an der Straße nach Chur befindet sich dieses internationale Luxushotel neben dem Schwesterhotel „Grand Hotel Hof Ragaz". Die großzügigen Junior-Suiten - alle mit Balkon - sind elegant und mit erlesenem Komfort eingerichtet. Komplett ausgestattete Tagungs- und Gesellschaftsräume mit dem Kursaal bieten Platz für bis zu 300 Personen. Die Angebote im Wellness-Programm reichen von medizinischen Bädern bis hin zu Massagen. Zwei Restaurants sorgen für ein exzellentes Speiseangebot. Zum Hotel gehören zwei eigene Golfplätze (9- und 18-Loch-Anlage), die „Tamina Therme" und ein hauseigenes Casino.

St. Moritz
Graubünden

Kulm Hotel St. Moritz
★★★★★

Via Veglia 18 / 7500 / www.kulm.com
T.: +41 81 8368000 / info@kulm.com
32 E SFr. 290/735 HP
100 D SFr. 535/1620 HP / 40 S SFr. 875/5450 HP

Das Luxushotel steht seit über 150 Jahren für Gastfreundschaft und Pioniergeist. Sport, Erholung, Kulinarik und Kultur sind die Grundpfeiler des vielseitigen Angebots. Es spannt gekonnt den Bogen zwischen Tradition und Moderne mit zeitloser Eleganz, herzlichem Charme und einem erstklassigen Service. In exponierter und zentraler Lage, mit grandiosem Blick auf die Engadiner Bergwelt inmitten des weltbekannten Skiortes St. Moritz, zieht es Besucher aller Länder und Kulturen in seinen Bann. In fünf Restaurants wird die Kunst einer ausgezeichneten Gourmetküche gepflegt. Der 2.000 Quadratmeter große Kulm-Spa verfügt über eine Bade- und Saunalandschaft und ein modernes Fitnesscenter. Zum Hotel gehört ein 9-Loch-Golfplatz.

Zürich
Zürich

The Dolder Grand
★★★★★

Kurhausstr. 65 / 8032 / www.thedoldergrand.com
T.: +41 44 4566000 / info@thedoldergrand.com
15 E SFr. 540/740 / 99 D SFr. 600/1150
59 S SFr. 900/4040 /

Das Dolder Grand bietet den richtigen Rahmen für Menschen mit Sinn für Genuss, Exklusivität und Erholung: luxuriöse Zimmer und Suiten, erlesene Gastronomie, ein Spa-Bereich auf 4.000 Quadratmetern, großzügige Bankett- und Seminarräumlichkeiten sowie eine wertvolle Kunstsammlung. Das ursprüngliche „Kurhaus" von 1899 präsentiert sich als neues City Resort der Luxusklasse. Die erhöhte Lage des Hotels, zwischen pulsierender City und belebender Natur ermöglicht einen herrlichen Blick auf die Stadt Zürich, den See und die Alpen. Das „The Restaurant" offeriert eine junge und innovative Gourmetküche und das moderne „Garden Restaurant" eine leichte, europäische Küche. Bar mit Live-Pianomusik.

Widder Hotel
★★★★★

Rennweg 7 / 8001 Ortsteil City / www.widderhotel.com
T.: +41 44 2242526 / home@widderhotel.com
7 E SFr. 460/870 / 28 D SFr. 580/1250 / 14 S SFr. 940/3910
4 App. SFr. 1290/2860 /

Eine Privatresidenz mitten in der Geschäftsstadt - dieses kleine, feine Luxushotel im Herzen der Altstadt entfaltet sich in neun ehemals separaten Wohnhäusern aus dem Mittelalter. Die harmonische Vebindung von Vergangenheit und Gegenwart schaft ein persönliches und vertrautes Ambiente. Stilsicher prägen moderne Klassiker wie von Le Corbusier und Eames das Interieur der individuell gestalteten Zimmer und Suiten. Ein Highlight des Hotels ist das Penthouse mit privater Dachterrasse und Blick über Zürich, Berge und See. Mit wunderbar kulinarischen Genüsse verwöhnt das Restaurant-Boucherie „AuGust". Bar mit Live-Jazz-Tradition.

Hotel-Tipps
Elsass

Foto: Hunawihr © panthermedia.net/phbcz

Colmar
Grand Est

Hotel Le Maréchal
★★★★ AE VISA

4-6, place des Six-Montagnes-Noires / ✉ 68000
www.le-marechal.com / T.: +33 389 416032
info@le-marechal.com
6 E € 95/160 / 22 D € 120/290 / 2 S € 285/340
Frühstück € 19 / @

Das 1565 erbaute Hotel befindet sich in „Klein-Venedig“, einem der schönsten Viertel der Colmarer Altstadt. In dem schmucken Fachwerkhaus sind die Zimmer ganz auf Nostalgie eingerichtet, bieten aber modernen Komfort und Raffinesse. Einige sind mit einer Whirlpool-Badewanne, einem Himmel- oder Louis-XV-Stil-Bett ausgestattet. Besonders reizvoll ist das direkt am Wasser gelegene Restaurant „A l'Echevin“ mit Café-Terrasse.

Le Grand Hôtel Bristol
★★★★ AE VISA

7, place de la Gare / ✉ 68000
www.grand-hotel-bristol.com / T.: +33 389 235959
reservation@grand-hotel-bristol.com
90 D € 150/250 / als E € 120/175 / @ P

Das Hotel, 10 Minuten vom Zentrum entfernt, vereint Komfort und Lebenskunst mit einer freundlichen Atmosphäre. Jedes Zimmer hat seinen ganz eigenen Charme mit einer gehobenen Einrichtung. Kulinarische Genüsse bieten die Brasserie „L‘ Auberge“ und das Gourmet-Restaurant „Rendez-vous“.

Niedermorschwihr
Grand Est

Hôtel de l'Ange
★★ AE VISA

125, rue des Trois Epis / ✉ 68230 / www.hotelange.fr
T.: +33 389 270573 / ange@hotelange.fr
17 D € 62/83 / als E ab € 62 / 2 S € 98/113
Frühstück € 12 / @ P

Im Zentrum des Dorfes an der elsässischen Weinstraße begrüßt das Hotel seine Gäste mit herzlicher Gastfreundschaft. Die eleganten Zimmer sind gemütlich und angenehm eingerichtet. Im Restaurant werden regionale Spezialitäten und Weine aus dem eigenen Anbau serviert.

Strasbourg
Grand Est

Hôtel & Spa Régent Petite France
★★★★★ AE VISA

5, rue des Moulins / ✉ 67000
www.regent-petite-france.com / T.: +33 388 764343
info@regent-petite-france.com
15 E € 165/565 / 41 D € 165/565 / 17 S € 265/825
3 App. € 530/1390 / @ P

Das Design-Hotel liegt ruhig und idyllisch an der „Ill“, im Altstadtviertel „La Petite France“. Ein idealer Ausgangspunkt für die Erkundung der Stadt. Die geräumigen Zimmer und Suiten sind modern eingerichtet und bieten einen einmaligen Blick auf die Flussarme und die Fachwerkhäuser der Altstadt. Das Restaurant „Le Pont Tournant“ serviert raffinierte Gerichte aus der klassischen Küche. Zur Entspannung steht ein Wellnessbereich mit Sauna, türkischem Bad und einer sensoriellen Dusche mit Outdoor-Whirlpool zur Verfügung. Massagen werden auf Anfrage gerne reserviert. Fitnessraum mit Cardio-Geräten.

Kaysersberg Vignoble im Elsass,
Geburtsort von Albert Schweitzer (*1875)

Mein Hotel-Erlebnis

Hotel:

Ort/Datum:

Mir hat gut gefallen:

Mir hat weniger gefallen:

Qualität / Leistung / Preis:

Mein Hotel-Erlebnis

Hotel:

Ort/Datum:

Mir hat gut gefallen:

Mir hat weniger gefallen:

Qualität / Leistung / Preis:

Mein Hotel-Erlebnis

Hotel:

Ort/Datum:

Mir hat gut gefallen:

Mir hat weniger gefallen:

Qualität / Leistung / Preis:

Mein Hotel-Erlebnis

Hotel:

Ort/Datum:

Mir hat gut gefallen:

Mir hat weniger gefallen:

Qualität / Leistung / Preis:

Mein Hotel-Erlebnis

Hotel:

Ort/Datum:

Mir hat gut gefallen:

Mir hat weniger gefallen:

Qualität / Leistung / Preis:

Mein Hotel-Erlebnis

Hotel:

Ort/Datum:

Mir hat gut gefallen:

Mir hat weniger gefallen:

Qualität / Leistung / Preis: